교과서 개발학

교과서 존재론의 학문적 이론화 탐색

Theory of Textbook Development

박삼서

Park Sam-Seo

교과서 개발학

교과서 존재론의 학문적 이론화 탐색

Theory of Textbook Development

박삼서

Park Sam-Seo

국학자료원

개발학의 탄생
'교과서 개발학'의 학문적 이론 정립을 위하여

　인생에 영감(靈感)으로 다가오는 원력(願力)과 수십 년간 쌓아온 지식과 자료를 모아 한 권의 책으로 엮었다.

　'교과서 개발학'은 공저『문학교육과정론』(1997) '제7장 문학교육과정 내용의 교재화'에서 '교재론'보다는 의미역이 넓고, 하나의 학문 분야로 발전시킬 필요가 있어, 필자가 당시 **'교재 개발학'**이라 하여 처음 창안하여 사용한 용어에서 출발한다. 이어 졸저『국어교육과 생활·문화·철학』(2003)에 같은 내용을 전재하면서 개발학 용어를 더욱 발전시키려고 노력하였다. 이후에도 단편적인 글에서 교과서 개발학의 학문적 독립과 이론 정립의 필요성을 누누이 강조하였다.

　『교과서 개발학』은 **'교과서 존재론'**의 학적 배경과 이론을 찾아보려는 학문의 한 분야요, **'교과서 본질'**을 알아보고 규명해 보려는 노력의 결정(結晶)이다. '좋은 교과서'의 실체(만듦새)가 무엇인가를 밝히고, **'더 좋은 교과서'**를 개발하는 학문적, 이론적 지식과 배경을 제공하는 데 있다. 이러한 의도가 성숙하여 교과교육과 교육과정, 나아가 교육 전반에 미래 지향적이요 창조적인 변화와 발전의 효시(嚆矢)가 되었으면 한다.

　학문은 영역을 설정하여 새롭게 개척하고 정립하는 데 의의가 있다. 교육학, 심리학, 정신분석학 등 모든 학문이 그러했다고 생각한다.『교과서 개발학』은 부분적, 분산적, 독자적으로 산재한 교과서 관련 연구를 종합적, 체계적, 유기적으로 총합하여 하나의 학문 영역으로 성립·정착시키기 위한 노력의 결과이다.

'개발＋학문'이라는 조합이 '개발'이란 용어에 대한 선입견으로 좀 어색한 인상을 주기는 한다. 그러나 '교과서(교재)론－교과서학－교과서 개발학'이란 일련의 관계에서, 학문적 이론의 정립으로 개발의 이러한 어감을 녹여 없애 보고자 한다.

이제, 이순(耳順)이 지난 지도 오래된 성상(星霜)에 접어드니 우주 만물이 모두 다 가치 높은 존재로 다가온다. 밤하늘 우주를 쳐다보며 조화(造化) 속의 조화(調和)에 경외감이 더욱 진해진다. 우주 만물은 조화와 조화로 자연스럽게 무언의 진리와 생존의 원리를 가르쳐 준다. 그동안 달을 보지 못하고 손가락만 쳐다본 부끄러움을 가실 수가 없다.

존재하는 사물의 중요성은 그 희소성에 비례한다는 가치의 문제와 직결된다. 이와 관련하여 교과서를 생각해 보면, 그 가치의 진폭이 너무나 무쌍해 보인다. 현행 교과서는 무상 공급에 입시와 관계가 없으면 홀대를 당하기가 십상이다. 그런데 개화기나 정부 수립 초창기 교과서는 보물 취급을 받기도 한다. 어떤 시기에는 교과서에 의존하여 성취와 기쁨의 영광을 누렸다고 강조하여 말하기도 한다.

개발학은 교과서의 가치가 높고 낮음을 논하기보다는 그 중요성을 강조하고자 하였다. 개인에 따라 판단과 느낌이 좀 다르겠지만, 교과서는 그 자체로서 가치가 높고, 매우 중요한 교육의 도구이자 기제(機制)이다. 이를 강조하는 이유는 교과서 만능론자(萬能論者)라 자임해서가 아니다. 이와 관련한 분야에서 오랫동안 어떤 역할을 해서 그런 것은 더욱 아니다. 옛날이나 지금이나 한국 교육의 발전과 선진국으로 도약하는 데, 교과서의 역할과 기여를 빼놓을 수 없기 때문이다.

이미 만들어진 교과서를 그저 '가르치고 배우는 현상'만 주시하면, 그 존재의 의미를 제대로 터득하기가 어렵다. 그래서 교과서를 **'살아 움직이는 생명체'**, **'하나의 완결된 유기체'**로 간주하고 '교과서 개발학'의 시작과 마무리로 삼으려 했다. 그리하여 여러 요소요소에서 필요하다면 이러한 점을 누누이 강조하였다. 개발학의 성격과 의의, 지향(志向)을 요약해 보면 다음과 같다,

첫째, 교과서의 **'개념과 기능, 좋은 교과서'**의 실체를 학적 배경으로 확장하여, 교과서 존재의 제반을 설명하는 바탕과 기본으로 삼았다. 교과서는 많은 구성 요소와 상관하며 존재하는데, 교과서의 개념과 기능, 좋은 교과서의 모습을 새로운 방법으로 접근하여, 교과서 구성 요소와 단위 구성체를 설명하는 기반과 개발학의 이론적 배경의 기초로 삼았다.

둘째, '**교과서**'와 '**교재**'의 용어를 필요에 따라 병기, 교차 사용하였다. 교과서와 교재는 엄연히 동의어로 취급해서는 안 된다. 그러나 교과서 개발과 품질 관리라는 접점을 이용하고, 용어 사용에만 국한하여 설명의 논지 전개에 어려움을 해소하는 방편으로 병용, 혼용하였다. 교과서 개발학이 일정 수준으로 정착하게 되면, 이들 용어도 분명하게 구분하여 사용하게 되리라 생각한다.

교과서, 교재 용어와 마찬가지로 '**교수·학습**' 용어를 중심에 두고, '**교수**', '**수업**' 용어의 변별, 교과서 '**이용**', '**사용**'과 '**활용**' 용어의 구분, '**교과서 구성**', '**교재화**', '**교과서 개발**' 용어 차별화 등은 설명과 진술에서 명확하게 분별하여 사용하지 않았다.

셋째, 교과서를 '**하나의 완결된 유기체, 생명체**'로 간주하여 개발학의 가능성을 찾아보았다. 지금까지 교과서 관련 연구는 대개 전체 속에서 부분으로 나누어 보고, 부분을 전체와 관계하여 살펴보지 못했다. 즉, 유기적 존재, 역동적인 생명체로 조감하지 못하여, 숲과 나무의 존재 관계에서 '숲'만, 아니면 '나무'만 언급하는 경우가 많았다. 그리하여 나무와 숲의 관계를 종합하는 시도를 해보았다.

넷째, '**개발학 개론(원론)의 성격**'을 유지하여 연구 사례나 자료를 많이 제시하고, 이를 중심으로 설명의 배경을 십분 살렸다. 원론의 성격을 십분 살려 원문 인용을 대폭 확대하고, 논지(論旨)를 발전적으로 설명하려고 하였다. 용어는 사전적 의미 해석에서부터 아주 기초적인 개념을 정립하고, 그 바탕에서 논리를 찾고 전개하려 하였다. 특히, 교과서 개념, 기능, 좋은 교과서 등의 규정에서는 자세한 현황의 제시와 설명이 필요하여, 대표적인 사례를 모두 들고자 하였다.

개발학 성립의 가능성을 따져보는 시론이라는 취지를 살려, 옛 자료나 최신자료 모두를 설명의 배경으로 활용하였다. 이는 후학들에게 자료 접근과 연구에 조금이나마 도움을 주려는 의도이다. 자료의 이용에 출처를 철저하게 밝혀 배경지식 활용에 일말의 고마움 뜻을 표하고, 저작권을 준수하였다.

다섯째, 국어교육과 관련한 '**도표, 도식, 그림**'을 많이 제공하여 이해를 북돋우려 하였다. 국어교육 전공자로서 일부 편향된 설명이 되지 않았나 하는 염려를 지울 수 없지만, 일반화의 관점에서 이를 순화하여 개발학의 가능성을 살펴보았다. 어찌 보면, 국어 교육학에서 교과서(교재) 관련 연구가 많이 진척된 점을 활용했다고 하겠다.

여섯째, '**요소(要素, element/factor) 개념**'을 도입하여 개발학의 체계를 구조화하고 이를 설명해 보고자 하였다. '요소'는 분석의 단위로서 체계를 수립하는 데 기초 개념을 제공하고, 이에서 파생하는 용어의 뜻을 분명하게 하여 주기 때문이다. 그리하여 교과서 개념, 기능, 좋은 교과서 의미 설정, 교과서 구성, 교수·학습, 활용, 평가 등의 원리, 품질 관리 관점, 기타 학문적 이론화 설명에서 필요에 따라 '요소'란 말을 두루 사용하였다.

일곱째, 좀 외람되긴 하지만 외국 이론에 경도(傾度)된 **'학풍을 개선'**하는 계기를 마련하고자 하였다. 교과교육, 교육과정을 비롯하여 교과서 관련 이론은 외국의 학적 연구가 바탕이 되어 학문적 깊이를 더하고, 우리 교육 발전에 이바지해 온 점은 대단히 크다. 그러나 교과서 개발을 학문적으로 종합해 보려는 시도는 이번이 처음이 아닌가 한다. 외국에 나가 공부해 본 경험이 없어 국내에서 접할 수 있는 제한된 정보로, 학문적 이론을 정립하는 한계를 극복하려고 많이 노력하였다. 외국 이론을 토양으로 삼되 새로운 씨앗을 심어보는 계기가 되었으면 한다.

여덟째, **'디지털 교과서'** 관련 부분은 **'서책형 교과서'**와 대비 기본적인 내용만 언급하고, 디지털 교과서 개발, 품질 관리 등의 구체적인 내용은 다음 기회로 미루었다. 교육 환경의 변화에 신속하게 대응해야 하는 중요한 분야로서, 앞으로 많은 연구가 필요하므로, 추후 이 부분을 보완할 예정이다.

아홉째, 개발학의 학문적 성립 가능성과 이론 체계를 탐색하는 과정에서 혹여 **'논리적 모순과 비약'**이 있을 수 있다. 그러나 이러한 모순과 비약이 개발학의 학문적 기반으로 작용할 수 있도록, 전체 속의 부분으로 간주하려고 노력하였다. 학문적 이론의 체계화와 정립 그 자체도 어렵지만, 처음으로 시도해 보는 경우라 생각하여, 설명하고 창조하는 데 각고의 노력이 필요하였다. 이러한 출발의 노력이 여정의 반을 넘기는데 용동(聳動)으로 작용했으면 한다.

열째, 필자가 지니는 자료 접근의 제한과 학문적 배경의 한계를 극복하는 과정에서 이뤄진 **'작은 결실'**임을 강조하고 싶다. 우선해서 학문적 정립과 체계를 처음으로 세워 본다는 작은 결과이므로, 여건과 환경이 허락하는 한 앞으로 계속해서 내용을 수정, 보완하고 증보할 계획이다. 그리고 이러한 다짐이 구차한 변명이 되지 않도록 더욱 정진하고, 좀 더 가멸찬 노력을 기울이겠다고 결심해 본다.

'교과서 개발학'의 학문적 배경으로 교육학, 철학, 과학, 심리학, 사회학, 역사학, 공학 등 순수와 응용, 인문과 자연의 학문이 모두 관여한다. 이들 학문의 배경을 체계적으로 흡인하는 작업은 하루 이틀에 이루어질 성질의 것이 아니다. 앞으로 중장기 계획을 세우고 관련 연구를 지속하여, 달콤하고도 탐스러운 열매가 많이 맺어지도록 하는 분위기 조성이 필요하다.

학문은 '새로운 분야를 개척하고 내용을 채워가는 과정'이라고 생각한다. 교과서 개발을 학문적으로 격상하는 자체가 새로운 시도로서 성숙한 결과를 예단하기는 어렵다. 그러나 '교과서 개발학'의 가능성을 찾아보는 첫 시도라는 데 의미를 두고, 앞으로 계속해서 많은 조언과 질정(叱正)을 받아들이고자 한다.

이 책의 집필에 연구 성과를 제공해 주신 선배, 동료, 후학님께 심심한 감사의 말씀을 드리고, 필요하면 조언도 구할 예정이다.

2022년 5월
구미동 향암(香嵒) 서재(書齋)에서

목 차

제2장
교과서 개발학의 이론화 탐색

제3장
교과서 품질 관리와 개발학의 위상

제4장
교과서 개발학의 내용 확충과 전망

제1장

교과서 개발학의 배경과 이론화 기초

Ⅰ. 교과서 개념의 탄생과 발전

1. 문명 발생과 교과서 탄생

인간은 언어를 사용하여 지혜롭게 사회생활을 영위하는 **'생각하는 존재'**라고 한다. 태어나 요람(搖籃)에서 청순한 눈빛으로 옹알이할 때부터 보고, 듣고, 배워야 한다. 아무 탈 없이 슬기롭게 잘 기르려는 입장에서는 가르치는 내용을 선별해서, 그것을 상대방이 알아듣기 쉽게 이해하는 방법을 마련해야 했다. 그러므로 **'교과서(교재)'**[1]는 원초적으로 우리 인간 존재와 결부하여 자연스럽게 탄생하였다고 하겠다.

이후, 인류가 공동체를 이루면서 지혜를 모아 살아가기 위해 문자를 발명하고 기록하는 수단을 갖가지로 발전시켰다. 문명이 발전하면서 소통의 매체를 십분 활용하여 자연적인 교육에서 의도적인 교육으로, 개인 교육에서 집단 교육으로, 여기에 필요한 교육의 내용 확충으로 일신하면서 완성된 면모를 갖추게 되었다.

고대 문명 성숙기에도 기록할 수단인 문자를 이용하여 일정 수준의 교육 목표를 설정하고, 교육을 계획적, 체계적으로 실천하는 방법을 모색하였다. 교육 제도를 마련하여, 개인과 가정교육에서 벗어나 학교를 세우고, 교육을 의도적으로 실천하는 데 체계

---

[1] 여기에서 '교과서'와 '교재'의 개념과 변별이 무엇인지가 설명의 중요 핵심으로 작용한다. 머리말에서 밝혔듯이 일반 설명에서 교과서와 교재를 분명하게 구분하지 않고 사용한 것처럼, 필요에 따라 병기·교차 사용하여 문맥상 개념 착종(錯綜)의 어려움을 다소나마 해소해 보고자 한다.

적인 교육 자료도 필요하게 되었다.[2]

소리 말의 기록은 인간의 욕구로 자연스럽게 이루어졌다. 이러한 욕구는 기록할 방법을 주위에서 찾았는데, 점토판, 파피루스, 죽간, 목판, 양피지 등을 이용하였고, 이후 종이의 발견으로 기록의 수단과 문화는 전기를 마련하였다. 메소포타미아를 비롯하여 초기 문명의 발상지에서 이러한 교재의 면모를 찾아볼 수 있다.

가. 점토판 교재

고고학자의 점토판 발견, 조사와 연구, 그리고 문자의 해독으로 교육내용, 학교와 도서관, 교과서(교재)의 개념이 이미 메소포타미아에서 존재하였음을 확인할 수 있다.

기원전 3000년경의 점토판 문자[3]

수메르 기록에 의하면, 기원전 2500년경에는 지금까지 알려진 가장 오래된 법적 문서라고 하는 토지매매와 개인 간의 계약서가 나타났다. 이들 문서 중에는 수메르어의 단어와 고유명사를 열거하여 교과서의 체제를 갖추었다. 지금까지 알려진 교육을 목

---

2) 존 듀이(John Dewey)는 '문명이 발전함에 따라 아이들의 능력과 어른의 관심사 사이 간극이 점점 넓어져서', '어른의 활동에 효과적으로 참여하는 능력은 오직 그것을 의식적인 목적으로 실시하는 사전 훈련에 의존할 수밖에 없다.'라고 하면서, '의도적인 기관(학교), 명문화된 자료(교재)가 고안되고 가르치는 일이, 그 내용에 따라 특별한 집단의 사람에게 위임되었다.'라고 하였다(『민주주의와 교육(Democracy and Education)』(개정·증보판, 이홍우 번역·주석, 교육과학사, 2007, pp.47~48.).

3) 출처: 『중동사』 (김정위 외, 미래엔, 2008)

적으로 만들어진 최초의 교과서라고 하겠다.4) 이어 교과목의 개념도 형성되었고, 기원전 1000년경에는 문학과 종교적 작품, 주문, 서한과 함께 천문학, 의학, 사전 분야의 저술을 모두 갖춘 도서관도 생겨났다.

이 무렵 메소포타미아에는 서기(書記)라는 전문 직업이 나타났고, 서기를 교육하는 '에두바'란 학교가 있었다. 학교 내에는 학자, 신학자, 언어학자, 시인 등 각 분야의 지식인, 즉 전문 교사도 배치되었다. 학교생활은 매우 엄격한 규율 아래 이뤄졌고, '약간 단정치 못한 교사'도, '존경받는 교사'도 그 모습을 자세하게 기록하여, 문자의 탄생과 기록의 가치를 한결 더한다.

학교에서는 교사와 학생의 소통 자료, 교수·학습에 필수적 도구인 교재를 활용하여, 교육 활동을 원활하게 수행하였다. 점토판의 내용에 의하면 매우 흥미로운 사실을 알려 준다. 선생들의 교재, 학생들의 노트류, 학원 생활에 얽힌 에세이 등 구체적인 내용을 확인할 수 있다. 어학, 지리, 공업 기술, 수학, 분화되기 전의 기초 과학 등을 체계적으로 가르치고, 교육내용도 상당히 풍부해서 교재로서의 면모를 충실히 갖추었다. 이미 점토판으로 만들어진 교과서(교재)를 당시에 체계적으로 활용한 것이다.

자료의 중요성과 시사점을 공유한다는 취지로 많은 부분을 인용, 제시해 본다.5)

> 제일 중요한 학과는 어학이었다. 학생은 수메르어, 아카드어를 하나에서 열까지 알지 않으면 안 된다. 우선 가장 기본적인 발음 연습에서 시작하여 쓰기와 읽기를 배우고, 앞으로 나감에 따라 수백 개의 설형문자, 수메르어와 아카드어의 수천 개 단어와 숙어를 익힌다. 선생은 이러한 말들을 분류한 단어 표를 만들고 있었으며, 이것은 수백 년 동안에 표준화되었다. 메소포타미아 주요한 유적에서는 반드시라고 해도 좋을 정도로 이 단어 표가 발견된다. 아나톨리아, 이란, 팔레스티나 같은 먼 지방에서까지도 발굴품 속에서 볼 수 있다.
> 이것은 초보적인 교재이며, 어떤 것은 자연계를 다루고 있어 야생의 동물, 가축, 새, 물고기, 초목, 광물, 별이라든가 인간과 동물의 신체의 각 부분 등 수백 가지 명칭을 열기(列記)하고 있다. 또 국명, 도시 명, 강이나 운하의 이름 따위를 나열한 지리 교재라고 생각되는 것이라든가 목재, 갈대, 찰흙, 양털, 피혁, 금속, 동 따위로 만들어지는 무수한 공예품을 종목별로 열거한 공업 기술의 교재도 있다.

---

4) 『라이프 인간세계사』(메소포타미아)(한국일보타임-라이프, 1979) p.122. 이하 이 책에서 많이 참고하고, 띄어쓰기, 맞춤법 등 어문규정 변화를 반영하여 약간 수정하였다.
5) 『라이프 인간세계사』(메소포타미아), p.124~125.

목제품의 항목에서는 원목에서부터 배나 전차(戰車) 같은 완성품에 이르기까지 수백 가지의 품목이 기재되어 있다. 이렇듯 고도로 체계화된 교재를 사용한 수업에서는 더욱 많은 것이 보충적으로 설명되었다고 보아 틀림없는데, 그것은 기록되지 않아 후세 사람에게는 전해지지 않고 있다.

 어학 학습에서는 발음 연습부터 시작하여 쓰기, 읽기 등 단계를 밟아가는 교육과정을 엿볼 수 있다. 단어를 표준화하고, 숙어를 정리하는 등 어휘 분류 체계를 세워 '단어 표'를 만들고, 당시 생활에 필요한 언어를 모두 가르친 점을 보면 학교문법 개념도 도입한 것으로 보인다. 교과서는 교육 체계와 절차를 담은 교육과정을 기본으로 하여 만든다. 어휘 체계나 자연계의 사물, 공예품, 목제품을 나름대로 분류하는 등 체계를 세우고 이를 교육하여, 이미 초보적인 교육과정의 면모를 갖추었다고 하겠다.
 여기에서 기준을 세워 사물을 구분하고 분류 체계를 수립하여, 주위 환경은 물론 '사실과 현상[사상, 事象]'을 이해하려는 과학적 사고도 엿보게 한다. 이는 수학 교육에서 더욱 두드러진다.

 고대의 학과 중에서는 수학도 중요시되고 있었다. 유능한 비서, 회계, 행정관이 되기 위해서는 수량의 표시법과 그 실제 면에서의 응용에 관한 지식이 필요했다. 메소포타미아 사람들은 보통 60진법을 사용하여, 기수(基數: 10진법에서 10)를 60에 두고 있었다. 그리고 우리들의 10진법과 마찬가지로 숫자의 배열로 수의 크기를 나타내는 자릿수를 이용하고 있다. 학생들은 역수(逆數), 제곱수, 평방근(平方根), 세 제곱수, 입방근(立方根)의 산출 같은 고도의 학문을 공부하기 위해 많은 수표(數表)를 베끼고 암기해야 했다. 여기에서 계산할 때 필요한 수학상의 순서를 가르치기 위해 선생들은 예제(例題)를 연구했다. 그중에는 각가지 형태의 밭의 면적, 벽을 쌓는데 필요한 벽돌의 수, 언덕길을 구축하는 데 필요한 흙의 양을 구하는 계산 문제 등이 있다.

 당시에 이미 진법이나 자릿수 등 수학의 용어가 등장하고, 역수(逆數), 제곱수, 평방근, 세 제곱수, 입방근 등 고급 수학 용어를 사용했다는 데 놀라지 않을 수 없다. 고도의 수리(數理) 학문을 공부하는 수표도 암기하고, 예제나 문제를 풀이하는 학습 보조·보충 자료를 만들어, 수학 교재로서 기능을 넓힌 면모도 알려 준다. 여러 분야에서 계산 문제로 시험을 보아, 학습 결과를 확인하는 평가 개념이 이때 필수 과정으로 존재

했다는 점에 주목이 간다. 다양한 수학 용어의 사용, 주된 교재, 보충 자료, 평가는 교육 목표와 내용, 방법(교수·학습)과 평가라는 교육과정과 연결되는 개념이다.

특히, 의학 분야 교과서에서는 온갖 종류 병의 진단법과 경과를 설명하고, 병의 징후와 증상도 상세히 묘사하고 있다. 병의 치료법과 환부의 장소에 따라 약을 내복약, 연고, 붙이는 약, 좌약 같은 형식으로 분류하고 일람표(一覽表)를 만들기도 하였다. 이미 학교에서 '불에 태우기', '악령(惡靈)', '재액(災厄)의 모든 것', '저주로부터의 구출법', '두통의 씨' 같은 분화된 교과서를 만들고 가르쳤다.6) 현대 의학서 못지않은 체제와 상세함을 갖추었다고 하겠다.

이 시대에 산출한 방대한 문학작품의 유산도 같은 차원에서 다룰 수 있다. 여기에 고전적 교수·학습의 형태가 어떤 것인지도 알려 준다. 이미, 고대 메소포타미아에서는 완벽한 수준은 아니지만, ① 교과교육, ② 교육과정, ③ 교과서 개념이 생겨나고, 이들 삼위 체제가 갖추어진 모습을 보인다.

나. 파피루스 교재

고대 이집트에서는 글씨를 쓰는 데 목판을 이용하기도 했지만, 파피루스를 주로 사용하였다. 파피루스는 당시 쉽게 구할 수 있는 재료로서, 종이 형태로 만드는 공정도 단순해서 생산이 손쉽고 이용에도 편리한 점이 많았다. 파피루스는 현대 종이처럼 유연하지 못해 책의 형태로 만드는 데는 불편했지만, 두루마리 형태로 기록물을 보관하는 데는 장점이 많았다.

이 시기에 이집트에서도 교육의 효율성을 높이는 학교를 설립하였고, 사설 학교도 허용하였다. 대표로 사회적으로 신분이 보장되는 서기(書記)를 양성하는 서기 학교가 있었다. 여기에서도 자료를 제공한다는 차원으로 많은 부분을 인용, 제시해 본다.7)

> 서기의 지위는 모든 사람에게 개방되었으나 사실상 농부에 대해서는 폐쇄되어
> 있는 것이나 다름없었다. 서기의 교육과정은 단조롭고, 제공되는 식사가 형편없

---

6) 앞의 책, p.125.
7) 『라이프 인간세계사』(고대 이집트)(한국일보타임―라이프, 1979) p.100. 이하 여기에서 많이 참조하였음

었으므로 웬만한 근면과 끈기를 갖지 않고서는 훈련에 견뎌낼 수가 없었다. "젊은 이의 귀는 등에 있다. 때리는 것이 듣게 하는 것"이었으므로 교사는 용서 없이 매를 들었다. 소년들은 교사로부터 비어홀에 드나들든가 여자의 꽁무니를 따라다녀서는 안 된다는 말을 귀에 못이 박히도록 들었다.

　　서기 학교는 보통 신전에 부속되었으나, 궁전 내에도 하나 있었다. 때로는 서기가 마을에서 개인의 사설 학교를 개설하는 일도 있었다. 학생은 보통 5살쯤에 학교에 들어가 그 후 10여 년간 해가 떠서 해가 질 때까지 길고도 지루한 나날을 보냈다. 학생들에게 과해지는 것은 오로지 글쓰기만의 연속이었다. 대개는 갈대 펜과 잉크를 사용해서 목판 위에 쓰지만, 때로는 파피루스나 석회암이나 토기의 파편 위에 쓰는 일도 있었다.

　　초창기 문명사회에 제일 필요한 것은 국가 재정을 확충하고, 이를 위해 세금 징수 등을 담당하는 서기 양성이었다. 이때, 펜과 잉크를 사용하였고, 종이가 나오기 전이라 목판, 파피루스, 석회암, 토기 파편 등에 쓰기 연습을 반복적으로 한 것을 보면, 학습 분야별 교재로서의 완벽한 모양새를 갖추지는 못해 보인다.

　　그렇지만 특권을 가진 서기의 양성은 교육에서도 엄격하게 규율의 준수를 강조하고, 일상보다 큰 노력을 요구했던 것 같다. 5세에 조기 입학하여 온종일, 10년이 넘는 교육 기간을 서기의 자질인 쓰기 교육을 혹독하게 받았다. 특권이 무모한 행동으로 발전하는 것을 상쇄하려고, 근면과 끈기를 요구하며 엄격하게 교육했는지도 모른다. 엄격한 규율 아래에 회초리 교육은 고전적 교수·학습 방법의 하나로, 일면 동서양이라는 시간과 공간을 초월하여 교육의 중요성을 강조한 점에서 같다고 하겠다.

　　고전으로부터의 발췌, 편지, 그리고 정부 서기로서 쓰는 법을 알아 두어야 할 무한에 가까운 물건명, 예를 들면 "이집트의 술, 팔레스티나의 술, 오아시스의 술, 신선한 고기, 요리한 고기, 달게 한 고기" 따위의 말을 몇 번씩이나 뒤풀이 베끼는 것이다. 이것이 "무지한 자의 머릿속에 모든 것을 집어넣어 주기 위한" 방법이었다.

　　모든 것을 배울 수는 없었으나 학생들은 지리, 역사, 산술, 외국어 등에 대한 다소의 지식과 신전이나 정부의 절차에 관한 초보적인 지식을 익혔다. 거의가 세습적인 계급사회에서 출셋길로 나아간 것은 이 서기 학교 출신자들이다.

　　교재로 사용된 것은 서기가 다른 직업보다 좋다는 것을 강조하고, 서기의 즐거운 생활을 찬양한 선전적인 내용이 많았다. 이러한 교재에 의하면 농부는 말할 것도 없고 신관들조차도 고통스러운 생활을 하는 자들이었다. 거기에 비해 서기는 언제나 깨끗한 차림을 하고, 밭에 나가 일을 할 필요도 없고, 다만 남의 일을 감독만 하면 되는 것이다.

고대 이집트에서도 메소포타미아와 마찬가지로 서기를 계획적으로 양성하였다. 출세하는 고급 지위, '깨끗한 차림'에 걸맞게 훈육(訓育)의 지도처럼 교육이 매우 엄격하였으며, 배우는 내용도 다양하여 문학, 지리, 역사, 외국어, 수학, 공학, 의학, 천문학 등을 학교에서 가르쳤으리라고 생각된다. 갖가지 지식을 머리에 집어넣는 암기 교육, 반복하여 쓰는 교육 등 교수·학습 방법도 엄격한 교육 테두리에서 벗어나지 못했다.

고대 이집트 서기 양성에서 교육 기간과 교육과정, 그에 따라 사용된 교재, 교재 내용과 종류가 무엇인지를 알려 준다. 교육의 전문화는 교과의 분화에서 시작되는데, 이미 이집트에서도 중요한 교과목이 형성되었음을 알려 준다. 메소포타미아 수준에 미치지 못하지만, 수학 분야에서도 어느 정도 교육내용을 확보하고 있었다. 기본인 계산법과 숫자 표기법을 사용했지만, 삼각형, 구형을 비롯하여 여러 모양의 면적을 계산하였다. 초보적이긴 하지만 용적도 계산하는 방법을 알았고, 특히 3.16이라는 원주율의 발견은 경이롭기도 하다.[8]

특히, 메소포타미아보다도 앞섰다고 볼 수 있는 의학과 관련한 기록은 시사점이 많다.[9]

이 파피루스 의학서에는 외상, 골절, 탈구(脫臼) 등 48종의 증세가 취급되어 있고, 머리에서부터 차츰 아래로 질서 있게 분류, 정리되어 있다. 뇌의 부상에 대해서는 10가지 예, 코에 대해서는 4가지 예라는 식으로, 기술은 척추에까지 미치고 있다. 병증마다 증세가 소상히 묘사된 것으로 보아, 이집트 의사의 진찰은 매우 꼼꼼했던 것 같다. 내용은 환자의 질문, 검사, 환자를 걷게 하든가 수족을 움직이게 하여 상처의 범위를 확인하게 하는 기능시험, 이어서 진단, 결론의 순서이다. 결론으로서는 "치료할 수 있는 부상", "치료해 볼 수 있는 부상", "치료할 수 없는 부상"의 3가지가 있었다.

---

8) 앞의 책, p.148.
9) 앞의 책, p.148.

이 파피루스는 탈구를 원상으로 회복시키는 방법, 받침대나 깁스를 사용하여 골절을 고치는 방법, 벌어진 상처를 꿰매든가 쩜쇠로 묶든가 접착력 있는 석고로 붙이든가 하는 치료법을 권장하고 있다.

현대 의학의 분석적 입장에서도 찬탄할 정도로 내용을 체계적으로 잘 정리한 의학교재의 모습이다. 외상, 골절, 탈구에 국한된 내용이지만, 병증의 분류가 지식의 구조를 본받은 듯 체계적이고 치밀하다. 진찰은 질문, 시험, 검사, 진단, 결론(치료법)의 단계로 크게 나누고 절차를 따랐다.

에드윈 스미스 파피루스[10]

교과서는 내용의 선정과 조직 체계, 이들 내용의 유기적인 관계, 수준을 고려한 교육의 절차 등이 기본 필수 조건이다. 이러한 조건은 교육과정의 체제와 연결되는데, 벌써 이를 모두 구비하고 있음을 알게 한다. 이처럼 고대 이집트에서도 교과서(교재)를 이미 개발하여 사용하였다. 인간이 존재하는 곳에 교육이 필수적으로 이뤄지고, 또 필요 때문에 자연스럽게 교과서가 탄생하게 되었다. 이처럼 '인간－교육－교과교육(내용)－교육과정－교과서'는 우연의 관계가 아니라 필연의 관계로 존재한다. 곧, 인간이 교과교육, 교육과정, 교과서 개념을 탄생시켰고, 교과서에 의해서 인간은 교육을 일련의 과정으로 체계화하고 계획적으로 가르쳐서 만물의 영장이 될 수 있었다.

---

10) 출처: 『인물로 보는 해부학의 역사』(송창호, 정석출판, 2015)

다. 목간(木簡), 죽간(竹簡), 비단, 종이 교재

메소포타미아나 이집트와는 달리 중국에서는 기록할 재료를 다양하게 찾았다. 문자의 발명과 정착이 빠르기도 했지만, 그 사용의 대중화와 일반화의 기반이 앞섰기 때문이다. 채륜이 예전부터 내려온 종이를 개량하여 질을 높이고, 종이[채 후지, 蔡侯紙]의 사용을 확산시켰는데 책의 편찬에 일대 전기(轉機)를 마련했다고 하겠다.

문자 기록의 발달과정은 인간의 욕구에 따른 문명의 진전과 함께 실용성, 대중성이 가미되면서 자연스럽게 진전되었다. 자연환경의 이점(利點)과 지원에 힘입어 중국에서 다양한 기록 형태의 발전은 기록 문화의 전형을 보여준다.[11]

중국 문자를 쓰는 법은 새 기술이 개발됨에 따라서 점차로 변했다. 기원전 2세기경까지 중국 문자는 대개 표면에 주출(鑄出)된 문자가 나타났다. 공자 시대에는 나무나 대의 길쭉한 조각을 가죽끈으로 묶은 것이 문자를 새기는 데 사용된 일반적인 재료였다. 한대(漢代)가 되자 모필(毛筆)이 등장하였고, 문자는 먹으로 비단 두루마리에 쓰였다.

종이가 발명된 후, 기원 2세기가 되자 비단 두루마리를 모방해서 여러 장의 종이 가장자리와 가장자리를 붙여 두루마리를 만들었다. 이윽고 이와 같은 종이 두루마리가 분열 시대 및 중세 초기에 글 쓰는 데 사용된 표준적인 재료가 되었다. 당(唐)의 궁중서가(宮中書家)들은 면밀하게 교합(校合)된 문헌을 필사하여 일정한 형식에 따른 온갖 종류의 유익한 책자를 만들어 내었다. 그들은 궁중에 설치된 공장에서 생산하는 최상급 종이를 사용하였다. 연황색, 백황색, 하늘색 등 은근한 색으로 염색된 종이는 양 끝에 비취(翡翠), 호박(琥珀) 혹은 수정(水晶)을 붙인 상아나 흑단(黑檀)의 막대기를 축으로 하여 말려 있었다.

9세기에는 불교 경전이 아코디언 식으로 접힌 새로운 모습으로 나타났다. 다음 10세기에는 그렇게 접힌 데다 한쪽 끝을 실로 철한 필사본이 나왔다.

목판 기술의 발명으로 두루마리나 책은 매우 쉽게 만들 수 있게 되었다. 초창기 인쇄물은 불교와 도교의 종교 서적에 한정되어 있었다. 후기에 와서 정부는 유교의 고전을 보급하기 위하여 인쇄기술을 이용하였다. 중세 후기의 책은 한 장이 2페이지가 되는 매우 얇은 종이의 한쪽을 인쇄한 것이었다. 인쇄된 종이를 가운데로 접는데 문자 면을 바깥으로, 흰 면을 안쪽으로 해서 접는 것이었다. 이렇게 해서 제본된 책은 아코디언 식으로 접힌 책과 마찬가지로 오른쪽 끝이 접히고 자른

---

11) 『라이프 인간세계사』(고대 중국)(한국일보타임―라이프, 1979) p.143.

쪽을 철해 놓은 것이다. 이같이 하여 역사, 문학, 종교 서적을 널리 보급하게 되었다.

책의 형태가 어떻게 발전되었는지를 설명해 준다. 중국에서도 초창기에는 목간, 죽간에 새기거나, 붓으로 비단에 썼으며, 이후 종이에 필사가 가능해지자 일정한 형식을 갖춘 다양한 교재를 만들게 되었다.

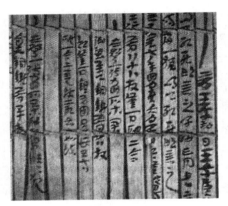

거연에서 발견된 한대의 목간[12]

두루마리, 아코디언(accordion) 형태에서 초기 목판 인쇄술이 발달함에 따라 현재의 제책(製册) 형식을 취한 인쇄물이 등장하게 되었다. 종이의 발명과 목판 인쇄술의 발달은 책의 보급을 급진적으로 활성화했으며, 문명 발전의 차원을 한층 더 달리하게 하였다.

그리하여 본격적인 교과서의 형태는 경서나 역사책에서부터 시작되었다고 해도 과언이 아니다. 기록하는 방법이 어떻든 간에 춘추·전국 시대부터 한(漢)대를 거쳐 나온 시경, 서경, 역경, 예기, 춘추를 비롯해, 논어, 맹자, 사기 등은 교재로서의 체제나 모습을 갖춘 훌륭한 교과서라고 아니할 수 없다. 도교나 불교가 사회에 정착되면서 이들 경전도 도사나 승려, 대중에게 보급의 필요성이 증대하면서, 책으로서의 형태를 자연스럽게 갖추게 되었다.

중국에서 교과서의 개념은 고대 메소포타미아나 이집트 문명에서의 그것과는 차이

---

12) 출처: 『미술대사전』 용어 편(한국사전연구사 편집부, 1997)

가 좀 있어 보인다. 일반 책과 교과서의 구분이 없었으며, 책의 형태도 다양하다는 점이다. 교육 기관의 설립과 교과서 발생의 측면에서 중국에서의 교과서 출현 문제도 흥미로운 연구 대상이다.

라. 인장(印章)과 교재

현재로서는 기원전 3000년경부터 형성되었다고 보는 인더스 문명에서, 학교의 존재나 교재의 형태를 알려 주는 기록물을 발견하지 못해서 이를 상세하게 설명하기가 어렵다. 후대, 인더스 문명을 전하는 기록이나 유물이 거의 남아 있지 않을뿐더러, 인장의 각문(刻文) 형태로 전하는 자료마저 문자의 해독이 아직 이뤄지지 않고 있기 때문이다.

그런데 당시 하랍파, 모헨조다로 도시의 모습은 경이롭게도 현재의 그것과 조금도 뒤떨어지지 않는다.[13]

> 이 2대 도시(하랍파, 모헨조다로)는 모두 도시계획 분야에서 걸작이라고 할 수 있을 것이다. 둘 다 똑같이 주변 총계 4.8km의 직사각형의 기초로 하고 있고, 오늘날의 5층 빌딩과 맞먹는 높이의 성새(城塞)가 솟아 있었다. 이 건조물들은 큰 곡물 창고, 의식용 홀, 아마도 종교의식과 관계있으리라 생각되는 대욕장이 설치되어 있다.
> 이런 점으로 보아 분명히 행정 및 신앙의 중심지였으리라 생각된다. 성새 밑에는 시가지가 바둑판의 눈금처럼 정연히 펼쳐져 있고, 크고 작은 도로가 동서남북으로 달리고 있다. 도로 양쪽에 늘어선 주택, 상점, 식당은 벽돌로 대단히 튼튼하게 지어져 있고, 한길에 면한 쪽의 벽에는 창문이 없으며, 뒷골목을 통해 출입하게 되어 있다. 방은 안뜰을 둘러싸고 우아하게 배치되어 있다.

이러한 도시의 규모와 정교하게 설계된 공공건물, 욕탕, 화장실, 정연하게 연결된 하수 망, 이를 검사하기 위한 맨홀 등의 시설이 찬연하다. 이러한 시설 규모와 생활상, 그리고 꽃피운 문화를 유추해보면, 학교와 교육 체계를 세우고, 교재를 만들어 제도적으로 교육이 이루어졌으리라는 짐작이 간다. 도시의 건설에는 인력, 자재(資材), 재정

---

13) 『라이프 인간세계사』(인도)(한국일보타임—라이프, 1979) p.32.

(財政)이 필수적이다. 메소포타미아나 이집트에서처럼 서기 직업을 비롯하여 필요한 전문 인력을 양성하는 학교를 세우고, 교육과정, 교재가 필요했으리라고 본다.

모헨조다로 유적과 인장14)

인더스 문명의 상징 중의 하나인 인장은 모헨조다로에서도 1,000개 이상 발굴되었고, 페르시아 연안이나 메소포타미아 도시에서도 같은 종류를 발견하였다. 일 변이 약 2.5㎝ 정도 정사각형의 모양으로 활석(滑石), 홍옥 등으로 만들었고, 코끼리, 호랑이, 영양, 소(황소, 물소), 사슴 등 동물과 남자 신상이나 여자 모습이 정교하게 새겨져 있다. 수많은 인장 각문에 360여 그림글자가 새겨져 있으나, 지닌 의미를 아직 해독하지 못하였다. 상업적으로 메소포타미아와의 교류가 활발했다면, 교육과 문화의 교류도 예외가 아니므로 비슷한 여러 교과목으로 교재도 제작하였으리라 추정해 보는 것은 가능하다.

문명과 문화는 어쩌면 교육의 뒷받침으로 융성하여 시간을 초월하여 흔적을 남긴다. 융성하게 발전한 도시 토목 흔적과는 달리, 인더스 문명의 기록물이 전해지지 않는 것이 안타까울 뿐이다. 교육을 계획적으로 실천하고 소통을 원활하게 하려면, 기록에 의지하는 방법이 최선인데, 고대 인더스 문명에서 기록이 전무(全無)한 이유가 무엇인지 궁금하다.

기원전 2000년 전부터 중앙아시아 초원에서 이주한 아리아인도 인도 문명과 관련한 도시나 조상(彫像)을 남기지 않았고, 인장, 토기, 벽돌, 묘지 등도 유물로 전하는 것이 거의 없다. 그러나 왕조의 흥망과 문명의 성쇠(盛衰)라는 역사의 흐름에서 교재의

---

14) 출처: 모헨조다로 유적(위키백과), 인장(『인도의 건축』 윤장섭, 서울대출판부, 2002)

존재를 찾아보게 한다. 인도 문명의 광휘와 흔적을 통째로 사라지게 한, 기원전 1500년~500년 사이로 추정되는 아리안족의 베다 시대(Vedic period)에는 4권으로 구성된 베다 경전이 있었다.[15]

4종의 베다 중 가장 오래되고 가장 중요한 리그베다는 1,000을 넘는 찬가로 되어 있다. 제식이나 주법에 사용하는 사(詞), 의식의 훈시, 자연을 노래한 시, 그리고 주사위 운(運)이 좋지 않음을 개탄한 세속적인 노래 등 갖가지 시가(詩歌)를 모은 것이다. 다른 3권, 즉 아주르 베다, 사마베다, 아타르바베다는 내용이 리그베다보다는 전문적이며, 제례의 실무에 관한 지식, 제관(祭官)이 부르는 영가(靈歌), 길상(吉祥)과 조복(調伏)의 주문을 각각 모은 것이다.

장기에 걸친 베다 시대에는 베다에 관한 주석서와 그 주석서에 관한 주석서가 점차 형성되어 간다. 브라아만(바라문)이라 불리는 제다에 관한 주석서는 제례 상의 특수한 기술을 아주 세밀하게 논하고 있다. 아라냐카[森林書]는 제례의 말을 취급, 구(句), 어(語), 음절(音節), 나아가서는 개개의 음(音)까지 설명하고 있다. 그리고 철학적 이론을 집대성한 우파니샤드[奧儀書]는 제례의 실무보다 오히려 오의에 주된 관심을 쏟고 있다. 즉, 우파니샤드는 우주와 그 가운데 있어서의 인간의 지위에 관한 사변적(思辨的)인 해석을 여럿 상세히 기술하고 있다.

아리안족도 문명의 흔적을 거의 남기지 않았다. 그러나 베다 경전에는 역사적 사건은 빠져 있으나, 문학작품을 포함하여 종교, 철학 등 문화의 편린(片鱗)과 생활상을 찾아보게 한다. 예술과 생활, 종교의식이 함께 어우러진 문화유산의 집대성으로 교과서의 자격을 충분히 지니고 있다 하겠다.

이후, 인도는 종교적 창조 활동의 중심으로서 불교의 장려와 더불어 경전이 모양새를 갖추며 분화하고, 힌두 문화가 종교로 정착하면서 언어적 집대성도 계속하여 이루어졌다고 여겨진다. 작자 미상으로 기원전 2세기부터 기원후 2세기 사이에 만들어졌다는 '마누법전'도 이에 해당하는 종교성전(宗敎聖典)이다. 우주의 개벽과 만물의 창조, 일상생활의 규범, 법조문에 이르기까지 방대하게 망라한 백과전서의 성격을 띤다.

---

15) 『라이프 인간세계사』(인도) p.36. 자세한 경전의 내용은 여기를 참조 바람(pp.36~40.)

마누법전16)

경전과 법전도 하나의 완결된 교과서임은 틀림없다. 교육적 내용과 가치, 정연한 구성 방식, 사회적 파장력(波長力), 대상의 범위와 호응 등 모든 면에서 그러하다. 그러나 교과서 발달사에서 이들을 어느 위치에 놓을 것인가는 더욱 깊은 논의가 필요하다. 동서양을 포함하여 밝혀야 할 문제로 연구가 필요한 하나의 과제라고 하겠다.

2. 교과서 개념의 확장과 발전

4대 문명에서 살펴본 것처럼 인간과 교육, 교과서(교재)는 그 형태가 어떻든 간에 상호 관계를 유지하며, 문명의 형성과 발전에 한 축을 담당하였음은 분명하다. 그러나 당시에는 백성을 대상으로 보통교육이 일반화되지 못하였으므로, 교과서의 출간과 보급이 그렇게 절실하지는 않았다. 교과서의 대중화와 보급은 규격화된 형태로 손쉽게 인쇄, 제본하고, 또 그만한 수요가 있어야 한다. 그리고 인쇄와 제본이 편리한 종이의 생산과 보급이 원활해야 한다.

이러한 관점에서 교과서의 발전은 문명사적 배경을 두고 설명하는 것이 어느 면에서 편리하다. 인류 문명사는 교육의 역사요, 교육의 표징(標徵)인 교과서(책)의 역사이기 때문이다. 어찌 보면 교과서(교재)는 내용과 형식, 전달 수단을 함축한 넓은 의미의 기록물로서의 개념을 말한다. 학교 공간에서 사용하는 교과서를 포함하여, 모든 기록물은 이와 같은 역할을 전적으로 감당해 왔다.

교과서(교재) 변화 모습은 문명 발생 초기부터 근현대에 이르기까지 역사의 기록에서 호기심을 갖게 한다. 그리스와 로마 문명을 교재 발달사에서 언급하지 않을 수 없

16) 출처: 『인물로 보는 해부학의 역사』(송창호, 정석출판, 2015)

는데, 문명 발생 시기보다 교과서 개념이 좀 더 명확해지고 분화된 모습을 보인다. 암흑시대라고 하는 중세, 그리고 이를 개혁하려는 르네상스, 근대로 지칭되는 17세기 교육의 양상을 통하여, 교과서 변화와 발전의 단편을 간략하게 생각해 보고자 한다.

교과서(교재)의 변화와 발전을 논할 때 교육사, 교육 철학사는 물론, 심지어 정치와 경제사, 문화사 등 순수 인접 학문의 도움을 받지 않을 수 없다.[17] 교과서의 변화 모습, 즉 '교과서 발달사'는 동서양으로 구분하여 모두 언급하는 방법이 바람직하다. 그러나 교과서 발달의 맥락을 처음으로 잡아보는 시도이고, 자료의 접근도 제한적이어서 서양을 중심으로 일반적인 시대 구분을 준용하여, 교과서 변화의 일단을 살펴보고자 한다.

가. 고대 그리스 교육과 교과서

그리스는 지정학적으로 메소포타미아, 이집트와 근접하여 문명 형성의 천혜(天惠)를 받았지만, 그 성격과 꽃피운 내용에서는 차이가 크다. 정치적으로 인간 중심의 사회 질서 체제는 물론 문학과 철학, 예술 등 모든 분야에서 우리의 마음을 사로잡는다. 인간의 본질적인 삶의 문제인 개성을 존중하고, 이를 예술과 체육, 문학, 철학 등 다방면으로 승화시켰다. 이러한 찬란하면서도 조화로운 융성은 교육이라는 뒷받침이 없이는 가능하지 않다는 사실도 그들은 알고 있었다.

위대한 정치가나 사상가, 철학자도 교육의 중요성을 강조하고 이를 제도적으로 확립하려고 부단히 노력하였다. 당시 그리스 교육의 중심은 아테네였고, 기록으로 남은 여러 자료에서 교육의 실상을 파악할 수 있게 한다.[18]

---

17) 윌리암 보이드(William Boyd), 『서양 교육사(The History of Western Education)』(이홍우 외 역, 교육과학사, 2008)를 주로 참고하였고, 다음 저서는 교과서 발달사 측면에서 개념 형성과 설명에 도움을 주었다.
   남궁용권 외, 『교육철학 및 교육사』(양서원, 2008)
   정영근 외, 『교육의 철학과 역사』(문음사, 2005)
   목영해 외, 『교육의 역사와 철학』(교육과학사, 2004)
   강기수, 『교육의 역사적 철학적 기초』(세종출판사, 2004)
   알베르트 레블레(Abert Reble), 『서양 교육사(Geschichte der padagogik)』(정영근 외 옮김, 문음사, 2002)
18) 『라이프 인간세계사』(고대 그리스)(한국일보타임—라이프, 1979) pp.80~81.

7살이 되는 생일이 지나면 남자와 여자는 각각 다른 코스를 밟는다. 여자는 어머니와 함께 가정에 남고, 남자는 남자가 되는 공부를 하기 위해 학교로 가게 되는 것이다.…

제멋대로 굴던 온상에서 나오면 아테네의 어린이들은 엄격한 교육을 받는다. 플라톤은 프로타고라스의 다음과 같은 말을 남겨 놓고 있다. "어린이가 어른의 말을 이해하게 되면 어머니와 유모, 아버지, 가정교사는 제각기 경쟁하듯 어린이를 교육하기 시작한다. 말을 잘 들으면 치켜세워 주지만, 만일 거슬리는 것이라고도 하면 마치 휘어버린 판자를 펴듯이 바로 될 때까지 매질과 엄포를 퍼붓는다."

7세부터 18세까지의 남자는 노예의 시중을 받으면서 사립학교에 다니는 경우가 많았다. 당시의 교사는 멸시를 받았고, 수업료도 제대로 받지 못해 경제적으로 어려웠다. 길거리에서 가르치는 경우조차 있었다. 학생들은 읽기, 쓰기, 산수, 시, 음악을 배웠다. 법률은 어버이들에게 자식의 교육 의무는 부과시키면서도, 국가에 학교 설립을 요구하지 않아 이러한 사태가 일어난 것으로 보인다. 최고의 교육이었다.

위의 설명은 당시 그리스 교육의 특징과 형편, 대강의 흐름을 알려 준다. 사회 발전의 기반은 교육이요, 교육을 제도로 확립한 것이 학교이다. 어려서부터 교육을 시작하고, 일정 기간 학교에 다닌 것으로 미루어 교육과정과 교과서의 존재를 엿보게 한다. 그리스에서는 사립학교나 개인 교습이 성행했던 것으로 보인다. 교육의 중요성을 강조하면서도 국가가 제도적으로 교육에 깊숙이 관여하지는 않은 시기도 있은 듯하지만, 그리스 교육은 학교를 중심으로 그 성과를 표방하였다. 교사의 사회적 지위나 대우도 열악한 적이 있었지만, 교육 방법에는 칭찬과 엄격함이 공존했던 모양이다.

교육 전반을 언급하기보다 학교 교육 중심으로 교육과정, 교과서와 관계하는 부분 위주로 그 흐름의 대강을 살펴보고자 한다. 일반적인 역사 시기의 구분에서처럼, 고대 그리스 아테네의 교육을 구교육, 신교육, 헬레니즘 시기 셋으로 구분한다.[19]

'구교육 시기(BC6~5세기)'에는 도시 국가 간의 경쟁에 대비하여, 체육을 교육의 중심에 놓고 국가의 관심과 노력을 집중하였다. 초등교육 수준의 기관인 체육(씨름)학교(palestra/palaistra), 음악학교(didas caleum)가 등장하고, 두 학교가 긴밀하게 관계를 유지하며 교육과정에 따라 여러 교과목을 가르쳤다.

---

19) 윌리암 보이드, 앞의 책, pp.48~89. 자세한 내용은 여기를 참조하기 바람.

7, 8세 소년들은 '사설 체육학교(레슬링 도장)'에, 소년기를 막 벗어난 청년들은 '아카데메이아(Akademeia)'나 '퀴노사르게스(Cynosarges)'라는 두 개의 공립 체육학교(공공 체육관)(gymnasium) 중 하나에 진학했다. 높이뛰기, 달리기, 씨름, 창던지기, 원반 던지기 등 전쟁에 대비한 신체 훈련 위주 교육을 하였다.

음악학교에서는 키타리스테스(수금연주가)(kitharistes)의 지도를 받았고, 읽기와 쓰기, 셈하기 교과도 배우며, 시를 암송하였다. 주로 호머의 서사시 『일리아드』와 『오디세이』 전체를 암기하고 아테네 신 대축제 때 관중 앞에서 낭송하였다.[20] 전문화된 분야를 가르치기 위해 체육 교사, 음악 교사의 명칭도 이 시기에 등장했다. 학교를 마치고 과도기 훈련을 2~3년 거친 다음 에페보스가 된다.

기원전 5세기 전반기 동안인 **'신교육 시기'**에 아테네는 경제와 정치에서 큰 변화를 맞아, 교육체제에도 새로운 진화를 요구하였다. 체육학교와 음악학교를 마친 후 18세 에페보스 선서를 할 때까지 간극(間隙) 기간 교육을 강화하였다. 음악교육과 사장교육(詞章敎育)이 분화되고, 가르치는 사람도 음악 교사(kitharistes), 문자 교사(grammatistes)로 나뉘었다. 교육과정도 학생에게 논리학, 윤리학, 문학 비평론 등 범학문적인 철학 교육을 제공하는 과정과 기하학, 천문학, 화성학(음악의 수학적 이론), 기하학의 한 부분으로 여겨졌던 산술 등을 교육하는 과정으로 구분하였다.

교육적으로 인간의 본성과 진리를 찾아보려 하다가 죽음을 면하지 못했던 소크라테스, 그의 제자 플라톤은 아카데미아 학교를 세우고 『국가론』에서 이상 국가를 주창했다. 플라톤은 십칠 팔 세까지 남녀 모두 체육과 음악을 배우고, 이후 2년은 에페보스 훈련과 비슷한 신체 훈련, 이십에서 삼십 세까지 수학[대수, 기하, 천문학, 화성학(음악에 관한 수학 이론)], 삼십 세가 되면 5년 동안 철학을 배우는 교육과정을 설정하고 이에 따라 교과목을 가르쳤다.

소크라테스 전기 『소크라테스의 회상』과 정치소설 『퀴로스왕의 교육』을 쓴 크세노폰, 수사학교를 설립하여 웅변 교육을 체계화한 이소크라테스는 이 시기에 활동했던 교육자요, 철학자로서 그리스 교육의 부흥을 선도하였다. 후에 알렉산더 대왕 개인 교사를 지낸 아리스토텔레스는, 개인과 국가의 교육 이상을 저서 『윤리학』과 『정치학』에 담아 행복을 추구하는 교육으로, 현실주의적 경험이론을 교육과 접맥시키려 하였다.

---

20) 알베르트 레블레, 앞의 책, p.35.

기원전 404년 펠로폰네소스 전쟁에서 아테네가 패배한 이후 '헬레니즘 시기'에는, 알렉산더 대왕의 영토 확장에 힘입어 아테네의 교육체제는 각지로 뻗어나갔다. 대학 성격의 철학 학교가 생기고, 학교의 명칭, 교과, 교수 방법이 다양해지고, 세계주의, 세계 시민의식이 자리 잡기 시작했다.

교육도 전문화되면서 교사도 파이다고고스, 체육, 문법, 음악, 미술 등으로 나뉘었다. 이들 교사에게서 수업을 마친 다음 대수, 기하, 승마 교사에게서 배운다. 이후 에페보스 훈련은 지원제로 바뀌고, 군사훈련과 일반교육을 겸비하는 대학 기관으로 바뀌는 기반이 되었다. 초급 단계 교육과정은 신교육 시기와 거의 비슷하였으나, 중등 단계에서는 수사학이나 철학, 문학교육이 제외되었다.

알렉산드리아 교육은 그리스 교육과 사뭇 다른 양상을 보이고, 교과서(교재)와 관련한 시사점을 찾게 한다. 이집트 프톨레마이오스 왕조 소테르(프톨레마이오스 1세)는 알렉산드리아에 거대한 도서관을 설립하였다. 설립 시에 20만 권, 기원전 1세기에 이르러서는 70만 권의 장서를 소장하였다고 하여, 그 규모가 얼마나 되었는지를 상상하게 한다. 이때 도서관을 설립해야 할 정도로 책의 발간이 쉽고 자유로웠거나, 그만큼 책의 형태가 갖추어져 소장과 열람이 편리하고, 많은 사람이 여러 번 대출받을 수 있었다는 의미이다.

알렉산드리아는 기원전 3세기에 에우클리테스(기하학), 아르키메데스(물리학), 헤론과 필론(역학), 아폴로니우스(원추곡선 기하학), 에라토스테네스(지리학), 히파르코스(천문학) 등이 과학의 연구를 선도하였다. 특히, 4대 도서관장인 아리스타코스는 800권의 주석서를 썼으며, 명사(형용사 포함), 동사, 분사, 대명사, 관사, 부사, 전치사, 접속사 등 8 품사를 구분하여, 학교에서 교과로 가르치는 문법 체계를 수립하였다.[21]

이 시기에는 일반 책과 교과서의 개념이 확실하게 분화되지는 않은 듯하다. 학교에서 가르치면 교과서요 일상에서 읽고 배우면 일반 책이 되는 것이다. 그러나 학교, 교육과정, 교과서, 교사, 학생은 함께 존재하는 상관성을 지니므로, 이 시기 교과서의 존재와 가치는 분명해졌다. 교과서 종류는 다양해지고, 내용도 더욱 전문화되었다고 하겠다. 그리하여 아테네 교육은 후대에까지 교육의 종주가 되었고, 학교, 교육과정, 교과서 등 교육 체계 전반을 해외로 전파하였다.

---

21) 윌리암 보이드, 앞의 책, pp.88~89.

나. 고대 로마 교육과 교과서

로마 교육은 형식에서 그리스 교육의 영향을 많이 받았다. 그러나 독자적 교육을 추구하여 그리스 교육을 본받되 거기에서 벗어나려는 노력도 하였다. 로마는 공화정 시대, 제정 시기, 기독교 공인 후 등 세 시기로 나누기도 한다.

이미, **'공화정 시대'**에 초등학교 루두스(ludus)와 교사(educatos)라는 명칭이 있었으며, 문법학, 수사학을 중심에 두고 철학, 체육, 무용, 음악, 과학 등 다양한 분야에서 교육이 이루어졌다. 이어 수사학교, 문법 학교를 설립하고, 『오디세이』를 라틴어로 번역한 교재로 가르쳤으며, 『그리스어 문법』, 레미우스 팔라이몬(Remmius Palemon)이 쓴 『라틴어 문법』 등 단일교재도 나와 후대에까지 사용하였다. 문자 교사(littertator), 문법 교사(grammaticus), 수사학 교사(rhetor) 등 전문 분야에 따라 교사의 명칭도 달라졌다.

특히, 1,300년대까지 중세 대학의 주요 교재로 사용되었다는 디오니시오스 트락스(Dionysius Thrax)의 저서 『그리스어 문법』을 가르치고 배우는 방법은 현대의 그것에 못지않다. 문법을 배우는 과정으로 학생들은 격변화, 동사 어미변화 등 문법의 기초를 다지고, 단어의 형식을 토론한 다음 그리스(희랍) 문학, 라틴 문학 공부에 들어간다.[22]

시인의 작품이 주된 교과로 되어 있었지만, 적어도 이론상으로는, 완전한 문학 공부가 되려면 산문 작가의 작품도 공부해야 한다는 것이 인정되어 있었다. 문학 작품을 다루는 방식은 매우 철저하였다. 먼저, 공부할 작품을 읽는 것, 즉 '낭독'을 한다. 문법 교사가 구절을 읽고 학생이 따라 읽는데, 이때 억양과 고저장단에 세밀한 주의를 기울이면서 그 글의 의미에 합당하는 효과를 내는 데에 노력을 집중한다. 그다음에는 구절에 관한 교사의 주석, 즉 '해설'을 한다. 여기에서는 어원이나 문법에 관한 특이사항을 설명하고 그 구절에 관련되는 역사, 신화, 철학, 과학의 내용을 언급한다. 교사가 이런 내용을 강의하면 학생은 그것을 필기하여 나중에 암기하여야 한다. 해설에 이어 비판, 즉 알렉산드리아의 학자들이 한 것과 같은 텍스트의 비평, 구절의 다양한 해석 방법에 관한 토론이 이루어진다. 그리고 마지막으로, 학생들이 충분히 성숙했을 경우에는 '판정'을 한다. 여기서는 작가의 특징적인 기법에 대한 비판적 평가, 그의 장점과 단점에 대한 사정이 이루어지며, 때로는 그 작가와 다른 작가의 비교도 이루어진다. 이와 같이 작가에 관한 자세하

---

22) 윌리엄 보이드, 앞의 책, pp.107~108.

고도 면밀한 연구를 하는 것 이외에도, 학생은 그 이야기를 자신의 용어로 다시 해본다든지, 여러 가지 대안적 표현을 연습해 본다든지, 희랍(그리스)어와 라틴어를 유창히 구사하기 위한 연습을 하는 등 그때그때의 형편에 알맞은 활동을 한다.

현대의 통합, 융합 교육의 전형을 보여준다, 문학을 공부의 절차인 낭독－해설－비판－판정이라는 교육과정을 매우 철저하게 적용하였다. 읽을 때 억양과 고저장단을 고려하고, 해설 시에는 어원, 문법 특이사항, 관련 학문을 언급하며, 해설 방법에 관한 토론과 비판, 이어 판정으로 이어진다. 작가에 대한 심도 있는 비판적 평가, 자기화의 과정, 반복되는 연습은 그리스어와 라틴어를 유창하게 배우고자 하는 혹독한 과정이었다.

문법 학교를 졸업하면 수사학교에 진학하는데, 여러 학파의 수사학 이론은 물론 다양한 기법, 주제, 형식을 가르치고 배웠다. 그만큼 수사학교의 교육과정을 치밀하게 짜고 관련 교재도 갖추었다. 카이사르는 교양과목을 교사와 의료에 종사하는 의사들에게 수도 로마에서 근무하면 직장과 시민권을 부여하여 직업의 중요성을 강조하였다.

공화정 시기에 돋보이는 교과서로는 기원전 450년에 만든 『십이동판법』이 있다. 갖가지 생활상의 의무를 규정한 내용을 담아 당시에 교과서로서 손색이 없다. 영웅심과 애국심이 강했던 교육학자 카토의 로마 역사책 『유래기』와 그의 처세술을 담은 『동자훈』, 문법, 수사학, 변증법(논리학), 기하, 산수, 천문학(점성학), 음악, 의학, 건축 등 학문을 포괄적으로 취급한 바로의 『신자유학문』은 교과목 관련 논술로서 전해지지 않는 것이 아쉽다. 빼어난 웅변가로서 웅변술에 지식을 강조한 키케로의 교육 이론서 『주제론』, 『웅변가론』, 『웅변가 브루투스』 등도 주요한 교재로 사용되었다.

아우구스투스 초대 황제 즉위 이후 **'제정 시기'**에는 '제국학교 제도'가 생겨나 문법학교와 수사학교가 속주를 비롯하여 제국 전역에 세워졌고, 학교 교육을 통한 로마화를 계획적으로 시행하였다. 문법학자, 수사학자, 의사, 철학자를 특별하게 대우하고, 교사 중 일부에게는 수석교사라는 명칭도 붙여주었다.

기원 1세기 말엽에 철학자보다도 웅변가를 완전한 인간으로 보는 퀸틸리아누스는 로마 지도층을 기르는 필독 도서라고 지칭하는 12권의 『웅변가의 교육(Institutio Oratorio)』에서 로마 교육의 원리와 방법을 완벽하게 설명하였다. 이 책은 웅변가 자질을 배양하는 교육과정을 체계적으로 담은 교과서로, 수사학교 교사도 역임했던 그는 유아기부터 웅변 기교의 완성까지 교사의 임무를 강조하였다.

황제의 후원에 힘입어 알렉산드리아에서는 '수사학 연구와 언어학, 비평의 연구를 겸하는 문법학자, 지리학과 그 밖의 모든 학문을 조금씩 겸하는 역사가, 각각 자신의 관심에 따라 웅변술, 윤리학, 정치, 종교를 가르치는 철학자, 산수와 기하뿐만 아니라 천문학과 역학도 가르치는 수학자, 그리고 마지막으로, 박물학과 식물학과 해부를 겸하는 의사' 등이 있었다. 아프리카 북부와 갈리아 지방에는 라틴어 보급을 위한 학교도 생겨났다.[23]

교육체제를 정비하여 각 지역 수도에는 특별교사라 하여 봉급을 지급하고, 특권과 동시에 의무도 부과하여 의사, 철학자, 문법학자를 임용하였다. 그러나 학자나 철학자보다는 아시아풍의 웅변을 본뜬 수사학자나 궤변가가 학교나 정계에서 대접을 받는 교육의 흐름이 생겨났다.

'기독교 공인 이후' 서로마 제국 멸망 때까지 기독교화는 교육에도 커다란 변화를 가져왔다. 기원 313년 콘스탄티누스 황제가 제국의 종교로서 신앙 자유를 인정한 이후, 『신약성서』는 독점의 위치에서 교육과 신앙체계를 변화시켰다. 고차원의 문답법으로 기존의 생각과 사상을 바꾸고, 새로운 세계로 민중을 사로잡아 인도하였다. 이교도 문화와 기독교를 화해시키는 교리문답 학교가 생기고, 교육 연한은 4년으로 1학년은 문법과 논리학을, 2학년은 기하학, 물리학, 천문학으로 기초를 다지고, 3학년은 철학(특히 윤리학)을 기독교적 관점에서 비교 연구한 후, 4학년은 성서를 세밀하게 연구하였다. 기독교가 자리 잡음과 동시에 그리스 과학과 철학의 정수도 교리에 포함하였다.

특히, 위대한 종교 사상가이자 철학자인 아우구스티누스는 『고백론』, 『삼위일체론』, 『신국론』을 직접 썼고, 문법과 수사학의 교재 자료를 고전뿐만 아니라, 성경과 그와 관련한 책에서 뽑거나, 학습의 보조 수단으로 개요서 제작을 주장하였다. 그리하여 『복음사』(유벵쿠스), 『목가』(세둘리우스), 『영혼의 싸움』(프루덴티우스), 『학문과 웅변의 결혼』(마르티아누스 카펠라) 등 학교에서 사용할 다양한 교재가 등장하였다.

이 시기에는 문법, 변증법(논리학), 수사학, 기하, 산수, 천문학, 음악 등의 교육에서

---

23) 윌리암 보이드, 앞의 책, p.122. 이하 여기에서 많이 참조함

중요도가 달라지고, 특히 로마 문화의 쇠퇴와 더불어 문학 교육과 수사학 교육은 사양(斜陽) 길에 접어들고, 공공학교도 점점 쇠퇴하여 소멸하게 되었다.

　로마 시기의 교육은 기독교 공인 전까지는 그리스 교육의 영향으로 학교 체제나 교육과정, 교과서 사용은 비슷하였다고 하겠다. 다만, 교육의 의도나 목적에 따라 학교를 설립하였고, 교사의 대우와 교육과정 운영을 연계하였다. 그에 따라 교과목과 교과서가 문법과 웅변을 중심으로 더욱 다양해지고, 교사의 전공도 더욱 분화한 것으로 보인다. 로마에서는 기나긴 국가 존속 기간 동안 정치 제도, 교육 체계의 뚜렷한 변화를 엿볼 수 있어, 학교 제도, 교육과정과 교과서 발달 연구에 관심의 대상이 된다.

다. 중세 교육과 교과서

　중세를 서로마 제국이 멸망한 476년부터 동로마가 멸망한 1453년까지로 기간을 획정하기도 한다.[24] 중세로 넘어오면서 교회가 학교의 역할을 대신하고 교육이 성직자의 전유물이 되었다. 교육사를 논할 때 중세는 대개 전기와 후기로 나누기도 한다.
　'중세 전기'에는 교회의 부속 기관으로 문답 학교를 설립하고, 문답 학교의 교사, 교회 지도자 양성을 위해 고급문답 학교(Catechetical School), 교회 성직자 양성을 목적으로 각 교구의 대성당 소재지에 대성당 학교(Cathedral School)를 세웠다. 대신 자유학과의 교육은 소홀해졌다.
　중세 초기 수도원(monastery) 운동으로 인재가 수도원으로 들어오고, 수도원의 교육적 역할이 그만큼 지대해졌다. 카시오도루스는 수도원을 설립하고, 수도사들에게 도움을 주기 위하여 1부는 종교적 문헌 내용을, 2부는 자유 학과 내용을 담은 『성·속학교법(Institutiones divinarum et soecularu lectionum)』을 편찬하였다. '지혜가 그 집을 짓고 일곱 기둥을 다듬었다'라는 성경 구절과 관련하여 지식의 일곱 구조를 창안하였고, 이후 『7자유 교과』는 창의적이지 못했지만, 교육의 표준적 교과서로 널리 사용되었다.[25]
　베네딕투스(Benedictus)는 '수도원 규칙'을 만들어 하루 동안 일과로 7시간의 노동

---

24) 정영근 외,『교육의 철학과 역사』(문음사, 2005) p.289.
25) 윌리암 보이드, 앞의 책, p.149.

과 2시간 이상의 성서 읽기를 의무로 하였다. 이후 사경(寫經)까지 과업이 주어졌고, 사경과 책을 읽어야 한다는 것은 그만큼 교재의 공급과 이용이 원활했다는 것을 의미한다. 이러한 교육의 강조는 양피지 공급 부족으로 이어져, 사경은 고문서를 지우는 파동으로 이어진다.

교황 그레고리우스는 노래와 초급 라틴어와 글 읽기를 가르친 성가 학교(Song Cantorum)를 설립하고, 『도덕대계(Pope Gregory the Great)』도 저술하였다. 세빌리아 주교 이시도레(Isidore)는 이교도와 기독교는 물론 수많은 작가를 포함한 『기원(Etymologies)』이라는 20권짜리 백과사전도 편찬하였다.

아일랜드 수도원에서는 그리스, 로마 문학을 연구하는 등 신앙과 학문이 공존하며 발전했지만, 이후 종교 이외의 수준 높은 교육은 수도원 교육에서 멀어져 갔다. 반면 '주교학교'에서는 공공학교가 사라짐에 따라 신앙교육과 문법 교육도 담당하게 되었고, 따로 교회의 부설로 문법학교를 세워 가르치기도 하였다. 영국에서는 국왕이 교육에 관심을 두고 교육을 진흥하였다. 대표적으로는 샤를르 대제는 누구나 학교에 보내 문법을 공부해야 한다고 강조하였다. 알프레드 대왕은 궁정 학교를 설립하는 등 중세 교육의 기틀을 마련하였으며, 대학의 설립에까지 영향을 끼쳤다. 특히, 대왕은 라틴어 서적 『목회론』(교황 그레고리오 1세), 『철학의 위안』(보이티우스), 『세계 보편사』(오로시우스), 『교회사』(비드) 등을 영어로 번역하여 교과서 발달사에도 큰 업적을 남겼다.

'중세 후기'는 10세기경부터 14세기 르네상스(문예부흥) 전까지를 기간으로 잡는다. 샤를르, 알프레드 대제를 이어 오토대제의 후원으로 궁정 학교와 수도원에서의 교육의 장려는 계속 이어져갔다. 도시의 발달과 공민권 운동으로 교육의 수요는 학교 수를 급격하게 늘리고, 교회의 그늘에서 완전하게 빠져나오게 하였다. 문법학교나 성가 학교의 수준을 높여서 일반학과로 불리다가 대학이 탄생하였다.

산간벽지를 제외하고 문법학교가 전역에 설립되었고, 읽기, 쓰기, 종교를 비롯하여 라틴어, 수사학과 논리학을 가르쳤다. 교회도 교회법에 따라 무상으로 다니는 학교가 생겼고, 사원, 대학 부속교회, 수도원과 관계한 학교는 교육의 중추 역할을 담당하게 되었다. 이후 이들로도 교육의 수효를 충족시킬 수 없어 ① 후기의 대학 부속학교, ② 병원 부속학교, ③ 길드 학교, ④ 연보 학교(또는 진혼당 학교) 네 가지 유형의 새로운 학교가 생겨났다.[26]

이 시기에는 교육이 종교의 통제에서 벗어나 비종교적인 독립의 길로 나가게 된다. 길드 학교처럼 종교와 관계없는 학교도 교원은 성직자였는데, 점차 교장도 일반인으로 바뀌고, 이는 사립학교의 출현으로 더욱 가속화되었다.

중세 전기에는 학교 설립의 목적과 운영의 주체가 바뀌고, 교육내용이 종교 중심으로 이루어져서 교육과정과 교과서도 이러한 영향을 받았다. 그러나 후기 시민의 권한이 점차 커지면서 시립학교가 등장하는 등, 학교의 종류나 운영 주체도 종교에서 벗어나려는 경향이 뚜렷해졌다. 중세 시기는 그 기간이 긴 만큼 교육과정과 교과서의 성격 변화과정을 뚜렷하게 엿볼 수 있게 한다. 그러나 중세는 문명 탄생 시기, 그리스나 로마 시대처럼 교육과정이 다양해지거나, 교과서가 실감하게 여러 종류로 분화하지는 못했다.

라. 르네상스 교육과 교과서

중세를 암흑시기로 규정하고 이에서 '다시 탄생한다(재생/ 부활/ 문예부흥)'라는 뜻의 르네상스 시대로 이어진다. '다시 태어난다'라는 뜻이 시대의 전체적인 특징을 대변하기에 부족하다면서, '**인문주의 교육**'이라 표방한 윌리엄 보이드는, 르네상스 이후 오늘날까지 교육의 역사는 두 경향의 상호 작용과 갈등의 기록이라 말할 수 있다고 하였다.27)

> 학교와 대학이 중세의 전통을 청산하고 르네상스의 충동으로 말미암아 새롭게 등장한 문학과 철학과 과학을 가르치느냐, 그렇지 않으면 당시 교육 이외의 다른 분야가 그러했듯이 과거로 되돌아가서 희랍과 로마 문학에서 교육내용을 구하느냐 하는 것이다.

상업과 대학의 발달이 앞섰던 이탈리아에서 인문주의 교육은 다른 지역보다 앞서 이루어졌다. 이탈리아 남부 학교 교원 대부분은 성직자보다는 일반인들로 구성되어

---

26) 윌리엄 보이드, 앞의 책, p.208.
27) 윌리엄 보이드, 앞의 책, p.213.

새로운 정신과 사고를 유연하게 받아들일 수 있었다.

논리학 교수 피에트로 파올로 베르게리오(Pietro Paolo Vergerio)는 퀸틸리아누스의 『웅변가의 교육』의 주석서를 편찬하고, 『신사의 처신과 자유 교과』라는 책을 썼다. 그는 기본적인 교과로 역사, 윤리학, 웅변을 제시하였는데, 웅변술은 문법, 작문 규칙, 논리학이 포함된 과목이었다. 옛날의 4교과인 대수학, 기하학, 음악학, 천문학은 부가 교과로 하였다. 그는 이러한 교육과정에서 문학과 문체를 새롭게 강조하였다.

15세기 '인문주의 교육의 아버지'요 최초의 '근대적 교사'[28]라고 불리는 펠트레의 비토리노(Vittorino da Feltre)는 고전 강독, 라틴어, 작문, 연설도 매우 중시하였다. 그는 고전 문학을 포함하여 고대의 역사와 철학, 4과 중 두세 과목 등 여러 학문 분야를 다루고, 그 자신만의 유연한 교육과정과 교육 방법을 택하였다.

궁정 학교 교장을 지낸 구아리노(Guarino)는 그의 막내아들 저서『교육의 방법과 고전 작가를 읽는 방법』에서 밝혀진 사실이지만, 수업에서 형식을 강조하고 내용을 부차적인 것으로 생각하여 교육과 삶의 현실을 떼어 놓았다. '특정한 교과가 그 내용과는 무관하게 그 자체로서 교육받은 사람의 자질로서 중요하다.'라는 일종의 교육관을 피력하였는데, 교육이 현실과 괴리되는 이유를 피교육자의 자질로 본 점이 특이하다. 그리하여 그는 교육의 기초를 문법 교육에서 찾았으며, 운율의 형식적 규칙 공부를 강조하여, 문학이 지니는 내용적 가치를 소홀히 취급하였다. 비토리노 제자 페로티는 라틴 시작법『운율론』과 현대적 최초 라틴 문법이라는『기본 문법』의 교과서를 남겼다.

북부 유럽에서의 르네상스는 네덜란드에서 시작하였다. 시영학교(municipal school)가 있었으며, 이탈리아에서 인문주의를 가장 먼저 받아들였다. 공동생활 형제단[Brethren of the Common Life]은 학교의 교육 활동을 세밀하게 조직하였다.

교장을 역임했던 알렉산더 헤기우스(Alexander Hegius)는 그리스어와 그리스 문학을 학교의 교과로 설정하고, 라틴어 교육 방법을 바꾸었다. 교육의 효과를 높이기 위해 8학년 학제 교육과정을 창안하였다. "제1차 연도에는 초보 문법, 제2차 연도에는 쉬운 글을 모아 놓은 선집, 제3차 연도에는 쉽게 고쳐 쓴 산문 작가 작품과 라틴 산문, 제4차 연도에는 역사가의 저작과 초급 희랍어, 제5차 연도에는 고급 희랍어, 논리학

---

28) 남궁용건 외, 앞의 책, p.206.

과 수사학, 산문의 원문, 제6차 연도에는 희랍 문학과 작문, 고급 논리학과 수사학, 제7차 연도에는 유클리드, 로마법, 아리스토텔레스와 플라톤, 제8차 연도에는 신학과 논변"[29]을 가르쳤다.

16세기 초 문필가요 교육 이론가인 데시데리우스 에라스므스(Desiderius Erasmus)는 많은 책과 교과서를 썼다. 라틴어 작문 기초 어구 교과서인『사물과 언어의 세계』, 도나투스(Donatus)에 의거한『통사론 교과서』, 교육 논술인『기독교적 인간의 교육』, 대중을 위한『공부의 방법』, 라틴어 회화 교과서인『대담』, 종합적 논술인『어릴 때 시작하는 소년의 자유 교육』등이 그것이다. 에라스므스는 교육과정과 교육 방법에 관심이 많았으며, 문법, 문학 기타 학문 영역과의 결합을 일련의 과정으로 제시하기도 하였다.

후안 루이스 비베스(Juan Luis Vives)는 최초의 여성 교육의 책인『소녀를 위한 공부 방법』,『기독교적 여성의 교육』을 저술하고, 세 권의 저작을 하나로 합친『교과론』을 썼다. 특히, 둘째 권에서는 '여러 가지 교과의 교육, 또는 기독교적 교육(The Teaching of the Several Subjects, or Christian Education)' 제목을 붙여 인문주의와 기독교 정신을 결합하려 하였고, 교과 분화 개념을 확실히 하였다. 이후 초보 라틴어 공부를 위한『대담』, 심리학의 최초 현대적 저술이라는『영혼과 생명』을 남겼다.

이처럼 르네상스 시기에는 선구적인 교육자나 지식인의 덕분에 중세의 어두운 침체에서 탈피하려는 노력으로 교육에서 혁혁한 변화가 일어났다. 교육 이론이 자리를 잡고, 이를 바탕으로 교육과정을 세밀하게 설계하였다. 그리스, 로마 교육의 계승과 중세 교육의 여파를 결합하여 교육과정의 내용도 더욱 풍부해졌다고 하겠다. 이의 결과로 교과서도 전문서의 성격을 띠는 등 이전의 교과서와는 다른 면모도 나타났다.

르네상스 이전이나 이후에도 그러했듯, 교과서 외형의 모습은 내용이 무엇이냐에 달라질 수 있다. 내용이 체제를 좌우하므로 체육, 음악 교과서와 수사학이나 문학 교과서의 외형은 달랐으리라 추정해 본다. 학문의 분화 영향도 있었겠지만, 교과서명이 내용과 편찬 목적을 암시하는 등 매우 다양해졌다. 교과서 발달사에서 르네상스 시기는 근대 교과서 개념으로 이어지는 혁혁한 전기(轉機)의 기반을 제공했다고 하겠다.

---

29) 윌리엄 보이드, 앞의 책, p.226.

이상의 설명은 교육, 철학사 근간으로 전개된 교육과정, 교과서(교재)를 열거해 본 것이다. 르네상스 시기에는 문학, 과학, 예술 등 각 분야에서 수많은 책이 쏟아져 나와, 인간의 본질과 가치를 구가하고, 정신세계의 지평을 넓혀 보려고 노력한 점도 간과해서는 안 된다.

3. 근대적 교과서 개념의 탄생

가. 근대 교과서의 탄생 배경

1) 근대성과 코메니우스의 교과서관

문명이 발달하고 사회 구조가 복잡하게 됨에 따라 '교과서(교재)'라는 독립된 명칭을 사용하게 되었고, 내용이나 외형체제도 교육 이론을 반영하여 다양하게 변모하였다. 따라서 교과서는 인류의 실질적인 역사요, 살아있는 증거물의 역할을 충분히 발휘할 수 있는 자격과 형태를 마련했다고 하겠다.

교과서의 개념과 기능은 동서양 공통으로 바이블(성경), 불교나 유교 경전, 경서 등에서 가장 먼저 도입, 정착되었으리라 여겨진다. 교과서를 성전(聖典), 경전(經典)이라 간주하는 태도에서 의미가 파생, 연상되었으리라고 보는 '교과서적'이란 말에서 유추해보면, 성경이나 경전은 이미 교과서로서의 내용과 형태, 체제를 갖추고 있었다고 하겠다.

성서이나 경전, 경서는 제자들이 일정한 분류 원칙에 따라 보고 들은 내용 중심으로 기록한 것으로, 앞에서 살펴본 문명 발생 초기의 교재의 성격과도 차이가 있고, 기능과 형태에서 근대 교과서의 그것과도 완연히 구별된다. 그러나 교과서 발달사의 견지에서 이들의 위치를 조심스럽게 언급해 보는 것은 가능하다고 본다. 그런데 발달사에서 근대적 성격의 교과서 출발을 어디에서 어떻게 두어야 하는 문제는 가볍지 않다.

"교과서가 지니는 '**근대적 성격(근대성, Modernity)**'이란 무엇인가?"라는 질문에 답하기란 그리 쉽지 않다. 우리가 일반적으로 생각하는 정치, 경제, 사회에서의 '근대성'과 차별화를 두어야 하기 때문이다. 더욱이 근대와 현대의 구별이 의미가 없다는 주장도 있다. 근대성이란 대체로 시민 정신의 발달로 봉건적인 성격을 벗어난 특성을 말한다. 그런데 이 근대성이 발현한 시기는 국가나 지역마다 다르다. 서양에서는 르네상스 직후 시기를 시민 정신의 성숙과 경제 발전 등 사회 변화의 양상을 고려하여 근대의 출발로 여긴다.

연구에 의하면 근대적 의미의 교과서 탄생은 1658년 보헤미아인 코메니우스(Comenius, J. A.)부터라고 말한다. 그의 교육, 교수·학습 방법, 교과서(교재) 등에 대한 태도는 『대교수학(大敎數學, Didactica magna)』에서 엿볼 수 있다.[30] 이러한 태도와 근대적 성격의 교과서가 무엇인지를 연결하여 생각해 보고자 한다.

그는 자연도 거룩하신 분의 섭리로 이미 정해 놓은 목적을 향해 발달하게 한다고 전제한 다음, 학교 교육의 개혁을 자연에서 배우는 가르칠 교과와 능숙한 교수 방법에서 찾아보고자 하였다. 그는 키케로가 "자연을 안내자로 삼는 한 자연은 결코 길을 잘못 인도하지 않는다.", "자연의 안내 하에서는 길을 잃어버릴 수 없다."라는 말을 인용하여, 교수 기술의 과정을 자연의 과정(조작)에서 찾으려 하였다.

그리하여 교수·학습의 기초가 되는 자연의 원리를 제16장에서 제1에서 9까지 원리를 들고, '17장 교수·학습을 쉽게 할 수 있는 원리'에서 10 조목의 원리를 제시하였다.[31]

① 자연은 조심스러운 자료의 선택에서 시작한다.
② 자연은 질료를 준비하되 질료가 능동적으로 형상을 추구하도록 한다.
③ 자연은 모든 것을 시초부터 발달시키며, 처음에 보기에는 비록 작은 것 같으나 큰 잠재력을 갖고 있다.
④ 자연은 쉬운 것에서부터 점점 더 어려운 것을 향해 전진한다.
⑤ 자연은 지나친 부담을 지지 않으며 작은 것으로 만족한다.
⑥ 자연은 성급하지 않으며 서서히 진행한다.
⑦ 자연은 그 자신의 성숙에 의하여 스스로 발생하는 것 이외에는 아무것도 강요하지 않는다.

---

30) 코메니우스의 교수법, 교재(교과서)에 관한 관심은 많은 저술로 이어졌다. 라틴어 『대교수학』, 『세계(의) 도해』 이외에 체코어 『교수법』, 『최신언어 교수법』, 『분석 교수학』을 비롯하여, 『분석 교수학』의 원리를 활용하여 『언어의 현관』, 『언어 (입)문』, 『언어의 궁전』, 『언어의 보고』 등을 출간하였다 (이숙종, 『코메니우스의 교육 사상』, 교육과학사, 2006. pp.205~206.).
31) 코메니우스, 『대교수학』(정확실 역, 교육과학사, 2013) pp.145~159. 원리 조목마다 자세하게 설명한 부분을 제목만 요약한 것임

⑧ 자연은 자신의 일을 모든 가능한 방법으로 돕는다.

⑨ 자연은 실제 효과가 곧 명백해지지 않는 것은 하나도 생산하지 않는다.

⑩ 자연은 그 모든 작용에서 일관적이다.

이러한 원리는 '제18장 교수와 학습의 철저성의 원리'에서도 10개의 원리로 이어진다. 그는 이러한 자연의 원리에서 통일된 학습 내용을 제시하는 방법을 택함으로써, 학습자의 수준에 맞는 교육수단의 기본 틀을 확립시켰다. 교수·학습에서 자연의 질서 원리를 도입하고, 나아가 학교 교육에서 교육과정과 교과서 사용에까지 철학과 실용성의 폭을 넓혔다.32)

『대교수학』에서 코메니우스의 교과서에 대한 태도도 찾아보게 한다. '제19장 교수법의 간결성과 신속성의 원리'에서 '모든 학생이 같은 교과서를 사용하여 교수하는 것이 어떻게 가능한가?'란 문제에 대한 해결책을 교과서를 중심으로 제시하고, 일단의 교과서 관을 피력하였다.33) 먼저, 그는 현재 학년에 해당하는 교과서 외에는 다른 책을 사용하지 않는 것이 유익하다고 하면서도, 칠판, 순서표, 초보 독본, 사전, 기술의 도식표 등 교수에 필요한 자료는 모두 철저하게 준비해야 한다고 하였다. 그리고 다음과 같이 이어진다.

> 그러므로 모든 학교를 위해서—교수를 용이하게 철저하게, 경제적으로 하기 위해 이미 설명한 규칙들에 일치하는— 이런 종류의 교과서들이 저술되어야 하며, 모든 교과 내용의 풍부하고, 철저한 그리고 정확한 개요를 구성하여야 할 것이다. 다시 말하면, 그런 교과서들은 전 우주의 진실된 표상을 주어야 하며, 학생들의 마음속에 각인되어야 한다. 또한 가장 중요한 것은 그런 교과서들은 단순하고 명확하게 쓰여야 하며, 학생들이, 필요한 경우에는, 교사의 도움 없이도 혼자 학습할 수 있을 만큼 충분한 설명이 제공되는 것이어야 한다.

---

32) 코메니우스의 자연관은 종교에 바탕을 두고 교육의 모든 국면을 설명하려고 하였다. "자연은 하느님의 속성과 지혜에 가장 쉽게 접근할 수 있는 살아있는 교과서이자 학교", "(자연은) 뿌리에서부터 성장하는 나무, 혹은 함께 묶여 있는 장작더미를 의미하는 거대한 유기체, 혹은 영속적 동자(動子)", "가시적인 자연 세계는 첫째가 되는 가장 위대한 하느님의 책", "하느님, 인간, 그리고 자연은 우주의 가장 중요한 주제들이며, 이 삼자는 긴밀한 상관관계"라는 말에서 엿볼 수 있다(이숙종, 앞의 책에서 발췌, 인용함. pp.159~163.).

33) 코메니우스, 『대교수학』, pp.191~193.

교과서의 구비 조건을 가르치는데 쉽고 철저해야 하고, 간결성과 신속성의 원리를 가미하여 경제적이어야 한다고 하였다. 이를 위해 풍부한 내용, 철저하고 정확한 개요로 구성해야 함을 강조하였다. 교과서가 '전 우주의 진실된 표상'을 주어야 하고, '학생의 마음속에 각인'되어야 한다는 말은, 그가 누누이 강조한 교과서가 자연의 진실한 원리에서 일탈하지 않아야 하며, 가르치는 효과는 수업에서 학생들이 인상적인 감동으로 받아들일 수 있는 내용이어야 한다는 뜻과 상통한다.[34]

철학자들이 인간을 '소우주', '우주의 축소판'이라 하였는데, 이에 대하여 코메니우스는 '인간은 이 대우주 또는 전 세계를 통해 멀리 그리고 넓게 펼쳐져 있는 모든 요소를 내면에 포함하고' 있어 그러하다고 하였다. 이어 '사람의 마음을 식물의 씨, 과일의 심에 비교하여, 씨나 심 안에는 그 형상을 실제로 볼 수 없지만, 식물 또는 나무가 그 안에 내재해 있어, 씨를 땅속에 심어야 한다.'[35]는 그의 자연 섭리에서 따온 교육적 이상과 결부하여 생각해 보는 것도 가능하다.

교과서가 단순하면서도 명확하게 쓰여야 하며, 혼자 공부할 수 있도록 설명을 충분하게 제공해야 한다는 강조는, '자기주도 학습 개념'을 이미 이때 주창하였음을 알게한다. 그리하여 그는 이런 목적과 부합하는 교과서는 대화 형식으로 쓰는 것이 좋다고하였다. 학교에서 사용하는 교과서는 쪽마다 줄마다 같은 판본이 좋은 것은, 참고 인용하는 부분을 찾아내고, 기억에 도움을 주기 때문이라고 하여 교과서 외형체제도 언급하고 있다.

코메니우스의 확고한 종교적 신념, 인간관과 자연관은 그의 교육 사상의 바탕을 이루었고, 이것이 교수·학습 방법과 교과서관으로 이어져서 그의 사상과 정신이 지금까지도 영향을 미치고 있다고 하겠다.

---

34) 코메니우스는 교과서(책)에 대해 확고한 생각을 견지한 것으로 보인다. 그는 책을 ① 하나님의 책, ② 인간이 만든 책, ③ 학교에서 사용하는 교과서 등으로 나누고, 교과서는 "학년과 교육 목표에 따라 내용과 그 수가 결정되어야 한다. 같은 학교에서도 초보자, 숙련자, 완성자로 나누어 그 등급에 맞는 교과서를 제공한다."라고 하였고, 또 책은 "① 짧게 서술하되 순수한 지혜, 현실의 삶과 내세에 유익한 것일 것, ② 명확하게 서술할 것, ③ 대화 형식으로 서술할 것" 등을 들었다(목영해 외, 앞의 책, pp.254~255.).
35) 코메니우스, 『대교수학』, pp.51~52

2) 『세계도해』 교과서의 성격

코메니우스는 이러한 교수·학습관, 교과서관을 포함하여 『대교수학』에서 제시한 이론을 『세계도해(世界圖解, Orbis Sensualium Pictus)』[36], 『유아기 학교(The School of Infancy)』와 『언어입문(Janua Linguraum Reserata)』, 『범지학교(汎知學敎, Schola Pansophia)』 등의 교과서에 그대로 반영하였다.

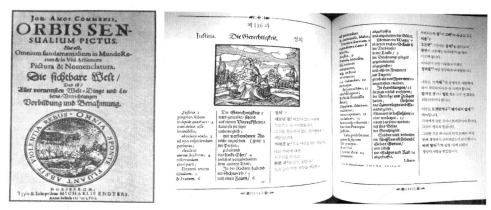

『세계도해』(1658년 뉴렘베르그판, 한국어판)[37]

특히, 『세계도해』는 이러한 점이 다른 어떤 교과서보다도 두드러진다고 하겠다. 유럽 **'아동용 최초의 그림 교과서'**라고 여기는 이 책을 윌리엄 보이드는 "세계에 있는 모든 기본적인 사물과 인간의 모든 기본적인 활동에 관한 단어 목록을 눈으로 볼 수 있게 나타낸 책", "『언어입문』을 단순화하여 거기에 삽화의 매력을 가미한 것"이라 평가하였다[38]. 어쨌든, 코메니우스는 "사물의 모양새를 그림으로 옮기고, 거기에 문자로 설명을 붙임으로써 지식 내용을 표준화하여, 자연의 질서를 과학적으로 확인하고, 그에 대응해 나가기 위한 교수·학습 기법"[39]을 처음으로 개발하였다. 이 책은 "코메니우스

---

36) 코메니우스 『Orbis Sensualium Pictus』는 현재까지 한국에서는 세 번 번역 출판되었다. 번역판 책명이 모두 다른데, 중국어판에서도 「세계도해」로 사용됨을 정일용 교수는 밝히고 있다.
  『세계도회(世界圖繪)』 김은경·이경영 편역(교육과학사, 1998)
  『세계 최초의 그림 교과서』 남혜승 옮김(씨앗을 뿌리는 사람, 1999)
  『세계도해(世系圖解)』 정일용 옮김(범지출판사, 2021)
37) 출처: 1658년 뉴렘베르그판(이숙종, 앞의 책), 한국어판(정일용, 앞의 책 사진)
38) 윌리엄 보이드, 앞의 책, p.308.

의 교수학적 노력의 절정일 뿐 아니라 범지혜에 관한 그의 노력의 중요한 부분들이 반영된 언어학습서, 교육철학의 개관을 잘 반영한 책"으로 백과사전적 그림책의 성격을 지닌다.[40]

이 책은 초보적인 언어학습 교과서로 라틴어와 모국어를 동시에 공부할 수 있게 구성하였다. 코메니우스는 서문(독자에게 드리는 글)에서 "사물들 사이의 구별의 올바른 이해 가운데서 감관을 연습하는 것은, 모든 지혜와 모든 지혜로운 달변과 삶에서의 모든 지혜로운 행동들의 토대를 만들게 되는 것을 뜻합니다."라고 하여, 저술 목적과 방법을 분명하게 밝혔다. 그리고 "세계 전체와 언어 전체에서 본질적인 모든 것에 대한 하나의 간략한 요약을 포함한다."라고 전제한 다음, 책의 구성 방법을 설명하였다.[41]

① 그림들은 세계 전체에서 모든 가시적인 사물의 모습을 그림으로 묘사
② 명칭들로부터 각 그림 위에 하나의 포괄적인 말로 표현된 제목이나 주제 열거
③ 묘사한 것들은 그림에 대한 사물을 밝히고 있으며, 그것들을 상응하는 명칭들로 특정지어졌고, 더욱이 그림에 대한 대상에서 그리고 그것에 속한 것을 보여주기 위하여 텍스트 내의 각 명칭에다 동일한 숫자를 첨부

이처럼 『세계도해』는 종교관, 세계관과 인간관, 그리고 교육관, 특히 '교육은 지식의 일체를 획득하는 것'이라는 범지혜(凡智慧, phansophia), 교수·학습 방법, 교과서관 등 그의 교육철학의 종합체라고 하겠다. 이 책은 라틴어 원본을 위시하여 독일어, 영어, 이탈리아어, 프랑스어, 헝가리어, 폴란드어, 러시아어 등 서구 주요 국가에서 현대에까지 출판되어 그 인기가 얼마였는지를 가늠하게 한다.

여기에서 『세계도해』의 교과서 성격을 어떻게 규명할 것인가의 문제이다. 최초의 근대적 성격을 지닌 교과서인가, 아니면 그 이상인가의 문제다. 이 책을 저술한 시기는 근대이지만, 교육의 이상과 실체는 현대를 지향하고 있다고 해도 과언이 아니다.

---

39) 이종국, 『한국의 교과서』(대한교과서주식회사, 1992) p.76.
40) 정일용 옮김, 앞의 책, '세계도해에 반영된 코메니우스의 교육 철학적 의미와 간략한 책 내용 그리고 출판의 역사', p.330.
41) 코메니우스, 『세계도해』, p.16. 요약하여 정리한 내용임

나. 교과서 발달과 근대적 요소

역사적으로 교과서가 완벽하게 형식과 내용 면에서 자격을 갖추고 교육 현장에서 단숨에 사용된 것은 아니다. 특히, 문명 발생 초기부터 교과서(교재)로서 완성된 모습은 하루아침에 이루어진 것은 더욱 아니다. 그러므로 '**근대 교과서 개념**'을 규정하는 기준과 방법이 필요하다고 본다. 교과서가 고대로부터 현대에 이르기까지 교과서로서의 형태를 갖추어가는 과정을 다음과 같은 단계로 생각해 볼 수 있다.

① **학습 목표 달성 관련 자료 수집 정리**: 목표별로 자료를 단위로 묶고 정리
② **교과목의 성격 부여**: 필요에 따라 언어, 수리, 의학, 문학, 철학 등 분류
③ **내용, 내적 체계 구비**: 내용 체계(나열 순서) 등 교육과정 개념 도입
④ **교수·학습 개념 도입**: 가르치고 배우는 방법, 소통의 원리 구현
⑤ **외형, 외적 체제 부가**: 삽화, 그림, 도식, 도표 등 보조 자료 도입
⑥ **학문적 이론 흡인**: 교육, 교수·학습 이론 등을 구성 등에 반영
⑦ **다량 생산과 보급**: 인쇄술 발달로 개인별 보급 확대
⑧ **품질 관리와 지원**: 수정·보완 등 상시 업그레이드, 보충 자료 지원

①~⑧은 시간 개념으로 교과서 발달 단계를 의미하지는 않지만, 교과서의 근대성을 밝혀보는 데 분석 요소로서 참고가 된다. 교과서와 관련한 근대성은 먼저 학교에서 학생과 교사 간 소통 매체로 사용될 것을 전제로, 학습 목표 달성에 필요한 자료로 묶여 있을 것, 교과목의 성격을 지니고 있을 것, 교육과정 개념이 녹아 있을 것, 교수·학습 개념이 도입되어 있을 것, 삽화 등 보조 자료를 제시할 것 등 ①~⑤를 갖추면, 근대적 성격의 교과서로 규정하는 것이 가능하다. 여기에 ⑥~⑧의 성격이 가미되면 현대적 교과서라고 해도 무방하다.

『세계도해』제1~150과 단원별 구성은 어휘학습 위주 단어 나열로 매우 단순해 보인다. 그러나 초보 언어학습이 효율적으로 이루어지도록 단어 선정에서부터 세밀하게 교육과정을 설정하고, 그림과 설명을 대비(對比)하여 시각적으로 이해를 돕우고, 스토리텔링 기법을 도입하여 의미 연접과 흐름을 자연스럽게 하는 등, 특유의 체계를 세우고 이를 교수·학습 방법으로 연결하였다. 교과서로서의 근대적 성격을 지니면서

완벽하지는 않지만, 어찌 보면 현대적 성격까지도 갖춘 교과서라고 하겠다.

우리나라에서도 세종 때 창제하여 책으로 엮은 『훈민정음해례본』, 『훈민정음언해본』, 『용비어천가』, 『월인천강지곡』, 『삼강행실도』 등도 하나의 교과서로서 충분히 형태와 체제를 갖추었다고 볼 수 있다. 특히, **『삼강행실도』**는 『세계도해』(1658) 못지 않은 교과서의 성격과 구조를 갖추었다는 점에 주목할 필요가 있다.[42]

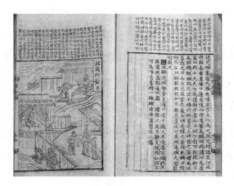

삼강행실도[43]

문명 발생 초기의 교과서, 성서·경전을 비롯하여 중세, 근세, 현대로 이어지는 교과서의 태동과 발달사는 문명사적 입장에서 접근해야 한다. 그래야만 인류의 문명사가 더욱 풍요로워지고, 또 다른 형태의 인간 존재 의미를 찾아볼 수 있다. 이러한 작업이 하루 이틀에 완성될 성질의 것은 아니지만, 어느 정도 성과가 이루어지면 문명사의 체계가 하나 더 존재하게 되는 것이다.

그런데 아직은 교과서의 발달사가 바라는 만큼 천착(穿鑿), 정리되어 있지 못함이

---

42) 『삼강행실도』는 세종 때(1434) 발간되었고, 『속삼강행실도』(1514), 『이륜행실도』(1518), 『동국신속삼강행실도』(1617), 『오륜행실도』(1797)로 이어진다. 교과서 발달사 측면에서 내용 선정과 조직, 지면 구성, 진술 방법 등을 연구할 수 있는 중요한 자료이다. 특히, 국어학적 연구에 국한한 시야를 교과서 존재론의 안목으로까지 넓히고 새롭게 접근하여, 우리 교과서(저술, 著述) 문화의 우수성을 밝혀 줄 수 있는 주요 연구 대상이다.

　　한국학중앙연구원 편 『조선 시대 책의 문화사』 - 삼강행실도를 통한 지식의 전파와 관습의 형성(주영하 외, 휴머니스트, 2008)에서는 책이라는 본질에 주목하여, 문화사적 측면에서 언해본을 포함하여 『삼강행실도』를 자세하게 분석, 연구하였다. 한국 교과서 발달사 정립에 많은 지식과 정보를 제공하고, 특히 '판화의 기능과 특징'의 설명은 현대 교과서 개발에서 삽화(그림/사진)의 활용과 비교해 보는 좋은 기회가 된다.

43) 출처: 『한국민족문화대백과』(저자/제공처, 한국학중앙연구원)

현실이다. 앞으로 교과서 발달사가 동서양을 구분하여 문명권과 국가별로, 교과서의 탄생 배경, 교과서 명칭의 성립, 종류, 형태, 내용의 확충과 변화, 교과서의 분화 과정 등을 체계적으로 정리하는 작업이 빨리 이루어져야 한다. 여기에 교과서와 일반서적의 구분과 구분된 시기, 청소년용 교과서와 대학 전문 서적과의 분화와 분화된 시기 등이 세밀하게 연구해야 할 과제이다.

어떤 면에서 '교과서 개발학'은 이러한 연구에 이론을 제공하는 출발이요 방법론을 제공하는 '화수분'이라고 하겠다.

4. 교과서 발달 체계 정립 모색

가. 발달 체계 정립 방법 모색

문명의 발생에서부터 근대까지 교과서 발달과정을 개괄적으로 살펴보았다. 현재로 서는 교과서(교재)가 어떻게 어떤 단계를 밟아 발전했는지는 정확히 알 수가 없고, 관 련 문헌과 연구를 참고하여 개략적으로 유추해 볼 뿐이다. 영장류로서의 인간은 시간 과 공간을 극복하고 찬란한 문명, 문화를 꽃피운 지혜로운 존재다. 따라서 인간과 교 육의 상관관계를 이루는 여러 요소를 참작하여, 교과서의 탄생 조건과 발전 양상을 여 러 차원에서 귀납적으로 생각해 보는 것은 가능하다. 이러한 발달 체계 정립을 위한 접근 방법은, 고대로부터 교과서 실체와 관련 기록이 많지 않다는 점을 고려한 하나의 방편이라 하겠다.

관습적으로 눈에 익숙한 말이고, 의미에서 별로 차이가 없으면 그대로 용어 사용을 유지하는 것이 좋다. **'교과서 발달/발달사'**, **'교과서 발전/발전사'** 두 용어도 굳이 구별 할 필요는 없지만, 전자가 더 익숙하게 다가오기는 한다. 대상을 유기체로 보느냐, 상 태로 보느냐 하는 차이점도 내재하지만, '모양과 기능을 갖추어 구실과 규모 등이 점점 커지는가.', '낮은 단계에서 좋거나 높은 단계로 나아가는가.'의 구분일 뿐이다. 따라서 두 개념을 구별하지 않고 편의에 따라 교차 사용하고자 한다.

'교과서 발달 체계'란 교과서가 고대로부터 현대까지 발달/발전한 모습을 체계 정립 의 관점에서 생각한 말이다. 교과서 개념이 탄생하여 현대에 실체로 정착하기까지는 많은 변화의 단계를 거쳤다. 이 변화의 단계를 밝혀야 교과서 발달 실태가 정연하게 드러난다. '교과서 발달 체계'란 교과서 자체 요소, 교과서 변화에 관계하는 요소 등이 어떻게 현대의 개념과 모습으로 발전, 작용하였는가의 체계를 말한다. 따라서 **'교과서 발달 체계 정립'**은 접근 방법에 따라 다양하게 관계하는 요소들의 존재에 공시적, 통시적 관점에서 질서를 부여하는 행위이다.

교과서 발달 체계 정립은 평지에 구조물을 처음으로 세우는 것처럼 기초 다지기가 중요하다. 다음은 체계 정립에 접근하는 방법, 즉 교과서 변화 흔적을 찾아보는 방법을 몇 가지로 생각해 본 것이다.

① **[존재 방식]**: 문자를 발명하여 기록을 일반화하기 전에도 교과서의 개념, 기능, 내용 등이 관념으로 존재하였다. 역사를 기억에 의존, 전승하여 대대로 이어가는 것처럼 교과서 존재도 마찬가지다. 기록이 자리를 잡은 이후에는 교과서는 현상(現象)과 실체로서 시대적 특성을 살리면서 기록 방식과 형태에서 존재 방식을 달리하였다. 그 구체적인 예가 제작 방법, 내용 구조와 체제, 활용하는 방법 등이다. 따라서 존재 방식에서 접근은 교과서 발달 체계를 원론적으로 규명하는 작업이기도 하다.

② **[시간 개념]**: 교과서 발달을 변화 위주로 체계를 세우는 방법이 공시적, 통시적 시간 개념의 접근이다. 공시적, 통시적 접근은 상보적으로 연결되어야 이상적으로 교과서 흔적을 탐색할 수 있다. 모든 역사의 정립이 그러한 것처럼 시간 개념으로 접근하는 방법이 근본적으로 교과서 발달 체계 실체를 명징하게 밝히기가 쉽다. 시간 개념은 후술할 공간 개념과 공명(共鳴)으로 작용하면 발달 체계는 자연스럽게 드러난다. 일반 역사나 교육사 체계에서 엿볼 수 있듯이, 교과서의 시간적 접근은 또 다른 역사의 실체를 기록으로 남기는 방법이다.

③ **[공간 개념]**: 여기에서 공간은 교육이 이루어지는 장소를 말한다. 범박하게 교육 공간은 가정, 학교, 사회로 구분할 수 있다. 교육은 가정이란 공간에서 갓난아기부터 시작한다. 교육 제도가 생기면서 학교라는 계획적 교육 형태가 출현하고, 제도 교육 이후에는 변모하는 사회에 삶의 질을 높이기 위하여 평생교육으로 심신을 충전해야 한다. 가정, 학교, 사회 공간에서 교육내용과 형태는 달라도 교과서로 배우고 익힌다. 일면, 교과서 발달은 가정—학교—사회 교육이라는 공간 확장의 체계라고도 할 수 있다.

④ **[소통 관계]**: 예로부터 필요에 따라 학교를 제도적으로 설립하여 교육을 본격적

으로 시도하였다. 교육에서 소통은 학생─교과서─교사 사이의 교섭 관계, 즉 교수·학습 활동을 말한다. 이러한 소통에서 교과서는 학생과 교사 간에 개입하는 필수 매개로, 그 역할은 교과서 발전 체계를 이루는 불가결의 요소다. 그러므로 교육에서 이들의 관계를 면밀하게 분석해 보면, 교과서의 발달과 변화 모습이 확연하게 드러난다. 어찌 보면, 교과서는 소통의 문제를 원활하게 해결하기 위한 필수 존재로서 필연적으로 등장하였다.

⑤ [교육체제]: 영장류로서 인류는 존재의 주요 수단의 하나가 언어와 그를 통한 교육이었다. 언어와 교육이 없으면 '인류 나무'의 최상위에 오르지 못했을 것이다. 그런데 교육이 제도로 자리 잡으면서 교육 목표, 내용, 방법, 평가, 자료 등이 제 위치에서 기능을 발휘하는 체제가 형성된다. 곧 ㉠ 교과교육, ㉡ 교육과정, ㉢ 교수·학습, ㉣ 교과서(교재) 영역으로 자리를 잡는다. 따라서 이들 교육체제의 존재와 역학을 밝히면 교과서 발달 체계는 자연스럽게 드러난다.

⑥ [교육 이론]: 문명 초기부터 체계화한 교육 이론이 존재한 것은 아니다. 교과 내용으로 분화하고, 교육과정을 설정하고, 교수·학습 방법을 구체화한 것이 곧 교육 이론이라 하겠다. 이것이 사고, 인지 발달 연구와 연결되면서 현대적 교육 이론으로 발전하였다. 이처럼 교육 이론은 교육 내용(교과교육), 교육과정, 교수·학습과 교육 자료(교과서) 등을 도외시하고는 언급 자체가 의미가 없다. 이러한 이론의 성립은 교과서의 존재 방식을 바꿨다고 할 수 있다. 교육 이론의 범주는 상당히 넓으며, 그만큼 교과서 발달 체계를 밝히는 데 유용하다.

⑦ [인접 학문]: 인류 정신사는 단순에서 복잡한 것으로 발전하였다. 복잡하게 얽혀 있는 학문은 결국 필요에 따라 구분, 분화한 결과로, 학문 간 공유하는 영역이 존재할 수밖에 없다. 그래서 교과서 발달사를 정리하는 작업도 인접 학문의 도움이 절실하다. 교육학은 교육 철학과 맞닿아 있으므로, 교육철학을 배경으로 하여 접근하는 방법도 교과서 발달의 실체를 밝히는 데 도움이 된다. 교육사나 교육 철학사도 마찬가지 위치에서 논할 수 있다. 그러므로 인접 학문은 형과 아우, 이웃으로 상부상조하며 서로의 이론 체계를 진전시키는 데 유용하다.

⑧ [서지(書誌)]: ①～⑦의 흔적 찾기 방법은 기록이라는 실체가 없으면 무용지물이다. 즉, 서지는 교과서 발달 체계를 직접 찾아 확인할 수 있는 중요한 자료다. 정치사, 전쟁사 등을 포함한 모든 역사 기록, 서간문, 연설문, 심지어 금석문(金石文) 등에서

교과서의 변화나 발달 흔적을 찾아볼 수 있다. 서지는 교과서 발달 체계 정립에 교과서 변화 흔적을 실질적으로 찾아보는 가장 유용한 방법이지만, 실제 접하거나 활용에서는 시간과 공간의 제약이 따른다.

위에서 언급한 교과서 발달의 흔적을 찾는 방법은 일반적인 예에 불과하다. 방법론에 따라 추가도 가능하고, 더욱 구체화할 수도 있다. 교과서 발달 체계 정립을 위해 접근 방법의 구분은 교과서라는 실체가 이미 존재하고, 이를 역사적으로 어떻게 존재하였는가를 소급한다는 점에서 일반 교육학 연구 방법과 일면 상통한다. 교과서 발달사를 본격적으로 체계를 세워 최초로 정리해 본다는 시도로서, 이와의 변별성을 유지할 필요는 있다. 그렇지만 교과서 발달사는 교육사와 같이 수레의 양륜(兩輪)처럼 같은 궤도를 달리지 않으면 안 된다.

나. 교과서 발달사의 체계적 수립

'교과서 발달 체계'는 **'교과서 발달사 수립'**에 그대로 원용할 수 있다. 교과서 발달사는 동서양과 국가마다 문화 풍토와 교육 제도가 다르므로 구분될 수밖에 없다. 앞서 서양사 중심으로 시기를 구분하고 교과서의 존재 모습을 살펴보았는데, 교과서 발달사 시기 구분은 이와는 서로 일치하지 않을 수도 있다.

교과서 발달 체계는 여러 하위 영역으로 구체화할 수 있다. 교과서 개념과 이의 형성과정, 기능 성립과 변화, 교과서 구성 체계, 사용(활용) 방법, 교과서 분석과 평가 개념의 형성 등을 들 수 있고, 교과서 형태, 편찬 방법, 종류, 교과서관, 교과서 개발 원리 등 현재 교과서 관련 연구의 모든 영역이 이 체계의 한 부분이 된다. 그러므로 교과서 모든 분야를 역사적으로 연구, 조감하는 기제로서 교과서 발달 체계 정립은 그 의의가 매우 크다.

문명, 문화의 진전은 어쩌면 기록의 발달에서 선명하게 드러난다. 문명 현상의 실체로서 교육의 실질적 역사로 교과서는 이러한 상징성이 그 무엇보다도 선명하다. 그러므로 인류 문명사는 교과서 발달의 역사라고 해도 과언이 아니다. 그러나 교과서의 역사를 정리하는 데에는 시간과 공간의 문제를 어떻게 극복하느냐에 달려 있다. 교과서 발달사는 먼저 기록을 확인해야 하는데, 기록 자체가 아예 없거나 시간이 지남에 따라 유실된 경우가 허다하다. 또 기록이 있다고 해도 세계 도처(到處)에 산재하여, 이들에 접근이 그리 손쉬운 것은 아니다.

동양과 서양의 교과서 역사를 어떻게 연결하고 총괄할 것인가도 방법론에서 해결해야 할 과제다. 인종, 관습과 풍토, 문화의 차이로 동양과 서양의 교과서 역사는 판이하고, 문명의 발달 단계도 같지 않아 교과서 개념 형성과 발전도 다를 수밖에 없다. 이처럼 동서양은 교과서 발달 체계가 다른데, 각각의 특징을 비교하여 교과서 발달의 새로운 면목을 발견하는 장점으로 이용해야 한다.

교과서의 내용과 실체를 접하거나 확인할 수가 없는 경우, 이를 어떻게 역사의 한 부분으로 자리를 마련할 것인가도 해결 과제다. 그러나 교육사나 철학사의 설명과 정립이 그러했듯이, 시공을 초월하여 역사가가 역사를 발견하고 창조적으로 재구성했던 것처럼, 교과서 발달사도 그러한 자세로 임하면 어려움이 해소되리라고 본다. '뜻이 있는 곳에 길이 있다.'라는 말의 가치는 저 산 너머에 있지 않다.

교과서 형태를 어디까지 허용하느냐는 교과서 개념의 범위 문제로, 협의와 광의 등 어떤 관점을 취하느냐에 따라 교과서로서 자격 인정이 달라진다. 고대부터 점토판, 파피루스, 목간, 죽간, 비단, 양피지, 종이 등 만든 재질도 다르고, 두루마리, 아코디언, 낱장, 겹장, 판형 등 형태도 다양하다. 이 모두를 교과서로 인정하느냐는, 교과서 외형에 국한하는 개념을 보다 넓히고, 시간, 공간의 한계를 극복해야 하는 불가피성을 고려하면 보다 자유로워질 수는 있다.

교과서(교재)란 용어를 언제부터 어느 교과서에서 사용했느냐를 밝히는 문제다. 이를 밝히는 작업이 무슨 의미가 있는가의 논의 이전에, 교과서 발달사에서 '최초'란 말은 다른 무엇보다도 가치가 크다. 교과서(교재)의 개념과 기능을 갖추었다고 후대에 붙여준 명칭이 아니라, 문명의 발전에 이러한 단어가 저절로 탄생했다고 가정해 보면, 이의 규명은 쉽고도 어려운 작업이다.

교과서 발달사는 하루아침에 성취될 성질의 것은 아니다. 단기, 중장기의 계획과 부분에서 전체로 발달 체계를 세우고, 인접 학문의 울력으로 이뤄질 수 있는 작업이다. 곧, 교과서 발달사는 교과서 개발학의 주요한 분야이며, 이의 완성은 학문적 이론을 제공하는 보고(寶庫)라고 하겠다.

Ⅱ. 교과서의 개념 규정과 발상의 전환

1. 교과서 개념 규정의 전제와 중요성

가. 교과서, 완결된 하나의 유기체

교과서는 인류가 공동체를 이루고 지혜를 모아 살아가기 위하여 교육 제도를 마련하고, 의도적으로 교육을 실천하는 데 필수적인 자료라고 할 수 있다. 즉, 인류가 문자를 발명하여 지필(紙筆)로 기록을 일상화하고, 서책을 만들면서부터 교육을 계획적·체계적으로 실천할 수 있는 계기를 마련하였다.

이어 사회가 진화, 발전함에 따라 '교과서(교재)'란 독립된 명칭을 사용하고, 내용이나 외형체제도 교육 이론을 반영하여 다양하게 되었다. 이처럼 교과서는 인류 역사의 살아있는 실질적인 기록이요 사회 변화의 산 증거물이므로, 교과서를 알면 교육을 알게 되고, 인류 발전의 역사를 통달(通達)하게 된다.

그런데 지금까지 교과서에 대한 개념을 어떤 원칙을 가지고 규정하기보다는, 필요에 따라 의도하는 방향이나 범위로 제한하다 보니, 그 본질에 접근하지 못했다는 인상을 준다. 교과서 개념을 일정한 법칙과 의미역을 설정하고 완결된 하나의 유기체, 생명체로 규정하면, 교과서에 대한 인식과 이를 사용하는 교육 활동의 상황이 달라진다. 즉, 교과서가 존재하는 생태계에서 **'상호 관계 속에 작용하는 하나의 완결된 유기체'**, **'유기적 생명체'**로 간주하면, 교과서라는 의미역도 체계가 서며, 실체를 밝히고 이해하기가 쉽다.

'**유기체(有機體)**'의 사전적 의미는 다음과 같다.

> ① 많은 부분이 일정한 목적 아래 통일·조직되어 그 각 부분과 전체가 필연적 관
>   계를 가지는 조직체.
> ② 생물처럼 물질이 유기적으로 구성되어 생활 기능을 가지게 된 조직체(표준국
>   어대사전).

교과서를 유기체로 보려는 의도는 ①의 의미는 물론 ②의 뜻도 융합해서 작용하는 생명체로 보려고 한다. 교과서가 유기적 관계를 이루지 못하는 경우는 살아있는 생명체가 아니라는 뜻이다. 즉, 사람의 몸과 비교하여 생명체를 이루는 각 요소의 하나라도 본래의 역할을 하지 못하면, 전체의 기능으로까지 영향을 주어 결국 삶을 제대로 영위하지 못하는 것처럼, 교과서의 존재와 생명력도 이와 똑같다는 말이다.

교과서를 하나의 완결된 유기체, 생명체로 본다면 '교과서 생태계'에서 어떤 지위를 가시적으로 확보해야 한다. 교과서가 '교과서 공동체'에서 좋은 교과서로서 가치 있는 '교과서 생명력'을 갖추거나 유지하기 위해서는, 아주 복잡하게 상호 의존 관계로 '교과서 환경' 속에서 '균형과 조화'를 이루며 존재해야 한다.

여기에서 다음과 같은 용어 사용도 가능하리라고 본다.

[**교과서 생태**]: 교과서가 사회, 학교 등 교육 현장에서 상호 관계를 유지하며 유기
  체로 존재하고 있는 모습을 말한다.
[**교과서 생태계**]: 교과서가 생명력을 유지하도록 둘러싸고[외위(外位)] 있는 유기
  적 존재 체계를 뜻한다.
[**교과서 생명력**]: 교과서 생태계에서 '좋은 교과서'로서의 역동적 개념과 기능, 가
  치를 유지하는 힘을 뜻한다.
[**교과서 공동체**]: 교과서 존재, 즉 개발, 사용, 평가 등 생명력에 관여하는 모든 사
  람이나 관련 조직체를 말한다.
[**교과서 환경**]: '교과서 생명력'에 직·간접으로 관여하는 유기적, 무기적(無機的)
  주위 생태(인적, 물적, 재정적, 법률적 등)를 말한다.

[교과서 생태적 지위]: '교과서 생태' 속에서 '교과서 공동체'와 작용하면서 차지하고 있는 가치나 위치, 생명력을 의미한다.

[교과서 생태학]: 교과서와 '교과서 공동체', '교과서 환경' 등과의 관련 작용, 곧 '교과서 생태적 지위'를 연구하는 학문을 뜻한다. '교과서 생태학'은 곧 학문의 범주나 내용에서 '교과서 개발학'과 연결된다.

교과서의 **'유기적 생명체로서 작용'**은 내재적, 외재적 작용으로 나눌 수 있다. **'내재적 작용'**은 교과서 자체 내 구성 간의 긴밀한 작용을 말하고, **'외재적 작용'**은 교과서 밖에서 관여하는 모든 요소와의 직간접 작용을 말한다. 하나의 예로 교육의 헌법인 교육과정을 구체화한 내재적 요소가 조화롭게 유기적으로 결합한 형태가 교과서라고 하겠다. 즉, 교육과정에서 제시한 교육 내용(성취 기준)을 중심으로 목표를 설정하고, 기본 학습 요소를 구성 원리에 따라 교수·학습 과정으로 체계화하고, 이를 활용하여 일정 수준에 도달했는지를 확인하게 하는 유기적 응결체가 교과서이다.

		←(A)유기적 관계→
↑ (B) 유 기 적 관 계 ↓	**거시 구조**	**미시 구조**
	교육과정 반영	성격, 목표, 내용(성취 기준), 방법, 평가 등
	기초 개념 구현	교과서 개념, 기능, 품질 등
	교과서 구성	내용 선정, 조직, 지면 구성, 진술 방법 등
	교수·학습 활동	목표, 모형, 방법, 기술, 환경, 전략 등
	교과서 활용	목표, 구성, 교수·학습, (활용), 평가 등,
	교과서 평가	목표, 구성, 교수·학습, 활용, (평가) 등

교과서의 유기적 관계는 횡적인 (A)와 종적인 (B)의 관계를 역동적 작용으로 포괄하는 개념이다. 거시적 구조에서의 관계뿐만 아니라 미시적 관계에서도 유기적으로 연결된 생명체라는 뜻이다. 그러므로 어느 하나의 미시 구조가 미흡하게 작용하거나 위치를 일탈하면, 교과서의 생명은 그만큼 본래의 가치나 기능에서 멀어지거나 짧아질 수밖에 없다.

그런데 유기체는 구성 요소가 역동적으로 살아 움직이므로, 접근 방법이나 바라보는 방향(눈)에 따라 교과서의 형태나 구조가 다양하고 치밀하게 보인다. 그러므로 부분의 안목으로 전체를 조감하고, 일부의 관점으로 작용 양상을 일괄할 수가 있다. 같은 맥락에서 교과서를 유기체로 보면, 교과서 정책의 수립, 교과서 개발－활용－평가의 시야가 정교해지고, 넓어지고 일관된다.

　이를 좀 더 확장해서 생각하여, 교과서가 유기적으로 결합한 양상을 다음 몇 가지 명제로 정리해 보는 것도 가능하다.

> ① 교과서는 사고 작용의 총집과 발산이다.
> ② 교과서는 교육 이론의 총화와 재생산이다.
> ③ 교과서는 시간과 공간 과학의 융합이다.
> ④ 교과서는 언어사용의 균형과 정제이다.
> ⑤ 교과서는 사회 규범의 통일과 산실이다.
> ⑥ 교과서는 모든 예술의 종합과 조화이다.

　①～⑥은 교과서가 유기체라고 강조하는 말의 표상(表象) 전부는 아니다. 인간 존재와 결부하여 중요하다고 여기는 몇 가지를 예거했을 뿐이다. 이들 명제는 교과서를 이루는 다른 요소와 자연스럽게 결합할 때, 그 뜻과 작용이 시너지 효과를 내며 교과서로서의 존재감을 더한다.

　결국, 이들의 유기적 작용을 학문적으로 이론화하는 작업이 교과서 개발학의 주된 내용이다. 그러므로 교과서 개발학의 이론화 탐색과 그 가능성을 열어보려는 시도는, 교과서를 하나의 통일된 유기체, 정교한 생명체, 전체와 부분이 서로 완벽하게 상호소통하는 작용체(作用體)로 간주하는 데서 시작한다.

　교과서에 대한 이러한 관점은 개발학의 이론 정립과 학문적 독립성을 시도해 보고, 미래 대비 교육의 발전적 변화를 모색한다는 측면에서도 그 의의가 대단히 크다. 따라서 '교과서 개발학'의 정착은 '교과서를 하나의 유기체'로 간주하는 학문적 이론화의 성공 여부에 달렸다.

나. 교과서 개념 규정의 중요성·확산성

　인간의 교육 활동은 주위에 산재한 사상(事象)을 어떠한 개념으로 규정하고, 그 형성된 개념을 어떻게 활용하느냐에 따라 효용성·효율성이 달라진다. 어떤 대상을 어떻게 규정하느냐는 교육의 성과와 직결되는 문제다. 그러므로 교과서 개념 규정도 같은 차원과 견지에서 신중하게 접근해야 한다.

교과서 개념 규정은 교과서 본질을 찾아보는 과정이다. 교과서가 '본디부터 지니는 근본적인 성질이나 요소'가 무엇인지를 따져보는 것이다. 따라서 교과서 개념은 교육의 모든 면에 관여하는 중요 모태로 작용한다. 교과서의 개발과 질 관리를 포함하여 교과서와 관련된 교육과정, 행·재정 문제, 교육 법률체계, 주변 학문과의 협력 작용 등은 교과서의 개념, 특히 '좋은 교과서'의 개념이 무엇인가에서 출발한다. 따라서 교과서의 개념과 의미역을 어떻게 설정하느냐에 따라 교과서의 자체 지위와 가치는 물론 교과서 정책, 교육적 지원 체계, 현장 적용의 방향과 방법이 달라진다.

그러므로 교과서의 개념을 단세포적 발상으로 규정하면, 교과서와 관련된 교육적 역할과 기능이 협착(狹窄)에 직면하게 된다. '교과서의 개념 규정', 조금 넓혀서 유연한 표현으로 '교과서의 본질적, 체계적인 의미역 확충'은 교육에서 나비효과 이상의 발산적 효용과 결과를 불러온다. 즉, 교육과 관련한 모든 면에서 교육 효과를 극대화하고, 교육 활동에 시너지를 발휘하게 한다고 하겠다.

교과서 개념은 교과서 관련 정책, 교과교육, 교육과정, 교과서 구성, 활용, 평가와도 결부되는 확산성을 지닌다. 여기에서의 **'확산성'**이란 대상에 미치는 영향이 단일 방향의 선형(線形)으로 작용한다는 말이 아니라, 방사체(放射體)로서 사방으로 방사하면서 역동적으로 작용한다는 의미이다. 이는 하나의 완결된 유기체, 생명체로 간주하는 연장선과도 긴밀하게 관계한다.

더욱이 교과서 개념 규정은 '교과서 개발학'의 학문으로서의 정립 가능성과 내용 확충의 기반이면서 출발이다. 즉, 개발학의 이론과 학문적 정립의 초석이 교과서 개념의 논리적 규정과 확산성에 달렸다는 말이다. 뿌리 깊은 나무가 바람에 흔들리지 않으면서 열매가 많이 열리고, 샘이 깊은 물은 가물에도 그치지(마르지) 않고 바다에 이르는 것에 비유할 수 있다.

그렇다고 교과서 개념을 너무 확산적으로 개방하는 것에도 문제가 따른다. 교과서 기능과 품질의 상호 작용을 선순환으로 높이고, 좋은 교과서를 개발하는 경계 내에서 존재를 부각하는 개념 규정이어야 한다. 무작정의 개방과 확대는 교과서의 존재와 가치에 반작용을 유발한다. 과도한 의미역의 확충은 오히려 교과서 개념을 흐리게 하고, 자가당착(自家撞着)의 모순에 빠질 수도 있기 때문이다.

2. 교과서(교재) 개념 탐색의 양상

'**교과서의 실체가 무엇인가**'하는 문제에 대하여 그동안 많은 논의가 이루어져 왔다. 현재까지 교과서 개념 규정의 양상을 살펴보는 것은, 교과서 개념을 새롭게 접근해보는 데 유익한 정보를 제공하거나 발상의 모티브를 유발한다.

다음은 교과서 개념을 여러 각도에서 살펴보기 위해 그동안의 연구 실적을 설명의 용이성을 고려하여 분류, 제시해 본 것이다. 따라서 각 자료에서 제시한 개념 규정의 정당성이나 논리성을 검토해 보는 것이 아니라는 점을 밝혀 둔다. 그리고 예로 든 자료와 논지(論旨)의 뜻을 살리고, 설명의 용이성을 확보하기 위하여 '교과서'와 '교재' 용어를 필요에 따라 분리, 병기, 혼용하였다.

가. 교과서, 교재 개념 규정

1) '교과서' 개념 정의

현재까지 교과서와 교재의 개념을 우선하여 규정해 본 연구와 사례가 많다. 먼저, '교과서' 용어가 어떻게 정의되었는지를 생각해 보고자 한다. 여기에 드는 예는 논지 전개를 위하여 접할 수 있는 자료 중에서 대표적인 것만을 제시하였음을 밝힌다.

박붕배 교수는 간단하면서도 명징하게 기본 요건을 압축하여, 정의 형식에 맞추어 교과서 개념을 간명하게 규정하였다.[44]

> 교과서는 교육 목표에 따라 아동의 발달 단계를 고려하여 학력을 신장할 수 있
> 도록 일정한 방침에 의거 편집·간행된 교과용 도서이다.

---

44) 이응백 외, 『국어과 교육』(II)(한국방송통신대학교, 1986) p.73.

교과서와 지도서를 포함하는 **'교과용 도서'**라는 용어를 사용하였다. 여기에 다른 학습 자료와는 구별되는 중핵적(中核的) 자료로서 교육과정 구현의 시범 교육, 대략의 제시 및 학습 사항의 배열만을 하여 준 것이라 부연 설명하였다. 이와 같은 정의는 간단하게 보이지만, 부연 설명과 함께 교과서 개념을 이루는 필수 요소 몇 가지를 모두 포함하고 있다.

함수곤 교수 외 편저 교육과정, 교과서 용어사전에서는 2000년 당시까지 교과서에 대한 개념 정의를 총망라하여 다음과 같이 다양하게 제시하였다. 교과서 개념을 종합적으로 분석하고 조감할 기회를 제공하는 중요한 자료이다.45)

① 교과서는 학교에서 교육을 위하여 사용되는 학생용의 주된 교재(교과용 도서에 관한 규정 제2조)이다.
② 교과서는 어느 한 사회나 국가의 교육이념이나 교육 목적을 달성하기 위해 교육과정의 기본 정신에 알맞게 편집된 학습 자료로서 학생용 도서이다.
③ 교과서는 학교 교육의 장에서 사용되는 여러 가지 교재 중에서 가장 계통적으로 만들어진 중요한 교재의 하나이다.
④ 교과서는 학생들이 배우는 데 도움이 되도록 교과 영역의 학습 내용을 책자로 담은 것이다.
⑤ 교과서는 교육의 내용을 체계적으로, 포괄적으로, 균형 있게 담고 있는 공식화된 교수·학습 자료이다.
⑥ 교과서는 교과가 지니는 지식·경험의 체계를 쉽게, 그리고 명확하고 간결하게 편집해서 학교에서 학생들이 학습의 기본 자료로 사용할 수 있도록 제작한 교재이다.
⑦ 교과서는 당 시대인들이 소망하는 수많은 요구, 이념, 사상의 체계적 성장과 과학의 발달, 나아가 원대한 미래 지향적 설계로 구도한 종합적 결집체이다.
⑧ 교과서는 학생들이 학습하는 데 도움이 되도록 그들이 배워야 할 학습 내용으로 구성된 학생용 도서이다.
⑨ 교과서는 교육과정에 따라 각 교과가 지니는 지식 경험의 체계를 쉽고 명확하며 간결하게 편집해서, 교사와 학생이 학습에 활용할 수 있게 한 도서이다.
⑩ 교과서는 초등학교·중학교·고등학교 및 이들에 준하는 학교에 있어서 교과과정의 구성에 맞춰서 조직 배열된 교과의 주된 교재로서, 교수용으로 제공

---

45) 함수곤·최병모, 『교육과정·교과서 관련 용어 사전』(한국교원대학교, 2000) pp.96~97. 제7차 교육과정 시행에 대비하여 교육인적자원부 위탁 연구과제로 수행한 것임

되는 도서이다.

⑪ 학교 교육상 교육과정에 따라 주된 교재로 사용하기 위하여 편찬한 도서로서 교사용 도서와 학생용 도서, 1종 교과서와 2종 교과서(국정 교과서와 검정 교과서), 인정 교과서 등이 있다.

⑫ 교과서는 교육과정을 근거로 해서 만든 도서이다.

⑬ 교과서는 학생이 사용하는 도서이다.

⑭ 교과서는 학습에 도움을 주는 도서 등이다.

현재에는 사용하지 않는 일부 용어도 보인다. '교과용 도서에 관한 규정'을 비롯하여 모두 정의 형식을 취하였으나, ⑫~⑭는 매우 소략하게 규정하였다. 당시까지 교과서 개념이 어느 일정 방향으로 정착하지 못하고 필요에 따라 정의한 내용을 그대로 종합한 자료이므로, 파노라마(panorama), 각양각태(各樣各態)의 정의 양상을 보여준다. 교과서를 주된 교재, 교재의 하나, 책자, 교수·학습 자료, 학생용 도서, 교수용 도서, 교사·학생용 도서 등 그 성격을 다양하게 규정하고 있다, 교육과정을 근거로 만들었다는 내용이 빠진 정의도 다수 눈에 띈다.

위의 제시 자료와 중복되는 항목이 있지만, 이종국 교수는 교육부 자료를 참고하여 다음과 같이 종합적으로 제시하였다.[46]

① 교과서는 교수·학습에 필요로 하는 주된 수단이다.

② 교과서는 어느 한 사회나 국가의 교육이념과 교육 목적을 달성하기 위한 기본 교육수단이다.

③ 교과서는 각 학교급별 교육과정의 기본 정신에 알맞게 편찬된 학습 자료로서 학생용 도서이다.

④ 교과서는 학교 교육의 장에서 사용되는 여러 가지 교재 중에서 가장 계통적으로 만들어진 중요한 교재의 하나이다.

⑤ 교과서는 교육의 내용을 체계적으로 포괄적으로, 균형 있게 담고 있는 공식화된 교수·학습 자료이다.

⑥ 교과서는 교과가 지니는 지식·경험의 체계를 쉽게, 그리고 명확하고 간결하게 편집해서 학교에서 학생들이 학습의 기본 자료로 사용할 수 있도록 제작한 교재이다.

---

46) 이종국, 『한국의 교과서상』(일진사, 2005) p.19.

⑦ 교과서는 교육과정의 목표 및 내용 등 학생들의 발달 수준에 알맞게 풀이하고 편집한 학교 학습용 도서이다.
⑧ 교과서는 체제(교수·학습 시스템) 속의 구성 요소로서 매체 그 자체보다 매체를 활용하는 방법 내지는 환경까지를 고려하는 수단으로서의 의의를 지닌다.

문교부 편수국에서 펴낸 「좋은 교과서란 어떠한 교과서인가」(1987)를 참조하여 정리한 내용이긴 하지만, 교과서 개념에 대하여 정부에서도 정책적으로 어떤 생각과 태도를 지녔는지를 터득하게 한다. 그리하여 교과서 개념은 정책의 기본으로 작용하여 관련 규정에 구체적으로 명시하기도 한다.

교과서를 학생용 도서, 학습용 도서, 교재 또는 교재의 하나, 교수·학습 자료 등 같은 용어를 사용하는 예도 보이지만, 교수·학습 주된 수단, 기본 교육수단, 매체 활용 수단 등 '수단'이란 말을 사용하는 데 주목이 간다. 교과서가 교육 목표를 달성하는 방법을 강조하는 개념 규정이 많고, 교육과정과 관련하여 개념을 규정한 것은 ⑦ 경우뿐이다. 당시만 해도 교과서 정의에 교육과정의 반영 문제를 중요 요소로 취급하지 않았거나, 아니면 반영이 너무 자연스러운 의무 사항이기 때문에 정의에서 소홀히 다루었다는 생각이 든다.

2) '교재' 개념 규정

교재 개념 규정도 외국의 이론을 원용하여 많은 시도가 이뤄졌다. 그리하여 교과서보다는 의미역이 넓고, 그 형태와 작용에서 여러 층위(層位)면서 역동성을 가진 개념으로 파악하려는 노력이 많다. 이렇게 교재를 층위 개념으로 파악하려는 노력은. 그 개념을 분석적으로 제시하여 의미 폭을 정확히 하고, 총체적 모습을 찾아보려는 시도라고 하겠다.

먼저, 함수곤 외 편저 용어사전에서는 다음과 같이 규정하였다.[47]

교육 목표의 달성을 위한 학생의 학습에 제공할 목적으로 선택된 문화적 소재를 말한다. 교육 내용을 학습함에 있어서 학습자가 문화적 가치를 획득하는데 매

---

47) 함수곤·최병모, 앞의 용어 사전, p.29.

개가 되는 소재라고 할 수 있다. 학습자에게 제공되는 소재가 되는 문화적 내용을 교재라고 한다. 교재는 특정한 사상(事象), 작품 등으로 대개 그 자체는 추상적, 개념적 내용이다.

교재를 문화적 소재로 여김이 특이하다. 교재를 교과서와 연관해서 정의하지 않고 구별되는 소재로서 개념화한 인상을 준다. 교과서와 교재의 역학적 관계는 양자의 개념 규정에서 언급하지 않을 수 없는 상보적 위치에 놓이므로, '교육 목표' 실현이라는 관점에서 의미를 정리할 필요가 있어 보인다.

배두본 교수는 외국 이론을 근거로 다음과 같이 의미역의 넓고 좁음의 정도에 따라 교재의 개념을 정의 형식으로 규정하였다.[48]

① 넓은(일반적) 의미 교재란 교수와 학습에 사용되는 모든 입력(input)을 지칭하며, 시각과 청각 등 인간의 감각기관을 통하여 교수와 학습이 일어나도록 도와주는 유형 또는 무형의 모든 입력 자료(input materials)를 의미한다.

② 보다 좁은 의미의 교재란 학습용으로 직접 입력이 되는 자료나 교수에 직접 또는 간접적으로 사용되어, 교수와 학습에 직접적 영향을 주는 교재(text), 프로그램, 상황, 과업, 활동은 물론 교육 자료(materials)에 해당되는 보조 교구(teaching ads)와 교육 매체(educational media)를 지칭한다.

③ 가장 좁은 의미의 교재란 학교 교육에서 교사가 수업을 진행하거나 학생들이 학습하면서 직접 사용하는 교육 자료(instructional materials)를 말한다.

교재에 대한 이러한 의미 규정은 유형, 무형을 모두 교재로 인정하고, 교수·학습에 직간접으로 관여하는 정도를 고려하여 개념을 구분한 것이다. 여기에 교재와 관련한 층위의 구별을 '입력 자료(input materials), 상황(contexts), 활동(activities), 수단(tools)', '보조 교구(teaching ads)와 교육 매체(educational media)', '교육 자료(instructional materials)' 등 유개념 차이로 그 변별성을 부가하여 명확히 설명하였다.

이러한 교재의 분류에서 배교수는 Nunan의 주장을 빌려 가장 좁은 의미의 교재를 교육과정과의 연관성을 고려하여 해석하고, 이의 개념을 다음과 같이 부연하여 의미

---

48) 배두본, 『영어 교재론 개관』(한국문화사, 1999) pp.3~5. 교재 관련 연구의 전반을 다루고, 교재론 연구에 많은 정보를 제공하여 참고된다.

를 더욱 구체화하였다.[49]

> 교재는 학교 교육의 바탕 위에서 교과 목표, 내용학습 활동, 교사와 학생의 역
> 할, 시간, 과업을 고려하여 계획된 교과서, 참고서, 연습장(workbook), 부교재 등
> 을 포함하며, 그 외에도 보조 교구로 사용되는 시각 자료, 청각 자료, 시청각 자료,
> 실험기구, 실습자료, 활동들도 교재에 포함된다.

이와 같은 교재의 규정에서 교과서가 어느 위치에 놓이느냐 하는, 양자 상관성을 명확하게 규정하였다. 즉, 교과서는 가장 좁은 의미의 교재의 하나라는 것이다. 위에서의 교과서 정의에서 알 수 있듯이, 교과서를 피정의 항으로 놓았을 때 교과서는 교재, 또는 교재의 하나라는 유개념으로 그 차이를 설명하였다. 교과서와 교재의 상호 관련성을 언급한 점에 주목이 간다.

박인기 교수는 비록 문학 교재를 대상으로 설명한 것이기는 하지만, 다음은 교재 의미역과 층위를 파악하는 데 많은 참고가 된다. 교재란 개념은 무엇을 교육하는가의 교육 대상을 구체적으로 요구하기도 하여, 교육적 의도와 상세화 수준에 따라 층위를 ① 자료(material)로서의 교재, ② 텍스트(text)로서의 교재, ③ 제재(subject, unit)로서의 교재로 구분하고, 이들 층위를 역동적으로 파악하여 다음과 같이 제시하였다.[50]

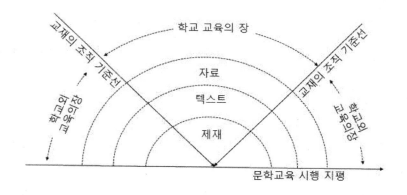

---

49) 배두본, 앞의 책, p.5.
50) 박인기, '문학교과 교재론의 이론적 접근과 방향'(『운당구인환선생 화갑기념논문집』 한샘, 1989)
pp.844~846.

문학교육을 위하여 동원할 수 있는 모든 형태의 매재(媒材)[재료]를 자료로서의 교재, 교재 자체가 최소한 문학이거나 문학적인 것을 텍스트로서의 교재, 문학 교육적 의도가 전제된, 일정한 교육적 설계와 관련하여 문학교육의 내용으로 선정되는 텍스트를 제재로서의 교재로 설명하였다. 문학교육 시행 지평과 교재의 조직 기준선의 접점을 기준으로 학교 교육의 장에서 그 층위를 구분하였다. 결국, 교재도 교수·학습과 연관하면서 교재의 성격과 의미 분화가 생기는 것이다.

김창원 교수는 교재의 층위를 '자료(materials)로서의 교재', '담화(text)로서의 교재', '제재(subjects)로서의 교재'로 설정하고, 이를 다시 담화 교재, 비담화 교재로 양분하기도 하였다.51)

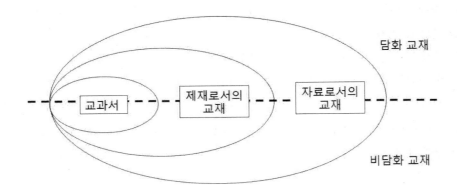

교재 층위에서 '교과서'의 위치를 분명히 하고, 그 층위 모두를 담화 교재, 비담화 교재로 구분한 것이 특이하다. 교재의 개념 규정 차원에서 접근하지 않고, 교재의 성격과 층위 차원에서 국어 교재를 설명하는 방법도 있어, 교재의 개념을 또 다른 각도에서 확인할 수 있게 한다.

앞의 두 도식은 분류의 위상과 설명이 조금 다를 수 있지만, 교과서의 위치를 설명하는 방식에서는 동일하다고 하겠다. 의미의 폭이 가장 넓은 교과서의 개념으로 교육 목표를 달성하기 위하여 사용되는 모든 자료를 교재라 할 수 있다. 교수학습 과정에서 이용되는 **'일체의 상관물'**, 교수자가 교수·학습에서 동원할 가능성을 잠재적으로 포함하는 모든 형태의 매재(媒材)를 **'자료로서의 교재'**라고 부른다.

---

51) 국어교육 미래 열기 편, 『국어교육학개론』(제3판, 삼지원, 2009) pp.80~82.

'텍스트(담화)로서의 교재'는 완결성 여부를 떠나서 교육적 의사소통 과정에서 사용되는 일체의 '언어적 실체'를 의미한다. 이것은 사용으로서의 문화적 관습과 형식을 갖춘 '언어적 실체'로서 그 자체 메타언어의 대상이 될 수 있고, 자료로서의 교재 중 이를 제외한 나머지는 비텍스트 교재가 된다. 따라서 텍스트 교재는 순수한 언어적 자료만을 뜻한다.

교수·학습과 가장 유관한 교재의 정의는 **'제재로서의 교재'**이다. 제재로서의 교재는 자료나 텍스트로서의 교재 개념보다는 의미의 폭이 좁아진다. 교육적 목적 실현을 위한 의도와 이를 계획적으로 실천하기 위한 교육적 설계(instructional design)에 따라 이뤄진 교재이다. 교육과정의 목표나 이념을 구현하기 위하여 시간·조건·절차와 방법 등을 고려하여 체계적, 계획적으로 설계된 교재를 말한다.

그러므로 제재로서의 교재는 학교 교육과 같은 계획적으로 의도된 교육과정(敎育過程)을 운영하는 역동적 상황에서 교사, 학습자와의 필연적 관계를 유지해야 교육적 가치를 발하게 된다. 그러므로 제재 차원의 교재는 교수·학습의 목표 달성 여부에 비중을 두므로, 언어적 자료뿐만 아니라 비언어적 자료도 교재로 인정한다. 그리고 제재 차원의 교재로서 가장 일반적이고 전통적인 형태를 띠는 것이 교과서라고 하였다.

여기에서 **'제재'**와 **'교과서(textbook/ schoolbook)'**의 차이가 무엇인지 더 구체적으로 밝히는 문제에 당면하는데, 이의 구별은 교과서 개념을 설명하는데 방법과 내용에서 매우 중요한 표상(表象)을 지닌다고 하겠다.

나. 교수·학습의 매개물/자료

앞에서 언급한 개념 규정 대부분에서 알 수 있듯이, 교과서나 교재는 모두 교수·학습에 사용되는 자료임을 천명하였는데, 이와 관련하여 다음과 같이 구체화하는 정의 방법도 있다.[52]

교재의 개념은 대단히 유동적이지만, 자의(字意)대로 정의하면 '교육의 재료' 또는 '교수 재료(teaching materials)'를 말한다. 즉, 교수—학습 활동에서 일정한 지식

---

52) 서울대학교 국어교육연구소, 『국어 교육학 사전』(대교출판, 1999) p.90.

기능을 습득시키기 위하여 매개물로 이용하는 모든 재료(자료)를 의미한다. 교육 활동은 자료를 매개로 하여 이루어지는데, 교수─학습 상황에서 학습자 측에서는 자료가 학습 재료의 구실을 하므로 학습재가 되고, 교수자 측에서 보면 가르치는 재료가 되므로 교수재가 된다. 그러므로 교재는 교수자의 견지에서 따온 말이다.

용어 설명에서 자의(字意)에 연연할 필요는 없지만, 교재는 교수재보다 교육의 재료, 즉 교수·학습의 자료로 널리 쓰이는 개념으로 일반화되었다고 하겠다. 엄격하게 따지면 교과서와 교재의 정의에서 이들이 '학생을 위하여 학생이 사용하는 교재'라는 설명 방식에는 미흡함이 있다는 점은 알아 두어야 한다.

어떻든, 교재는 교수·학습 활동에서 일정한 지식과 기능을 습득하기 위하여 매개물로 이용하는 모든 재료(자료)를 의미한다. 따라서 교수·학습에서 주고받는 학습 경험의 내용과 그 내용을 담은 실체를 모두 포함하기도 하고, 더 나아가 교육과정의 구성 소재, 교과로서 학습해야 할 내용의 소재를 일컫기도 한다. 이렇게 교재는 교수·학습이라는 상황을 떠나서는 존재할 수 없고, 항상 이와 유관하여 교과서와 교재의 개념을 구체화하기도 한다.

특히, 교수학습과 관련하여 Gall은 교과서를 "교수·학습 과정을 수월하게 하기 위하여 사용되는 본질적으로 표상적(表象的, representational)인 물리적 실체(physical entities)이다."[53]라고 정의하였다. 교과서는 교육의 목표를 효과적으로 달성하기 위하여 교수·학습 과정에서 사용되는 자료이며, 어떠한 구체적인 물체의 형상을 띠어야 하고, 그 물체는 자체가 지니는 어떤 특성이 교육의 내용으로 표상되어 있거나 표상되어야 한다는 것이다. 교육의 목표나 내용은 교육과정에 제시되고, 이를 교수학습의 과정으로 유입할 때 학습의 효율성을 높이고, 교사와 학습자가 자각할 수 있는 물리적 실체가 필요하기 때문이다.

교과서의 개념은 교육의 질적, 양적 발전과 사회 구조의 다원화, 과학의 발달 등으로 많은 의미 확장과 변화를 하여 왔다. 그러나 '교육과정에서 제시한 교육내용(성취기준)을 중심으로 기본 학습 요소를 교수·학습 방법으로 체계화한 것'이 교과서라는 기본 개념에는 변화가 없다. 다양하게 교과서의 개념을 설정하면서도 공통으로 교과서는 교수학습 자료, 매체, 재료, 도구라는 것이다.

---

53) 이성영, 『국어교육의 내용연구』(서울대학교출판부, 1995) p.370.

이처럼 교과서는 교수·학습 방법을 도외시하고는 그 의미와 기능에서 정확하게 규정을 하기가 어렵다는 말이다. 따라서 교과서의 개념 규정에서 교수·학습은 필요 불가결의 요소로 자리매김할 수밖에 없다. 교과서는 배우고 가르치기 위해서 존재하기 때문이다.

다. 개념 규정 관련 요소의 종합 제시

앞에서의 교과서와 교재의 개념 규정을 거의 모두 교수·학습과 결부하여 정의 형식을 갖추어 설명하였다. 그러나 단순 명제 형식을 빌려 개념 규정에 관련되는 요소를 하나의 문장으로 모두 다 포괄하기는 어렵다. 그래서 지금까지 연구된 교과서 개념 규정을 분석하여 종합 제시하는 방법을 취하기도 한다.

최미숙 교수 외에서는 개념 규정의 양상을 다음과 같이 몇 개 항목으로 정리하였다.[54]

> ① 프로그램 일종 측면
> ② 교육과정과의 관련성을 강조하는 측면
> ③ 교수·학습의 매개체나 도구 측면
> ④ 내용에 초점을 맞춘 측면

①의 경우는 '특정한 목표에 도달하기 위하여 구성된 활동의 조직체'란 예를 제시고, ④의 예로는 영어 사전의 정의를 인용하여 '수업의 기반으로서 교과의 원리를 표상한 책', '특정 교과의 학습을 위해 표준화된 과제로 사용되거나, 수업 지침서로 사용되는 책'을 들고 있다. 이러한 개념 규정 형식은 교과서를 정의하는 하나의 모델로 작용한다.

나아가 교과서에 대한 기존의 정의로부터 교과서의 성격을 추출, 다른 텍스트와 차별되는 특징을 다음과 같이 들었는데[55], 교과서의 개념을 이해하는 데 매우 유용하다.

> ① 교과서는 목표 지향적 텍스트로 교육적 가치와 목표를 달성하는데 교과서
>   의 모든 내용과 요소들이 기여하도록 짜여 있다.

---

54) 최미숙 외, 『국어교육의 이해』(사회평론, 2008) p.49~50.
55) 최미숙 외, 앞의 책, pp.51~52. 설명 내용을 요약, 정리한 것임

② 교과서는 정교하게 구조화된 텍스트다.

③ 교과서는 추상적인 교육과정을 교수·학습 수준으로 구체화한 텍스트이다.

④ 교과서는 수월성이 가치 판단의 중요한 준거가 되는 텍스트이다.

⑤ 교과서는 특정한 교과나 학문 분야의 내용을 기반으로 하는 텍스트이다.

⑥ 교과서는 보편적이고 대표적인 내용을 다루는 텍스트이다.

　　교과서의 성격, 특징이란 용어를 사용한 시도로 정의 명제 형식을 취하였는데, 교과서의 개념을 규정하는 범주에 드는 내용이다. 앞으로 교과서 개념을 성격, 특징과는 차별성을 두고 더욱 구체화할 필요를 암시한 선도적 시도로서, 체계적으로 연구해 볼 필요성과 과제로 남는다.

　　같은 맥락에서 박정진 교수는 교과서를 개념화한 몇 가지 특성으로 논의된 정의를 종합, 분석하여 다음과 같이 제시하였다.[56],

① 교육과정과 밀접한 관련을 맺고 있다는 점

② 교육과정을 구체적으로 실현시키고 있다는 점

③ 교수—학습 과정에 사용되는 하나의 자료라는 점

④ 교사와 학생의 상호작용을 위한 중요한 매체라는 점

⑤ 학교라는 특정 장소와 수업이라는 특정 시간과 관련된다는 점

　　교육과정과의 관련을 강조하여 두 항목으로 나누고, 교수·학습에 사용하는 자료는 대부분의 정의에서 공통으로 언급하는 내용이다. 그런데 ④, ⑤는 교수·학습과 관련한 설명에 포함될 수 있는 성질의 것으로 볼 수 있는데, 상호 작용 매체라는 특성과 특정 장소와 시간을 관련시킨 발상이 참신하다. 결국, 교과서 개념 규정에서 교육과정 관련 2개 항목, 교수·학습 관련 3개 항목을 집중으로 거론한 셈이 된다.

라. 법령·규정에서의 정의

　　우리나라에서는 교육의 행·재정적 지원과 실천의 효율성·중요성을 고려하여, '교과용 도서의 사용' 내용을 '초·중등교육법', '초·중등교육법 시행령'에 담고 있다. 이를 근

---

56) 박정진, 『국어교육학 정체성 탐구』(소통, 2009) p.98.

거로 하여 '교과용 도서에 관한 규정'에서는 교과용 도서의 범위와 교과서에 대하여 명확하게 규정, 정의하고, 사용의 범위도 구체화하였다.

　　그동안 교과용 도서 개념(종류)을 법령으로 규정해 왔다.[57] 교과서 개념의 변화를 알 수 있도록 과거(2000년)와 현재 자료를 그대로 제시하여 규정의 변화를 비교해 보고자 한다.

〈교과용 도서에 관한 규정〉(2000.6.19.)

제2조(정의) 이 영에서 사용하는 용어의 정의는 다음과 같다.

1. "교과용 도서"라 함은 교과서·지도서 및 인정도서를 말한다.

2. "교과서"라 함은 학교에서 교육을 위하여 사용되는 학생용의 주된 교재와 그 교재를 보완하는 음반·영상·전자 저작물 등(이하 보완교재라 한다.)을 말한다.

3. "지도서"라 함은 학교에서 교육을 위하여 사용되는 교사용의 주된 교재와 그 보완교재를 말한다.

4. "인정도서"라 함은 교과서·지도서가 없는 경우, 또는 이를 사용하기 곤란하거나 보충할 필요가 있는 경우에 사용하기 위하여 교육부 장관의 인정을 받은 교재와 그 보완교재를 말한다.

제 2조의 2(교과서 및 지도서의 구분) ① 교과서는 다음 각호와 같이 구분한다.(신설 '97.2.11.)

1. 1종 교과서: 교육부가 저작권을 가진 교과서

2. 2종 교과서: 교육부 장관의 검정을 받은 교과서

　② 지도서는 다음 각호와 같이 구분한다.(신설 '97.2.11.)

1. 1종 지도서: 교육부가 저작권을 가진 지도서

2. 2종 지도서: 교육부 장관의 검정을 받은 지도서

　　교과서의 정의에서 '교과용 도서'와 '교재', '1종', '2종'이란 용어를 사용하였다. 교과용 도서 구분에서는 교과서와 지도서 외에 인정도서를 여기에 포함했다. 그런데 인정

---

57) 안종욱 외, '교과용 도서 발행 체제의 재구조화 연구'(한국교육과정평가원, 연구보고 RRT 2020－1, 2021)에서는 1950년부터 현재까지 '주요 시기별 교과용 도서 개념의 변화 및 특징'을 종합적으로 정리, 표로 제시하였다(PP.51～53.).

도서를 교과서, 지도서와 같은 반열(班列)의 교과용 도서로서 자격을 부여한 것으로, 현재의 인정도서 개념과는 차이가 있다. 그리고 사용의 경중을 고려하여 '주된 교재', '보완교재'로 구분하고, 조항을 달리하여 교과서와 지도서를 다시 1종과 2종으로 구분하였다.

현재 시행하는 <교과용 도서에 관한 규정>(2022.3.22., 일부 개정)은 교과서를 이와는 다르게 규정하였다.

제2조(정의) 이 영에서 사용하는 용어의 정의는 다음과 같다<개정 2008. 2.29., 2013.3. 23.>.
 1. "교과용 도서"라 함은 교과서 및 지도서를 말한다.
 2. "교과서"라 함은 학교에서 학생들의 교육을 위하여 사용되는 학생용의 서책·음반·영상 및 전자 저작물 등을 말한다.
 3. "지도서"라 함은 학교에서 학생들의 교육을 위하여 사용되는 교사용의 서책·음반·영상 및 전자 저작물 등을 말한다.
 4. "국정도서"라 함은 교육부가 저작권을 가진 교과용 도서를 말한다.
 5. "검정도서"라 함은 교육부 장관의 검정을 받은 교과용 도서를 말한다.
 6. "인정도서"라 함은 국정도서·검정도서가 없는 경우 또는 이를 사용하기 곤란하거나 보충할 필요가 있는 경우에 사용하기 위하여 교육부 장관의 인정을 받은 교과용 도서를 말한다.

현재 규정에는 '1. 교과용 도서' 정의에서 교과서, 지도서는 그대로 두고 인정도서가 빠졌다. 이를 다시 교과서는 학생용으로, 지도서는 교사용으로 개념을 분리하고, 국정, 검정, 인정도서를 동등한 위치에 놓았다. 이처럼 교과용 도서 구분은 대부분 교육과정 개편에 맞추어 달라져 왔다.

교과서 개념을 정확하게 정의 형식을 갖추어 규정하고, 국정도서, 검정도서, 인정도서의 성격을 명확하게 밝히면서, 병렬 형식으로 나열하여 교과서 개념 체계를 바꾸었다. 교과서나 지도서도 '학생들의 교육을 위해서'라고 하여 대상인 '학생'을 명시하였다. 여기에 교과서를 '학생들의 교육을 위하여 사용되는 학생용의'라고 하여, 사용의 목적을 학생으로 국한하여 교과서 개념을 좁혀 정의하였다. 특히, 중요한 것은 음반·영상 및 전자 저작물을 서책형 교과서와 동등하게 위치하여, '보완교재'에서 정식 교과서에 편입시키고, 교재라는 용어를 사용하지 않았다는 점에 주목이 간다.

법령 규정에서는 교육과정과 관련한 언급이 없는 것이 특이하다. 그리고 용어 해석 차원에서 교과(敎科) – 교과서(敎科書) – 교과용 도서(敎科用圖書)라는 의미 연상을 해 보는 것도 교과서 정의와 이해에 도움을 준다.

3. 교과서 개념 규정의 발상 전환

가. 교과서 개념 규정의 보완과 지향

교과서 개념 규정의 현황에서 알 수 있듯이, 의미역에 공통 요소도 많이 보이지만, 규정에서 파노라마(panorama), 만화경을 이룬 느낌이다.

이러한 양상은 교과서 개념 규정에 정답이 있는 것이 아니고, 교과서의 성격, 특징, 의의(意義), 기능 등과 어우러져 의미 범주를 다양하게 찾아보는 데서 연유하였다고 하겠다. 여기에 교재, 자료, 텍스트, 도구, 수단, 층위 등의 용어와 혼용 또는 구분에서 오는 교과서 개념의 유동성 문제가 내재한다. 또, 어디에 초점을 두느냐에 따라 의미 범주 설정이 무쌍하여, 일관되게 개념을 규정하는 데 많은 어려움이 따를 수밖에 없다는 생각이 든다.

앞의 교과서 개념 규정을 면밀하게 분석해 보면, 보완·지향 사항과 개념 규정의 새로운 방향도 자연스럽게 드러난다.

- 개념, 정의, 규정 등의 용어 사용과 접근 방법을 구분하지 않고 혼용하여, 개념을 설정하고 이해하는데 혼효(混淆)를 초래하였다.
- 개념 규정에서 '교과서'와 '교재' 용어의 상관관계 설명이 미흡하거나 모호하고, 이들을 구분하는 의미역 설정도 명쾌하지 못한 부분이 있다.
- 교과서 개념과 기능, 성격, 특징을 명확하게 구분하지 않고 정의, 규정하였다.
- 개념 규정과 관련한 모든 변인(요소)을 총체적으로 포괄하여 개념화(정의)하지 못하고 일부의 언급에 그쳤다.
- 개념을 하나의 문장 형식으로 정의하는 형식적 제한 때문에 특정 내용만 부각하여 규정하였다.

○ 개념 규정이 체계적이지 못하고, 규정에 관여하는 요소(변인) 간의 긴장성, 핍진성(逼眞性)이 떨어져 있다.

○ 교과서(교재) 사용의 주체가 학생 또는 교사인지, 양자 모두인지 정확히 구분하지 않고, 섞어 제시하였다.

○ 교과서가 매개체로서 상호 소통 작용으로 존재하는지, 단순 정적 자료인지를 정의에서 명징하게 구분하지 않았다.

○ 각 교과에 공통으로 적용되는 개념 규정과 각 교과의 특수성이 가미된 개념 규정을 등위(等位) 차원에서 구분하지 않았다.

○ 개념을 층위로 분석하여 제시하는 방법도 이를 총체적으로 종합하여 결론을 내리 못하였다.

○ 층위적, 역동적 개념 규정은 교재의 성격, 범위, 특성 등을 구분한 본질적 규정이기보다는 교재의 종류 설명에 가깝다.

○ 교재 층위 설명에서 텍스트(담화)와 교과서 구분, 작용의 위치가 모호하여 개념 규정의 본질 부분을 등한시하였다.

○ 개념 관련 요소(요건)의 분석적·종합적 설명도 교과서 개념을 총괄, 포괄하고, 전체를 망라하여 제시하지 못하였다.

○ 개념의 설명 방식이 너무 다양하여 개념 규정이나 정의, 의미 범주에 차이가 크고 명확하지 않다.

○ 서책형과 디지털 교과서 개념 관계를 구체적으로 규명하고, 이들 관계를 미래지향적으로 발전시켜야 한다.

이상 보완·지향 사항이라고 정리한 내용은, 어떤 면에서 개념 규정 현황에 제시한 각각의 것에서 뽑아 모아 놓은 일면에 지나지 않는다. 각각의 개념 규정 방법에 이 모두가 일괄적으로 해당하는 사항이 아니라는 점이다. 어쨌든 이러한 보완·지향점은 개념 규정에 획기적인 변화와 발상의 전환을 요구한다.

나. 교과서 개념 규정의 변화 모색

언어는 속성이 구체성을 띤다고 한다. 무지개색이 7개의 색만이 아닌데도 그 색으로만 구체적으로 말한다. 이러한 언어의 속성에서 탈피하여 교과서 개념 규정은 더 많은 색으로 구성되었음을 언명하는 방식을 취해야 한다. 이것이 개념 규정의 틀을 바꾸는 시발이다.

앞에서 언급한 보완·지향점이나 문제점을 해소하는 방법을 찾아보면, 개념 규정의 변화 모색에서 해결책이 자연스럽게 드러난다고 하겠다.

1) '개념', '정의', '규정'을 구분

앞에서 지적한 보완·지향 사항 모두(冒頭)에서 언급한 용어 사용의 문제만 해결되면, 나머지는 저절로 해소될 수 있는 여지가 많다. 교과서 개념, 교과서 정의, 교과서 개념 규정 등의 형태로 진술의 형식이 다르다 보니, 그 설명이 각양일 수밖에 없었다고 본다. 먼저, '개념', '정의', '규정'의 의미를 짚어보고 문제점 해결의 실마리가 무엇인지를 찾아보고자 한다.

'개념(concept)'의 뜻은 사전이나 이론서 모두 거의 동일하게 풀이하고 있다.

> ㉠ 여러 관념 속에서 공통된 요소를 뽑아내어 종합하여서 얻은 하나의 보편적인 관념(표준국어대사전)
> ㉡ 동일 속성을 가진 대상들로부터 추상한 일반화된 관념이다.··· 다양한 사물에서 그 공통된 성질에 의하여 하나의 통일된 생각으로 결합시킨 관념, 즉 지각과 기억과 상상에 나타나는 개별적 표상에서 공통된 속성을 추상하여 집합시킨 하나의 심적 통일체다.[58]
> ㉢ 어떤 구체적인 사상(事象) 속에서 추상(抽象)된 일반 표상(表象)인 공통의 관념을 개념이라 한다.[59]

위의 설명은 용어의 사용이 다를 뿐이지, 결과는 [A]:[여러 관념(동일 속성 대상/ 사상]에서 [B]:[공통(동일) 요소(속성)]를 [C]:[뽑아내어 종합(추상)]한 [D]:[보편적(일반화한, 공통적)] 관념이라 하여 궁극적으로 동일한 정의를 하고 있다. 그런데 잘 살펴보면 [A]~[D] 단계 모두 다 어느 정도 자의적으로 선택할 여지가 있어, 하나의 대상에 대한

---

58) 김봉주, 『개념학』(한신문화사, 1988) p.26.
59) 김봉군, 『문장 기술론』(삼영사, 1985) p.17.

개념 규정이 다양해질 가능성은 열려 있다.

 '정의(定義, definition)'의 뜻도 교과서의 본질적 개념에 새롭게 접근해본다는 견지에서 자세하게 알아볼 필요가 있다. 설명 방식이 다른 여러 유형을 제시해 보면 다음과 같다.

> ㉠ 어떤 개념의 내용이나 용어의 뜻을 다른 것과 구별할 수 있도록 명확히 한정하는 일, 또는 그 개념이나 뜻(동아 새국어사전)
> ㉡ 개념이 속하는 가장 가까운 유(類)를 들어 그것이 체계 가운데 차지하는 위치를 밝히고, 다시 종차(種差)를 들어 그 개념과 등위(等位)의 개념에서 구별하는 일(표준국어대사전)
> ㉢ 어느 일정한 대상의 속성을 해명하는 기술 양식이다. 대상의 종차와 개념의 유형을 정립하여 명제(proposition) 형식으로 나타낸 것이다.[60]

 사용하는 용어나 설명의 방식은 달라도 내용, 뜻, 위치, 속성 등을 명확히 밝히는 일이나 형식을 말하고 있다. 개념이나 속성을 정의하는 데는 반드시 지켜야 할 형식이 있다. 피정의 항과 정의항, 종차(種差), 유개념(類概念), 계소/계사(繫素/繫辭, copula) 등을 갖춰야 하고, '정의'가 지켜야 할 기본 원칙 등에서도 어긋나면 안 된다.

 (A): 교과서는 <u>학생이 사용하는</u>(종차) <u>도서</u>(유개념)<u>이다</u>(계소).
 (B): 교과서는 <u>교과가 지니는 지식·경험의 체계를 쉽게, 그리고 명확하고 간결하게 편집해서 학교에서 학생들이 학습의 기본 자료로 사용할 수 있도록 제작한</u>(종차) <u>교재</u>(유개념)<u>이다</u>(계소).
 (C): [<u>교과서라 함은</u>](피정의항) [<<u>학교에서</u>(장소) <u>학생들의</u>(대상) <u>교육을 위하여</u>(목적) <u>사용되는</u>(사용) <u>학생용</u>(사용자)>(종차) <u>서책·음반·영상 및 전자저작물 등</u>(유개념)을 말한다.](정의항)

 그런데 앞에서 제시한 교과서(교재)에 대한 정의는 이러한 형식이나 원칙을 준수하지 못한 것이 많다. 이러한 형식을 준수하여 정의하려면, 관여 요소로서 최고로 적합

---

60) 김봉군, 앞의 책, P.122.

한 내용이 무엇인지가 뚜렷하지 않고, 종차와 유개념이란 형식적 제약이 작용하여 그대로 원용하기에는 어려움이 따른다. 앞에서 제시한 정의 형식의 개념 규정이 각양각색일 수밖에 없는 소이가 여기에 있다.

더욱이 교과서를 '하나의 명제 형식'으로 정의하기는 어렵다. 그리고 교과서의 개념을 반드시 정의 형식으로 규정해야만 하는 것은 아니다. 그러나 이러한 방법은 아주 정확하고 분명하게 명제 형식으로 개념을 유표(有表), 제시한다는 특장(特長)이 있으므로 이를 준용함이 원칙이다.

'교과서 개념 규정'이란 조합에서처럼 **'규정(規定, rule/regulation)'**이란 단어는 개념과의 연결이 상당히 자유롭다. 그런데 '규정'은 앞의 '개념', '정의'와도 다른 의미를 지닌다.

내용이나 성격, 의미 따위를 밝혀 정함. 또는 그 정하여 놓은 것(표준국어대사전)

규정의 사전적인 뜻은 개념, 정의와 겹치는 의미역이 존재할 수 있다. '내용', '성격', '의미' 요소가 '개념', '정의'의 뜻과 일면 상통하기 때문이다. 그러나 '개념', '정의'보다는 유연성이 많은 말이다. 여기에서의 '유연성'이란 설명이나 의미역을 설정하는 주체가 그 폭과 깊이를 스스로 원칙을 세우고 밝혀 정할 수 있다는 말이다. 그 좋은 예로 '교과용 도서에 관한 규정'을 '초·중등교육법', '초·중등교육법 시행령' 하위에 놓는 이유가 여기에 있다.

이상에서 개념, 정의, 규정의 뜻을 살펴보았다. 여기에 '교과서'란 말과 연결하여 '교과서 개념'과 '교과서 정의', '교과서 규정'이란 합성어를 만들 때, '뜻'에서 미미한 변화가 나타난다. '교과서 개념'과 '교과서 정의'는 교과서 실체를 규정해 본다는 궁극적 목적은 같다고 본다. 다만, '교과서 정의'는 일정한 명제 형식을 요구한다는 점이다. '교과용 도서에 관한 규정'이란 용어가 있지만, '교과서 규정'은 아직 일반화하여 사용하고 있지는 않다. 연구가 쌓여 앞으로는 이를 일반화할 필요는 있다고 본다.

그리고 엄밀하게 따지면 '교과서 개념'과 '교과서 개념 규정'은 의미역에서 다르게 볼 수 있지만, '교과서 개념 규정'이란 용어 사용이, '개념 자체를 다시 규정한다.'라는 뜻으로 개념 파악에 논리적 접근성, 타당성, 보편성을 확보하기가 쉽다. 규정의 의미를 그대로 적용하여, 교과서의 내용, 성격, 의미까지 파악해 본다는 장점도 작용한다. 즉, 한 단계 더 나아가 교과서와 개념의 의미 관련성을 분석적으로 파악해 본다는 구체적 접근에서 유용하다.

또 '교과서 개념'과 '교과서 정의'를 분리해서 생각하는 것도 가능하다. '개념학'이 존재하는 것처럼 교과서 개념은 다양한 학적 방법을 동원하여 찾아보는 방법이고, 교과서 정의는 의미 범주를 좁히고 구체화하여 일정한 명제 형식으로 규정해 보는 방식이다. 이러한 구별은 교과서 개발학의 내용 확충에도 어느 면에서 유용하다.

2) 교과서, 교재의 명확한 구분

교육 관련 용어는 근대 이후 일본이나 중국을 통하여 들어왔다. 특히 지배를 당한 시기에 각 분야에서 일본을 거쳐 들어온 용어가 현대에까지 이어진 것이 많은데, 교과서나 교재의 근대적 개념도 마찬가지라고 여겨진다.

앞서 교과서와 교재 개념 규정에서 이들의 위상 관계나 구분하는 방법을 소략하게 나마 설명하였다. 원칙적으로는 이들을 명확하게 구분하여 사용해야 옳다고 본다. 개념 규정 양상, 보완·지향점에서 살펴보았듯이 교과서와 교재의 개념은 서로 연관이 있으면서도 다르다고 하겠다. 그런데 언중(言衆)에서 이를 혼용하여 사용하는 경우가 많은데, 그 원인을 짚어볼 필요가 있다.

첫째로, 영어를 우리말로 옮기면서 용어 선택에서 혼동이 내재해 있었다. 'materials', 'text'를 교재로 번역하거나, 번역이 확실하지 않으면 텍스트란 원어를 그대로 사용하기도 하였다. 교과서는 'textbook', 'schoolbook'이라 하여 구분하기도 한다.

둘째로, 의미가 겹치는 데서 오는 혼동이다. 교재의 의미 층위에서 가장 좁은 의미로 사용되는 것이 교과서이다. 그리하여 교과서를 교재의 하나라고 하기도 한다. 즉, 교과서도 교재의 하나이기 때문에 자연스럽게 혼용하게 된 것이다.

셋째로, 교재와 교과서 용어의 사용상 편리성 때문에 혼용하였다. 일반 교육학, 교과 교육학 등에서 대표적으로 종류, 구분, 개발, 활용, 평가 등의 용어와 결합하는 경우, 용어에 따라 교재라는 말을 자연스럽게 많이 사용하고, 어떤 경우 교과서란 말이 더 자연스럽고 친숙하기도 하여 혼용하게 된 것이다.

넷째로, 교재와 교과서 용어 사용에서 강조점에 따른 혼용이다. 교재는 '교육의 재료', 교과서는 '교수·학습 매체' 성격을 강조하기 때문에 '교과서 종류'보다는 '교재의 종류'가, '교재 교수·학습 구현'보다는 '교과서 교수·학습 구현'이 더 친숙한 용어로 가까이 다가온다.

다섯째로, 교과서와 교재가 교과교육과 어떤 관계가 있는가의 오해에서 오는 혼동이다. 교과서와 교재는 어원에서 교과, 교과교육과 관계가 있다. 일반적으로 용어 해석에서 교재를 '교수(敎授)의 재료', 우리말로 풀어서 '가르치는 재료'라고 한다. 그런데 이를 교과교육과 연결하면 '교과를 교육하는 데 사용하는 재료'라는 뜻으로 해석하는 것이 가능하다.

그리하여 교과서와 교재의 구분을 어떻게 하는 것이 이상적인가를 알아보기 위해 다음과 같은 대비는 유용하다고 본다.

① 교과 – 교과용 도서 – 교과서 – 교과서관 – 교과서론 – 교과서 개발학
② 교과 – 교과용 교재 – 교재 – 교재관 – 교재론 – 교재 개발학

앞에서 살펴본 바와 같이 교과서와 교재 정의에서 모두 교과를 언급하고 있어, '교과용 도서'에서 교과서, '교과용 교재'에서 교재로 사용상 편리성을 고려하여 차이가 생겼다고 할 수 있다. 자의(字意)에 의한 비교로서 출발은 모두 '교과(敎科)'란 말이다. 따라서 가장 좁은 의미의 교재에 교과서가 포함되는 것도 어색하지 않다. 재료, 자료의 성격을 강조하여 교과교육에 필요한 재료가 교재이고, 재료, 자료의 성격과 동시 교수·학습 등 여타의 다른 점도 강조한 것이 교과서라고 하겠다.

교과서와 교재 용어를 실제 연구나 교육 현장에서의 어떻게 사용되는가의 실태를 다음 몇 가지로 구분할 수 있다.

① **[같은 개념으로 사용]**: 언중(言衆)이 일상의 습관대로 무심코 같은 의미역으로 사용하기도 한다. 이는 문장 맥락에서, 소통과 의미 전달의 면에서 문제가 없기 때문이다.

② **[다른 개념으로 구분 사용]**: 자의에서나 어형에서 교과서와 교재는 엄밀하게 구분된다. 이를 정의 형식에서는 변별력이 거의 없으므로, 앞으로 유개념으로 면밀하게 구분하는 방법을 찾아야 한다.

③ **[필요·목적에 따라 혼용하여 사용]**: 사용자의 편리성과 그동안의 사용에서 고착과 관습 때문에 같고 다르다는 구별 없이 양자를 섞어 사용한다. 본 개발학(책)에서도 이러한 방법을 택하였다.

④ **[층위 관계 개념으로 사용]**: 학문적 배경으로 구분하여 교재가 교과서를 포함하는 개념으로 사용한다. 이들 층위 관계는 개념을 좀 더 명확히 하거나 보완할 점이 있다.

요약해서, 교과서와 교재의 의미를 명확히 구분하여 사용하는 방법이 바람직하다. 이는 현장에서 교육 활동의 실제성과 상호작용을 명확하게 하는 지름길이기 때문이다. 그러나 의미나 관계 층위는 정확하게 구분되지만, 학술적·학문적 논지 전개나 실제 교육 활동에 혼동을 주지 않는다면, 상황과 필요에 따라 섞어 사용해도 무방하다고 본다.

3) 정의 형식을 더욱 구체화

앞의 **'교과서 개념'** 규정 양상에서 제시한 예를 기본 바탕으로 정의 형식을 빌려 종합, 정리해 보면 의미 있는 시사점을 얻을 수 있다. 다음은 모든 교과에 공통으로 적용되는 내용을 정의 형식으로 종합해 본 것이다.

피정의항	정의항		유개념
	종차		
교과서	목적 (목표)	교육을 위하여/ 한 사회나 국가의 교육이념이나 교육 목적을 달성하기 위해/ 배우는 데 도움 되도록	(주된) 교재 교재 교재(의 하나) 도서 책자 (학습 기본) 자료 (학습) 자료 (교수·학습) 자료 제재 도구 수단 결집체 서책·음반·영상· 전자 저작물
	대상	학생들이/ 학생	
	교육과정	교육과정의 기본 정신/ 교육과정에 따라/ 교과 과정 구성에 맞게/ 교육과정을 근거로/ 학교급별 교육과정 기본 정신에 알맞게/ 교육과정의 목표 및 내용 등	
	교수·학습	학습(용)/ 교수·학습/ 학습에 도움을 주는/ 교수·학습 활동	
	사용 (활용)	매체 그 자체보다 매체를 활용하는 방법 내지는 환경까지를 고려하는	
	사용 시간/장소	학교에서/ 학교 교육의 장에서/ 초·중·고, 이에 준하는 학교/ 학교 교육상	
	사용자	학생용/ 학생들이/ 교사와 학생이 활용할 수 있게/ 교수용으로 제공되는/ 교사용 도서와 학생용 도서	

	교과 및 교육내용	교과 영역의 학습 내용을/ 교육의 내용을/ 각 교과가 지니는 지식 경험의 세계를/ 당 시대인들이 소망하는 수많은 요구, 이념, 사상의/ 학습 내용/ 교과의	
	구성 및 방법	쉽게, 명확하고 간결하게 편집해서/ 제작한/ 체계적 성장과 과학의 발달, 나아가 원대한 미래 지향적 설계로 구도한/ 조직 배열된/ 알맞게 편집된/ 편찬된/ 풀이하고 편집한/ 체제(교수·학습 시스템) 속의 구성 요소로서	
	학습 수준	기본 교육/ 학생들의 발달 수준에 알맞게	
	평가	(없음)	
	통일/ 표준화	가장 계통적으로 만들어진/ 체계적으로, 포괄적으로, 균형 있게/ 종합적인/ 국정, 검정, 인정	
	법적 지위	공식화된/ (교육과정 관련)	

이상과 같이 기존 자료를 바탕으로 **'교재 개념'**도 정의 형식으로 정리해 보고, 교과서 개념과 비교해 보는 것도 의미가 있다. 다음은 연구의 미시적 내용까지도 포함하여 교재 개념을 정리해 본 것이다.

피정의항		정의항	
		종차	유개념
교재	목적 (목표)	교육 목표의 달성을 위한/ 교과 목표/ 교육적 의도로 설계/ 교육적 의도 따지지 않음	소재 (교재) (유형무형의 입력) 자료 보조 교구 교육 매체 교육 자료
	대상	학생/ 개인	
	교육과정	교육과정의 통제하에/ 교육과정과 밀접한 관련	
	교수·학습	학습/ 개인 학습/ 교수/ 교수·학습이 일어나도록 도와주는/ 교수·학습에 영향을 주는/ 교수·학습을 수월하게 하는/ 교수·학습 과정에	
	사용(활용)	학습용/ 직접, 간접으로 사용되는/ 교사, 학생이 직접 사용하는	
	사용 시간/장소	학습 시간/ 학교 교육에서	
	사용자	학생/ 학생, 교사가/ 교사·학습자의 상관관계	
	교과 및 교육내용	교과 내용/ 기본적인 학습 내용/ 문화적 내용/ 내용을 표상	
	구성 및 방법	일체의 언어적 실체/ 비언어적 자료	
	학습 수준	학습에 필요한 일정한 내용	
	통일/표준화	하나의 통일적 구조	
	법적 지위	(교육과정 반영)	

교재를 층위로 구분하고, 각각의 특성이 다른데 이를 포괄하여 정리하다 보니 모순된 내용을 은연중에 포함하게 되었다고 본다. 그리고 교재 층위에 교과서가 포함되므로, 교과서 정의와 궁극적으로 같거나 비슷할 수밖에 없는 결과를 초래하였다. 그러나 교재의 정의에서는 그 의미대로 자료, 재료, 매체의 성격을 강조할 필요는 여전히 남는다.

이상에서 교과서와 교재의 정의를 종합 분석, 비교해 보았다. 교과서의 정의 형식에서는 정의항의 적확하고도 치밀한 설정이 교과서 개념을 명징하게 규정하는 관건이다. 정의 대상인 교과서의 본질과 속성을 '**종차**'와 '**유개념**'으로 설명해야 하는데, 본질과 속성을 찾아내는 작업은 보편, 타당한 공감을 전제로 한다, 곧, 종차와 유개념이 정의 형식에서 일탈하지 않아야 한다.

또 정의가 본질적 속성을 설명하지 못하고 순환적으로 기술하거나, 너무 넓거나 좁아서도 안 되고, 애매, 모호하거나 비유적, 부정적 표현을 사용해서도 안 되는 원칙도 지켜야 한다.[61] 이 원칙을 준수하면서 유개념과 종차를 설정하려면 쉬우면서도 만만하지 않다. 교과서나 교재를 정의하는 형식은 대부분이 이러한 형식을 갖추고 있는데, 종차와 유개념 부분에서는 좀 더 세밀하게 분석해 볼 여지는 남아 있다. 종차와 유개념을 피정의항과 관계하여 정확하게 설정하고, 양자의 레벨에 부합하는 진술이 되도록 하는 것이 정의 형식의 생명이다.

'**종차**'는 "동위개념(同位槪念) 중의 한 개념이 가지는 특유한 성질로 다른 등위 개념과 구별되는 표준이 되는 특성"(동아 새국어사전)을 말한다. 그러므로 교과서 개념 규정에서 종차는 교과서가 지닌 특유한 성질이나 구별되는 특성을 드러내야 한다. 즉, 교과서의 본질적 속성이 드러나는 설명이 되어야 한다. 앞서 표에서 제시한 목적에서 법적 지위까지의 종차 내용이 교과서의 본질적 속성인지를 따져봐야 한다는 말과도 통한다.

앞의 표에서 종차와 관련하여 주목할 사항이 몇 가지 눈에 띈다. 교육 목적이나 가르치는 대상(학생), 교육과정 반영은 분명하고 일관되게 나타나 있다. 사용 시간이나 장소, 교과 관련 및 교육내용, 구성 및 방법, 학습 수준, 통일 및 표준화, 법적 지위 요소에서도 문제가 없어 보인다. 그런데 교수·학습 요소에서는 '학습/ 교수/ 교수·학습'

---

61) 조성민, 『논리와 토론·논술』(교육과학사, 2009) pp.10～13.

으로 분화되어 나타나 있다. 이러한 분화는 교과서를 학습용, 교수용, 이 둘을 포용한 교수·학습용이라고 하는 데서 기인한다. 같은 맥락에서 사용자도 용어에서 학생용(학습용)/ 교사용(교수용)/ 학생·교사용(학습·교수용)으로 자연스럽게 갈린다. 교과서를 상호 작용 매개체로 인정한다면 학생과 교사를 포괄하는 개념이 바람직하다. 그러나 '교과용 도서에 관한 규정'에서는 '학교에서 학생들의 교육을 위하여 사용되는 학생용'이라 하여 논의의 여지를 담고 있다.

'유개념'을 사전에서는 "논리학에서 어떤 개념의 외연(外延)이 다른 개념의 외연보다 크고 그것을 포함할 경우, 뒤의 개념[種槪念]에 대한 앞의 개념"(동아 새국어사전)이라고 좀 어렵게 설명하였다. 즉, 유개념은 정의되는 말보다는 크고, 또 그것을 포함해야 한다는 말이다. 교과서의 유개념은 앞의 표에서 제시한 '교재, 도서, 책자, 자료, 제재, 도구, 수단, 결집체, 서책·음반·영상·전자 저작물' 등을 말한다. '교과용 도서에 관한 규정'에서 서책은 유개념에서 벗어나지 않는데, 음반·영상·전자 저작물' 등은 따로 분리해 보면 좀 더 생각해 볼 여지는 남아 있다.

교과서 정의 형식을 분석하여 교과서 개념의 한 양상을 살펴보았다. 정의 형식을 취하여 명제 형식의 문장으로 규정하는 것은, 교과서 개념의 다원성 때문에 어려움이 따른다. 앞으로는 정의 형식의 한계를 극복하는 방법을 모색해 볼 필요가 여기에서 생긴다. 유연하게 확장적, 조작적 정의 형식을 이용하는 것도 하나의 방법이다.

4) 교과의 성격과 특징 가미

앞서 정의 형식은 모든 교과에 공통으로 적용된 교과서 개념이 무엇인지를 규정해 본 것이다. 그런데 각 교과에서 사용하는 교과서는 교과의 성격과 특징을 지니는데, 이점이 드러나는 개념 규정을 해야 한다. 대체로 검·인정 교과서는 검·인정 기준에서 교과 특성을 반영할 것을 요구하고 있다.

다음은 국어 교과서 특징이 반영된 범박한 정의이다.[62]

> 국어 교과서는 국어교육의 목표를 충실히 수행할 수 있도록 의도적으로 편집·배열된 자료이다.

---

62) 박붕배, (이응백 외) 앞의 책, p.73.

일반적 정의에 **'국어'**란 단어를 단순히 부가한 정의 형식을 취하고 있다. 다음의 영어과 정의도 거의 같은 형태를 유지하고 있다.[63)]

① 넓은 의미의 영어 교재란 영어 교육을 위한 유형, 무형의 모든 입력으로서 상황과 환경을 포괄하는 개념이다.
② 보다 좁은 의미의 영어 교재란 영어 교수와 영어 학습에 직접적 입력이 되는 언어 자료와 상황을 말하며, 이는 정적(static) 의미의 영어 교재로서 영어를 제2 언어, 외국어, 국제어로 학습하는 환경에서 사용하는 교재를 지칭한다.
③ 가장 좁은 의미의 영어 교재란 교육내용으로서 학교에서 교육과정에 근거하여 일정한 교육 목표를 달성하기 위해 선택한 문화적 소재와 매체를 지칭한다.

정의 형식으로 개념을 규정하다 보니 특정한 몇 개의 용어에 교과 이름만 부가한 형식이 되었다는 느낌이 든다. 그러나 타 교과와 구별되는 요소 중심으로 특성을 제시하는 방법도 있다.

학습자의 다양한 사고 및 활동을 자극, 안내하고, 국어 현상 및 교육 현상의 제 변인을 고려하여 다른 교과와 구별되는 교과서 조건을 다음과 같이 제시하였다.[64)] 연구에 정보 및 자료를 제공한다는 의도에서 전문을 인용해 보았다.

① 인지·정의·수행적 측면에서 국어능력의 구성 요소를 체계적으로 다루어야 한다.
② 설명·설득·논변(論辯)·정서 표현·관계 유지 등 국어 활동의 다양한 소통 상황을 담아야 한다.
③ 국어 텍스트의 고유한 발상과 표현, 문체, 구성상의 특성 등을 고려하여야 한다.
④ 언어 이해 및 표현의 과정과 그에 따른 전략·기능을 명시적으로 다루어야 한다.
⑤ 사고의 측면에서 의미 구성과 언어적 문제 해결의 전략을 조직적으로 다루어야 한다.

---

63) 배두본, 앞의 책, p.6.
64) 이삼형 외, 『국어교육학』(소명출판, 2000) p.319.

⑥ 국어 문화와 관련하여 다양한 언어적 경험을 제공하여, 언어적 문화화를 촉진하여야 한다.

⑦ 국어능력의 편차에 따른 반응의 개방성을 수용할 수 있어야 한다.

⑧ 국어를 바탕으로 하여 범교과적 연관성을 지녀야 한다.

⑨ 국어과 교수·학습 및 평가 모형과 상동성을 지녀야 한다.

⑩ 국어 교과의 언어와 일상생활의 언어를 유기적으로 통합할 수 있어야 한다.

국어 교과서의 특징이 이러한 항목에 국한되는 것은 아니지만 변별 자질을 명료하게 제시하였다. 그런데 어떤 항목은 더 세분화할 여지가 있기는 하다.

공통으로 적용되는 교과서 개념에서 나아가, 이처럼 교과별로 그 교과의 특수성을 가미한 교과서의 개념 규정이 필요하다. 국어, 수학, 과학, 사회, 영어는 물론 예체능 등 다른 교과도 마찬가지다. 지금까지는 교과서 공통 개념 규정에 그친 경우가 많았는데, 교과 성격과 특수성을 고려한 교과서 개념 정의는 교과교육의 목적과 방향 설정에 기초가 된다고 하겠다. 이는 각 교과교육의 발전과 이론화를 위해서도 바람직하다.

각 교과교육 교과서의 성격이나 특수성은 각 교과의 교육과정에 포괄적으로 드러나 있다. 곧, 교과 교육과정의 성격과 특성이 교과서에 그대로 전이되기 때문이다. 그러나 각 교과 교과서의 성격과 특수성은 공통 개념의 기반 위에서 출발하여, 더욱 구체적인 자질을 규합하고 드러내는 방향으로 규정해야 한다.

4. 미래 지향적 개념 규정 모색

가. 교과서 '개념 요소 체계' 도입

지금까지 교과서 개념 규정의 전반을 살펴보았는데, 이를 기반으로 개념 규정에 새로운 방법을 모색해 보는 것이 필요하다. 이 중 하나가 '**개념 요소 체계**' 도입이다. 이러한 방법은 교과서 개념 규정에 원칙을 제공하고, 정확성과 구체성을 띠게 하는 장점을 발휘한다. 앞서 정의 형식의 분석표를 참조하여 개념 규정에 관련한 요소 체계를 다음과 같이 생각할 수 있다.

교과서 개념 요소 체계			
① 개념 요소	② 공통 요소	③ 특정 요소	④ 분화 요소
목표, 대상, 사용자, 내용, 수준, 자료, 구성, 교수·학습, 활용, 평가, 법적 지위 등	모든 교과에 공통으로 해당하는 요소(일반적 교과서 개념)	해당 교과만이 지니는 특유 요소(특정 교과 교과서 개념)	필요에 따라 특정 요소에 부수하는 요소

① '**개념 요소**'란 교과서 개념 규정에 일정한 체계가 이뤄지도록 관여하는 구성 요소 모두를 일컫는 말이다. 개념 요소는 규정에서 교과서를 표상하는 요소를 총체적으로 망라해야 하므로 그 결정이 치밀하고 신중해야 한다. 여기에서는 앞서 분석적인 논의에서 언급한 대표적인 요소를 정리해 본 것이다.

② '**공통 요소**'란 교과서 개념을 규정할 때 모든 교과에 공통으로 적용되는 요소로 '개념 요소'에 해당하는 사항이 그대로 규정 대상이 된다. 지금까지는 교과서 개념을 논의할 때, 주로 이러한 공통 요소를 활용하여 정의하거나 의미역을 설정해 보았다.

③ '**특정 요소**'란 교과마다 그 성격과 특징이 다른데, 이러한 특유 요소를 말한다. 국어 교과서는 언어사용이 중심이고, 수학 교과서는 수리 원리가 주된 교육의 내용이 되므로 개념 규정에 관여하는 요소가 달라진다. 그러므로 교과별로 교과서 개념 규정은 공통 요소와 특정 요소의 조화로운 상호관계를 설정하는 방법에 달려 있다.

④ '**분화(부수) 요소**'란 특정 요소를 더욱 분화하여 개념을 규정할 필요가 생길 때, 그에 부수하여 언급하는 구체적인 요소를 말한다. 국어 교과에서 화법, 독서, 작문, 문학, 문법 등의 교과목은 듣기·말하기, 읽기, 쓰기, 문학, 어학 등 분화 요소가 의미 규정에 관여한다. 수학도 통계, 미분, 적분 등 교과목의 구분에 상응하는 분화 요소가 생겨난다.

결국, ①~④는 '개념 요소 체계'이면서 방법이 된다. ①의 요소 간에는 동등 관계로 존재하지만, ①의 개별 요소와 ②~④ 관계는 충위로 관계한다.

이처럼 교과서 개념 규정은 교과서와 관련한 모든 필수 사항(요건)의 총합이면서, 교과 내에서의 교과서 체계나 종류에 따라 정의 형태나 방법이 달라질 수 있다. 그러므로 개념 규정 방식은 정의 형식을 취하는 등 필요에 따라 다양한 한 방법을 활용하는 것이 좋다. 이러한 '개념 요소 체계'는 교과서 기능과 좋은 교과서 개념 규정에도 그대로 적용할 수 있는 방법이다.

나. 교과서 개념 변화와 규정 관점

교육의 효용을 극대화하려면 교과서를 교육의 실천이란 커다란 틀 속에서 포괄적으로 이해하고, 교육 활동의 역동적 작용의 복합 구성체라는 동태 개념으로 파악하는 것이 좋다. 그러므로 교과서 개념은 교육 목적과 상황 등을 고려하여, 이에 상응하는 의미 설정으로 교육 효과를 극대화하는 방향으로 규정하는 것이 바람직하다.

교과서 개념은 교과서 존재 상황을 모두 고려하여 종합적, 총체적, 역동적으로 접근하는 것이, 그 실체를 정확하게 이해하고 파악하는 데 유용하다. 교과서는 유기적 생명체이므로 강조하는 부분의 의미역 설정에도 전체를 조감하고, 조화와 균형을 고려해야 논리성을 확보하기가 쉽다. 따라서 고정적, 일회적 개념 규정에서 탈피해야 함은 물론이다.

미래 지향 교과서 개념 규정은 교재 개발의 변화와 교과서 개발학 정립의 바탕이 되므로, 교과서 개념 변화에 영양을 주는 요인이 무엇인지를 먼저 파악해 보아야 한다. 그리하여 현재 교과서 개념 규정의 한계를 극복하는 방법을 모색하고, 지속 가능한 교과서의 모델을 찾아보는 원천으로 삼아야 한다. 현재에서 미래를 지향하여 교과서 개념 규정의 관점을 정리해 보면 다음과 같다.

개념 변화 요인	현재 개념 규정 관점	미래 개념 규정 관점
교과서 기능, 종류, 좋은 교과서 의미, 교육 환경(학교/교실), 교과서 개발 방법, 교수·학습 방법, 교과서 활용/평가 방법, 교육 이론, 교육공동체 상호관계, 교과서관 등	**<서책형 개념 규정>** 고정적, 개별적, 일회적 단선적, 독립적, 형태적, 구심적 등	**<디지털형 개념 규정>** 융통적, 통합적, 지속적 복선적, 상관적, 가변적, 확산적 등

여러 연구에서 미래 지향 교과서 개념 규정을 시도해 본 사례를 찾아볼 수 있다. 위에 열거한 현재와 미래의 교과서 개념 규정의 관점은 현재는 이러하니 미래에는 이러해야 한다는 대비 차원의 성격이다.

<서책형 개념 규정>, <디지털형 개념 규정>도 미래에서 사용할 주된 교과서 형태를 예상하여 창안해본 용어임을 밝힌다. 여기에서 '서책형'은 고리타분하고 버려야 하며, '디지털형'은 참신하고 좋은 대안이라는 점을 강조하는 것은 아니다. 변화의 방향을 가늠해볼 수 있는 용어를 선택했을 뿐이다. 서책형 교과서는 지금의 형세로 보아서 그 생명력이 다하는 시기를 예측하기가 어렵고, 그 나름대로 교육적 효과는 지속될

수 있다. 일반적인 책의 형태가 남아 있는 한 서책형 교과서도 계속 존재할 가능성은 다분하고, 이는 어디까지나 정책과 결부되는 사항일 수도 있기 때문이다.

이처럼 미래에는 시대의 변화에 상응하여 교과서 개념도 변화한다. 개념 변화는 결국 교과서의 형태와 사용 방법, 교육환경에서의 기능과 역할 등이 필연적으로 바뀐다. 따라서 교과서 개념 변화의 요인을 고려하여, 개념 규정도 미래 지향적으로 발상의 전환을 해야 한다. 그런데 미래 지향적 교과서 개념 규정은 교육환경 변화와 맞물려 있으며, 이의 조화로운 대응과 준비가 필요하다.

III. 교과서 기능 탐구와 인식의 전환

1. 교과서 기능 규정 탐구 양상

가. 교과서 기능과 인격 형성

교과서는 인류가 만물의 영장으로서 지혜를 모아 살아가기 위하여 집단을 이루고, 교육을 제도적으로 실천하는 데 필수 자료라고 할 수 있다. 교과서는 늘 우리 가까이에서 음식이 자양분을 제공해 주는 것처럼 머리에는 지식과 지혜를 쌓아주고, 가슴에는 인간의 온정과 진정한 가치를 채워 주었다. 성장기에 교과서는 대우를 받고 안 받고의 문제 이전에 친근한 반려(伴侶)로서의 위상에는 변함이 없다.

교과서가 우리에게 기쁨을 주고 마음을 설레게 한 시절도 있었다. 교과서를 배부받을 때의 인쇄 잉크 냄새는 희망의 향기였다. 교과서는 방바닥이나 마루에 등을 대고 누워서, 버스 속에서 삼매경에 빠지고, 등하교하면서 손에 잡고 다니며, 머물고, 앉고, 누워[행주좌와(行住座臥)] 언제, 어디에서나 읽을거리의 첫째였다. 지금이야 기능과 가치가 달라졌다고 하지만, 그래도 교과서는 지식의 보고(寶庫)요, 포근한 어머니 마음과 같은 향수(鄕愁)를 자아내는 영원한 고향이다.

이처럼 교과서는 우리에게 어려서부터 지대한 영향을 주는 기초적인 지식과 정보의 공급원이다. 더욱이 교과서를 매일 가까이하여 배우고 익히면서, 인생을 보람 있고 행복하게 살아갈 수 있는 원리를 자연스럽게 터득하게 된다. 너새니얼 호손(Nathanier Hawthorne)의 소설 <큰 바위 얼굴>의 주인공 어니스트가, 큰 바위 얼굴을 늘 쳐다보며 생활하다가 예언자의 성자다운 모습을 지니게 되었다. 이처럼 성장기의 어린이와 청소년들은 오랜 세월 교과서와 늘 같이하면서, 교과서 속에서 진리를 찾고 고매한 인격체로 자신도 모르게 성장하는 것이다. 물이 소리 없이 틈새에 스며드는 것처럼, 유·청소년 시기에 교과서의 자양분이 소리 없이 심신에 배어드는 기능을 발휘한다고 하겠다.

그런데 교과서 개념 규정의 활발한 논의에 비해서 기능 관련 분야는 연구 대상으로 소홀하게 다루어졌다고 하겠다. 교과서 개념을 실제 현상으로 구현하는 작용과 힘이 곧 기능이다. 그러므로 교과서 개념 규정과 마찬가지로 기능의 실체를 밝히고, 교육적으로 체계를 세워 상승 작용하도록 여건을 마련하는 것도 중요하다.

나. 교과서 기능 개념 설정 양상

'교과서 기능(機能, function)'은 교과서 개념을 정의, 층위, 종합 등의 형식으로 규정하여 제시하는 방법과는 달리, 대부분 기능의 제 요소를 개조(個條) 형식으로 나열하여 설명한 것이 대부분이다. 교과서 기능과 관련하여 대표적인 연구와 주장을 정리해 보면 다음과 같다.

노명완 교수 외에서는 '페티와 젠센(Petty & Jensen) 이론'을 원용하여 다음과 같이 교과서의 기능을 제시하였다.[65]

① 관점 반영의 기능
② 내용 제공 및 재해석의 기능
③ 교수·학습 자료의 제공 기능
④ 교수·학습 방법의 제시 기능
⑤ 학습 동기 유발의 기능
⑥ 연습을 통한 기능의 정착 기능
⑦ 평가 자료의 제공 기능

---

65) 노명완·박영목·권경안, 『국어과 교육론』(갑을출판사, 1988) pp.93~96.

외국 학자의 대표적 이론으로서 많은 연구자가 이를 인용하여 교과서 기능과 역할을 대부분 언급하였다. ① 관점 반영의 기능은 국어교육의 목표와 관련하여 '언어사용 기능 신장'을 중심으로 예를 들었고, ② 내용 제공 및 재해석의 기능은 교육과정을 교재화하면서 추상적 개념을 구체적으로 해석하고 세분화하여 체계화하는 과정을 예로 들었다. 이들 두 관점은 교재화 과정뿐만 아니라 실제 수업 단계에서도 나타날 수 있는 기능이다. ③~⑦은 교수·학습과 밀접하게 관계하는 기능으로, 교과서가 실제 교육 활동에 투입되었을 때 학생—교과서—교사의 상호 소통과 작용 속에서 실제 기능을 발휘한다.

함수곤 교수 외 편저 용어 사전에서는 여섯 가지 기능을 제시하였다.[66] 용어 사용에서 정확하게 일치하지는 않지만, '페티와 젠센'의 제시와 서로 합치하는 것이 많아 보인다.

① 학습 내용의 제시 기능
② 탐구과정의 유도 기능
③ 구조화의 기능
④ 학습 자료의 제시 기능
⑤ 학습 동기 유발 기능
⑥ 연습문제 및 탐구 과제 제시 기능

교과서 기능이란 큰 그림에서 이들 기능을 '교수·학습의 방향과 범위를 결정하고 통제하는 기능'으로 간주하였다. '③ 구조화 기능'은 '교과서 내용을 체계적으로 제시하여, 학생들이 계속하여 학습하는 내용을 스스로 재검토하고 재조직하는 기회를 제공하는 기능'을 말한다. 대개 이러한 범주의 기능 언급은 교수·학습 상황을 강조하는 배경이 깔려 있다.

그리고 이들 기능을 더욱 구체화하여, 교과서는 일반적으로 공통적인 기본 유형과 기능이 있다면서, 기능형 교과서를 세 가지 종류로 들었다.

① 학생들에게 가치 있는 진실의 정보를 선택하고 전달하는 정보 기능형 교과서

---

66) 함수곤·최병모, 앞의 용어 사전, p.94.

② 학습자가 자신의 지식을 구조화하고 체계화하는 데 도움을 받을 수 있는 구
　조화 기능형 교과서
③ 학습자가 학습하고 탐구하는 방법 등을 터득할 수 있는 학습법 기능형 교과서

　교과서 기능을 중심으로 하는 이러한 교과서 유형 분류는, 원래 교과서를 기능적 존재로 여기는 데 기반을 둔다. 그러므로 교과서 기능을 분류, 설명하는 방법도 교과서와 기능 관계를 어떻게 존치하느냐에 따라 설명 방법이 달라진다.
　신헌재 교수 외에서는 국어 교과서 기능과 관련한 대표적인 논의를 비교하고, 그 기능을 다음과 같이 들었다.[67]

①　관점 반영의 기능
②　교육과정 구체화 및 재해석 기능
③　교수·학습 자료 제공의 기능
④　교수·학습의 방법 제시 기능
⑤　학습에 대한 동기 부여 기능
⑥　고등 사고 능력 신장의 기능
⑦　연습을 통한 언어 기능 정착의 기능
⑧　평가 자료 제공의 기능
⑨　교육내용과 실제 삶을 연결하는 기능

　앞에서 제시한 기능을 포함하면서 ②, ⑥, ⑨ 기능을 추가하였다. 특히, 교육과정 반영이라는 단순한 표현보다는 '구체화 및 재해석'으로 용어를 상세화한 것은 새로운 시도라고 하겠다. ⑥과 ⑦은 국어 교과서에 국한하는 기능으로 여겨지며, ⑨는 교과서에 교육내용의 구성 지향을 강조한 기능이라 하겠다.
　김정호님은 먼저 교과서 기능을 크게 두 가지로 구분하여 제시한 다음 하위 기능을 설정하였다.[68] 기능 분류가 여타 방법과는 달리 좀 독특하다고 하겠다.

①　교수·학습 과정의 선도 기능

---

67) 신헌재 외, 개정판 『초등 국어 교육학 개론』(박이정, 2017) pp.143~149.
68) 김정호 외, 『교과서 편찬의 실제』(동아출판 교육연구소, 2019)(비매품) p.16~19. 자세한 내용은 여
　기를 참조.

② 세계 인식의 창 기능

　그런데 이를 더 부연 설명하면서 '① 교수·학습 과정의 선도 기능'은 앞서 함교수가 제시한 기능 ①~⑥과 동일하게 하위 기능으로 들었다. 이는 기능의 중요도를 제시 방법으로 조정한 것으로, 그만큼 '② 세계 인식의 창 기능'의 비중을 높였다고 하겠다.

　'② 세계 인식의 창 기능'은 '교수·학습을 선도하는 과정에서 학습의 대상인 실제 세계와 그 세계에 대한 지식 체계를 학습자에게 안내하는 기능'이라 설명하고, 이해를 돕기 위해 도식도 제공하였다. 실제 세계인의 삶 현상이 복잡하고 항상 변해서, 학문으로 지식 체계를 세우고, 지식 체계를 교과목으로 나누고, 내용과 방법으로 체계화한 것이 교육과정이라 하였다. 결국, 교육과정을 바탕으로 교과서를 개발하므로 교과서를 통하여 '세계 인식'을 하게 된다는 것이다.

　그런데 '세계 인식의 창 기능'은 교과서 편찬자의 주관에 따라 기능 역할의 여부가 결정된다는 것이다. 이를 극복하기 위해 교과서 구성에서 가치중립성이나 통설을 사용하는 등 세계 인식의 창 기능이 발휘하도록 해야 한다고 하였다.

　이종국 교수는 책의 역할·기능인 '지식 축적의 기능, 가치와 규범의 정착 기능, 과거와 현재를 연결하게 하는 기능, 현실을 발전시키는 기능, 사회 교육의 통합적인 기능'을 들고, 교과서도 이런 기능에 철저한 도서 중의 하나라고 하면서, 좀 더 미시적으로 교과서 기능을 다음과 같이 제시하였다.[69]

① 지식 내용을 정돈, 체계화하도록 유도
② 교수·학습 내용의 방향과 범위를 결정하고, 통제
③ 교육의 가치를 구현하고 전달함으로써 공공·공익적 목적 추구를 위하여 교수·학습에 쓰임
④ 지식과 경험의 세계를 쉽게, 명확하고 간결하게 제시한 기본 교육수단의 역할
⑤ 교과서 교육의 궁극적 이상인 '바람직한 인간 육성'을 목표로 한 길잡이로서 교육적인 가치 구현

　교과서 개념을 바탕으로 기능을 설명한 점이 특이하다. 또 **교과서의 역할·기능**이

---

69) 이종국,『한국의 교과서상』(일진사, 2005) p.21.

라 하여 역할과 기능을 병기(倂記)하여, 작용이나 활용이라는 '기능'의 뜻을 '역할'이라는 용어로 보족하려고 하였다. 교수·학습과 관련된 기능은 ②와 ③이고, ①과 ④는 서로 연결되는 기능이며, ⑤는 교육적 가치 구현을 언명한 기능이다. ③과 ⑤도 서로 관련되는 기능으로 각각의 독립성을 저해, 상쇄한다는 인상을 준다.

최미숙 교수 외에서는 교과서는 자족적이고 독립적인 텍스트로 존재하지 않음을 전제하고, 중층적 환경, 즉 학생―교사, 교실, 교육공동체(교육과정), 사회·정치·문화적 배경 속에서 여러 요인이 상호작용을 하며 존재한다고 언명하면서, 그 기능을 위상과 결부하여 여섯 가지로 요약하여 제시하였다.[70]

① 학습 자료를 제공하고 학습 동기를 유발하며, 잠재적 교육과정을 형성하는
  기능
② 교사에게 구체적인 교수 자료를 제공하고, 평가를 안내하는 기능
③ 교실 수업에서 교사와 학생의 상호작용을 매개하는 주요 매체
④ 교육공동체의 가치와 신념을 반영하는 교육과정을 구체화하며, 그것을 개발
  하는 가치와 신념도 반영
⑤ 교육내용을 표준화하고, 교육의 질적 수준을 균등화하는 데 기여
⑥ 사회·정치·문화 공동체와의 관계 속에서도 여러 가지 기능 수행

그런데 자세히 살펴보면 ①~⑥ 각각 항목에는 몇 개의 기능을 복합하여 제시하여, 기능이 중층적으로 상호 작용한다는 전제와 일치시키고 있다. 여기에 항목마다 여러 가지 기능을 더욱 세분화하여 구체적으로 설명하였다. 즉, 교과서 기능은 몇 가지로 규정할 성질의 것이 아니라는 말과 상통한다. 교과서 기능을 더 광범위하게, 세밀하게 구분하여 제시했다는 점에서 참고가 된다. 반면에, 이들 기능의 존재 방법과 관계 양상을 슬기롭게 연결해야 한다는 또 다른 방법론적 과제가 남는다.

박정진 교수는 먼저 교과서의 위상을 도식과 함께 언급한 다음, 교과서 선행 연구자들의 연구를 종합, 정리, 분석한 것을 바탕으로 교과서의 기능을 다음 다섯 가지로 제시하였다.[71],

---

70) 최미숙 외, 앞의 책, p.51~53. 각각의 기능을 자세하게 설명하고 있음
71) 박정진, 앞의 책, pp.102~104.

① 교과서는 사회와 밀접한 관계를 맺으며 그 사회의 가치를 반영하고, 윤리적인 제도를 하며, 교육의 질 관리를 수행하는 기능
② 교과서는 교수−학습 상황 속에서 교사와 학생, 학생과 학생의 상호작용을 활성화하는 기능
③ 교과서는 교육과정과 관련하여, 교육과정의 철학과 내용을 재해석하고 구체화하는 기능
④ 교과서는 교수 목표를 제시하고 수업 자료를 제공하면서 평가를 안내하여 언어사용의 모델을 보여주는 기능
⑤ 교과서가 학습 목표를 안내하고, 학습 자료를 제공하며, 학습자들의 동기를 유발하는 기능

교과서의 위상을 살펴보고, 이와 관련된 여러 요인을 고려하여 정리한 점이 독특하다. ①은 사화와의 관련 문제와 교육의 질 관리 기능을 복합해서 언급했다. 반면, ②는 교수−학습 상황에서의 상호작용 기능, ③은 교육과정 관련 기능, ④는 교사, 교수 관련 기능, ⑤는 학습자, 학습 관련 기능을 설명한 것으로, 같은 내용을 기능의 분류 방법을 달리하여 설명한 면모라고 하겠다.

이상에서 교과서 기능을 설명한 대표적인 사례를 들어 보았다. 교과서 개념 규정의 양상에서처럼 교과서 기능도 관점과 중점에 따라 다양하게 규정하였다고 하겠다. 여기에서는 교과서 기능을 제시하는 장단점을 논하기보다는, 여러 주장과 제시가 기능을 어떻게 분류하고 정리했는가를 자연스럽게 비교하면서, 기능 규정에 대한 보완과 개선 사항을 찾아보려고 하였다.

2. 교과서 기능 탐색의 변화 모색

가. 교과서 기능 규정의 보완과 지향

앞에서 살펴본 바와 같이, '교과서 기능' 개념은 어느 일정한 법칙이나 원칙이 있어, 그에 따라 규정할 수 있는 성격이 아님을 확인하였다. 논의의 초점을 어디에 두고 어떻게 접근하느냐에 따라, 기능의 종류와 분화, 구체적인 세부 기능 요소 내용이 달라

진다는 점도 확인할 수 있었다.

앞서 대표적으로 예거한 교과서 기능 규정에 관한 양상을 대비해보면 보완과 지향점이 자연히 드러나는데, 다음 몇 가지로 정리해 볼 수 있다.

- ○ '교과서 기능' 설명이 기본적 본질 내용을 구체적으로 언급하기보다 너무 포괄적, 개략적 범주화에 그친 경우가 많다.
- ○ 교과서 개념과 기능 규정과의 연관성, 공통점과 차이 요소, 상호 작용 등 구체적인 관계 양상을 설명하지 않았다.
- ○ 교과서 기능을 논하는 교육의 장이 무엇인지를 구체적으로 설명하지 않고 대부분 기능만을 밝히려고 하였다.
- ○ 교과서 기능에 관여하는 제반 요소나 의미 범주를 명확히 제시하고, 이를 규정으로 흡인하는 과정을 제시하지 않았다.
- ○ 교과서 기능의 본질과 비본질의 내용을 체계화하여 기능 개념을 명확하게 하지 못하였다.
- ○ 교과서 존재 방식, 사용의 방법과 상황에 따라 기능이 어떻게 달라지는지 미시적 접근 설명이 미미하다.
- ○ 교과서 기능과 교수·학습 방법과의 관계와 위상을 더욱 구체화하여 명확히 설명하지 못했다.
- ○ 교과서 기능의 체계화가 이뤄지지 않아 기능의 종류, 분류 기준이 명확하지 않고, 설명이 난삽(難澁)하고 혼란스럽다.
- ○ 교과서 기능 체계에 따른 설명 수준을 고려하지 않아, 기능 요소의 층위 관련 설명이 일관되지 못하였다.
- ○ 교과서 기능 관련 요소들의 작용, 역할과 연관하여 기능 설명을 더욱 구체화할 필요가 있다.
- ○ 교과서 공통으로 적용되는 일반 기능과 교과별 교과서의 특수 기능을 구분하여 설명하지 않았다.
- ○ 서책형과 디지털 교과서 기능, 역할 관계를 구체적으로 밝히고, 이들 관계를 미래지향적으로 보완해야 한다.

결국, 이상의 보완과 지향점은 교과서 기능 규정이 어떤 방향과 방법으로 발전시키고 정리해야 하는지를 시사한다. 이제는 교과서 개념 규정과 마찬가지로 교과서 기능 규정도 좋은 교과서 개발과도 직결되므로, 정확하고도 섬세한 의미 범주와 체계 설정이 요구된다.

나. 교과서 기능 규정의 발상 전환

1) 교과서 '기능 분석 개념' 도입

범박하게 말해서 교과서 기능은 교육의 실제상황에서 교과서의 작용이나 구실을 의미한다. 좀 더 좁혀 말하면, 교과서가 학생－교사, 학생－학생 상호 작용에 개입하여 어떠한 시간과 공간에서 어떤 위치를 점유하면서, 어떻게 교육적 역량과 구실을 발휘하는가를 뜻한다고 하겠다.

앞에서 언급한 다양한 교과서 기능 제시를 집약해 보면, 교과서 기능의 정확한 개념과 규정의 기준이나 체계를 등한시하고 논의가 이루어졌다는 점이다. 그러다 보니 기능으로 제시한 여러 사항이 일정 수준으로 설명이 제한되거나, 층위나 분류가 혼란스럽게 섞여 있다든지, 레벨이 어긋나 일관되지 못하여 정연하게 체계화하는 데서 멀어졌다고 하겠다.

그리하여 교과서 기능의 실체를 파악하는 데에는 여타 학문에서 사용하는 **'기능 분석(機能分析, functional analysis) 개념'**[72]을 도입하는 것도 바람직하다고 본다. 구체적으로 말하면, 교과서에는 어떤 기능, **'기능 요소'**가 있는가, 각각 기능 요소가 어떻게 기능을 발휘하는가, 수업에서 교과서를 사용하는 상황에 따라 어떤 기능(요소)이 학생의 행동에 어떻게 교육적 영향을 미치는가 등을 분석, 설명하는 것을 말한다. 여기에 거시적으로 교과서 개념, 좋은 교과서 의미, 교과서 실체에 관여하는 기능의 작용을 분석하는 영역으로까지 확장할 수 있다. 이러한 기능 요소와 관련한 기능 분석 개념(관점)은, 교과서 기능 개념과 작용을 분명히 하고 기능 체계를 정립하는 데 유용하다.

교과서 기능 분석 방법의 하나로 교과서 개념과 비교해 보는 것도 유용하다. 어떤

---

72) **'기능 분석'**은 교육평가, 상담심리학, 특수교육, 국방학 등 여러 분야에서 사용하는 용어로, 적용 분야에 따라 분석 개념을 달리 해석하고 있다. 여기에서는 '기능 분석' 개념을 '교과서 기능'과 관련하여 나름대로 규정해 보고, 교과서 '기능 존재 방식'을 새로운 각도에서 설명해 보고자 한다.

면에서 교과서 기능은 '**교과서 개념 요소(요건/조건)**'를 '**기능 요소**'나 '**기능 작용**'의 진술로 전환한 것이라 할 수 있다. 그러므로 '어떻게 개념 요소를 기능 요소로 전환할 것인가'가 문제 해결의 핵심점이다. 앞서 기능 연구 양상에서 언급한 내용을 바탕으로 교과서 개념과 기능 요소를 거시적 관점으로 대비해보면 다음과 같다.

구분	교과서 개념 요소	교과서 기능 요소		
목적 (목표)	교육/ 교육이념, 교육 목적/ 배움	학습 목표/ 교수 목표/ 공공·공익적 목적 추구/ 교육적 가치 구현/ 바람직한 인간 육성		
대상	학생	학생/ 교사		
교육과정	교육과정 기본 정신/ 교과 과정 구성/ 교육과정 근거/ 학교급별 교육과정 기본 정신/ 교육과정 목표, 내용	교육과정 내용 요소/ 잠재적 교육과정 형성/ 실질적 교육과정		
교수·학습	학습(용)/ 교수·학습/ 학습 도움/ 교수·학습 활동	자료	목표 달성 자료/ 전략 자료/ 수업 자료/ 글, 활용, 연습, 평가 자료/ 삽화	
		방법	과정·과제·전략/ 탐구/ 공부법	
		학습	동기 유발/ 선도	
		작용	상호 작용/ 활성화	
사용(활용)	매체를 활용하는 방법, 환경 고려	재검토/ 재조직/ 수업 진행/ 안내/		
사용 시간/장소	학교/ 학교 교육의 장/ 초·중·고, 이에 준하는 학교/ 학교 교육상	교실(수업)		
사용자	학생용/ 학생들/ 교사와 학생/ 교수용/ 교사용, 학생용	학생/교사, 학습자		
교과 및 교육내용	교과 영역 학습 내용/ 교육내용을/ 각 교과 지식 경험 세계/ 시대인이 소망하는 요구·이념·사상/ 학습 내용/ 교과 내용	교과 내용/ 학습 내용/ 교수·학습 내용의 방향과 범위/ 지식 내용/ 지식과 경험 세계/ 재해석/ 연습 및 탐구 과제/ 교육적 가치/ 공동체의 가치와 신념 반영/ 사회·정치적 가치		
구성 및 방법	쉽고 명확, 간결하게 편집/ 제작/ 설계·구도/ 조직 배열/ 편집된/ 편찬/ 풀이, 편집/ 체제(교수·학습 시스템) 속 구성 요소	내용 요소 구체화/ 정돈 체계화/ 재구조화/ 재인식/ 저자의 교육관, 학습자관, 언어관 반영		
학습 수준	기본 교육/ 학생들 발달 수준	필수적 학습 요소		
평가	—	평가 자료 제공/ 평가의 내용과 기준		
통일/ 표준화	가장 계통적/ 체계적·포괄적, 균형/ 종합적/ 국정·검정·인정	교육내용 표준화/ 교육의 질적 수준 균등화		
법적 지위	공식화된	국가 수준 (교육과정)		

위 대비표에 드러났듯이 양자의 요소는 거시적 분류 관점에서 같은 영역을 공유하면서, 미시적으로는 그 요소에서 용어나 설명에서 약간의 차이가 엿보인다. 이렇게 다르게 만드는 자질을 "같은 카테고리[범주]의 내용이나 용어를 특정 개념의 진술이나

표현으로 전환하는 언어적 실체"라고 명명하고 싶다. 즉, 교과서 개념이나 기능은 그 언어적 진술이나 설명의 실체가 서로 다르다는 말이다. 쉬운 말로 **'개념 정의 언어'**가 있고, **'기능 규정 언어'**가 따로 있다는 말이다.

기능(표현)으로 전환하는 언어적 실체는 기능이란 말을 제일 많이 사용하고, 이를 서술어로 전환하는 방식은 '기능을 갖는다', '기능을 지닌다', '기능을 발휘한다' 등이 있다. 그리고 '알려 준다', '담아내다', '다룬다' 등이 서술어로 쓰인다. 주로 자주 사용하는 단어에는 다음과 같은 것이 있다.

> 구현/ 전달/ 선정/ 제시/ 제공/ 기여/ 역할/ 정돈/ 결정/ 통제/ 안내/ 유도/ 유발/ 길잡이/ 반영/ 계도/ 수행/ 구성/ 채널/ 매개/ 매체/ 활성화/ 구체화/ 실체화/ 표준화 / 균등화/ 이해/ 해석/ 재해석/ 보여주기/ 실현/ 확인/ 자료/ 준거/ 작용 등

결국, 교과서 개념은 교과서 본질을, 교과서 기능은 기능 요소의 작용을 표상하는 것이라면, 언어적 실체도 이들의 차이를 표상하기 때문에 같은 분류에 소속해 있어도 다를 수밖에 없다. 그리고 이러한 구별 방법은 언어적 수사에만 유념하는 극히 일반적인 것으로, 교과서 개념과 기능을 구별하는 데만 적용되는지는 논외로 하겠다.

결국, 기능 규정의 양상을 살펴보면 규정에 관여되는 요소가 무엇인지 윤곽을 잡을 수 있게 한다. 그리고 교과서를 '완결된 하나의 유기체'로 간주한다면, 기능 규정에서 빼놓을 수 없는 요소가 무엇인지도 알려 준다.

2) 교과서 '기능 분화 개념' 도입

기능을 분류하여 유형화하는 방법은 교과서 기능을 구체화하고 체계를 세우는 데 도움을 준다. 여기에서의 **'기능 분화 개념'**은 기능의 종류를 말한다.

교과서 기능 분류는 기능 개념 규정에서 넓게 구분한 거시적 분류와 그 분류를 다시 세분한 미시적 분류 방법이 있다. 앞서 살펴본 기능 규정 양상과 기능 분석에서 제시한 분석표를 토대로 거시적 분류를 시도해 보면 다음과 같다.

① 교육(학습) 목표 실현 기능

② 교육과정 반영 기능

③ 교육(학습) 수준 제시(설정) 기능

④ 교육(학습) 내용 표준화 기능

⑤ 교육(학습) 내용 제시 기능

⑥ 교육(학습) 자료 제공 기능

⑦ 교과서(교재) 구성 안내 기능

⑧ 교과서(교재) 활용(사용) 안내 기능

⑨ 교수·학습 자료, 방법 안내 기능

⑩ 교육(학습) 결과 확인 기능/평가 자료·방법 제시 기능

⑪ 교과서(교재) 품질 유지 기능

⑫ 교육이념 구현 기능(세계 인식 기능)

⑪ 교과서 품질 유지 기능은 교과서의 다양화, 자율화, 전문화의 추세에 보조하여 추가한 기능이다. 교과서는 교육 수준과 내용을 표준화하는 자체가 품질 유지의 하나이다. 넓은 의미에서 ①~⑩는 품질 유지의 개별 요소라고도 하겠다.

이러한 '**거시적 기능**' 각 항목 하위에 '**미시적 기능**'을 세분화하여 분류하는 것이 가능하다. 거시적 기능은 선언적 성격으로 실제 기능의 힘이 발생하도록 전환해 보는 것이 미시적 기능이다.

여기에 교과서 기능은 외재적 요소인 교사, 학생, 환경 등과 내재적 요소인 교과서 자체와의 관계 작용에서 나타나는 교육 효과를 의미한다. 이를 기본으로 다음과 같은 분류도 가능하다.

① **[본질 기능/ 비본질 기능]**: 교육 매개체 자체로 작용하는 기능(앞의 대부분 제시 사항)/ 인격, 이념 가치관 형성, 삶의 방식 터득, 인간관계, 국가관 형성, 세계 인식 등

② **[정적 기능/ 동적 기능]**: 세계 인식, 가치관 형성 등 교과서에 담긴 내용이 주는 기능/ 교수·학습 등 교육 소통(활동) 과정에서의 기능

③ **[선언 기능/ 실제 기능]**: 이론적으로 언명하는 기능/ 교육 활동, 소통 작용에서 실제로 발휘하는 기능

④ **[의도 기능/ 비의도 기능]**: 교수·학습 상황에서 의도적으로 효과를 노리는 기능/ 의도적 기능이 실현되면서 생각하지도 않은 효과로 부수되는 기능

⑤ **[일반 기능/ 특수 기능]**: 교수·학습에서 학습 목표에 따라 예사로이 나타나는 기능/ 특수한 상황, 교육환경 조성에서 나타나는 기능

⑥ **[내재 기능/ 외재 기능]**: 교육 소통 과정에서 잠재적으로 실현되는 기능/ 교육 소통 과정에서 눈에 보이게 발현되는 기능

⑦ **[주체 기능/ 보조 기능]**: 교수·학습 요소가 독립적 주체로 작용하는 기능/ 독립 작용 시에 작용을 도와주는 기능

⑧ **[공통 기능/ 개별 기능]**: 교과나 교수·학습 유형에서 공통으로 나타나는 기능/ 교과별 성격이나 특정 교수·학습 방법에 따라 나타나는 기능

⑨ **[필수 기능/ 부수 기능]**: 학습 목표 달성에 반드시 요구되는 기능/ 학습 목표 달성에 2차로 필요한 기능

⑩ **[직접 기능/ 간접 기능]**: 교수·학습 매개체로서 직접 관여하는 기능/ 자율 학습에서처럼 간접으로 관여하는 기능

⑪ **[거시 기능/ 미시 기능]**: 범위가 넓은 상위 기능/ 상위 기능을 세분화한 하위 기능

이러한 기능의 분류는 교과서 여러 존재 상황에서 기능을 변별화해 본 것이다. 그러므로 교과서 기능은 이들 분류의 하나에만 속하는 것은 아니다. 다만, 교과서 생태계에서 작용으로 존재하는 기능을 이해하기 쉽도록 구분했을 뿐이다. 교과서 기능은 교육상황과 관계 요소의 작용에 따라 분화된 하나의 기능이면서, 나머지 기능의 어느 종류 하나에 해당한다. 예로, 본질 기능은 동적 기능이면서 의도 기능이고, 직접 기능, 거시 기능이 된다는 뜻이다.

교과서가 교수·학습 매재·매체로서 교사—학생, 학생—학생 소통의 과정에서 직접 작용하는 기능과 자율 학습의 경우 학생—교과서 소통에서 작용하는 기능과는 엄연히 차이가 있다. 앞으로, 기능 간의 관계나 작용 양상을 구체화하는 연구도 필요하다. 교과서 기능을 추상적 언어로 설명하기보다는, 실제 교수·학습 상황에서 기능 구현의 실험 결과가 객관적 데이터로 제시되어야 한다는 말이다.

3) 교과서 '상호 작용체 기능 개념' 도입

기능을 이루는 요소는 독립적으로 존재하는 것이 아니라 유기적, 역동적으로 존재한다. 앞에서 **'기능 분석 개념 도입'**, **'기능 분화 개념(종류) 도입'**을 생각해 본 것도 교과서를 하나의 유기적 구조, **'상호 작용체(相互作用體, interactome)'**[73]로 보는 데서 출발한다.

기능은 사전적 의미로 '어떤 활동 분야에서 그 구성 부분이 하는 구실 또는 작용'을 의미한다. 그런데 이 기능은 구조 및 형태와 불가분의 관계로 작용한다. 교과서와 관련해서 **'구조, 형태'**란 말을 '좋은 교과서'로 대치해 보면 작용체로서의 윤곽이 쉽게 드러난다.

교과서를 교육의 장에서 소통 매체로 사용할 때, 개별적으로 분화된 기능이 통합하여 목적 지향으로 작용한다. 분화된 기능은 목적 지향의 기능과 어떤 함수관계를 이루며, 좋은 교과서의 실체를 이루게 한다. 좋은 교과서는 목적에 부합하는 작용체로서 기능 발휘에서 비롯된다는 말이다. 즉, 분화된 기능을 통일된 하나의 상호 작용체로 규합(糾合)해야 좋은 교과서가 된다는 말과 통한다. 작용체로 규합하는 방법은 교수·학습 방법과 밀접하게 관계한다.

교과서가 여러 기능을 규합하는 상호 작용체로서 역할을 발휘하기 위해서는, 기능 구현과 효과를 극대화하는 깊이 있는 연구가 체계적으로 이뤄져야 한다. 기능 분석과 분화를 작용체로 잘 연결, 통합하는 방법의 하나가 교수·학습의 설계다. 좋은 교과서의 실체를 기능 개념으로 구체화하는 작업이 하루빨리 이루어졌으면 한다. 이는 교육의 질을 개선하고 효율성을 드높이는 기초이면서 교육의 성패와도 관련되는 개발학의 한 분야이다.

---

73) **'상호 작용체'**란 원래 '단백질 상호 작용체'로 일반화된 생물학 용어로 '단백질 사이의 상호 작용을 포함하여 세포 내에서 상호작용하는 모든 분자나 물질들의 총합을 그물망으로 나타내는 것'을 뜻한다. 생물정보학과 생물학이 맞닿은 상호작용의 모든 그물망 구조를 연구하는 학문을 '상호작용체학(interactomics)'이라고 한다(위키백과 참조).

3. 교과서 기능 변화와 미래 지향적 대비

가. 미래 지향적 기능 규정 모색

1) 교과서 '기능 요소 체계' 도입

21세기 4차 산업 혁명 시대에 사회의 발전과 교육환경의 변화는 아침에서 접한 지식을 저녁에는 버려야 할 정도로 예측하기가 어렵다. 따라서 교과서 기능도 교육환경 변화에 상응하는 개념으로 바뀌어야 한다.

그런데 교과서 기능 변화는 개념 변화와 맞물려 있고, 또 좋은 교과서 개발과 밀접하게 연결되어 있다. 따라서 미래 지향적 교과서 기능 규정은 교과서 개념과 좋은 교과서 개발이라는 가교역할을 고려하고, 이들 각각이 시너지 효과를 발휘하도록 교과서 기능을 새로운 방향으로 모색해야 한다.

교과서 개념 요소 체계와 마찬가지로 교과서 기능 개념도 ① 기능 요소, ② 공통 요소, ③ 특정 요소, ④ 분화 요소로 구분하여 기능을 좀 더 세밀하게 규정할 수 있다. 즉 ①~④의 층위나 작용 관계가 교과서 **'기능 요소 체계'**이다.

교과서 기능 요소 체계			
① 기능 요소	② 공통 요소	③ 특정 요소	④ 분화 요소
목표, 대상, 사용자, 내용, 수준, 자료, 구성, 교수·학습, 활용, 평가, 법적 지위 등	모든 교과에 공통으로 해당하는 기능 요소	해당 교과만이 지니는 특유 기능 요소	필요에 따라 특정 요소에 부수하는 기능 요소

① 기능 요소는 교과서 개념과 기능 규정 대비에서 드러났듯이 공유 요소로 별 차이가 없다. ②~④ 각각의 요소도 개념 규정에서의 그 의미와 거의 같다. ①의 요소 간 동등 관계, ①의 개별 요소와 ②~④의 층위 관계도 마찬가지다. 그러나 현장 교육 활동에서 소통의 매개체로 작용할 때는 '개념', '기능'이라는 단순한 '요소 체계' 구분이 아니라 가치와 역할이라는 존재의 차이로 확연하게 달라진다.

'기능 요소 체계' 도입은 교과서 기능 규정이 일관되도록 유도하고, 갖추어야 할 요건에 유루(遺漏)를 방지하며, 기능 간의 층위 레벨이 어긋나지 않도록 조정한다. 기능 개념 규정에 관여하는 요소의 중복을 피하고, 기능의 본질과 비본질의 성격을 선명히 드러나게 하는 등 장점으로 작용한다.

2) 교과서 기능 변화와 규정 관점

미래 교과서 기능이 무엇인지를 파악하기 위해서 앞에서 제기한 기능 규정의 미비점을 분석해 보면 시사점을 얻을 수 있다. 이를 바탕으로 미래 교육 환경과 교수·학습의 형태가 어떻게 변화할지를 예측하고, 이에 효율적으로 대비할 수 있는 교과서 기능 개념을 다각적으로 모색해야 한다. '**교과서 기능 변화 요인**'에 따라 교과서 기능도 변하고, 이 변화에 상응하여 개념 규정의 관점도 달라져야 한다는 말이다.

기능 변화 요인	현재 기능 규정 관점	미래 기능 규정 관점
교과서 개념, 종류, 좋은 교과서 의미, 교육환경(학교/교실), 교과서 개발 방법, 교수·학습 방법, 교과서 활용/평가 방법, 교육 이론, 교육공동체 상호관계, 교과서관 등	**<존재하는 교과서 기능>** ○ 수동적 ○ 일괄적 ○ 독립적(작용) ○ 일반적 ○ 정태적 등	**<적용하는 교과서 기능>** ○ 능동적 ○ 구체적 ○ 통합적(작용) ○ 특수적 ○ 역동적 등

교과서 개념 변화 요인과 기능 변화 요인은 동전의 양면처럼 상호 연동의 관계에 놓인다. 교과서 개념이 변하면 기능도 자연히 변하지 않을 수 없다. 따라서 기능 변화 요인은 교과서 개념의 그것과 거의 같다고 하겠다.

<존재하는 교과서 기능>이란 교과서가 교육 활동에 사용되기 전, 교육적 힘이 작용하기 전에 정적(靜的)으로 내재하는 기능을 말한다. 이 기능은 실제 교육상황에서 상호 작용으로 전환한다. 그러므로 **<적용하는 교과서 기능>**이란 실제 교육상황에서 교육환경 변화에 맞도록 의도성을 가미한 기능을 말한다. 인간이 '**사회 상황적 존재**'라면 교과서는 '**교육 상황적 존재**'이다. 인간이 사회 상황에 적용하지 못하면 뒤떨어지거나 심지어 도태된다. 마찬가지로 교과서도 교육상황에 걸맞지 않으면 교육적 존재로서의 가치가 멸실(滅失)되는 것과 같다고 하겠다.

현재의 기능 규정 관점이 꼭 그러하고 그래서 미비하다는 뜻은 아니다. 미래 기능 규정 관점과 비교하기 위해 나열하여 대비해보고, 현재의 기능 관점이 '**그러하였다**'라면 앞으로는 '**이러해야 한다**'라는 관점의 변화 방향을 설정해 본 것이다. 결국, 관점의 변화 방향 설정과 실천은 '교과서 공동체' 구성원의 몫이다.

앞으로는 자연적으로 '존재하는 교과서 기능'이 아니라 살아 움직이는 '적용하는 교과서 기능'을 의도적으로 개발해야 한다. 교과서 기능은 존재의 가치를 작용의 가치로 효율적으로 전환해야, 교과서의 진정한 가치로 승화한다고 하겠다. 결국, 교수·학습의 성공은 '존재하는 기능'을 '적용하는 기능'으로 어떻게 잘 전환하느냐의 기술과 기법에 달렸다.

나. 교과서 기능 변화와 미래형 교과서

과학의 발달과 사회 변화에 따라 교과서의 개념과 기능도 바뀌고 있다. 이미 '교과용 도서에 관한 규정'에서도 '학교에서 학생들의 교육을 위하여 사용되는 학생용의 서책·음반·영상 및 전자저작물 등을 말한다.'라고 하여 그 개념을 상당히 진전시키고 있다. 아직 개념과 형태가 교육적으로 일반화되어 있지는 않지만, **'스마트/온라인 교과서'**라 하여 학교 현장에서 적용과 활성화가 본궤도(本軌道)에 오르고 있다.

앞으로, 문명의 발달과 함께 학교 교육에서 교과서의 형태와 기능, 위치 변화 추이를 다음과 같이 상정하는 것이 가능하다.

① **과거**(변화시킬 수 없는 교과서): 만들어진 교과서를 그대로 가르침
② **현재**(변화시킬 수 있는 교과서): 만들어진 교과서를 수정·보완하며 가르침
③ **미래**(고정된 형태가 없는 교과서): 교과서를 만들어 가며 가르침

①은 서책으로 대표될 수 있으며, ②는 아직 학교 현장에 전면적으로 적용된 단계는 아니지만, 대표적인 형태로 디지털 교과서를 들 수 있다. ③은 **'미래형 교과서'**를 의미한다. 미래에는 고정된 형태로 존재하는 교과서가 없다는 것을 가정한 것이다. 교육과정에서 제시한 내용 수준과 운영 지침만으로 현장에서는 다양한 교육 자료를 이용하여, 교사가 교과서를 직접 만들어 가면서 교수학습을 실천하게 된다. 이 경우 교과서의 형태와 기능, 활용 방법 등 그 개념이 획기적으로 달라짐은 물론이다. 아직 정착된 개념은 아니지만, 스마트/온라인 교과서가 여기에 해당한다 할 수 있다.

미래에는 교실의 환경 구조가 획기적으로 달라지고, 이에 따라 교수·학습의 방법도 괄목하게 변화를 시도해야 한다. 그렇다면 미래의 교과서 제도는 현재와는 다르게 그 발상과 실천에서 근본적인 변화를 요구한다. 이에 대비하여 현재의 교과서 존재 방식을 개선하기 위해, 미래형 교과서의 개발체제와 활용 방법에 연구를 집중하고 철저하

게 정책적 준비를 해야 한다.

여기에 교육 자료를 체계적으로 모아 분류하거나 목록화해야 하고, 이를 쉽게 이용할 수 있는 교육 시스템을 구축해야 한다. 이를 실현하기 위해서 교과서 박물관과 도서관의 설립과 활용이 긴요한 것처럼, 서책형, 디지털형을 모두 포괄하는 **'교육 자료 도서관'**이 필요하고, 이들 자료에 접근할 수 있는 클라우드(Cloud) 같은 디지털 매체 활용이 더욱 원활하도록 **'플랫폼'** 다양화와 활용의 인프라를 조성해야 한다.

같은 맥락에서 미래에는 공동체 교육으로서의 학교의 위상과 기능도 달라지고, 더불어 학교의 구조와 교육적 틀도 바뀌게 된다. 그러므로 미래 교과서 제도는 학교 교육의 기능 재정립과 환경 변화에 보조를 맞추며, 지금과는 달리 새로운 방향에서 접근해야 함은 물론이다.

Ⅳ. 좋은 교과서 개념과 철학적 교과서관

1. 좋은 교과서의 개념 규정 양상

가. 좋은 교과서 개발과 정책적 지향

교과서는 교육의 주요 자료와 매개체로서 지금까지는 역할과 위상에서 중요성만은 변함이 없다. 교과서 형태, 즉 서책형이냐, 디지털이냐, 아니면 양자 복합형이냐 등 변화가 필연적이긴 해도, 그동안 교과서 개념과 기능은 교육에서 중추적 역할을 지속하면서 시대의 변화에 조응(照應)하여 왔다. 이러한 교과서 개념과 기능의 시대적 조응은 '좋은 교과서' 개발과 자연스럽게 연결되었다.

더욱이 좋은 교과서 개발은 학생 개개인이 가치 있는 존재로서 성장하도록 도와주고, 나아가 학교 교육 발전과 국가의 장래와도 직결되는 문제다. 따라서 좋은 교과서 개발은 교육공동체, '교과서 공동체'의 당연한 책무로서 그동안 이의 개발을 위해 꾸준히 노력해 왔다고 하겠다.

교육과정을 개정, 고시하면 그에 따라 적용하는 교과서를 순차적으로 개발하게 된다. 국정, 검정, 인정 교과서 구분과 추구하는 교과서상, 개발 및 적용 시기 등 교과서 개발의 대체적인 방향과 일정을 제시한다. 학문의 진전과 사회의 변화에 따라 교과서에도 개선이 필요하면, 시대 변화에 상응하는 교과서 모습을 정책적으로 표명하기도 한다.

그동안 교육공동체가 요구하는 좋은 교과서 개발의 방향과 품질 개선 측면에서 교과서 정책을 제시하였다. 이상적인 교과서 개념과 기능을 갖추고, '좋은 교과서'의 참신한 모습을 다양하게 언명하였음을 엿보게 한다.

정책 추구·강조점	구체적 모습
① 교과서의 품질 개선과 지향점	㉠ 좋은 교과서 ㉡ 더 좋은 교과서 ㉢ 질 좋은 교과서 ㉣ 질 높은 교과서 ㉤ 양질의 교과서 ㉥ 이상적인 교과서
② 사교육 절감 정책과 학습법	㉠ 친절한 교과서 ㉡ 자율 학습이 가능한 교과서 ㉢ 참고서가 필요 없는 교과서 ㉣ 자기 주도적 학습이 가능한 교과서 ㉤ 혼자서 공부하는 책 ㉥ 학습자 중심 교과서
③ 추구하는 교과서 내용과 형태	㉠ 재미있는 교과서 ㉡ 쉬운 교과서 ㉢ 창의적 교과서 ㉣ 창의·융합형 교과서 ㉤ 창의·인성 교과서 ㉥ 실용적인 교과서 ㉦ 다양한 교과서 ㉧ 미래형 교과서

이상에서 알 수 있듯이, 정책의 방향은 대부분 교과서 개발의 필수적인 요구 사항이므로, 좋은 교과서 개념의 윤곽을 가늠하게 한다. 정책적 차원에서 '좋은 교과서'는 커다란 틀의 방향에서 그 개념을 표방(標榜)한 것으로, 교과서 품질이 드러나는 구체적인 모습은 '교과서 개발 공동체'의 몫으로 남겨 놓을 수밖에 없다.

나. 좋은 교과서 개념 설정 양상

그동안 '좋은 교과서'가 어떤 모습이어야 하는지를 많이 논의해 왔다. **'좋은 교과서 개념 설정'**의 대표적인 사례를 살펴보고, 좋은 교과서의 실상(實像)을 찾아 규정해 보려고 한다. 여기에서 '개념 설정'이란 성격, 조건/요건, 특성 등을 포괄하는 의미역의 말이다.

좀 고전적이지만 교육부에서 제시한 좋은 교과서 개념은 다음과 같다.[74]

① 교육과정에서 제시한 교육 계획과 교과 경영의 기준에 충실해야 한다.
② 학생의 요구 수준과 학습 능력에 부합해야 한다.

---

74) 함종규, '좋은 교과서란 어떠한 교과서인가', 교육부, 자율 학습이 가능한 교과서 모형 연구개발위원회, 1987.

③ 이론과 실제가 결부되는 학습 내용이어야 한다.

④ 교육학적 근거에 의해 구성되어야 한다.

⑤ 확실한 사실, 예증, 경험의 기술 등을 배치해야 한다.

⑥ 학생의 이해력에 맞도록 생생한 언어로 쓰어야 한다.

⑦ 내용의 정확성, 풍부성만이 아니라 위생적, 미학적 만족을 충족시켜야 한다.

　정책적 차원에서 요구하는 좋은 교과서의 구비 조건으로 교육과정 반영, 학생의 수준 고려, 이론과 실제가 겸비한 학습 내용, 교육학적 구성, 사실 자료, 생생한 언어, 내용 정확성 등 기본 사항을 제시하였다. 조건 내용이 집약적이면서 교과서 실체를 구성하는 요소(용어)를 정확하게 망라하였고 하겠다. ① 교육과정 관련 부분은 '교육 계획', '교과 경영'이란 용어를 사용하여 당시 교육과정에 대한 인식의 일면을 알게 한다. 현대 언어 감각으로도 눈에 띄는 '풍부성, 위생적, 미학적'이란 용어를 사용한 것이 특이하다.

　김정호님은 다른 측면에서 좋은 교과서의 조건을 제시하고 있다.[75)]

① 교육의 본질적인 미션과 시대적 트렌드를 반영해야 한다.

② 교육과정의 가치를 충실하게 구현해야 한다.

③ 소비자의 수요를 반영할 수 있는 친학습자형 상품이어야 한다.

　교과 공통점을 중심으로 '교육의 본질, 교육과정, 학습자 측면' 3대 영역에서 좋은 교과서의 기준을 제시하였다. 특히, 경제 원리를 강조하여 '소비자의 수요를 반영한 친학습자형 상품'이란 말이 색다르게 다가온다. 좋은 교과서는 상품성으로 소비자가 판단할 문제라는 말의 속뜻도 담겨 있다. 주된 소비자는 학생이겠지만 교사, 학부모, 일반인 모두가 여기에 해당한다. 결국 좋은 교과서의 기본 요건은 수요자가 요구한 조건을 충족시키는 교과서라는 말과 통한다.

　여기에 '수요자가 평가하는 교과서 사례'라고 하여, 단원 목표 진술 방식, 형성 평가 문항 제시 방법, 풍부한 자료 등 미시적 좋은 교과서의 모습을 구체적으로 살펴보고 있다. 여기에다 좋은 교과서의 특성(질적 요소)으로 ① 다양성, ② 창의성, ③ 완결성,

---

75) 김정호 외, 앞의 책, pp.23~27. 자세하게 설명한 내용을 요약, 정리한 것임

④ 정확성, ⑤ 균형성, ⑥ 경제성 등 여섯 가지를 들고, 이와 대비하여 좋은 교과서의 편찬·개발 조건을 구체적으로 설명하였다.[76]

최미숙 교수 외에서는 교과서 기능을 고려하면서, 좋은 국어 교과서의 포괄적이면서 구체적인 요건을 다음과 같이 제시하였다.[77]

① 학습자가 의미 있는 국어사용 경험을 하도록 실제적인 자료와 활동을 제공하는 것이다.
② 학습자의 문화적 소양을 고양하여 언어문화에 대한 이해를 높이고, 그것을 향유, 창조할 수 있는 힘을 길러준다.
③ 수업에서 교사와 학생, 학생과 학생의 상호작용을 촉발한다.
④ 심층적 교육과정을 실현한다.
⑤ 언어의 특성을 총체적으로 반영한다.
⑥ 다양성을 인정하고 다양한 목소리를 담아낸다.
⑦ 학습자를 지원한다.
⑧ 사회의 문식 환경을 반영하고 문식성 요구를 충족시킨다.

국어 교과서라고 한정했지만, 여타 교과까지 일반화가 가능한 요건들도 포함하고 있다. ① 국어사용, ② 언어문화, ⑤ 언어 특성, ⑦ 문식성 등 국어교육과 관련한 항목이 과반을 차지한다. ③ 상호작용 촉발, ④ 교육과정 반영, ⑥ 다양성, ⑦ 학습자 지원 등은 좋은 교과서의 공통 조건에 해당한다. 결국, 국어 교과서의 특수성과 공통으로 요구하는 좋은 교과서의 자격 조건과 균형을 유지하였다.

『교과서 연구』에서는 <좋은 교과서는 어떤 교과서인가?(Ⅰ)>란 특별기획을 마련하고, 좋은 교과서 실체를 집중적으로 논의하여 종합적인 결론을 도출해 보려고 하였다.[78] 이들 중 좋은 교과서 실체를 파악하는 데 도움이 되는 대표적인 주장을 정리해 보면 다음과 같다.

---

76) 김정호, '인정도서 제도 개선 연구'(연구 보고서 2013−2, 한국교과서연구재단, 2014.2.) p.77.
77) 최미숙 외, 앞의 책, pp.54~56. 정혜승 교수 '좋은 국어 교과서의 요건과 단원 구성의 방향'(『어문연구』34, 한국어문교육연구회, 2006. pp.387~391.)을 바탕으로 제시하였음을 밝히고 있다.
78) 『교과서 연구』76호(한국교과서연구재단, 2014.06.) pp.10~44. '좋은 교과서' 개념 스펙트럼이 대단히 넓어 필자에 따라 주장의 폭도 광범위하다. 그리하여 그중 일부 주장을 요약 정리한 것이다.

집필자 (교과)	좋은 교과서 요건
김○○ (모든 교과)	① 다양한 내용을 담고 창의성을 길러주는 교과서, ② 쉽고 재미있으며 핵심 내용 중심으로 편찬하여 참고서가 필요 없는 교과서, ③ 핵심 성취 기준의 선정으로 학생들의 학습 부담을 절감하는 교과서, ④ 교과서만으로 완전 학습이 이루어지는 참고서가 필요 없는 친절한 교과서, ⑤ 평가를 고려하는 교과서
이○○ (국어)	① 학생들의 흥미나 관심을 반영한 교과서, ② 학생들의 삶과 관련지은 교과서, ③ 언어 행위의 맥락을 반영한 교과서, ④ 생활 속에서의 실천을 강조한 교과서, ⑤ 자기 주도적 학습이 가능한 교과서, ⑥ 학생들 간의 상호 작용이 풍부한 교과서, ⑦ 언어사용의 태도를 강조한 교과서
정○○ (과학)	**[책의 내용]** ① 혼자서 공부할 수 없는 책, ② 과학적으로 틀린 설명, ③ 억지스러운 편집 **[페이지의 디자인]** ① 비효율적인 그리드 사용, ② 너무 적은 내용, ③ 과다한 종류의 서체, ④ 너무 많은 실험 사진, ⑤ 너무 많은 의미 없는 사진, ⑥ 너무 현란한 배경, ⑦ 통일성 없는 일러스트레이션
김○○ (음악)	**[본질에 충실한 교과서]** ① 음악과의 교육 목표를 달성할 수 있는 교과서, ② 다양한 음악 활동이 가능한 교과서, ③ 음악의 아름다움을 경험하고 음악성과 창의성을 기를 수 있는 교과서, ④ 음악의 역할과 가치에 대한 안목을 키우고 삶 속에서 음악을 즐길 수 있도록 하는 교과서 **[형식에 충실한 교과서] (편찬 상의 유의점 공통기준)** ① 헌법정신과의 일치, ② 교육기본법 및 교육과정과의 일치, ③ 지적 재산권의 존중, ④ 내용의 보편타당성/**(교과 기준)** ① 교육과정의 준수, ② 내용의 선정 및 준수, ③ 창의성, ④ 내용의 정확성 및 공정성, ⑤ 교수·학습 방법 및 평가, ⑥ 표기·표현 및 편집 **[내용에 충실한 교과서]** 적합성과 연계성을 기반으로 하는 평가 관점

각 교과의 특수성을 고려하여 좋은 교과서가 무엇인지를 설명하였다. 대개, 교과를 초월하여 좋은 교과서의 요건을 '교과용 도서 편찬 방향', '편찬 상의 유의점' '교과용 도서 집필 기준' 등에서 정책적으로 요구한 사항을 그대로 원용한 경우가 눈에 띈다.

특히, 과학 교과서에서는 반대로 미흡한 부분을 언급하여 좋은 교과서의 조건을 역발상의 관점으로 제시하였다. 주로 외형체제 측면에서 비효율적인 그리드, 과다한 서체와 실험 사진, 의미 없는 사진, 현란한 배경, 통일성 없는 일러스트레이션 등의 지적은, 과학 교과서의 특징을 바람직하게 살리는 요점이 무엇인지를 암시한다. 이처럼 내용과 형식의 균형과 조화도 좋은 교과서가 갖추어야 할 자격이다.

음악 교과서의 경우는 음악 교과의 특성을 살리는 좋은 교과서의 모습을 본질을 중심으로 강조하였고, 형식 면에서는 정책적으로 요구하는 사항의 반영 여부를 기준으로 하고, 내용 영역에서 평가 관점을 자격 조건으로 제시한 점이 독특하다.

『교과서 연구』<좋은 교과서는 어떤 교과서인가?(II)>[79]에서는 교사, 학생, 학부

---

79) 『교과서 연구』 77호(한국교과서연구재단, 2014.09.) pp.10~61.

모 등 사용자 중심으로 각 교과목을 대표하여 열여덟 분의 의견을 정리, 제시하였다. (Ⅰ)의 좋은 교과서의 요건에서 크게 벗어나지 않아 구체적인 내용 제시는 생략한다.

박정진 교수는 '좋은 교과서'란 말 대신에 **'이상적인 교과서 조건'**이란 용어를 사용하고, 연구의 심도를 높여 이들 조건을 객관적으로 규명하려고 노력하였다. 현장의 다양한 의견을 종합하고, 좀 색다른 과정과 관점으로 좋은 교과서의 실체를 도출, 제시하였는데 참고할 점이 많다.[80]

교사, 교수 등 전문가 협의회를 거쳐 정리한 교과서의 이상적인 모습 97개 항목을 ① 교사 측면 4개 항목, ② 학생 측면 6개 항목, ③ 외적 측면 7개 항목, ④ 내적 측면 13개 항목으로 분류해 보고, 이를 다시 교과서를 만드는 정책적 관점도 고려하여 다음과 같이 구분하였다.

> ① 왜 만드는가?['왜' 측면]: 5개 항목
> ⇒ 사회적 요구, 학문적 배경(구성주의, 행동주의, 인본주의 등)
> ② 무엇을 내용으로 하는가?['무엇' 측면]: 6개 항목
> ⇒ 교육과정 반영(목표와 내용 등), 소재(글, 자료, 과제, 이독성 등)
> ③ 누구를 대상으로 하는가?['누구' 측면]: 12개 항목
> ⇒ 교과서 사용자(교사와 학생)를 반영
> ④ 어떻게 전개되는가?['어떻게' 측면]: 17개 항목
> ⇒ 교수-학습 과정, 평가, 다양한 학습 장치
> ⑤ 언제 그리고 어디서 사용되는가?['언제'와 '어디서' 측면]: 3개 항목
> ⇒ 우리의 현실 반영, 생태학적 타당도(다인수, 대규모 등)

일반적 분류 체계와는 다르게 나름대로 기준을 세워 분류한 관점이 매우 독창적이다. 요구하는 교과서의 모습을 구체적인 세부 항목으로 미분하여 도출한 내용이, 이상적인 교과서의 조건을 거의 망라한 느낌이다. 그런데 이상적인 교과서의 조건을 ①~⑤ 범주에 무리하게 배정, 정치(定置)하다 보니, 다른 분류 체계와 비교해서 나타나는 어긋나는 점이 보인다.

이상적인 교과서는 좋은 교과서와 꼭 맞아떨어지는 상동성의 개념은 아니다. 그러

---

80) 박정진, 앞의 책, pp.106~113. 이상적인 교과서 모습으로 43개 항목을 구체적으로 제시하였는데, 현장성 측면에서 심혈을 기울여 좋은 교과서의 객관적 실체를 밝혀보려고 노력하였다.

나 이상적인 교과서의 내용과 형태가 좋은 교과서의 그것과 차이가 없으므로 같은 개념으로 간주하고자 한다.

좋은 교과서는 좋은 교육과 직결되므로 동서양의 구분 없이 관심의 대상이 된다. Allan C. Ornstein은 좋은 교과서는 바람직한 특성을 많이 지니고 있다고 하며, 그 요건을 간단하게 다음과 같이 제시하였다.[81]

> 잘 조직되고, 통일성이 있으며, 통합적이고, 비교적 최신 내용을 담고 있다. 또한 정확하고, 상대적으로 덜 편향적이다. 학자, 교육자, 그리고 소수 집단의 의견이 고루 반영되어 있다. 좋은 교과서는 교사의 평가 항목, 연구지도, 활동 지침 등이 함께 제공된다.

교과서 내용 중심으로 좋은 교과서의 조건을 강조하고, 교사가 교과서를 잘 활용할 수 있게 하는 지원 요소를 제시한 점이 눈에 띈다. 통일성, 통합성, 최신 내용, 정확성 등은 좋은 교과서의 일반 조건이고, 편향성과 소수 집단 의견 반영 문제는 동서양의 공통 관심 사항이라는 데 주목이 간다.

이상에서 좋은 교과서 개념에 대한 정책적 요구 사항과 대표적인 연구의 주장을 살펴보았다. 교과서 개념, 기능 규정과 마찬가지로 좋은 교과서 개념도, 접근 방법과 관점에 따라 다양한 양상이 전개될 수 있음을 확인했다.

2. 좋은 교과서 개념 규정과 발상의 전환

가. 좋은 교과서 개념 규정의 보완과 지향

좋은 교과서의 개념 규정은 '**좋다**'라는 의미의 실체 파악이 관건으로 작용한다. 같은 맥락에서 '좋다'라는 사전적 의미를 알아보면, 앞에서 대표적으로 언급한 좋은 교과서 개념에 보완점도 자연히 드러난다. 좋은 교과서와 연관되는 '좋다'라는 뜻은 다

---

81) Allan C. Ornstein & Thomas J. Lasley II, 『Strategies for Effective Teaching, 4e』(『교수전략』 박인우 옮김, 아카데미프레스, 2006) p.235.

음 몇 가지로 정리할 수 있다.

> ① (마음에) 흐뭇하여 즐겁다. ② (보기에) 아름답다. ③ 훌륭하다. ④ 효험이 있
> 다. ⑤ 알맞다. 적당하다. ⑥ (다른 것보다) 낫다. ⑦ 이롭다. ⑧ 마음에 들다. ⑨ 기
> 쁘다. ⑩ 넉넉하고 푸지다. ⑪ 상서롭다. 길하다. ⑫ 쉽다. 어렵지 않다(동아 새국
> 어사전)

'좋다'라는 사전적 의미는 마음의 상태나 성질을 나타내는 ①~⑫를 뜻한다. 이들
풀이를 '좋은 교과서'와 연관하여 학습자의 관점에서 재해석해 보면 다른 국면이 드러
난다.

> ① 배우면서 만족스럽고, 즐겁고, 신이 난다.
> ② 구성, 체제, 색상 등이 보기 좋게 꾸며져 있다.
> ③ 품위가 있고 흠잡을 데가 없다.
> ④ 인격, 가치관 형성 등에 도움을 준다.
> ⑤ 배우는데 학습량, 수준 등이 적절하다.
> ⑥ 다른 학습 자료보다 배우는 데 체계적이고 우월하다.
> ⑦ 지식이나 마음의 양식을 쌓는 데 이롭다.
> ⑧ 친한 친구처럼 친근하고 다정한 느낌을 준다.
> ⑨ 날로 배우고 익히는데 기쁨을 준다.
> ⑩ 지식과 정보를 충분히 제공한다.
> ⑪ 희망적인 미래나 삶의 설계에 도움이 된다.
> ⑫ 제시한 내용, 자료, 설명 등이 이해하기 쉽다.

'좋다'라는 사전적 의미가 '좋은 교과서'의 개념을 필요충분조건으로 대변할 수는
없다. 그러나 앞에서 대표적으로 예거해본 '좋은 교과서' 개념의 파악에서 보완 사항
이 무엇인지를 찾아보는 데 참고는 된다. 보완, 지향점을 몇 가지로 요약해 보면 다음
과 같다.

> ○ 교과서 개념, 기능 규정과 연관하여 '좋은 교과서 개념'을 규정·도출하지 못하
> 였다.

- 좋은 교과서의 다양한 스펙트럼(spectrum)을 일괄(一括)하는 정의 체계를 제시하지 않아 의미역을 획정하지 못하였다.
- 좋은 교과서의 개념을 정의 형식으로 접근하여 분별 사항(종차)을 구체화하지 못하였다.
- 좋은 교과서 모습을 객관적인 기준 체계로 제시하지 않아 그 개념을 다층적으로 포괄하지 않았다.
- 좋은 교과서 모습을 어디에 초점을 두느냐에 따라 요건의 경중이 달라짐을 설명하지 않았다.
- 좋은 교과서 요건의 분류 체계에 대한 논리적 근거 제시가 미약하다.
- 좋은 교과서 분류 체계에 착종(錯綜) 현상을 설명하거나 해결하지 못했다.
- 좋은 교과서의 거시적 요건의 분류에 따른 미시적 요건의 설명도 혼효(混淆)가 엿보인다.
- '좋은'의 의미 윤곽이 전체를 포괄하거나 같은 목적으로 흡수되지 못하였다.
- '좋은'과 '교과서'의 상호작용 실체를 객관화하여 증명하지 못하였다.
- '좋은'의 의미역을 교과서와 관련하여 구체적으로 설정하지 못하였다.
- 좋은 교과서를 교육 현장에 실제 적용해 보도록 하는 객관적 실체 제시가 미흡하다.
- 좋은 교과서 모습(실체)을 좀 더 구체화하여 정책적으로 제시할 필요가 있다.
- 서책형과 디지털형의 좋은 교과서 의미 관계를 살려서 미래형 좋은 교과서 개념을 설정해야 한다.

이상의 보완·지향점은 좋은 교과서 개념에 대한 인식의 전환을 요구한다. 기존의 접근 방식으로는 좋은 교과서의 본질과 실체 파악이 어렵다는 말이다. 좋은 교과서는 좋은 교육과 좋은 사회를 이루는 샘물과 같다. 인간의 존재에 필수 불가결의 존재로서 샘물처럼, 항상 맑고 용솟음치도록 하는 '좋은 교과서'의 의미 규정이 필요하다. 그러기 위해서 좋은 교과서의 의미역을 섬세하고 분명하게 규정할 수 있는 방법을 찾아보아야 한다.

나. 좋은 교과서 개념의 변화 모색

1) '교과서 개념'과 좋은 교과서

'교과서 개념'과 **'좋은 교과서 개념'**은 필수 불가분의 관계에 놓인다. '좋은 교과서'
란 교과서 개념을 형성하는 요소가 '좋다'라는 의미와 선순환으로 작용하여 탄생한 교
과서를 말한다. 즉, 교과서 개념이 '좋다'와 습합(褶合)하여 좋은 교과서 개념을 규정한
다고 하겠다.

그렇다면 교과서 개념에 대한 접근 방법이 중요하다. 교과서와 관련하여 학문적으
로 꼽진하게 연결되는 이론은 아니지만 **'개념 도구설(instrumentalism)'**이 있다. 이 설
은 **'도구주의(道具主義)'**, **'기구주의(器具主義)'**라고도 하는데, '개념'은 환경의 변화에
적응 수단으로서의 도구와 같은 역할을 하며, 선천적이고 불변하는 것이 아니라 생활
경험에 따라 변화한다는 인식 이론이다.

> 듀이의 말에 따르면 인간은 다른 동물과 마찬가지로 환경에 적응하며 살고 있
> 는데, 그 적응을 보다 유효하게 하기 위해 개념을 만들어 사용해 왔다고 한다. 그
> 래서 개념은 플라톤 이후 많은 철학자들이 생각한 것처럼 생활 경험에서 유리된
> 불변의 것도 아니고, 또 영국의 경험론자들이 말하는 것처럼 외부로부터 주어지
> 는 수동적 경험도 아니다. 그것은 어디까지나 환경에 보다 잘 적응하기 위한 지적
> 도구이다.
> 일반적으로 도구의 가치가 그 기능으로 결정되듯이, 지적 도구로서의 개념도
> 환경에서 생긴 여러 가지 문제를 해결할 수 있는 힘이 있는가 없는가에 따라서 그
> 의의를 찾을 수 있다. 끊임없이 성장하는 사람에게 환경은 항상 새롭게 변화하기
> 때문에, 그러한 환경에보다 잘 적응하려면 도구를 대상에 따라서 가려 쓰듯이 항
> 상 새로운 지적 도구가 필요하게 된다.
> 따라서 하나의 개념은 이 적응과정에서 부단한 수정을 거치게 된다. 이리하여
> 개념은 환경에 적응하기 위한 적극적인 행동의 지침이 되어야 하고, 끊임없이 그
> 행위의 결과에 의하여 검사되고 수정되어야 한다.[82]

개념은 고정불변의 것이 아니라 환경에 따라 적응 수단으로 변화한다는 말이다. 농
경사회로부터 지식·정보 사회, 디지털 사회, 4차 산업사회 등으로 발전하면서 교과서

---

[82] 『두산백과 두피디아』, http://www.doopedia.co.kr

의 개념도 그에 따라 진화해 왔고, 앞으로 더욱 변모하는 것이 순리라고 하겠다.

그렇다면 좋은 교과서 개념도 시대의 변화에 따라 새롭게 규정해야 한다는 말과 통한다. 이처럼 좋은 교과서 개념의 변화는 우연적, 부수적이라기보다는 필연적이다. 그러므로 교과서가 좋은 방향으로 변화하도록 장을 마련해 주는 것도 정책적으로 필요하다. 교과서의 진화는 자연에서의 진화의 개념과 사뭇 다르기 때문이다. 교육환경의 변화에 부응하여 교과서 개념이 미래 지향으로 진화하도록 정책이 선순환으로 작용해야 좋은 교과서가 탄생한다.

2) '교과서 기능'과 좋은 교과서

'교과서 개념'과 '좋은 교과서 개념' 관계와 마찬가지로 교과서 기능은 좋은 교과서 개념과 뿌리와 줄기처럼 긴밀하게 상응하는 관계에 놓인다. 즉, 교과서 기능은 좋은 교과서 개념과 직결되고, 양자의 관계는 선후, 종속 작용이 아니라 상호작용으로 존재한다.

앞서 교과서 기능으로 언급한 요소와 좋은 교과서 개념 요소와 대비해보면, 양자의 관계 파악에 의미 있는 시사점을 끌어낼 수 있다. 앞서 '좋은 교과서 개념 설정 양상'에서 제시한 거시적 요목과 일부 이를 구체적으로 설명한 내용을 바탕으로, 좀 더 자세히 보충하여 정리한 **'좋은 교과서의 요소'**를 **'교과서 기능 요소'**와 대비한 것이다.

구분	교과서 기능 요소		좋은 교과서 요소
목적 (목표)	학습 목표/ 교수 목표/ 공공·공익적 목적 추구/ 교육적 가치 구현/ 바람직한 인간 육성		교육의 본질적 가치, 시대 상황 흐름/ 교과 목표의 구현/ 개인의 다양한 삶과 가치, 사회나 국가의 지향 가치
대상	학습자/ 교사		학습자, /학생, 교사/ 소비자/ 수요자
교육과정	교육과정 내용 요소/ 잠재적 교육과정 형성/ 실질적 교육과정		교육과정 충실/ 심층적 교육과정 실현/ 교육과정 가치에 충실, 교육과정 목표, 내용 반영
교수·학습	자료	목표 달성 자료/ 전략 자료/ 수업 자료/ 글, 활용, 연습, 평가 자료/ 삽화	상호 작용을 돕는 목표 달성 자료, 수업 자료 등 제공/ 교사와 학생, 학생과 학생 상호작용 촉발/ 교수·학습 과정, 방법 제시
	방법	과정·과제·전략/ 탐구/ 공부법	
	학습	동기 유발/ 선도	
	작용	상호 작용/ 활성화	
사용 (활용)	재검토/ 재조직/ 수업 진행/ 안내		교사와 학생을 매개/ 학습자 사용 지원/ 사용하기가 편리

사용 시간/ 장소	교실(수업)	수업
사용자	학생/교사, 학습자	학습자/ 학생과 학생, 교사와 학생
교과 및 교육내용	교과 내용/ 학습 내용/ 교수·학습 내용의 방향과 범위/ 지식 내용/ 지식과 경험 세계/ 재해석/ 연습 및 탐구 과제/ 교육적 가치/ 공동체의 가치와 신념 반영/ 사회·정치적 가치	이론과 실제 결부되는 학습 내용/ 내용의 정확성, 풍부성, 위생적, 미학적 만족/ 실제적인 자료와 활동/ 학습자의 문화적 소양/ 언어적 특성/ 의미와 가치 있는 내용/ 교과 영역 관련 사고 유발/ 교과 관련 학문 개념 강조
구성 및 방법	내용 요소 구체화/ 정돈 체계화/ 재구조화/ 재인식/ 저자의 교육관, 학습자관, 언어관 반영	교육학적 근거에 의거 구성/ 사실, 예증, 경험의 기술 등 배치
학습 수준	필수적 학습 요소	학생 요구 수준과 학습 능력 부합/ 학생 이해력에 맞음/ 인지적 수준 고려
평가	평가 자료 제공/ 평가의 내용과 기준	평가
통일/ 표준화	교육내용 표준화/ 교육의 질적 수준 균등화	다양한 시각과 양상의 텍스트/ 교과 경영의 기준
법적 지위	국가 수준 (교육과정)	(헌법, 교육기본법, 지적 재산권)

위의 대비표는 좋은 교과서의 요건을 완벽하게 총망라하여 비교한 것이 아니다. 그러나 교과서 기능과 좋은 교과서 개념 사이에 공통점과 분별 점이 무엇인지를 파악할 수 있게 한다. 결국, 좋은 교과서는 교과서 기능이 제대로 발휘하는 교과서라는 말과 상통한다.[83]

동어 반복이라는 문제가 따르지만, 교과서 개념과 기능, 품질(좋은 교과서) 규정에는 교과서가 존재하는 실체로서 목표, 내용, 자료, 구성, 활동, 평가 등이 공통 요소로 개입하고 작용한다. 따라서 좋은 교과서의 거시적 요건(요소/ 조건)은 다음 ①~⑫ 사항에서 '안내', '반영', '제시', '표준화', '제공', '실현', '유지', '구현'의 말에 '잘', '좋게', '이상적으로', '적절하게', '알맞게' 등 수식어를 부가한 것이라 하겠다.

① 교육(학습) 목표 안내
② 교육과정 반영
③ 교육(학습) 수준 제시

---

83) 좋은 교과서는 교과서의 개념, 기능과 긴밀하게 연결되어 있다. 대부분 연구가 이러한 방식을 준용하여 설명하고 있지만, 대표적으로 **'교과서의 개념과 성격', '교과서의 기능과 위상', '좋은 교과서의 요건'**을 차례로 묶어 설명하는 방법은 이들의 관계를 비교하면서 총체적으로 이해하는 데 대단히 유용하다(최미숙 외, 앞의 책, pp.49~56.).

④ 교육(학습) 내용 표준화

⑤ 교육(학습) 내용 제시

⑥ 교육(학습) 자료 제공

⑦ 교과서(교재) 구성 안내

⑧ 교과서(교재) 활용(사용) 안내

⑨ 교수·학습 실현, 안내

⑩ 교육(학습) 결과 확인/ 평가 자료·방법 제시

⑪ 교과서(교재) 품질 유지

⑫ 교육이념 구현(세계 인식)

①~⑫ 항목은 **'교과서 기능 분화 개념'**에서의 항목과 동일하다. 교과서 기능을 이루는 개념의 요소는 좋은 교과서 개념에 그대로 전이된다는 말이다. 곧, 교과서 기능이 제대로 발휘되도록 구조화하여 개발하면, 좋은 교과서는 저절로 만듦새를 갖추게 된다. 교과서 기능을 제대로 발휘하는 교과서 집필과 개발은 교과서 공동체 구성원이 함께 해결해야 할 과제이다.

3) '존재 방식'과 좋은 교과서

'좋은 교과서의 존재 방식'을 알아보는 것은 좋은 교과서 실체를 파악하고 규정하는 데 시사점을 제공한다. 좋은 교과서의 존재 방식은 다음 몇 가지로 구분해 볼 수 있다. 이러한 구분은 교과서를 기본적으로 유기적 생명체로 간주하고, 교과서 생태계에서 좋은 교과서 모습을 어떻게 갖추어야 하는가, 즉, 좋은 교과서는 이렇게 존재해야 한다는 목적과 의도가 내재한 존재 방식이다.

(1) 유기적 존재

교과서 개념과 기능 규정에서도 언급했듯이 좋은 교과서도 하나의 유기체, 생명체로 존재한다. 즉, 교과서라는 한 덩어리가 전체를 이루는 각 부분과 서로 밀접하게 관련하며 작용하는 존재다. 교과서를 구성하는 각각의 요소가 협력과 선순환으로 관계, 작용하여 좋은 교과서로 통합된다는 말이다 그런데 유기적 존재의 기본은 균형과 조화이다. 앞에서 언급한 좋은 교과서의 거시적 요건인 ①~⑫가 균형과 조화를 이루어야 좋은 교과서로서의 자격을 갖추게 된다. 거시적 요건을 분화한 미시적 요건도 이를 준용, 유지하게 됨은 물론이다. 그러므로 교과서 구성과 활용에서 균형과 조화가 하나의 통일된 유기체를 이루는데 순기능으로 작용하게 하는 고도의 기법이 필요하다.

(2) 역동적 존재

교과서 실체를 이루는 각각의 구성 요소가 활발하게 작용해야 좋은 교과서로서의 존재감을 발휘한다. 좋은 교과서의 역동성이란 교과서 구성 요소 간의 작용이 유기적으로 교육적 활동과 연결되는 작용을 말한다. 역동성은 교과서 내부 요소 간의 작용과 함께 실제 교수·학습 상황에서 이뤄지는, 활발하고도 힘 있는 소통 작용을 의미한다.

역동적 존재는 교과서 외부 요인이 내부 요인에 관여하기도 하므로, 교과서가 역동성을 발휘하도록 여건을 마련하는 것도 중요하다. 역동적 존재는 이미 만들어진 것이 아니라, 그렇게 되도록 만들어 가는 과정이다. 그러므로 좋은 교과서의 외연(外延)은 교육 매개체로 어떻게 역동성을 발휘하여 활용하는가에 달려 있다고 하겠다.

(3) 다원적 존재

좋은 교과서를 이루는 요소나 조건은 관점에 따라 헤아릴 수없이 많다고 하겠다. 그러므로 좋은 교과서의 다원적 존재란 좋다고 하는 기본 요소나 요건이 여러 갈래를 이루거나 다양해서, 좋은 교과서의 개념을 몇 가지로 한정하기가 어렵다는 말과 통한다. 앞에서 언명한 좋은 교과서의 조건과 전혀 무관하지는 않지만, 다음은 좋은 교과서의 새로운 국면(局面)을 말해 준다.

- 교과서 개념과 기능을 잘 실현한 교과서(교과서 본질 차원)
- 교과서 개발 절차를 잘 준수한 교과서(개발 차원)
- 교과서 구성 요소가 조화롭게 이루어진 교과서(구성 차원)
- 학문적 배경으로 교육 이론을 구현한 교과서(교육학 차원)
- 교육 철학적 이념과 조건을 충족시키는 교과서(철학 차원)

○ 실용적이고 경제성을 만족시키는 교과서(경제 차원)

○ 표현·표기, 내용 등에서 오류가 없는 교과서(어문/내용 차원)

○ 개인의 소질과 능력을 신장시키는 교과서(개인 차원)

○ 사회 구성원의 공동 세계관을 충족하는 교과서(사회 차원)

○ 정책을 구현하고 충족시키는 미래 지향 교과서(정책 차원)

○ 국가 발전과 지구촌에서의 역할을 제공하는 교과서(국가/세계 차원)

위의 다원적 존재는 이해하기 쉽게 설명하기 위하여 들은 대표적인 예이다. 이처럼 사람이나 사물, 환경, 학문 등 모든 관련 상황이 좋은 교과서로서의 자격을 부여하는 데 관여한다. 그러므로 일반적이면서 보편적인 사항인 것 같지만, 좋은 교과서 개념은 무한 차원까지 지평을 확산할 수 있다는 생각이 들게 한다. 이렇다면 '**교과서는 우주적 존재다.**'라는 명제가 과장된 말이 아니다. 다원적 존재는 상황적 존재와 긴밀하게 작용한다.

(4) 상황적 존재

사람이나 사물은 상호 관계를 유지하며 시간이나 장소에 따라 모습이나 형세가 달라진다. 교과서도 관여하는 사람, 주위 환경과 상황에 따라 좋은 교과서의 모습이 달라진다. 더 구체적으로 말하면 교수·학습 상황에서 학생, 교사의 교과서관, 동원되는 보조 자료의 성격, 도입에서 마무리까지의 수업 절차나 과정에서 관계하는 여타 요소나 인자(因子), 기법 등의 성공적인 작용 여부에 따라 좋은 교과서가 판별된다.

좋은 교과서의 상황적 존재란 관여하는 상황이 순기능으로 작용할 때, 좋은 교과서로서의 자격을 갖추고 진정한 모습이 드러난다는 말이다. 사회의 변화를 교과서 내용과 외형에서 제대로 수용하지 못하거나, 이상적으로 잘 만들어진 교과서라도 이를 제대로 활용하지 못하면 순기능에 반하는 존재의 상황이다. 그러므로 좋은 교과서는 좋은 교과서로서의 자격을 유지하는 상황 조성을 우선해야 한다는 당위가 따른다.

앞으로는 교육의 가변적 환경에 대비하여, 미래를 지향한 좋은 교과서로서의 상황적 존재에 부합하도록 노력해야 한다. 그러므로 선제적으로 미래 지향 상황을 잘 파악하고 적응해야, 좋은 교과서로서 기능과 역할을 유지할 수 있다.

(5) 유동적 존재

좋은 교과서는 내재적 변인, 외재적 변인을 포함하여 수많은 변인이 유기적, 역동적, 다원적으로 작용하는 존재이다. 여기에 유동적 존재란 학생, 교사, 학부모 등 사용자에 따라, 교수·학습, 교육환경 등 여러 상황에 따라 좋은 교과서로서의 개념과 기능이 달라지거나, 활용 가치가 변전하는 것을 의미한다. 상황적 존재가 교과서 주위 환경에 관점을 두면 반면, 유동적 존재는 상황적 존재와 결부하여 가치 판단에 초점(focus)을 맞춘다.

이처럼 좋은 교과서의 여러 조건을 실현하는 단계나 환경, 관계하는 사람에 따라 좋은 교과서로서의 정도나 위치가 유동적이다. 예로, 좋은 교과서로서의 요구(정책 입안자), 개발(개발자), 사용(사용자), 평가(평가자) 등에서 각 조건에 부합하는 좋은 교과서로서 상동 작용이 달라서 유동적이라는 말이다. 그러므로 단계별로 요구 조건에 대한 이상과 교육적 실현 사이에 존재하는 유동성의 간극(間隙)을 메우는 작업이 우선해야 좋은 교과서로서 가치를 유지한다.

각 교과 특성에 따른 유동성도 생각해 볼 수 있다. 한 예로 국어교육의 특성을 고려하여 좋은 국어 교과서는 나름대로 갖추어야 할 특정 조건을 요구한다.[84]

> (①~⑦)
> ⑧ 텍스트 특성에 따라 구성, 조직되어야 한다.
> ⑨ 국어의 다양한 소통 상황을 포괄해야 한다.
> ⑩ 사고, 의사소통, 문화 등 국어능력의 여러 국면을 자극해야 한다.
> ⑪ 국어능력의 편차에 따른 반응의 개방성을 수용할 수 있어야 한다.
> ⑫ 내용상 범교과적인 관련성을 지녀야 한다.
> ⑬ 학습 리터러시를 신장시키도록 계획되어야 한다.
> ⑭ 언어활동의 과정과 그에 따른 전략을 명시적으로 다루어야 한다.
> ⑮ 국어과 수업 모형과 상동성을 지녀야 한다.

⑧과 ⑫는 국어 교과에만 적용되는 특성으로 좀 약하지만, 국어 교과서만이 지니는 좋은 교과서 특성을 언어교육의 현상을 중심으로 제시하였다. 이같이 좋은 교과서는

---

84) 김창원, 『국어교육론』(삼지원, 2007) p.171. ①~⑦은 좋은 교과서의 기본 조건으로 교육부에서 제시한 항목을 예거하였다(함종규, 1987).

교과마다 특성이 다르므로 그 개념과 가치가 교과마다 유동적이다. 이러한 유동성은 각 교과의 존재를 확고하게 하는 바탕으로 작용한다.

(6) 철학적 존재

철학은 인간과 세계에 대한 근본 원리를 연구하는 고상한 학문 영역으로 간주하기가 십상이다. 그런데 따지고 보면 인간이 삶을 영위하는 그 자체 모두가 철학이다. 철학은 우리 주변 가까이에서 항상 일상생활과 관계하며, 가치 있는 인간으로 살아가도록 지원한다. 그런데 이러한 철학의 응결체, 집합체가 교과서이다.

어려서부터 교과서를 통하여 인간관계나 생활 규범을 배우고, 자연의 구성원으로서 살아가는 방법을 배운다. 이처럼 교과서는 인간과 세계에 대한 안목과 살아가는 방법과 원리를 가르치는 철학적 존재다. 교과서의 철학적 존재는 교과서관과도 밀접하게 관계한다. 정책 입안에서 개발, 사용, 평가 등 일련의 과정에서도 교과서에 철학이 개입한다.

좋은 교과서의 '철학적 존재'는 앞서 언명한 (1)~(5)와 연관하여 과학적, 분석적 존재와는 다른 차원의 의미와 질서를 부여한다. 철학적 관점, 철학적인 사람, 철학적인 교과서관은 좋은 교과서의 철학적 존재와 결부된다. 교과서의 철학적 존재는 인간이 철학적 삶을 영위하도록 인도하고, 자연과 인간이 조화를 이루도록 도와준다. 즉, 우주의 신묘한 질서 속에서 인간을 현명한 철학인으로 살아가도록 유도하고 지원한다.

이상에서 좋은 교과서 존재 방식을 몇 가지 측면에서 생각해 보았다. 좋은 교과서로서의 자격과 조건, 가치는 고정불변이 아니고, 교과서 관련 모든 요소와의 관계 작용 속에서 존재한다는 점을 강조한 것이다.

4) '좋은 교과서 요소 체계' 모색

교과서 개념과 기능 요소, 이들 존재 방식은 좋은 교과서의 실체를 드러내는데 추동(推動)의 역할을 한다. 이들의 관계에서 '좋은 교과서'의 개념도 새로운 규정 체계의 정립이 필요하다. 곧, 교과서 개념과 기능 규정에서처럼 **좋은 교과서 요소 체계**의 설정과 도입을 말한다.

다음의 ① 좋은 교과서 요소는 교과서 개념, 기능의 요소와 별다름이 없다. 다만, 목적과 상황에 따라 추가되거나 중요도가 달라질 여지는 남아 있다. ②∼④ 요소 관계도 같은 레벨 층위로 관계한다. 이러한 관계는 좋은 교과서 개념 규정에 요소 간의 관계를 일관되게 체계를 이루도록 유도한다.

좋은 교과서 요소 체계			
① 좋은 교과서 요소	② 공통 요소	③ 특정 요소	④ 분화 요소
목표, 대상, 사용자, 내용, 수준, 자료, 구성, 교수·학습, 활용, 평가, 법적 지위 등	모든 교과에 공통으로 해당하는 좋은 교과서 요소	해당 교과만이 지니는 특유 좋은 교과서 요소	필요에 따라 특정 요소에 부수하는 좋은 교과서 요소

'좋은 교과서 요소 체계' 도입은 좋은 교과서 개념을 정확하고 명징하게 규정하는 데 유익하다. 특히, 좋은 교과서 구성 요건이 무엇인가를 체계를 세워 설명함으로써, 교과서 구성, 활용, 평가 등에서 '좋다'는 의미가 논리적, 이론적으로 명징(明澄)하게 자리 잡는다. 그리고 이 요소 체계는 좋은 교과서 품질을 유지하게 하는 틀로서 작용하며, 항상성을 지향하는 기제의 역할을 한다.

그런데 앞서 설명한 ㉠ '교과서 개념 요소 체계', ㉡ '교과서 기능 요소 체계'와 ㉢ '좋은 교과서 요소 체계'는 층위에서 같은 구조를 설정할 수 있지만, 세부적인 미시 구조는 '㉠과 ㉡'의 관계에서처럼 ㉢을 같게 취급해서는 안 된다. '㉠, ㉡'이 ㉢과 긴밀한 관계를 유지해야 ㉢이 탄생하지만, 이를 개발이란 과정으로 실체화하고, 다시 교실 상황에서 바람직한 교수·학습으로 구현해야 하는 단계를 밟아야 하기 때문이다. 이들 관계 구조나 작용 양상도 개발학에서 밝혀야 할 중요한 연구과제의 하나이다.

3. 좋은 교과서의 개발 변인과 작용

가. 좋은 교과서의 개발 변인

'좋은 교과서 요소 체계'는 **'좋은 교과서 개발 변인'**과 작용과 반작용의 힘으로 존재한다. 좋은 교과서를 사이에 두고, 전자는 유지하려는 힘으로, 후자는 변하게 하려는 힘으로 작용한다.

좋은 교과서를 사이에 두고 유지와 변화라는 작용과 반작용, 상반된 장력(張力)은 교과서 공동체의 교과서관에 좌우된다. 장력의 힘을 긍정적인 방향으로 이끌려면 올바른 교과서관으로 무장하고, 교과서를 긍정적인 시각으로 바르게 바라보아야 한다. 이러하기 위해서는 **'철학적 교과서관'**이 필요하다.

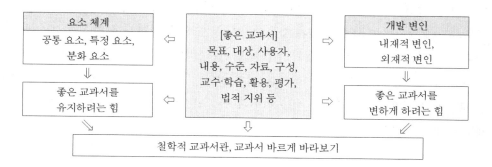

교과서 개발에서 좋은 교과서를 탄생시키는 변인은 교과서 개념, 기능, 좋은 교과서 의미 등을 설명하면서 좋은 교과서 '요소, 요건, 조건' 등 용어로 거의 언급한 사항이다. 그러나 이들을 '변인'이라는 다른 접근 방식으로 조감해 본다는 의도에서 종합하여 간단히 제시해 보고자 한다.

1) '좋은 교과서' 개발의 내재적 변인

'좋은 교과서'의 개발 변인은 '좋다'는 '실체'가 무엇인가 하는 해답과 관계한다. 이에 대하여 학자들 간에 이론이 다양하지만, '개발과 변인'이란 말에 초점을 맞추어 다음 몇 가지 사항으로 요약할 수 있다. 여기에서의 변인은 요건, 조건이란 말과도 상통한다.

[구성 변인]: 교과서 자체 변인으로 교과서에 담는 내용이나 형태적 측면에서 이들을 찾아볼 수 있다. 교육과정에서 요구하는 학습 내용(성취 기준)을 교과목의 특성과 학습 목표에 따라 균형 있게 선정하고, 이를 체계적으로 학습할 수 있도록 조직해야 한다. 교육이 자기 주도적으로, 아니면 상호 소통과 공통 상황에서 이루어지더라도 교수·학습 방법을 교과서에 효과적으로 제시해야 하고, 교육 목표 달성에 실천 능력을 신장시킬 수 있는 학습의 전략이나 과정이 드러나야 한다. 더욱이, 학습 내용과 정보, 표현·표기 등에 오류가 없어야 하고, 설명이 정확하고 통일성을 이루며, 학습력 신장에 적합하게 지면을 효율적으로 구성해야 한다. 여기에 학습 목표와 내용, 방법과 일

치하는 평가가 적절한 위치에서 효과적으로 이루어져야 한다.

[교육적 변인]: 교과서가 지니는 교육적 효과나 활용 측면에서 고려되는 변인이다. 학생이 자기 주도적으로 학습 능력을 증진하고, 창의력, 사고력, 탐구력 향상에 적합하며, 학생의 개인차를 고려하여 수준별로 내용을 구성하였는지 등도 좋은 교과서와 관련된다. 학생, 교사, 학부모 등 현장의 요구와 의견을 반영했는지, 학습자·교수자가 활용하기에 편리한 교과서 체제를 갖추었는지 등도 좋은 교과서의 필수적 요소이다. 물론, 여기에는 수준을 고려한 교과서 간의 합리적인 종적, 횡적 관계도 포함된다.

위의 요소가 좋은 교과서를 제어하는 내적 변인의 총합(總合)은 아니다. 그러나 좋은 교과서를 개발하기 위해서는 이들 변인을 의도적으로 신장·충족시킬 수 있는 발행 제도의 개선과 변화가 필요하다.

2) '좋은 교과서' 개발의 외재적 변인

'좋은 교과서'를 개발하기 위해서는 관여하는 외재적 변인을 파악하고, 이에 대한 지원과 정책적 배려를 우선해야 한다.

[규범적 변인]: 좋은 교과서를 개발하도록 교과서 내용과 형태를 제시하는 규범적 변인으로 교육과정, 편찬 상의 유의점, 검정·인정 기준, 교과용 도서 집필 기준 등이 있다.[85] 이들 변인은 서로 긴밀하게 유관하여 교과서 품질을 높이는 기본 헌법과 같은 역할을 하며, 이들의 내용과 기준을 어떻게 제시하고 적용하는가에 따라 교과서 질이 바뀐다.

[공동체 변인]: 교과서 개발과 관계되는 사람들(교과서 공동체)의 성향과 수준도 교과서 품질을 좌우한다. 교과서 정책 입안자, 연구·집필자, 심사(심의) 참여자, 윤문자, 감수자 등은 직접적으로 교과서 품질과 관련하고, 이들의 교과서관과 개발 능력은 교과서의 수준을 한층 높이는 중요 변인으로 작용한다. 학습자·교수자, 출판자(편집자/디자인/인쇄자) 등은 교과서를 직접 집필하거나 심의에 참여하지는 않지만, 현장에서 배우고 가르치면서 '품질 높은 교과서'의 개념을 검증하여 제시, 제작하는 등, 교과

---

85) 이들 규범적 변인이 교과서 개발에서 창의성을 제한하고, 다양화, 자율화에 부정적 요인으로 작용한다는 문제는 논외로 하고, 좋은 교과서 개발 기준과 목표를 제시한다는 긍정적 측면에서의 변인 설정임을 밝힌다.

서의 품질을 평가하는 역할을 실질적으로 담당, 수행하므로, 직접·간접으로 교과서 품질 향상에 관여한다.

[제도적 변인]: 좋은 교과서 개발과 관계되는 중요한 변인의 하나는 정책과 유관한 발행제도 측면이다. 발행제도는 앞에서 열거한 좋은 교과서 개발에 관여하는 여러 변인을 추장(推獎)하기도 제어하기도 한다. 그리고 이러한 제도를 뒷받침하는 법률, 법령, 규정 등도 좋은 교과서 개발에 관여하는 변인이라 하겠다.

나. 좋은 교과서 개발 변인의 역동성

이들 변인을 종합해 보면, 좋은 교과서를 개발하기 위해서는 '좋은 교과서'에 대한 품질기준이나 방향을 제시하고, 이를 실천할 수 있는 유능한 인력을 확보해야 하며, 제도적·법률적 지원으로 버팀목이 되는 요소 등을 모두 포함한다. 좀 더 세분화하여 ① 좋은 교육과정 개발, ② 좋은 교과서 품질 설정, ③ 좋은 발행제도(체제), ④ 유능한 개발 참여자, ⑤ 좋은 품질 관리 등을 어떻게 역동적으로 연관하여 운용할 것인가에 달려 있다. 이들 변인은 개별적·독립적으로 존재하기보다는 유기적·역동적으로 작용하며 존재하기 때문이다.

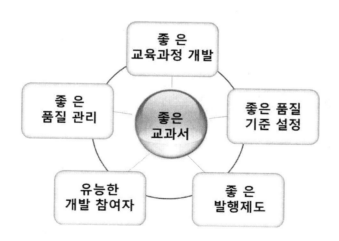

결국, 좋은 교과서의 개발 변인은 교과서의 개발 계획—개발(구성)—활용(사용)—평가라는, 일련의 절차를 아우르는 교과서 정책과도 관련한 총합의 성격을 띤다고 해

도 과언이 아니다. 따라서 '더 좋은 교과서' 개발을 위하여, '교과서 발행체제 개선의 방향'과 **'품질 관리의 요체(要諦)'**가 무엇인지를 밝히는 정책적 준비와 보완이 뒤따라야 한다.

이러한 교육적 가치 측면에서 교과서(교육과정)[86] 품질은 학교 교육의 질을 좌하고, 국가 발전과 미래의 운명과도 직결된다. 따라서 품질 높은 교과서의 개발을 위해서 국가의 미래 지향적인 정책 방향과, 이를 지원하는 의도적인 특별한 배려가 뒷받침되어야 한다. 정책 방향이 어떻게 가시화되고 지원이 원활한가에 따라 교과서의 품질도 달라지고, 교육의 질적 변화도 획기적으로 도모할 수 있기 때문이다. 이렇게 교과서 정책 방향은 교육의 성패에 인과(因果)로 작용하고, 국가의 발전과 융성과도 직결된다.

그런데 지금까지의 교과서 정책은, 교과서 개발이라는 학문적 연구의 뒷받침이 생각보다 미비하여 정책의 수명이 짧고, 즉흥적인 발상이라는 인상을 주기도 한다. 따라서 교과서 개발의 학문적 배경을 살펴보고, 이를 이론적으로 정립할 수 있는지 등 다방면의 가능성을 모색해야 한다. 그리고 이론 정립의 문제점과 해결 방안, 전망을 찾아보는 것은, 미래 사회에 대비하여 국가의 명운(命運)을 다잡아 본다는 점에서 매우 중요하다.

이러한 개발 변인이 역동적으로 작용하도록 연구하고, 좋은 교과서가 개발될 수 있도록 능력과 여건, 시스템을 체계적, 종합적으로 마련하는 학문이 개발학이라 할 수 있다.

4. 좋은 교과서의 철학적 관점과 교과서관

가. 철학적 관점과 좋은 교과서

1) 과학적 사고와 철학적 사고

교과서가 사회적 관심의 대상이 되면서, 이에 대한 다양한 의견이 나름대로 근거를 내세우며 분분하다. 그런데 우리 민족의 장래와 직결되는 교육정책과 유관한 교과서

---

86) '교육과정'과 '교과서'는 수레의 양륜(兩輪)이요 동전의 양면(兩面)에 비견할 수 있다. 따라서 양자의 중요성과 가치를 대등한 입장에서 논의할 수 있는 대상이다.

문제 해결에, 철학적 사유와 지혜가 더욱 절실하게 필요한 시기가 지금이 아닌가 한다. 교과서를 바라보는 관점에서 철학적 배경을 심화시키면, 미래 지향의 발전적인 사고와 선험적 법칙을 새롭게 찾을 수 있기 때문이다.

인생의 여정에서 생활에 자양분을 제공하는 명문장을 많이 접하게 된다. 그 중 윌 듀란트(Will Durant)의 『철학 이야기(The Story of Philosophy)』 서문 '철학의 효용에 대하여'는 현대를 살아가는 데 지남(指南)으로 감명을 주는 글 중의 하나이다. 이글 모두에서 듀란트는 '철학에는 즐거움이 있고 형이상학의 신기루(蜃氣樓)에도 매력이 있다.'라고 전제하고, '지혜를 찾아내기만 하면 다른 것은 저절로 얻게 되리라고 확신해도 좋다.'고 단언하였다.[87]

듀란트는 **'철학의 효용'**을 논하면서 '과학은 분석적 기술이고 철학은 종합적 해석'이라고 구분하여 설명하였다. 과학은 전체를 부분으로, 유기체를 기관(器官)으로, 애매한 것을 확실한 것으로 분해하려 하고, 사물의 가치나 이상적 가능성을 탐구하지 않으며, 사물의 궁극적인 의미를 묻지 않는다고 하였다. 사물의 현재 실정과 작용을 밝히는 것으로 만족하고, 현존하는 사물의 성질과 과정에 단호하게 시야를 국한하게 만든다고 하였다.

이어서 그는 과학자는 천재의 창조적 진통에 흥미를 느끼는 것과 마찬가지로 벼룩의 다리에도 흥미를 느끼지만, 철학자는 사실의 기술만으로는 만족하지 못하고, 사실과 경험 일반의 관계를 확정함으로써 그 의미와 가치를 찾아내려고 한다고 하였다. 철학자는 사물을 결합하여 종합적 해석을 하고, 호기심 많은 과학자가 분석적으로 분해해 놓은 우주라는 거대한 시계를 그 전보다 더 훌륭하게 조립하려고 애쓴다고 하였다. 수단을 안출(案出)해 내는 것이 과학이라면, 여러 가지 목적을 비판하고 조절하는 것이 철학이라고 하였다.

결론적으로, 그는 철학이 없는 과학, 전망과 평가가 없는 사실은 우리를 황폐와 절망으로부터 구해내지 못한다고 하고, 과학은 인간에게 지식을 제공하나 오직 철학만이 지혜를 줄 수 있다고 하였다.

이러한 그의 견해는 위대한 철학자의 사상을 통시적으로 정리하면서, '철학의 효용 측면'에서 과학과 철학의 관계 설정을 표현한 것이라고 여겨진다. **'과학적 사고'** 없이

---

87) 윌 듀란트(Will Durant), 『철학 이야기(The Story of Philosophy)』(황문수 역, 문예출판사, 1996) pp.11 ~15. 이하 서문 내용을 참고하여 정리하였음

'**철학적 사고**'를 유도하기는 어렵다. 그러므로 '**과학의 효용**'을 '**철학의 효용**'과 대비적으로 논할 성질의 것은 아니다. 더욱이 '과학적 사고'와 '철학적 사고'의 우열을 가려보려는 것도 의미가 없다. 다만 요즈음에는 교과서를 '과학적 사고'보다는 철학적 사고 관점에서 바라보는 것이 절실하다고 강조하고 싶다.

2) 좋은 교과서와 철학적 관점

학년말이 되면 교과서가 쓰레기로 변하여 산더미처럼 넘쳐나기도 한다. 교과서가 박물관에서 오롯이 조명을 받으며 가치를 발하는 모습과는 사뭇 다른 풍경이다. 이에서 철학적 사고를 통하여 교과서를 바라볼 필요가 무엇인지를 생각해 보게 한다. 교과서를 바라보는 관점에서, 듀란트가 '철학의 효용'을 앞세워 '철학적 사고'를 강조하는 맥락을 그대로 원용하고픈 소이가 여기에 있다.

교과서는 보는 관점에 따라 그 개념의 층과 범위가 달라진다. 교과서의 기능과 역할, 소통과 사용 방법, 개발 방식 등 강조하는 측면에 따라 '학습 자료', '교수 자료', '교수·학습 자료', '교육과정 자료', '주된 자료', '보조 자료' 등 다양한 용어를 사용한다. 이는 교육이라는 학문적 배경과 논리로 교과서의 의미역을 생각해 본 것이다.

여기에 교과서의 품질을 강조하여 '좋은 교과서', '질 좋은 교과서', '질 높은 교과서', '양질의 교과서'란 말이 정책 목표로 등장하고, 사교육 절감 정책과 연관하여 '친절한 교과서', '자율 학습이 가능한 교과서', '참고서가 필요 없는 교과서', '자기 주도적 학습이 가능한 교과서'란 말이 강조되기도 한다. 이 밖에도 '재미있는 교과서' '쉬운 교과서', '미래형 교과서', '융합형 교과서' 등 정책 차원의 목표와 결부하여 추구하는 교과서 모습과 관련한 용어가 난무(亂舞)할 정도이다.

그런데 교과서를 '상호 작용의 유기적 응결체'라는 관점에서 그 효용과 존재 가치를 몇 가지로 정리할 수 있다. 즉, 교과서는 '종합예술이다', '하나의 우주이다', '완결된 유기체다', '미학의 절정이다' 등의 명제이다. 이 몇 가지 명제를 "교과서는 '사람(인격체)'이다"라는 말로 결집할 수 있다. 인격체로서의 '사람'은 앞에서 제시한 명제의 의미 표상(表象)과 맥락을 모두 갖추고 있기 때문이다. 이러한 개념 설정은 철학의 눈으로 바라보는 관점에서 상정할 수 있다. 따라서 교과서가 '상호작용의 유기적 응결체'라고 하는 말은 지혜, 종합, 조화, 조절을 강조하는 '**철학적 사고의 응결체**'라는 말로 발전시킬 수 있다.

여기에 교과서를 바라보는 철학적 사고, 즉 **'철학적 관점'**에는 교과서를 개발하는 관점, 교과서를 배우는 관점, 교과서를 가르치는 관점 등을 다 포함한다. 그런데 교과서를 개발하는 관점은 배우고 가르치는 그것과는 사뭇 다르다. 이에는 교과서 개발에 요구되는 실재적 현상을 보다 구체적이면서도 명확하게 철학적 효용으로 전이할 수 있도록, 철학적 관점으로 '질서화'하는 방법, 즉 **'교과서화/교재화'**하는 방법이 필요하다. 그러므로 '교과서 개발'과 '교과서 개발학'이란 말을 사전적 의미보다는 철학적 관점으로 다가서야 한다.

나. 철학적 교과서관과 좋은 교과서

1) 철학적인 사람과 교과서관

좋은 교과서를 개발하기 위해서는 앞에서 제시한 교과서가 '상호 작용의 유기적 응결체'라는 교과서관의 저변에 철학적 관점이 자리 잡아야 한다. 좀 비약적이고 주관적이긴 하지만, 이를 교과서 개발의 차원에서 다음과 같은 철학적 관점의 교과서관으로 정리하는 것이 가능하다.

철학적 관점	철학적 교과서관
① 교과서는 하나의 우주이다. ② 교과서는 완결된 유기체다. ③ 교과서는 미학의 절정이다. ④ 교과서는 종합예술의 표상이다. ⑤ 교과서는 모든 학문의 융합이다. ⑥ 교과서는 형상의 균제와 조화이다.	교과서는 사람이다. (인격체다)

이는 곧 '좋은 교과서'의 구비 조건을 표징(表徵)하는 말이면서, **'철학적 관점', '철학적 교과서관'**과 자연스럽게 연결됨은 물론이다. 그런데 '철학적 관점'은 교과서 개발에 관여하는 다원적, 다층적 요소를 연결하는 시스템으로 작용한다. 이를 총합하여 사람이라는 인격체로 바라보는 것이 철학적 교과서관이다.

교과서 개발에는 탁월한 정책 입안도 필요하고, 이를 실물로 전환하는 기자재, 기술 분야도 우선한다. 그러나 무엇보다도 중요한 것은 개발에 참여하는 교과서 공동체를 구성하는 사람이다. 교과서 개발에 직·간접적으로 관여하는 정책 입안자, 연구자, 집필자, 심사(심의)자, 편집·발행자, 사용자(학생·교사) 모두 사람이다.

따라서 이들 모두가 철학적 관점으로 무장하고 교과서를 개발하는 것이 좋은 교과서를 만드는 지름길이다. 특히, 교과서를 배우고, 가르치는 사람들도 철학적 관점의 교과서관을 갖추는 것이 더욱 중요하다. 그래서 이들 모두가 교과서와 연관을 짓는 순간은 철학적인 교과서관으로, 그 존재의 가치를 더하고 세우는 **'철학적인 사람'**이라고 지칭하고 싶다.

2) 교과서 철학과 국가의 미래

교육과정을 개정함에 따라 적용되는 교과서는 그 어느 시기에서보다 국민의 신뢰 속에 국가의 정체성을 확립하고 민족의 장래를 책임질 수 있는 교과서의 모습이어야 한다. 교과서 개발에 참여하는 사람은 교과서가 교육의 ① 희망이요, ② 미래요, ③ 역사요, ④ 변화요, ⑤ 세계화라는 철학적 이상과 발상으로 무장해야 한다. 어떤 경우에는 교과서의 교육적 위상을 한층 높여서 '교과서는 국가다'라는 안목이 필요할 수도 있다. 결국, 교과서는 '국가의 미래를 책임지는 철학적인 사람이 만드는 인격체'라고 하겠다.

노경의 소크라테스가 크리톤에게 말한 내용[88] 중에서 '철학'이란 단어를 '교과서'로 치환한 다음과 같은 말은, 교과서와 관련하여 우리에게 무엇인가 와 닿는 바가 크다. 다음은 '교과서는 철학의 실체여야 한다.'라는 의도에서 시도해 본 것이다.

> 교과서의 교사가 좋으냐 나쁘냐 하는 문제는 개의치 말고, 오직 교과서 자체만 생각하라. 교과서 자체를 충분히, 충실하게 검토해 보라. 그래서 교과서가 나쁘거든 모든 사람이 교과서를 외면하게 하라. 그러나 교과서가 내가 믿고 있는 바와 같은 것이라면 교과서에 따르고, 교과서에 이바지하며 기운을 내라.

일부 단어를 치환했다고 해서 의미 전달의 상동(相同)을 담보하는 것은 아니지만, 교과서에 대한 관점이 어떠해야 하는가에 대한 그 무엇은 찾을 수 있게 한다.

---

88) 월 듀란트, 앞의 책, p.15.

무지개는 일곱 가지 색, 아니면 더 많은 색으로 분해하여 존치하면 무지개가 아니다. 모여서 상호 보완적이고 조화를 이루어야 희망의 무지개가 된다. 교과서 자체라는 본질적인 면과 함께 교과서의 개발체제와 시스템 운영도 마찬가지다. 교과서가 국가의 무지개가 되도록 교과서 개발에 참여하는 모든 사람, 교과서 공동체가 '철학적 사고'로 한마음이 되어야 한다. 이렇게 되면, 해마다 반복적으로 교과서가 쓰레기 더미가 되어 버려지기보다는 박물관의 보물이 되어 존재의 가치를 드높일 것이다.

우리 민족은 지혜로 충만한 철학적인 국민이다. 앞으로, 교육과정 개정과 그에 따라 개발되는 교과서는 정책 입안에서부터 분석·평가하여 환류(feedback)하는, 교과서 개발 모든 과정에서 '철학적 관점'과 '철학적인 교과서관'이 작용하여, 지금까지와는 다르게 세기적 전환을 이루는 '더 좋은 교과서'가 개발되어야 한다.

교과서가 철학적인 사람이 철학적 사고와 관점, 교과서관으로 만들어 낸 철학적 응결체라면, 교과서에 관한 생각이나 태도도 달라져야 한다. 시간과 공간을 초월해서 교과서를 가볍게 여기기보다는 존중의 자세가 필요하다.

5. 좋은 교과서 바르게 바라보기

가. 교과서 바르게 보기 관점

사람의 오관(五官, 눈, 입, 귀, 코, 몸)은 좋은 것만 좇으려는 경향이 다분하다. 교과서를 대하는 태도도 이와 같아서 보고 다루기 편리하고, 읽고 배우기 쉬우면서 듣기 좋고, 향기와 품새 나는 실체를 좋아한다. 그러므로 교과서가 사람의 오관을 충족하면 자연스럽게 좋은 교과서가 된다. 그런데 교과서를 마음으로 바라보는 눈(교과서관, 관점)은 다른 차원을 일으킨다. 열린/닫힌 마음, 긍정적/부정적 마음, 존중/폄하(貶下)하는 마음 등 마음의 자세에 따라 갈릴 수 있다. 교과서를 바라보는 이러한 태도는 교과서 가치 판단과 직접 연결된다.

다음 제6차 교육과정 적용 교과서를 개발하면서 제시한 **'바람직한 교과서'**[89] 모습은 교과서를 개발하거나 활용할 때는 물론 교과서를 바라보는 기본적인 관점을 암시한다.

---

89) 교육부, 제6차 교육과정에 의한 '97년도 1종(국정) 교과용 도서 편찬 계획(1997.1) pp.1~3.

여기에서 '바람직하다', '바람직하지 못하다'라는 대비는 교과서 개선과 발전 방향이 무엇인가를 나타내는 것으로, 이전 교과서의 폄하 의도는 아닐 것이다. 7차 교육과정에서부터 **'전통적 교과서'**라고 바뀐 것도 같은 맥락에서 해석할 수 있다.

구분	바람직하지 못한 교과서	바람직한 교과서
① 교과서관	○ 금과옥조(金科玉條)형 교과서 ○ 교과서 중심 학교 교육에 적합한 교과서 ○ 지적 영역 중심의 교과서	○ 교육과정 구현을 위한 다양한 자료 중의 하나 (주된 자료)인 교과서의 지향 ○ 교육과정 중심 학교 교육에 적합한 교과서 ○ 기능·태도 영역에 유의하고 창의력, 사고력 배양 강조
② 교과서 진술 형태	○ 지식 요약형, 개념 압축형, 강의 요약형 교과서	○ 다양한 사실, 사례 제시형, 학습 과정(절차와 방법) 중시형 교과서
③ 단원 전개 체제	○ 모든 교과서에 하나의 전개 체제 적용	○ 단원 주제의 성격에 다른 다양한 전개 체제 적용
④ 내용의 선정	○ 지식 중심, 교사 중심의 내용 선정 ○ 교과서 내용의 실생활과의 유리	○ 핵심 개념과 관련된 생활 경험, 사례 중심, 학생 중심 내용 선정 ○ 교과서 내용의 실용성, 유용성 추구
⑤ 내용의 조직	○ 지식 체계별 단선형 조직 ○ 문장과 삽화의 단조로운 구성	○ 관련 지식과 실생활 경험을 통합하여 조직 ○ 다양한 편집 체제의 도입
⑥ 연구 개발 과정	○ 기초 연구가 소홀히 된 교과서 개발	○ 기초 연구를 보다 중시한 교과서 개발

2015 개정 교육과정이 소기의 성과를 거두고 새로운 교육과정이 고시, 적용된다. 이미 학교 환경과 교과서 개념, 기능, 문화가 괄목상대한 정도로 바뀌었다. 6차 교육과정에서 추구한 '바람직한 교과서 모습'도 현재에도 그대로 받아들일 사항이 대부분이지만, 현재의 변화한 교육상황을 고려하지 않을 수 없다. 4차 산업 혁명 디지털 시대에 사회 변화도 급격하기만, 교육에서의 변화. 특히 교과서의 변화는 조석(朝夕)의 모습이 다를 정도로 속도가 빠르다.

'교과서 바르게 바라보기'는 현재까지 피상적으로 고착시켜 왜곡된 교과서 관에 대하여 옳고 그름이 무엇인지를 따져보는 데 있다. 교육과정을 개정할 때마다 이전의 교과서는 저러해서 이후의 교과서는 이러해야 한다는 강조가 아니라는 점이다. 그런데 이를 간과하여 대비의 관점과 강조점만을 생각하다 보니, 교과서 유일사상(唯一思想)이 상념(常念)으로 존재하는 것처럼 보였을 따름이다.

현재까지 수차 교육과정을 개정할 때마다 교과서는 교육과정의 정신을 녹이고 새로운 학문의 변화와 교과서 기능을 살려 좋은 교과서로서의 기본적인 가치를 항상 발휘하였다. 그러므로 이전의 교과서는 나쁘고 이후 교과서는 좋아졌다는 관점이 아니고, 이전의 교과서를 시대의 변화에 맞게 새 옷으로 갈아입혔다는 자세가 필요하다. 수차의 교육과정 개정에 적용한 교과서는 그 시기에는 학교 환경과 재정을 고려한 최고 수준의 교과서였다. 다만, 개발에 참여하는 인력, 재정 지원, 인쇄 설비, 편찬제도 등에 차이가 있었을 뿐이다.

교과서는 변화의 실체로서 존재 그 자체가 바로 의미요 가치라는 관점이 교과서 바로 바라보기의 기본 태도이다. 변화의 실체를 인정하면 이전의 교과서를 마냥 폄훼(貶毀)해서는 안 된다. 이전은 이전 교과서대로 시대의 가치적 존재로서 인정하는 태도가 필요하다. 따라서 교과서관을 이전의 교과서하고 결부시키는 관점은 지양되어야 한다. 이러한 관점이 교과서 바로 바라보기의 출발이며 종착이다.

나. 긍정적 교과서관의 정립

미래 지향적으로 교과서 개발체제를 새롭게 모색하려면 교과서를 바라보는 시각을 현시점에서 바르게 정립하는 것도 필요하다. 바른 교과서관이 교과서 정책과 나아가 교과서 효용론과 직간접적으로 연결되어 있기 때문이다.

그동안 교과서관 형성에 작용했던 상황을 생각나는 대로 열거해 보면 다음과 같다. 다음 상황은 교과서에 대한 긍정적, 부정적 인식(감정), 즉 교과서가 중요한 교육 자료, 아니면 교육 자료 중 하나일 뿐이라는 태도 등을 결정짓는 사회 환경의 변화 양상이다.

> ① 국민소득과 생활 수준이 낮(높)을 때의 교과서. ② 시험 출제 주요 대상일 (아닐) 때의 교과서, ③ 보존 가치가 낮(높)을 때의 교과서, ④ 저(고)비용 개발 체제 시의 교과서, ⑤ 발행사가 적(많)을 때의 교과서, ⑥ 보조 자료가 적(많)을 때의 교과서, ⑦ 매스미디어의 교육적 기능이 미미(강)했을 때의 교과서, ⑧ 경쟁에 대한 인식이 낮(높)을 때의 교과서, ⑨ 교과서 품질을 경시(중시)했을 때의 교과서, ⑩ 교과서 개발에 대한 학문적 배경이 엷을(두터울) 때의 교과서,

⑪ 사회 구조가 단순(복잡)했을 때의 교과서, ⑫ 세계화, 다문화 이전(이후)의 교과서, ⑬ 집필자가 제한적일(다양할) 때의 교과서, ⑭ 남북 대결(화해) 분위기로서의 교과서, ⑮ 신분 상승의 미미(주요)한 기제로서의 교과서, ⑯ 이익 창출 자본재 성격이 약(강)할 때의 교과서, ⑰ 지방분권이 미약(강)했을 때의 교과서, ⑱ 국민적 관심이 적(많)을 때의 교과서 ⑲ 교육 홀로서기가 가능(불가능)할 때의 교과서, ⑳ 교과서 구입비가 낮(높)을 때의 교과서, ㉑ 의무교육이 부분(전면) 시행일 때의 교과서, ㉒ 학생 과목 선택 보장 전(후)의 교과서, ㉓ 디지털 교과서 개발 이전(이후) 교과서, ㉔ 원격수업/온라인 수업 활성화되기 이전(이후) 교과서, ㉕ 발행제도 자율화 정도가 낮(높)을 때 교과서 등

사회 발전과 교육환경 변화에 따라 교과서를 절대적 가치의 존재로 간주하기도 하고, 미미한 존재, 부정적 대상으로 여기기도 한다. 그러나 교과서를 바라보는 태도(교과서관)는, 어떤 면에서 **'교육환경 변화에 따라 인간이 의도한 것'**이라 생각할 수도 있다. 교과서가 '경전'이라는 과분한 칭호를 받은 것도, 교과서 활용상 그렇게 인식하고자 한 의도성이 강하게 작용했을 때 가능하기 때문이다.

그렇다면 교과서를 부정적으로만, 아니면 긍정적으로만 바라볼 것이 아니라, 의도적으로 조화로운 조감(鳥瞰)의 태도가 필요하다고 본다. 이미 다 알고 있는 사실이지만, 그중 하나의 교과서관이 교과서는 생각을 획일화하는 통제의 수단이 아니라, 생각과 의미 부여의 기회를 제공하고, 지식과 지혜를 축적하거나 창출하는 '하나의 교육 자료, 참고 자료'라고 하는 교과서를 대하는 인식과 태도이고, 이러한 주장은 어제, 오늘에 이루어진 것이 아니다.

이를 더 발전시켜, 이제부터는 교과서가 **'행복을 찾아주는 완결된 인격체'**로 바라보는 새로운 교과서관의 정립이 필요하다. **교과서에 행복 역량**을 구현하고, 교과서에서 학생 스스로 행복을 찾도록 하는 기능을 추가할 필요가 있다. 이러한 **행복 기능**의 부여는 교과서에 대한 인식을 바꾸는 전기도 된다. 그러나 교과서가 학생들에게 행복을 찾아주는 대상이 되려면 시험, 진학 등 부담과 욕망을 극복해야 하는 사회적 합의가 필요하다. 그리고 현시점에서는 새 교과서만을 사용해야만 하고, 한 번만 사용해도 폐휴지로 취급하는 교과서에 대한 멸시 태도(교과서관)에도 변화가 필요하다.

위에서 살펴본 교과서에 대한 인식(감정)의 변화는 교과서 개발·발행 체제, 교과서

제도 개선과 방향 설정에 주요 참고 요소가 된다. 긍정은 가치를 창조하고, 행복을 가져오며, 존재에 영원성을 배태한다. 그러므로 긍정으로 교과서를 바라보는 자세가 좋은 교과서를 만드는 원천이고 요체이다. 긍정적 교과서 관은 교과서와 함께 존재하는 인간의 삶을 긍정적으로 만드는 원천이다.

Ⅴ. 교과서 개념·기능·품질의 상호 작용 탐구

1. 개념·기능·품질 요소의 성격과 작용

가. 요소 성격 비교와 의의(意義)

교과서 개념과 기능, 품질의 개념을 명확하게 하고 이들 요소의 연관성, 즉 작용 양상을 살펴보는 것은 교과서 개발과 품질 관리에 이론적 근거를 마련하고, 나아가 교과서 개발학의 학문적 토대를 만드는 데 대단히 유용하다.

'교과서 개발학'은 '교과서 존재론의 학문적 이론화와 배경'을 찾아보는 학문이다. '좋은 교과서' 존재 방식을 분석하고, 이를 바탕으로 더 좋은 교과서를 개발하기 위하여 학문적, 이론적 지식과 배경을 제공하는 것을 목적으로 한다.

교과서 개념과 기능, 품질의 변별적 자질을 밝히는 기초가 이들을 구성하는 요소 성격이 무엇인가를 대비해보는 것이다. 앞서 시도한 개념 규정을 바탕으로 거시적인 분류로 항목의 성격을 비교해 보면 다음과 같다.

아래 도식은 교과서 개념, 기능, 품질은 교과교육과 교육과정의 기반에서 형성됨을 나타낸다. 관계 요소는 교과서 개념, 기능, 품질의 의미 규정에 관계하는 요소를 말하고, 교과교육, 교육과정, 교과서에 동일하게 관계한다. 교과교육과 교육과정의 이러한 영향과 작용은 교과서 개발에서 두드러지게 나타나지만, 반영하여 실제 나타나는 성격은 다르다.

관계 요소	교과서		
	개념	기능	품질
목표(목적), 교육내용, 구성 방법, 교수·학습 방법, 사용 수단, 사용자, 평가, 표준화, 교육과정, 법적 지위 등	본질적 관념적 추상적 이상적	작용적 상황적 역동적 유기적	현상적 표상적 실체적 가시적
	⇵	⇵	⇵
	교과교육 / 교육과정		

교과서 개념과 기능, 품질은 교과교육과 교육과정에 의해서 하나로 묶이기도 나누어지기도 하며, 그에 따라 성격이 결정된다. 지금까지는 교과서 개념, 기능, 품질이 교육과정을 반영하는 관계만을 생각했는데, 교과교육에까지 그 관계를 확대하였다. 앞에서 설명한 이들 의미 규정에서 '**개념 요소 체계**', '**기능 요소 체계**', '**좋은 교과서 요소 체계**'는 교과교육, 교육과정과의 관계를 설정한 것이다. 이를 더 구체화하면 교수·학습과 관련하여 이들 자질의 성격을 더욱 극명하게 한 것이라 하겠다.

이러한 비교는 기본적으로 이들 사이의 역학 관계를 파악하게 하지만, 교과서 개발학에서 어떻게 이들 자질과 역할을 학문으로 체계를 세우고 정립할 것인가의 실마리[緻絹]를 마련하는 데 필요하다. 결국, 각각의 요소 성격은 상호 작용의 역학 관계를 설명하는 바탕이 된다.

나. 상호 관련 작용 모색과 의미

위에서 살펴본 바와 같이 교과서 개념과 기능, 품질은 관련의 고리가 있다. 그런데 이러한 관련 고리가 어떻게 연결되어 있는지, 어떻게 연결되어야 이상적인지, 연결하는 방법이 작위적으로 할 수 있는지 등을 생각해 볼 필요가 있다. 이러한 접근 방법은 교과서 개념과 기능의 새로운 면모를 찾아보고, 좋은 교과서 실체(만듦새)를 파악하는 데 도움을 준다.

'**사물의 본질(本質)**'은 일반적으로 '본래부터 지니는 가장 근본적인 성질이나 요소'를 말한다. 교과서 개념 규정은 교과서의 이러한 본질이 무엇인지를 찾아보는 과정이다. 교과서의 본질을 개념 규정으로 분명하게 흡인할 때, 기능과 자질(품질)은 상승 작용으로 나타난다.

'**사물의 작용(作用)**'은 기능, 즉 활용이나 구실을 말한다. 교과서의 기능을 알아보는 것은 이러한 작용, 즉 어떠한 현상이나 행동을 일으키고 영향을 미치는지를 분석해 보는 시도라고 하겠다. 그러므로 기능은 본질(개념)과 품질(좋은 교과서)의 가교역할(架橋役割)로서 교과서라는 실체를 현상으로 나타나게 한다.

'**현상(現象)**'은 본질과의 상관 개념으로 인간이 지각할 수 있는 사물의 모양이나 상태를 말한다. 즉, 시간과 공간 속에 드러나는 대상을 말한다. 그러므로 좋은 교과서는 교과서의 본질이 작용과 결합하여, 우리가 지각할 수 있는 현상으로 드러난 실체이다. 물론, 좋은 교과서의 실물 제공은 시간과 공간 속에서 이루어진다. 이를 이해하기 쉽게 다음과 같이 정리해 보는 것이 가능하다.

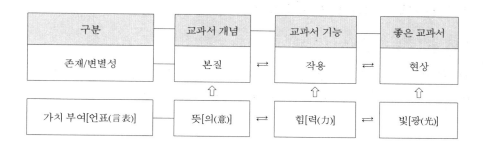

구분	교과서 개념	교과서 기능	좋은 교과서
존재/변별성	본질	⇌ 작용	⇌ 현상
	⇑	⇑	⇑
가치 부여[언표(言表)]	뜻[의(意)]	⇌ 힘[력(力)]	⇌ 빛[광(光)]

사물은 존재하며 보이지 않게 끊임없이, 계속해서 역동적으로 상호작용한다. 그 작용은 현상으로 전화하여 우리에게 가시적 실체로 나타난다. 그러므로 본질이 현상이요 현상이 곧 본질이다. 좋은 교과서의 본질이 좋은 교과서의 기능과 작용하여 좋은 교과서 실체로 형상화한다.

좋은 교과서는 '**본질적 함의(含意)**'로 존재하며, 이 '**내재하는 뜻**'이 '**작용이라는 힘**'과 결합하여 '**현상으로서의 빛**'을 발하게 된다. 이 경우 좋은 본질과 좋은 작용이 전제될 때 좋은 현상이 나타난다. 빛은 어둠을 밝혀주고, 길을 안내하며, 뭉쳐진 것을 풀어 녹여 준다. 어떤 사물이나 존재를 가리지 않고 직사(直射), 반사(反射), 회절(回折)하여 감싸 안음으로써 존재감을 부각해 준다. 이것이 좋은 교과서로서의 본질이요, 좋은 교과서의 작용이요, 좋은 교과서로서의 현상이다.

2. 교과서 개념·기능 상호 작용과 품질

교과서 개념과 기능, 품질의 상호 작용 의미를 살펴보았는데, 이들 작용상은 다음 두 가지로 구분하여 생각해 보는 것이 가능하다. ① 교과서 개념과 기능이 품질을 좌우하는 경우와 ② 개념, 기능, 품질이 같은 위치에서 상호 작용하는 경우로 크게 나누어 보는 것이다. 이러한 구분은 어디까지나 이론적으로 가정한 작용의 모델에 지나지 않는다. 앞으로 개발학에서 깊이 있는 연구와 구체적인 실험으로 이를 밝히고 객관화하는 작업이 남는다.

가. 개념·기능을 품질이 내포하는 경우

1) 개념이 기능을 포괄하여 작용

위상으로 개념(A)이 기능(B)을 포괄하여 품질(C)을 좌우하는 경우이다. 즉, 교과서 개념을 규정하는데 기능의 작용이 드러나도록 하는 방법이다.

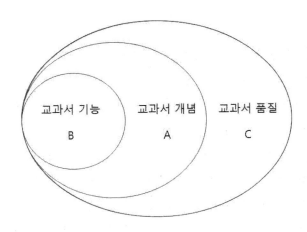

이 경우 생태적으로 엄밀하게 따져보면, 정적이면서도 추상적인 본질로서의 개념(뜻)이 힘의 원동력과 함께 동적인 작용과 기능을 포괄하는 역학 관계가 자연스럽지 못하다는 인상을 주기는 한다. 그러나 좋은 교과서는 개념(뜻)과 기능(힘)이 최대, 최선으로 작용하는 결과이므로, 개념이 기능을 포괄하여 작용한다는 논리적 문제를 따

져보는 것은 부차적이라 하겠다. 교과서 개념과 기능은 호혜적으로 밀접하게 존재하므로, 그 중요성의 비중을 가리기는 어렵다. 다만, 관계의 하나를 가정하여 살펴본 것이다.

2) 기능이 개념을 포괄하여 작용

앞에서 상호 작용을 논하면서 설명한 내용과 일치하는 작용 양상이다. 기능(B)이 개념(A)을 포괄하여 품질(C)을 결정하는 경우이다. 본질에 작용을 가하면 현상으로서의 좋은 교과서 실체가 자연스럽게 드러난다. 교과서 개념이 좋은 관념으로 집약되고, 또 이것이 이상적인 작용으로 결집할 때 좋은 교과서는 탄생한다. 결국, 좋은 교과서의 품질은 좋은 교과서로서의 개념과 기능에 바탕을 둔다.

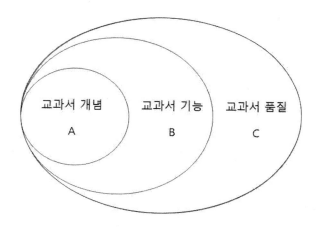

그런데 개념을 기능에 포괄하는 방법은 언어적 수사로는 손쉽다고 하겠으나, 이를 좋은 교과서라는 현상으로서 전환하는 방법에는 심사숙고가 필요하다. 교과서 개발학은 이를 규명하고 연구하는 학문이다. 앞으로 이러한 연구가 지속해서 쌓여 개발학의 학문적 정립이 공고해졌으면 한다.

3) 개념과 기능이 일부 공유하며 작용

개념과 기능이 협력 작용하여 품질을 좌우하고 시너지 효과를 나타내는 경우이

다. 이 경우 개념(A)과 기능(B)은 양자의 조화와 균형에서 출발하며, 교과서 품질(C)
을 이상적으로 끌어올릴 수 있는 관계 작용 시스템이다. 본질과 작용의 두 개 기둥이
받쳐주는 형국(形局) 관계이므로, 품질을 높이는 방법도 그만큼 손쉬운 상호 작용 구
도이다.

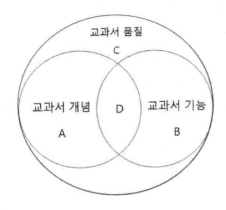

이러한 구도도 어디까지나 이론적인 연결 관계의 설명이다. 개념(A)과 기능(B)의 공
유부분(D)을 논리적으로 끌어내는 작업이 개발학에서 이루어져야 한다. 개념과 기능
의 공유부분은 결국 본질과 작용의 경계선을 허무는 양상이 무엇인지를 밝히는 영역
이다. 실제 개념과 기능의 작용이 어떤 결과를 낳는지는 연구가 전혀 없는 실정이다.

4) 개념과 기능이 맞대어 작용

교과서 개념(A)과 기능(B)이 동시에 품질(C) 실현에 독립적으로 관여하는 경우이
다. 곧, 개념과 기능이 동가(同價)의 위치에서 동등하게 상호 작용한다는 가정이다. 여
기에서 개념과 기능의 관련을 결정하는 요소 설정의 필요성이 대두된다. 무엇이 어떻
게 어떤 방법으로 관여하게 되는가도 해결해야 할 분야로 떠오른다.

교과서 개념과 기능의 관련 작용은 어찌 보면 이미 연구가 진척되었다고도 할 수 있
다. 다만, 이런 방식으로 정리가 되지 않았을 뿐이다. 학문에서 이론과 실제의 간극(間
隙)은 이러한 가정과 실험에서 의미 있는 결과를 도출하여 좁혀질 수 있기도 하다. 교과
서 개발학에서 이러한 설정이 가시적인 효과로 증명하는 결과를 빨리 끌어내야 한다.

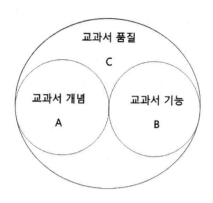

5) 개념과 기능이 유리되어 작용

개념(A)과 기능(B), 즉 본질과 작용이 제대로 연결되지 않으면서 교과서 품질(C)을 좌우하는 경우이다. 이렇게 독립적으로 개념과 기능이 존재하며, 교과서 품질을 결정하는 경우는 없다. 다만, 좋은 교과서로서의 자격이 미흡하다면, 이들이 상호 협력하는 작용으로 시너지를 발휘하지 못했다는 결과라고 말할 수는 있다. 즉, 교과서의 품질이 다소 미흡하고 떨어진다고 할 때, 품질이 저하되는 원인을 찾아보는 가설의 하나이다.

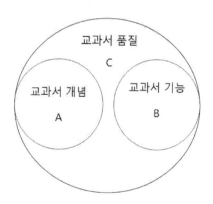

개념과 기능의 관계는 교과서 개발이라는 과정을 거처 실체화된다. 따라서 이들 관계가 개발 변인이 좋고 나쁘냐에 따라 좌우된다는 말과 상통한다. 그런데 개발 변인도 상황에 따라 무수히 많으므로, 이도 개발학에서 체계적인 연구와 정리가 필요하다.

나. 개념·기능·품질이 동위로 상호작용하는 경우

앞에서는 교과서 품질(C)이 교과서 개념(A), 기능(B)과의 상호 작용 관계에서 자연스럽게 형성된다는 관점에서 생각해 본 구분 방법이었다. 그런데 교과서 품질도 개념과 기능의 협력 관계를 수동적으로 받아들이는 구조는 아니다. 교과서 존재 생태에서 동등한 위치에서 능동적, 주체적 관계로 작용한다고 가정해 보는 것도 가능하다. 즉, 앞서 설명한 교과서 개념이 교과서 기능에 능동적으로 작용하는 형국과 마찬가지의 협력 관계이다.

품질은 개념(본질/뜻)과 기능(작용/힘)이 상호 관계하여 생성한 현상(좋은 교과서)이라는 점을 강조하면, 현상이 개념과 기능에 영향을 미치지 못한다는 **'불가역 반응'** 관계라고 생각할 수도 있다. 그러나 좋은 교과서 개발은 물리나 화학적 반응의 과정이 아니다. 교과서 개념과 기능이 좋은 교과서를 개발하도록 하는 순행의 방법도 있지만, 좋은 교과서라는 이상적 모델이 개념과 기능을 그렇게 반응하도록 하는 역행의 방법도 있다고 본다. 즉, 교과서 품질을 개념, 기능과 동등한 위치에 놓고 상호 관계를 찾아보려는 방법이다.

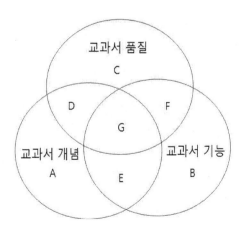

개념, 기능, 품질의 공유부분을 다음과 같이 교과서 품질과 관련하여 설명할 수 있다.

[D영역]: 개념이 품질에 주도적으로 작용
[E영역]: 개념, 기능이 품질에 간접적으로 작용

[F영역]: 기능이 품질에 주도적으로 작용

[G영역]: 개념, 기능, 품질이 상호 역동적으로 작용

위의 영역 구분은 개념, 기능, 품질만이 개입한 평면적 관계에서 가시적 실상(實相)의 구분에 지나지 않는다. 그러나 이들의 상호 관계를 구체화함으로써 교과서 품질에 관여한 역동적 양상을 좀 더 쉽게 분석적으로 설명하고 이해하게 한다.

이러한 관계 도식은 개념, 기능, 품질이 동가(同價)의 위치에서 상호 관계한다는 것을 가정한 것이다. 그런데 교과서 품질은 교과서 개념과 기능만이 관계해서 결정되는 것은 아니다. 좋은 교과서의 개념, 변인 등에서 자세하게 설명했듯이 무수히 많은 조건과 상황이 관계한다. 다만, 이와 같은 분석적 설명은 개념, 기능, 품질의 관계를 연구하는 학문 분야에 무엇이 있는가를 생각해 보기 위한 가정에 불과하다는 점을 밝힌다. 이러한 가정이 좋은 교과서 개발에 학문적 이론으로 빨리 정립, 정착되었으면 한다.

3. 교과서 기초 원리 확장과 개발학의 지향

가. 교과서 기초 원리 확장과 이론화

개념과 기능이 협력 작용하여 품질을 좌우하는 여러 유형과 개념, 기능, 품질이 역동적으로 상호 작용하여 좋은 교과서가 태동하는 관계상을 상정해 보았다. 이들 관계상이나 유형은 교과서가 실체를 이루어 존재하게 하는 **'기초 원리'**, 즉 기본 이치나 법칙이 된다. 그러나 이러한 여러 유형은 개념, 기능, 품질의 의미를 논리적으로 튼튼하게 규정해야 '기초 원리'로 발전할 수 있다. 미래 지향적으로 개념, 기능, 좋은 교과서 의미를 규정해 보려는 시도가 기초 원리의 모양새를 갖추려는 작업이었다.

'기초 원리'는 교과서 실체를 개발하는 절차나 구성 방법, 이를 교육 현장에 적용하고, 적용 결과의 성과를 가늠하는 **'적용 원리'**로 확산한다. 그런데 교과서는 본래 교육 환경에 따라 변화하는 속성을 지닌 유기체이므로, 항상 **'보완 원리'**로 품질 관리해야 좋은 교과서로서 본래의 개념과 기능 유지가 가능하다. 다음은 이러한 **'교과서 존재 원리 체계'**를 모형으로 제시해 본 것이다.

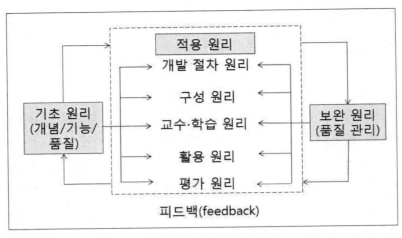

교과서 존재 원리 체계 모형

교과서 존재 원리 체계는 개발학에 그대로 옮겨와 '개발학의 원리 체계'를 형성한다. 교과서의 개념, 기능, 품질은 개발학의 배경과 기초를 이루는 원리 요소들이다. 물론, 교과서라는 실체에서 이들은 동등한 위치에서 같은 자격과 지분(持分)으로 작용하는 것은 아니다. 이들과 관계하는 교과서 내의 여러 요소는 물론, 교과서 밖의 요인들과도 무한으로 작용, 관계하여 기초 원리로 자리 잡는다는 말이다.

'기초 원리'는 개발학의 이론을 정립하기 위한 뿌리가 되며, 교과서 존재에 실질적으로 가치와 의의를 부여하는 '적용 원리'(개발 절차, 구성, 교수·학습, 활용. 평가)로 녹아들어 튼실하게 줄기로 자란다. '보완 원리'는 이들 원리를 모두 포용하여 교과서 존재에 제2의 가치 창조로 의미를 더하거나 새롭게 하는 결실의 원리다. 기초, 적용, 보완 원리는 질서정연하게 체계를 이루고, 상호 관계를 이루며, 항상 미래 지향으로 변신하며 순환한다. 이처럼 뿌리가 튼튼해야 줄기가 건실하고, 탐스러운 열매가 열리는 자연의 순리를 교과서 개발학에도 그대로 적용할 수 있다.

결국, 이러한 원리 체계가 교과서 개발학의 학문적 이론을 세우는 모멘트(moment)가 된다. 교과서 개발학의 이론 정립과 학문적 위상 확립은 머나먼 이상은 아니다. 더욱이 번뜩이는 섬광과 흩어지는 구름과 같은 몽환적 존재는 더욱 아니다. 다만, '교과서 존재 원리 체계'가 심도 있는 지속적 연구로 순항할 것이라는 전제가 따르면 말이다.

나. 교과서 존재 원리 체계와 개발학 지향

교과서 개발학을 이론화하는 목적은 더 좋은 교과서를 개발, 유지, 관리, 개선하는데 있다. 이러한 목적을 현실화하면 개발학의 존재 이유는 자연스럽게 극명해진다.

개발학의 이러한 목적을 실현하기 위한 전략은 그 지향점에서 찾을 필요가 있다. 개발학의 뚜렷한 지향점의 하나는 체계적인 이론화이다. 따라서 개념과 기능이 교과서 품질이 최상이 되도록 **'이론화 체계'**를 세우고, 학문적 연구의 기반을 제공하는 방법을 모색해야 한다. 이러한 이론화를 이해하기 쉽게 다음과 같은 관계 단계를 생각해 볼 수 있다.

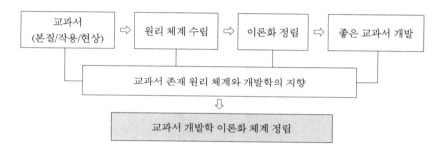

교과서 개발학은 교과서 개념, 기능, 품질의 바탕이 없으면 학문적 이론의 성립이 어렵다. 그러면 개념과 기능, 품질의 작용 요인, 주체가 무엇인가를 밝히는 것이 매우 중요하다. 좋은 교과서 개발 변인에서 설명했듯이, 교과서 개발에 관계하는 시간과 공간, 학생, 교사 등 교과서 공동체, 모든 상황과 환경이 작용의 요체이다. 이러한 교과서의 본질, 작용, 현상은 교과서 실체를 이루는 바탕이 되며, 존재를 확인하는 기본적인 이치나 법칙, 즉 원리 체계 수립의 근거가 된다.

그리하여 '기초 원리', '적용 원리', '보완 원리'는 이론화의 정립으로 발전한다. 위에서 설정한 '교과서 존재 원리 체계'는 개발학을 학문적 이론화로 발전하도록 뿌리와 줄기, 열매가 되는 기제로 작용한다. 교과서라는 실체를 개발하는데 일정한 원리와 법칙을 제공하고, 그에 따라 보편적인 지식 체계를 이루게 하며, 통일과 일관성 있게 설명할 수 있는 학문으로 자리 잡게 한다.

그런데 이러한 원리 체계를 수립하고, 이론화를 정립하는 것은 '좋은 교과서'를 개발하는 데 있다. 그리하여 교과서 개발학은 이를 수렴하여 더 좋은 교과서를 만드는 것을 궁극의 목적으로 한다. 그런데 이러한 목적을 성취, 달성하는 데는 유용한 전략을 요구한다. 이러한 전략을 개발학의 지향점에서 찾는 것이 필요하다. 결국, 개발학은 교과서 존재 원리 체계를 밝히고, 이를 효율적으로 작동하게 하여, 학문적 이론화를 정립하는 데 **'궁극적인 지향점'**을 둔다.

이어지는 개발학 체계를 이루는 설명의 방법을 이에 따라 전개하였다. 이 모든 시도는 이론화의 실마리를 찾거나 제공하는 남상(濫觴)으로서, 여러 분야 전문가의 참여와 합심, 협력과 울력으로 성취될 수 있다.

제2장

교과서 개발학의
이론화 탐색

Ⅰ. 교과서 개발 체계와 원리 탐색

1. 교과서 개발 체계와 절차 구조

　'**교과서(교재) 개발 체계**'를 두 가지로 나누어 생각할 수 있다. 그 하나는 '**좁은 의미**'로 교과서의 실체(만듦새)를 드러내기 위해 계획을 세우고, 집필에서부터 인쇄, 적용에 이르기까지 일련의 과정과 절차 구조를 말한다. 교과서 실체를 만드는 과정 즉, 교과서 구성(교재화)에 중점을 둔 절차를 뜻한다. '**넓은 의미**'는 교과서 존재 생태계에서 교과서의 존재를 확인하는 일련의 규범화한 절차 구조를 말한다. 이는 교과서 존재에 직간접으로 작용하는 요소의 관계를 자연 생태 순환 구조로 접근한 개념이다. 그러므로 교과서 구성은 물론 활용, 평가 등을 포함하여 교과서의 역동적 존재를 확인하는 절차에 중점을 둔다.

　이처럼 교과서 개발 체계는, 체계를 이루는 구성 요소들의 작용을 질서정연한 일련의 과정과 절차로 가시화한 것이다. 그래서 교과서 개발 체계는 절차 전환을 통하여 관념의 상태에서 가시적 실제 모습이 드러난다고 하겠다. 그리하여 교과서 개발 절차는 ① 좁은 의미로 정책 차원에서 이루어지는 '**정책적 절차**'와 ② 넓은 의미로 교과서 존재와 결부한 '**생태적 절차**'로 크게 나눠 볼 수 있다.

　교과서 개발 절차는 개발학의 주요 내용으로 후술할 품질 관리와 상보적인 관계에 놓인다. 이를 학문적 원리로 발전시켜 이론화 정립에 다가서는 역할도 개발학의 주요한 과제다.

가. 정책적 절차 구조 탐색

아직은 교육과정과 교과서에 대해 정부의 관여도가 높은 편이다. 그리하여 국가에서 정책적으로 기획하는 교과서 개발 관련 절차도 하나의 의무로 작용한다. 거시적인 틀에서 일반적인 교과서 개발의 정책적 절차는 다음과 같다.

구분		국정	검·인정
정책 수립 단계	교육과정 고시	교육과정 개발 및 고시, 학교급별 적용 일정 수립	
	기본계획 수립	국정 교과서 구분 개발, 적용 일정 수립	검·인정 교과서 구분 심사, 적용 일정 수립
	개발 및 심사 공고	편찬기관 및 발행사 공모 및 지정	검정 심사기관 검정시행 공고 시·도교육청 인정시행 공고
집필 개발 단계	연구	개발 기초 연구(편찬기관)	개발 기초 연구(출원기관)
	집필	교육과정 상세화, 집필 세목 작성, 원고 집필	교육과정 상세화 집필 세목 작성, 원고 집필
	편찬 및 심사	심의위원회 심의, 편찬 현장 검토(초등)	심의위원회 심사(기초 조사, 본 심사)
	수정·보완	수정·보완, 최종본 심의	수정·보완, 감수
발행 적용 단계	발행, 공급, 선정, 적용	발행, 공급, 적용	전시, 선정, 주문, 발행, 공급,적용

국정도서는 편찬기관과 발행사를 공모하거나 지정하는 등 검·인정 교과서 개발 절차와는 사뭇 다르다. 인정 도서는 개발, 출원, 신설(학교장 인정) 등 종류에 따라 그 절차에 출입이 있다. 현재, 자유발행 적용 인정 교과서는 전문화, 다양화를 지향하여 절차를 대폭 간소화하고, 전문성을 발휘하도록 집필 환경과 여건을 개선하였다. 심사 기간을 대폭 줄이고, 집필진이 내용이나 표현·표기 오류를 자체 검토하도록 하였으며, 공통 인정 기준만 적용하는 등 획기적 변화를 추구하였다.

한편, 개발 차원에서 교과서 품질을 높일 수 있도록 각 단계를 더 세분화하여 절차를 강화하기도 한다. 교과서의 개발 정책은 교육과정 고시와 함께 결정되므로 교육과정 적용과 맞물려 있다. 따라서 교과서 개발 일정도 학교급별, 학년별 교육과정 적용에 따라 순차적으로 정해진다.

　정책적 입장에서 '교과용 도서에 관한 규정'에 따라 교과서, 지도서는 '교과용 도서'에 속한다. 그러므로 교과서 개발이라는 용어보다는 교과용 도서 개발, 개발 정책, 개발 일정, 적용 시기, 등의 말을 주로 사용한다. 교과용 도서를 줄여서 도서라는 말로 대치하기도 한다.

　다음에 언급할 '교과서 생태적 절차' 전반과 보통 일컫는 개발 절차와는 구별된다. 이제는 '교과서 개발', '교과서 편찬', '교과서 발행' 등의 용어 개념도 정책적 차원에서 분명히 해야 한다.

나. 교재화 생태적 절차 모색1)

　교과서를 완결된 하나의 유기체, 생명체로 간주하여 '교과서 존재 생태계'에서 그 절차를 생각해 볼 수 있다. 교과서가 '교육 공동체', 좀 더 좁혀서 '교과서 공동체'에서 좋은 교과서로서 지위를 확보하고, 교과서에 생명력'을 불어 넣는 과정, 즉 교과서 개발을 **교재화**2)라 한다.

　교과서 개발은 교재화 완료 단계까지의 실질적인 ㉮ **'미시적 절차'**와 교과서 생태계에서 존재하는 방식의 ㉯ **'거시적 절차'**로 구분하여 생각해 볼 수 있다. 미시적 절차는 교과서 실체가 드러나면 개발을 완결한다. 그런데 더 좋은 교과서로서 생명력을 지속하기 위해서는 일련의 과정으로 상호 역동적 관계를 이루는 '교재화 생태적 절차' 과정에서 존재해야 한다. 여기에서 **'교재화 생태적 절차'**란 '교과서 생태계에서 좋은 교과서로서 존재하는 일련의 계획(설계), 개발, 활용, 평가의 순환 구조'를 말한다.

　교과서 개발의 거시적 절차로, '교재화 생태적 절차'를 다음과 같이 일련의 순환 과정으로 구조화할 수 있다.

---

1) 이하 내용은 졸저『국어교육과 생활·문화·철학』(국학자료원, 2003) 제4부 문학교육과 교재 '<제1장> 문학 교육과정 내용의 교재화'(pp.287~325.) 일부를 참고하여, 개발학의 '의도와 성격'에 맞게 체계를 다시 세워 보완, 정리한 것임을 밝힌다.

2) 현재까지는 **'교재화'**란 용어가 일반화되어 있지 않아 낯설게 느껴지기는 한다. **'교과서화'**란 말은 더욱 그러하다. 교과서(교재) 개발, 교과서 구성, 교과서 설계 등과 밀접하게 관계하는 말로, 글자 조합 그대로 <교재(敎材)+화(化)> 구조로 '교재가 그 뜻, 즉 본래의 모습, 체제로 되어 감'을 의미한다. 여기에서는 다른 용어와 함께 필요에 따라 이 용어를 같이 사용하고자 한다.

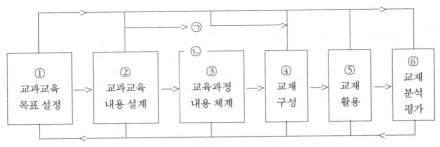

교재화 생태적 절차도

위의 순환 도식은 교과서 존재 생태계에서 교과서 개발의 일반적인 절차가 어디에 위치하는가를 알려준다. 곧, 교재 개발의 ㉮ '미시적, 실질적 절차'는 ①~④를, ㉯ '거시적, 생태적 절차'는 ①~⑥를 의미한다.

교육의 내용 체계는 설정된 교육목표를 바탕으로 하여 이뤄진다. 설계된 교육의 내용을 교재화하는 방법은 크게 두 가지로 상정할 수 있다. 먼저, [㉠]절차로 교과교육 목표(①)와 내용 설계(②)를 기반으로 직접 교재 구성(④)으로 연결하는 경우, 다음으로 [㉡]절차로 교육과정 내용 체계 내용(성취기준)(③)을 설정한 다음, 그에 따라 교재 구성(④)하는 경우이다. 교과서 개발의 목적과 상황에 따라 [㉠]과 [㉡]의 순차를 다르게 할 수도 있다. 그러나 아직 [㉠]은 본격적으로 이루어지지 않고 있다. 교재가 완성된 다음에는 교육 현장에서 교재를 실제 활용(⑤)해 보고, 교재로서의 가치를 분석, 평가(⑥)해 보는 과정이 뒤따른다.

위의 도식은 절차상 ⓐ 교과교육 영역(①, ②), ⓑ 교육과정 영역(③), ⓒ 교과서 영역(④~⑥) 등 크게 셋으로 구분할 수 있다. 결국, 교과서(교재)는 교과교육, 교육과정과 떼려고 해도 뗄 수 없는 관계에 놓이고, 삼위일체(三位一體)로 교과서 개발학의 내용 확충과 학문적 이론의 근거 마련에 중요한 원천으로 작용한다.

위와 같은 교재화 생태적 절차에서 아직도 소홀히 하거나 학적으로 연구가 덜 된 부분이 교재의 활용(사용)과 분석·평가 분야이다. 일단, 교재가 완성되면 교육목표를 최대한으로 달성하기 위한 교재의 활용 방법을 모색해야 한다. 교재의 효율적인 활용은 교수·학습과도 긴밀히 관계하지만, 실은 이를 포괄하는 광범위한 교재 사용을 의미한다. 앞으로는 활용의 방법을 학적 배경으로 심화시켜, **'교재 활용론'**이란 독립된 학문 분야로 발전해 나아가야 한다.

교재의 분석과 평가는 품질 관리란 측면에서 반드시 거쳐야 할 과정이다. 교재 구성의 원리를 완비하면서 교재로서의 필요, 충분조건을 갖추었는지, 좋은 교재로서 기능과 역할을 충분히 발휘했는지의 분석도 실질적으로 이뤄져야 한다. 따라서 교재(교과서)가 소기의 학습 목표를 달성하면서 적절하게 활용되었는지를 반드시 점검해야 마땅하다. 그러므로 교재 구성과 활용 원리를 바탕으로 평가 유목을 세밀하게 작성해야 함은 물론이다.

'**교재의 분석과 평가**'는 좋은 교재를 만들기 위한 점검의 수단이지만, 결국 교육의 목표가 제대로 구현되었는가 하는 문제로 회귀한다. 교재를 분석하고 평가한 결과는 더 좋은 교재를 만드는 귀감(龜鑑)으로 활용한다. 따라서 지금까지 설명한 일련의 과정은 교재 개발 절차의 거시적 구조로서, 처음과 마무리가 존재하는 단선 구조가 아니라 순환적·역동적 구조로 존재한다.

이같이 교재의 분석과 평가 분야도 거시적 순환 구조에서 교재 개발의 이론과 절차에 일익을 담당하는 필수적 분야다. 특히, 교과서 제도의 다양화, 자율화에 능동적으로 대처하기 위해서는, 교과서 설계(계획)—개발—활용(사용)—분석·평가의 환류 체계를 미래 지향적으로 구축해야 한다. 교재의 분석과 평가 결과는 더 좋은 교과서를 만드는 생태 절차에서 마무리이자 시발이기도 하기 때문이다.

여기에서 '교과서(교재) 개발학'의 학문적 발전의 가능성을 생각해 볼 수 있다. 교재(교과서) 일반론, 교재 개발 절차론, 교육과정·교재론, 교재 구성론, 교재 기술론, 교재 활용론, 교재 분석론, 교재 평가론, 교재 발달론' 등이 '교과서 개발학'의 개별적 연구 분야가 될 수 있다.

특히, '교재 개발 절차론'이라는 학문적 영역을 가정할 경우, 교육목표 설정에서부터 자격 부여 평가, 수차 수정·보완의 단계를 밟아 교재로서 완성된 모습을 갖추기까지, 일련의 절차 과정을 모든 학문적 배경을 동원하여 이론화해야 한다. 개발 절차의 효율적인 모형을 가시적으로 제시할 수 있어야만, 학문으로서 자격과 이를 유지할 수 있는 이론으로 생명력을 갖는다.

앞으로 이들 분야가 교육학, 심리학, 사회학, 철학, 교육공학 등 관련 학문과 접맥하여, 논리적 이론으로 무장된다면, 학문적 위상 정립과 체계화는 희망적이라 하겠다.

2. 교육과정 교재화 절차 원리 모색

교과 교육과정은 대개 성격, 교육목표, 내용(내용 체계, 성취기준), 방법(교수·학습), 평가의 구조로 되어 있다. 이를 교재화하는 데는 특정의 방법이 존재하는 것은 아니다. 그러나 좋은 교과서 개발이라는 목적을 계획적으로 달성하려면, 절차라는 일련의 과정을 밟는 것이 필요하다.

교과 교육과정의 교재화(교재 구성) 절차 원리를 큰 틀 속에서 다음과 같이 생각해 볼 수 있다.

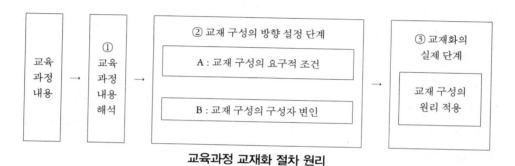

교육과정 교재화 절차 원리

이러한 절차는 고정된 틀이 아니고, 교과마다 교과 내 과목마다 성격과 특성을 고려하여 과정을 달리할 수 있다. 위의 도식은 일반적인 절차 원리를 제시해 본 것이다.

가. 교육과정 내용 해석과 원리

1) 교육과정 내용 해석과 교재화

교과서 구성, 즉 교재화는 '① 교육과정 내용 해석'에서부터 시작한다. 교육을 수행하는 데에는 원천적으로 필요한 요소가 있다. 이를 **교육적 요소**'라 하고, 이러한 요소를 실질적인 행동으로 전환하면서 이뤄지는 모든 가시적·비가시적 행위를 **교육적 활동**'이라 이름 붙일 수 있다. 그런데 교육적 요소나 활동은 대개 교육과정에 종합하여 명시한다.

일반적으로 교육과정 체제는 성격－목표－내용－방법(교수·학습)－평가의 순으로 하여 항목마다 일관성 있는 기준을 제시하고, 내용은 다시 '내용 체계'와 '내용(성취기준)'으로 나누어 교과 내용 기준을 명확하게 파악하도록 구체화한다.[3] 이는 각 교과목의 교육목표를 가시적으로 세분화한 교수요목이다. 그러므로 교육의 목표는 내용을 결정하는 돌쩌귀인 동시에 방향이 된다. 그리고 교수·학습 방법이나 평가도 내용과 유관한 교육활동이므로, 내용에 따라 교수학습의 유형이 달라지고, 평가 도구도 이와 연계하여 알맞은 방법을 강구(講究)하게 된다.

교육과정 내용은 "교육과정 목적과 목표를 구체적 활동으로 바꾸어 놓은 것"[4]이다. 그러므로 교육과정의 내용은 교육의 성패를 좌우한다고 할 정도로 중추를 이루는 교과교육의 핵심이다. 그런데 교과서로 구성되었을 때의 '내용'은 그 의미와 성격이 사뭇 다르다. 교육목표, 교수·학습 원리, 평가 방법까지 모두 유기적, 체계적으로 구조화한 것이지만, 앞에서 언급한 교육과정 체계 내에서의 그것과는 상당히 거리가 있다. 다시 말해서 교육과정 내용을 교재화하는 방법과 절차 원리를 밟아 창조적 구성물로 새롭게 다시 태어난 것이 교과서(교재)이다.

따라서 현상으로 존재하는 교과교육의 내용과 교육과정에서의 내용은 차이가 있고, 이를 교재로 구성했을 때의 내용과도 구별된다.

교과교육의 내용	교육과정의 내용	교재 구성의 내용
현상적	목적적	구체적
포괄적	유목적(類目的)	분석적
총합적	추상적	구상적
본질적	선택적	구조적

이러한 상이점의 구도는 교과 교육의 내용 설정이 의도나 목표에 따라 그 층위와 범위가 달라질 수 있다는 것을 암시한다. 그러나 이러한 내용의 성격 분류는 과학적 규준(規準)에 의하여 확연하게 구분한 것이 아니다. 다만, 비교·대비되는 관점에서 변별점을 유목화하였을 뿐이다.

교재화, 즉 교재 구성은 '교육적 요소'와 매우 긴밀하게 관계를 형성하는 또 다른 '교

---

3) 교수요목 시기에서부터 2015 개정까지 교육과정 체계가 똑같지는 않다. 교육과정별로 체계와 구조에서 특징이 조금씩 다르게 나타나 있지만, 큰 흐름에서는 공통적이다.
4) 이성호, 『교육과정과 평가』(양서원, 1991) p.209.

육적 활동'이지만, 학문적 배경 이론이 빈약하여 소홀히 여겨온 것이 사실이다. 그리하여 교재화 방법이나 그 원리 설정을 비롯한 학적 이론의 개발과 정립이 다른 분야에 비해 엉성한 상태에 머물러 있어야 했다.

교육의 내용을 교재(교과서)로 구성하는 것, 즉 교재화는 모든 교육적 요소나 활동을 총합하고 포괄하는 창조적 행위라 말할 수 있다. 앞으로는 교재 구성의 이론과 원리가 성숙하고, 학문적으로 심화·발전되어 '교육적 요소', '교육적 활동'의 지적 배경을 풍성하게 조장할 필요가 있다.

2) 교육과정 상세화와 교재화

교육과정은 교육목표를 구현해야 한다는 일관된 방향으로 교육적 효과를 제시하는 체계와 구조로 되어 있다. 교육과정을 교재화하는 절차도 같은 맥락에서 생각하는 것이 가능하다. 교육과정의 교재화는 두 가지 측면에서 구분할 수 있다.

먼저, 교과서는 교육과정이라는 기본 얼개를 그대로 원용하여 구성하는 방법이다. 따라서 교육과정의 내용 구조가 교과서의 내용 구조로 그대로 옮겨지고, 교육과정 내용 체계의 강조점에 따라 교재화의 중점과 방향도 같게 된다. 이런 경우, 교육과정 내용 체계와 교재화의 연결고리가 순연적(純然的)으로 작용하도록 하는 기법을 요구한다. 그러므로 교육과정을 개발할 때부터 교재화의 틀 그대로 쉽게 옮겨지도록 하는 배려가 필요하다.

다음으로, 교육과정의 내용 체계를 재구성하여 교재화하는 방법이다. 대부분 교과서는 이러한 방법을 취하는데, 교육과정의 원래 취지가 손상되지 않도록 주의를 기울여야 한다. 교과서는 교사와 학습자 사이에 존재하는 교수·학습의 매개체이므로 교육과정의 체계가 아니어도 일차적 학습 자료로서 교재의 기능은 발휘한다. 이러한 경우에도 교과서 개발 과정에서 구성 요소 간에 균형을 유지하고, 강조점이 효과적으로 드러나야 한다. 교재화는 옛것의 답습이 아닌 창조적 차원에서의 방법과 실천을 요구하기 때문이다.

이상의 방법을 바탕으로 교육과정의 내용을 교재화하는데 방향을 설정하려면, 먼저 **'① 교육과정의 내용 해석'**을 해야 한다. 곧, 교육과정을 상세화하는 작업이 우선 필요하다. 교과교육의 특수성을 고려한 교과서 안목으로 목적적, 유목적(類目的), 추상적, 선택적 성격의 내용을 교수·학습 차원과 연결하면서, 구체적, 분석적, 구상적, 구체적인 교과서 구성 수준으로 어떻게 전환할 것인가를 생각해 봐야 한다. 그리고 교과교육을 성공적으로 실현하는데 내용 체계는 완벽하게 구조화되었는지, 목표나 방법(교수·학습), 평가와의 관계가 하나의 논리적인 맥락으로 이어지는지도 짚어 봐야 한다.

교육과정의 거시 구조는 교과서의 구조와 거의 모든 면에서 상통한다. 그러나 구조가 비슷하다고 해서 구체적인 세부 사항에서 같은 수준으로 연결되는 것은 아니다. 교육과정의 내용(성취기준)을 교과서에 교수·학습이라는 실제 활동으로 구조화하는 전환 작업이므로, 교육과정의 재구성을 비롯하여 부수되는 여러 사항을 교과서 개발에 직접 연결하는 작업이 교육과정의 상세화다.

결국, '**교육과정 상세화**'는 교육과정과 교과서 구성에서 양자의 사이를 좁혀주는 가교역할을 한다. 그저 걸치는 연결이 아니라 끈끈하고도 체계적인 고리 마련이 필수적이다. 여기에 '**상세화**'는 교육과정 내용(성취기준) 중심으로 이뤄지지만, 성격, 목표, 방법, 평가까지도 고려해야 한다.

구분	교과 교육과정	교육과정 상세화	교과서 구성
성격	교과 성격	내용 분석 및 구체화	단원 성격(길잡이)
목표	교과 목표 진술	내용 정교화 및 재구성 내용을 학습 목표로 분석	단원 학습 목표(동기 유발)
내용	교과 내용 체계, 성취기준	학습 목표를 활동으로 전환	단원 학습 내용(활동 분화)
방법	교과 교수·학습 방법(거시적)	학습 활동을 다양하게 분화 학습 자료 수준과 범위	단원 교수·학습 방법(미시적)
평가	교과 평가 방법(선언적)	교수·학습, 평가 유의점 등	단원 학습 결과 평가(미시적)

교육과정 상세화는 교과서의 실제 구조를 결정짓거나 집필 방향과 교과서의 특수성을 좌우하기도 한다. 그런데 학문의 진전과 교수·학습 환경, 교과서 형태나 인식의 변화에 따라 교육과정 상세화의 개념과 집필에서 그 활용도가 예전 같지는 않다. 교육과정 상세화의 작업을 교육과정 문서에 직접 제시해 주는 경향이 생긴 것이다. 이 경계 분수령이 2007 개정 교육과정 이전, 이후가 된다.

3) 교육과정 체계 변화와 상세화

근래 교육과정 개정부터는 교육과정의 구조를 좀 더 구체화하여, 교육과정 해설서가 필요 없을 정도로 고시 문서 자체를 실용화하였다. '내용/내용 체계'를 중심으로 상세화의 변화 양상을 국어과 교육과정을 예로 들어 보기로 하겠다.

가) 2007 개정 국어과 교육과정의 체계

교육과정 체계를 '1. 성격', '2. 목표', '3. 내용', '4. 교수·학습 방법(가. 교수·학습 계획, 나. 교수·학습 운용)', '5. 평가(가. 평가 계획, 나. 평가 목표와 내용, 다. 평가 방법, 라. 평가 결과의 활용)'로 구분하였다.

'3. 내용'은 '가. 내용 체계', '나. 학년별 내용'으로 나누고, '나. 학년별 내용'은 영역별(듣기/말하기/읽기/쓰기/문법/문학)로 '① 담화(글, 언어, 작품)의 수준과 범위', '② 성취기준/ 내용 요소의 예'로 구분하여 예전 교육과정보다는 더 자세하게 구분, 제시하였다.

초등학교 1학년 '읽기 영역'에서 '3. 내용'('가. 내용 체계', '나. 학년별 내용') 부분의 예를 들면 다음과 같다.

(초등학교 1학년 읽기)

〈가. 내용 체계〉

읽기의 실제	
− 정보를 전달하는 글 읽기　　− 설득하는 글 읽기 − 사회적 상호 작용의 글 읽기　− 정서 표현의 글 읽기	
지 식 ○ 소통의 본질 ○ 글의 특성 ○ 매체 특성	기 능 ○ 내용 확인 ○ 추론 ○ 평가와 감상
맥 락 ○ 상황 맥락 ○ 사회·문화적 맥락	

〈나. 학년별 내용〉

```
┌─────────────────────── <글의 수준과 범위> ───────────────────────┐
│                                                                      │
│   ─ 우리말 자음과 모음의 짜임을 다양하게 보여주는 문장이나 짧은 글  │
│   ─ 띄어 읽기에 주의를 요하는 문장이나 짧은 글                       │
│   ─ 일상생활에서 접할 수 있는 일이나 사물에 관한 내용을 담은 글      │
│   ─ 일상생활의 경험을 담은 일기나 동화                              │
│                                                                      │
└──────────────────────────────────────────────────────────────────┘
```

성취기준	내용 요소의 예
(1) 낱말과 문장을 정확하게 소리 내어 읽는다.	○ 낱자 알기 ○ 글자의 짜임 알기 ○ 변하는 소리에 주의하면서 소리 내어 읽기
(2) 의미가 잘 드러나도록 글을 알맞게 띄어 읽는다.	○ 띄어 읽기의 방법 알기 ○ 의미가 잘 드러나도록 띄어 읽기 ○ 방법을 달리하여 띄어 읽고 비교하기
(3) 글을 읽고 대강의 내용을 이해한다.	○ 핵심어 찾기 ○ 중요한 내용 간추리기 ○ 글쓴이의 생각 이해하기
(4) 글의 내용을 자신의 경험과 연관 지어 이해한다.	○ 경험을 담은 글의 특성 이해하기 ○ 글쓴이의 경험 파악하기 ○ 글쓴이의 경험과 자신의 경험을 비교하면서 읽는 태도 기르기

초등에서 고1까지 10년을 공통 교육과정으로 설정하고 '가. 내용 체계'를 영역별로 제시하였다. '나. 학년별 내용'에서 '글 수준과 범위', '성취기준'에 따른 '내용 요소의 예'를 제공한 것은 획기적인 변화이다. 교과서 개발에서 글의 수준과 범위는 학습자의 수준을 고려하여 내용을 구성하는 제재 선정의 기준이 된다. 특히, 내용 요소의 예는 학습 목표에 따른 활동 분화를 예시한 것으로, 교육과정 상세화의 필수적인 요소이다. 교육과정 해설서에 나올 내용을 고시 문서에 포함하여, 상세화 작업을 교육과정 문서가 대신한 것이다.

나) 2009 개정 국어과 교육과정의 체계

공통 교육과정 '국어' 체계를 '1. 추구하는 인간상', '2. 학교급별 교육목표(가. 초등학교 교육목표, 나 중학교 교육목표)', '3. 목표', '4. 내용의 영역과 기준(가. 내용 체계,

나. 학년군별 세부 내용, 국어 자료의 예)'으로 구분하고, '5. 교수·학습 방법(가. 교수·학습 계획, 교수·학습 운용)', '6. 평가(가. 평가 계획, 나. 평가 운용, 다. 평가 결과 활용)'로 구조화하였다.

　　초등학교 1~2학년군 '듣기·말하기' '4. 내용 영역과 기준' '가. 내용 체계'와 '나. 학년군별 세부 내용', '국어 자료'의 예는 다음과 같다.

〈가. 내용 체계〉(듣기·말하기 예시)

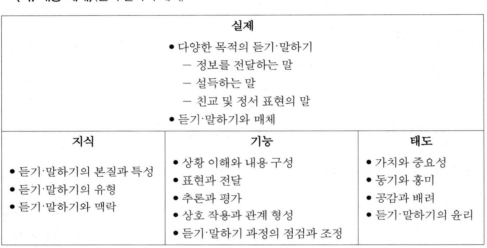

실제
● 다양한 목적의 듣기·말하기 　－ 정보를 전달하는 말 　－ 설득하는 말 　－ 친교 및 정서 표현의 말 ● 듣기·말하기와 매체

지식	기능	태도
● 듣기·말하기의 본질과 특성 ● 듣기·말하기의 유형 ● 듣기·말하기와 맥락	● 상황 이해와 내용 구성 ● 표현과 전달 ● 추론과 평가 ● 상호 작용과 관계 형성 ● 듣기·말하기 과정의 점검과 조정	● 가치와 중요성 ● 동기와 흥미 ● 공감과 배려 ● 듣기·말하기의 윤리

〈나. 학년군별 세부 내용〉(초등학교 1~2학년군)

[학년군 성취기준]
일상생활과 학습에 필요한 초보적 국어 능력을 갖춘다. 자신의 경험을 바탕으로 국어 생활에 즐겁게 참여하며 국어 생활에 대한 관심을 자기 주변에서 찾는다. 대화와 발표 상황에 바른 자세로 즐겁게 참여하고, 글을 정확하게 소리 내어 읽으며, 자기의 주변에서 보고 느낀 것을 글로 쓴다. 기초 어휘를 익히면서 국어에 대해 관심을 가지고, 문학이 주는 즐거움을 경험한다.

－듣기 · 말하기－

[영역 성취기준]
일상생활이나 학습 상황에서 상대를 배려하면서 바르고 적극적인 자세로 귀 기울여 듣고 말하며, 고운 말, 바른말을 사용하려는 태도를 지닌다.

[내용 성취기준]

(1) 다른 사람의 말이나 이야기를 귀 기울여 들으며 내용을 확인한다.

　　초등학교 저학년 학생들은 다른 사람의 말을 귀 기울여 듣지 않는 경우가 많다. 사적, 공적 상황에서 자연스럽게 대화에 참여하여 귀 기울여 듣는 자세를 강조할 필요가 있다. 주의를 기울여 듣는 자세와 습관의 중요성을 강조하고, 여러 상황에서 귀 기울여 듣는 훈련 기회를 갖는 것이 중요하다. 듣기와 말하기는 연계하여 지도하고, 다른 사람의 말을 들을 때에는 내용을 정확하게 파악하며, 말하는 이를 존중하는 태도로 귀 기울여 듣고, 친구들 앞에서 분명한 목소리로 자신감 있게 말하도록 지도한다.

(이하 해설 부분 생략)

(2) 듣는 이를 고려하며 자신의 기분이나 느낌을 말로 표현한다.

(3) 듣는 이를 바라보며 자신 있게 말한다.

(4) 일이 일어난 차례를 생각하며 듣고 말한다.

(5) 상황과 상대에 알맞은 인사말을 알고, 공손하고 바른 태도로 인사를 나눈다.

(6) 여러 가지 말놀이에 즐겨 참여한다.

(7) 상대에 적절하게 반응하며 대화를 나눈다.

(8) 고운 말, 바른말을 사용하는 태도를 지닌다.

국어 자료의 예(초등학교 1∼2학년군)

초등학교 1∼2학년군
(담화) ― 일상생활을 소재로 한 간단하면서도 재미있는 이야기 ― 일상에서 자신의 감정을 표현하는 간단한 대화 ― 자신이나 가족, 친구 등을 소개하는 말 ― 사건의 순서가 분명하게 드러나는 이야기 ― 가정이나 학교에서 주고받는 인사말 ― 말의 재미를 느낄 수 있는 말놀이 자료 **(글)** ― 우리말 자음과 모음의 짜임을 다양하게 보여주는 낱말 ― 친숙하고 쉬운 낱말과 문장, 짧은 글 ― 흔히 접하는 일이나 사물에 관한 정보를 담은 글 ― 대상의 특징이 드러나는 짧은 글 ― 주변에서 일어난 일에 대한 자신의 생각을 중심으로 쓴 글

- 일상생활의 경험을 담은 짧은 글이나 그림책
- 인상 깊었던 일이나 겪은 일 등이 나타난 그림일기, 일기

(문학 작품)
- 창의적 발상이나 재미있는 표현이 담긴 동시나 노래
- 환상적인 세계를 배경으로 하는 (옛)이야기나 동화
- 의인화된 사물 혹은 동·식물이나 영웅이 나오는 이야기
- 학생의 일상을 배경으로 하는 동시나 동화
- 상상력이 돋보이는 만화나 애니메이션

2009 개정 국어과 교육과정에서는 '학년군 개념'을 도입하여, 초등학교는 1~2학년, 3~4학년, 5~6학년 등 3개 학년군으로, 중학교는 1~3학년군 단일로 구분한 점이 특이하다. 그리하여 교육과정 체계에도 괄목할 만한 변화를 가져왔다.

먼저, 영역별(듣기/말하기/읽기/쓰기/문법/문학)로 '가. 내용 체계'를 제시하고, '나. 학년군별 세부 내용'에서는 '학년군 성취기준'을 제시한 다음, 영역별로 '영역 성취기준', '내용 성취기준'으로 나누어 구조화하였다. 성취기준을 셋으로 구분하여, 기준 설정의 방향과 타당도를 높이려 하였다. '내용 성취기준'은 성취기준 항목마다 자세하게 해설을 붙이고, 예전에 교육과정 해설서 내용을 고시 문서에 그대로 제공하여 혁신적인 변화를 시도하였다. 학년군 마지막 부분에 '국어 자료의 예'에서도 같은 맥락에서 2007 개정 교육과정 '글(담화/작품) 수준과 범위' 내용을 더욱 구체화하여 제시하였다.

다) 2015 개정 국어과 교육과정의 체계

교육과정 체계를 '1. 성격', '2. 목표', '3. 내용 체계 및 성취기준(가. 내용 체계(영역별), 나. 성취기준)', '4. 교수·학습 및 평가의 방향(가. 교수·학습 방향, 나. 평가 방향)'으로 구분 제시하였다.

'3. 내용 체계 및 성취기준(가. 내용 체계(영역별), 나. 성취기준)'에서 '나. 성취기준'은 더 세분하여 해설서 수준을 지향하였다. 초등학교 1~2학년군 국어 읽기 영역 '3. 내용 체계 및 성취기준' 세부 내용은 다음과 같다.

<가. 내용 체계>(읽기 예시)5)

핵심 개념	일반화된 지식	학년(군)별 내용 요소			기능
		초등학교			
		1~2학년	3~4학년	5~6학년	
▶ 읽기의 본질	읽기는 읽기 과정에서의 문제를 해결하며 의미를 구성하고 사회적으로 소통하는 행위이다.			• 의미 구성 과정	• 맥락 이해하기 • 몰입하기 • 내용 확인하기 • 추론하기 • 비판하기 • 성찰·공감하기 • 통합·적용하기 • 독서 경험 공유하기 • 점검·조정하기
▶ 목적에 따른 글의 유형 • 정보 전달 • 설득 • 친교·정서 표현 ▶ 읽기와 매체	의사소통의 목적, 매체 등에 따라 다양한 글 유형이 있으며, 유형에 따라 읽기의 방법이 다르다.	• 글자, 낱말, 문장, 짧은 글	• 정보 전달, 설득, 친교 및 정서 표현 • 친숙한 화제	• 정보 전달, 설득, 친교 및 정서 표현 • 사회·문화적 화제 • 글과 매체	
▶ 읽기의 구성 요소 • 독자·글·맥락 ▶ 읽기의 과정 ▶ 읽기의 방법 • 사실적 이해 • 추론적 이해 • 비판적 이해 • 창의적 이해 • 읽기 과정의 점검	독자는 배경지식을 활용하며 읽기 목적과 상황, 글 유형에 따라 적절한 읽기 방법을 활용하여 능동적으로 글을 읽는다.	• 소리 내어 읽기 • 띄어 읽기 • 내용 확인 • 인물의 처지·마음 짐작하기	• 중심 생각 파악 • 내용 간추리기 • 추론하며 읽기 • 사실과 의견의 구별	• 내용 요약[글의 구조] • 주장이나 주제 파악 • 내용의 타당성 평가 • 표현의 적절성 평가 • 매체 읽기 방법의 적용	
▶ 읽기의 태도 • 읽기 흥미 • 읽기의 생활화	읽기의 가치를 인식하고 자발적 읽기를 생활화할 때 읽기를 효과적으로 수행할 수 있다.	• 읽기에 대한 흥미	• 경험과 느낌 나누기	• 읽기 습관 점검하기	

<나. 성취기준>

학년(군)별로 목표를 제시한 다음, 학년(군)별 내에서 영역을 구분하고, 설정 중점, 주안점과 '성취기준'을 제시하였다. 이를 다시 '(가) 학습 요소, (나) 성취기준 해설, (다) 교수·학습 방법 및 유의 사항, (라) 평가 방법 및 유의 사항'으로 세분화하였다. 그리고 맨 마지막에 학년(군)별 '국어 자료의 예'를 제시하고 마무리했다.

---

5) 학년(군)별 내용 요소에서 중·고등학교 부분은 제외하고 제시하였음

〈초등학교 1~2학년〉

(2) '읽기'(영역명)

초등학교 1~2학년 읽기 영역 성취기준은 한글을 깨치고 읽는 활동을 통해, 글의 내용을 이해할 수 있는 기초적인 읽기 능력을 갖추는 데 중점을 두어 설정하였다. 글자라는 약속된 기호가 있음을 알고, 스스로 글자를 읽으려는 태도를 길러, 읽기에 흥미를 가지도록 하는 데 주안점을 둔다.

[2국02-01] 글자, 낱말, 문장을 소리 내어 읽는다.
[2국02-02] 문장과 글을 알맞게 띄어 읽는다.
[2국02-03] 글을 읽고 주요 내용을 확인한다.
[2국02-04] 글을 읽고 인물의 처지와 마음을 짐작한다.
[2국02-05] 읽기에 흥미를 가지고 즐겨 읽는 태도를 지닌다.

(가) 학습 요소

정확하게 소리 내어 읽기, 알맞게 띄어 읽기, 주요 내용 확인하기, 인물의 처지와 마음 짐작하기, 읽기에 흥미 갖기

(나) 성취기준 해설

○ [2국02-02] 이 성취기준은 알맞게 띄어 읽기를 통해 글의 내용을 파악하는 능력을 기르기 위해 설정하였다. 띄어 읽기를 할 때에는 어절, 문장 부호 다음, 주어부와 서술어부 등을 단위로 하여 띄어 읽을 수 있는데, 이들 용어를 노출시키지 않도록 주의한다. 쉬는 지점과 쉼의 길이에 유의하여 알맞게 띄어 읽도록 하는 데 중점을 둔다.
(이하 생략)

(다) 교수·학습 방법 및 유의 사항

① 학교 안내판, 학급 게시판, 광고지 등 주변에서 접할 수 있는 읽기 자료를 보고, 학습자 스스로 읽기를 시도해 보도록 한다. 예컨대, 글자, 낱말, 문장을 소리 내어 읽기를 지도할 때에는 낱자의 형태, 소리, 이름 등을 읽기보다는 '자동차'의 '자'와 같이 학습자가 익숙한 낱말 속에서 글자의 형태와 소리를 익히도록 한다.
(이하 생략)

(라) 평가 방법 및 유의 사항

① 글자, 낱말, 문장 소리 내어 읽기와 알맞게 떨어 읽기는 교실 수업 상황에서 돌아가며 읽기 등의 수행 과정에서 평가할 수 있다. 또한 친구들끼리 서로 평가하도록 할 수도 있는데, 이 과정에서 자신의 읽기를 자연스럽게 점검해 볼 수 있게 한다.
(이하 생략)

〈초등학교 1~2학년 국어 자료 예〉

- 우리말 자음과 모음의 다양한 짜임을 보여주는 낱말
- 친숙하고 쉬운 낱말과 문장, 짧은 글
- 마침표, 물음표, 느낌표 등이 포함된 글
- 가까운 사람들과 주고받는 간단한 인사말
- 주변 사람이나 흔히 접하는 사물에 관해 소개하는 말이나 글
- 재미있거나 인상 깊은 일을 쓴 일기, 생활문
- 자신의 감정을 표현하는 간단한 대화, 짧은 글, 시
- 재미있는 생각이나 표현이 담긴 시나 노래
- 사건의 순서가 드러나는 간단한 이야기
- 인물의 모습과 처지, 마음이 잘 드러나는 이야기, 글
- 상상력이 돋보이는 그림책, 이야기, 만화나 애니메이션

2009 개정 교육과정보다도 교육과정 체계를 더 세분하고 해설서 수준을 지향하였다. 특히, 영역별 '성취기준' 제시에서 제시 중점과 주안점을 성취기준과 연동시키고, 학습 요소를 포괄적으로 제시한 다음 성취기준마다 해설을 붙여, 예전에 해설서에서 다룰 내용을 교육과정 본문에 거의 그대로 가져왔다. 그런데 성취기준 모든 항목을 포함하지 않고 선택적으로 해설하여 좀 아쉬움이 남는다.

여기에 성취기준과 대비하여 '교수·학습 방법 및 유의 사항'과 '평가 방법 및 유의 사항'을 제시한 것은, 처음으로 도입한 교육과정 체계이다. '해당 영역의 교수·학습 방법 도입에 관한 유의 사항, 학생 참여 중심의 수업 및 유의미한 학습 경험 제공 등을 유도하는 내용', '해당 영역의 교수학습 방법에 따른 다양한 평가, 특히 과정 중심 평가가 이루어질 수 있도록 관련 내용 제시와 유의 사항'이라고 교육과정 문서에서 직접 설명하고 있다. 이들 유의 사항은 교과의 성격이나 특성에 비추어 포괄적 측면에서 제시한 '4. 교수·학습 및 평가의 방향' 내용과 결부하여 생각해야 함은 물론이다.

4) 교육과정 상세화 의미와 발전

위에서 살펴본 바와 같이, 고시 교육과정 내용(내용 체계, 성취기준) 부분은 별도로 상세화가 필요 없을 정도로 해설서를 겸하고 있는 체계로 발전하였다. 교과목 교육과정 구조를 획기적으로 개선하여, 현장 적용이나 교과서 개발에 실질적으로 도움을 줄 수 있게 하였다. 개정 교육과정별로 국어과 '내용 체계' 부분을 비교해 보면 그 변화의 모습이 확연하게 드러난다.

2007 개정	2009 개정	2015 개정
3. 내용 　가. 내용 체계 　나. 학년별 내용 　　<학년> 　　－ 영역명 　　<담화/글/작품의 수준과 범위> 　　[성취기준/내용 요소의 예]	4. 내용의 영역과 기준 　가. 내용 체계 　나. 학년군별 세부 내용 　　－ 학년군 　　[학년군 성취기준] 　　－ 영역명 　　[영역 성취기준] 　　[내용 성취기준] 　　－ 국어 자료의 예	3. 내용 체계 및 성취기준 　가. 내용 체계 　나. 성취기준 　　[학년군] 　　(1) 영역명 　　(가) 학습 요소 　　(나) 성취기준 해설 　　(다) 교수·학습 방법 및 유의 사항 　　(라) 평가 방법 및 유의 사항 　　[학년군별]<국어 자료의 예>

교육과정의 체계가 개정 때마다 더욱 구체화하여 별도의 해설이 필요 없을 정도로 충실해졌음을 알려준다. 이는 교육과정 현장 적용에 편의를 제공하기 위하여 '① 고시 교육과정'과 '② 해설 교육과정'의 시간과 공간의 거리를 단축하였다는 매우 바람직한 변화라고 하겠다. 여기에서 교육과정 상세화의 의미와 위치를 어떻게 간주할 것인가 하는 문제가 발생한다. '교육과정 상세화'는 두 가지 의미를 지닌다.

① 교육과정 자체 상세화

앞에서 살펴본 바와 같이, 교육과정을 해설서가 필요 없을 정도로 체계를 세워 상세화하는 방법을 말한다. 내용 체계나 성취기준뿐만 아니라 이와 관련하는 다른 사항도 유기적으로 구조화하여, 일견해서 효율적으로 활용할 수 있도록 구체화의 수준을 높이는 방법이다.

그런데 교육과정 자체 상세화는 교육과정 개정 때마다 체계가 원천적으로 바뀌면, 매번 새롭게 재구조화하는 번거로움이 따른다. 또 내용 체계나 성취기준이 달라지면 상세화하는 항목이나 내용이 바뀌게 되므로, 이러한 단점을 슬기롭게 보완하는 기법이 필요하다. 특히, 성취기준의 해설 등 상세화의 수준에 따라 고시 문서의 분량이 늘어나는데, 이에서 교육과정 본래 지닌 성격과 형태가 변질하는 문제도 발생한다. 또 성취기준 모든 항목에 낱낱이 해설을 붙이지 못하거나, 여타 사항을 필요 수준으로 상세화하지 못하면, 이를 보완하는 수준에서 해설서가 필요한 여지가 남는다.

② 교육과정 해설 상세화

교육과정 체계와 내용을 기본 사항만 갖추고 고시하면, 이를 더욱 상세화하여 해설서를 따로 만드는 방법을 말한다. 이는 '교육과정 자체'와 '교육과정 해설'을 구분하여, 독립된 위치에서 양자의 장점을 십분 살리는 이점(利點)이 있다. 상세한 해설이 오히려 교육과정 적용상 창의적 운영을 제약한다는 주장은 별도의 문제다. 분량 제한을 염두에 두지 않을 수 없는 고시 교육과정을, 현장의 요구와 필요에 따라 자세하게 해설, 제공한다는 장점은 중도의 수준에서 접점을 찾아 살릴 필요가 있다.

지금까지 **'교육과정 상세화'**는 대체로 ②의 개념으로 사용한 용어였다. 이를 ①의 뜻을 포함하여 ①과 ② 모두를 포괄하는 용어로 사용하고자 한다. 이에서 교과목의 특성에 따라 다르겠지만 ①과 ②의 관계를 어떻게 설정하면 좋겠는가를 모색할 필요가 따른다. 고시 교육과정의 적용 한계를 해설서가 보완해주는 방법이 이상적일 수 있겠으나, 실행에는 많은 변수가 작용한다.

교육과정을 상세화하는 일정한 체계나 방법은 없다. 고시 자체 교육과정이나 교육과정 해설 모두가 교과목의 성격이나 특징이 드러나게 교과서 개발을 유도하는 방향으로 구조화하고, 이를 근거로 상세화 수준을 결정하면 된다. 교과 교육학에서 그동안 쌓아온 학문적 이론과 현장 적용의 결과를 바탕으로, 상세화가 너무 지나치거나 미흡하지 않은 중용이 필요하다.

여기에 교육과정과 교과서가 수레의 양륜(兩輪), 날개의 양익(兩翼)으로 균형이 이루어지게 하는 방법이 요구된다. 그래서 교과서 개발과 관련한 사항을 교육과정에 명기할 필요도 있다. 교육과정 총론은 물론 교과 교육과정에도 항목을 달리하여 교과서 개발, 사용(활용), 평가와 관련한 내용을 포함하면, 교과서 개발과 현장 적용에서 탄력을 받을 수 있다. 교육과정의 실질적인 적용은 교과서(교육 자료) 사용(매개)으로 이루어지기 때문이다. 이는 교과서 개발과 관련하여 교육과정 상세화와도 밀접하게 연결되는 사항이다.

이상의 내용을 종합하여 **'교육과정 상세화의 기본 요소'**를 하나의 예시로 다음과 같이 정리해 볼 수 있다.

교육과정 성취기준	성취기준 해설	내용(학습) 요소	내용(학습) 요소 상세화	자료 수준과 범위	교수·학습 방법 유의 사항	평가 방법 유의 사항
[2국02−01]						
[2국02−02]						
[⋯]						

교육과정에 제시된 성취기준 항목마다 해설을 덧붙이고, 내용 요소부터 평가 방법 유의 사항까지 상세화의 예시 형식이다. 교육과정에 제시된 내용의 수준보다 더욱 정치하고 세밀하게 상세화의 작업이 이뤄져야 본래의 기능과 취지를 살릴 수 있다. 교수·학습, 평가 방법과 관련한 상세화는 좀 거리를 두었는데, 성취기준 항목마다 관련 내용을 언명, 해설해야 한다. 내용—방법—평가는 묶여서 교과서로 옮겨진다는 교재화 기본 원리를 그동안 가볍게 여기지 않았나 생각한다.

교육과정 상세화는 **'교육과정 재구성'**과 **'집필 세목'** 작성과도 긴밀하게 관계한다. 이상의 설명을 바탕으로 교과서 개발과 연관하여 **'상세화 기본 원리'**를 생각해 보면 다음과 같다.

(교육과정 상세화 기본 원리)
- 교육과정의 기본체계(구조)와 결부하여 상세화의 방법을 구안한다.
- 교과서의 특징과 성격, 목적에 부합하는 상세화 체계를 수립한다.
- 교육과정 성취기준 중심 상세화 체계 설정은 하나의 방법이다.
- 교육과정 내용 체계와 성취기준의 관계 합리성을 검토하여 조정한다.
- 내용 체계 보완 차원에서 교육과정 재구성도 고려한다.
- 교과서 집필 세목 작성에 참고할 수 있는 상세화 체계를 수립한다.
- 교육과정 성취기준과 집필 세목을 고려하여 상세화 수준을 정한다.

○ 교육과정 내용－방법(교수·학습)－평가의 연동 관계가 드러나게 한다.
○ 성취기준 대비 내용(학습) 요소는 가능하면 동어 반복을 최소화한다.
○ 내용(학습) 요소 상세화는 학습 활동 위계를 고려하여 세분화한다.
○ 동원하는 자료 수준이나 범위는 실생활과 관련이 높은 것으로 한다.
○ 성취기준－학습 요소－동원자료가 필연적으로 관계하도록 한다.
○ 교육과정 상세화와 집필 세목 작성의 경계를 없애는 방법도 모색한다.
○ 교과목별 지식의 체계(구조)를 염두에 두고 상세화 체계를 조정한다.

결국, 교육과정 상세화 작업은 고시 문서의 존재를 넘어 교과교육의 내용을 '지식체계 일람(一覽)'으로 완성하는 단계에 이를 수 있다. 이러한 체계를 완성하려면 교육 공동체 합의가 뒤따라야 하고, 많은 연구와 절차를 거쳐 **'교과별 지식의 구조'**로 완성되는 과정이 필요하다. 이렇게 되면 교육과정 상세화는 고시된 문서의 상세화란 존재가 아니다. 매번 교육과정을 개정 고시할 때마다 내용 체계나 내용(성취기준)이 달라지는 번거로움과 교과서를 새로 개발해야 하는 수고와 재정 등을 완화할 수 있다.

나. 교재 구성의 방향 설정과 원리

앞의 도식 **[교육과정 교재화 절차 원리]** '② 교재 구성의 방향 설정 단계'에서 중요한 일(임무)의 하나는 교재로서의 자격과 요건을 갖추도록 교육 관련 차원에서 여러 측면을 조감해 보는 것이다.

1) 교재 구성의 요구적 조건

교재가 교재로서의 가치를 부여받으려면 **'교재 구성의 요구적 조건(A)'**을 갖춰야 한다. 그런데 요구적 조건은 한마디로 무어라 단정할 성질의 것이 아니다. 그러나 앞에서 살펴본 바와 같이 교과서 개념과 기능, 좋은 교과서 의미 등을 중심에 놓고 사변적(思辨的)으로 접근해 보면 윤곽이 드러난다.

먼저, 하나의 접근 방법으로 교재 구성의 요구적 조건은 '좋은 교과서'를 개발하기 위한 **'교재 구성의 실체'**가 무엇이냐를 알아보는 것이다. 좋은 교과서는 교과서 개념,

기능과 연관하여 여러 가지 조건을 요구한다. 그 존재 방식에 따라 가변적이지만, 앞서 1장에서 어느 정도 실체를 파악해 보았다.

다음으로, 교재 구성의 실체를 이해하기 쉽게 좀 더 좁혀서 범주화할 필요가 있다. **'좋은 교과서를 만드는 구성 요건'**, 즉 교재를 구성하는 데 반드시 고려해야 하는 내적, 외적 차원에서 좋은 교과서를 충족시키는 '요구적 조건'으로 좁힐 수 있다. 이러한 조건은 좋은 교과서를 실체화하는 변인과도 긴밀하게 연관되어 있다. 이처럼 요구적 조건에는 좋은 교과서를 개발하도록 교과서 실체와 직접 관련하는 내용의 선정과 조직, 자료 활용, 교수·학습 방법, 학습 결과의 처리 등 내재적 조건과 교육과정 반영, 국가·사회적 요구 사항 등 외재적 조건 등이 있음은 주지의 사실이다.

요구적 조건은 대개 정책 사항으로 제시되는 경우가 일반적이고, 자격 부여 단계에서 이를 확인하는 절차가 있다.

2) 교재 구성의 구성자 변인

교재 구성의 방향에서 **'구성자 변인(B)'**은 **'요구적 조건(A)'**과는 다른 차원이면서 보완 관계에 있다고 하겠다.

구성자(구성 주체) 변인의 하나는 구성자의 교육 상황, 교과서에 대한 철학 등과 관계한다. 교재 구성의 여러 측면, 곧 내용 선정과 조직, 교수·학습, 활용 방법 등에서 교재를 **'구성하는 사람'**의 안목과 교재(교과서)관에 따라 구성의 방향이나 교재의 성격이 달라진다. 즉, 교육목표, 교재 구성의 중점 방향, 사용 목적, 국가사회적 요구 사항 등은 구성자의 의도나 선별에 따라 교재의 구성 형태나 수준, 기교에서 상당하게 차이가 생긴다.

다음으로, 구성자 변인은 구성자의 교과서 개발 능력과도 관계한다. 교과서 개발도 일정 부분 전문성을 요구한다. 전문성의 분야나 요소를 아직은 구체적으로 공론화하지는 않았지만, 여러 가지로 나누어 볼 수 있다. 구성자의 교과서 개발 능력과 전문성은 교과서의 품질을 좌우하는 주요한 요인으로도 작용한다.

교과서를 유기적 생명체, 인격체로 간주하면, 구성자의 철학은 인격을 형상화하는 질료(質料)처럼, 교과서 설계와 집필 과정에서 자연스럽게 스며들기 마련이다. 그렇다고 전적으로 구성자 의도대로 내용이나 체제가 형성되는 것은 아니다. 현재로서는 교육과정, 편찬 상의 유의점, 집필 및 검·인정 기준 등 최소한의 구성 방향을 제시하여, 구성자의 창의성과 전문성을 존중하되, 개인적인 취향에만 흐르지 않도록 하는 조정 시스템으로 작동한다.

② 교재 구성의 방향 설정 단계는 교재(교과서)의 성격, 독특성, 활용성 등 교재의 개성과 품격과도 직결되므로 세심한 검토와 준비를 요구한다. 교재화 방향을 얼마나 치밀하고 구체적으로 설정하였느냐에 따라 ③ 교재화 실제 단계의 성공 여부가 판가름 나기 때문이다.

다. 교재화의 실제와 원리

1) 교재 구성의 원리 적용

다음 단계는 [교육과정 교재화 절차 원리] '**③ 교재화의 실제 단계'**, 즉 교재를 실제 형상화, 실체화하는 구성 작업이다. 교재 구성에 필요한 자료들을 지면에 배열하는 물리적 작업 단계로 집필과도 연결된다. ② 방향 설정 단계가 교재의 각양 요소를 중심으로 집필 단계에 들어가기 전 외적으로 검토, 기획하는 과정이라면, 교재화의 실제 단계는 이를 바탕으로 교육과정의 내용 체계에 기반을 두어 교수·학습이나 평가의 방법까지도 유념하면서 단원을 실질적으로 설계, 조직하는 과정이다.

교재화의 실제 단계에서는 구성 원리가 존재하는데 다음과 같이 세 가지 부면으로 원리의 존재 방식을 구도화(構圖化)하여 생각해 볼 수 있다.

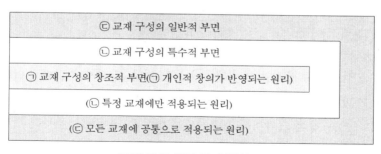

교재 구성 원리 존재 방식

상기 도식에서 제시한 교재 구성의 ㉠ 창조적, ㉡ 특수적, ㉢ 일반적 부면은 각각이 독립적으로 작용하는 원리로 존재하는 것이 아니라, 유기적으로 관련성을 유지하며 **'좋은 교재'**, **'열린 교재'**, **'미래 교재'**를 지향하여 역동적으로 상호 작용하며 존재한다. 다음에 설명하려는 **'교재 구성의 원리 모색'**은 이러한 원리의 상호 작용을 구체화 한 것이다.

2) 집필 세목 작성 원리

㉢ 실제 단계에서의 작업은 교육과정 상세화와 방향 설정을 바탕으로 **'집필 세목'**을 작성하게 된다. 집필 세목은 교육과정 상세화를 더욱 구체화한 것으로, 단원명, 학습 목표, 배당 시간, 심지어 지면의 쪽수까지도 포함하여, 실제 집필에 유용하도록 세목화한 교수요목(syllabus)을 말한다. 교육과정의 상세화가 교과서 집필의 기본적인 얼개를 계획한 첫 단계라면, 집필 세목은 이 얼개를 더욱 구체화하여 실제 교재화 과정에서 진술, 설명으로의 전환이 가능하도록 작성한 세목이다.

교육과정 상세화와 교과서 집필 세목 작성의 차이점을 간략히 정리하여 보면 다음과 같다.

구분	교육과정 상세화	집필 세목 작성
① 목적	교육과정 분석, 이해, 활용	교과서 집필 내용, 세부 구성
② 구성	성취기준, 내용 요소, 내용 요소 상세화, 관련 자료, 교수학습, 평가 방법 유의점 등	성취기준, 단원명, 단원 학습 목표, 학습 활동, 학습모형, 평가 방법, 쪽수, 집필자(분담) 등
③ 대상	교육과정	교육과정, 교육과정 상세화
④ 수준	교육과정 해설 수준	교과서 구성 이행 수준
⑤ 이용	교육과정 활용, 집필 세목 작성, 교재화	교과서 집필(영역, 분담), 교재화(교과서 구성)

교육과정 상세화를 바탕으로 교과서 집필 세목을 작성하는 것이 원칙이다. 그러나 집필 세목을 작성하는 정해진 고정 절차나 틀은 없다. 집필자가 집필에 일관된 관점을 유지하고, 개발 방향과 수준 등을 공유하며, 다수가 집필에 참여하는 경우 분담과 역할이 드러나는 등, 좋은 교과서를 개발하도록 방향을 제시하는 항목이 갖추어 있으면 좋다.

교과목의 성격이나 특수 상황을 고려하여 세목 작성의 틀을 창의적으로 구조화하는 것이 필요하다. 대개 교육과정 내용 체계(성취기준), 단원명(대단원/(중단원)/소단원), 단원별 학습 목표, 학습 목표별 활동 내용, 차시별 활동, 배당 쪽수(지면 구성 계획), 관련 자료(제재)명, 해당 집필자, 내용 구성의 유의점 등이 세목 작성의 중요한 항목(요소)이다. 그러나 이들이 집필 세목 작성을 망라하는 세목은 아니다. 교과서의 성격, 종류, 사용 목적과 방법, 대상 등을 고려하여 세목의 구조도 상황에 따라 가변적이다.

교과목의 성격, 종류나 학습 목표의 경중에 따라 대단원, (중단원), 소단원은 탄력적으로 융통을 발휘하여 구분, 작성하면 된다. 어찌 보면, 단원의 구분과 단원 수, 단원의 작명이 집필 세목 작성의 요체(要諦)라고 하겠다. 단원의 얼개가 집필 세목 작성의 체계와 구성 요소의 범위를 결정하기 때문이다. 단원 수는 학습량, 특히 학습 활동의 분량, 활동 분화 과정과 결부되므로, 교육과정 내용 체계나 성취기준을 고려하여 합리적으로 결정해야 한다.

결국, 집필 세목은 교육과정의 내용 체계(성취기준), 재구성을 포함하여 교과서 집필에 유용하도록, 단원 구성을 중심으로 학습 목표와 학습 활동을 절차에 따라 위계를 세워 세목으로 작성, 제시한 것이다. 교육과정의 정신을 반영하고 창의적으로 구조화하여, 집필 세부 내용을 어떻게 채우느냐에 따라 좋은 교과서의 탄생 여부가 결정된다. 그러므로 집필 세목은 짜임이 일관되면서 유기적이어야 하며, 좋은 교과서 개발이란 목적을 지향하여 작성해야 한다. 집필의 목차나 항목을 어느 정도 세세히 할 것인가도 **'집필 세목의 말뜻'**에 담겨 있음도 유념해야 한다.

(집필 세목 작성 예시)

2015 개정 교육과정 적용 '초등학교 국어 6-2(가)(나)' 교사용 지도서에 <단원별 학습 목표 체계>를 제시하였는데, 이는 집필 세목의 틀에 부합하고, 학기 단위 집필 세목 작성의 형태를 잘 보여준다. 독서 단원, 연극 단원, 일반 단원으로 구분, 총 10단원으로 구성하고, 국어 학습에서 배양해야 할 역량도 단원명과 함께 명시하였다. 전체를 조감하고 대표적인 자료를 공시(公示)한다는 뜻에서 분량이 좀 많지만, 완결 형태로 인용, 제시해 본다.[6]

---

6) 서울교육대학교·한국교원대학교 국정도서국어편찬위원회(집필 책임자, 이재승·이경화), 교사용 지도

단원명	단원 성취기준	단원 학습 목표	차시 학습 목표		학습 성격	『국어』쪽
(독서 단원) 책을 읽고 생각을 넓혀요	읽기(3) 글을 읽고 글쓴이가 말하고자 하는 주장이나 주제를 파악한다. 읽기(6) 자신의 읽기 습관을 점검하며 스스로 글을 찾아 읽는 태도를 지닌다. 문학(1) 문학은 가치 있는 내용을 언어로 표현하여 아름다움을 느끼게 하는 활동임을 이해하고 문학 활동을 한다.	사람들의 삶을 다룬 책을 읽고 독서 능력과 태도를 기를 수 있다.	10 차시	읽을 책을 정하고 책을 읽는 목적을 확인할 수 있다	독서 준비	8~15쪽
				다른 작품과 관련짓거나 질문하며 책을 읽을 수 있다	독서	16~21쪽
				책 내용을 간추리고 생각을 나눌 수 있다.	독서 후	22~31쪽
1. 작품 속 인물과 나 (자기성찰 개발 역량)	문학(6) 작품에서 얻은 깨달음을 바탕으로 하여 바람직한 삶의 가치를 내면화하는 태도를 지닌다. 읽기(2) 글의 구조를 고려하여 글 전체의 내용을 요약한다. 문학(1) 문학은 가치 있는 내용을 언어로 표현하여 아름다움을 느끼게 하는 활동임을 이해하고 문학 활동을 한다.	작품에 등장하는 인물의 삶을 이해하고, 인물의 삶과 자신의 삶을 관련지을 수 있다.		1~2. 작품 속 인물의 삶을 살펴볼 수 있다.	준비 학습	32~39쪽
				3~4. 작품을 읽고 인물이 추구하는 삶을 파악할 수 있다.	기본 학습	40~51쪽
				5~6. 인물의 삶과 자신의 삶을 관련지어 말할 수 있다.	기본 학습	52~63쪽
				7~8. 인물의 삶과 자신의 삶을 비교하며 작품을 읽고 자신의 생각을 쓸 수 있다.	기본 학습	64~77쪽
				9~10. 자신이 꿈꾸는 삶을 작품으로 표현할 수 있다.	실천 학습	78~83쪽
2. 관용 표현을 활용해요 (의사소통 역량)	문법(4) 관용 표현을 이해하고 적절하게 활용한다. 듣기·말하기(6) 드러나지 않거나 생략된 내용을 추론하여 듣는다. 문법(3) 낱말이 상황에 따라 다양하게 해석됨을 탐구한다. 문법(1) 언어는 생각을 표현하며 다른 사람과 관계를 맺는 수단임을 이해하고 국어생활을 한다.	관용 표현을 적절하게 활용해 자신의 생각을 효과적으로 말할 수 있다.		1. 관용 표현을 활용하면 좋은 점을 안다.	준비 학습	84~89쪽
				2~3. 여러 가지 관용 표현의 뜻을 안다.	기본 학습	90~95쪽
				4~5. 이야기를 듣고 말하는 사람의 의도를 파악할 수 있다.	기본 학습	96~101쪽
				6~7. 생각이 효과적으로 드러나는 표현을 활용해 말할 수 있다.	기본 학습	102~106쪽
				8~9. 행복한 우리 반을 위한 약속을 정할 수 있다.	실천 학습	107~111쪽
3. 타당한 근거로 글을 써요 (자료·정보 활용 역량)	쓰기(4) 적절한 근거와 알맞은 표현을 사용하여 주장하는 글을 쓴다. 읽기(4) 글을 읽고 내용의 타당성과 표현의 적절성을 판단한다.	타당한 근거와 알맞은 자료를 활용해 논설문을 쓸 수 있다.		1~2. 글을 읽고 주장을 찾을 수 있다.	준비 학습	112~118쪽
				3~4. 주장에 대한 근거가 적절한지 판단하며 글을 읽는다.	기본 학습	119~126쪽
				5. 논설문을 쓸 때 알맞은 자료를 활용하는 방법을 안다.	기본 학습	127~131쪽

서 6-2(2019) pp.48~51.

	쓰기(2) 목적이나 주제에 따라 알맞은 내용과 매체를 선정하여 글을 쓴다.		6~7. 상황에 알맞은 자료를 활용해 논설문을 쓸 수 있다.	기본학습	132~137쪽
			8~9. 더 좋은 우리 동네를 만들기 위한 논설문을 쓸 수 있다.	실천학습	138~143쪽
4. 효과적으로 발표해요 (자료·정보 활용 역량)	듣기·말하기(5) 매체 자료를 활용하여 내용을 효과적으로 발표한다. 쓰기(6) 독자를 존중하고 배려하며 글을 쓰는 태도를 지닌다. 문학(3) 비유적 표현의 특성과 효과를 살려 생각과 느낌을 다양하게 표현한다.	다양한 매체 자료를 활용해 내용을 효과적으로 전할 수 있다.	1~2. 여러 가지 매체 자료를 살펴볼 수 있다.	준비학습	144~149쪽
			3~4. 주제에 맞는 매체 자료를 찾을 수 있다.	기본학습	150~153쪽
			5. 발표 상황에 맞는 영상 자료를 만드는 방법을 안다.	기본학습	154~159쪽
			6~7. 효과적인 발표 자료를 만들 수 있다.	기본학습	160~163쪽
			8~9. 영상 발표회를 할 수 있다.	실천학습	164~167쪽
(연극 단원) 함께 연극을 즐겨요	문학(4) 일상생활의 경험을 이야기나 극의 형식으로 표현한다. 문학(5) 작품에 대한 이해와 감상을 바탕으로 하여 다른 사람과 적극적으로 소통한다.	극본을 읽고 연극을 할 수 있다.	연극의 특성을 생각하며 감상할 수 있다.	연극준비	176~181쪽
			극본을 읽고 감상할 수 있다.	연극연습	182~197쪽
		10차시	인물이 처한 상황에 알맞게 표현할 수 있다.	연극연습	198~202쪽
			연극을 공연할 무대를 준비할 수 있다.	연극연습	203~207쪽
			무대에서 연극을 공연할 수 있다.	연극실현	208~211쪽
5. 글에 담긴 생각과 비교해요 (비판적·창의적 사고 역량)	읽기(3) 글을 읽고 글쓴이가 말하고자 하는 주장이나 주제를 파악한다. 문법(3) 낱말이 상황에 따라 다양하게 해석됨을 탐구한다.	글에 담긴 글쓴이의 생각을 자신의 생각과 비교하며 읽을 수 있다.	1~2. 글쓴이의 생각을 파악하며 글을 읽어야 하는 까닭을 안다.	준비학습	212~219쪽
			3~4. 글을 읽고 글쓴이의 생각을 파악할 수 있다.	기본학습	220~225쪽
			5~6. 글쓴이의 생각과 자신의 생각을 비교하며 글을 읽을 수 있다.	기본학습	226~233쪽
			7~8. 자신의 생각과 상대의 생각을 비교하며 토론할 수 있다.	기본학습	234~239쪽
			9~10. 글쓴이와 대화할 수 있다.	실천학습	240~245쪽
6. 정보와 표현 판단하기 (공동체 대인 관계 역량)	읽기(4) 글을 읽고 내용의 타당성과 표현의 적절성을 판단한다. 듣기·말하기(5) 매체 자료를 활용하여 내용을 효과적으로 발표한다.	뉴스와 광고에서 정보의 타당성과 표현의 적절성을 판단할 수 있다	1~2. 뉴스와 광고를 보고 세계에 관심을 가질 수 있다.	준비학습	246~251쪽
			3~4. 광고에 나타난 표현의 적절성을 살펴볼 수 있다.	기본학습	252~257쪽
			5~6. 뉴스에 나타난 정보의 타당성을 안다.	기본학습	258~263쪽

단원	성취기준	단원 학습 목표	차시 학습 목표	성격	쪽수
			7~8. 관심 있는 내용으로 뉴스 원고를 쓸 수 있다.	기본 학습	264~267쪽
			9~10. 우리 반 뉴스 발표회를 할 수 있다.	실천 학습	268~271쪽
7. 글 고쳐 쓰기 (비판적·창의적 사고 역량)	문법(5) 국어의 문장 성분을 이해하고 호응 관계가 올바른 문장을 구성한다. 쓰기(4) 적절한 근거와 알맞은 표현을 사용하여 주장하는 글을 쓴다. 쓰기(1) 쓰기는 절차에 따라 의미를 구성하고 표현하는 과정임을 이해하고 글을 쓴다.	글의 내용과 표현이 더 나아지도록 자신이 쓴 글을 다시 읽고 고쳐쓸 수 있다.	1~2. 글을 고쳐 쓰면 좋은 점을 안다.	준비 학습	272~277쪽
			3~4. 글을 고쳐 쓰는 방법을 안다.	기본 학습	278~283쪽
			5~6. 자료를 활용해 글을 쓸 수 있다.	기본 학습	284~287쪽
			7~8. 자신이 쓴 글을 고쳐 쓰고 공유할 수 있다.	기본 학습	288~291쪽
			9~10. 우리 모둠 글 모음집을 만들 수 있다.	실천 학습	292~295쪽
8. 작품으로 경험하기 (문화 향유 역량)	쓰기(5) 체험한 일에 대한 감상이 드러나게 글을 쓴다. 듣기·말하기(4) 자료를 정리하여 말할 내용을 체계적으로 구성한다. 쓰기(1) 쓰기는 절차에 따라 의미를 구성하고 표현하는 과정임을 이해하고 글을 쓴다.	자신의 경험을 떠올리며 영화나 기행문을 감상하고 다양하게 표현할 수 있다.	1~2. 영상을 보고 경험한 내용을 이야기할 수 있다.	준비 학습	296~303쪽
			3~4. 영화 감상문을 쓸 수 있다.	기본 학습	304~309쪽
			5~6. 자신의 경험을 떠올리며 작품을 감상할 수 있다.	기본 학습	310~317쪽
			7~8. 경험한 내용을 영화로 만들 수 있다.	실천 학습	318~321쪽

국어과 교육과정 영역별 성취기준을 재구성하고, 이를 고려하여 단원명과 단원 학습 목표를 짜임새 있게 설정하였다. 이를 다시 차시 학습 목표로 세분하고, 학습의 성격(교수·학습 일반 단계)과 쪽수를 배분하였다. 여기에는 드러나 있지는 않았지만, 차시별 학습 목표에 따른 학습 활동의 세목도 집필 세목 작성에는 필수 요소라고 하겠다.

(집필 세목 작성 기본 원리)

집필 세목 작성은 내용과 형식 등 교과서의 새로운 틀을 결정하고, 구성과 활용에 참신한 아이디어를 제공하는 원천이 된다. 교과서의 참신한 모습은 집필 세목 작성에서 비롯한다고 하겠다.

ㅇ 교과서의 집필 방향 설정을 토대로 교과서 구조(얼개)를 설계한다.
ㅇ 교과서의 구조 설계를 지향하여 세목 체계를 결정한다.

○ 교과서의 참신성, 창의성을 참작하여 세목 체계를 구체화한다.
○ 교과서의 특성, 사용 목적 등을 고려, 체계의 구체화 정도를 결정한다.
○ 교과서의 학습량, 쪽수를 고려하여 세목 체계의 구체화 수준을 조정한다.
○ 교과서의 특성을 고려, 세목 체계의 기본, 필수 항목을 결정한다.
○ 교과서를 적용하는 학기, 학년, 학교급과도 세목 체계를 유기적으로 연결한다.
○ 교육과정 상세화를 바탕으로 작성하되, 체계를 유동적으로 변경한다.
○ 교육과정 성취기준에 따라 단원 수, 단원 구성의 방법이 드러나게 한다.
○ 교육과정 총론에 배당한 시수를 고려하여 단원 시수를 합리적으로 결정한다.
○ 교육과정 성취기준, 학습 목표를 참작하여 이를 표상하는 단원명을 정한다.
○ 해당 단원에 적합한 교수·학습 방법(모형/과정)을 다양하게 선정, 제시한다.
○ 집필 세목의 진술 방식은 학습자 위주로 하되 교과목의 특성을 살린다.
○ 특별한 경우 집필상의 유의 사항도 제시하여 집필자의 공동사고를 유지한다.
○ 집필의 일관성, 보편성을 유지하되 집필자의 창의성 여지를 두어 작성한다.

이상은 집필 세목 작성에 유의 사항이면서 기본적인 원리라고 하겠다. 집필 세목 작성은 교과서의 특성과 창의성을 결합하는 장소요, 장치로서 교과서 개발 절차에서 중요한 과정이다. 교육과정 상세화 방법과 집필 세목 작성의 논리가 학문적 이론으로 발전했으면 한다.

1. 교과서 구성의 일반 원리

가. 교과서 구성 체계와 일반 원리 모형

'**교과서(교재) 구성 체계**'는 '교과서를 이루는 개개의 요소가 계통을 세워 통일을 이루게 한 실체(만듦새)'를 의미한다. '**교과서 구성**'은 '체계가 이루어지도록 요소의 관계를 일정한 틀로 얽어 짜는 일'을 말한다.

교과서 구성은 교과서를 실제 만드는 데 적용하는 보편적 원리를 설정하고 이에 따르는 작업이다. 즉, '**구성 원리**'는 교과서 구성 체계를 이루는데 적용하는 하나의 이치로서 설정한 법칙이다. '교과서 구성'이 교육활동의 효율성을 극대화하면서 체계란 형식적 관점에서 접근하는 말이라면, '구성 원리'는 체계를 이루거나 이루게 하는 방법을 찾아 이론적 관점에서 접근한 용어이다.

그런데 교과서의 구성 체계를 실체로 전환하는 과정, 즉 교과서 구성의 방법을 이론이나 원리로 객관화하기는 쉽지 않다. 그러나 ① 교과서 구성 요소에는 무엇이 있는가, ② 구성 요소가 어떻게 교육활동에 관여하고 작용하는가, ③ 어떻게 하면 이들 구성 요소가 교육적 효과를 극대화할 수 있는가 등을 생각하여, 일반적인 '**교과서 구성 원리**'를 도출해 내는 것이 가능하다.

'구성 원리'란 좀 더 광의로 포괄하여 말하면, 교육과정에 근거하여 교육 내용을 선정하고 상세화하는 작업에서부터, 교과서를 구성하는데 필요한 내용 체계 및 모든 외면적 자료들의 배열은 물론, 교과서에 활용과 평가의 효율적 가치를 부여하는 과정에 이르기까지 고려해야 할 방법적, 이론적 원리를 의미한다. 이러한 교과서 구성 원리는 수정·보완의 검토 관점 설정 등에도 직접 관여하고, 교과서 생태계에서 교과서 품질을 관리하는 중추 요건과 원리로 발전시킬 수 있다.

　　여기에서는 교과서 실체(만듦새)를 중심으로 교과서 구성과 관련한 요소들의 유기적 관계를 고려하여, 다음과 같은 모형을 가정하고, 교재 구성의 일반적·보편적 원리를 상정해 볼 수 있다.

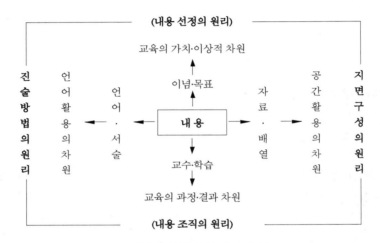

교과서 구성의 일반 원리 모형

　　교과서(교재) 구성의 일반 원리 모형은 구성의 원리를 체계화하여 설명하는 방법의 틀을 제공하며, 원리의 상호 관계를 일목요연(一目瞭然)하게 파악하도록 한다. 일반 원리 모형에 제시한 4대 영역, '① **내용 선정**', '② **내용 조직**', '③ **지면 구성**', '④ **진술 방법**'의 원리는 등가성을 지니며, 이러한 점에 유의하여 교과서를 창의적으로 구성해야 한다.

　　이들 원리는 개별적·독립적으로 존재하지 않고, 원리라는 논리적 연동 작용에서 더 좋은 교과서를 지향하여 하나로 합체(合體)될 때, 그 실체(만듦새), 실상(實像)이 자연스럽게 드러난다. 각 영역은 다시 미시적 요소로 나뉘어 원리의 세부적 관점을 유지하게 한다.

나. 교과서 구성의 일반 원리 모색

1) 내용 선정의 원리

교과 교육에서 내용 선정은 교육의 실체를 연구하여 구체화하는 작업의 하나이다. 교육 내용은 교육목표와 긴밀하게 유대(紐帶) 관계에 놓이는데, 목표는 교육 내용을 결정하는 준거이기 때문이다. 이처럼 내용 선정이란 목표를 달성하기 위해 가르쳐야 할 그 '무엇'을 결정하는 과정이다. 그러므로 내용 선정에 앞서 목표의 실체가 먼저 정립되어야 하고, 다음으로 그 목표에 효과적으로 도달할 수 있는 내용 선정의 방법을 여러 각도로 구안하고 모색해야 한다.

교육과정에서의 목표와 교재 구성에서의 단원 목표, 차시별 목표와는 그 진술의 방법에서부터 차이가 있다. 따라서 교육과정의 목표를 효과적으로 달성할 수 있는 내용 선정 원리나 교재 구성에서 단원 목표, 차시별 목표를 구현하기 위한 내용 선정 원리는 공통점도 있으나, 그 방법이나 내용 수준에서 원칙적으로 구별된다. 교육과정에서의 내용 선정(성취기준)은 추상적, 포괄적 수준에 머물지만, 교재 구성의 내용 선정은 학습할 기본 요소가 포함된 자료를 선정한다는 구체성, 실제성을 띤다.

그러므로 교재 구성에서의 내용 선정은 실질적인 학습 구성물을 선정한다는 교육적 상황에서 출발하며, 다음과 같은 배경 원리를 설정할 수 있다.

① 목표 구현성(realization)

선정된 내용은 교육목표에 도달할 수 있는 최대한의 학습 요소를 포함해야 한다. 이러한 학습 요소는 학습 활동을 통하여 실질적인 결과로 나타난다. 즉, 교육적 견지에서 의미 있는 내용이 교육 현장에서 가시적인 교육 효과나 결과로 발현하는 것을 뜻한다. 구현이 손쉽도록 학습 목표를 설정하면, 학습의 과정 설계나 목표 달성은 그와 같은 맥락에서 손쉽게 이뤄진다.

② 학습 가능성(possibility)

학습 내용이 너무 추상적이라면 교수·학습의 실체로 구상화하기란 간단하지 않다. 실례(實例)로 문학교육에서 '상상력의 신장 교육'은 명확한 학습 과정을 제시하기가 어렵다고 본다. 그러나 학습할 수 있도록 교재로 구성하는 절차 모형을 연구, 제시하면 상황은 달라진다. 따라서 학습 가능성은 어떤 면에서 교육의 내용이 선천적으로 지닌 요소는 아니다. 학습이 가능하도록 절차를 밟고 체계를 세우는 과정에서 드러난다고 하겠다.

③ 전이성(transfer)

하나의 학습 결과가 다른 학습에 영향을 미치는 경우는 허다하다. 그런데 전자의 학습이 후자에 계획적, 적극적, 효과적으로 학습을 촉진할 수 있는 제재나 내용의 선택을 고려해야 한다.

교육은 일련의 과정인 교육활동을 통하여 가치 있는 방향으로 변화를 항상 모색하면서, 소망했던 교육적 효과만이 나타나기를 기대하는 것이 아니다. 의도하지 않았던 잠재적 목표 달성도 끌어낼 수 있어야 한다. '聞一以知十'(하나를 듣고 열을 안다/ 처음만 듣고도 전체를 안다)이라는 내용 구조화가 이상만으로 그쳐서는 안 된다.

④ 유용성(utility)

교재의 내용은 그것이 어떤 학습 목표를 설정하든 간에 교육적으로 유용해야 한다. 교육적으로 유용하다는 것은 교육의 내용과 방법 면을 모두 포괄하는 말이다. 악을 선양하고, 국가·사회적 존립을 뒤흔드는 내용을 교육적으로 허용할 수는 없고, 교수·학습에 어려움을 제공해서도 안 된다. 그런데 이 유용성은 상대적 개념의 폭이 넓은 의미역으로 사용되는 경우가 많다.

⑤ 개방성(opening)

교재 구성의 여러 방법을 모두 허용하여 교재로서 손색이 없는 모습을 갖추도록 내용을 선정해야 한다. 특정 자료(장르)의 편중, 대표성이 없는 자료(작품)의 선정, 검증되지 않은 이론의 남용 등은 개방성을 상실한 교재 구성의 표본이다. 집필자의 무의식적인 편향성이 학습자의 권리를 간접적으로나마 제한해서는 안 된다는 말과 상통한다. 개방성은 장점의 요소도 많지만, 잘못 해석하여 적용하면, 교재의 품질과 조건을 훼손하는 경우가 생긴다.

⑥ 보편성(universality)

제재의 내용은 인간의 보편적인 삶이나 가치를 지녀야 한다. 어떤 특수한 대상에게 만 유리하거나 적용될 수 있는 것이 아니라, 시공(時空)을 초월하여 용납이 가능한 일반성이 내재한 내용을 선정해야 한다. 필자의 기호나 예견에 따라 어느 한쪽으로 편파, 편향하는 지식 내용은 공정성의 상실이라는 점에서 배제되는 원칙이 필요하다. 알다시피 보편성은 영원한 생명력을 지닌다.

⑦ 대표성(representation)

제재로서 선정된 자료가 공시적, 통시적으로 대표성을 지녀야 한다. 자료가 대표성을 띠는지의 평가는 어떤 면에서는 많은 논의와 연구, 시간이 필요하다. 그러므로 대표성을 지닌 자료를 선정하기란 그리 간단하지 않다. 그러나 교재의 내용을 구성하는 자료는, 세인(世人)이 인정하고 공감대를 이루는 것을 찾아 이를 활용해야 한다. 특히, 문학 제재의 선정에서는 이점의 고려가 더욱 절실하다.

⑧ 적합성(fitness)

선정된 자료(제재)나 내용이 교육적으로 목적하는 바의 구현에 적합한가도 생각해야 한다. 교육의 목표 달성에 이바지하는 내용과 동떨어지거나, 학생의 수준이나 교사가 가르치는데 적합하지 않은 내용은 교육활동을 더욱 어렵게 한다. 내용이 학생들의 심신 발달 단계에 부합한다면, 효과적인 학습 활동을 수행할 수 있음은 자명하다. 인간의 가치를 구현하는 적합성은 그 생명력을 구현하는 데 보편성과 궤를 같이하는 경우가 많다.

⑨ 적정성(appropriateness)[7]

학생의 언어·인지·정서 등 발달 수준을 고려하여, 적정의 학습량이 되도록 내용을 선정해야 한다. 그런데 교과서 개발에서 학습량의 적정성은 관련 변인에 따라 작위적인 개념에서 결정할 수 있기도 하다. 그러므로 자기 주도적 학습이 가능한 학습자 중

---

7) 이하 ⑨ 적정성, ⑩ 적절성, ⑪ 타당성, ⑫ 공평성, ⑬ 실용성 부분은 2015 개정 교육과정 적용 <국어과 과목 공통 집필 기준>을 참고하여 추가하고, 필자가 설명을 나름대로 더욱 구체화하였다.

심 교과서 개발에는 이러한 적정성을 가늠하기가 쉽지 않다. 이해하기 쉽도록 충분히 설명하고, 많은 부수 자료를 제공해야 하기 때문이다. 그러므로 적정성의 개념은 학습 목표 달성과 교수·학습의 원만한 구현이라는 점 등에서는 상대적일 수밖에 없다.

⑩ 적절성(propriety)

여기에서의 적절성이란 사용하는 자료나 내용이 학습자의 언어적·심리적·문화적 기준에서 발달 수준과 요구, 사전 경험이나 지식 등에 부합하는 것을 말한다. 적정성이 양의 개념에서 접근한다면, 적절성은 질의 개념에서 교과서의 내용을 선정하는 것이다. 따라서 적절성의 구체적인 파악은 학습 내용과 학습자의 수준 등 사안에 따라 기준이 달라질 여지가 있다.

⑪ 타당성(validity)

가져오는 자료나 내용이 학문적 기준에서 객관적인 사실과 진실성이 담기고, 배울 만한 가치가 있어야 한다. 이처럼 타당성은 일반적으로 교육의 내용이 교육적 형편이나 이치에 부합하는 것을 말한다. 그런데 교육적 형편이나 이치는 단순하게 정의될 개념이 아니므로, 이를 구체화하는 데는 많은 배경지식과 노력을 요구한다. 현대와 같이 교육 지향점, 교육 공동체의 상호 관계, 교육 환경이 급변하는 시점에서는 타당성의 선별이 간단하지 않다.

⑫ 공평성(impartiality)

교과서의 내용이 사회의 보편적 가치 기준에 균형을 이루고 공정해야 하며, 편향이거나 편파성을 띠어서는 안 된다. 공평성은 가치 구현의 문제와 밀접하지만, 교과서의 내용 조직, 지면 구성, 진술 방법과도 관계가 매우 깊다. 공평성은 교재 구성에서 균형과 조화를 이루는 요체요 지름길이다. 내용 선정에서 공평무사(公平無私)는 공평무사(公平無事)와 통하는 말이다.

⑬ 실용성(practicality)

교과서 내용은 실생활과 관련하여 응용할 수 있도록 선정해야 한다. 인간이 가치 있는 삶을 영위하려면 일상의 생활이 가치 있어야 한다. 그러하기 위해서는 이를 교육이 뒷받침해야 하는데, 실생활과 관계가 깊은 내용을 선정하여 교재화하는 방법이 교육 효과의 지름길이다. 기본적으로 교육은 일상에서 가치 있는 삶을 영위하도록 노력한다. 그러기 위해서 교육은 학문적 이론을 바탕으로, 일상생활에 직접 적용하도록 하는 실용성의 원칙을 항상 내세워야 한다.

2) 내용 조직의 원리

선정된 내용은 학습 효과를 고려하여 유기적인 통일체를 이루도록 조직해야 한다. 그러므로 교육 내용의 조직 차원은 교수·학습과 긴밀하게 관계하며, 교육의 과정이나 결과를 예상해야 한다. 즉, 무질서하게 선정된 내용에 교육활동을 원활하게 수행할 수 있도록 질서를 부여하는 과정이 필요하다. 이러한 질서 부여는 교과서가 하나의 완결된 유기체, 생명체라는 데서 출발한다.

① 체계성(system)

정해진 목적이나 목표를 교육적 활동으로 실현하기 위해, 각각의 구성 요소와 부분이 전체와 유기적으로 연관되어, 조화롭게 교육적 기능을 발휘할 수 있도록 체계적인 구조화가 필요하다. 대표적으로, 교수·학습 체계, 학문적 체계와 상응하는 조직이 이에 해당한다. 체계는 만물이 지니는 기본 질서요, 우주의 원리이다. 이러한 질서와 원리를 교과서 조직에도 그대로 적용된다. 그러므로 교과서에 체계성의 부여는 유기적으로 작용하게 하는 생명력을 넣는 것에 비유할 수 있다.

② 위계성(hierarchy)

하위 학습 내용을 습득해야 상위 능력 요소를 학습할 수 있다는 원리다. 학습 과제의 내용을 세부적으로 분석했을 때, 어떤 특정의 내용 요소를 학습하기 위해서는 그와 유관한 다른 내용 요소를 학습해야 쉬워진다는 위계를 말한다. 후술할 선행, 후행의 개념에 따른 학습의 계선(위계) 조직과는 다르다. 학문적 개념이나 난이도를 위계를 지니고 조직해야 교재로서 기능을 효과적으로 발휘한다.

③ 계열성(sequence)

교육 내용의 종적 조직에 관계되는 원칙으로, 먼저 배우거나 가르쳐야 할 내용과 나중에 배우거나 가르쳐야 할 내용이 위계를 이루어 체계적으로 제시·조직되어 한다. 학문 사이, 학교급별, 단원 간의 계열성을 고려하는 것은 교재 구성의 기본이다. 그런데 교육과정의 내용 체계와 내용(성취기준)은 특히 이점을 강조하여 계열화하였는데, 단원 구성에서 이를 무시하거나 간과하기가 쉽다.

④ 계속성(continuity)

계열성과 마찬가지로 교육 내용의 종적 조직에서 한 가지의 내용이 학년별, 학교급별로 올라감에 따라 단절되지 않고 계속 교육할 수 있도록 일관되게 제시해야 한다. 교육 수준도 학년의 승계(陞階)에 따라 계속해서 심화해야 함은 물론이다. 계속성의 학문적, 실질적 확보는 교육과정의 내용 위계와도 관련한다.

⑤ 연계성(articulation)

학년 간이나 학교급 수준 사이의 교육 내용을 계열성과 계속성의 원칙으로 조직하는 것으로, 연계성은 반드시 종적 관계만을 뜻하는 것이 아니라 교과군의 횡적 관계까지도 연결하는 것을 말한다. 국어 교과에서 화법(말하기·듣기), 독서(읽기), 작문(쓰기)[8] 과목은 독립적 학습 요소도 많지만, 전이와 시너지 효과를 발휘하는 연계적 학습 요소도 꽤 많다.

⑥ 균형성(balance)

교재는 목표 달성을 비롯하여 학습의 구체적인 내용, 장르별 등의 배율에 중요도를 고려하여 균형을 이루도록 구성해야 한다. 교육의 내용을 균형 있게 배분하는 원칙은 원래 존재해 있는 것이 아니다. 교육과정에서 제시한 내용 체계대로 구성한다 해도 편찬자의 의도나 강조점에 따라 균형을 상실할 가능성이 있다. 교육목표를 고르게 달성하기 위해서는 균형과 형평을 이루는 내용 조직이 필수적이다. 균형성은 저울의 추가

---

8) 2009 개정 교육과정 고등학교 선택으로 '화법과 작문', '독서와 문법' 과목명이 등장하고, 2015 교육과정에서는 고등학교 일반선택으로 '화법과 작문' 과목명이 유지되었다.

외관상 어느 한쪽으로 기울거나 치우치지 않는 양의 개념이 강하므로, 내용 조직이 어떠해야 하는 가는 분명하다.

⑦ 효율성(efficiency)

교수·학습을 수행하는데 쉬우면서도 교육적 효과를 극대화하는 조직의 방법도 모색해야 한다. 여기에서도 '최소한의 노력으로 최대의 효과를 성취해야 한다.'라는 경제 원칙을 적용해야 함은 물론이다. 어떤 면에서 효율성은 교재 구성 자체에도 고려되는 사항이면서, 실제 수업에 투입된 후의 상황과도 연관하는 내용 조직의 원리라고 할 수 있다.

⑧ 절차성(procedure)

학습 수행을 위한 교육활동에도 밟아야 할 차례와 방법이 있어야 한다. 도입학습—원리학습—적용학습—심화학습(도입학습—이해학습—적용학습—정리학습/ 준비 학습—기본 학습—실천학습 등)의 단계나 선수 학습에서 평가까지 어떤 절차를 두는 것은, 수업 목표를 효율적으로 달성하기 위한 과정을 강조한 것이다. 이러한 절차성은 원용하는 교수·학습 모형의 전개 과정과도 연계되며, 내용을 구성하는데 교재의 전체 구도나 대단원, (중단원), 소단원 등 구성단위가 무엇인가에 따라 달라진다.

⑨ 단계성(stage)[9]

학습자의 능력과 발달 단계를 고려하여 교육 내용을 구성한다는 것은, 그 강조가 군더더기 말(췌언, 贅言)이다. 너무 쉬워도 흥미를 끌지 못하고, 그렇다고 전문적인 수준의 활동을 요구하는 것은 학습자나 교수자에게 모두 부담을 준다. 교육과정의 내용 체계에서 이미 단계성을 고려하였지만, 교과서 구성에서 이를 학습 목표로 전환하여, 활동 절차로 조직할 때의 단계적 구성은 실제성을 가미하는 과정이다.

⑩ 완결성(completeness)

교재 구성에서 중요한 것은 소기의 학습(활동) 목표를 효율적으로 달성하는 것이

---

9) 이하 ⑨ 단계성, ⑪ 보완성, ⑫ 다양성 부분은 2015 개정 교육과정 적용 <국어과 과목 공통 집필 기준>을 참고, 필자가 내용을 구체화하여 부가한 것이며, ⑩ 완결성은 창의적으로 설정하였다.

다. 이러한 목표 달성은 교재 구성의 단계(과정)(예: 소단원−(중단원)−대단원/ 단원 내 활동1−활동2… 등)마다 이뤄지기도 하고, 이들 단계를 유기적으로 연결한 결과로서 이뤄지기도 하는데, 이를 완결성이라고 한다. 즉, 교재 구성은 완결성의 연속이라고 해도 과언이 아니다. 따라서 교재 구성에서의 '완결성'이란 유기적 구조체로서의 교과서를, 부분과 전체가 조화를 이뤄 하나의 교육적 완성체로 탄생하는 의도적인, ①~⑨와 함께하는 울력이라 하겠다.

⑪ 보완성(complementation)

교재, 특히 단원 구성에서 완결성과 밀접하게 유관한 사항이다. 학습 목표를 효율적으로 구현하기 위하여 단원 내에서 제재나 자료 선정, 학습 활동 단계가 완결성을 요구하지만, 이러한 완결성이 상호 보완성으로 연장되어야 한다. 즉, 독립성을 유지하되 상호 유기적인 보완이 작용해야 학습의 효과를 배가하고, '좋은 교과서'로서의 가치를 발휘한다. 결국, 보완성은 ①~⑩과 함께하는 울력이다.

⑫ 다양성(diversity)

다양성이란 내용(자료) 선정과 동시에 이뤄지는 사항으로, 내용 조직, 특히 학습 활동 구성에서 간과해서는 안 되는 사항이다. 자료의 선정도 대표성을 유지해야 하지만 다양한 자료를 활용해야 하고, 학습 활동도 학습 목표, 교실 상황, 학생의 수준 등을 고려하여 다양하게 전개해야 한다. 다양성도 장점으로 작용하는 요소가 많지만, 다양성 속에 균형과 조화라는 좋은 교과서로서의 요건을 갖추는 모습도 필요하다.

3) 지면(紙面) 구성의 원리

교재를 구성하는 외면적 형식에는 "담화자료, 그래픽 자료, 학습 과제 자료, 학습 안내 및 설명 자료, 삽화 자료" 등이 있다. 이들을 교재의 지면에 어떻게 배열·배치하느냐에 따라 기대하는 학습의 효과가 달라진다. 한 면 안에서의 공간 활용과 여러 면에서의 학습 절차를 생각한 공간 배치와는 차이가 있다. 단원별, 차시별의 쪽수, 활자의 크기, 교과서 판형의 결정도 여기에 해당한다.

① 시각성(visualization)

담화자료나 그래픽 자료 등은 위치의 선정에 따라 시선을 끄는 정도가 달라진다. 특히, 사진이나 삽화는 그 크기와 위치에 따라 학습자에게 미치는 교육적 자극, 사고의 기제가 변화한다고 볼 수 있다. 그러므로 이러한 각종 자료를 이용하여 시각적 효과를 배가해야 한다. 그러나 시각성의 지나친 강조는 교육적 효과를 반감하거나, 교재의 품위를 떨어뜨린다는 점도 간과해서는 안 된다.

② 심미성(aesthetical)

글자의 모양이나 크기를 비롯하여 그림의 색감이나 색도 등은, 미적 감각을 살려서 전체의 구도를 고려하여 배치해야 한다. 단원명의 위치, 삽화의 위치나 크기, 약물의 모양, 자간, 행간 등의 처리는 심미성을 고려해야 한다. 심미성은 균형성, 조화성과도 유관하다. 심미성은 일정한 틀이나 기준이 있는 것이 아니다. 따라서 교과서 구성에서의 심미성은 교수·학습 대상이나 학습 목표, 구성의 형태나 절차, 자료 등에 따라 창의성을 발휘할 수밖에 없다.

③ 연결성(interconnection)

삽화의 내용과 형식, 담화자료의 내용을 서로 긴밀하게 연관해야 하는 등, 외적 형식의 자료를 상관성을 유지하며 구성해야 한다. 책의 크기(판형)에 따라 교재 구성에 필요한 외적 형식의 자료들도 그 연결 방법이 다양해야 하며, 활자의 크기에 따라 삽화나 사진의 모양새나 크기도 신축적이어야 한다. 같은 지면 내에서 내용과 형식 자료에 괴리가 있는 것처럼 교재의 가치를 하락시키는 경우는 드물다.

④ 조화성(harmony)

미적인 효과는 먼저 균형과 조화에서 나타난다. 그러므로 교재의 외면적 형식 자료들을 사용의 빈도, 위치, 크기 등과 대비하여 조화롭게 구성해야 한다. 특히, 활자의 모양, 크기와 조화를 겸비하면서 배치하는 일차적 원칙을 고려해야 한다. 조화성은 시각적으로 흥미를 유도하고 학습 효과를 끌어 올린다. 반면, 삽화의 색상이 지나치게 현란하거나, 활자의 모양과 크기가 너무 자극적이면 학습자의 관심이 흩어진다. 균형은 양적인 개념으로 균제미를, 조화는 질적인 감각으로 조화미를 유발한다. 균제미와 조화미는 인류가 공통으로 추구하는 미적 가치의 하나이다.

⑤ 창의성(creativity)

내용의 구성에 필요한 외적 자료들의 배열에서 이들의 심미적 관계를 자각하여 참신한 아이디어를 생성하거나, 새로운 구성 유형을 발견하는 것은 창조적 사고와도 유관하다. 표면적으로 보이는 자료 활용은 교재의 사용이나 학습 효과를 극대화하는 창의적 구성이 뒤따라야 한다. 창의성은 개인의 취향과 의도를 적극적으로 반영하는 데에서 발휘되지만, 그렇다고 이에 너무 경도(傾度)되면 위험하다. 창의성은 독특하고 기발한 아이디어를 요구하지만, 보편적 가치에서 일탈하는 것은 아니다.

4) 진술 방법의 원리

교재에 필요한 자료를 조직의 원리에 따라 나열하면 바람직한 교재가 구성되는 것은 아니다. 학습의 목표 진술, 단원의 길잡이, 학습 활동, 평가 방법의 진술이나 설명 등이 일관성을 띠면서 여기에 생명을 불어넣어야 한다. 보편적으로 좋은 문장의 요건 등을 비롯하여 글짓기의 원리도 이와 맥을 같이 한다고 하겠다.

① 응집성(coherence)

자료의 설명이나 학습 안내, 평가 방법의 기술(記述)이나 조직이 단원 학습 목표 구현의 관점에서 응축·통합되어야 한다. 교재 구성의 모든 자료가 응축된 조직을 기본적으로 요구하지만, 설명과 진술 방법에서도 목표를 교육적으로 충족시켜 주는 일관된 방향으로 집중해야 한다. 진술에서의 응집력은 전달과 호소에 탄탄한 인상을 주고, 학습자의 이해와 사고를 응결하도록 자극한다.

② 통일성(uniformity)

하나의 대상을 기술하는데 동일한 관점을 유지하는 것이 필요하다. 다른 교과목에서 취급하고 있는 내용과도 한결같게 설명하고 기술해야 한다. 이처럼 통일성은 대상과 내용 진술, 설명에서 일관하는 자세를 유지하고 가변적 상황을 배제하는 것을 말한다. 진술 방법의 통일성은 개념 규정과 단락 구성의 설명에서 특히 유념해야 한다. 통일된 진술은 내용에 진실성과 전달력의 외피를 입혀준다. 진술에서 통일성은 내용 설명에서, 일관성은 언어 형식에서 같은 자세를 유지한다는 면에서 구별된다.

③ 간결성(brevity)

목표 진술, 학습 안내, 학습 활동의 제시나 개념 설명이 너무 길어 늘어지면, 전달력이 떨어지고 학습의 효과를 반감한다. 그러므로 선정된 내용을 교재화하는 설명이나 진술은 불필요한 것을 배제하고, 어렵거나 긴 문장을 사용하지 말아야 한다. 간결성이 교재를 구성하는 경제 원칙의 하나이지만, 지나친 간결성은 무미건조하여 학습 효과를 떨어뜨리므로, 중도(中道)의 진술이 무엇인지 심사숙고가 필요하다.

④ 일관성(consistency)

진술 방법의 일관성이란 광의로는 문체에서부터 좁게는 어미의 일치까지를 포함한다. 목표 진술에서 형식은 특히 일관성을 유지해야 한다. 학습 활동도 형식적 문제 즉, 평서문으로 할 것인가, 아니면 의문, 청유로 할 것인가 등 하나로 결정하여 일관성을 유지하여 제시하는 것이 좋다. 관점, 시제 등에서의 일관성도 교과서의 품질을 좌우한다. 통일성은 내용 측면에서 일관성을, 일관성은 형식 측면에서 통일성으로 구분해도 무방하다.

⑤ 구체성(concreteness)

설명이 애매, 모호하면 학습하는 사람에게 본래 전달하려는 내용이나 의도가 달라진다. 그러므로 설명하려는 내용과 의도가 구체적으로 드러나도록 대상을 확연하게 설명하거나 진술해야 한다. 그렇다고 설명이 동어의 반복이나 일반화된 사실의 나열이어서는 더욱 안 된다. 구체성은 필치(筆致)의 기교에 해당하며, 명료성, 정확성과도 연계되는 진술의 요구 측면이다.

⑥ 정확성(correctness)

대상을 설명하거나 교육적 진술을 이끌어 나아갈 때 정확하지 못한 사실을 원용하거나, 판단을 내리는데 모호한 입장이나 태도 표명은 멀리해야 한다. 비표준어를 사용하거나 띄어쓰기를 소홀히 해서도 안 된다. 정확하지 못한 표기·표현도 교육의 효과를 반감한다. 특히, 교과서 오류에서 표현·표기가 대다수를 차지한다는 점을 유념해야 한다. 정확성은 교과서 구성의 기본 중의 기본 원리이며, 교과서의 성격과 가치를 단적으로 대변하는 대표적 법칙이다.

⑦ 가독성(readability)[10]

내용을 구성하는 모든 자료는 쉽게 읽히고 이해를 돋우어야 하는데, 이는 내용 선정의 원리와도 긴밀하게 관계한다. 그리고 자료를 연계하는 내용도 이해하기 쉽게 설명해야 한다. 이해하기 쉽게 글을 조직하는 것은 교재 구성의 기본 원리로, 학습의 가능성과 효율성을 높이는 지름길이다. 가독성은 지면 구성의 원리와도 밀접하게 상관하므로, 연관하여 지면을 구조화하는 세심한 배려와 방법 연구가 필요하다.

2. 교과서 구성의 창조 원리

교재 구성의 일반 원리나 교재의 특수성을 첨예화하는 구성 원리도 구성자(構成者), 즉 집필자의 창조력이 얼마나, 어떻게 가미되었는가에 따라 교재로서의 가치와 질이 결정된다. 그러므로 교재 구성에서 구성자의 창조성·창의성은 교재에 생명력을 불어넣고, 교과서 개발학의 가능성을 가늠하는 시금석과 척도가 된다.

가. 독창적 지향의 원리

① 독자성(individuality)

독자성이란 학습 목표를 독립적으로 설정하고 구현하는 것과 함께, 교재를 구성하

---

10) 학계에서 '가독성(可讀性, legibility)'과 '이독성(易讀性, readability)'을 구별하여 설명하기도 하나, 여기에서는 가독성에 이독성의 뜻을 포함하는 개념으로 사용하였다. 가독성을 "인쇄물이 얼마나 쉽게 읽히는가 하는 능률의 정도. 활자체, 글자 간격, 행간(行間), 띄어쓰기 따위에 따라 달라진다(표준국어대사전).", "책이나 인쇄물 등이 쉽게 읽히는 정도(우리말샘)"라고 풀이하고 있으나, '이독성'은 사전에 오른 용어가 아니다.

는데 그 교재만이 갖는 독특성을 의미한다. 학습 목표를 효과적으로 달성하려면, 그 목표구현에 가장 적합한 자료를 선정하는 작업에서부터, 지면에 시각적 효과를 극대화하는 물리적 배열에 이르기까지 독특한 아이디어를 짜내야 한다. 하나의 단일 교과서를 만드는 구성 방법이나 대단원, (중단원), 소단원 구성에서도 이러한 독자성을 발휘해야 한다.

그러나 교육과정의 범주 안에서 창조적·창의적 기교를 유지해야 한다. 교재로서의 독자성을 너무 강조하다 보면, 교재의 일반적인 모습에서 일탈하여 교재로서의 가치가 감소한다. 교재 구성의 일반 원리를 준용하는 가운데에서의 독자성이 필요하다. 즉, 독자성의 무리한 강조가 교과서 공동체와 함께하는 보편적 가치를 훼손해서는 안 된다. 이러한 자세가 독자성이 독창성과 연결되는 방법 통로로 작용해야 한다.

② 정체성(identity)

해당 교과나 과목이 교재로서의 성격을 가장 잘 드러내는 정체성은 교재 구성에서 고려해야 할 중핵이다. 교과 교재는 해당 교과의 교육을 포괄적으로 실천할 수 있어야 한다. 교과 교육의 내용과 본질을 구체적, 체계적인 학습 경험으로 전환하여 어떻게 효율적으로 조직하느냐가 정체성을 확보하는 관건(關鍵)이다.

여타 교과와도 구별되는 정체성 확보도 필요하지만, 교과군을 형성하는 과목 간에도 이러한 정체성의 확립은 창조적 교재 구성에서 태동한다. '독자성'을 교재의 구성 체제나 교수·학습 방법의 독특한 전개에서 찾는다면, '정체성'은 교과 교육의 본질을 어떻게 특징 있게 교재로 전화하였는가에서 찾는다.

나. 창의적 발상의 원리

① 법칙성(nomology, rule)

교육 내용을 교재로 구성하는 원리는 전술한 바와 같이 여러 각도에서 생각해 볼 수 있는데, 개별적으로는 법칙성의 작용으로 존재한다고 하겠다. 그러나 창의적인 법칙성으로 그 가치를 유지해야 한다. 특정 교재의 성격이 확연하게 드러나는 교재화도 이러한 창의적인 법칙성을 발견하고, 이를 교재화의 발상 기술로 전환할 때 교재로서의 생명력과 가치가 증대된다.

　법칙성은 교육과정을 운영하는 규칙을 제공하는 것과도 유관하다. 구태의연(舊態
依然)한 규칙적인 자료의 나열이 아니라, 새로운 각도에서 창의성을 발휘하여 참신한
방법으로 교재의 구조화를 시도하는 것이 좋다. 그러므로 교과서 구성에서의 법칙성
은 사물 상호 관계에서 성립하는 일반적인 법칙성과는 그 성격이 다르다. 교과서의 창
의적 구성에서 필연적으로 요구하는 발상의 법칙성이다.

② 자족성(self-sufficiency)

　소기의 학습 목표를 포괄적으로 달성하고, 교재로서 역할을 충분히 수행할 수 있게
하는 원리가 자족성이다. 학습 가능성과도 유관한 원리로 일반 학습 자료들의 도움을
반드시 구하는 교재는 교재로서의 자격이 없다. 그러므로 교육과정의 내용 체계를 기
반으로 구성하는 교재는, 설정된 목표에 도달할 수 있는 최소한의 학습 효과를 자족적
인 형태로 제공해야 한다.

　현대와 같은 디지털 시대와 4차 산업 혁명 사회에서는 지식의 진리성(眞理性)은 항
상 가변적이기 때문에, 제공되는 교재를 교육 내용 체제로 이해하느냐, 하나의 학습의
자료로 이해하느냐에 따라 이 자족성의 규정 범위가 달라진다. 따라서 자족성은 교육
목표 도달의 만족도로 한정해 볼 여지가 있고, 교재 구성에서 창의적 발상을 필연적으
로 요구한다.

　21세기는 정보 통신의 혁혁한 발달과 교육 환경의 변화로 규범성이 약화하여, 교과
서(교재) 없이도 교수·학습이 이뤄질 가능성이 크다. 그러므로 앞으로의 교과서는 '유
일한 학습 자료로서 의미를 지니는 것이 아니라, 모든 다른 자료를 개발하는 기준을
제공하고, 필요한 여러 가지 정보와 자료를 보충, 통합할 수 있는 포용력'을 갖춰야 한
다. 이러한 교과서의 역할을 충족, 증대하기 위해 창조적 원리를 대승적(大乘的)으로
도입해야 한다. 창조적 원리의 정착은 규범과 개방의 역학 관계를 어떻게 설정하는가
에 따라 성공 여부가 결정된다.

3. 교과서 구성의 총합 원리

이상에서 교과서를 구성할 때 고려해야 할 제반 원리를 종합하여 구조화하고 체계적으로 설명해 보았다. 앞에서 언급한 바와 같이, 교과서 구성에서 내용의 선정이나 조직, 지면 구성, 진술 방법 등에서 제시한 원리는 독자적 위치에서 독립적으로 작용하지는 않는다. 교과의 특정 교육을 위한 구성 원리나 창조적 원리도 마찬가지다.

이들은 다음과 같은 이차적인 원심·구심 작용과 동태적 총합(總合) 아래에서 역동적으로 묶여질 때, 일차 원리로서의 존재 가치가 드러나고 증대한다.

가. 원심·구심적 작용 원리

교과 교육의 내용을 교육의 가치나 이념 차원, 과정과 결과의 차원, 공간 활용의 차원, 언어 활용의 차원 등에서 교재화하면서 고려하는 사항이다.

① 목적성(aim)

교재의 성격이나 활용, 사용 대상, 교수·학습의 형태 등은 고려하여 교재를 구성하는 일차적인 목적이 있을 것이다. 이러한 목적에 따라 교재 구성의 방법이나 적용하는 원리가 달라진다. 목적성의 원리는 교재가 지니는 단점인 피상성(皮相性)을 극복하는 기능을 지니며, 강조의 원리와도 관계가 깊다.

② 강조성(emphasis)

모든 교육 내용을 수평적인 어조로 교재를 구성하기란 쉽지 않다. 교육목표의 효과적인 실현과 도달을 위하여, 아니면 학습의 흥미와 효율성을 높이기 위하여 교재 구성에서 어느 한 면을 강조하는 경우가 생긴다. 특정의 교육 내용을 학습하기 위해서는 그에 알맞은 교수·학습이 이뤄지도록 구성과 조직의 체계를 달리하여 강조할 필요도 있다.

나. 역동·순환적 작용 원리

내용이 선정되면 다음으로 그 내용을 이용하여 교재의 기능을 발휘하도록 조직하는 것은 순차적이지만, 지면 구성이나 진술 방법과의 관계는 그렇지 않다. 이들은 교육의 목표 설정에 따라 교재의 기능을 최대한으로 유지할 수 있게 하는 역학 관계를 총합하여 자연스럽게 형성한다.

① 통합성(integrity)

일반적으로 통합성이란 교육과정 구성에서 선정된 학습 내용(성취기준), 학습 경험을 조직하는 데에서의 횡적 연계성을 의미한다. 그러나 여기에서는 교재 구성에 관여하는 자료들의 유기적, 논리적 일관성과 유대감을 뜻한다.

교재 구성은 교육목표에 따라 내용의 선정과 조직, 지면 구성이나 진술 방법이 달라진다. 그러나 이러한 개별적 목표 달성을 위해서는 모든 원리를 상호 보완과 긴장의 작용으로 응집·통합해야 한다. 그러므로 강조점에 따라 상기 원리 요소들의 관계 설정이나 통합의 방법이 변수로 작용한다.

② 반복성(repetition)

교재 구성에서 상기 원리들은 반복적으로, 역동적으로 작용한다. 교육의 내용이나 제재가 바뀌면 교재 구성의 원리도 달라져야 한다는 원칙은 없다. 기대 이상으로 교육의 효과를 증대하기 위하여 다양한 구성 원리를 원용해야 하지만, 제재나 자료의 교육적 구성은 교재화의 과정에서 같은 원리를 반복적으로 활용해야 하는 경우가 많다. 이는 나선형 교육과정의 구조와 어떤 면에서 일맥상통하는 원리다. 그러므로 여기에서의 반복성은 개별화된 원리를 총합하는 기제로서의 반복성이다.

4. 구성 원리 인자(因子) 존재 방식과 개발학

가. 원리 인자의 존재 방식과 작용

이상에서 교과서 구성의 일반 원리, 창조적 원리, 총합 원리를 살펴보았다. 일반 원리는 내용 선정과 조직, 지면 구성, 진술 방법 원리로 구분하고, 창조적 원리는 독창적 지향, 창의적 발상 원리로, 총합 원리는 원심·구심적 작용, 역동·순환적 작용 원리로 하위 구분하여 제시하였다. 이들 원리를 또 세부 하위 요소로 나누고, 교과서 구성(교재화)에서 원리로서의 작용 기능을 설명하였다.

교과서 구성 원리는 이론적 수준의 것이다. 구성 원리는 ① 독립적·개별적인 의미역을 지니고 ② 독자적 원리로서의 작용을 유지하지만, ③ 여타의 것들과 유기적으로 긴밀하게 연관하면서 ④ 상보적(相補的) 관계로 존재한다. 특히, 총합 원리는 일반 원리와 창의적 원리를 총합하고, 역동적으로 긴장, 핍진(逼眞) 관계를 유지해야 원리로서 기능과 가치를 발휘한다. 이처럼 교과서 구성의 원리는 개별적으로 분리하여 존재하는 것이 아니라 관계 속에서 생명력을 부여받는다.

실제 교과서 개발에 이들 원리를 적용할 때는 실천이 가능한 합의점에서 구체화하여야 한다. 이들 원리는 이상적 수준의 것으로 교재화 과정에서는 실용적 측면과의 조화와 최대 공약 점을 포착하는 것이 중요하다. 이들 원리 적용의 지나친 집착과 교과목의 특성을 고려하지 않으면, 오히려 좋은 교과서 개발을 저해할 수 있다. 너무 욕심을 부리면 이루지 못하고 방향을 잃을 수가 있다[과유불급(過猶不及)]는 말이다

그런데 구성 원리는 구조의 구조 위계로 되어 있고, 최하위 구조 요소를 '**구성 원리 인자(因子)**'라고 할 수 있다. 원리 인자의 기능을 찾을 수 있다면, 최하위 요소도 더욱 세분하는 것이 가능하다. 이는 최하위 요소의 인자 레벨이 유동적이란 말과 통한다. 이렇게 인자 개념을 도입하여 구성 원리를 설명하면 장점이 많다.

'**교과서 구성 원리 인자 개념**'은 좋은 교과서를 개발하는 데 관여하는 요소가 무엇인지를 선명하게 밝혀주고, 거시적으로 교과서 생태계에서 교과서 존재 이유와 가치를 표방하는 논리적 근거를 분명하게 한다. 결국, 교과서가 하나의 완결된 유기적 생명체로서 작용하게 하는 원천이 구성 원리 인자라 할 수 있다. 그러므로 구성 원리 인자도 하나의 살아있는 요소로 상호 관계 속에 존재한다. 즉, 개별 원리 인자로 존재하면서 통일된 생명체가 되도록 상호 끈끈하게 작용하는 관계를 형성하게 한다.

끝없이 사방으로 펼쳐진 '**인다라망(因陀羅網, indra/ indrajāla)**' 그물의 그물코에 달린 보배 구슬은 "어느 한 구슬은 다른 모든 구슬을 비추고, 그 구슬은 동시에 다른 모든 구슬에 비추어지고, 나아가 그 구슬에 비추어진 다른 모든 구슬의 영상이 다시, 다시 다른 모든 구슬에 거듭 비추어지며, 이러한 관계가 끝없이 중중무진(重重無盡)으로

펼쳐진다."[11]라고 하였다. '인다라망' 구술 관계처럼 좋은 교과서를 지향하여 구성 원리 인자는 역동적인 상호 작용으로 관계가 무궁무진하게 이어지면서, 유기적·상보적으로 관계를 맺으며 존재한다. 이들 인자는 하나하나가 중요한 위치에서 서로를 도우며, 이것이 뭉쳐 또 다른 인자의 덩어리를 도와주어, 끝과 다함이 없이 작용하는 것에 비유할 수 있다.

그러므로 교과서 개발에서 구성 원리 인자 하나하나가 중요하며, 단위 인자가 구실을 발휘할 수 있도록 하는 운영의 묘미와 더불어, 이들 인자가 좋은 교과서 실체를 이루는 인자로 그대로 전이 되도록 하는 기법이 필요하다. 결국, 좋은 교과서는 구성 인자가 순기능으로 작용하여 실체를 이룬 총합이며 결정체이다.

나. 원리 인자의 발산적 작용과 개발학

앞에서 교과서 구성 원리 인자는 독립적이면서 인자들 간에 긴밀한 상호 작용 관계로 존재함을 설명하였다. 그런데 이러한 구성 원리 인자는 교과서 생태계에서 발산적 작용으로 교과서 존재를 더욱 확고히 한다. 즉, 이들 인자는 교과서 구성(교재화)에서 좋은 교과서를 지향하여 유기적으로 긴밀하게 작용하면서, 여타 교과서 관련 생태 구성체 모두와도 같은 작용으로 존재한다.

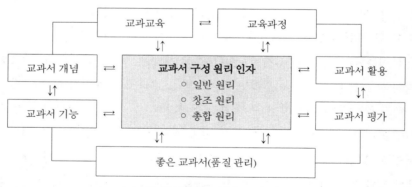

교과서 구성 원리 인자 존재 방식

---

11) 한국학중앙연구원, 『한국민족문화대백과』, http://encykorea.aks.ac.kr

원리 인자는 교과서 개념이나 기능 규정과도 관계한다. 교과서 개념 규정에서 원리 인자는 '본질', '뜻'을 구현하는 요소로 관여한다. 교과서 개념을 이루는 요소가 교과서 구성 원리에 상호 작용 관계에 놓여 서로 영향을 끼친다는 말이다. 그리고 교과서 기능 요소는 원리 인자에 역동적 '작용체'로서 '힘[力]'을 제공한다. 교과서 기능 요소가 원리 인자와 작용함으로써 서로의 존재가 드러난다는 말이다.

여기에 원리 인자는 교과서의 본질과 뜻, 작용과 힘이 좋은 교과서로서 '현상'이란 '빛'으로 발산하게 하는 역동적 원천을 제공한다. 곧, 원리 인자 상호 작용의 궁극적 지향은 좋은 교과서로 모양새(만듦새)를 갖추는 데 있다. 그러므로 원리 인자는 좋은 교과서 구비 조건이나 변인과도 연관한다는 말과 통한다.

앞서 **[교과서 생태적 절차도]**에서 교과서 구성 원리가 활용, 평가와 관계됨을 밝혔다. 같은 맥락에서 원리 인자도 이들과 연관하여 좋은 교과서 개발을 지향하며 존재한다. 그리하여 차원을 달리하여 구성 원리 인자 개념을 교과서 **'활용 인자', '평가 인자'** 설정까지 연장하는 것도 가능하다.

교과서 구성 원리는 교과교육, 교육과정, 교과서 삼위일체 관계에서 이들과의 관계 작용을 구체화하면서 교과서 존재를 공고히 한다. 여기에 원리 인자가 제 위치를 고수하면서 발산적으로 작용함은 물론이다. 교과교육, 교육과정의 내용 범위는 교육의 목표 설정에 따라 가변적이다. 그렇지만 이러한 내용을 교재화하는 데는 일반적으로 고려되는 몇 가지 원리, 즉 교재 구성의 기반과 방향타(方向舵)가 되는 **'구성 원리 인자 체계'**와 일정한 관계를 정립하는 것이 필요하다.

원리 인자는 교과서 수정·보완, 품질 관리의 원리와도 상관한다. 교과서 생태 존재에서 크고 작은 구성체와 관계하는 범주에서 품질 관리의 필수 요소로 관여한다. 바꿔 말하면, 교과서 구성 원리 인자의 선순환 작용은 좋은 교과서를 탄생시키므로, 좋은 교과서로의 유지, 보완 개선은 이들 인자를 중심으로 이루어진다는 논리와 통한다. 교과서 **'구성 원리 인자'**와 **'품질 관리 인자'**는, 위치에서의 작용이 다를 뿐이지 원천적으로 같은 것이다.

이상 원리 인자(요소)의 설명은 교과서 구성을 중심으로 구체적인 예를 제시하지 못한 한계에 머무른 점이 있다. 앞에서 제시한 원리 인자는 글자 그대로 교재화 방법의 보편적인 원칙이다. 교과서 생태계에서 구성 원리 인자의 위치와 역할을 알아보고, 개발학 내용 확충에서 구체적 체계 설정의 한 방법이 무엇인가를 찾아본 것이다.

교과서 구성 인자의 이러한 발산적 작용과 존재 방식은 아직은 관념의 차원에 머물러 있다. 좋은 교과서 개발을 위하여 이들 원리 인자의 분리와 통합이라는 균형을 어떻게 충족시킬 것인가를 이론화하고, 실질적으로 이를 증명해 내는 작업이 필요하다. 이들 각자의 인자를 일차 개별적으로 분석하고 따져보는 것도 중요하고, 총체적으로 교과서 구성 방법에서 상보적 역학 관계를 찾아보는 것도 필요하다. 지금까지 교과서 개발(교재화)에서 이러한 중요성을 인식하면서도, 이론의 축적이나 학문적 배경을 증대하는 원리 인자의 연구가 본격적으로 이루어지지 않았다.

교과서 구성 원리, 구성 원리 인자 개념은 교과서 개발학에서 중추적 위치를 차지한다. 앞으로는 개발학의 이론을 집적하는 차원에서 교재화의 절차와 관련 원리를 더욱 체계화하여, 이의 발전 가능성을 모색해야 한다. 학문으로서의 구비 요건을 충족시키기 위해, 구성 원리 인자 개념을 이론화하는 데 선결 과제와 급선무가 무엇인지를 살피고 찾아보아야 한다.

교과서 개발학의 학문적 정립과 이론화 가능성은 많은 연구를 통하여 기본을 쌓아야 하는 과제가 남아 있다. 국가 수준의 '교과서 연구소'나 '교과서 도서관', '교과서 박물관' 설립과 지원 같은 데에서 이러한 연구의 활성화나 견인 역할을 기대할 수도 있다. 현존하는 여타 관련 기관의 지원과 육성, 관계망 구축도 필수적임은 물론이다.

Ⅲ. 교과서 교수·학습 설계와 원리 탐색

1. 교과서 교수·학습 설계의 기저

가. 교수·학습 설계와 교과서의 위상

1) 교과서 생태계 교수·학습의 위상과 성격

교육과정과 교과서 모두 교수·학습과 긴밀하게 관계한다. 교수·학습을 언급하지 않고는 이들의 구조나 기능에서 교육적 존재를 언급할 수가 없다. 교육과정과 교과서의 상호 관계도 교수·학습으로 연결고리를 강화한다. 그런데 교육과정의 개발에서는 물론 교과서 개발, 활용, 분석·평가의 각 단계에서 교수·학습의 성격과 위상은 달라진다. 교과서 생태계에서의 교수·학습 성격과 교과서 위상을 정리해 보면 다음과 같다.

교과서 생태계	교수·학습 성격	교수·학습의 위상	비고
① 교육과정 개발 단계	목적적, 포괄적	교육과정 개발에 방법(모형)을 유목화하여 총체적으로 방향을 제시함.	교육과정 구조와 교수·학습
② 교과서 개발 단계	선택적, 구체적	학습 목표 달성에 적절한 방법(모형)을 선택하여 교과서 구성에 적용함.	교과서 구성과 교수·학습
③ 교과서 활용 단계	실제적, 과정적	교실 상황과 수업 활동에 적합한 과정이 드러나는 교과서 활용 방법을 제공함	수업(지도안)과 교수·학습
④ 교과서 분석· 평가 단계	분석적, 구조적	교과서 개발과 활용에 교수·학습 존재 방식과 개선 방법을 제시함	교과서 평가와 교수·학습

위의 일람(一覽)에서 알 수 있듯이 단계마다 존재 목적과 환경 때문에 교수·학습의 성격과 위상이 달라진다. 이러한 성격과 위상의 변화는 연동하여 교과서의 기능과 역할도 달라지게 한다.

교수·학습(방법)은 '교육과정 체계'에 필수 구성 요소로 자리 잡고, 교육과정 운영과 교육활동 전반에서 가르치고 배우는 방법이 어떠해야 하는가를 포괄적으로 제시한다. 교육과정에 제시된 교수·학습 방법(유의점)은 국·검·인정 교과서에서 반영 여부를 가리는 심사·심의 기준이 될 정도로, 교과서의 자격을 부여받는 핵심 사항이라 하겠다.

교과서 존재 단계마다 교수·학습 위상은 판연하게 다르다. '교과서 개발 단계'에서는 교과서 구성에 절차로 자리 잡는 이론모형으로의 위상이고, '활용 단계'에서는 교과서에 구현된 모형을 실제 교육활동으로 전환하는 수업 과정으로서의 위상이다. '평가 단계'에서는 교수·학습이 교과서 구성에서는 절차로, 수업에서는 목표 달성으로 좋은 교과서의 기능을 제대로 실체화하고 구현하였는지의 결과로서의 위상이다. 이처럼 교수·학습 방법이 교과서와 관계하는 위상이 달라지면, 그 성격도 당연히 달라진다.

이러한 교수·학습의 위상과 성격 변화는 교과서에 그대로 전이되어 교과서의 기능과 역할을 달리하게 한다. 이처럼 교과서와 교수·학습은 순치(脣齒)의 관계로 긴밀하게 관계한다는 말이다.

교과서 생태계에서 존재 단계마다 달리하는 교수·학습 위상과 성격을 고려하여, 실제 좋은 교수·학습의 설계가 좋은 교과서와 연결되도록 유념해야 한다. '교수·학습을 어떻게 구체적으로 실체화하고, 교육활동으로 전환하며, 목표 달성 여부를 확인할 것인가'에 대한 이론과 체계, 방향을 검토해야 한다. 그러므로 단계마다 교수·학습의 위상과 성격이 다르지만, 이 모두가 교과서에 논리적으로 합일하여 실체화되고, 또 그렇게 되어야 한다는 목적 지향에서는 공통적이다.

특히, 교과서 구성과 활용에서 교수·학습은 좋은 교과서 품질을 좌우하는 핵심으로 작용한다. 그러므로 구성에서의 교수·학습 이론과 활용에서의 실제를 교실 상황에서 하나로 통합하는 방법이 필요하다. 따라서 교과서 구성에서 교육목표 설정, 이에 적합한 교수·학습 절차 등을 구안하고 종합하는 교재화 방법은 물론, 교과서 활용에서 교수·학습의 기능과 정체, 효과를 체계적 실험과 연구로 증명해 내야 한다.

2) 교수·학습 설계와 교과서 개발 층위

일반적으로 실제 상황에서 교육 효과는 학생(대상)과 교사(주체) 사이에 교과서를 매개로 상호 심동(心動) 작용으로 드러난다. 교수·학습이란 일련의 과정과 소통에서 반드시 매개체가 필요한데 이것이 교과서(교재)이다. 이처럼 교수·학습은 교과서라는 매개체를 통하여 실체가 가시화되고 교육적 가치를 발휘하게 된다. 그러므로 교수·학습은 교과서 개발에서 필수 불가결의 요소로 작용한다. 교과서의 개념과 기능 규정에서도 교수·학습을 중심에 놓는 이유가 여기에 있다. 따라서 교과서 구성에서 교수·학습의 효율적이고 바람직한 구현은 직·간접으로 좋은 교과서 개발과 연결될 수밖에 없다.

요즈음 교육학 이론에서는 교육 현장과 학자들 간에 '**교수·학습 설계(teaching-learning planning/design)**'라는 용어보다는 '**교수설계(teaching planning)**'라는 말을 많이 사용한다. 가르치는 사람으로서는 '교수'가 되고, 배우는 사람으로서는 '학습'이 되는데, 주로 설계는 가르치는 사람이 주체가 되므로 용어의 사용상 차이에서 오는 문제는 없다고 본다.

또 이들 용어와 의미역을 달리하여 '**수업 설계(instructional planing)**'라고도 하여 의미의 결을 다르게 해석한다. 엄밀하게 따지면 '수업'은 '교수', '학습', '교수·학습'과도 구별되는 용어이지만, 의미역과 교육적 함의에서 공통 요소를 공유하기도 한다.[12] 따라서 특별한 경우가 아니면 이를 구별하지 않고 자유롭게 사용하고자 한다. 설명과 이해의 폭을 넓혀서 의미의 변별을 강조하기보다는, 교과서 구성에서 교수·학습 기능과 역할에 주목하여 용어의 차이를 슬기롭게 해소하려는 의도이다.

교수·학습 설계는 교과서 개발과 밀접하게 관계하며 층위 구조로 연결된다. 여기에서 '교수·학습 설계'와 '**교과서 교수·학습 설계**'의 의미 관계를 명확하게 할 필요가 있다. 이를 명확히 구분함으로써 '교과서 설계', '교과서 구성', '교과서 개발' 등 용어 간의 관계가 자연스럽게 드러나고, 이들의 의미역에서 교수·학습의 위상이 분명해지기

---

12) 이희도 외 『수업의 이론과 실제』(중앙적성출판사, 1997)에서는 이들 용어를 자세히 설명하였다 (pp.11~24.). 여기에서 '수업'의 교육적 함의를 여섯 가지로 정리, 설명하고 있다. ① 수업에는 반드시 수업 목표가 있다. ② 수업은 계획적 활동이다. ③ 수업하였다고 반드시 학습이 이루어지는 것이 아니다. ④ 수업은 교사가 학습자의 학습 과정을 돕는 활동이다. ⑤ 교수-학습은 교사와 학생 간의 상호 작용을 원칙으로 하지만, 자료-학생 상호 작용에 의해서도 이루어진다. ⑥ '수업'과 '교수' 용어를 구분, 정리한다.

때문이다.

이들의 의미 차이점이나 위상을 구분하기 위하여 다음과 같은 관계 양상을 생각해 보는 것이 가능하다.

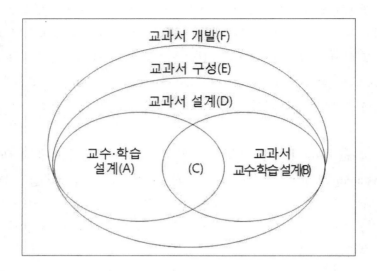

[교수·학습 설계(A)]: 자구(字句) 뜻으로도 극명한 '무엇을 어떻게 가르치고 배우게 할 것인가'를 구체적으로 계획하는 것을 말한다. 수업(교수·학습) 설계의 근본 목적은 "교수·학습의 목표를 성공적으로 성취하기 위하여 교수·학습 과정의 효율성과 효능성 을 극대화해 조직하는 데 있다."[13]라는 말에 주목이 간다. 이러한 설계에 필수적으로 고려하는 요소에는 학습 목표, 내용, 방법(모형), 활동, 시간, 자료, 평가 등이 있다. 교 수·학습 설계는 학습 목표에 따라 단위로 설계하는 것이 일반적이고, 교과서와 관계 하기도 관계하지 않기도 한다.

[교과서 교수·학습 설계(B)]: 교수·학습 설계를 교과서에 실제 구현하기 위한 설계이 다. 교수·학습 설계 이론이 바탕이 되지만, 수업 상황이 아닌 교과서라는 지면(디지털 교과서는 화면) 상황에서 실체화된다는 점이 다르다. 그러므로 교과서 교수·학습 설 계는 기초 배경 이론을 위시하여 일정 부분 교수·학습 설계와 공유한다. 앞으로, 교과 서 교수·학습 설계는 겹치지 않는 영역을 독자적 이론으로 정립하고, 실체가 분명하

---

13) 이성호, 『교수 방법의 탐구』(양서원, 1997) p.292.

게 드러나도록 체계를 세워야 한다.

[공유부분(C)]: 교수·학습 설계(A)와 교과서 교수·학습 설계(B)가 '교과서 설계(D)', '교과서 구성(E)', 더 크게 '교과서 개발(F)'이라는 관점에서 이론적 배경으로 접점을 모색하고, 역동적 상호작용을 지향하는 부분이다. 역으로 되짚어 이들의 상호 작용을 구체화하면, 교과서 설계 이론이나 교과서 구성의 기법 등을 자연스럽게 도출할 수 있다.

공유부분의 요소로 설계의 방법적 이론과 교수·학습 설계 필수 요소, 즉, 학습 목표, 내용, 방법(모형), 활동, 시간, 자료, 평가 등이 대상이다. 어찌 보면 교과서 교수·학습 설계는 교수·학습 설계를 포함하는 관계로 봐도 모순되는 점은 없다. (C)영역은 연구의 분야로서 공유 요소가 무엇인지를 알아보려는 의도도 있어 따로 분리 설정하였다.

[교과서 설계(D)]: 교수·학습, 교과서 교수·학습 설계 이론을 바탕으로 교과서 구성과 체계가 좋은 교과서가 되도록 계획을 세우는 작업이다. 교육정책의 고려 및 교육과정의 반영에서부터 교과서 형태, 단원별 구성 방법 및 쪽수 배당, 교수·학습 모형을 포함하여 교과서 구성의 제반 사항을 구체적으로 설계 차원에서 명시하는 일이다. 교육과정의 상세화나 집필 세목 작성도 교과서 설계의 중요한 한 축을 차지하며, 이들 모두가 좋은 교과서가 만들어지도록 하나의 초점으로 집중한다. 교과서 설계는 교수·학습 이론은 물론 관련 요소의 관계를 정확히 분석, 구조화해야 하므로 세밀하게 계획해야 한다.

[교과서 구성(E)]: 교과서 설계를 바탕으로 실체가 만들어지도록 주로 교수·학습 측면을 고려하여, 교과서 설계 요소를 조합하는 교재화 작업이다. 일반적으로 교과서 구성은 앞서 원리 설명에서 밝혔듯이, 크게 내용 선정, 내용 조직, 지면 구성, 진술 방법 측면에서 좋은 교과서가 탄생하도록 종합, 구조화하는 창의적 활동이다. 교과서 구성은 용어상으로 **'교재화'**를 구체적으로 해석한 말이다.

결국, 교과서 구성은 교과서가 완결된 하나의 유기체(생명체)가 되도록 하는 작업이다. 교과서 설계 요소를 정교하게 상호 작용하도록 연결해야 하므로 창의성과 독창성, 전문성이 필요하다. 그러므로 교과서 구성은 교과서 교수·학습 설계의 실체화 성공 여부를 가름하는 작업으로, 교과서 교수·학습 설계 여러 요소가 교과서에 상동(相同)으로 전환하도록 하는 의무가 따른다.

[교과서 개발(F)]: (A)~(E)를 모두 포괄하여 교과서를 실체화하는 모든 계획과 과정, 결과 처리를 포함한다. 정책의 입안에서부터 교육과정 개발, 이에 따른 교과서 개발

계획, 교과서 종류 구분 등을 비롯하여, 개발 방법, 자격 부여 방식, 선정 공급, 사용에 이르기까지를 모두 **'교과서 개발'**의 영역이라 하겠다. 이러한 일련의 절차는 교육 공동체와의 협력으로 이뤄진다. 결국, 교과서 개발의 궁극적 지향은 '좋은 교과서'를 만들어 교육 현장에서 교육적 성과를 최고 수준으로 발휘하는 데 있다.

어찌 보면, 유기적 생명체로서의 교과서는 그 자체가 교수·학습이라는 작용이 신경 조직이나 핏줄 연결망처럼 연결되게 하는 실체 구현물이다. 즉, 교수·학습 모형이 반복하여 작용하는 역동적 집합체라고 하겠다. 그러므로 (A)~(F) 일련의 층위는 교과서 생태계를 교수·학습 측면에서 가시화한 하나의 존재 모형이다.

나. 교수·학습 설계 이론과 지식의 관점

교수·학습 설계는 교육 상황의 실현에 효과를 담보하기 위해서 이론적 배경에 통달하거나 익숙함을 요구한다. 지금까지 학자의 취향에 따라 '교수·학습' 관련 용어를 다양하게 사용하면서, 배경 이론에 많은 축적을 쌓아왔다. 이러한 배경 이론을 설계 이론으로 간주하고, 교재 구성과 관련하여 간단히 설명해 보고자 한다.

교수·학습 이론은 심리학적, 철학적, 사회학적, 교육학적 이론과 그 동향을 포함한다. 대개 교수·학습 이론은 교수·학습 과정을 이루는 요소를 찾아내고, 이들 구성 요소가 어떻게 효율적으로 기능·작용하는가를 밝히는 방법적 원리를 말한다. 교수·학습 설계는 이러한 이론을 실천적이고 구체적인 면을 강조하고, 학습 목표, 내용, 과제, 환경을 고려하여 최적의 교수·학습 절차를 구체적으로 설정, 계획하는 것을 말한다.

교수·학습 이론은 일반적으로 지식에 대하여 두 가지 관점, 지식 개념의 태도에서 접근한다. 그 하나는 지금까지 전통적으로 내려온 ① 객관주의적, 절대주의적 태도이고, 또 하나는 ② 구성주의적, 상대주의적 태도이다.

1) 객관주의·절대주의 태도

객관주의는 실재론에 뿌리를 두고 세계는 우리의 외부에 객관적으로 존재하며, 그 의미는 역시 우리의 경험과는 별도로 객관적 세계 속에 존재하는 것으로 파악한다. 객관주의 관점에서 지식이란 교수·학습 상황에서 생성되는 것이 아니라, 객관적으로 이미 존재하는 것으로 여긴다. 그러므로 교사는 학생들에게 객관적 지식이나 정보를 어떻게 하면 빨리, 많이 전달할 것인가를 문제로 삼는다. 그래서 교육의 과정을 벽돌을 쌓아 집을 짓는 것에 비유하여, 단계별로 새로운 지식을 쌓아 가는 것을 무엇보다도 강조하게 된다.

객관주의적 교수·학습 이론에 의하면 객관적 지식이나 정보를 많이 축적하는 것을 궁극적으로 표방하므로, 학습의 과정에서 지식이나 정보의 축적 정도를 점검할 필요가 없고, 마지막 단계에서 학업 성취 여부를 평가하면 된다는 것이다. 그러므로 객관주의적 입장에서의 교수·학습의 설계는 "학습자가 실체와 그 실체가 지닌 속성, 그리고 실체들 사이의 관계를 파악하도록 도와서, 궁극적으로는 세계의 객관적 법칙을 밝혀내는 데 있다."[14]는 것이다. 따라서 전통적 지식관에서 교수·학습 방법은 교사가 중심이 되어 학습자가 지식이나 정보를 빨리, 많이 암기하고 기억하고, 이를 재생산할 수 있도록 돕는 것이 주된 모형이 된다.

2) 구성주의·상대주의 태도

구성주의에서는 우리가 경험하는 세계는 존재하지만, 그 의미는 우리 인간에 의하여 부여되고 구성되는 것이라고 여긴다. 지식이나 외부의 세계는 개인과 별개로 존재하는 것이 아니라, 개개인에 의해 재구성되고 창조된다는 것이다. 이는 객관적인 지식이나 정보는 존재하지 않는다는 기본 입장에서 출발한다. 그러므로 새로운 지식이나 정보를 개개인이 인식한다는 것은, 개개인이 이미 가지고 있는 인지 구조와의 상호 작용을 통하여 새로운 인지 구조를 재구성해 간다는 것이다.[15]

그러므로 세계를 조직하고 이해하는 방식은 다양할 수 있으며, 하나의 옳은 의미, 객관적 실체는 존재하지 않는다고 생각한다. 지식은 경험으로부터 구성되는 것이며, 객관적으로 존재하는 것이 아니라는 것이다. 실재란 학습자의 마음속에 존재하는 것

---

14) 정인성·나일주, 『최신 교수설계이론』(교육과학사, 1996) p.272. '객관주의, 구성주의'를 참조하여 정리하였음(pp.272~277.)

15) 구성주의도 객관적 지식이나 진리에 접근하는 방법에는 학자에 따라 다양한 면모를 보이고, 따라서 구성주의에 대하여 통일된 견해를 찾기란 상당히 어려운 부면이 있다. 그리하여 조작적 구성주의, 급진적 구성주의, 사회적 구성주의 등 구성주의에 대한 명칭도 다양하다. 박영배님의 학위 논문인 '수학 교수학습의 구성주의적 전개에 관한 연구'는 구성주의에 대한 개념 정립을 비롯하여 일반적인 사항을 잘 정리하여 많은 참고가 된다(서울대학교 대학원 수학교육과, 1996).

이고, 학습자는 그의 경험에 바탕을 두고 실재를 구성한다는 것이다.

따라서 각 개인의 경험이 다르듯이 구성된 실재의 모습이나 의미도 개인마다 다르다는 것이다. 그래서 구성주의에서의 교수·학습이란 이를 구조화시키는 것이 아니라, 학습이 일어날 수 있는 환경을 설계하는 것으로 여긴다. 그리하여 객관적 지식이나 정보를 많이 가르치고 배우는 것을 지양하고, 학습자의 소질이나 특성을 고려하여, 개개인이 스스로 인지 구조를 새롭게 형성할 수 있도록 하는 교수·학습의 형태를 구안하는 것을 최선으로 삼는다. 교수학습의 주체는 학습자이며, 교사는 다만 학생들의 능동적 활동을 도와주는 안내자, 조언자, 촉진자의 위치에 머물러야 한다.

그러므로 지식 개념의 입장에 따라 교수·학습과 교재의 구성 방식이 달라질 수 있다. 전통주의적 지식의 개념을 인정한다면 교수학습을 교재로 흡인하는 기존 방법을 이용할 수 있지만, 구성주의적 지식 개념의 경우에는 고전적 교수학습의 설계는 교육활동을 구체화하고, 소기의 교육목표를 달성하기가 어렵다.

그러나 지식 개념에 대한 태도의 이러한 분류를 교수·학습 설계에 도입하는 문제는 별개의 사안이다. 교수·학습의 모형을 교과서에서 구현하는 경우가 우선이고, 교과서에 실체화된 모형을 교실 환경에서 실천하는 것이 차후라는 시간과 공간의 간극(間隙) 등 많은 변수를 내포하고 있기 때문이다.

다. 교수·학습 방법의 분류와 설계

'**교수·학습 방법**'[16]은 교수·학습 설계의 기초이면서 '**교과서 교수·학습 설계**'에서 우선으로 고려할 사항이다. 교수·학습 방법은 인간 존재와 학습 방식, 교수·학습 양식, 이론과 실제, 영역 구분 방법, 통제의 방법 등에 따라 다양하게 분류한다.

그런데 일반적으로 교수·학습 방법은 '① **일반 단계모형**'과 '② **특정 모형**'으로 크게 나눌 수 있다. 이러한 분류는 어떤 특별한 기준이 있어 구별하기보다는 학습 목표를 달성하는데 방법과 절차를 고려하여 일반적인 절차냐, 아니면 특정의 독특한 독립 절

---

16) 교수·학습 모형, 방법, 기법(기술), 전략 등의 용어를 구분하여 사용하기도 한다(최지현 외, 『국어과 교수·학습 방법』 도서출판 역락, 2009. pp.26~33.). 필요에 따라 '모형'과 '방법'이란 용어를 자유롭게 교차 사용했다.

차냐에 따라 구분해 본 것이다.

1) 교수·학습 일반 단계모형

지금까지 연구한 것을 종합하여 일반 단계모형의 대표적인 유형을 다음과 같이 정리할 수 있다.[17]

구분	주장	교수·학습 단계
3단계	J. A. Commenius	① 직관 ② 이해 ③ 인명(印銘)
	J. H. Pestalozzi	① 직관 ② 경험 ③ 관념
	F.W. Pörpheld	① 직관 ② 사고 ③ 응용
	O. Willmann	① 수용 ② 이해 ③ 응용
	H. B. Alberty	① 도입 및 계획 ② 발전 ③ 종합 및 평가 (5단계 분화 가능)
4단계	J. F. Herbart	① 명료 ② 연합 ③ 계통 ④ 방법
	W. H. Kilpatrick	① 목적 ② 계획 ③ 실행 ④ 판단
	J. S. Brunner	① 문제 파악 ② 가설 설정 ③ 가설 검증 확인 ④ 실제 적용
	R. Glaser	① 목표 ② 진단 ③ 지도 ④ 평가
	기타	① 도입 ② 전개 ③ 정리 ④ 평가
5단계	T. Ziller	① 분석 ② 종합 ③ 연합 ④ 계통 ⑤ 방법
	W. Rein	① 예비 ② 제시 ③ 비교 ④ 총괄 ⑤ 응용
	J. Dewey	① 문제의 결정 ② 문제 해결 계획 ③ 자료 수집 ④ 활동 전개 ⑤ 결과 검토
	D. R. Krathwohl	① 감수 ② 반응 ③ 가치화 ④ 조직화 ⑤ 성격화
	한국교육개발원 (KEDI)	① 계획 ② 진단 ③ 지도 ④ 발전 ⑤ 평가
7단계	Gagné & Briggs	① 주의 집중시키기 ② 목표 알려주기 ③ 선행학습 기억하기 ④ 자료 제시하기 ⑤ 학습 활동 유발하기 ⑥ 피드백 제공하기 ⑦ 평가하기
8단계	M. Hunter	① 복습 ② 학습 기대 준비 ③ 목표와 목적 ④ 제시와 모델링 ⑤ 평가 ⑥ 연습 ⑦ 마침 ⑧ 개별학습

일반 단계모형은 학습 목표 설정 등 교수·학습 상황이나 목적에 따라 절차의 특성과 강조점을 달리하여 구조화할 수 있다. 그리하여 교과 성격과 교실 환경에 맞게 이들 모형을 근간으로 단계를 다양하게 변형하기도 한다.

---

17) 정동화 외, 『국어과 교육론』(선일문화사, 1990, pp.140~142.), Gary D. Borich, 『Effective Teaching Methods』5/E(『효과적인 교수법』박승배 외, 아카데미프레스, 2009. p.144.)를 참조하여 정리한 것임

2) 교수·학습 특정 모형

인간 존재와 인간이 어떻게 학습하는지의 생각을 네 가지로 분류하여 교수·학습모형을 제시하기도 한다.[18]

모형 구분	교수·학습 모형		개발자(재개발자)
정보처리 모형	귀납적 사고(분류 지향적)		Hilda Taba(Bruce Joyce)
	개념 획득		Jerome Bruner(Fred Lighthall)(Tennyson and Cocchiarella) (Bruce Joyce)
	그림-단어 귀납 모형		Emily Calhoun
	과학적 탐구		Joseph Schwab
	탐구 훈련		Richard Suchman(Howard Jones)
	기억술(기억 보조)		Michael Pressley, Joel Levin, Richard Anderson
	창조적 문제 해결법		Bill Gordon
	선행 조직자		David Ausubel (Lawton and Wanska)
사회적 모형	학습 파트너	긍정적 상호 의존	David Johnson, Roger Johnson, Margarita Calderon, Elizabeth Cohen
		구조화된 탐구	Robert Slavin(Aronson)
	집단 조사		John Dewey, Herbert Thelen(Shlomo Sharan), (Bruce Joyce)
	역할 놀이		Fannie Shaftel
	법학적 탐구		Donald Oliver, James Shaver
개인적 모형	비지시적 교수		Carl Rogers
	자긍심 강화		Abraham Maslow(Bruce Joyce)
행동 체제 모형	완전 학습		Benjamin Bloom, James Block
	지시적 수업		Tom Good, Jere Brophy, Carl Bereiter, Ziggy Engleman, Wes Becker
	시뮬레이션		Carl Smith, Mary Smith
	사회 학습		Albert Bandura, Carl Thoresen, Wes Becker
	프로그램화된 계획 (과제 수행 강화)		B. F. Skinner

이러한 여러 방법(모형)은 교수·학습 설계로 더욱 구체적인 절차와 틀을 갖추게 되고, 곧바로 교과서 교수·학습 설계로 이어진다. 교수·학습 특정 모형의 명칭도 절차의 특수성을 드러내며 다양하게 붙여지기도 한다.[19]

---

18) Bruce Joyce·Marsha Weil·Emily Calhoun, 『Models of Teaching』7/e (『교수모형』 박인우 외 옮김, 아카데미프레스, 2005. pp.21~37.)을 참조하여 정리한 것임

19) 수업 모형을 '**일반 수업 모형**', '**교과 수업 모형**'으로 구분하기도 한다. 일반 수업 모형으로는 선행 조

교수·학습 방법은 학습 목표를 효율적으로 달성하기 위해 일정한 과정의 틀로 정형화하기도 하고, 수업 환경의 변화에 따라 모형을 변용하여 절차를 재구성해야 하는 경우도 생긴다. 같은 맥락에서 교과서 구성도 교과서 설계 차원에서 교수·학습 모형을 학습 목표나 단원의 성격, 학생의 수준 등 교육 변인에 따라 절차나 단계를 탄력적으로 변용할 수밖에 없기도 하다.

3) 교수·학습 방법의 존재 방식과 설계 활용

교수·학습 방법은 고정된 일정한 틀이 아니라 모형의 본질을 훼손하지 않는 경계 내에서, 기본적으로 가변적이면서 **'유연한 속성'**으로 존재한다. 이러한 속성은 일반 단계모형이나 특정 모형 각각이 서로 연접하면서 다양하게 존재한다는 사실 자체에서도 끌어낼 수 있다. 즉, 교수·학습 단계나 절차는 이미 존재해 있는 것이 아니라, 이론을 바탕으로 효과적으로 학습 목표를 달성하기 위해 근간은 유지하되, 과정을 유연하게 변화시키는 절차라고 하겠다. 따라서 교과서 설계에 이러한 속성과 존재 방식은 교과서 구성을 더 자유롭게 하는 장점으로 작용한다.

○ 수업, 기술/기법, 모형, 원리, 전략 등 의미가 연접, 교섭(통섭)하며 하나의 교육 목적으로 존재한다.
○ 일반 단계모형이나 특정 모형 모두 단계, 절차가 고정되어 있지 않고 탄력적으로 줄이거나 늘릴 수 있다.
○ 논리적 기준에 따라 모형 분류 방법을 달리할 수 있으며, 어떤 모형은 분류의 경계를 넘나들기도 한다.
○ 교육적 상황과 설계 변인에 따라 독립적, 상보적으로, 아니면 통합적으로 관계하며 존재한다.

직자 모형, 기억 모형, 완전학습 모형, 개념학습 모형, 귀납적 사고 모형, 발견학습 모형, 인지발달 모형, 창조적 문제 해결법(SYNECTICS), 다중지능 모형, 탐구학습 모형, 역할 놀이 모형, 모의학습 모형, 상황관리 모형(Learning Self-control Model), 논쟁 수업 모형, JIGSAW·JIGSAW II·JIGSAW III 모형, 보상중심 협동학습 모형(STAD/TGT), 직접교수법(Direct Instruction), SQ3R(Survey, Question, Read, Recite, Review)를 예로 들고, 교과 수업 모형으로는 상보적 교수(Reciprocal teaching), 직접 읽기 사고 활동 수업 모형, 오류주의 모형, 문제 해결 모형, 의사 결정 모형, 집단 탐구 모형을 제시하였다(윤기옥 외, 『수업 모형』 동문사, 2009).

○ 수업의 효율성을 높이고, 교육적 소통이 원활하도록 교과서 구성을 결정하고 안내하는 기능으로 존재한다.

○ 학습 목표, 대상, 내용, 활동, 기법, 환경, 전략에 따라 교과서 교수·학습 절차를 더 구체화하는 것이 가능하다.

○ 교과서 구성에서 기법, 환경, 전략과 함께 여러 교수·학습 방법이 접변(接變)으로 공존하며, 따라서 모형과 절차에 제한이 없다.

○ 교과서 교수·학습 절차 구조는 수업 지도안의 절차와 과정으로 무난하게 이행하는 기능과 역할을 한다.

○ 의도적으로 강조하여 반영한 특정 교수·학습 절차는 교과서의 성격과 특징, 사용상의 장점을 부각한다.

○ 교과서에 구현된 교수·학습 절차는 교과서의 활용을 계획적, 효율적으로 조장하는 기능을 발휘한다.

○ 교수·학습 방법을 교과서에 완벽하게 설계, 반영하는 수준은 설계자의 의도와 능력에 따라 달라진다.

교과서 교수·학습 설계는 교과서 설계의 근간과 본질이므로 이러한 속성과 존재 방식을 잘 활용하여, 좋은 교과서의 자질이 명확하게 형성되도록 스며들게 해야 한다. 교과서 개발에서 결정되는 좋은 교과서 품질이 현장에서 교수·학습 효과와 불가분 관계로 연결되기 때문이다.

2. 교과서 교수·학습 설계와 구성 원리

가. 교수·학습과 교과서 구성의 패러다임

교육은 가치 있는 교육 목적과 목표를 달성하기 위한 의도적인 활동이다. 그러므로 의도적인 활동을 교육적으로 실천하는 데에는 효율적인 절차와 과정을 고려해야 하는데, 그중의 하나가 교수·학습 방법이다. 그런데 교과서(교재) 구조(structure of subject)는 교수·학습의 절차에 따라 달라지므로 이와 긴밀하게 연관을 짓는 방법이 무엇인지를 찾아보는 것이 중요하다.

교수·학습의 형태를 좌우하는 조건에는 여러 가지가 있다. 교육의 목표가 무엇인지도 교수·학습의 형태를 바꾼다. 교육의 목표구현을 위하여 어떤 제재를 이용할 것인가도 유관하다. 또, 교과서의 기능과 역할을 어디에 두느냐에 따라 교수·학습 방법이 달라지고, 교육할 내용을 무엇으로 정하느냐에 따라 교과서의 구조도 다양해진다. 그런데 교육 내용은 교육과정에 대한 철학적 입장에 따라 달라진다. 이처럼 교수·학습과 교과서 구성은 역동적 현상과 작용으로 관계하며 존재한다. 교과서 설계의 기저(基底) 탐색과 결부하여 이들 상호 관계를 도식해 보면 다음과 같다.

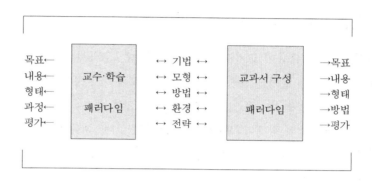

위의 도식에서 교육활동은 교수·학습과 교과서를 중심으로 교육의 본질을 구현할 수 있는 핵심에 놓임을 상정할 수 있다. '**교수·학습 패러다임**'은 교육의 목표, 내용, 형태(종류), 그리고 그 과정과 평가의 방법을 어떻게 운용하느냐에 따라 구조화의 방법이 달라진다. '**교과서 구성 패러다임**'은 교과서에 제시하는 교육목표, 내용, 교재의 형태와 구성 방법 그리고 활용과 평가의 중점에 따라 그 구조화의 방법이 다양해진다.

이렇게 교수·학습 패러다임과 교과서 패러다임은 목표, 내용, 형태, 과정(구성 방법), 평가와 서로 유관하여 긴밀하게 작용한다. 그리고 이들 요소의 상호 작용은 교수·학습 기법, 모형, 방법, 환경, 전략이라는 긴장성으로 더욱 차원을 달리한다. 특히, 교수·학습 전략은 기법, 모형, 방법, 환경을 고려하여, 준비에서부터 실제 조직에까지 좋은 교과서를 지향하여 교과서 구성의 패러다임과 선순환으로 작용하게 한다.

그러나 이들은 상하(上下)의 예속 관계, 좌우의 동등 관계, 선후의 순차 관계를 항상 유지하는 것은 아니다. '교육적 상황'에 따라 그 역동적 관계가 무상, 무쌍하다. 여기에서의 '**교육적 상황**'이란 "교육을 효율적으로 수행하는데 파생하는 모든 가변적 요소를 내포한 인적, 물적 관계"를 의미한다.

이렇게 교수·학습 패러다임과 교재 구성의 패러다임의 관계는 '교육적 상황'에 따라 그 작용이 달라지면서, 교육목표 실현을 효율적으로 구체화한다고 보겠다. 교수·학습의 실천을 위하여 교과서를 의도하는 방향으로 구성하느냐, 아니면 교과서 구성의 방향과 활용에 따라 교수·학습의 형태가 달라지는가는 이들 상호 요소 간의 긴밀한 작용 관계에 달려 있다. 이러한 모든 구성적 자질과 요소는 좋은 교과서의 구성과 개발의 기본이 된다.

나. 교수·학습 설계와 교과서 구성의 상동성

앞에서 누누이 강조했듯이 교과서 교수·학습 설계는 교과서 설계의 바탕이며 기초이다. 따라서 교수·학습 설계를 선행하지 않고서는 교과서 구성이 자유로워질 수가 없다. 교과서 구성에서 실질적 활동인 내용의 선정과 조직, 내용의 수준과 범위, 구성 체제 등도 모두 교수·학습의 형태와 밀접하게 관련되어 있다. 장을 달리하여 설명하겠지만, 교과서 품질 관리로서 수정·보완의 검토 관점과 방법론도 이에서 자연스럽게 내포, 제시된다고 하겠다.

그런데 교과서 구성에서 교수·학습의 위치는 교수·학습 실천과 연관하여 다음 두 가지 측면을 생각할 수 있다.

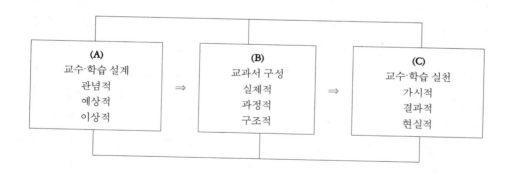

교과서 교수·학습 설계가 먼저 이뤄지고(A), 그에 따라 교과서 구성(B)을 효율적 교수·학습 실천(C)을 목표로 하여 구조화해야 한다. 그리고 이렇게 구조화한 교과서(B)를 교실 현장에서 다시 실제 상황인 교수·학습(C)의 형태로 전환하는 것은 차후 실천

의 문제다.

그러므로 (A), (C) 교수·학습에 괴리가 없게 하려면 (B)의 교과서 구성이 성공적으로 이뤄져야 한다. 지금까지는 (B)와 (C)의 관계만을 고려한 측면이 많았는데, (A)와 (B)의 상동성 관계가 교육적으로 고려되면, 교수·학습의 실천(C)에서 기대하는 효과를 자연히 거둘 수 있다. 그런데 교수·학습 방법이 바람직한 교과서 설계로 이어지고, 이 설계가 상동성 관계로 구성되어 교과서에 그대로 전환되기는 그리 쉽지 않다. 앞으로, 이들의 관계를 효율적으로 연결해 주는 고리 인자를 체계적으로 밝히고, 교과서 구성에 도움을 주는 연구가 우선하여 이루어져야 한다.

다. 교과서 교수·학습 설계 변인과 구성의 제한점

1) 교과서 교수·학습 설계의 주요 변인

교실 현장에서의 교수·학습 설계와 교과서 개발에서의 교수·학습 설계는 구분된다. 같은 맥락에서 '**교수·학습의 설계 변인**'과 '**교과서 교수·학습 설계 변인**'은 그 성격이 다르다. 교수·학습 설계에 관여하는 주요 변인에 관한 대표적인 주장을 종합, 분석해 보면 이점이 명확해진다.

대표적인 변인의 거론 양상을 살펴보면서 원문용어의 취지를 살린다는 뜻에서 교수, 수업, 교수·학습의 용어를 교차 사용하였다. 먼저, 롸이거루스와 메릴(Reigeluth & Merrill)은 교수의 변인을 세 가지로 들었다.[20]

① **<조건(conditions)>**: 교수 방법과 상호 작용하지만 교수 설계자나 교사에 의해 통제될 수 없는 제약 조건(교과 내용의 특성, 목적, 학습자 특성, 제약 조건)

② **<방법(methods)>**: 서로 다른 조건에서 다른 결과를 성취하기 위한 다양한 길(조직적 전략, 전달 전략, 관리 전략)

③ **<결과(outcomes)>**: 서로 다른 결과의 조건에서 사용된 여러 가지 교수의 방법(효과성, 효율성, 매력성)

---

20) 정인성·나일주, 『최신 교수설계 이론』(교육과학사, 1996) pp.9~14. 그림을 포함하여 구체적으로 자세하게 설명한 변인 내용을 최대로 요약하여 제시한 것임

교수 조건은 교수 방법에, 방법은 교수 효과에 영향을 미친다. 그리고 이 세 가지 변인을 제시한 바와 같이 하위 변인으로 나누고, 또다시 하위 세세 변인으로 구분하여 위계를 두고 설명하였다. 이러한 변인을 근거로 '교수설계'를 "특정한 교수 조건에서 바람직한 교수 결과를 얻기 위한 방법들을 처방해 주는 전문적 활동이자 그 방법들의 처방을 위한 지식체계를 생산해 주는 학문 영역"[21]이라고 결론을 맺으면서, 교수설계에 대한 대표적인 학자의 이론을 소개하고 있다.

다음은 국어교육과 관련한 수업 변인 관계의 도식이다.[22]

① <교수자> – (국어)(교육)관 – (국어)교과, 학습자에 대한 이해 – 역할 기대, 믿음과 태도 – 교수·학습 모형 이해 – 기법 활용 능력	② <학습자> – (국어)(학습)관 – (국어)능력 – 인지 수준(학습 능력) – 역할 기대, 믿음과 태도 – 구성(수)
국어 수업의 주요 변인	
④ <목표와 내용, 교재> – 유형 – 특성 – 수준 – 분량	③ <교수·학습 환경> – 기자재 – 시간, 공간 – 학교(장) 방침 – 학급 분위기

여기에서 거론한 변인은 실제 교실 수업에 관계하는 변인의 총합이다. 따라서 교과서 교수·학습 설계 변인과는 차이가 있다. 교과서 교수·학습 변인의 실체 파악에 기본 정보를 제공하므로 예시로 인용해 보았다.

①~③은 외재적(비본질적) 변인이요, ④는 교과서 내재적(본질적) 변인이다. 교과서 구성의 관점에서 보면 ① <교수자>는 교과서 지면에 교수·학습을 구현하는 사람, 곧 교과서 <집필자/개발자>를 말한다. ② <학습자>, ③ <교수·학습 환경>은 교과서 구성에서는 대상을 특정하지 않으면 객관적으로 고려하기가 어렵다. 그러면서도 일반적, 공통적 관점에서 이들 변인을 고려하여 교재화의 틀을 마련할 수 있다. ④ <목표와 내용, 교재>는 실제 교과서 교수·학습 설계 변인으로 교과서 구성에 직접

---

21) 앞의 책, p.14.
22) 최지현 외, 『국어과 교수·학습 방법』(도서출판 역락, 2007) p.73.

관여, 작용하고, 이를 더 세분화, 구체화가 가능하다.

다음은 국어과 교수·학습과 관련한 변인의 설명이지만, 다른 측면에서 이해하는 데 참고가 되므로 그대로 원용하여 제시해 본다.[23)]

① **<인간 변인>**: 교사의 언어관과 학습관, 학습자의 언어 발달 수준, 언어에 대한 학습자의 가치관과 태도, 교수·학습에서의 상호 작용성 등
② **<언어 변인>**: 대상 언어와 수단 언어의 층위, 언어의 기호적 특성, 음성언어와 문자언어의 특성, 교재로 사용된 언어 텍스트의 담화 특성 등
③ **<활동 변인>**: 언어 수행의 의도 및 효과, 언어기호의 소통 구조, 언어 수행의 사회적·심리적 기제, 교사와 학습자의 의사소통 상황 등
④ **<교육 변인>**: 국어교육 목표, 교수·학습 모형, 지도 및 평가 전략, 요구 시간, 교재 특성

국어교육은 언어 중심의 교육이 주가 되므로, 위에서 언급한 변인은 언어를 주요 변인으로 강조한 인상을 준다. 자세히 분석해 보면 ①~③은 외재적 변인이고 ④가 본질적 변인이다. ①은 교수자, 학습자 변인에 가깝고, ②에서는 '교재로 사용된 언어 텍스트의 담화 특성'을 제외하면 교과서 구성에서 흡인하기가 좀 어렵다. ③은 완전하지는 않지만 '교사와 학습자의 의사소통 상황'만 고려의 대상이 되는 변인이다. ④ <교육 변인>은 교과서 교수·학습 설계에 필수 변인으로 인정할 수 있다.

위에서 살펴본 바와 같이 교수·학습 설계 시 고려하는 주요 변인을 교과서 내용 구성 시 교수·학습 설계 변인으로 모두 전환, 반영하기는 어렵다. 교수·학습 설계 변인의 존재 상황과 교수·학습 모형이, 교과서에 옮겨질 때의 존재 상황은 다르기 때문이다. 따라서 '교과서 교수·학습 설계 변인'은 다른 각도에서 생각해 보는 것이 필요하다.

교과서 교수·학습 설계 변인을 넓게 생각해 보면, 교과서 개념, 기능, 품질은 물론, 구성, 활용, 평가 원리, 심지어 교과서 정책 등에 이르기까지 변인으로서 고려해야 할 사항이 너무 많다. 이를 실제적인 면을 강조하여 다음과 같이 변인을 생각해 볼 수 있다.

---

23) 국어교육 미래 열기 편, 『국어교육학개론』(3판)(삼지원, 2009.), pp.102~103.

① **<학습 목표 설정 변인>**: 기대하는 학습 효과 도달에 적합한 학습 목표 설정(설정 적절성, 달성 가능성, 진술 실제성, 단원 간 연계성 등)

② **<학습자 대상 변인>**: 학습자 대상에 따라 적합한 교수·방법 결정(학습자의 수준/학년/학교급, 능력, 취향, 요구 등)

③ **<교수·학습 방법 선정 변인>**: 학습 목표 달성에 적절한 교수·학습 방법 선정(모형 선정 적절성, 모형 구조화 합리성, 절차의 효용성 등)

④ **<활동 구조화 변인>**: 선정한 교수·학습 모형을 활동으로 구조화(절차의 적합성, 소통 가능성, 자료 활용성, 활동 위계성, 활동 구조화 제한 등)

⑤ **<평가 방법 변인>**: 교수·학습 결과에 대한 달성 여부 평가 방법(평가의 적절성, 학습자 수준 고려, 피드백 가능성 등)

⑥ **<개발자 능력 변인>**: 교과서 개발자의 교과서관, 교수·학습 구조화 능력(교재 구성 시 목표 설정·구성·활용·평가 능력 등)

①~⑤는 설계 전략으로 발전시킬 수 있는 변인이고, ⑥은 ①~⑤를 실천하는 주체로서 작용하는 변인이다. 결국, ① 변인은 ②~⑥ 변인이 직간접적으로 영향을 주고, ①~⑤ 변인은 ⑥ 개발자의 능력에 따라 2차 작용을 감내해야 하는 변인이라 할 수 있다.

어떻게 보면, 변인은 변인으로 작용한다. 교수·학습 설계 관여 '변인'은 교과서 구성으로 옮겨지면서 집필자, 개발자 능력이 '변인'으로 작용한다. 교과서에 구현된 교수·학습 절차나 방법은 수업 상황에서는 학습자, 교수자가 '변인'으로 또다시 작용한다. 변인은 고정된 것이 아니라, 교육 환경 변화와 같이 변전(變轉)한다는 말이다. 그러므로 교과서 교수·학습 설계와 교과서 구성은 이들 변인의 작용 관계를 좋은 교과서를 지향하는 목적과 노력으로 끈끈하게 묶는 지혜가 필요하다.

2) 교과서 교수·학습 설계 지향(指向)과 제한점

교수·학습 모형을 교과서 구성에 실체화하는 작업은 이론상 간단하게 보이지만, 실제 교재화 과정에서는 어려움이 따른다. 교수·학습 설계상의 이상(理想), 즉 이론상 제시한 절차나 과정을 실제 활동 유형으로 구체화하여 교과서 구성으로 조직하기가 쉽지 않다. 대개 시간, 공간 활용을 포함하여 각각의 구성 요소별에서도 제한점이 따르기 때문이다.

구분	교과서 교수·학습 설계 지향점	교과서 구성 제한점
① 목표	학습자의 흥미, 관심, 동기를 유발하는 목표 설정	학습자의 흥미, 동기 유발을 목표에 걸맞게 구성, 제시할 지면 확보가 어려움
② 방법	목표 실현에 적합한 교수·학습 모형 제시	선택한 모형의 절차, 과정을 구체적으로 지면에 구상화하기가 어려움
③ 절차	목표구현, 활동에 부합하는 이론과 절차	과정과 절차를 적절한 활동으로 전환하는데 분량(지면) 제한이 따름
④ 자료	목표 실현에 적합하고, 다양한 학습자 수준을 고려한 자료	교육적 자료의 크기, 양을 수용할 지면의 제한을 기술적으로 극복해야 함
⑤ 활동	개인차를 고려한 다양한 활동, 구성원의 소통과 상호 작용	다양한 활동과 소통 작용을 실제 과정으로 전환, 구체화하기에 지면 제한이 있음
⑥ 평가	기대하는 학습 결과 확인과 정확한 평가	평가 과정이 교수·학습 과정과 대등한 지면 확보에 제한이 따름

①~⑥에서 공통으로 관계하는 교과서 구성의 제한점은 '지면의 한정', '공간의 제약' 문제다. 지면이라는 한정된 공간에 교수·학습 설계를 효율적으로 실체화하여 옮겨 놓아야 하므로, 이러한 제한점은 원래 천연(天然)으로 내재해 있다고 하겠다. 참고서가 필요 없고, 자율학습이 가능한 교과서를 개발하려면, 지면 구성이 자유로워야 하는데 현실적으로 그렇지 못하다. 교과서 부피가 무한정 늘면 사용(활용), 비용 등과 결부하여 바람직하지 않은 문제가 발생한다.

어쨌든, 좋은 교과서 개발은 이러한 공간의 제한점을 슬기롭게 극복해야 가능하다. 교수·학습을 제대로 구현하기 위하여 마냥 교과서 부피를 늘리기보다는 일정 수준에서 완성된 모습을 보일 수밖에 없다. 수업 지도안(과정 안) 작성에서 상세화하거나, 보조 자료 등을 제공하여 보완하는 방법은 별개의 문제이다. 따라서 교과서 구성에서 경제 원칙을 염두에 두면서 이를 만족시켜야 하는 각별한 연구가 필요한 분야이다.[24]

---

24) 최영한 교수는 국어 교재와 관련한 주장이지만, 새로운 교재 구성의 논리를 세워 이러한 어려움을 해소하는 각별한 방법을 제시하였다(『국어교육학의 지향』, 삼지원, 2003). pp.249~255.

라. 교과서 교수·학습 설계 이론과 구성 전략

　'교수·학습 이론'[25]과 '교수·학습 설계 이론'[26]은 연구의 축적으로 체계화하여 다양하게 주장하고 있다. 다음 대비표는 이들 용어 사용에 혼란과 착종(錯綜)을 방지하고, 상호 관계를 알아보는 데 유익하다. 특히, 교과서 구성과 관련한 교수·학습 이론, 설계, 전략과 연관하여 의미의 혼효(混淆)와 협착(狹窄)을 막아준다.

① 교수·학습	② 교수·학습 이론	③ 교과서 교수·학습 이론	④ 교과서 교수·학습 전략
㉮ 교수·학습 설계	㉯ 교수·학습 설계 이론	㉰ 교과서 교수·학습 설계 이론	㉱ 교과서 교수·학습 설계 전략

　①−㉮, ②−㉯, ③−㉰, ④−㉱ 관계는 '설계'라는 말의 추가에 차이를 두고, ③−㉰, ④−㉱ 관계는 '교과서'란 말이 같이 추가되면서 '설계'란 말의 개입에 차이가 있다. 이들 용어는 단어의 조합이 다르므로 원칙적으로 용어의 의미역이 같지 않을 수밖에 없다. 그리고 교수·학습 대신에 이론의 성립과 경향 때문에 '교수', '수업' 용어를 학자들 사이에서는 선호하는 경향이 있다.

　그러나 '교수'는 '학습'과 시간에서 공존하고, 동시에 같은 교육 환경에서 상호 작용하는 긴밀한 관계에 놓인다. 그리고 양자 모두 효율적인 교육목표 달성을 지향하므로 '교수·학습'이란 용어 사용이 논리적으로 모순되는 것이 아니다. 앞으로는 교수 이론과 학습 이론을 공명(共鳴)의 차원에서 같은 공간에 존치하는 것이 합리적이라고 본다.

　위의 대비를 염두에 두고 용어 사용의 경계를 뛰어넘으면서, **'교수·학습'**에서 **'교과**

---

25) 대표적인 교수·학습 이론으로 Skinner 조작적 조건화 이론, Gagné 학습 조건 이론, 정보처리 이론, Piaget 인지발달 이론, Bandura 사회 학습 이론, Weiner 귀인 이론, Keller 학습 동기 이론 등이 있다(변영계, 『교수·학습 이론의 이해』학지사, 1999). 이희도 외, 앞의 책에서는 Bruner 발견학습, Ausubel 유의미 언어 학습, Carroll 학교학습 모형, Gagné 수업 이론, Cronbach의 적성−처치 상호작용 등을 들었다(pp.42~60.).

26) 대표적인 교수설계 이론으로 가네−브릭스 이론, 린다 알고−휴리스틱 이론, 메릴 내용 요소 전시 이론, 라이거루스 정교화 이론, 켈러 ARCS 이론 등이 있다(정인성·나일주, 앞의 책). 라이거루스는 학습 이론, 교수설계 과정, 교육과정 이론은 교수설계 이론과 핵심적인 측면에서 다르다고 하고, 교수설계 이론의 변화를 중시하고, 모형과 결부하여 매우 다양하게 제시하였다.(Charles M. Reigeluth 편저, 『Instructional-Design Theories and Models』 A New Paradigm of Instructional Theories, Volume II(최욱 외 옮김, 『교수설계 이론과 모형』, 아카데미프레스, 2010)

서 교수·학습 설계 전략'까지를 연결해 보고자 한다.

라이거루스(C.M. Reigeluth)는 학문으로서의 교수설계는 "학습자의 지식과 기술에 바람직한 변화를 가져오기 위하여 적절한 교수 방법을 처방하는데 우선적 관심이 있다."라고 하면서, **'처방적 이론(prescriptive theory)'** 대신에 **'설계 이론'**이라는 용어를 사용하였다. 그 이유로 "'처방'이라는 용어가 경직되고 유연하지 못해서 대부분의 교수설계 이론에서 부정확한 개념으로 간주하고, 특히 새로운 패러다임에서는 더욱 그러하다."[27])라고 하였다. 그리고 이러한 용어의 교체는 '교수설계 이론'을 자리매김하기 위함이라 하면서도, 대다수 사람이 '교수 이론'을 '교수설계 이론'과 같은 의미로 사용하므로 자신도 그렇게 때때로 사용했다고 밝혔다.

그는 교수설계 이론을 "인간의 학습과 발달을 촉진시키는 보다 나은 방법에 관해 명확한 지침을 주는 이론이다."라고 하면서, 모든 교수설계 이론에 나타나는 특징으로 '교수설계 이론이란 무엇인가?'에서 다음 네 가지를 들었다.[28])

① 여타 친숙한 이론들과는 달리, 교수설계 이론은 설명 지향적이라기보다 설계 지향적이다.
② 교수설계 이론은 수업의 방법들(학습을 지원하고 촉진하는 수단) 및 그 방법들이 사용되거나 사용되지 않아야 할 상황을 알려준다.
③ 모든 교수설계 이론에서 교수 방법들은 교육자들에게 지침을 제공하는 보다 세분화된 구성 방법들로 쪼개질 수 있다.
④ 이 수업의 방법들은 결정적인 것이 아니라 개연적인 것이다.

라이거루스는 이러한 네 가지 특징을 영역별로 자세히 부가 설명하였다. 특히, ① '설계 지향적 이론'(적합성 관심)이란 기술적 이론(타당성 관심)과 매우 다르고, 주어진 목표를 가장 잘 달성하기 위해서 어떤 방법에 관한 지침을 제공하며, 다른 연구 방법론이 필요하다고 하였다. ②의 '상황'으로 '기대 교수 결과'(효과성/효율성/매력성)와 '교수 조건'(학습 내용/학습자/학습 환경/교수개발 제약 요소) 두 가지를 들고, ③ '구성 방법'들은 상황적이고 요소적이며, 방법이 반드시 만족시켜야 하는 준거를 제공

---

27) Charles M. Reigeluth, 앞의 책, p.2.
28) 앞의 책, pp.5~6.

한다고 하였다. ④ '개연적 방법'이란 기대된 교수와 학습 결과를 보장하지 못하고, 단지 가장 높은 기대 결과가 나타날 가능성을 확보하는 것이라고 하였다.

엄밀하게 따지면 '교수·학습 이론'과 '교수·학습 설계 이론'은 용어상으로는 구분되지만, 현재로서는 실제 사용에서 구분이 별로 의미가 없어 보인다. 특히, 교과서 구성과 관계하는 '교과서 교수·학습 이론'과 '교과서 교수·학습 설계 이론'도 마찬가지다. 단지 교과서라는 실체로 시야를 좁혀본다는 관점에서 설계라는 방법론이 개입한다는데 차이가 있다고 하겠다. 그렇다고 이들 용어 차이를 무시해서는 안 된다. 앞으로는 교과서라는 실체에 한정하는 교수·학습 설계 이론을 독자적으로 체계화할 필요가 있다. 그 가능성은 긍정적인 면이 우세해 보이며, 이러한 분야의 발전이 교과서 개발학의 이론을 정립하는데 기초가 된다.

그런데 다음의 전략 개념은 시사하는 바가 크다. 연구에 의하면 교수·학습 이론은 교육 현상에서 도출한 규제 개념, 원리들의 체계를 말한다. '이론이 현상으로부터 추상화되고, 이론과 현상의 교호를 통해 모형을 만들어 내고, 교수·학습 전략은 모형의 실천 과정에서 동원되는 이론 구현의 틀이 된다.'라는 것이다.[29] 교수·학습 전략을 '이론－모형－전략'의 순차 관계에서 생각해 본 것이다.

여기에서 **'모형의 실천 과정'**에 분석적 관점을 동원하여 두 가지로 의미를 나눠볼 수 있다. 하나는 ① '교실 환경에서 실제 모형을 수업으로 실현하는 과정'이고, 나머지는 ② '교과서에 모형을 과정으로 실체화하는 작업'이다. 따라서 ②가 '교과서 교수·학습 전략'이라 말할 수 있고, 이를 설계 측면을 강조하면 '교과서 교수·학습 설계 전략'이 된다. 그러므로 교과서 교수학습 설계 전략은 교수·학습 이론에서부터 일련의 대비 관계에 있는 모든 용어상의 개념을 다 함께 포괄하는 개념이라 하겠다.

실제, 교수·학습과 교재 구성의 상동성이 이뤄지도록 하는 작업은 치밀한 전략을 요구한다. 여기에서 '교수·학습 전략'과 '교수·학습 설계 전략', '교과서 교수·학습 설계 전략'의 의미 관계를 연동하여 생각해 볼 필요가 있다. 교수·학습 전략과 교수·학습 설계 전략은 '설계'라는 관점에서 차이점을, 교수·학습 설계 전략과 교과서 교수·학습 설계 전략은 '교과서'라는 관점에서 그 차이점을, 교과서 구성의 원리와 상황을 고려하여 변별하면 된다고 하겠다.

---

29) 국어교육 미래 열기편, 앞의 책, p.103.

이상을 종합해 보면 **'교과서 교수·학습 설계 전략'**은 '교수·학습의 현상, 이론을 배경으로 교수·학습의 목표를 달성하기 위해 모형, 방법, 기술(技術) 등을 교과서에 체계적인 활동으로 옮기고, 학습 결과를 확인, 평가할 수 있도록 준비, 계획하고, 필요한 자료를 동원 조직하는 것'을 말한다. 이들 전략 요소를 교과서 구성과 결부하여 구체화하면 다음과 같은 도식으로 나타낼 수 있다.

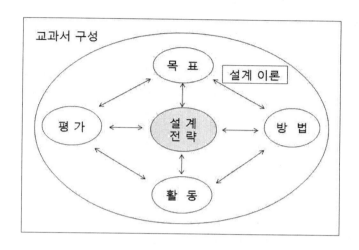

① 달성하고자 하는 교수·학습 목표 설정 전략

동기 유발과 단원 목표의 연관, 대단원과 소단원 목표와의 유기적 관계, 단원 목표와 차시 목표의 연관과 위계성, 단원 목표와 활동 분화의 긴밀성 등

② 목표 달성에 적합한 교수·학습 방법(모형) 선정 전략

목표구현에 적합한 일반 단계모형의 절차 수립, 학습 목표 달성에 효율적인 특정 모형 선정, 일반 단계모형과 특정 모형의 관계 설정 등

③ 교수·학습 모형 절차나 과정에 따른 활동 분화 방법 전략

일반 단계모형의 단원별 절차 구체화, 특정 모형 절차 세밀화 및 변용, 모형 절차에 따를 활동 분화, 활동 간의 위계 설정, 활동을 보조하는 자료 선정, 활동의 공학적 구조 등

④ 교수·학습 목표 달성 정도를 확인하는 결과 평가 전략

목표 달성을 확인하는 평가 요소 설정, 평가 요소의 구체화, 평가 요소를 구체적 활

동으로 전환, 평가의 절차 적합성 등

　전략적 요소인 목표, 방법, 활동, 평가는 직간접으로 서로 관여하고 협력 작용한다. 이러한 전략 구분은 다음 이어지는 항목에서 자세하게 설명하고자 한다. 그리고 이들 전략적 요소는 교과서 구성과 관계되는 사항으로, 교수·학습 목표 달성에 효율성을 극대화하는 데 교과서 구성 원리(내용 선정과 조직, 지면 구성, 진술 방법)와 긴밀하게 협력하는 등, 교수·학습 설계 전략 수립에서는 다원적으로 상호 작용하는 요소가 많다.

　앞에서 언급한 교과서 구성의 패러다임, 상동성, 변인과 제한점 등 모두가 전략 설정에 주요한 요소로 작용함은 물론이다. 특히, 교과서 교수·학습 설계 전략은 교수·학습 설계 변인과 밀접한 관계에 놓인다. 좋은 교과서를 구성하는 실체(만듦새)는 설계 변인이 전략 요소로 작용하게 하는 상관관계에서 서로를 견인하는 중심으로, 변인을 이론적으로 체계화하면 전략이 되기 때문이다.

3. 교과서 교수·학습 설계와 창조적 구성

　교재화에서 교수·학습의 창조적 설계, 즉 교과서의 창조적 구성은 다음과 같이 구분하여 생각해 보는 것이 가능하다.

　먼저, 교과서라는 덩어리를 하나의 유기체로 보고 ① 전체를 조감하는 위치에서 교수·학습을 거시적으로 설계하는 방법, ② 단원 구성에서 단원의 학습 목표를 구현하기 위하여 교수·학습 방법을 미시적으로 설계하는 방법으로 나눌 수 있다. 여기에서 거시적 설계와 미시적 설계는 전체와 부분의 상호 관계로 설계에서 동시에 고려해야 할 구성 방법이기도 하다.

　다음으로, ③ 일반 단계(절차) 모형을 교과서 구성에서 그대로 원용하는 방법과 ④ 학습 목표에 적합하다고 생각하는 특정 모형을 구조화하는 방법이다. 교과서 구성에서 단계모형은 교수·학습의 통일성과 원칙성, 반복성, 일관성을 제공하지만, 일부 학습 목표 달성에 적합한 특정 모형이 필요하기도 하다. 이 경우 도입하는 특정 모형의 교수·학습 절차를 따로 구조화하면 된다.

교과서 설계에서 '① **거시적 설계**'와 '② **미시적 설계**'를 동시에 고려해야 하고, '③ **일반 단계모형 설계**'와 '④ **특정 모형 설계**'도 상호 보완적 관계로 함께 고려할 사항이다. 교과서가 한 권의 완결된 유기체라는 관점에서는 ①~④를 아울러 조감하여 '**창조적 설계**'가 되도록 시야를 조직적으로 넓혀야 한다.

그런데 여기에서 유념해야 할 사항은 교과서에 구현된 교수·학습 방법과 실제 현장에서 교육활동으로 전환하는 교수·학습 과정과는 차이가 있다. 즉, 교과서에 반영하는 교수·학습 설계와 실제 수업에서 단원의 학습 목표를 교수·학습 지도안으로 상세하게 설계하는 것과는 구별해야 한다. 교과서 구성에는 지면 활용 등 제약이 따라서, 교수·학습의 과정을 섬세하게 구조화하기가 쉽지 않다. 반면, 실제 수업에 활용하는 교수·학습 지도안에서는 이러한 제약을 보완하여, 이를 창의적으로 자세하게 현재형으로 바꿀 수 있다.

가. 교과서 교수·학습 거시 구조 설계와 구성

교과서를 하나의 통일된 교수·학습 자료로 본다면 그 구성 체제도 이에 합당해야 한다. 즉, 교과서의 거시적 구조도 교수·학습의 원리에 근거하여 조직되어야 한다는 말이다. 거시적 구조는 교과서의 기능과 성격을 규정하는 것과도 관련하여, 미시적 구조를 설계하는 바탕이 되므로 이를 염두에 두고 계획을 수립해야 한다.

첫째로, 교수·학습의 모형(절차)을 무엇으로 어떻게 보여주느냐에 따라 교과서의 구조가 달라진다. 모든 단원에 동일한 교수·학습 형태를 보여주는 획일화된 구성, 단원마다 각기 다른 다양한 교수·학습 형태를 제공하는 파노라마적 구성으로 크게 나눌 수 있다. 자율학습이 가능한 교과서의 체제라든지, 자기 주도적 학습의 효과를 백배하려는 구조, 또는 열린 교육, 거꾸로 교육 등의 다양한 교수·학습의 형태를 제시하는 구조 등, 이에 합당한 교과서 전체의 체제와 세부 구조를 교육적으로 구안해야 한다.

둘째로, 내용의 배열 방법이 어떠하냐에 따라 거시 구조도 달라질 수 있다. 문학 교과서를 예로 들면 시대 순서에 따라 문학사를 정리하는 태도에서, 아니면 장르별로, 또는 시대 변화와 장르를 동시에 고려하면서 구조화하는 경우 등이다. 이러한 방법은 다양한 교수·학습의 전형을 보여주기가 어려운 면이 단점으로 작용할 수 있다.

셋째로, 교과교육의 목표를 상세화하고 이를 유목화하여 목표별로 구조화하는 방법도 있다. 목표를 유목화하는 방법도 관점에 따라 다양해지는데, 이때의 교육목표는 교과교육 영역의 지식의 구조화로 체계적·종합적으로 제시하는 것이 가능하다. 목표별로 교과서를 구성하는 방법은 다양한 교수·학습의 형태를 제공할 수 있는 장점이 있다.

넷째로, 교육과정에서 제시한 내용 체계(성취기준)를 좀 더 상세화한 것을 원용한 교과서 구성의 방법도 있다. 이는 교과교육 목표의 상세화와도 유관한 것으로, 교육과정에 제시된 내용 체계가 모순이 없어야 한다는 전제가 따른다. 그런데 현재로서는 교육과정에 제시된 내용 체계는 영역의 구분에서부터 완결된 지식의 구조가 아니기 때문에 세심한 주의를 요구한다. 그래서 교육과정 내용을 재구성하는 방법으로 보완하기도 한다.

다섯째로, 교과서의 성격과 유형에 따라 그 체제도 달라진다. 독본형, 강의 요약형, 연구 문제형, 학습 자료형, 탐구학습형, 활동 중심형 등 그 성격과 유형에 따라 교과서의 구성이 달라진다. 학습의 목표를 실현하는데 주된 교재로, 또는 보조교재로 사용하느냐에 따라 그 구조에도 변화가 따른다. 보조교재의 경우는 교수·학습의 형태를 일정하게 제공할 필요가 없으며, 주교재의 기능을 보완하는 차원에서 구조화해도 무리는 없다.

이상은 거시적 설계와 구조의 대표적인 예를 들은 것에 불과하다. 교과교육, 또는 교과서의 성격과 특성, 사용 목적과 대상 등을 고려하여, 교과서의 특징이 확연하게 드러나는 거시적 설계 유형을 다양하게 생각할 수 있다.

지금까지 개발된 교과서는 단원과 단원의 순차나 위계를 고려하지 않고 교과서를 조직하는 경향이 지배적이었다. 그러나 이러한 위계나 순차를 무리 없이 수용하려면, 교육을 이루는 지식을 총체적으로 교과서 개발을 위한 구조로 위계화하는 작업이 선행되어야 한다. 이제부터는 교과서 개발을 위한 교과교육 지식의 상세화와 위계화를 정립하는 작업을 시도해야 한다.

이 모든 사항이 심도를 필요로 하는 교과서 개발학의 연구 과제이다. 앞으로, 교과서 개발에서 거시적 교수·학습 설계 방법이 실질적, 객관적인 학적 연구 결과를 토대로 이론화 기반을 쌓는 작업이 시급하다.

나. 교과서 교수·학습 미시 구조 설계와 구성

교과서 구성의 미시적 구조는 '**단원(unit)**' 구성의 방법을 의미한다. 단원이란 어떤 주제나 교육 내용을 편의상 통일성을 갖는 하나로 묶은 학습의 단위를 말한다. 교수·학습이 이루어지는 현장에서는 방대(尨大)한 교육 내용을 적절한 단위로 구분해서, 어떤 통일된 하나의 상태로 분절할 필요가 있는데 이를 단원이라 한다. 곧, 교수·학습 상황에서 어떤 일정한 과제를 해결하는 데 필요한 학습 내용이나 경험을, 전체성과 통일체를 이루도록 조직해 놓은 것을 말한다.

교과교육에서도 학습 활동의 편의상 하나의 중심 문제를 단위로 하여 조직한 학습 내용의 통일체, 곧 일종의 교재를 의미하는 단원의 활용이 필요하다. 결국, 단원이란 학습 활동이 가능하도록 언어활동이나 경험을 중심으로 조직한 학습 자료를 말하기도 한다. 즉, 교과의 목표를 실현하려는 의도와 학습자의 학습 능력과 학습 활동이 가능하도록 조직된 학습 내용이다. 따라서 단원은 학습 활동을 통일성 있게 하고, 총체적인 학습 활동을 중심으로 제시한 교재(교과서)의 역할을 담당한다.

일반적으로 현재까지 성행하는 '**단원 구성의 방법**'은 다음과 같다.

① 학습 동기 유발 → ② 학습 목표 제시 → ③ 학습 내용 조직 →
④ 학습 결과의 확인 → ⑤ 보충·심화 학습 제시

①~⑤의 순차는 화석화되는 과정이 아니다. 다만, 단원의 성격과 관계없이 보편적으로 받아들이고 있는 교과서 구성의 일반적인 방법이다. 교과서 구성에서 ②~④가 제일 핵심이 되는 절차이지만, 어떻게 이들을 연결해야 하는가의 이론을 제시한 연구는 많지 않은 편이다.

① 학습 동기 유발은 ②~⑤를 지배하는 총괄적 역할을 하므로 세부 내용을 채우는 방법은 신중해야 한다. 학습할 내용의 암시, 경험 되살리기, 삽화·사진 자료 제시, 관련 질문과 연상 등 갖은 방법으로 흥미를 유발하고 관심을 끄는 진술과 구조는 쉬운 것 같이 보이면서도 어렵다. 여기에서도 설명, 진술과 시각 자료가 같은 목적으로 조화를 이루며 교육적으로 합일해야 한다. 특히, 동기 유발 진술은 강조하는 말, 문장의 길이, 문장의 개수와 내용의 배열 방법, 의문, 청유, 평서, 감탄 등 결말 어미 형태, 인

상적인 단어의 선택과 사용 등 고려할 사항이 많다.

②목표 설정에서도 진술 형식을 비롯하여 배려할 점이 한둘이 아니다. 학생 성취도 측면에서의 목표 진술법, 체계적인 목표 분류법, 교수 내용에서 평가까지 목표를 어떻게 활용할 것인가 등 교과서 구성에서 고려할 사항이 꽤 많다.[30] 그러므로 이러한 사항이 모두 녹아든 학습 목표 설정은 체계적인 활동으로 분화, 연결하는 후속 과제가 남아 있다.

③은 학습 목표를 효율적으로 달성할 수 있는 교수·학습의 형태를 구안하는 학습 활동 구성 부분이고, ④는 학습 목표나 교수·학습과 유관한 평가 방법을 모색하는 부분이다. 그런데 ③에서는 교수·학습의 과정이나 절차 모형을 제시하는 것이 아니라, 일관되게 자료의 제시에만 그친 경우가 의외로 많았었다.

학습 내용 조직의 일반화된 절차를 제시해 보면 다음과 같다.

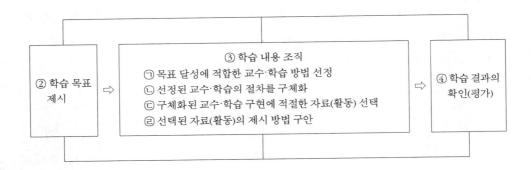

③ 학습 내용 조직의 일련의 과정 ㉠~㉣은 교과서 구성에서 전문성을 요구하는 중요한 위치를 차지한다. 목표 달성에 최적이라는 교수·학습 모형을 선정(예: 문제 해결 학습 모형)하고, 선정한 모형의 절차(단계)(㉮ 문제 확인하기―㉯ 문제 해결 방법 찾기―㉰ 문제 해결하기―㉱ 일반화하기)를 학습의 과정을 고려하여 설정한다. 이러한 다음 필요한 자료를 선택하거나 주요 활동을 창의적으로 구체화하면, 교수·학습의 과정이 그대로 교과서에 실체로 드러나게 된다.

---

30) Gronlund. N. E,『Stating Objectives for Classroom Instruction』(『교실 수업을 위한 목표의 진술』주영숙·김정희 공역, 형설출판사, 1996)은 많은 참고가 된다.

〈문제 해결 학습 모형〉

단계(교수·학습 과정)	주요 활동
㉮ 문제 확인하기	○ 동기 유발 ○ 학습 문제 확인 ○ 학습의 필요성 또는 중요성 확인
㉯ 문제 해결 방법 찾기	○ 문제 해결 방법 탐색 ○ 문제 해결 계획 및 절차 확인
㉰ 문제 해결하기	○ 문제 해결 활동 ○ 문제 해결
㉱ 일반화하기	○ 적용 및 연습 ○ 점검 및 절차

그런데 이러한 과정의 구조화는 창의적인 발상과 교육적 모델 개발이라는 각고(刻苦)의 노력을 요구한다. 학습 목표에 따라 가져오는 자료나 활동의 구안을 달리할 수 있는 경우의 수가 무궁무진하기 때문이다. 학습모형 단계별 주요 활동은 대표적인 몇 개를 제시한 것으로, 이를 활동으로 구체화하는 과정은 교재 개발의 창의와 능력을 무한정 요구하는 부분이다. 위에서 예로 든 '문제 해결 학습 모형' 단계 ㉮～㉱를, ③ 학습 내용 조직 ㉠～㉣ 절차로 흡인하여 구조화하는 작업을 생각해 보면 이점이 명확해진다.

④ 학습 결과의 확인도 옛날에는 단순 질문 형식의 제공으로 임무 완수를 선언하는 경우가 많았다. 학습의 목표와 평가를 직접 연결할 뿐이지, 학습 내용과 교수·학습 과정의 성공적 수행을 확인하는 평가 방식을 제시하지 못했었다. 평가가 제대로 이뤄지기 위해서는 교과서 구성에 적합한 평가 모형 개발이 시급하고, 평가 과정을 구체적으로 제시하려면 지면을 충분하게 확보하는 것도 필수적이다.

⑤ 보충·심화 학습의 제시는 교재 구성에서 필수적인 과정은 아니지만, 수준별 수업의 마무리 성격을 띠므로 고려해볼 가치가 크다. 수준별 교육과정을 표방한 7차 교육과정 적용 주요 교과서에서는, 목표 수준에 도달하지 못한 경우(보충)나 도달한 경우(심화)를 가정하여 이러한 학습의 과정을 제시하였다.

단원 구성은 교육의 실천을 창의적으로 발휘할 수 있는 교과서 개발의 기초이면서 핵심이다. 교과교육에서 단원을 구성하는 데에는 단원 내에서의 교육적 여러 국면을 유기적으로 묶어 통일성과 완결성을 갖추는 문제, 단원과 단원 사이의 계열화 등 어떻게 단원을 연계시키느냐 하는 문제에 주목하여 구성해야 한다. 보조 교과서를 따로 개

발하는 경우 주된 교과서와의 단원 연결도 교수·학습의 효율성과 활용의 편리성 차원
에서 교육적 의미를 손상하지 않아야 한다.

다. 교과서 교수·학습 설계와 창조적 구성 관점

앞에서 살펴본 바와 같이, 교수·학습 방법을 교과서로 그 과정을 손상하지 않고 옮
기는 데는 많은 연구와 방법론의 축적이 필요하다. 즉, 이론적으로는 별문제 없이 설
계가 손쉬워 보이지만, 이를 교과서 구성에서 절차와 활동으로 구체화하는 데는 그리
만만하지 않다.

교수·학습 설계를 교과서로 실체화하는 데 필요한 보편적인 구성 관점을, 앞서 구
성 원리, 변인, 전략 등에서 설명한 내용을 바탕으로 다음 몇 가지로 종합, 정리해 볼
수 있다.

첫째로, 학습 목표 달성에 적절한 교수·학습 방법을 선정하고, 절차나 과정이 교과
서에 체계적으로 드러나야 한다. 학습 목표 해결에 학습자의 수준을 고려하고, 학습
능력을 신장시키는 교수·학습 방법을 제시하여, 학습 목표 도달에 학습자의 역할이 제
대로 드러나는 교수·학습의 절차를 구안해야 한다. 즉, 교사와 학생 상호 간의 소통 활
동을 과정으로 명확하게 하고, 학습의 단계나 과정마다 교수·학습을 효율적으로 실천
할 수 있는 징표(徵表)를 구체적인 활동으로 담아내야 한다.

둘째로, 교수·학습 목표와 과정에 적합한 내용과 수준의 학습 자료를 선정하고 교과
서 구성에 효율적으로 활용해야 한다. 학습 목표가 설정되면 적절한 교수·학습의 형태
가 결정되고, 그에 적합한 학습 자료를 선택해야 한다. 교수·학습 방법을 다양하게 하
면서 이에 적합한 자료를 제시하는 것은, 학습 경험을 풍부하게 하는 기회를 자연스럽
게 제공하는 교재화의 장점이다. 그런데 이 학습 자료를 정해진 규준에 의하여 선정하
는 방법도 있지만, 반대로 학습 자료에 적합한 교수·학습 방법을 찾아보는 것도 목표
달성의 결과는 같다고 하겠다.

가치 있는 학습 자료의 선정은 그대로 교과서의 품위와 연결되며, 교육적 위상을 자
연스럽게 높인다. 선택의 폭을 보장하기 위해 다양한 교육 자료의 체계적인 축적 시스
템을 확립하고, 활용을 활성화하는 지원이 필요하다.

셋째로, 학습자의 수준에 맞는 교수·학습 절차와 과정을 교과서에 체계적으로 구안

해야 한다. 학생의 개인차를 고려한 교수·학습 방법으로 맞춤형 수업이 이루어지도록 교과서 구성과 체제를 모색해야 한다. 초등학교와 중·고등학교 등 학교급 간의 수준은 확실히 다르다. 그러므로 같은 교수·학습의 모형을 적용하더라도. 수준에 합당하는 과정을 창안하는 전략 수립의 지혜가 필요하다. 수준에 맞는 자료 사용, 설명/진술 방식, 요구하는 활동 등 수준을 고려한 절차 구성은 한두 종류가 아니다.

넷째로, 교수·학습의 절차를 상황에 따라 변형하여 적용할 수 있는 기제를 교과서에서 제시, 구현해야 한다. 학습의 목표를 달성하기 위해 일정한 패턴을 반복해서 유지하는 교과서 구성이 대부분이다. 이러한 경우에 교수·학습 상황에 따라 변화, 조정할 수 있는 여지를 적당한 위치에서 안내해야 한다.

다섯째로, 다차시를 고려하여 적절하게 교수·학습 모형의 단계를 조정해야 한다. 단원의 학습 목표는 차시별 학습 목표나 활동으로 분화한다. 이 경우 교수·학습 모형의 단계가 다차시 학습 목표와 어떤 관계 구조를 설정할지 숙고해야 하는데, 일정한 법칙이 존재하지 않으므로, 교과서를 구성할 때 모형의 본질을 훼손하지 않는 범위 안에서 창의적 발상(發想)이 필요하다.

여섯째로, 교수·학습에 관여하는 여러 변인을 참작하여 교사와 학생 간, 학생들 간의 소통이 원활하도록 교수·학습 방법의 절차를 세밀하게 해야 한다. 학습 목표, 자료, 분량(쪽수) 등 교수·학습의 변인을 고려하고, 교실 환경과 구성원 간의 교호 작용을 염두에 두고 지향적으로 교재화하는 것도 필요하다. 그러하기 위해 교수·학습 기법, 전략 등과 연계하여 교과서 구성에 시너지 효과가 귀일하여 나타나게 해야 한다.

일곱째로, 교수·학습 방법의 선언적이고 이론적인 단계와 절차를 교과서 구성에서 구체적인 활동으로 실체화하는 기법을 동원해야 한다. 선정된 교수·학습 방법의 단계를 실체화하는 이론이나 방법론이 아직은 미미해서 이를 교과서에 구현하는 데는 어려움이 따른다. 이런 문제를 극복하는 연구를 많이 축적하여 활용할 수 있는 시스템을 마련하고, 무엇보다도 집필자의 지혜가 좋은 교과서로 탄생시키는 첫걸음이다.

여덟째로, 교육 환경 변화에 따라 교수·학습 방법을 효율화하는 방안을 생각해야 한다. 시간과 공간 측면에서 디지털 관련 교과서나 자료를 포함하여 학습 자료의 내용과 형식이 변하고, 온라인 교육 등 학생과 교사 간 상호 소통 방법과 작용 양태가 달라지고 있다. 이러한 변화에 공학적으로 대처하는 교수·학습 방법을 교재화 과정에서 생각해 봐야 한다.

아홉째로, 일반 절차 모형과 특정 모형의 과정이 한 교과서 내에 특성을 유지하면서 같이 존재하는 조화로운 방법을 모색해야 한다. 교과서 단위로는 일반 단계모형을 일관하여 적용하는 데 따른 특수 모형의 이질감을, 절차와 과정의 조화로 해소하면서 학습 효과가 유지되도록 해야 한다. 일반 단계모형 내에서의 특정 모형, 특정 모형 내에서의 일반 단계모형 모두 이를 준수하면서 합당해야 한다.

열째로, 교수·학습의 결과를 확인하고 개선할 수 있는 평가 장치를 확장하여 마련해야 한다. 결과 평가는 학습 목표 달성에 교수·학습 과정이 타당한지를 검증하는 방법에서부터, 이에 상응하는 학습 활동이 타당한지 등 교과서 구성 모든 면에서 맥락을 같이 해야 한다. 그런데 지금까지 이러한 확인 장치와 윤곽이 무엇인지 분명하게 밝히지 못한 인상을 준다. 앞으로 교수·학습 방법의 창조적 개발과 함께 수행의 결과를 확인할 수 있는 장치의 연구도 필요하다.

열한째로, 교수·학습 절차나 과정이 교과서에 이상적으로 드러나게 하는 학문적, 이론적 배경이 뒷받침되어야 한다. 교수·학습 절차를 체계화한 구조로 교과서에 실현하고, 교육의 효과를 실질적으로 발휘하려면, 교수·학습에 대한 이론이 교재화에 체계적으로 침윤되어야 한다. 그런데 이러한 학적 배경에 관심이 적어, 개별화한 실질적인 연구가 생각보다는 많지 않아, 교과서에 교수·학습 모형을 옮기는 데 참고할 수 있는 성과를 찾아보기가 쉽지 않다.

이러한 관점은 교과서 활용과도 밀접하게 관계하는 사항으로, 교과서 교수·학습 설계가 교과서 개발학의 주요 분야임을 확인하는 요목이기도 하다. 결국, 이상적인 교수·학습 방법과 교과서라는 지면에 구현하는 교수·학습 절차의 거리를 어떻게 슬기롭게 좁히는가가 좋은 교과서 개발의 관건이다. 교과서 개발학의 학문적 이론화를 빨리 축적해야 하는 이유가 여기에 있다.

4. 교과서 교수·학습 설계와 단원 구성의 실제

가. 일반 단계모형과 단원 구성

7차 교육과정 이후 단원 구성의 변화를 살펴보면, 단원 구성의 기법을 자연스럽게 알 수가 있다. 국어과 교과목을 중심으로 단원 구성의 변화 과정과 형태를 간단히 제시해 본다.

1) 7차 교육과용 적용 교과서

교과서 단원 구성의 흐름도와 각 부분의 기능을 7차 교육과정 초등학교 국어 교과서를 대표적인 예로 들어 본다.[31] 7차 교육과정 개발 초등학교 국어 교과서는 『말하기·듣기』, 『읽기』, 『쓰기』로 분책하여 개발하였다. 7차는 수준별 교육과정으로 개발하였기 때문에 교수 요목기, 1차~6차 교육과정 교과서와는 달리 상당히 혁신적인 교과서 내용 체계를 모색하고, 수준별 교과서로서 기능을 발휘하도록 구성하였다.

초등학교의 경우 수준별 수업의 핵심으로 대단원별로 보충·심화 학습을 설정하고, 이를 고려하여 소단원을 설정하였다. 단원과 단원의 연계성을 강화하고, 학습 시간의 효율성과 시간 운영의 유연성을 높였으며, 통합적인 언어활동을 강조하였다. 언어사용 목적을 고려하여 대단원을 다음과 같이 구조화였다.

〈2학년 「말하기·듣기」 교과서 단원 구성의 예〉

도 입 학습면	소단원1		소단원2		한걸음 더		쉼터
	활동1	활동2	활동3	활동4	되돌아보기	더나아가기	
㉠	㉡	㉢	㉣	㉤	㉥	㉦	㉧
1차시		2차시	3차시	4차시	5~6차시		
2쪽	2~4쪽	2~4쪽	2~4쪽	2~4쪽	2쪽	2~6쪽	2쪽
도입학습	원리학습 + 적용학습				평가활동	보충학습 심화학습	

대단원 구성의 구조를 도입학습－원리학습－적용학습－평가활동－보충·심화 학습 단계로 구분하고, 상호 구성 요소 간의 관계가 정교하게 유기적 작용이 이루어지도록 배려하였다. 그러면서도 교과서별 단원 구성은 각 교과서가 기본적으로 추구하는 목표를 달성할 수 있도록, 구성 체제나 학습 활동 등에서 교과서별 단원 구성의 특수

---

31) 7차 교육과정 적용 교과용 도서 계발 계획서, 각급학교 지도서, 연구 보고서 등을 참고하여 정리한 것임

성을 살리도록 하였다.

『말하기·듣기』교과서는 말하기, 듣기 실제 상황을 중시하고, 발음 지도 관련 자료를 제공하였다. 『읽기』 교과서는 단계별 학습 활동이 유기적으로 연결되도록 하고, 특히 적용학습은 더욱 구체화하여, 학습 활동 약물을 네 가지 색으로 구분하여 안내하는 방법을 효율화였다. 『쓰기』교과서는 기본 문형 중심으로 글 쓰는 과정을 경험하도록 하고, 학습 제재가 어휘 학습과 확충, 맞춤법 학습이 자연스럽게 연결되도록 구성하였다.

〈각 단원의 주요 구성 부분의 기능과 구성 방향〉

구분	대단원 구성 요소	대단원 구성 요소별 내용구성	비고
㉠	○ 대단원의 도입학습용 자료 제시	• 대단원명 제시 • 문제 상황 제시 • 대단원 학습 목표 • 소단원의 학습 내용	
㉡ ~ ㉢	○ 소단원 목표 달성을 위한 학습 자료 제시 (활동1＋활동2)	• 소단원명 제시 • 소단원 학습 목표 제시 • 소단원 학습 내용 안내 (활동1＋활동 2)	
㉣ ~ ㉤	○ 소단원 목표 달성을 위한 학습 자료 제시 (활동3＋활동4)	• 소단원명 제시 • 소단원 학습 목표 제시 • 소단원 학습 내용 안내 (활동3＋활동4)	
㉥	○ 단원 학습 목표 도달도 평가를 위한 자료	• 학습(평가) 활동 안내 • 학습(평가) 활동 자료 제시	• 전통적인 의미의 교사 평가에 의한 평가 방법의 제시를 지양하고 학습 활동에 대한 자기 점검, 자기 평가, 학습자 상호 평가 등 대단원 학습 성취도를 평가하는데 필요한 자료 구안 제시
㉦	○ 대단원 학습목표 관련 보충학습과 심화학습 자료 제시	• 단원 학습 목표 환기 • 학습 과제(또는 활동)의 성격 안내 • 학습자의 흥미, 관심, 학습 속도와 능력 등을 고려하여 학습자가 선택하여 활동할 수 있는 과제 또는 활동 제시	• 단원 학습 목표와 관련한 보충학습과 심화학습 활동 자료 또는 과제 제시

◎	○ 국어 문화, 국어 의식, 국어의 가치 등을 인식·고양하는 데 적합한 읽기 또는 활동 자료 제시	• 활동명 • 활동 안내 • 활동 자료 제시	• 학습에 대한 부담감 없이 제시된 자료를 읽거나 활동하면서 쉬어 갈 수 있는 내용으로 구성

　　수준별 교과서로서의 구현 방법이 적절한가는 차치하더라도, 기존의 교과서 구성 방법에서 과감하게 탈피하여 새로운 교과서 체제의 모델을 제시하였다는 점에 의의가 크다. 특히, '쉼터'는 학습자의 자유 공간으로서 대단원과 대단원을 연결하는 열린 마당의 역할도 부여하여, 학습에 대한 여유와 친밀감을 더하게 했다.

2) 2007, 2009 개정 교육과정 적용 교과서

　　2007 개정 적용 초등학교 국어 교과서는 '도입학습－이해학습－적용학습－정리학습' 순으로 단원을 구성하였다.[32]

〈2학년 《읽기》 교과서 단원 구성의 예〉

	1차시	2차시	3차시	4차시	5차시	6차시	
	담화(글/ 언어 자료/ 작품)			담화(글/ 언어 자료/ 작품)			
도입	지식·기능·맥락의 이해학습			지식·기능·맥락의 적용학습		정리	놀이터
	이해학습			적용학습			
• 단원명 • 문제 상황 • 단원 학습 목표	• 차시 목표 • 이해(지식, 기능, 맥락) 학습 활동	• 차시 목표 • 이해(지식, 기능, 맥락) 학습 활동		• 학습 목표 • 적용 학습 활동		• 정리 • 평가 • 실천	사고 학습
1쪽	2쪽	짝수(4, 6, 8쪽)		홀수(9, 11, 13)쪽		1쪽	홀수 (1쪽)

　　'도입학습'에서는 비슷한 요소로 단원 학습 동기 유발이나 학습 목표 설정의 안내 등으로 구성하고, '이해학습'은 해당 학습의 필요성, 중요성, 방법을 안내하였다. '적용학습'은 이해학습을 바탕으로 좀 더 심화된 학습 활동으로 구성하고, '정리학습'은 앞에서 배운 내용을 정리, 평가, 실천의 장을 마련하는 단계 설정의 성격이다. 7차에서

---

32) 한국교원대학교, 국정도서국어편찬위원회, 초등학교 국어 교사용 지도서 2－2(2009) p.37.

의 '쉼터'처럼 '놀이터'는 창의적 사고 능력을 길러준다는 점에서 같은 역할을 한다고 하겠다.

2009 개정 교육과정 적용 교과서 단원 구성은 2007 교육과정 교과서 단원 구성 단계인 '도입학습―이해학습―적용학습―정리학습' 과정을 그대로 답습하되 구성내용 면에서는 약간의 변화를 추구하였다.[33]

<5학년 『국어』 교과서 단원 구성의 예>

도입학습	이해학습			적용학습	정리학습
도입	지식, 기능, 태도 학습			앞에서 공부한 지식, 기능, 태도의 종합 적용학습	정리
• 단원명 • 단원 학습 목표 안내 • 단원 학습 목표 관련 상황 제시 (그림, 사진)	<지식 학습> • 차시 학습 목표 • 원리(장르, 지식, 맥락 파악 및 이해, 조건 지식) 이해 활동	<기능 학습> • 차시 학습 목표 • 기능 이해 활동 • 기능 연습 (안내된 연습 활동)	<태도 학습> • 차시 학습 목표 • 태도 증진 활동	• 차시 학습 목표 • 과정 중심 활동 • 실제 제재를 대상을 지식, 기능, 태도를 종합적으로 적용	• 학습 내용 정리 및 평가

'도입학습'은 단원 학습 목표, 흥미나 동기 유발 제시란 점에서 별 차이점이 없다. 반면에 '이해학습'은 지식, 기능, 태도 학습 요소로 다시 구분하였다. '지식 학습'은 해당 단원의 원리(지식, 개념, 맥락)를 익히고, '기능 학습'은 기능의 이해와 연습 활동을 하고, '태도 학습'은 해당 단원에서 갖추어야 할 태도의 학습을 한다. '적용학습'에서는 '이해학습'에서 구분한 지식, 기능, 태도 학습을 하나로 종합, 통합하여 수용하는 학습을 하고, '정리학습'은 단원의 학습 내용을 정리, 평가하는 활동 부분이다. 이렇게 2007 교육과정 적용 교과서와는 다르게 단계 내에 학습 이론에 맞추어 전개 과정을 조정한 미시 구조의 변화는, 발전적인 교과서 구성을 보여준 참고할 만한 예라고 하겠다.

3) 2015 개정 교육과정 적용 교과서

2015 개정 교육과정 적용『국어』단원 구성 체제는 '준비 학습―기본 학습―실천학

---

33) 서울교육대학교·한국교원대학교, 국정도서국어편찬위원회, 초등학교 국어 교사용 지도서 5―1(2015) p.27.

습'으로 단계화하여 이전과는 상당히 다른 면모를 보인다.[34] 이해학습－적용학습이라는 고정된 틀을 깬 것이 특징이다.

단원 전개	성격	주요 내용
준비 학습 차시 수 1~2 분량 4~10쪽	• 단원 도입 • 단원 학습 도입	• 단원 목표 관련 상황(삽화, 사진) • 단원의 국어과 교과 역량 • 단원명 • 단원의 학습 목표 • 단원 학습 동기 유발 • 단원 도입 질문 • 단원 학습 내용 예측 • 단원 학습 계획 설계
		• 차시 주요 활동명 • 배경지식이나 경험 활성화 • 선수 학습 및 학습 출발점 확인 • 학습의 필요성이나 중요성 인식 • 단원의 기초 학습
기본 학습 차시 수 4~6 분량 12~40쪽	• 지식 학습 • 기능 학습 • 태도 학습	• 차시 주요 활동명 • 단원 학습 목표 도달을 위한 지식, 기능, 태도 등을 학습 • 차시 활동 구성: 지식이나 원이 등을 이해하고 이를 적용하는 학습(연역식 학습) 형태 및 다양한 경험이나 자료로 원리를 터득하는 학습(귀납식 학습) 형태로 구성
실천학습 차시 수 2~3 분량 4~6쪽	• 기본 학습 내용의 심화, 확장, 실천을 위한 학습 • 단원 정리 및 평가	• 차시 중요 활동명 • 차시 활동 구성: 단원 목표, 내용 특성, 국어과 교과 역량 활동 등을 고려해 다양한 활동(과정 중심 활동, 통합적 국어 활동, 수준별 활동, 프로젝트 활동 등)으로 구성 • 단원 학습 내용 정리 평가 • 생활 속의 실천 가능성 탐색

구성 단계를 줄여 '준비 학습'에 '도입학습'을 포함했다. '기본 학습'으로 지식, 기능, 태도 학습을 2009 교과서 구성 그대로 유지하였으며, '실천학습'에서는 '기본 학습'을 심화, 확장, 실천의 장을 마련하고, 정리－평가를 여기에 속하게 하였다. 학습 단계의 명칭은 달라도 일반화된 기본 단계는 모두 포함하고 있음을 알게 한다. 특히, 배운 내용을 일상생활에서 실천할 수 있는 '생활 속으로'를 설정하여 생활 중심 교과서 성격을 드러내고자 하였다.

---

34) 서울교육대학교·한국교원대학교 국정도서국어편찬위원회, 초등학교 국어 교사용 지도서 6－2(2019) p.38.

7차 교육과정부터 2015 개정 교육과정까지 개발, 적용한 국어 교과서를 중심으로 교과서의 구성을 살펴보았다. 이상에서 교과서 단원 구성은 편찬자 또는 집필자의 의도에 따라 교수·학습 일반 단계모형을 새롭게 개발하거나, 기존 모형을 변용하여 단계를 창의적으로 설정할 수 있음을 알게 한다.

이처럼 일반 단계모형은 보편화된 절차를 창의적으로 다양하게 그 구조를 변화시킬 수 있다. 그러나 학습 목표 설정과 이의 도달을 확인하는 단계 사이에서, 합당한 교육 이론과 효율적인 학습 목표 구현이 합치하는 일반 절차 모형을 창의적으로 구안해야 한다는 기본 생각과 태도를 잊어서는 안 된다.

나. 특정 모형과 단원 구성

1) 특정 모형 설계 시 고려 사항

수학, 사회, 과학, 영어를 비롯하여 각 교과 특성에 맞게 적용할 수 있는 교수·학습 모형이 있다.[35] 다양한 교수·학습 모형에서 각 교과의 특성을 고려하여 학습 목표 달성과 수업의 효과를 증대하고, 적용하기에 알맞은 몇 개의 대표적 모형을 선정하여 이를 교과서 구성에 활용하는 것이 가능하다.

국어과에서는 교수·학습을 설계하고 전개할 때 기대하는 능력이나 소양을 기르는 데 유용한 교수·학습 방법으로 일반 단계모형이나 특정 모형을 국어교육 목표 달성에 적합하도록 보완하여 제시하고 있다.

국어과 7차 교육과정에서는 초등의 경우 ①직접 교수모형, ② 문제 해결 학습모형, ③ 전문가 협력 학습모형, ④ 창의성 계발 학습모형, ⑤ 역할 놀이 학습모형, ⑥ 가치 탐구 학습모형, ⑦ 반응 중심 학습모형 등 7가지를 제시하였다. 2007, 2009 개정 교육과정과 2015 개정 교육과정 개발 교과서에서는 맥락을 유지하면서 두 가지 모형을 추가하여 ① 직접 교수모형, ② 문제 해결 학습모형, ③ 창의성 계발 학습모형, ④ 지식

---

35) 박상준 교수는 사회과에 '지식의 교육', '사고력의 교육', '가치의 교육', '행위의 교육' 등 가르치는 목표와 내용에 따라 '교수 방법'이 달라진다고 하면서, 대표적인 교수 방법을 소개하고 있다. 사회과 수업과 교재의 관계를 자세히 살핀 다음, 강의식 수업, 개념학습과 일반화 학습, 문답식 수업, 탐구 수업, 문제 해결 학습, 문제 중심 학습, 의사 결정 수업, 논쟁 문제 수업, 토론 수업, 협동 수업, 가치 수업, 프로젝트 학습, 현장 학습과 체험 학습, 지역 학습, 지도 학습, 이야기식 수업, 사료 학습 등을 제시하였다.(『사회과 교재 연구 및 교수법』 교육과학사, 2014)

탐구 학습모형, ⑤ 가치 탐구 학습 모형, ⑥ 반응 중심 학습모형, ⑦ 역할 수행 학습모형, ⑧ 전문가 협동 학습모형, ⑨ 토의·토론 학습모형 등 9가지를 제시하였다.[36]

역할 놀이 모형 등은 교과서에 그리 어렵지 않게 절차 과정을 보일 수 있지만, 특정 모형을 교과서에 구현하는 것은 세심한 배려와 연구가 필요한 경우가 많다. 교수·학습 설계에 따른 모형의 절차나 단계를 교과서라는 지면으로 옮기는 데 여러 제약 요소가 관여하기 때문이다.

이처럼 일반 단계모형보다 특정 모형의 절차를 교과서에 그대로 옮겨오는 것은 그리 간단한 문제가 아니다. 교수·학습 설계의 지향과 제한점에서 포괄적으로 밝혔지만, 앞에서 제시한 단계 요소보다 좀 더 구체적으로 제시한 '문제 해결 학습모형'의 내용을 살펴보면, 교과서 구성에서 어려움이 무엇인지 드러난다.

학습 과정(단계)	핵심 요소	주요 내용(활동)
문제 확인	○ 문제 상황 제시 ○ 문제의 확인 및 선택 ○ 학습 계획 세우기	○ 학습 동기 유발 ○ 문제 상황(사례) 제시 ○ 문제 진단 및 확인(목표 확인) ○ 전시 학습 상기 및 사전 학습 진단 ○ 학습 계획 및 학습 절차 확인 ○ 가설 설정
문제 탐구	○ 개념(지식) 도입 ○ 문제 해결 방법 찾기	○ 개념(지식) 도입(제시) ○ 문제 해결 방법 탐색 ○ 아이디어 생성 ○ 아이디어 검증 ○ 원리 이해
문제 해결	○ 원리 터득 ○ 원리 연습	○ 전략 습득 여부 확인 ○ 전략의 적용 ○ 연습
일반화	○ 다른 상황에 적용 ○ 활용 전략 전이 ○ 일반화	○ 학습 내용 정리 ○ 다른 상황에 응용, 확인하기 ○ 전략의 정착 및 일반화 ○ 자기 조정 활동 확인(자기 강화)

위의 표는 '**문제 해결 학습모형**'을 앞에서 제시한 [① 학습 과정(단계)─② 주요 활동] 2단계를 [① 학습 과정─② 핵심 요소─③ 주요 내용(활동)] 3단계로 세분하고, 내

---

36) 서울교육대학교·한국교원대학교 국정도서국어편찬위원회, 교사용 지도서 6─2, pp.400~412.

용을 더욱 구체화하여 제시해 본 것이다. 교수·학습 방법 절차 구조를 설명하는 방법에서 단계가 많아진 것은 물론, 각 단계에서 반영해야 하는 요소를 더욱 세분하여 층위로 연결하였다.

이 중 '문제 탐구 단계'를 예로 들어 보면 '주요 내용(활동)'에서 [㉠ 개념(지식) 제시 ㅡ㉡ 문제 해결 방법 탐색ㅡ㉢ 아이디어 생성ㅡ㉣ 아이디어 검증ㅡ㉤ 원리 이해]를 교과서 단원 구성으로 구조화하는 데는 창의적 발상과 번뜩이는 구성 방안을 요구한다. 문제 해결 방법을 어떻게 활동으로 전환하고, 아이디어 생성과 검증을 활동 절차나 행동으로 옮기는 방법은 만만하지 않다. 또, 이를 교과서 지면으로 다시 실체화하는 데는 여러 구성 환경의 제약 때문에 구조화나 설명이 더욱 어렵다고 하겠다.

교과서 구성에서 이러한 특정 모형의 구현에 어려움과 이에 부수하는 유념 사항을 종합, 정리해 보면 다음과 같다.

- ○ 모형의 단계를 교과서 구성의 원리에 맞는 절차로 전환하기가 어렵다.
- ○ 모형 단계별 핵심 요소를 교과서로 자연스럽게 전이하는 기법이 만만찮다.
- ○ 모형 핵심 요소를 위계를 세워 학습 활동으로 전환하는 방법이 쉽지 않다.
- ○ 모형의 핵심 요소와 주요 활동을 연계하여 과정으로 구체화하기가 어렵다.
- ○ 학습 목표에 도달하는 모형 활동을 선택하고 절차로 구조화하기가 어렵다.
- ○ 단원 구성에서 모형의 절차 범위를 조정하고 구체화하는 어려움이 있다.
- ○ 모형 절차나 과정을 훼손하지 않는 고도의 절차 응축 기술을 요구한다.
- ○ 교과서라는 지면 제한을 슬기롭게 타개하는 모형 절차 변형이 필요하다.
- ○ 일반 단계모형과의 절차상 충돌을 활동 분화로 조화롭게 조정해야 한다.
- ○ 학습자 중심 모형 절차를 구조화하는 데는 또 다른 고려 사항이 따른다.

교수·학습 설계 이론을 바탕으로 이러한 어려움을 극복하는 일은 교과서 집필자, 편찬자의 몫이다. 교과서에 특정 모형을 실질적으로 구현해 봄으로써, 이러한 어려움의 슬기로운 극복 가능성을 확인하고 있다. 개발학의 학문적 이론의 정립이 시급하고, 빨리 교과서 교수·학습 설계 이론 연구가 축적되기를 바라는 이유도 여기에 있다.

2) 특정 모형 설계의 실제

2007, 2009, 2015 교육과정 적용 교과서에서는 단원별로 교수·학습 모형 상세안을 제시하여, 특정 모형을 교과서에 실현해 보려는 노력이 역력하다. 다음은 2015 개정 교육과정 적용 초등학교 6-2 국어 교과서 특정 교수·학습 모형 일람목록이다.[37] 앞으로 교과서 개발에 참고가 되므로 제시해 본다.

단원	단원에 적용한 교수·학습 모형		
	차시	차시 학습 목표	해당 모형
1단원	7~8	인물의 삶과 자신의 삶을 비교하며 작품을 읽고 자신의 생각을 쓸 수 있다.	가치 탐구 학습모형
2단원	1	관용 표현을 활용하면 좋은 점을 안다.	지식 탐구 학습모형
3단원	6~7	상황에 알맞은 자료를 활용해 논설문을 쓸 수 있다.	문제 해결 학습모형
4단원	3~4	주제에 맞는 매체 자료를 찾을 수 있다.	전문가 협동 학습모형
5단원	3~4	글을 읽고 글쓴이의 생각을 파악할 수 있다.	직접 교수모형
6단원	5~6	뉴스에 나타난 정보의 타당성을 안다.	창의성 계발 학습모형
7단원	3~4	글을 고쳐 쓰는 방법을 안다.	직접 교수모형
8단원	5~6	자신의 경험을 떠올리며 작품을 감상할 수 있다.	창의성 계발 학습모형

단원 전체를 특정 모형 절차를 밟아 제시하지 않고, 일부 차시에서 모형의 절차에 따라 구성하고, 지도서 '교수·학습 과정 안'에 이를 자세하게 설명하는 방식으로 적용하였다. 이러한 특정 모형의 적용 방식도 절차의 완결성을 보여주어, 교과서 개발에 교수·학습 모형이 자리 잡을 수 있다는 가능성을 증명했다는 점에서 대단히 희망적이다. 앞으로는 단원마다 특정 모형을 교과서 지면에 완전한 절차 형태로 과감하게 적용해보는 시도가 필요하다. 이러할 경우 특정 모형 절차(단계)마다 더욱 구체화한 구조와 활동 진술에 창의적 면모도 따라야 한다.

참고로 교과서에서 구현한 초등 국어(6-2) 2단원 1차시 <지식 탐구 학습모형>은 다음과 같다.[38]

---

37) 서울교육대학교·한국교원대학교 국정도서국어편찬위원회, 교사용 지도서 6-2, p.44.

38) 교과서에 제시한 그림이나 대화 내용, 활동 진술이나 설명이 명확히 드러나지 않아도, 모형 절차 구현의 방법과 학습 활동, 교과서 구성의 관계 파악에 편리하도록 모형 절차에 따라 교과서를 재구성하여 제시하였다.

<지식 탐구 학습모형>

① 문제 확인하기	
㉠ 속담 카드놀이 하기	㉡ 학습 목표 확인하기
속담 카드놀이 (교사용 지도서 참고자료 활용)	 관용 표현을 활용하면 좋은 점 알기

② 자료 탐색하기	
㉠ 관용 표현 찾기	㉡ 관용 표현의 정의 알기
	2. 1에서 파란색으로 쓰인 표현의 뜻을 알아봅시다. (1) 대화 ㉮에서 파란색으로 쓰인 표현은 어떤 뜻일까요? (2) 대화 ㉯에서 파란색으로 쓰인 표현은 어떤 뜻일까요? (3) 대화 ㉯에서 파란색으로 쓰인 표현 대신에 쓸 수 있는 표현에는 어떤 것이 있을까요?	

③ 지식 발견하기	
㉠ 관용 표현에 대한 경험 나누기	㉡ 관용 표현을 하면 좋은 점 알기
	6. 관용 표현을 활용하면 좋은 점을 정리해 봅시다.

4. 서로 다른 뜻을 생각하여 손수가 말할(?) 말을 보고 물음에 답해 봅시다.

5. 관용 표현을 활용하거나 들은 경험을 친구들에게 소개하고 어떤 상황이었는지 설명해 봅시다.

관용 표현	관용 표현을 활용하거나 들은 상황
발이 넓다	다른 학교에도 아는 사람이 많은 친구를 소개할 때 활용했다.

④ 지식 적용하기	
㉠ 일반화하기	㉡ 정리하기
자신이 활용한 관용 표현과 그 상황 공유하기 (붙임의 관용 표현 자료 활용)	관용 표현을 하면 좋은 점 알기

교과서에 특정 모형을 실체화하는 어려움이 여기에서도 엿보인다. 1차시라는 시간과 지면이라는 공간 활용의 제약으로 일부 절차를 구체화하지 못하고, 교사용 지도서에서 절차나 활동 내용을 구체화하여 완결성을 추구하였다. 단원 목표 '관용 표현을

활용해요'을 염두에 두고, 1차시 '관용 표현을 활용하면 좋은 점 알기'로 학습 목표를 국한하는 데서 오는 어려움도 따랐으리라 본다. 반면에 2단원 전체를 '지식 탐구 모형 학습'으로 절차를 세우고, 일반 절차 '준비―기본―실천' 과정을 절충하여 구조화하는 방법과 아예 일반 절차를 무시하고 특정 모형을 구조화하는 방법도 어려움을 해결하는 방법의 하나가 될 수 있다.

그리고 여기에서 관심을 가져야 할 분야가 이론적으로 자율학습이 가능한 교수·학습 모형의 개발 문제다. 그동안 학습비 절감과 교수·학습 방법의 혁신 차원에서 자율학습이 가능한 교과서 개발을 정책적으로 시도하였다. '친절한 교과서', '학습자 주도 교과서', '참고서가 필요 없는 교과서', '자기 주도적 학습이 가능한 교과서' 등으로 교과서 구성, 구조화를 6, 7차 교과서에서도 실체화해 보려고 하였다. 특히, 7차 교육과정 국어과 교과서에서는 '날개', '처마', '자기 평가', '쉼터' 등의 개념을 사용하여, 그 가능성을 본격적으로 열어보려고 했으나, 만족할 만한 해결책을 분명하게 찾지는 못하였다.

'**자율학습(self-regulated learning, self-directed learning)**'의 이론이나 원리는 이미 연구가 축적되어 있다.[39], 그러나 이를 교재로 구성하는 혁혁한 방법론을 여태까지와는 다른 시각에서 찾아보는 노력이 필요하다. 앞으로 실질적인 많은 연구로 '자기 주도 교수·학습 방법', '자율 교수·학습 모형', '자율 수업 모형' 등을 하나의 특정 모형으로 유형화하는 것이 가능하다고 본다. 교재 개발학의 이론 정립이 이를 해결하는 선봉(先鋒)이 되었으면 한다.

5. 디지털 교과서 위상과 교수·학습 설계

가. 디지털 교과서의 위상과 전망

ICT, 4차 산업 혁명 사회의 도래와 함께 서책형 교과서 형태, 디지털 교과서 등 기타 자료의 경계선도 구분하기가 어려울 정도로 신속하게 변하고 있다. 이러한 사회와 교육 환경의 급격한 변동, 지식의 진전과 존재 방식의 변화에 따라 교과서에 대한 인식도 달라져, 그 개념과 기능 공간도 한층 넓어지는 모습을 보여준다. 지금까지는 주

---

39) 이성호, 앞의 책, pp.239~253.

로 활자매체에만 의존하여 교육활동이 이뤄졌지만, 이제는 디지털 매체에 의한 새로운 패러다임의 교과서 형태가 보편화, 일반화되면서, 활자매체의 보조적 역할에서 벗어나 스마트, 온라인 교육 등 독자적인 고유 영역을 넓혀가고 있다.

현재로서는 당분간 서책형 교과서와 디지털 교과서의 공존은 교육 환경 여건과 필요에 따라 어쩔 수 없어 보인다. 앞으로는 서책형 교과서와 디지털 교과서의 상호 관계나 위치를 집필, 제작, 발행, 공급, 사용 등의 제반 측면에서 명확히 하는 것이 필요하다. 다음은 이러한 관계 구도를 살펴볼 수 있는 간단한 구도이다.

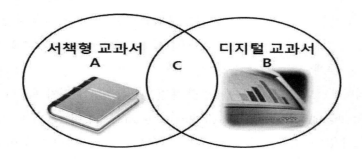

서책형 교과서만 사용하는 경우(A), 서책형 교과서와 디지털 교과서를 병용하는 경우(C), 디지털 교과서만 사용하는 경우(B) 등 교과서 사용의 실태에 따라 정책적 지원을 어떻게 해야 할지가 달라진다. 특히, (B)로의 단계 이행에서 서책형 교과서가 전혀 필요 없는지, 아니면 보조 자료로 계속 남아 교육의 효용성을 유지할지도 면밀하게 검토하여, 교과서 형태와 사용 환경 조성에 유루(有漏)가 없도록 미리 준비하는 대책이 필요하다.

디지털 교과서의 활용 추세는 사회나 교육 환경의 그것과 맞아떨어지므로 추세를 정확히 파악하고 예측해야 한다. 미래의 교과서 형태와 사용에 대한 예측에서, 서책형 교과서와 디지털 교과서가 공존한다는 현직 교사의 반응이 절대적으로 많았다. 미래에도 서책형 교과서가 없어지지 않는다고 생각하는 것이다. 사용 형태에서는 ① 서책형 교과서 위주 디지털 교과서 보조 병행 체제 유지보다는 ② 디지털 교과서 중심 서책형 교과서 보조 병행 체제 가능성이 크다는 견해가 조금 우세하였다.[40]

---

40) 임희정, '미래 초등영어 교과서에 대한 교사 인식 및 요구도 연구'(『교과서 연구』, 제105호, 한국교과서연구재단, 2021) p.60.

변전하는 미래의 사회에 아직은 교과서의 형태나 사용 방법, 존재의 유무를 속단하기는 어렵다. 그래도 서책형 교과서가 곧바로 없어지지 않을 것이란 의견이 많은 것은, 교과서 기능 측면에서 그만큼 미래에도 서책형을 무시하지 못한다는 의미이다. 서책형의 교과서로서 기능은 일반 서책이 존재하는 한 그대로 유지되는 것과 무관하지 않다.

그렇다면 서책형 교과서와 디지털 교과서의 공존(C)에 따른 관계 정립을 이론적으로 확립하고, 이를 정책으로 계승하는 미래 대비, 예측 자세가 필요하다. 좀 단순하지만, 이들의 공존 추이를 4단계로 구분할 수 있다.

높음 ↑ 서책형 교과서 사용 ↓ 낮음	높은 서책형, 낮은 디지털 교과서 사용 (ⓐ)	ⓑ 높은 서책형, 높은 디지털 교과서 사용
	ⓓ 낮은 서책형, 낮은 디지털 교과서 사용	ⓒ 낮은 서책형, 높은 디지털 교과서 사용

낮음 ← 디지털 교과서 사용 → 높음

[(ⓐ) 높은 서책형/ 낮은 디지털 교과서 사용]:
서책형 중심, 디지털은 보조 형태로 교과서를 사용하는 단계
[(ⓑ) 높은 서책형/ 높은 디지털 교과서 사용]:
서책형, 디지털 교과서가 동등한 위치에서 같이 사용하는 단계
[(ⓒ) 낮은 서책형/ 높은 디지털 교과서 사용]:
서책형은 보조, 디지털 교과서 중심으로 사용하는 단계
[(ⓓ) 낮은 서책형/ 낮은 디지털 교과서 사용]:
서책형, 디지털 교과서와는 다른 형태나 사용방식 교과서(자료) 사용 단계

교과서 사용의 변화를 (ⓐ)-(ⓑ)-(ⓒ)-(ⓓ) 단계로 예상해 본 도식이다. 꼭 이러한 단계를 밟는다는 의미는 아니지만, 사회 변화 추이를 보면 가능성은 다분하다. 그러나 각 단계에서 서책형과 디지털 교과서의 역학 관계는 다르므로, 양자의 힘을 사용의 측면에서 배분하는 기술이 필요하다. 특히, (ⓓ)단계는 서책형, 디지털과는 다른 새

로운 형태의 교과서 출연을 예고한다. 여기에서 '새로운 형태'란 서책형이나 디지털이 지니는 기능과 속성을 몰각(沒却)한다는 뜻은 아니다. **'스마트 교과서', '온라인 교과 서'** 개념 도입이 하나의 예라고 하겠다.

앞으로, 서책형 교과서가 바로 없어지지 않는다고는 하지만, 사회나 교육 환경의 변화는 서책형에 맞춰 답보하지 않으므로, 변화에 따른 관계 수립을 비롯하여 서책형의 개념과 기능, 형태를 새롭게 정립해야 한다. 미래에는 디지털 교과서가 대세를 이루리라는 점은 분명하다. 디지털 교과서 사용이 원만하도록 학교 등에서 교육이 가능한 환경을 하루빨리 조성하고, 서책형 교과서와 관계를 상보적, 아니면 그 이상으로 정립해야 한다.

나. 디지털 교과서 개발과 교수·학습 설계

디지털 매체가 사회 전반을 지배하는 현대에 교육의 효율을 높이는 멀티미디어의 다양한 활용은 U−러닝(ubiquitous-learning), 온라인 수업 등이 시대적 추세가 되었다. 동영상, 애니메이션, 음성 등 멀티미디어는 교실 현장에서 직접 가르칠 수 없는 교육의 효과를 다른 측면에서 제공한다.

그런데 디지털 교과서는 교수·학습의 차원에서 교재의 기능을 발휘하려면, 서책형 교과서와는 다른 상황을 요구한다. 학습 내용은 존재하지만, 교수자의 역할이 아예 없거나 지금과는 달라야 하므로, 교과서로서의 구조가 서책형과는 다른 특성을 요구한다는 말이다. 그러므로 디지털 매체의 공학적 원리를 교수자의 위치로 전환하는 기술과, 이에 따른 교수·학습의 원리를 새롭게 창안하는 과제가 남는다. 따라서 디지털 교과서는 서책형 교과서와는 다르게 교수·학습의 설계 원리에 근거하되, 교과서 구성에서 다음 사항을 유지할 필요가 있다.

첫째로, 제공하고자 하는 디지털 교과서의 성격과 활용 목적, 사용 방법이 교수·학습 체계에 뚜렷하게 드러나야 한다. 학습할 내용, 학습의 과정 등 매체 자료는 '이것이 무엇이다.'라고 확실하게 성격을 부여해야, 이용자에게 혼란을 주지 않을 뿐 아니라 목적성을 가지고 이용할 수 있다. 주 교재로서의 교과서, 아니면 교과서의 보조 자료, 교과서 밖의 교육 자료 등 그 성격에 따라 학습자의 선택 취향과 활용 방법이 달라진다.

둘째로, 전체의 내용구성이 서책 구성과는 다른 교수·학습 체계와 구조를 유기적으로 도입하여 새로운 소통 관계를 창안해야 한다. 디지털 교과서는 유기적으로 관계하는 각각의 단위 구성체, 제공하는 학습 자료 간의 기능이 서책과는 다른 차원에서 체계적인 연결을 요구한다. 화면 단위의 단순한 포맷에서나, 단위를 다시 묶은 더 큰 단위의 구성에서도 마찬가지다. 그러므로 이들 구성 요소들과의 긴밀한 관계를 고려하여 교수·학습의 순차를 결정해야 한다. 그리고 활용 안내가 자동화 개념으로 편리해야 하고, 교과서 전체 차원의 활용 방법에도 일관성을 유지해야 한다.

셋째로, 교육하고자 하는 내용에 필요한 모든 교수·학습 자료를 제공하려는 욕심을 버리고, 경우에 따라 특정 분야를 집중하여 제공하는 교과서 형태를 취해야 한다. 교육 내용의 제공과 화상 등의 활용이 서책형 교과서보다 편리하다고 하여, 모든 분야의 교육 내용을 책임진다는 의도로 자료 제공에서 과욕을 보이면 역작용을 초래할 우려가 크다. 보편적인 내용을 아우르면서 특정 분야의 내용을 집중적으로 제공하는, 디지털 교과서 형태를 유지해야 교육에 효과를 높일 수 있다.

넷째로, 교수·학습 방법이 교육 공학적 효과를 최대한으로 발휘할 수 있도록 새로운 기능을 가미하여 화면 구성을 해야 한다. 디지털 교과서는 구성내용이 참신해야 하고, 활자로는 제공할 수 없는 내용이나 방법을 모색해야 한다. 단순하면서도 미적 감각을 최대로 발휘하되, 주석 기능, 지원 도구 실행 등 동화상이나 정지화상의 이용에서 가로, 세로의 포맷이 공학적이어야 한다.

다섯째로, 교수·학습에 시각적 효과를 충분히 제공하되, 너무 지나쳐서 학습 효과를 반감하지 않도록 해야 한다. 디지털 교과서의 장점은 다양한 자료에 손쉽게 접근하도록 하여, 무한한 시각적 학습 효과를 발휘하는 데 있다. 그런데 이러한 시각적 효과의 정도가 지나치면 단순함의 그것만도 못하는 경우가 생긴다. 교육의 목표 달성을 극대화하면서 학습자의 이해를 돕는 난잡하지 않는 포맷이 필요하다.

여섯째로, 디지털 교과서는 서책형 교과서의 기능 유지와 함께 디지털 교과서의 고유 기능도 최대로 발휘할 수 있는 교수·학습 방법의 구조를 설계해야 한다. 서책형과 디지털형 교수·학습 협력 작용은 기술적으로 가능하다면, 학습 효과를 가시적으로 증진할 수 있다. 디지털 교과서에서 서책형 기능을 그대로 유지하는 문제는 디지털 환경을 고려하여 중요한 연구의 대상이다.

일곱째로, 디지털 교과서의 교수·학습 방법과 기능을 명확히 하고, 이를 체계적으로 지원하고 안내하는 내용을 구체화해야 한다. 디지털 교과서의 구성 요소, 체계와 사용에 대한 설명을 세밀하고 정확하게 하는 것이 교수·학습의 지원과 안내를 편리하게 하는 첫걸음이다.

여덟째로, 디지털 교과서를 구성하는 모든 내용이 교수·학습에 집중하도록 사용 기능을 편리하게 연계해야 한다. 교과서 본문 보기, 학습 보조 자료 탐색, 교과서 밖 자료와의 연결, 학습 진단 및 평가 도구 등에 접근이 편리하도록 화면 구성이나 활용 체계를 복잡하지 않도록 한다.

아홉째로, 교수·학습한 결과를 확인하고 평가할 수 있는 과정을 디지털 교과서 구성의 장점을 살려 구체화해야 한다. 일반 서책형 교과서와 마찬가지로 학습 결과에 대한 가시적인 점검 과정은 필수적이다. 평가 방법도 디지털 매체의 특장(特長)을 십분 활용해야 하고, 평가를 누적하여 그 변화의 양상을 비교, 분석할 수 있게 하는 것이 좋다. 여기에도 멀티미디어 교수학습 자료에 머물지 않고, 교과서 기능을 충분히 발휘하는 장점의 준거가 필요하다.

열째로, 디지털 교과서 교수·학습 방법에는 디지털이라는 기능과 환경을 살려 설계하는 바탕 위에, 인간적 상호 소통을 가미하는 기술적 방법을 가미해야 한다. 여기에서 '**인간적 소통 방법**'이 무엇인가는 실체가 확연하지 않지만, 기술 발전의 추이로 보아서 가능하리라고 본다. 이러한 기술적 실현은 학생과 교사. 학생 상호 간의 소통을 '**대면 교육**' 이상으로 원활하게 촉진할 수 있다.

이상으로 디지털 교과서 교수·학습 설계에 극히 일반적인 사항을 생각해 보았다. 디지털 교과서 교수·학습 방법 설계는 교과서 형태를 이루는 기초이며, 사용을 편리하게 안내하는 기본 시스템이다. 그러므로 일반화, 보편화를 가정하여 디지털 교과서 개발과 적용에, 교수·학습 관련 요소는 창의와 선도적 발상을 요구한다고 하겠다.

Ⅳ. 교과서 활용과 원리 탐색

1. 교과서 활용 의미와 체계 모색

가. 교과서 활용 개념의 정립과 중요성

1) 교과서 활용 개념 정립 모색

자연에서 사물의 실체는 존재로서 그 가치가 그냥 인정되기도 하지만, 쓰임에 따라 존재 그 이상의 가치를 발휘한다. 존재는 정적 표상으로서의 가치이지만, 쓰임은 동적 현현(顯現)으로서의 가치이다. 교과서도 마찬가지다. 오히려 **'존재로서의 가치'**보다는 **'쓰임에서의 가치'**가 표상으로 무게를 달리하고 보다 실질적이다.

그런데 교과서 존재 생태계에서 교과서 활용 분야는 다른 분야에 비해 관심이 미미하고, 연구도 생각하는 만큼 제대로 진척되어 있지 못하다. 앞으로 깊이 있는 연구로 접근 방법을 다양하게 시도하여 이론을 정립하고, 다른 교과서 영역과 동등한 위치로 중요도를 끌어 올려야 한다.

교과서 활용 개념을 확실하게 밝히면 이의 중요성은 자연스럽게 드러나고, 교과서의 가치나 위상이 그만큼 달라진다. 현재, 교과서 '활용'이란 말은 '이용', '사용' 등과 의미를 구별하지 않고 섞어 쓰는 경우가 많다. 뜻을 알고 그 차이를 구별하면서 말이나 문장에서 적절하게 맥락을 잡기가 그리 간단하지 않기 때문이다. 먼저, 이들 용어

의 호환성(互換性), 차이점을 명확하게 알아보기 위해 사전적 풀이를 중심으로 비교해
보고자 한다.

[이용(利用, use)]
- ○ 물건을 이롭게 쓰거나 쓸모 있게 씀/ 방편으로 하거나 남을 부려 씀(동아 새
  국어사전)
- ○ 대상을 필요에 따라 이롭게 씀./ 다른 사람이나 대상을 자신의 이익을 채우
  기 위한 방편(方便)으로 씀(표준국어대사전)

[사용(使用, use)]
- ○ 사람이나 물건 등을 쓰거나 부림(동아 새국어사전)
- ○ 일정한 목적이나 기능에 맞게 씀./ 사람을 다루어 이용함(표준국어대사전)

[활용(活用, use)]
- ○ 그것이 지닌 능력이나 기능을 잘 살려 씀/ 잘 변통하여 씀(동아 새국어사전)
- ○ 충분히 잘 이용함(표준국어대사전)

이상의 사전적 의미를 서로 비교해 보면 비슷해 보이면서도 미묘한 차이를 발견할
수 있다. 여기에 국립국어원 '온라인 가나다'에 제시한 '이용하다'와 '사용하다'의 구별
방법과 차이에 대한 설명은 참고가 된다. 먼저, 문맥에서 '이롭게 쓰다'라는 뜻인 경우
는 '이용하다'를 쓰고, '쓰다'라는 의미가 주된 경우는 '사용하다'를 쓰는 것이라 전제
하고, 다음과 같이 세 가지 예를 들었다.[41]

㉮ **['이용하다'가 자연스러운 문맥]:** 지하철을 이용하다/지하철을 사용하다(?)
함정은 조그만 골짜기를 이용한 것이기 때문에 세 길 이상이나 되었다./함
정은 조그만 골짜기를 사용한 것이기 때문에 세 길 이상이나 되었다.(?)

㉯ **['이용하다'와 '사용하다'가 모두 자연스러운 문맥]:** 이용한 물건은 제자리에
꽂아 주세요./사용한 물건은 제자리에 꽂아 주세요. 인간은 예로부터 도구를
사용해 왔다./인간은 예로부터 도구를 이용해 왔다.

㉰ **['사용하다'가 자연스러운 문맥]:** 어른에게 존댓말을 사용하다/어른에게 존

---

41) 국립국어원, 온라인 가나다

댓말을 이용하다(?) 김 회장은 일생을 두고 모은 재산을 사회 복지 사업에 사용했다./김 회장을 일생을 두고 모은 재산을 사회 복지 사업에 이용했다.(?)

이처럼 대상이나 상황, 문맥에 따라 '이용'과 '사용'이란 말은 같이 쓸 수 있거나 구별해 써야만 하는 경우가 있다. 여기에 '활용'이란 말은 또 다른 국면을 제공한다. ㉮~㉰ 문장에 '이용'과 '사용'을 '활용'으로 대체해 보면 자연스럽거나 어색한 문맥으로 엇갈린다.

이러한 용어 쓰임의 사례는 '교과서'와 조합하여, '교과서 이용', '교과서 사용', '교과서 활용' 등이 어떻게 구별되는지를 따져보는 데 도움이 된다. 이를 다시 한자(漢字)의 **'이(利)', '사(使)', '활(活)'**의 뜻을 살려서 '교과서를 이롭게 쓰다', '교과서를 부려 쓰다', '교과서를 살려 쓰다'라고 풀이할 수 있는데, 이를 더 분석적으로 접근하여 육하원칙 형식을 취해 비교해 보면 다음과 같다.

구분	이용(利用)	사용(使用)	활용(活用)
① 주체	학생, 교사, (학생·교사)	학생, 교사, (학생·교사)	학생, 교사, (학생·교사)
② 대상	교과서(교재)	교과서(교재)	교과서(교재)
③ 장소	교실(그 외의 공간)	교실(그 외의 공간)	교실(그 외의 공간)
④ 시간	교수·학습(활동)/수업	교수·학습(활동)/수업	교수·학습(활동)/수업
⑤ 목적	이익과 쓸모	일정 목적, 기능(쓸모)	(능력), 기능(쓸모)
⑥ 방법	필요에 따라	알맞게 (부려서)	충분히 잘 살려서
⑦ 관계	주체－대상 이익 관계[利]	주체－대상 부림 관계[使]	주체－대상 작용 관계[活]

누가(주체) 무엇(대상)과 어디(장소)에서 언제(시간), 왜(목적), 어떻게(방법), 관계(작용)하는가를 분석적으로 비교해 본 것이다. 교육적 상황 ①~④를 공통 기반으로 해서 이용, 사용, 활용의 변별력은 ⑤, ⑥을 바탕으로 '이익', '부림', '작용'이라는 ⑦ '관계'에서 확연해진다. 이러한 비교, 분석이 합리적인가를 차치하고, 이들 말의 쓰임에서 차이점을 발견하는 데는 유용하다. '쓰임'이란 의미 관계에서는 '이용과 사용', '사용과 활용'이 가깝게 보이고, 이용과 활용은 그 뜻에서 확실하게 구별되는 느낌이다.

① ㉠ 교과서 (이용/사용/활용) 수업
   ㉡ 교과서 (이용/사용/활용) 기법(기술)

ⓒ 교과서 (이용/사용/활용)(자, 者) 평가

② ㉠ 교과서를 (이용/사용/활용)하는 방법에는 무엇이 있는가.

ⓛ 교과서를 예절 교육에 (이용/사용/활용)하는 방법을 알아보자.

ⓒ 교과서는 (이용/사용/활용) 목적으로만 존재 의미를 논할 수 없다.

③ ㉠ 교과서의 가치는 (이용/사용/활용)의 다양성에 달려 있다.

ⓛ 교과서의 (이용/사용/활용) 태도에서 교과서관을 엿볼 수 있다.

ⓒ 인간 문명의 발달은 교과서 (이용/사용/활용)과 밀접하게 관계한다.

④ ㉠ 교과서 [이용/사용/활용] 각각의 의미와 구분되는 요소를 찾아보자.

ⓛ 글 읽기와 쓰기에 교과서를 (이용/사용/활용)한 덕을 꽤 보았다.

ⓒ 교과서를 국가·사회 발전에 (이용/사용/활용)한 사례를 찾아보자.

이상 ①~④는 교과서가 처한 대표적인 상황에서 각각의 쓰임을 예로 들어 본 것이다. 그래도 ④ 예시에서 의미에 차가 있어 보이긴 하다. 그러나 교과서와 결부하여 이들은 어감과 뉘앙스에 차이가 있는 듯하지만, 쓰임에 제한이 따르지 않고 모두 쓸 수가 있다. 그런데 미미한 차이점을 찾아본다면, 교육 상황과 교실 공간을 고려한 상호 소통과 작용에서는 '이용<사용<활용'의 순서로 쓰임의 정도가 다르다고 생각할 수 있다. '활용'은 '이용'과 '사용'의 뜻을 모두 포괄하는 의미역을 지닌다고 보고, 교과서 생태계 존재에서는 '활용'이란 말이 교육적으로는 가장 잘 어울리는 용어라고 하겠다.

그리하여 **'교과서 활용'**의 개념을 "(교육/학습 목표를 달성하기 위해) 학생, 교사가 교과서의 쓸모[기능]를 충분하게 살려서 원활하게 소통하며 잘 쓰(이용/사용)는 것, 또는 그 과정"이라 잠정 정리해 보고, 맥락에 따라 이들 용어를 호환하여 쓰고자 한다.

2) 교과서 활용의 범주와 중요성

교과서는 교육의 목표를 가장 이상적으로 구현할 수 있도록 구조화한 실체이다. 교육의 자료나 매개체로서 교과서를 어떻게 잘 활용하느냐에 따라, 교수·학습 방법과 교육의 성공 여부, 존재 가치가 달라진다. 그러므로 교과서 활용은 교과서를 구성, 평가하는 차원과 동등한 가치와 비중을 지닌다고 해도 과언이 아니다. 그런데 이 부면은 의미 범주 설정이 확실하지 못한데다가, 연구도 미미하여 이론화 정립이 시급한 형편이다.

교과서 활용은 교수·학습의 실제, 즉 현장에서의 적용의 방법을 뜻하기도 한다. 항상 교과서를 사용하는 수업뿐만 아니라 교과서를 일정 시간 배제하는 수업, 나아가 투입 시기 등의 조절도 활용의 범주에 든다. 교과서 활용은 교사가 교과서를 어떻게 교수·학습에 효율적으로 사용할 것인가를 모색하는 작업이면서, 학습자가 교과서를 어떻게 이용할 것인가도 교과서의 활용 영역에 든다. 따라서 '**교과서 활용 범주(영역)**'는 교과서의 활용 계획 수립에서부터 실제 수업(교수·학습)에서의 활용, 활용 결과의 평가에까지 그 범위가 상당히 넓다고 하겠다.

교과서 활용은 용어 사용에서도 그 저변을 무한정 확대하는 것이 가능하다. 교과서(교재) 활용 목적, 활용 방법, 활용 모형(모델), 활용 기술[42], 활용 기법, 활용 평가, 활용 전략, 활용 연구 등 무수히 많은 용어를 파생, 개념화할 수 있어 다양한 의미 범주 설정이 가능하다.

교과서 생태 존재에서도 교과서 활용 부분은 매우 중요하다. 교과서 정책 수립, 교과서 개발, 구성, 분석·평가의 순환적 존재, 교사—교과서—학생의 소통 작용 중심으로서의 존재는 활용과 연결하지 않고서는 학습 목표 달성, 즉 교육활동의 뚜렷한 성과를 성취할 수가 없다. 교과서 활용은 바람직한 교육활동을 조장하고, 관계 작용이 원활한 교육 환경을 조성하여, 의미 있는 교육 효과를 자아내게 한다. 결국, 교과서 활용은 교과서의 내재한 기능과 가치를 외면화하는 기제이다.

그런데 교과서 활용의 중요성은 '**활용 체계와 종류**'를 살펴보면 자연히 드러난다. 이제부터는 교과서 활용의 중요성을 인식하고, 활용의 개념, 의미 범주 등 교과서 활용과 관련한 연구를 체계적으로 축적하여, '교과서 개발학'의 학문적 정립과 내용 확충을 뒷받침해야 한다.

나. 교과서 활용 체계·종류 개념 도입

교과서 활용 분야를 이론적 배경을 바탕으로 학문의 영역으로 상향하려면, '**교과서 활용 체계 및 종류**' 등의 개념을 가시화해야 한다. 그런데 이러한 개념을 긍정적으로 받아들이게 하려면 논리성을 확보고, 학문적 이론 성립의 바탕을 정연하게 세워 보는

---

42) 국어교육 미래 열기 편, 앞의 책에서는 '교재 활용 기술'이란 용어를 사용하여 "주교재와 보조교재, 문자 교재와 비문자 교재의 투입 시기 및 방법에 관한 기술"이라고 설명하였다(p.109).

시도가 필요하다.

먼저 **'체계'**의 사전적인 의미를 알아보고, 교과서 활용 체계의 모습이 무엇인지를 상정해 보고자 한다.

> ① ㉠ 낱낱이 다른 것을 계통을 세워 통일한 전체, ㉡ 일정한 원리에 따라 조직
>   한 지식의 통일된 전체(동아 새국어사전)
> ② 일정한 원리에 따라서 낱낱의 부분이 짜임새 있게 조직되어 통일된 전체(표
>   준국어대사전)

'체계'란 풀어 말하면 부분과 전체를 아우르며, 통일된 조직을 요구하는 뜻의 말이다. 이를 교과서 활용이라는 개념에 적용해보면 거시적, 미시적 구조에서의 위상과 관련지을 수 있다. 즉, 활용 체계는 구조를 이루며, 이 구조는 크고 작은 구조로 연결된다는 말과 통한다. 이처럼 교과서 활용 체계는 교과서를 하나의 유기체로 보는 것과 마찬가지로 전체와 부분의 관계라고 하겠다. 그러므로 교과서 활용 체계 개념이 성립하면, 활용의 종류도 체계의 원리와 기준으로 가름하여 자연스럽게 드러난다.

교과서 활용 체계를 세우고 종류를 가름해 보는 시도는 학문적 이론을 정립해 보는 출발이면서, 교과서 존재 생태계에서 활용의 위상을 공고히 하는 시금석(試金石)이라 하겠다. 여기에 교과서 활용에서 다룰 분야가 무엇이며, 교과서 거시적, 미시적 활용이 교육활동을 가시적으로 현재화하는 실체를 밝혀준다.

교과서 활용의 목적과 방법, 관련 요소의 작용 관계에 따라 다양하게 활용 체계를 설정할 수 있다. 우선, ① **'교재화 절차상 활용 체계'**와 ② **'상호 작용상 활용 체계'**로 구분해 보고자 한다. 이도 교과서 활용 분야 연구의 지평을 넓히고, 이론 정립의 논리성을 확보하기 위한 하나의 시도이다.

2. 교과서 활용 체계와 위상 탐구

가. 교재화 절차와 활용의 위상

교과서 생태계 존재 방식의 하나, 즉 교과교육 목표 설정에서 교과서 분석·평가에

이르기까지의 교재 개발의 거시적 절차(교재화 생태적 절차)와 연관해 보면, 교과서(교재) 활용의 체계와 위상이 자연스럽게 드러난다. 교과서 개발 절차를 하나의 순환 체계로 보고, 이 체계 구조에서 활용을 중심에 놓으면 '활용 체계'가 되며, 이에서 활용의 위상이 자연스럽게 드러난다.

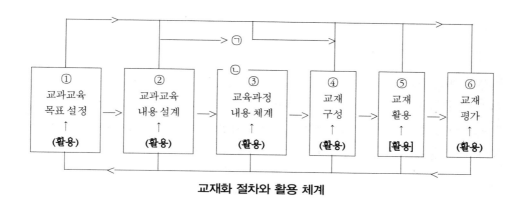

교재화 절차와 활용 체계

위의 도식은 교과서 개발의 일련의 과정, 교재화 절차에서 활용의 위치를 나타낸 것이다. 교과교육 목표와 내용 설계, 교육과정의 구조(내용 체계) 교재 구성은 교과서 활용이라는 직·간접적인 관여 없이는 구체적 존재로 형상화하여 완결하기가 어렵다. 이어지는 교재 분석·평가도 활용과 긴밀하게 연관시키지 않으면, 정확한 결과가 기대에서 멀어진다. 그러므로 교과서 활용은 교육의 관념적, 정적 실체를 동적 실체로 현현(顯現)하는 활동을 말한다. 결과적으로 교과서 생태계에서 교과서 활용 없이는 교육활동은 성립하기가 어렵다는 말과 통한다.

교과서(교재) 활용은 교수·학습 상황과 밀접하게 관계한다. 즉, 교육이라는 소통 상황에서 매개체로서 교과서 활용이 필수적이기 때문에, 교수·학습 상황을 도외시하고는 활용을 생각할 수 없다. 그런데 교수·학습 방법은 크게는 교과교육 목표 설정과 내용 설계에서부터 교육과정, 교과서 구성은 물론 분석·평가까지 관여하지 않는 분야가 없다. 이같이 활용은 교과서의 실체, 실질적인 모양, '만듦새'를 갖추게 하는 근본 요소로 작용한다.

특히, 교과서 활용은 교재 구성과 교재 분석·평가 매개 과정으로 양쪽의 징검다리 역할을 한다. 교과서 구성을 알아야 바람직한 활용이 가능하고, 활용의 결과로 정확한 교과서 평가가 이루어질 수 있기 때문이다. 여기에 교과서 활용은 '사용자 평가'에도 관계하여 일면, 교과서 질 관리와도 연결된다.

나. 상호 작용과 활용의 위상

1) 거시적, 간접 작용과 활용

위에서 교재화 절차상 활용의 위상을 생각해 보았는데, 이 경우 교과서 활용은 각 단계와 간접으로 소통하면서 관계한다. 이때의 **'간접 소통'**이란 절차상으로는 서로 거리가 있지만 서로 교섭 작용으로 간섭한다는 말이다. 이러한 절차 체계와 위상을 교재화 절차라는 거시적 관점에서 **'거시적 활용의 위상'** 또는 **'간접 소통 작용의 위상'**이라 하고, 이를 활용 체계의 관점에서 도식해 보면 다음과 같다.

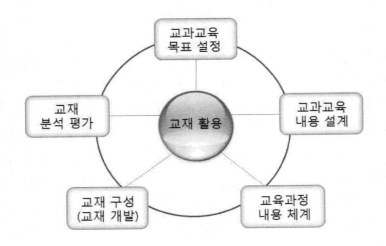

[교과교육과 교과서 활용(A)]: 교과교육을 이루는 주요 요소에는 교과서 관련 이론 즉, 일반적으로 교재론 이 존재한다. 교과교육의 목표나, 내용, 평가는 교재라는 실체를 통하여 활동으로 분화하고, 이 활동 분화가 교과서 활용이라 하겠다. 어찌 보면, 교재론을 학문적 이론으로 더욱 발전시키고자 하는 것이 교과서 개발학이라 하겠다.

[교육과정과 교과서 활용(B)]: 교육과정 총론이나 교과별 교육과정에 교과서를 언급하지 않을 수 없다. 총론에서는 학교급별, 교과별로 교과서 명칭과 종류를 제시하였

는데, 이도 교과서 활용의 큰 틀을 말하는 것이다. 교과목별 교육과정에서 성격, 목표, 내용(내용 체계/성취기준), 교수·학습 방법, 평가 등도 거시적으로 교과서 활용에 해당한다.

[교재 개발과 교과서 활용(C)]: 교과서 거시적 개발 절차(구성－활용－분석·평가)에서 '활용 단계'가 독립, 관계하여 교과서 활용의 위상이 명확해진다. 실제 교과서 활용을 염두에 두고 구성, 집필하지 않으면 그 가치가 반감한다. 이처럼 교과서 개발에서 교과서 공동체 협력과 소통으로 관여하는 활용을 도외시하고는 교과서의 실체화도 간단하지 않지만, 이후 활용의 결과로 나타나는 교육의 성과도 기대하기가 어렵다.

[교재 평가와 교과서 활용(D)]: 교과서 평가에서 활용 항목과 요소는 평가에서 중요한 위치를 차지한다. 그런데 활용이란 용어가 교육과정 반영, 구성(내용 선정과 조직)의 용어처럼 평가 영역에서 폭넓게 사용되지 않는 실정이다. 앞으로는 '활용'을 중요한 평가 항목과 요소로 강화해야 한다.

[A], [B], [C], [D] 교과서의 '거시적 활용의 위상'은 설명의 편리를 위해서 구분해 본 것이다. 실제로는 활용이라는 상호 작용과 울력 안에서 서로 존재의 가치를 발휘하고, 이들이 합쳐져 새로운 울력으로 깊이와 넓이를 더하며 발전하게 된다. 교과서(교재) 활용을 중심에 둔 이들의 상호 작용은 각자의 힘이 긴장으로 작용하여, 간접 벡터(vector) 작용과 소통으로 관여하고 활용의 분류와도 관계한다. 그러므로 이들 단계가 울력으로 작용하게 하는 주체는 교과서에 관여하는 사람, '교과서 공동체'의 본분이라 하겠다. 몇몇 사람의 역할로 교과서 활용이 학문적 이론으로 정립되어 극대화되지는 않는다는 점도 알아야 한다.

2) 미시적, 직접 작용과 활용

교과서 상호 작용상 거시적, 간접적 활용의 위상을 살펴보았다. 그러나 이러한 활용의 위상은 교실이라는 실질적인 교육활동과 상보적으로 관계할 때, 교과서 기능이 시너지 효과를 발휘한다.

교실 공간에서 교육활동은 학생, 교사, 교과서가 교수·학습이라는 소통 관계 체계에서 각자의 역할과 기능을 발휘한다. 이를 **'미시적 활용의 위상'**, **'직접 소통 작용의 위상'**이라고 할 수 있다. 다음은 교과서 활용 체계의 하나로 소통 작용 요소 사이에서 교과서 활용의 관계를 나타내 본 것이다.

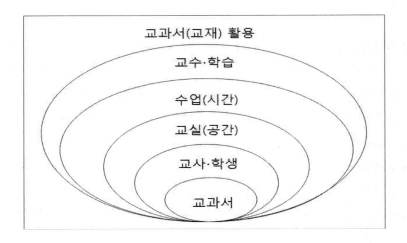

교과서는 활용의 측면에서 미시적으로 위와 같이 관계 요소, 시간과 공간 등에 따라 위상을 달리한다. 교과서—교사·학생—교실(공간)—수업(시간)—교수·학습의 위계는, 미시적 활용상의 위상을 설명하기 위하여 연속하는 순차를 보이고자 한 것으로, 꼭 작용 패턴이 전 단계를 바탕으로 다음 단계로 넘어가는 구조는 아니다.

교과서를 교실이라는 공간으로 끌어들이면, 그 존재는 활용이라는 위상 관계에서 구성원인 학생—교사 간의 직접적인 소통 작용으로 역할과 가치가 달라진다. 여기에서의 구성원 간의 소통은 교과서와 교사, 교과서와 학생 관계, 교과서를 매개로 교수와 학습, 교수·학습으로 작용하며, 교실 공간이 교육 환경으로 관여한다. 공간의 '관여'는 교과서가 존재하는 환경 요소의 제약, 조장, 추장, 협력 등 작용을 뜻한다. 여기에 수업이라는 '시간' 차원은 교과서 활용에 질서를 부여하고, 요구하는 소통 활동을 구체화한다. 이 모든 요소가 교수·학습과 연결된다.

위의 도식에서도 알 수 있듯이 교과서의 활용은 교수·학습이라는 실제 활동에서 교사의 교과서 활용, 학생의 교과서 활용, 기타 활용에 관여하는 상황과 환경에 따라 위상이 달라진다. 이처럼 **'교수·학습'**과 **'교과서 활용'**은 동의어가 아니다. 교육활동에서 공통 요소도 있지만, 교실 공간과 수업 시간이라는 상황에서 이들이 어떠한 관계로 존재하는지의 변별점을 찾아보면 다음과 같다.

구분	교수·학습	교과서 활용
배경 이론	이미 배경 이론이 존재	현재 배경 이론이 없음
학문 성립	독자적 학문 영역 확보	독자적 학문 영역 없음
사용 형태	교과서 등 동원자료 모두 사용	교과서 위주로 사용
작용 관계	교사−교과서−학생 일체(一體) 관계	교사−교과서/학생−교과서 분리 관계
소통 중심	교사−학생 중심 소통	교과서 중심 소통
평가 중점	학습 목표 달성에 중점	교과서 활용 관련 모든 요소
의미 범주	활용의 한 형태에 속하는 의미	교수·학습을 포괄하는 넓은 의미

어떻게 보면 교수·학습과 교과서 활용 관계는 고정된 것이 아니다. 시간과 공간의 제약을 포함하여 교과서 공동체, 교육 환경 요소의 작용에 따라 의미의 겹침이 좁아지기도 넓어지기도 한다. 교수·학습과 교과서 활용의 구분을 수업의 단계를 고려, 다음과 같은 대비에서도 찾아볼 수 있다.

[교수·학습]: 학습 동기 유발−학습 목표 설정−도입−전개−정리−보충·심화
[교과서 활용]: 활용 유발−활용 목표 설정−도입− 전개−정리−보충·심화

'교수·학습'과 '교과서 활용'은 수업 상황에서 동기 유발과 목표 설정이 **'학습'**과 **'활용'**이라는 대상과 중점에서 다를 수밖에 없다. 그러므로 수업 지도(과정)안을 구성하면서 교과서 활용 방안을 단계마다 대비 명시하면, 수업을 효과적으로 진행하는 데 도움을 준다. 이는 수업 시간에 교과서를 매개로 학생−교사 간 긴밀하게 상호 소통 작용을 활발하게 하는 장치로서, 활용 방법을 단계마다 제시함으로써 활용의 시의성과 적절성, 효율성을 보장한다는 점에서 유용하다.

3. 교과서 활용 체계와 종류 탐색

'교과서 활용 체계'를 구체화하면 교과서 활용의 분화 모습이 드러난다. 그런데 이러한 종류 분화는 이론을 찾아보려는 과정에서 잠정적으로 상정해 본 것임을 밝힌다. 활용 체계와 기준을 정립하여 연구의 성과가 집적되면, 합리적으로 종류를 구분할 수 있는 길은 열려 있다. ① 교과서의 활용, ② 교과서(를)에 대한(위한) 활용, ③ 교과서

에 의한 활용 등의 용어가 생경(生硬)하지만, 이를 활용 체계로 끌어들일 수 있는 여지는 남아있다고 하겠다.

가. 교재화 절차상 활용 종류

교과서 개발 절차상 체계는 앞에서 언급한 바와 같이 크게 교과교육, 교육과정, 교과서 영역으로 나뉜다. 이러한 영역 구분을 기본으로 종류를 다음과 같이 상정해 볼 수 있다. 이는 '**거시적, 간접 활용의 종류**'라고 하겠다. '**활용 방법**'과 '**활용 종류**'는 용어상의 구분이지 의미 범주에서는 별 차이가 없다.

① 교과 목표 설정과 활용
② 교과 내용 설계와 활용
③ 교육과정 내용 체계(설계)와 활용
④ 교과서 구성과 활용
⑤ 교과서 교수·학습과 활용
⑥ 교과서 평가와 활용
⑦ 교과서 품질 관리와 활용
⑧ 교과서 정책 수립과 활용

①~⑧은 교과서 활용 체계에서 교재화 절차상 거시구조에서 직간접으로 작용하는 활용의 종류이다. 절차상 제시한 '교과서 활용' 부분에서는 '교과서 활용의 활용'이란 용어를 사용해야 하나 '⑤ 교수·학습과 활용'으로 대치해 보았다. ⑦, ⑧은 자유발행에 대비하여 품질 관리 강화와 정책 수립에서 반드시 '**활용 요소**', 풀어 말하면 '**활용의 방법적 요소**'가 필요하다는 관점에서 종류로 분류해 본 것이다. 여기에서 '**활용 종류**'는 목표 설정, 내용 설계, 구성, 교수·학습, 평가 등에 활용의 요소가 존재한다는 의미의 구분이다.

이들이 교재화 절차상 상정해 볼 수 있는 활용 종류 전부는 아니다. 다른 각도에서 '**교과서 활용의 기능과 자질**' 등으로 기준을 세워 다른 체계로 분류해 보는 것도 가능하다. 이러한 거시적 활용의 분류는 하위 종류로 나눠볼 수 있는 기본과 출발점을 제공한다.

나. 상호 작용상 활용 종류

교실 환경 소통 체계에서 상호 작용상 기본 요소에는 교과서를 매개로 학생, 교사 등이 있다. 여기에 교실이라는 공간에서 교수·학습이 이루어지고, 시간의 제약을 받는다. 이 모두의 소통 자질과 요건이 교과서 활용의 종류를 결정하는 요소로 작용하고, 이들이 교과서 활용의 종류로 개념화한다. 이를 소통 체계에서 '**미시적, 직접 활용의 종류**'라고 할 수 있다.

○ 기본(원본) 활용, 재구성 활용
○ 수업 전 활용, 수업 중 활용, 수업 후 활용
○ 학습자(학생) 활용, 교수자(교사) 활용, 학습자−교수자 상보적 활용
○ 시간(수업 시간)적 활용, 공간(교실)적 활용
○ 교수·학습(수업) 활용, 교수·학습(수업) 평가 활용
○ 주교재 활용, 보조교재 활용, 주교재−보조교재 상보적 활용
○ 교과서 활용, 지도서 활용, 교과서−지도서 상보적 활용
○ 단일 교과서(단독) 활용, 교과서 간 상보적(복합) 활용
○ 학습 동기 유발 활용, 학습 목표 설정 활용, 학습 활동 지원 활용
○ 도입 활용, 전개 활용, 정리·평가 활용, 보충·심화학습 활용
○ 서책형 활용, 디지털 활용, 서책−디지털 상보적 활용

활용 주체, 시간과 공간 관여, 방법, 목적, 교과서 형태나 종류 등에 따라 활용 종류를 더 세분화할 수 있다. 학습자 중심 활용, 교수자 중심 활용 등 용어 사용에도 융통성이 있으며, 교과서(교재)의 투입 시간과 공간이 교수·학습 과정에서 얼마든지 달라질 수 있는 등 이들 용어가 고정된 것이 아니다.

이들 종류 구분이 논리적 기준을 세워 일관된 레벨을 갖추는 문제는 남아 있다. 교과서 상호 작용상 활용이 교과서 활용의 본질로 자리 잡으려면 많은 연구와 실험이 뒤

따라야 한다. 이러한 연구는 개인보다는 중장기 계획을 세우고, 분야별로 중지를 모아서 학문적 배경으로 이론화하고 객관적 결과물로 쌓아 가야 한다.

다. 기타 요인과 활용 종류

이상은 교재화 절차상, 상호 작용상이란 기준으로 활용의 종류를 생각해 본 것으로, 이러한 기준과 내용은 관점에 따라 유동적이다. 이 밖의 요인을 기준으로 종류를 나누어 보는 것도 가능하다.

- 거시(적) 활용, 미시(적) 활용
- 직접적 활용, 간접적 활용
- 동시적 활용, 통시적(순차적) 활용
- 일시적 활용, 상시적 활용
- 독립적 활용, 상보적 활용
- 독자적 활용, 협력적 활용
- 긍정적 활용, 부정적 활용
- 이론적 활용, 실용적(현시적) 활용
- 계획적 활용, 실천적(실제적) 활용
- 일방적(일방향) 활용, 소통적(쌍방향) 활용
- 개별적 활용, 통합적 활용, 융합적 활용, 통섭적 활용
- 시각적 활용, 청각적 활용, 시청각적 활용
- 사용하며 활용, 제작하며 활용
- 사용 방법 활용, 사용 안내 활용
- 대면 활용, 비대면(원격) 활용
- 온라인(플랫폼) 활용, 오프라인 활용

위의 구분은 교재화 절차상, 상호 작용상 활용과 관계하여 논의하기가 어려운 활용의 종류를 따로 생각해 본 것이다. '**사용하며 활용**'은 서책형/디지털이든 만들어진 교과서를 활용하는 형태이고, '**제작하며 활용**'은 온라인 콘텐츠를 활용한 교과서(온라인

교과서)에서처럼 만들어 가며 활용하는 방법을 말한다. 어찌 보면, 이러한 활용 종류 구분은 언어적 수사나 기교처럼 보일 수 있고, 연구나 실증의 결과로 언어 조합과 개념이 바뀔 여지는 있다. 그러나 교과서 존재 방법과도 밀접하게 관계하여, 활용의 종류도 다양성을 띨 수밖에 없다는 한 양상을 보여준다는 점은 확실하다고 하겠다.

이상에서 세 가지 기준으로 구분하여 활용의 종류를 살펴보았다. 언뜻 보면 종류라기보다는 활용의 성격, 방법, 쓰임새, 크기의 의미를 동시에 유포(流布)한 느낌이다. 활용 방법과 종류의 변별이 어려운 것처럼, 그만큼 활용의 종류를 구분해 보기도 쉽지 않다는 뜻이다. 이러한 종류 구분은 활용 체계와 연관하여 이론적으로 빨리 보완, 확립되었으면 한다.

4. 교과서 활용 방법과 원리 모색

가. 활용 요소 개념 도입과 교과서관

일면, '교과서 활용'은 학습 목표를 달성하기 위해 교수·학습 활동에서 교과서를 사용하는 방법을 말한다. 교과서 활용에는 수많은 부수적인 요인이 관여하고, 이에 따라 활용의 방법 등이 달라진다.

교과서를 실제 교육활동에 효율적으로 활용하는 방법을 찾아 이를 학문적으로 이론화하기 위해서 **'교과서 활용 요소 개념'**을 도입하고자 한다. 교과서 활용 요소란 '교수·학습(수업)의 효과를 극대화하는 활용 방법에 직간접적으로 관여하는 모든 상황과 요건, 자질'을 말한다. 즉, 활용 요소는 '활용 방법을 이루는 단위 구성체'를 뜻하고, 활용의 거시구조에서 위계 조정에 따라 '활용 방법'이 활용 요소로 위치를 바꿀 수 있다. 또 활용 요소와 활용 방법은 '학생─교과서─교사' 소통 작용으로 **계획적 활용'**이 **'실천적 활용'**으로 가시화된다. 이러한 활용 요소 개념과 기능이 정립되면, 활용 방법과 원리 도출은 자연스럽게 이루어진다고 하겠다.

활용 요소 개념과 적용의 가능성을 찾아본다는 취지에서 교과서관과 활용 요소 관계를 먼저 살펴보고자 한다. 교과서 활용 요소는 교과서관과 밀접하게 관련하고, 일단의 개념과 적용 가능성을 살필 수 있는 교과서의 대표적인 언표(言表)이기 때문이다.

교과서를 바라보는 관점에 따라 교과서 존재와 활용에 대한 평가가 달라진다. 교과서를 바라보는 관점을 대개 '열린 교과서관'과 '닫힌 교과서관', '혁신적 관점'과 '보수적 관점', 또는 '바람직한 교과서관', '바람직하지 못한 교과서관' 등으로 대비 구분하고, 여기에 '중간적/중립적 관점(Neutral)'을 개입시키기도 한다. 시각을 다르게 하여 교과서의 '장점(Good, 이점)', '단점(Bad)'이란 말을 사용하여 뜻을 좀 더 분명하게 하는데, 이러한 구분 용어는 교과서의 긍정적, 부정적 태도와 연관하여 언명하는 말이라고 할 수 있다.

1) 긍정적 교과서관과 활용 요소

교과서는 기본적으로 교육과정을 구현한 교수·학습의 기본 자료이다. 그리하여 언제 어디서나 학생, 교사가 배우고 가르치는 데 교육의 핵심 매개 자료로서 우선권을 지니며, 아직은 강력하게 영향력을 발휘한다.

교과서가 지니는 이점을 다음과 같이 정리하기도 한다.[43]

① 이미 검정을 거쳐서 일반화된 진리, 안정성 있는 정보를 정확히 체계 있게 서술하였다.
② 내용을 언제고 되돌아와서 다시 볼 수 있는 지속성을 지니고 있다.
③ 때와 장소에 큰 구애를 받지 않고 학습자들이 활용할 수 있는 이동성의 이점이 있다.
④ 학습자에게 공통된 중심 내용을 제시하여 출발의 공통 발판을 세워준다.

교과서의 장점으로 안정성, 지속성, 이동성, 공통성을 들었다. 이들은 모두 긍정적인 활용 요소로 작용한다. 검정으로 자격을 부여받고, 일정한 형태를 유지하는 데서 오는 이점과 공공재로서의 성격을 강조하여 활용의 장점을 부각하였다.

교과서가 지니는 장점을 다른 각도에서 찾아보면 다음과 같다.[44]

---

43) 이성호, 앞의 책(양서원, 1997) p.77.
44) Allan C. Ornstein & Thomas J. Lasley II, 『Strategies for Effective Teaching, 4e』(박인우 옮김, 『교수전략』 아카데미프레스. 2006) pp.232~235. 같은 내용을 개조 형식으로 정리한 것임

① 교사가 과정, 단원, 소단원을 계획하는 데에 사용할 수 있는 대요를 제공한다.
② 대량의 타당하고 적절한 정보를 요약적으로 제시한다.
③ 학생들로 하여금 교과과정을 위해 학습할 필요가 있는 자료의 대부분을 수월하게 과제로 제시할 수 있게 한다.
④ 모든 학생들이 이해할 수 있는 일반적인 자료를 제공한다.
⑤ 정보와 활동의 조직에 관한 아이디어를 교사에게 제공한다.
⑥ 이해를 촉진시킬 수 있는 삽화. 그래프, 지도, 그리고 기타 해설 자료들이 포함되어 있다.
⑦ 요약이나 점검 질문과 같은 다른 보조 도구가 포함되어 있다.
⑧ 수업자료 준비에 대한 교사의 부담을 경감시키고, 따라서 수업 준비 시간을 늘려 준다.

어찌 보면 교과서는 일반, 보통교육에서 교육의 표준을 제시해 주고, 학생과 교사의 노력을 덜어주는 등 **'긍정적 활용 요소'**가 앞선다. 이처럼 긍정적인 교과서관은 교과서 기능이 선순환으로 작용하는 이점을 그대로 인정하는 태도이다. 특히, 제도 교육에서 교육의 효율성과 경제성 측면을 고려하면, 교과서의 긍정적인 면이 더 돋보일 수밖에 없다. 교과서는 그 자체로서 존재의 의미와 가치가 있다는 교과서관이다.

2) 부정적 교과서관과 활용 요소

교과서 개발에서 직간접적으로 제한하는 요인 때문에 교과서가 원천적으로 내재하는 단점도 있다. 그리하여 교과서를 **'얼어붙은 언어(frozen language)'**, **'냉장고에 넣어 놓은 고기'**, **'죽어 있는 표현'** 등으로 혹평하기도 한다.[45] 이러한 부정적 교과서관은 교과서 단점을 부각하여 활용의 부정적 요소로 작용한다.[46]

① 가장 다수의 '보통' 학생들에게 맞게 만들어지기 때문에 특정 집단 학생들의 필요나 흥미에 부합되지 못할 수 있다.
② 잠재적 독자들, 이익집단을 당황시킬 수 있는 논쟁거리나 주제, 자료들을 생략한다.

45) 이성호, 앞의 책, p.77.
46) Allan C. Ornstein & Thomas J. Lasley II, 앞의 책, p.231.

③ 많은 양의 자료를 요약하여 막연하고 피상적일 수 있으며, 개념적 사고, 비판적 분석, 평가를 하지 못 하게 할 수 있다.

④ 대부분 사건들이 빠르게 변화하기 때문에 시대에 뒤처지게 된다.

⑤ 비용이 많이 들기 때문에 종종 대체되어야 할 시점에서 오랜 시간 후에야 바뀌는 경우가 있다.

⑥ 교과서가 주제를 불필요하게 쉽게 만든다는 우려도 있다.

⑦ 모든 것을 언급하고자 하여 학생들의 학습이 감소한다(언급 현상).

이러한 교과서의 **'부정적인 활용 요소'**는 일반적인 흥미, 주제나 자료 제한, 사고의 제약, 시대상과 새로운 내용의 더딘 반영, 쉬운 수준, 학습량 한정 등으로 요약할 수 있다. 이러한 부정적인 활용 요소는 대부분 원천적으로 교과서에 내재하여 있는 것이 아니고, 교과서 개발 제한에서 오는 부수적 결과이다. 그렇다면 이러한 외부적 제약 요인을 교육적으로 해결하는 방법을 찾아야 하는 요구가 교과서에 원천적으로 존재한다.

3) 합리적 교과서관과 활용 요소

합리적 교과서관이란 긍정적 교과서관과 부정적 교과서관을 절충, 통합하여 긍정적인 활용 요소는 더욱 발전시키고, 부정적인 활용 요소는 긍정적인 작용으로 전환하는 태도를 말한다. 이를 교과서를 중립적으로 대하는 태도라 말하기도 한다. 여기에서 긍정과 부정에 대한 **'중립(Neutral)', '중간'**이란 말이 타당한가를 좀 더 세밀하게 따져 볼 필요가 있다. 그리하여 이를 극복하는 용어로 '합리적'이란 말을 사용하고자 한다.

교과서가 지니는 한계, 즉 부정적인 요소는 원래 교과서 스스로가 그렇게 내재하고자 한 것이 아니라, 교과서 개발과정에서 내적·외적으로 주어진 제약 때문이다. 그러므로 교과서는 활용하는 사람이 긍정적 시각으로 보면 가치 있는 교수·학습 자료요, 부정적 자세로 보면 미덥지 못한 인쇄물에 지나지 않는다. "교과서가 '성전(聖典)', '경전(經典)'이다, 아니다."라는 말도 사람이 붙인 의미 확대의 단적인 예라 하겠다. 교과서는 그 자체로 존재의 가치와 의미를 지니고, 그 가치를 축소, 확장하는 태도와 관점은 활용자에 달려 있다.

중립적 교과서관과 활용을 주장한 사람은 말로우(Marlow. E.)다. 그는 "교과서는 나쁘지도 좋지도 않은 자료일 뿐, 문제는 그것을 사용하는 교사에게 있으며, 질 높은 수업은 교수·학습 상황에서 교사와 학생이 교과서를 창조적으로 사용할 때 이루어진다."47)라고 하였다. 결국, 좋은 교과서는 사용자의 활용 관점과 방식, 능력에 달렸다는 말이다.

교과서는 완벽한 존재를 지향하여 개발하는 '만듦새'이다. 그러나 좋은 교과서 개발에는 수많은 변인이 관여하여, 완벽한 실체로 만들기에는 어려움이 따른다. 그렇다면 교과서관과 관련한 '긍정적', '부정적'이란 말은 관점을 드러내기 위한 수사적 의미에 가깝다고 할 수 있다.

좀 일반적이지만, '교과서 활용 요소'의 성격, 기능과 결부하여 **'합리적인 교과서관'**을 다음과 같이 정리할 수 있다.

- ○ 교육과정을 준수하여 개발한 하나의 활용 범본(範本)이다.
- ○ 수업 상황에 맞게 재구성하여 활용하는 기본 자료다.
- ○ 활용 목적(목표)에 따라 교수·학습의 대표적인 모형을 제공한다.
- ○ 교수·학습 절차를 하나의 활용 예시 과정으로 제시한다.
- ○ 활용에서 긍정, 부정 요소가 상합(相合), 공존하는 실체다.
- ○ 분석, 검토하여 적절한 활용 방법을 찾도록 하는 자료다.
- ○ 내용과 시간, 공간을 고려하여 활용 방법을 조정하는 척도이다.
- ○ 활용의 창의적 시야를 넓혀주는 단서나 방법을 제공한다.
- ○ 학생의 수준과 능력을 조정하여 활용하는 기준을 제시한다.
- ○ 언제나 활용 상 수정·보완을 요구하는 가변적인 교육 자료다.
- ○ 항상 참신한 내용과 자료로 새롭게 활용해 가는 실체이다.
- ○ 활용 요소를 구분하거나 종합해주는 기제로서의 질료이다.

위의 합리적 교과서관 요소로 제시한 사항은 교과서의 장단점을 고려하여, '부족한 부분은 보완하고 좋은 부분은 더욱 발전시킨다.'라는 전제가 깔려 있다. 앞에서 언명했듯이 '좋은 교과서'는 변화를 항상 추구하는 '유기적, 역동적, 다원적, 유동적, 상황

---

47) 최미숙 외, 『국어교육의 이해』(사회평론, 2008) p.74. Marlow. E. 『Text book in the Language Arts: Good, Neutral, or Bad?』에서 인용한 내용임을 밝히고 있음

적, 철학적' 존재라는 인식과도 상통한다. 그리하여 교과서는 관여하는 사람의 교육적 활용 능력과 인식에 따라, 좋은 교과서가 되기도 하고, 부족한 교과서가 되기도 한다는 점은 분명하다. 교과서는 약재(藥材)와 같아서 사람과 병리에 맞게 사용하면 병을 낫게 하는 영약이 되지만, 처방을 잘못하거나 적절히 사용하지 않으면 독약이 되는 것에 비유할 수 있다.

이처럼 교과서는 '사용자'의 바라보는 눈에 따라 긍정적, 부정적이거나 합리적 관점의 대상이 된다. 즉, 열린(긍정적) 교과서 관점으로 보면 열린 교과서, 닫힌(부정적) 교과서 관점으로 보면 닫힌 교과서가 된다는 말이다. 관점의 문제이지 교과서 자체가 나쁘다는 것이 아니다. 교과서로서의 개념과 기능을 발휘한다는 점에서는 예나 지금이나 똑같다. 시간과 공간을 초월하여 교과서 품질에서는 다소 차이가 있을 뿐이지, 존재로서의 가치는 변함이 없다.

그러므로 교과서관에 따라 교과서 존재 자체를 부정으로 발전시키는 인식은 금물이다. 교과서 활용의 관점에서 이를 넓히고 좁히느냐에 가치가 달라진다는 인식을, 지금부터라도 확고하게 지녀야 한다. 이처럼 교과서의 장점, 단점은 교과서 활용과 직간접으로 연관된다. **'장점(긍정적) 활용 요소'**는 추장하고 **'단점(부정적) 활용 요소'**는 합리적으로 극복하는 방향으로 교과서 활용 방법을 모색하면 활용 체계 정립에 도움이 된다.

결국, 교과서는 열린 마음으로 긍정적으로 바라보면 무한이 가치를 제공하는 '화수분'의 역할을 한다. 교과서는 어려서부터 우리의 반려자로서 기본가치를 제공하고, 인격 형성에 공헌하였으며, 국가발전의 바탕이 되었다는 **'합리적 교과서관'**이 언제 어디에서나 상념으로 필요하다.

나. 교과서 활용 요소 안내 구조와 방법

교과서 구성이 어떻게 이루어졌는지를 잘 이해하고 파악하는 것은 교과서 활용의 첫걸음이다. 현행 교과서에는 활용 방법을 속표지에 제시하였다. 대개 교과서 지면의 제한으로 단원명, 학습 목표 제시, 학습 동기 유발(도입), 준비-기본-실천학습 등 교과서 구성 체계와 학습 도우미 약물의 성격을 안내하는 정도에 그치고 있지만, 활용의 윤곽은 큰 틀에서 잡아준 셈이다. 이러한 안내는 7차 교육과정 적용 교과서부터 시작되었다.

〈2015 교육과정 초등 『국어』 4-2-가 활용 안내〉

교과서와는 달리 교사용 지도서에는 대표적인 '활용 요소' 각각을 자세히 설명하면서 활용 방법을 구체적으로 안내하였다. 교육과정 개정 별 활용 방안을 비교해 보면 활용 요소에는 무엇이 있고, 어떻게 안내하는지 방법의 윤곽을 잡기가 쉬우므로, 교육과정 개정 별 국어 교과서 활용 안내를 약술해 보고자 한다.

<7차 교육과정 적용 교과서 활용 방안>

'교과용 도서 편찬 방향과 효율적인 활용'에서, ㉠ 교과서 편찬/단원 구성 기본 방향, ㉡ 대단원(마당) 구성 체제와 각 부분 기능(대단원 전개의 기본 흐름도/교과서별 단원 구성 체제)을 자세히 언급한 다음, 활용 방안을 안내하였다.[48]

---

48) 교사용 지도서, 초등학교 『국어』 1-2(한국교육과정평가원, 2000) pp.45~52.

① 단원 목표 중심 학습 활동 재구성 활용, ② 그림/사진 자료의 창의적 활용, ③ 다양한 보조 자료 구성 활용, ④ 교과서 자료 내용의 비판적, 창의적 활용, ⑤ 학습자가 산출한 언어/문자/음성/시각 자료 활용, ⑥ 교과서에 제시된 학습 활동 탈피, ⑦ 내용의 재구성 활용, '⑧ 쉼터' 난에 제시된 그림/문자 자료 활용, ⑨ 보충/심화 학습 자료 활용 등이 '활용 요소'로서 초등 1학년『국어』교과서 세세한 안내 내용이다.

7차 교육과정에서는 '무엇(지도 내용)'을 '어떻게' 가르치는 것이 국어사용 능력 향상에 도움을 주는가, 수준별 학습이 가능한 체제에 유념하여 활용할 것을 강조하고 있다.

<2007 교육과정 적용 교과서 활용 방안>

'국어 교과용 도서의 편찬 방향과 활용 방안'에서 ㉠ 교과서의 특징, ㉡ 단원 구성 체제와 특징을 먼저 설명한 다음, 교과서 활용 방법에 대하여 자세히 안내하였다. 초등 2학년『국어』교과서 활용 안내는 다음과 같다.[49]

- 제재나 학습 활동 등 학생들의 수준에 맞게 적절히 재구성하여 사용한다.
- 학습자의 흥미나 관심, 학습 양식 등 학생들의 특징을 고려, 재구성하여 사용한다.
- 학생들의 능력이나 관심을 고려 학생들의 수준별 차이를 반영하여 활용한다.
- 교과서에 부분적으로 실린 작품을 가능하면 전체를 읽어보도록 권장한다.
- 차시나 단원의 순서를 바꾸어 가르칠 수 있다.
- 배당된 차시를 통합, 분리하거나, 차시 내 학습 활동도 삭제, 신설 등 조정하여 활용한다.
- 나누어진 교과서를 긴밀하게 통합, 운영하여 활용한다.
- 교수·학습 모형을 적절히 적용하기 위하여 재구성하여 사용할 수 있다.
- 각종 학습 도우미(교사/학생 동료)나 학습 기호 등을 적극 활용한다.
- 학습 목표를 효과적으로 달성하기 위하여 학생 흥미에 따라 그림이나 사진을 적극적으로 활용할 수 있다.

---

49) 교사용 지도서, 초등학교『국어』2-2(한국교원대학교 국정도서국어편찬위원회, 2009) pp.39~41. 자세한 내용을 요약한 것임

○ '놀이터'는 학습자의 창의적 사고를 북돋워 주기 위하여 자투리 시간 등 적절한 시간에 활용할 수 있다.

○ '우리말 꾸러미'를 적당한 시간을 선택하여 적극적으로 활용할 필요가 있다.

○ '붙임(부록)'은 학습의 참고자료 역할을 하는 것으로, 해당 단원을 학습하는 데 활용하도록 한다.

7차 교육과정 안내 '활용 요소'와 별로 차이가 없어 보이고, '재구성하여 활용한다.'라는 말이 자주 눈에 띈다.

<2009 교육과정 적용 교과서 활용 방안>

초등 5학년 국어 교과서 활용 방안을 ㉠ '교과서 활용의 원칙', ㉡ 『국어』 교과서 활용 방안', ㉢ '『국어 활동』 교과서 활용 방안'으로 구분하여 안내하였다.[50]

먼저, '활용의 원칙'으로 ① 『국어』와 『국어 활동』을 연계한 활용 방법을 안내하고, ② 국어 시간에는 원칙적으로 한 교과서로 수업함을 강조하였다. ③ 각종 학습 도우미나 기호 활용, ④ 연속 차시 운영, ⑤ 교사용 지도서를 참조한 연속 차시 운영, ⑥ 학습자 수준에 맞는 재구성, ⑦ 수록 작품 전체 읽어보기 권장, ⑧ 부록 보조 자료 활용, ⑨ 국어 활동 수록 '국어 공부 안내' 활용 등으로 되어 있다.

이어 『국어』 교과서 활용은 『국어』 자체 학습 순서, 『국어 활동』 교과서와의 연계, 차시 학습 목표의 성격과 분량 파악과 수업, 정리학습 다음 학습 안내 등을 제시하였다. 『국어 활동』 교과서는 그 필요성, 『국어』와의 연계 및 시간 배정, 양 교과서 관련을 고려한 수업 계획 등 특성에 맞게 활용하는 방안을 설명하고 있다.

일반적으로 교과서 편찬 방향, 체제나 특징, 단원 구성의 특징을 하나의 묶음으로 연결하여 활용 방안을 제시하는데, 이와는 달리 '『국어』 단원 구성의 특징', '『국어 활동』 단원 구성의 특징', '『국어 교사용 지도서』 구성의 특징'으로 독립, 구분하여 설명한 다음, '국어 교과서와 교사용 지도서 활용 방안'이라 하여 체제를 바꿔서 안내하였다.

---

50) 교과용 지도서, 초등학교 『국어』 5−1(서울교육대학교·한국교원대학교 국정도서국어편찬위원회, 2015) pp.38~41. 핵심 내용을 요약, 정리한 것임

<2015 교육과정 적용 교과서 활용 방안>

초등 6학년 국어 교과서 활용을 '활용 원칙'과 '활용 방안', '교사용 지도서 활용 방안', '전자 저작물의 활용 방안'으로 구분하여 세밀히 안내하였다.[51] '교과서 활용의 원칙'으로 ① 차시 운영 방법, ② 각종 학습 도우미나 학습 기호 활용, ③ 학생의 수준을 고려한 재구성, ④ 작품 전체 읽기 권장, ⑤ 교과 역량 반영 수업 운영, ⑥ 학습 활동 구성과 차시 운영 방법, ⑦ 범교과 교육 관련 내용 활용을 내세우고, '교과서 활용 방안'을 다음 세 가지로 압축하였다.

- ○ 국어 학습은 일반적으로 『국어』의 준비 학습, 기본 학습, 실천학습의 순서를 따른다.
- ○ 단원의 각 단계별 특성을 고려해 수업한다.
- ○ 『국어』의 차시 학습 목표의 성격과 차시 분량을 파악하고 수업해야 한다.

2009 교육과정 적용 교과서와 같이 '국어 교과서의 체제와 특징', '국어 교과서의 단원 구성 체제'를 따로 설명하고, '국어 교과용 도서의 활용 방안'을 독립시켜 별도로 활용 방안을 안내하였다. '활용 요소'를 비교해 보면 2009와 별다른 차이가 없어 보인다. 5~6학년에는 『국어 활동』 교과서는 개발하지 않아 활용 방안을 제시하지 않았다.

이상에서 '활용 요소' 안내를 통한 교과서 활용 방법이 교사용 지도서에 어떻게 제시되었는가를 살펴보았다. 7차 교육과정과 2007/2009/2015 개정 교육과정 적용 교과서의 활용 안내를 비교할 수 있어, 활용 방안의 제시 방법이 어떠해야 할지를 가늠해 보는 기회라고 하겠다.

교과서 활용 원칙과 방안을 분리하여 체계적으로 안내한 '활용 요소'를 분석해 보면, 창의적 사고 신장, 언어 능력 관련 내용을 기반으로 학습 도우미·기호 사용, 참고 자료 활용, 차시 수업 계획과 활용, 분책 교과서 사용 방법 등 이외에는 대다수가 **교과서 재구성**'과 관련이 있음을 알게 한다. 즉, 교과서 활용은 재구성과 밀접하게 관계한다는 말이다.

---

51) 교사용 지도서, 초등학교 『국어』 6-2(서울교육대학교·한국교원대학교 국정도서국어편찬위원회, 2019) pp.42~46. 간추려서 정리한 내용임

'활용 요소'는 단독으로 존재하기도 하고, 관계 속에서 존재하기도 하여, 활용 방법의 운용에 따라 그 존재 방식은 매우 다양해진다. 앞에서 제시한 활용의 종류와 관련하여 '활용 요소 존재 방식과 작용'을 체계적으로 연구해서 그 효용성을 높여야 할 개발학의 한 분야이다. 교과서 활용 분야 연구는 '활용 요소' 설정과 기능, 체계 수립, 상호작용 분석에서부터 시작한다고 해도 과언이 아니다.

다. 교과서 활용 요소 존재 방식과 재구성

1) 교과서 활용과 재구성의 의미 상관

교과서의 실질적 활용을 극대화하는 방법은 원칙적으로 교과서 재구성이다. 따라서 교과서 재구성은 활용의 기본이며 원리 설정의 기초이다.

교과서는 원래 교육과정 내용 체계, 성취기준을 재구성하여 개발한 실체이다. 그런데 위에서 밝힌 바와 같이 교과서 활용의 긍정적, 부정적 요소와 합리적(중립적) 관점이 교실 상황에 관여하므로, 학습 목표 달성에 그대로 적용하기가 어렵다. 그래서 이를 해결하는 방편이 교과서를 재구성하여 활용하는 방법이다. 교과서 활용 요소와 관련한 활용에서도, 재구성이 어려움 해결의 열쇠가 되는 것도 같은 이유에서다.

교과서 재구성은 상위 구조인 '교과교육 내용 재구성', '교과 교육과정 내용 재구성'과도 연결된다.

[교과교육 내용 재구성]: 교과교육 내용은 교육과정 내용으로 대치할 수 있는 성격이 강해서, 아직은 이 용어가 눈에 익히게 다가오지는 않는다. 그러나 엄연히 교과교육 내용과 교과 교육과정 내용은 구분되는 용어로, 앞으로는 양자의 관계 설정과 내용 체계 등 여러 사항을 고려하여 재구성 의미도 논리적으로 구분해야 한다.

[교과 교육과정 내용 재구성]: 교과서 재구성은 원칙적으로 교육과정 내용(내용 체계, 성취기준) 재구성을 기반으로 이루어진다. 교육과정 재구성은 교과서 개발 단계에서 교수·학습 활동의 통합성, 연계성을 고려하여, 교과서의 실체를 유기적 구조로 조직화하는 방편이 되므로 매우 중요하다. 그러므로 교육과정 재구성도 좋은 교과서를 지향하여 개발을 편리하게 하는 원칙과 원리 설정이 필요하다.

[교과서 재구성]: 교과서를 실제 수업에 활용하기 위해서는 교육 상황이나 환경 등 관련 변인에 따라 교과서를 재구성하여 활용하게 된다. 교과서는 어떻게 보면 재구성을 전제로 만들어진 기본 자료인 셈이다. 그러므로 바람직한 교수·학습은 교과서 재구성의 방법과 기법에 달려있다고 해도 과언이 아니다.

교과서 재구성은 거시적으로 '교과서 간 재구성'(분책의 경우), '교과서 내 재구성'(단원 재구성)으로 구분하기도 한다. 여기에 '소극적 의미의 재구성', '좀 더 적극적인 재구성', '가장 적극적인 재구성'으로 나누기도 한다.[52]

> ① **[소극적 의미 재구성]**: 교과서에 제시된 내용이나 활동 순서를 바꾸어 지도
> ② **[좀 더 적극적 재구성]**: 교과서 글 제재나 활동을 대체
> ③ **[가장 적극적 재구성]**: 교과서의 목표를 교사가 재해석

단원의 재구성은 **'교수·학습 자료 재구성'**, **'교수·학습 활동 재구성'**[53], 또는 '과정의 재구성'과 '자료의 재구성'[54] 등으로 용어상 구분하기도 한다.

> ① **[과정의 재구성]**: ㉠ 가르칠 교과서 단원을 단원 목표에 따라 바꿈, ㉡ 수업 특성에 따라 한 시간씩 따로 편성하지 않고 두 시간을 묶어 편성, ㉢ 교수·학습의 모형이나 방법을 재구성
> ② **[자료의 재구성]**: ㉠ 다양한 보충 자료를 동원하여 교과서를 창의적이고 비판적으로 보는 수업이 이루어지도록 자료를 재구성, ㉡ 교과서에 제시된 담화 및 그래픽 자료의 추가나 생략, 재조직이나 대치 등을 통해 자료를 재구성

이러한 재구성의 방법은 명칭을 달리했을 따름이지 그 내용은 별 차이가 없다. 그리고 교과서 재구성 방법이 교과서 활용의 전체로서 그대로 대변하는 것은 아니다. 이 밖에도 교과서 재구성의 방법은 활용 상 기준과 방법에 따라 다른 분류 체계가 가능하다. 그러면서도 학습 목표 달성의 다양한 방법을 모색하기 위하여 교과서의 교육 내용

---

52) 최미숙 외, 앞의 책, pp.74~76.
53) 국어교육 미래 열기 편, 앞의 책, p.95.
54) 최지현 외, 앞의 책에서 『국어교육학 개론』(삼지원, 2005, pp.117~118.)을 바탕으로 제시한 내용 (p.97.)을 정리한 것이다. 국어교육 미래 열기 편(제3판)에서는 '교과서의 활용에서 고려해야 할 요소'에 거의 포함하고 관점을 달리하여 설명하였다(p.96),

과 방법 제시를 효율적으로 재구조화한다는 목적은 같다고 하겠다.

이상에서 살펴본 바와 같이 재구성 자체가 교과서 활용이요, 따라서 재구성의 원리가 활용의 원리와 직결된다고 하겠다. 다만, 재구성의 본뜻과 방법을 명확하게 구분하기 위하여 교과서 활용의 차원에서 관계 역학을 달리할 수는 있다.

2) 교과서 활용 요소 조합과 재구성 종류

교과서 재구성의 의미와 범주를 분명히 하면서, 교과서 활용의 의미역을 구조화하는 방법을 차용, **'활용 요소(A)'**와 **'활용 방법(B)'**을 분리하여 교과서 활용 종류를 다음과 같이 도출해 볼 수 있다.

<활용 요소(A)>

① **[교과교육 활용 요소]**: 교과교육 목표, 내용, 교수·학습 방법, 평가, 교과교육 성격, 원리, 특징 등

② **[교과 교육과정 활용 요소]**: 교과 교육과정 성격, 목표, 내용(내용 체계/ 성취 기준, 내용 선정과 조직/배열), 교수·학습 방법, 평가, 개정의 중점 등

③ **[구성 체제 활용 요소]**: 목표 설정, 단원 구성(대단원/(중단원)/소단원), 단원 전개(도입/원리(이해)/적용/정리/발전·심화 등), 차시 구성, 시수 배당, 쪽수 배분 등

④ **[교수·학습 활용 요소]**: 교수·학습 계획, 원리, 모형, 절차, 기술, 기법, 운용, 전략 등

⑤ **[평가 활용 요소]**: 평가 방향, 목표, 계획, 방법, 결과 활용, 전략 등

⑥ **[학생/교사 활용 요소]**: 학생 수준, 흥미, 능력, 학습 양식, 특징, 구성 인원수, 교사의 교과서관, 사용 능력과 방식 등

⑦ **[학습 환경 활용 요소]**: 각종 학습 도우미(학생/교사), 모둠 구성, 교실 공간 구성, 학교 구조와 설비 등

⑧ **[학습 자료 활용 요소]**: 교과서 내 각종 기호(약물), 삽화, 사진, 도표, 기타 학습 요소(쉼터, 놀이터, 우리말 꾸러미) 등

⑨ **[보조 자료 활용 요소]**: 교과서 외 보조·보충 자료, 교구·기자재, 전자 저작물, 부록 자료 등

⑩ **[교과서 외형 체제(분책) 활용 요소]**: 책별 간 연계 방식, 사용 순서, 책별 시수 연계 조정, 학습량 배분 조정, 책별 특성 수업 등

<활용 방법(B)>
㉮ 교과서가 하나의 완벽한 자료로서 거의 구성 그대로 활용
㉯ 교육 여건과 목표, 중점에 따라 부분 보완 구성하여 활용.
㉰ 설정된 학습 목표에 따라 많은 부분 창의적으로 구성하여 활용
㉱ 학습 목표 설정부터 전면적으로 새롭게 구성하여 활용

　　<활용 요소(A)> ①~⑩은 교과서 활용에 고려할 수 있는 필수 요소로, 이들의 성공적인 활용이 학습 목표 구현 여부를 가름하게 한다. ①~⑩은 교과서 개발이라는 존재 생태계(교재화 생태적 절차 체계)의 관련 요소를 활용이란 측면에서 존재 방식에 따라 구분해 본 시도로, 논리적 이론이 가미된 것은 아니다.
　　<활용 방법(B)> ㉮~㉱는 교재화 절차상 교과서 구성과 관련한 활용 방법의 종류에 해당한다. ①~⑩ 활용 요소를 성공적으로 구현, 실천하기 위하여 ㉮는 교과서를 유일한 자료로 거의 손색없이 그대로 활용하는 방법이고, ㉯는 시간과 공간, 구성 인원 등 교실 환경을 참작하여 기본 절차를 준용하되 순서 조정, 통합 등으로 재구성하여 활용하는 방법을 말한다. ㉰는 설정된 목표만 남기고 절차나 방법을 새롭게 모색하여 참신하게 활용하는 방법이고, ㉱는 교육과정 성취기준을 참조하여 목표를 새롭게 설정하고, 교과서 구조를 전면 바꾸어 활용하는 방법이다. ㉮를 제외하고 ㉯~㉱는 개발한 교과서 만듦새(실체)에 변화를 주는 수준과 정도, 즉 재구성의 방도(方道)에 따라 활용 방법을 구분해 본 것이다.
　　<활용 요소(A)> ①~⑩은 <활용 방법(B)> ㉮~㉱와 조합(combination)으로 작용한다. 이들 조합의 경우 수에 따라 재구성의 방법은 무수히 많아진다. <활용 요소(A)>도 하위 변화 요인이 잠재해 있다는 점을 가정하면 조합의 경우 수는 더욱 많아진다. 이러한 교과서 재구성의 방법은 용어상 변별적 자질과 이론을 가미하여 **'활용의 종류'**로 발전시킬 수 있다.
　　결국, 교과서 활용 방법이 재구성 방법과 상통한다는 말이다. 그러나 활용 방법과 재구성이라는 용어 사이에는 어감과 용어의 뜻에서 상당히 괴리가 있음을 극복해야 하는 과제가 남는다. 교과서 활용을 재구성 차원에서만 접근한다는 인상을 불식하기 위해서이다.
　　교과서 재구성은 교수·학습 효과를 높이는 방향으로 활성화하면 교과서 활용의 표

본을 이룰 수 있다. 교과서 재구성도 이론적 배경으로 논리성을 확보하여 다양화하고 일반화, 체계화하는 시도가 필요하다.

5. 교과서 활용 원리 이론화 모색과 가능성

가. 미래 지향 교과서 활용 원리 모색

1) 교과서 활용 원리의 기저

교과서 활용은 교과서에 가치와 생명력을 불어넣는 교육활동의 중요한 부분이다. 넓혀 생각하면, 교과서 활용은 인간의 존재를 존재답게 하고, 세상에 대한 인식을 긍정적으로 바꾸며, 일상의 생활을 윤택하게 한다. 이 모두가 교과서의 교육 힘에서 비롯하는데, 교과서가 베푸는 가치와 생명력을 궁극적 지향으로 활용 측면에서 언급해 본 것이다.

교과서 활용 방법에는 원리가 내재해 있다. 방법이 효과적인 수단으로 전환하려면 원리가 개입하지 않을 수 없다. 다음은 교과서 활용에 고려 사항이면서 원리로 발전시킬 수 있는 토대이다.

○ 활용 체계, 활용 종류, 활용 요소 관계를 파악하고 활용 계획을 수립한다.
○ 교과서 활용 요소를 정확히 파악하고 이론적으로 활용 방법과 연결한다.
○ 교과서 활용 방법과 교과서 재구성의 관계를 슬기롭게 정립한다.
○ 교과서 편찬 의도와 특수성을 살려서 활용의 효율성을 높인다.
○ 교과서 구성을 면밀하게 검토, 구성 원리가 활용으로 이어지도록 한다.
○ 교육(학습)목표 달성에 효율적인 활용 방법을 미리 생각하고 구안한다.
○ 수업에 앞서 교과서 활용에 대한 설계와 전략을 미리 수립한다.
○ 학생―교과서―교사 소통 관계를 교과서 활용과 직접 이어지게 한다.
○ 학생의 학습 활동을 추장, 활성화하는 활용 방법을 모색, 구안한다.
○ 교과서 학습 활동에 대비하여 활용 방법을 직간접으로 안내, 설명한다.
○ 교과서와 보조 자료 활용 관계를 명확히 하고 시너지 효과를 노린다.

- 교과서 기능과 활용, 교수·학습 관계를 파악하고 상호 협력을 모색한다.
- 교과서와 지도서의 상보적 활용으로 실제 수업의 질을 상향한다.
- 교과서 활용 방법, 절차를 수업 지도(과정)안에 독립하여 제시한다.
- 활용 결과의 평가, 피드백의 과정이 수업 지도안에 드러나게 한다.
- 교과서에 보충이 필요한 활용 요소를 파악하여 창의적으로 보완한다.

인간이 주위 환경과 조화를 이루며 존재함으로써 영장류로서 가치를 더하는 것처럼, 교과서도 교과서 공동체는 물론 관련 상관 요소와 작용하면서 존재의 가치를 더한다. 그러므로 활용이라는 용어에 함몰(陷沒)하여 여타의 중요한 가치를 잃어버려서는 안 된다. 교과서 활용은 교과서 기능과 역할이 잘 발휘되도록 교육 환경을 조성하고 상호 소통을 조장하면 된다.

2) 미래 교과서 활용 원리 모색

교과서 활용도 미래 지향적으로 대비해야 한다. 교과서에 활용을 좀 더 자세하게 안내하여 활용도를 높여야 한다. 즉, 학생이 스스로 교과서를 활용할 수 있도록 교사용 지도서 수준으로, 교과서 자체에 더욱 세밀하게 안내할 필요가 있다. 모든 교과 공통으로 활용 안내를 통합하여 별도의 책자로 발간, 제시하거나, 이를 학교, 교육청, 교육부 홈페이지를 이용, 공시하여 효율성을 가미하는 방법도 있다.

교과서의 형태 변화에 맞물려 활용 방법도 이론화가 시급하다. 디지털 교과서가 일반화되거나 온라인 수업이 보편화되면, 활용 방법이 서책형에 머무르는 것을 허용하지 않는다. 그러므로 모든 변화 요인을 고려하여 교과서 활용 방법을, 학문적 이론 분야와 정책 수립에서 미래 지향적으로 미리 연구하고 대비해야 한다.

교과서 활용의 변화에 맞추어 합리적인 교과서관도 정립해야 한다. 교과서를 너무 맹신, 과신해서도 안 되고, 그렇다고 불신, 무시해서도 문제가 많이 발생한다. 4차 산업, AI 시대에 교과서 내용과 형태 변화에 맞는 합리적 교과서관을 정립하고, 효율적인 활용 방법을 의도적으로 찾아야 한다.

미래 지향 교과서 활용은 활용의 폭과 깊이를 지금보다 넓히고 깊게 하는 데 있다. 이러한 활용의 확장 관점은 사회와 교육 환경이 급속하게 변화하는 분야부터 미리 대응 전략을 수립해야 한다. 미래 교과서 활용을 예측해 보면 다음과 같다.

구분	현재 교과서 활용	미래 교과서 활용
① 활용 중심	**서책형 중심**	**디지털 중심**
② 활용 방법	주로 한쪽 방향	양방향 소통
③ 활용 주체	교수자 중심	학습자, 교수자 소통 중심
④ 활용 형태	재구성 중심 활용	재구성, 만들어 가며 활용
⑤ 활용 양상	단일, 단순 활용	멀티, 복합 활용
⑥ 활용 모형	활용 절차, 모형 없음	활용 절차, 모형 개발
⑦ 활용 평가	활용 평가 방법 없음	활용 평가 방법 정립

본래의 디지털 교과서는 내용구성, 형태 등이 서책형과는 다르다. 따라서 활용 방법도 공통 요소를 유지하되 세부적으로는 다를 수밖에 없다.

미래를 지향한 선제적 대비는 불확실성을 확실성으로 바꾸므로, 우선 불확실성에 접근하려는 적극적인 노력이 필요하다. 교과서 활용은 교과서 공동체 소통 에너지 작용을 가시적 현상으로 나타내는 것이며, 활용의 객체와 주체 모두에 교육의 힘을 불어넣어 서로의 존재를 확고히 한다. 따라서 논리와 실증을 배경으로 교과서 활용이론이 교육의 효율성을 높일 수 있도록 학문적 체계 정립을 서둘러야 한다.

나. 교과서 활용 이론화 가능성과 적용

1) 활용의 이론화 가능성 모색

학습 목표를 달성하기 위해 가장 이상적인 활동 과정으로 전개한 교과서라도, 교수·학습 등 어떻게 활용하느냐에 따라 학습 효과가 달라진다. 그러므로 교과서 활용은 교과서 구성과 평가 영역 못지않게 동등한 가치와 비중을 차지한다. 그런데 교과서 활용 분야는 뚜렷한 의미역조차 확실하게 규정하지 못하고, 이론화도 다른 분야에 비해서 엉성한 형편이다.

교과서 활용은 교수·학습의 실제, 즉 현장에서의 교과서 적용 과정과 수단을 뜻한다. 항상, 교과서를 이용하는 대비적 수업 전개는 물론, 교과서 없는 수업, 교과서의 투입 시기의 조절도 활용의 영역이다. 교사와 학생 간의 교과서 사용 협력 작용과 형태, 이때의 교과서의 역할을 분석하는 것도 활용 영역에 든다. 이처럼 교과서 활용은 교과서만을 어떻게 교수·학습에 효율적으로 사용할 것인가를 모색하는 것만은 아니다. 교과서 구성 체계와 활용의 연관성을 파악하는 것도 활용 방법의 바탕이고, 학습의 결과 평가나 교과서 자체 평가도 교과서 활용과 연관되는 주요 분야로 활용에 영향을 미친다.

이처럼 교과서 활용 영역은 교과서 생태계에서 교과서 존재와 가치를 현실적으로 부각하는 역할을 한다. 그러므로 활용의 이론화도 교과서 존재와 가치 차원에서 계획하고 정립하는 토양을 마련해야 한다. 지금까지 교과서 활용의 이론화는 활용 체계, 방법과 종류, 그에 따른 분화한 활용 요소가 분명하게 드러나지 않아서 제대로 이루어지지 않았다. 이에 따라 현장에서의 활용 관련 적용은 일정한 맥을 이루 못하고 혼효(混淆)의 양상을 보여주었다고 하겠다.

교과서 활용의 이론화가 가능한 분야를 거시적으로 생각해 보면 다음과 같다.

○ 활용의 개념 및 의미 범주
○ 활용 체계, 방법과 종류, 요소 분화와 상호 관계
○ 활용 체계의 구성 요소와 층위, 활용 종류의 객관화, 구체화, 실체화
○ 활용 요소의 작용(소통) 방법 및 양상 객관화
○ 활용 모형, 방법, 절차 설정 및 구체화 가능성
○ 활용과 교수·학습 관계(모형, 절차 등에서의 동질성과 이질성)
○ 활용과 재구성의 관계, 위상(동질성과 이질성)
○ 활용과 교과서 개념, 기능과의 관계
○ 활용 평가 요소, 평가, 피드백 방법
○ 교과서 구성(교재화)에 활용 기법의 반영
○ 교과서 개발, 평가에서의 활용 위상 정립
○ 교과교육, 교육과정(총론/각론)에서 활용 영역 설정
○ 교육학에서 활용이론의 학문적 위상 정립

이상의 이론화 분야는 미시적으로 더 세분하여 이론화의 심층(深層)을 체계적으로

쌓을 수 있다. 교과서 활용 방법의 체계적인 층위 형성은 학문적 이론의 축적과 맞물려 있다. 이론화의 성과가 객관적, 합리적 논리 체계를 갖추고 교수·학습 방법, 교과서 개발과 연관하여 심도 있는 연구로 이어져야 한다.

2) 활용의 이론화 지향과 적용

교과서는 존재 가치로 보면 '① 실체를 이루는 가치'와 '② 실체를 활용하는 가치'로 크게 나누어 볼 수 있다. ①은 학문적 배경과 이론으로 모양을 갖추기까지의 모든 개발과정과 인쇄 등 울력을 총합한 가치를 말하고, ②는 이러한 가치를 지니는 실체를 교육 공간에서 활동과 활용 등으로 존재 가치를 발하는 것을 뜻한다. 그러므로 ①은 실체 형성 과정에서 이미 담겨 있는 정적, 자발적 가치요, ②는 그 가치를 외부로 발산하도록 하는 동적, 인위적 가치라고 하겠다.

존재의 상관을 고려하면 ①은 전제(前提) 가치요 ②는 그를 기반으로 하는 후속 가치이므로 ①의 가치가 제대로 갖추어져야 ②의 가치가 현장에서 활용으로 제 기능을 발휘한다. 그런데 지금까지는 ①의 중요성을 인식하고 부각하였지만, ②의 중요성은 그만한 비중을 갖지 못한 것이 사실이다. 앞으로는 양자의 가치가 상보적으로 작용하도록 이론화에서도 조화를 모색할 필요가 있다.

교과서 활용을 이론화하는 데는 교과서에 내재한 가치를 밖으로 나오도록 현실화하고 체계적으로 추진하는 지혜가 필요하다. **'이론화 지향점'**을 몇 가지로 정리해 보면 다음과 같다.

- ○ 활용 이론화 체계를 수립하고 단계적, 계획적으로 구체화한다.
- ○ 활용 이론화 체계를 거시적, 미시적 구조로 가시화한다.
- ○ 활용 이론화 내용은 순수, 응용 학문이 조화를 이루도록 한다.
- ○ 교과서 활용의 실제 상황, 현장성을 이론화 대상으로 삼는다.
- ○ 활용 체계, 방법, 종류, 요소 등의 개념을 이론적으로 뒷받침한다.
- ○ 실증 연구와 데이터 처리로 객관적인 결과를 바탕으로 이론화한다.
- ○ 활용 관련 모든 현상과 요소를 독립적, 보완적 이론으로 정립한다.
- ○ 교과서 형태(종류), 수준 등 대비 양상에 따른 활용이론을 설정한다.

○ 교과서 생태계의 다른 이론과 상충하거나 모순이 없어야 한다.

○ 교과서 개발과 평가에 활용이론 적용이 논리적으로 합당해야 한다.

○ 활용이론을 배경으로 교육활동이 실질적 효과를 담보해야 한다.

○ 디지털 교과서를 포함하여 미래 지향 활용이론을 개발해야 한다.

교과서 활용이론의 가치와 생명력은 논리적 합당성을 확보하는 것도 중요하지만, 실제 적용이 가능하고, 교육적 효과가 가시적으로 나타나야 한다. 그러므로 이론화는 순수와 응용 학문의 협력을 통하여 궁극적으로 적용이라는 실제성을 확보하는 것이 중요하다.

교과서 생태계에서 활용의 위치는 다른 분야와 마찬가지로 중요한 자리를 차지한다. 교과서 활용이론을 하루빨리 체계적으로 정립하여, 실용성, 실제성, 현장성 측면에서 교과서 가치를 교육적으로 증대했으면 한다.

3) '활용 지표 개념' 설정과 이론화

앞에서 활용의 의미 범주, 활용 체계와 위상, 종류를 살펴보고, 활용 요소 개념을 도입하여 요소의 존재 방식과 재구성, 활용 원리의 이론화 가능성 등을 모색해 보았다.

그런데 활용 이론을 가시화하는 방법의 하나로 **'교과서 활용 지표(指標) 개념'** 설정과 이를 뒷받침하는 논리 개발을 생각해 볼 수 있다. **'교과서 활용 지표'**는 '교과서 활용의 방향이나 정도를 보이는 표지(標識)'로서, 활용 체계나 영역, 기준, 요소, 방법 등과 관계한다. 이를 구체화하여 발전시키면 활용을 가늠하고 평가하는 **'활용 척도'**로 이어지고, 반추(反芻)하면 **'교과서 활용도'**를 분석, 평가하고 판단하는 방향과 기준의 바탕이 된다.

교과서 활용도는 대상과 주체, 환경, 방법 등 관계 요인에 따라 달라진다. 학생의 흥미나 수준, 수업 환경, 교사의 교과서에 대한 태도, 즉 교과서관에 따라 활용 방법과 정도가 달라짐은 물론이다. 한 예로 학교급에 따라 교과서 활용은 그 정도나 방법에서 차별이 생긴다. 초등학교에서의 활용은 중학교나 고등학교보다 활용도가 매우 높다. 기초 개념 형성과 원리를 이해하는데 교과서만큼 설명이 쉽게 다가오고, 학년별로 내용의 수준과 체계가 매우 정교하면서, 연속성과 체계성을 지닌 자료가 이보다 그리 많지 않기 때문이다. 그런데 고등학교에서는 상급학교 진학과 결부하여 교과서의 활용도가 생각보다는 매우 낮다고 하겠다.

교과서 활용 지표는 관련 변인에 따라 유동적인 활용도에 기준과 방향을 제시하고, 기대하는 활용 효과를 일정 수준으로 담보하는 표준으로 작용한다. 막연한 활용의 수준을 구체화하고, 활용 방법을 창의적으로 구안하면서 보완하도록 방향을 제시하고 유도한다. 이처럼 활용 지표는 교육의 효율성, 실제성과 밀접하게 관계한다.

	활용 지표(예시)	지표 기준 요소	지표 적용(예시)
본질 (내재) 지표	○ 교수·학습 모형 ○ 학습자 반응 확인 ○ 교수자 수업 기법	교과교육, 교육과정/ 교과서 개념, 기능, 좋은 교과서 의미/ 교과서 활용 개념, 체계, 방법, 종류, 요소, 원리/ 교과서 구성, 교수·학습, 평가 등	수업(교수·학습) 목표, 방향, 수준, 전략, 방법/ 수업과정안 작성 등
비본질 (외재) 지표	○ 수업 지원 형태 ○ 사용·공급 실태 ○ 품질 관리 관점	지원(보조) 자료 성격, 기능, 역할/ 교과서 쪽수. 색도, 가격/ 교과서 사용 기간, 재활용 여부/ 교과서 개발비, 기간, 참여자/ 교과서 품질 관련 요소 등	수업 지원 방법/ 교과서 공급(가격 산정)/ 교과서 품질 관리, 정책 수립 등

활용 지표는 활용의 의미 범주, 활용 체계와 방법, 종류, 요소, 관점 등과 밀접하게 관계하며 모습을 드러낸다. 교과서 **'본질적 활용 지표'**는 활용 지표를 구체화하는 단위 요소(인자)로 활용 요소 개념의 연장선에서 논의할 수 있다. 여기에 크게는 교과서 생태 존재 방식인 교과교육, 교육과정에서부터 교과서 개념, 기능, 좋은 교과서 의미, 그리고 교과서 활용 관련 모든 요소뿐만 아니라 교과서 구성, 교수·학습, 평가 영역에까지 관계하여 지표 기준으로 전환할 수 있다.

교과서 **'비본질적 활용 지표'**는 교과서 활용의 외재적 가치를 가늠하는 척도로 발전시키는 부가적 기능을 발휘한다. 이는 교수·학습에서 교과서 지원(보조) 자료 사용을 포함하여 품질 관리와도 연관된다. 사용 기간과 재활용 여부 등 교과서 사용과 공급, 가격 산정과도 긴밀하게 결부시킬 수 있는 이론을 제공한다. 교과서 존재 가치를 기본적으로 유지하면서 품질을 한층 상위 차원으로 개선할 수 있는 목표를 제시한다. 거시적으로는 교과서 정책의 방향과 세부 사항을 구체적으로 지원, 보완하기도 한다.

이처럼 교과서 활용 원리를 바탕으로 구조화한 활용 지표는 활용의 효율성을 객관적으로 제시하는데 합리적인 체계와 논리적 이론을 제공한다. 4차 산업 혁명 디지털 시대에서는 '**교과서 활용 지표**', '**활용 척도**', '**활용도**' 설정은 어느 면에서 필수적이라 해도 과언이 아니다. 밀물처럼 닥쳐오는 수많은 지식·정보를 선정하는데, 활용 지표는 선별 기준을 제시하고 교수·학습에 체계를 세워주며, 학습 목표 달성에 효율성을 드높인다. '**활용 지표 기준 요소**'를 더욱 구체화하여 교과서 활용 계획을 체계적으로 수립하고, 수업의 질을 한층 고양할 수 있다.

이처럼 활용 지표는 교과서(교재) 존재 방식을 바탕으로 설정, 조직되므로, 교과서가 실체(만듦새) 이상으로 활용되는 수업 기법을 제공하여, 교육의 효과를 실질적으로 견인(牽引)한다고 하겠다. 여기에서 교과서 '**존재 방식**', '**실체**'란 말은 다가오는 미래에 교과서의 여러 유형을 가정하여 전제한 말이다. 미래형 교과서 형태는 무엇이라 특정할 수 없는 경우도 생길 여지가 많기 때문이다.

평가지표, 평가 기준, 평가 척도란 말이 일반화되어 자연스럽게 사용되는 것처럼 활용 지표, '**활용 기준**', 활용 척도란 말도 객관적으로 이론화하는 데 무리가 없어 보인다. '활용 지표'를 '활용도'로, 이를 다시 가시적으로 평가하거나 판단할 수 있는 기준으로 구체화한 '활용 척도'는 필요에 따라 점수화 등으로 다양하게 변용할 수 있다.

교과서 이용/사용/활용이란 용어도 활용 지표 개념으로 접근해 보면, 어느 정도 확연하게 구분할 수 있는 모티프를 찾아보게 한다. 활용 지표는 '교과서에 내재한 지표'와 '수업 상황에서의 지표'가 다르다. 이들 활용 지표의 관계도 이론적으로 공통점과 변별점을 확실하게 할 필요가 있다. '**본질 지표**'와 '**비본질 지표**' 관계도 설정의 합리성을 비롯하여 이론적으로 규명해야 할 과제다. 활용 지표를 구체화하여 체계를 세우고, 이를 이론적으로 논리를 확보하는 것도 개발학의 주요한 연구 분야로 교과서 공동체의 울력과 협조가 필요하다.

V. 교과서 평가와 원리 탐색

1. 교과서 평가 개념과 교육적 의의

가. 교과서 분석과 평가 개념

교육은 목표, 방법, 자료 등이 이론과 교육과정에 의해 체계화되고, 교과서로 실체가 드러난다. 그리하여 교과서(교재)를 이용하여 교육활동으로 학습 목표 달성을 지향한다. 학습 목표 달성은 평가라는 객관적인 기준과 일련의 과정으로써 확인할 수 있다. 그런데 **'학습 평가'**와 교육활동의 주된 매개물로서의 **'교과서 평가'**는 출발부터 확연히 다르다.

'교과서 평가'는 교과서를 대상으로 그 가치나 수준을 판단하는 것을 뜻한다. 그러므로 교과서의 가치나 수준이 무엇인가를 명확히 해야 판단이 정확해진다. 교과서의 가치나 수준은 '품질 좋은 교과서'라는 말로 대변이 가능하지만, 이 또한 객관적인 개념으로 정리된 것은 아니다. 좋은 교과서는 갖추어야 할 다양한 자질과 요구 조건을 객관적으로 충족해야 한다. 이렇게 좋은 교과서로서의 충족 조건을 찾아가는 일련의 과정이 평가라 할 수 있다.

교과서 발행을 자율화, 다양화, 전문화하면 각양각색의 교과서 출현이 필연적이다. 개발의 자율 폭이 넓어질수록 어떤 면에서는 교과서 품질 관리를 강화할 필요가 있다. 그런데 일련의 교과서 존재 체계에서 품질 관리의 궁극적 수단과 방법이 교과서 분석과 평가라고 하겠다.

'**교과서 분석**'은 평가를 지향하는 시발(始發)의 용어이다. 교과서 분석은 정확한 평가를 수행하기 위한 예비 수단으로, 분석의 관점과 대상 분야는 교과서를 사용, 활용하는 절차와 관련하여 매우 폭이 넓다. 앞에서도 자세하게 설명한 것처럼 하나의 방법으로, 교과서를 구성할 때 고려되는 사항인 ㉠ 교육의 이념·목표 부면, ㉡ 교수·학습 실천 부면, ㉢ 자료·배열의 부면, ㉣ 언어·서술부면 등의 차원에서 '좋은 교과서'로서의 요건을 분석적으로 검증해 보는 것을 들 수 있다. 그러나 이를 포함하여 교과서 분석은 아직은 논리적으로 일반화하는데, 이론적 배경의 뒷받침이 더 필요하다고 하겠다.

교육의 영역과 분야, 교과서 종류 등에 따라 '**교과서 분석 관점**'이 달라지고, 일반적으로 교과서 개발의 일반 원리에 근거하여 여러 방법을 상정해 볼 수 있다. 이처럼 교과서 분석 관점은 고정된 것이 아니라, 분석 목적과 상황에 따라 효율성을 높이기 위해 방법과 절차를 변용하기도 한다.

교과서 분석 관점과 그에 따른 결과 도출이 정확해야 올바른 평가로 이어질 수 있다. 그러므로 교과서 평가는 교과서 분석이 그 토대(土臺)요 바탕이 된다. 그런데 '**교과서 평가**'는 교과서 개발, 구성, 활용 등 존재 방식에 관여하는 상황이 다양해서 '평가'라는 의미 영역도 다분(多分)하게 나타난다. 교과서 개발과 사용(활용), 수정·보완 등에서 '심의 기준', '심사 기준', '검정·인정 기준', '선정 기준', '사용자 평가 기준' 등의 용어가 그 예라고 하겠다. 그런데 이들 용어는 교과서 제도와 사용 목적에 따른 '**평가 기준**'이라는 말로 모두 포괄할 수 있다.

나. 교과서 평가의 교육적 의의

교과서 평가는 교과서 존재 생태계에서 '**일정 과정의 완결**'을 의미하고, 교과서의 품질을 높이는 가치 판단 행위이다. 여기에서 '일정 과정의 완결'이란 어느 시점에서 좋은 교과서로의 교육적 공헌을 판단해 본다는 뜻이다. 교과서를 하나의 완결된 유기체로 보는 관점에서 생물학적 완결과는 의미가 다르다. 개발－적용－평가라는 일련의 과정과 피드백이라는 순환 구조상, 평가 단계에서 교육적 공헌을 찾아본다는 완결이란 의미이다. 그러므로 교과서 평가는 평가 결과를 피드백으로 이어지게 하는 역동적 작용을 도우며, 교과서 존재에서 새로운 출발이라는 뜻도 내포한다. **'교과서 평가의 의의'**는 이렇게 '일정 과정의 완결'과 **'새로운 출발'**이라는 선순환의 역동적 작용에서 드러난다.

- 교과서 품질 요소(요건)나 수준을 명시적으로 객관화한다.
- 교과서 개념, 기능의 참뜻과 의미역을 교육적으로 넓혀준다.
- 좋은 교과서 의미를 객관화하고 품질 수준을 상향한다.
- 교과서 교수·학습 체계를 정립하고 개선한다.
- 교과서 부정적인 요소를 없애고 정체성을 확립한다.
- 교과서 개발 계획—구성—활용 등 생태 존재 관계를 규명한다.
- 교과서 구성과 활용 방법 등에 개선점을 제공한다.
- 교과서 품질 개선을 교육의 질 향상으로 연결한다.
- 교과서 인식과 태도를 고답적(高踏的)에서 현실적으로 바꾼다.
- 교과서 공동체의 교육적 소통을 원활하게 조장한다.
- 교과서 존재 환류 체계를 확립하고 가치나 수준을 높인다.
- 교과서 개별 차이(textbook variability)를 가리기보다는 더 좋은 교과서 개발을 조장한다.
- 교과교육·교육과정 평가, 학습자 성취평가와 밀접하게 협력 작용한다.

교과서 평가는 '평가'라는 용어가 주는 중압감 때문에, 위와 같은 평가의 가치와 중요성을 되살리지 못하였다. 평가는 순위를 가르고, 그 결과가 좋은 교과서, 나쁜 교과서라는 낙인으로 고착한다는 선입관 때문에, 본격적으로 시행하지 못한 측면도 있다. 또, 개발과정에서 일련의 절차로 평가를 받아 자격을 부여받았는데, 이를 다시 평가한다는 것은 자율성과 전문성의 기본 취지에도 어긋나고, 오히려 교과서를 더욱 평가 기준대로 규격화하는 부정적인 방향으로 흐른다는 주장이다.

또한, 인간의 언어 능력 향상이 사람마다 다르고, 도달하는 수준이 애매하며, 도달 시간도 천차만별인 것처럼, 교과서 품질의 최고 자질과 수준도 객관적으로 정해지지 않아, 평가자의 자의적 평가에 의존하기 쉽다는 것이다. 여기에 교육 환경과 교실 현장에서 교과서 품질을 결정하는 변인이 무수히 많으므로, 이 모두를 적용하여 제대로 평가할 수 없다는 이유도 있다.

그러나 교과서 평가는 결과의 활용을 어떻게 하느냐에 따라 부정보다는 긍정으로 작용하는 장점이 더 많다. 따라서 평가의 의의를 긍정으로 작용하게 하는 여건 마련과 평가 역량을 함양하는 방법을 찾아야 한다. 일반 교육에서 말하는 평가와 교과서 평가는 본질에서 다르다는 생각과 마음의 여유도 지닐 필요가 있다.

2. 교과서 평가 기준 제시 양상과 지향

가. 교과서 평가 구분과 기준 제시 양상

1) 일반·특정 평가 기준

교과서(교재) 평가는 '평가'라는 용어 사용과 부작용을 지양(止揚)하면서, 그동안 교육 현장에서 내실을 다져 왔다고 하겠다. 교과서 평가의 바람직한 방향을 모색하기 위해 대표적인 평가 기준 제시 양상을 먼저 살펴보고자 한다.

일반적으로 교과서 평가에서 '제도적(국가·사회) 요구의 부합, 교육과정의 목표와 학습 요소의 소화, 교수·학습 방법상의 적합성, 학생 수준의 고려, 현장 적용의 효율성 등을 비롯하여 제재의 선정과 조직, 문체의 구조, 교과서 형태, 학습자에 대한 다각적인 교육적 배려' 등이 평가의 기준이 된다.[55] 이는 교과서의 특정 분야나 요소를 평가하는 것이 아니라, 종합 관점에서 공통으로 적용하는 평가 기준으로, 교과서 존재 자체로서의 자질 모두를 평가한다는 의미를 지닌다.

우선, 일반 평가의 대표적인 기준 제시를 살펴보면 다음과 같다.

배두본 교수는 교재 평가의 이론적 차원에서 여러 학자의 평가 기준을 소개하였다. Stevik(1972)은 세 가지 특성(qualities), 세 가지 차원(dimensions), 네 가지 요소(components)를 평가 기준으로 제시하고, Rivers(1981)는 교과서 선정과도 관련되지만 공간 상황 적합성, 교수·학습 적절성, 언어와 관념적 내용 등 7개 분야 45개 항목을 제시하였다.[56]

---

55) 서울대학교 국어교육연구소, 『국어교육학사전』(대교출판, 1999), p.92. 필자가 '교재 평가'의 배경을 설명한 부분으로, 당시에는 '교과서 평가'에 대해 관심이 미미했었다. 따라서 평가 기준도 일부·제한적, 포괄적으로 제시하였다.

그리고 본인은 영어를 국제어로 학습하는 우리나라 영어 교과서의 평가 기준이라 전제하고, ① 교육과정에의 적합성(7개 항목), ② 구성(12개 항목), ③ 교수 적합성(10개 항목), ④ 언어적 적합성(10개 항목), ⑤ 교수·학습 활동 유형(6개 항목), ⑥ 실용성(5개 항목) 등 6개 범주 50개 항목을 평가 요소로 제시하였다.[57] 영어 교과서라는 특성을 고려한 평가 기준이라고 하지만, 그 내용을 살펴보면 일반적 요소와 공통되는 기준이 많음도 감지된다.

다음은 '국어 교재와 사고력'을 논의하는 관점을 유지하면서도 교육 공동체의 일반적 관점과 국어 교사의 전문적 관점에 따라 적용될 수 있는 특정 지향 평가 기준을 제시한 예이다.[58]

---

1) 교육과정
① 국어과 교육과정 내용이 교육 필요성과 가능성에 따라 타당하게 해석되었는가.
② 교육과정의 상세화가 합리적이고, 상세화에 따라 교재가 구성되었는가.
③ 교육과정의 기초가 되는 국어교육 철학과 이론이 바르게 구현되었는가.

2) 단원 설정
① 과제 중심, 능력 중심, 텍스트 중심 등, 단원 설정의 원칙이 합리적인가.
② 대단원─소단원─단위 활동 간의 관계가 합리적으로 고려되었는가.
③ 단원에 배당된 시간과 분량이 적당한가.

3) 단원 간의 관계
① 단원 간의 언어적 발달성, 내용의 복잡도, 텍스트 구조 등을 고려한 계열성이 구현되었는가.
② 단원 조직에서 언어활동의 반복·심화 원리가 구현되었는가.

4) 단원 실라버스
① 단원 내에서 학습 단계가 효율적이고 융통성 있게 전개되었는가.
② 단원 목표를 중심으로 단위 언어활동이 유기적으로 통합되었는가.
③ 단원의 성격과 각 단계 및 요소의 성격이 분명한가.

---

56) 배두본, 『영어 교재론 개관』(한국문화사, 1999) pp.288~293.
57) 배두본, 앞의 책, pp.294~299. 교과서 평가와 관련하여 외국 학자들의 이론을 소개하고, 본인의 논리를 정립하였다. 교과서 평가뿐만 아니라 교재 설계, 개발 등 전반에 대하여 언급하였는데, '영어 교재'라는 제한이 따르지만 '교재론' 분야에 연구 기반을 마련하고, 기초 이론을 제공했다고 하겠다.
58) 이삼형 외, 『국어교육학』(소명출판, 2000), pp.331~332.

5) 제재

① 사고 및 언어활동의 제 국면이 중요성에 따라 고르게 배분되었는가.

② 학생의 발달성, 관심과 취향이 충분히 고려되었는가.

③ 매력 있고 다양한 주제를 다루었는가.

④ 텍스트가 다루고 있는 내용이 정확하고 정당한가.

⑤ 텍스트의 길이와 구성이 적절한가.

6) 학습 활동

① 학습자의 능력과 흥미가 고려되었는가.

② 자율학습과 교사 보조 학습이 잘 안배되었는가.

③ 반응의 자율성과 학습 활동의 다양성이 보장되었는가.

④ 학습의 절차와 단계별 과제가 분명히 제시되었는가.

7) 참고 및 보조 자료

① 단원 학습에 직접 도움이 되는 내용인가.

② 질과 양면에서 지나치게 부족하지는 않은가.

8) 학습을 위한 보조 장치

① 학습 과정에 불필요하게 개입하지는 않는가.

② 수단 언어와 목표 언어가 서로 착종(錯綜)되지는 않는가.

9) 평가

① 평가 목표와 준거가 분명히 제시되었는가.

② 내용이나 방법에 관한 안내가 적절한가.

③ 평가 결과의 해석과 송환을 위한 원리가 마련되었는가.

교육과정 반영 기준을 3개로 세분화하고 교육과정 상세화의 합리성과 국어교육 철학을 언급한 것이 이채롭다. 특히, 내용의 선정과 조직 관련 사항을 단원 구성의 문제로 세분화하여, 여러모로 평가 기준을 구체화하고 강조하였다. 후술할 '검정 기준'과 어떻게 다른지 비교할 만한 상이점을 제공한다.

2) 지위(자격) 부여 평가 기준

초·중등교육법 제29조(교과용 도서의 사용), 초·등교육법 시행령 제55조(교과용 도서의 사용)와 관련하여 '교과용 도서에 관한 규정' 제2조(정의)에서는 교과용 도서를 국정, 검정, 인정으로 구분하였다. 실은, 법령과 규정에서의 이러한 구분은 학교에서 교과서 사용이 가능하도록 자격을 부여하는 근거라고 하겠다.

국정도서는 국가가 주도하거나 아니면 기관에 위탁하여 대개 1책 1종으로 편찬하고, 저작권도 국가에 소속되므로 사용에 대하여 별도 지위를 부여받을 필요가 없다. 그러나 검정도서, 인정도서는 특정의 심사 절차를 밟아, 교과서로서의 자격과 지위를 부여받아야 교육 현장에서의 사용이 가능한데, 이러한 지위를 부여받는 평가 기준이 검정, 인정 기준이다. 검·인정 기준은 ① 공통 기준과 ② 교과별 기준으로 나누어 제시하고 있다. 2015 개정 교육과정 검·인정 기준을 예로 들어 본다.

① 공통 기준(예시)

모든 교과목에 적용되는 기준으로 심사(평가)에서 각 심사 영역의 심사 관점에 따라 '있음/없음'으로 표시한다. 평가 영역, 평가 관점이라 하지 않고 심사 영역, 심사 관점이라 한 것은 평가 방법을 고려하고 법령 용어에 따라서이다.

심사 영역	심사 관점
I. 헌법 정신과의 일치	1. 대한민국의 정통성과 국가 체제를 부정하거나 왜곡·비방하는 내용이 있는가?
	2. 대한민국의 자유민주주의적 기본 질서와 이에 입각한 평화 통일 정책을 부정하거나 왜곡·비방하는 내용이 있는가?
	3. 대한민국의 영토가 한반도와 그 부속 도서임을 부정하거나 왜곡·비방하는 내용이 있으며, 특별한 이유 없이 '독도' 표시와 '동해' 용어 표기가 되어 있지 않은 내용이 있는가?
	4. 대한민국의 국가 상징인 태극기, 애국가 등을 부정하거나 왜곡·비방하는 내용이 있으며, 바르지 않게 제시한 내용이 있는가?
	5. 성별·종교 또는 사회적 신분에 의하여 정치적·경제적·사회적·문화적 생활의 모든 영역에 있어서 차별을 조장하는 내용이 있는가?
	6. 특정 국가, 인종, 민족에 대해 부당하게 선전·우대하거나, 왜곡·비방하는 내용이 있는가?
II. 교육의 중립성	7. 정치적·파당적·개인적 편견을 전파하거나, 특정 종교교육을 위한 방편으로 이용된 내용이 있는가?
III. 지식 재산권의 존중	8. 타인의 공표되지 아니한 저작물을 표절 또는 모작하거나, 타인의 공표된 저작물을 현저하게 표절 또는 모작한 내용이 있는가?

공통 기준은 대개 헌법이나, 법령, 규정에 그 근거를 두므로 반영·수용 여부가 명징(明澄)하게 드러나야 한다. 따라서 공통 기준은 교과서 본질적·내재적 부면을 평가한

다기보다는 국가·사회적 요구 사항 등 교과서 비본질적·외재적 부면의 반영 여부를 가리는 기준 성격이 강하다.

② 교과목별 검·인정 기준(예시)

검·인정 기준은 각 교과목의 특성에 따라 적용되는 본질적, 내재적 기준으로 심사 영역의 심사 관점에 따라 배점을 달리하여 평가한다. 대체로 <교과용 도서 편찬 방향>, <편찬 상의 유의점>, <교과용 도서 집필 기준>을 반영하여 제시한다.

심사 영역	심사 항목	배점
Ⅰ. 교육 과정의 준수	1. 교육과정에 제시된 목표를 충실히 반영하였는가? 2. 교육과정에서 제시된 내용 체계 및 성취기준을 충실히 반영하였는가? 3. 교육과정에서 제시된 교수·학습 방법을 충실히 반영하였는가? 4. 교육과정에 제시된 평가를 충실히 반영하였는가?	
Ⅱ. 내용의 선정 및 조직	5. 내용의 수준과 범위 및 학습량이 적절한가? 6. 내용 요소 간 위계가 있고, 연계성을 가지고 있는가? 7. 학생들이 배운 내용을 다양한 방식으로 일상생활에 적용함으로써 창의력, 문제해결력 등 교과 역량의 함양이 가능하도록 교육 내용을 조직하였는가? 8. 일상생활과 연계되어 흥미와 관심을 유발할 수 있도록 다양한 주제, 제재, 소재 등을 선정하였는가? 9. 학습자의 자기 주도적 학습을 지원할 수 있도록 구성하였는가? 10. 융·복합적 사고를 촉진하는 제재를 선정하였는가? 11. 학생 관점에서 이해하기 쉽게 기술하고 있는가? 12. 교과서의 집필 기준을 준수하였는가?(집필 기준이 있는 과목에 한함.)	
Ⅲ. 내용의 정확성 및 공정성	13. 사실, 개념, 용어, 이론 등은 객관적이고 정확한가? 14. 평가 문항의 질문과 답에 오류는 없는가? 15. 사진, 삽화, 통계, 도표 및 각종 자료 등은 공신력 있는 최근의 것으로 출처를 분명히 제시하고 있으며, 해당 내용의 설명으로 적합한가? 16. 특정 지역, 문화, 계층, 인물, 성, 상품, 기관, 종교, 집단, 직업 등을 비방·왜곡 또는 옹호하지 않았으며, 집필자 개인의 편견 없이 공정하게 기술하였는가? 17. 한글, 한자, 로마자, 인명, 지명, 각종 용어, 통계, 도표, 지도, 계량 단위 등의 표기가 정확하며, 편찬 상의 유의점에 제시된 기준을 충실히 따랐는가? 18. 문법 오류, 부적절한 어휘 등 표현상의 오류가 없고 정확한가?	
Ⅳ. 교수·학습 방법 및 평가	19. 융·복합적 사고와 교과 지식의 적용 및 활용을 유도하는 다양한 교수·학습 방법 및 평가를 제시하였는가? 20. 체험 중심의 인성교육이 구현될 수 있도록 학생 참여와 협력 학습이 강화된 다양한 교수·학습 방법 및 평가를 제시하였는가?	

21. 학생들이 스스로 학습하고 과제를 해결할 수 있는 다양한 교수·학습 방법 및 평가를 제시하였는가?
22. 교사와 학생, 학생과 학생 간의 상호작용이 가능한 다양한 교수·학습 활동을 제시하였는가?

심사 영역의 구분, 심사 항목 내용 및 수, 그에 따른 배점과 비중은 교과의 특성에 따라 달라진다. 따라서 교과서의 종류와 사용 목적에 따라 심사 영역과 심사 항목을 다양하게 구성하고, 좋은 교과서를 쉽게 가리고 판정할 수 있는 방법을 찾아야 한다.

자유발행제 적용 인정 도서(일부 전문교과 I /II, 학교장 개설과목)는 자율화, 다양화를 지향하여 본 심사에서 공통 기준만 심사하고, 교과별 기준은 집필진 자체 평가서를 작성하는 등 자율 점검으로 대체하며, 심사 기간도 대폭 단축하였다. 그러나 이러한 정책의 변화는 교과서 품질 문제를 등한시한다는 메시지는 아니다. 완화된 기준 제시나 절차의 간소화는 자율 질 관리를 강조하여, 개발자(집필자)와 책임을 분담하는 것으로 보아야 한다. 따라서 검·인정 기준의 제시나 이의 준수는 교과서가 일정 수준의 품질을 유지하고, 이를 관리하는 차원에서 여전히 필요하다고 하겠다.

그리고 검·인정 기준 제시 방법도 자율화, 다양화, 전문화에 발맞춰 변화를 모색해야 한다. 심사위원의 주관적 재량권을 제한하고 객관성을 유지하기 위해, ① [심사 영역]→② [심사 항목]→③ [심사 요소]로 단계를 하나 추가하는 것은, 검·인정 기준에 신뢰를 강화하는 하나의 방법이다. '심사 항목'을 정교하게 구체화한 '심사 요소'는 심사에 객관성을 유지하게 하므로, 검·인정 기준(평가 요소)의 개선에 참고할 만한 사항이라 하겠다.

3) 교과서 선정 평가 기준

일반적으로 교육 현장에서 사용자 평가는 교과서 선정의 기본 자료로 활용하기 위해 이루어진다. 검·인정 도서가 심사, 심의 과정에서 교과서의 지위를 부여받았다고는 하지만, 다수 합격한 교과서 중에서 학교 교육 환경, 사용자의 수준이나 처지 등을 고려하여 현장 차원에서 좋은 교과서를 선정해야 하는데, 이때 학교 실정에 맞는 선정 기준이 필요하다. 결국, 학교에서의 선정 기준은 사용자 평가의 기준이 된다고 하겠다.

Skierso는 텍스트(교과서) 선정 및 평가 원칙으로 ① 서지 관련 자료, ② 목표와 목적, ③ 내용, ④ 어휘와 구조, ⑤ 연습 및 활동, ⑥ 레이아웃 및 물리적 실체 등으로 분류하고, 다시 하위 평가 기준을 유목으로 나누어 교과서 평가 분석표(Evaluation checklist)를 제시였다.[59]

---

1) **[서지 관련 자료]**: ① 저자의 자격 요건, ② 보조 자료의 유용성, ③ 완결성, ④ 부수 자료의 질, ⑤ 효용성

2) **[목표와 목적]**: ① 학생 성장 명세내역(specifications)에로의 목표성, ② 학생 필요에 부응, ③ 실라버스 요구에 부응, ④ 종합적인 교육적 관심과의 유연성, ⑤ 실현 가능성

3) **[내용]**: ① 적합성 및 흥미 수준, ② 자료의 순서, ③ 텍스트 형태의 다양성, ④ 내용 등급, ⑤ 추상성의 수준, ⑥ 기록부(register), ⑦ 문화 감응성, ⑧ 내용의 정확성, 신빙성, 통용성, ⑨ 문화 통합성

4) **[어휘와 구조]: (문법)** ① 수와 차례의 적절성, ② 정확성, ③ 명료성과 완결성, ④ 유의미한 컨텍스트 **(어휘)** ① 신출 단어의 적합성, ② 적절한 컨텍스트 **(어휘와 구조)** ① 적합한 가독(readability)의 수준, ② 텍스트에 의한 포괄성, ③ 실라버스에 의한 포괄성, ④ 학습 진행의 적합한 연속, ⑤ 적절한 제시의 통제, ⑥ 배분의 균형, ⑦ 표현, 연습, 재생의 적합성, ⑧ 강화와 통합을 위한 재생, ⑨ 표준 언어, ⑩ 문장 길이와 구조 연합의 적절성, ⑪ 문화 제시, ⑫ 접근성

5) **[연습 및 활동]**: ① 실라버스 목표의 만족도, ② 학습자 목표의 성취도, ③ 효과성, ④ 전달의 계열성, ⑤ 유의미한 전달, ⑥ 전달의 발달, ⑦ 활동적 참여를 통한 내면화, ⑧ 비판적 사고의 조장, ⑨ 교육적인 명료성과 적절성, ⑩ 상투 어구에 자유로운 내용, ⑪ 적합성과 흥미 수준, ⑫ 복습 준비, ⑬ 학습 기능의 발달

6) **[레이아웃 및 물리적 설계]**: ① 동기 유혹성, ② 내구력의 적합성, 책과 글자 크기, ③ 구성의 명료성과 기능(function), ④ 제시의 효과성, ⑤ 상호성, 연계성, 통합성, ⑥ 상투 어구에서 벗어난, 정확하고 권위 있는 묘사, ⑦ 도표 및 사진(artwork)의 적합성, ⑧ 삽화(illustrative)의 명료성과 간결성, ⑨ 동기 부여의 분위기

앞서 윤곽을 제시했지만, Rivers는 교과서 평가의 항목을 ① 교과서가 기초하고 있는 교수 방법의 적합성의 여부, ② 교과서의 내용이 자연적이고 현실적이며, 최신의 것을 포함하고 학습자에게 흥미를 불러일으키는지 아닌지, ③ 교과서의 내용이 학습자의 수준에 적절하며, 언어의 영역별로 다양한 연습 활동을 제공하는지의 여부, ④ 교과서가 해당 언어 문화권의 생활 모습을 정확하고 사실적으로 나타내고 있는지, ⑤

---

59) Skierso A, 『Textbook selection and evaluation』 In M. Celce-Murcia(Ed.), *Teaching English as a second or foreign language*. Boston: Heinle & Heinle Publishers(1991) pp.432~453.

교과서의 내용에 관련된 테이프, 슬라이드, 플래시 카드 등 보조 자료들의 유무 여부 등으로 들었다.

배두본 교수는 영어 교과서 선정을 위한 일반적 평가 기준으로 ① 언어적 기준(사회적 수용성, 문체, 지역성, 시대성 4개 항목), ② 정의적 기준(주제, 학습 목적의 적합성, 배열, 연습문제의 다양성, 활동 5개 항목), ③ 교수적 기준(교수법, 교사 역할, 기능별, 교구 이용, 교재 이용 5개 항목) 등으로 제시하였다.[60] 이를 그대로 우리 교육 현장에 교과서 평가 기준으로 모두 받아들이기에는 어렵지만, 평가 기준 논의에 시사하는 바는 크다고 하겠다.

교육부에서는 교과서 선정 시에 참고하도록 평가 기준 항목을 다음과 같이 예시하였다.[61]

평가 영역	평가 기준	평가 항목
Ⅰ. 교육 과정	1. 교육과정 부합성	○ 시(도) 교육과정의 성격 및 목표에 부합하는가?
		○ 학교 교육과정의 성격 및 목표에 부합하는가?
	2. 학습 분량의 적절성	○ 학습 분량이 단원별로 균형 있게 구성되어 있는가?
		○ 학습 분량이 주어진 전체 수업시수에 적절한가?
Ⅱ. 학습 내용 선정	3. 내용 수준의 적정성	○ 학습자의 학년 수준에 맞는 학습 내용과 활동을 다루고 있는가?
		○ 어려운 개념이나 용어를 이해하기 쉽게 설명하고 있는가?
	4. 정확성	○ 개념 및 이론이 정확하고 검증된 자료에 근거하고 있는가?
		○ 지도 및 각종 통계 자료(표, 그래프)가 최신의 것인가?
	5. 중립성	○ 인물, 성, 종교, 이념, 민족, 계층, 지역 등과 관련하여 부정적 또는 일방적인 견해 등이 없는가?
		○ 개방적이고 균형적인 관점과 사고를 가질 수 있는 내용을 다루고 있는가?
	6. 학습 동기 유발	○ 학습자의 흥미를 유발하고 호기심을 자극할 수 있는 내용이나 소재를 다루고 있는가?
		○ 학습자의 창의성을 자극할 수 있도록 내용을 구성하고 있는가?
Ⅲ. 학습 내용 조직	7. 효과성	○ 학습 요소(학습 목표, 도입, 본문, 정리, 그림 및 도표, 참고자료 등)가 유용하게 구성되어 있는가?
		○ 시각 자료는 학습 내용과 조화를 이루고 있도록 배치하고 있는가?
	8. 단원, 학년 간 연계 및 계열성	○ 학년 간, 학교급 간의 연계 및 계열성을 고려하고 있는가?
		○ 목차(대단원, 중단원, 소단원)의 배열순서가 논리적으로 정렬되었는가?

---

60) 배두본, 앞의 책, pp.293~294.

61) 교육부(교과서정책과), '2022학년도 검·인정 교과용 도서 선정 매뉴얼' 부록, <참고 1> 교과용 도서 평가 기준 항목(예시)(2021.)

	9. 자기 주도적 학습 내용	○ 학습 내용의 이해를 돕기 위한 참고자료 및 관련 활동을 다양하게 안내하는가?
		○ 학생 수준별로 학습이 가능한 자료를 제시하고 있는가?
		○ 학습 단계별(도입, 전개, 정리) 안내 및 지시사항이 명확하고, 이해하기 쉬운가?
IV. 교수 학습 활동	10. 다양한 교수· 학습 활동	○ 개별 혹은 소그룹 활동, 미디어 활용 등의 다양한 학습 활동 및 방법을 안내하고 있는가?
		○ 학습자의 참여를 증진시키는 다양한 학습 활동(토의, 토론, 실험, 실습 등)을 제시하고 있는가?
	11. 교수·학습 활동의 유용성	○ 실생활과 관련된 문제 상황을 해결하는 학습 활동을 예시하고 있는가?
		○ 학습 주제에 적절하며, 실현 가능한 학습 활동 및 방법을 제시하고 있는가?
	12. 학습 참고 자료의 충실성 및 유용성	○ 교과서의 부속 자료(부록, 색인, 용어해설, 찾아보기 등)는 충분하고 유용한가?
		○ 교과서 전시본과 함께 배포된 전자 저작물(CD 등)은 충분하고 유용한가?
V. 학습 평가	13. 다양한 평가활동	○ 학습 단계에 맞는 평가 방법(진단, 형성, 총괄 평가 등)을 안내하고 있는가?
		○ 다양한 평가유형(선택형, 서답형, 수행평가 등)을 안내하고 있는가?
	14. 종합적 사고력 평가	○ 단순한 지식의 측정만이 아니라 문제 해결 능력, 논리적 사고력, 창의적 사고력 등을 측정하고 있는가?
		○ 학생 스스로 점검할 수 있는 평가 방법을 안내하고 있는가?
VI. 표현 표기 및 외형 체제	15. 표현·표기의 정확성 및 가 독성	○ 문장이 명료하며, 어법(표준어, 외래어, 띄어쓰기 등)에 맞는가?
		○ 전문 용어, 도량형 표기법 등이 현재 규정에 일치하는가?
	16. 편집 디자인 및 내구성	○ 지면 구성(자료 배치, 줄 간격, 여백, 색조 등)이 안정적인가?
		○ 종이의 질 및 제책 상태는 양호한가?

VII. 도서의 가격	17. 가격의 적정 성(기간본)	○ 교과서(기간본) 내용의 양과 질 대비 가격은 적정하게 책정되었는가? ○ 동일 교과(목)군(기간본)의 평균 가격보다 낮게 책정되었는가? ※ 7점 만점일 경우(예시)

구분	①	②	③	비싸다←④ →싸다	⑤	⑥	⑦
	평균가격 보다 10%이상 비싸다.	평균가격 보다 7~10%정 도 비싸다.	평균가격 보다 3~7%정 도 비싸다.	평균가격 수준이다.	평균가격 보다 3~7%정 도 싸다.	평균가격 보다 7~10%정 도 싸다.	평균가격 보다 10%이상 싸다.
점수	1	2	3	4	5	6	7

위의 자료는 학교의 여건과 특성에 맞게, 교과별 특수성, 강조 사항을 고려하여 선택할 수 있도록 평가 영역(7개), 평가 기준(17개), 평가 항목(35개)으로 구분하여 다양하게 항목을 많이 제시하였다. 기준과 항목은 학교 실정과 필요에 따라 조정이 가능하다. 평가 영역 설정에 일반 평가 기준, 교과서 지위 부여 기준과의 공통 영역도 다수 보인다.

반면, 학교 현장에서 교사, 학생이 교과서를 사용한다는데 주안을 두어, 교육과정 반영 영역은 검·인정 기준과는 달리 교육과정의 성격과 목표 부합성과 학습량 관련 항목을 강조하였다. 교수·학습 관련 부분은 학교 현장 평가라는 점을 감안하여 기준과 항목을 대폭 늘려 비중을 강화하고, 특히 학습 평가를 독립 영역으로 설정하였다. 도서의 가격 관련 평가에서 구체적으로 기준을 제시한 점은 선정이라는 특성을 고려하였고, '17. 가격의 적정성' 부분은 평균 가격 수준을 중심으로 점수 분포까지 제공하여 참고하도록 하였다.

대상 도서가 이미 검·인정 심사를 통과한 교과용 도서이므로, 학교 현장에서 선정 (평가) 기준으로 검·인정 기준 내용을 중복하여 다시 평가하는 것은 지혜롭지 못하다. 학생 수준, 학부모의 의견, 교사의 구성 실태 등을 고려하고, 반복 사항은 최소화하면서 학교 현장 특성을 살려, 선정 기준 평가표를 유의미하게 작성하는 노력이 필요하다.

4) 디지털 교과서 평가 기준

디지털 교과서는 일부 검정도서로 개발되었다.[62] 디지털 교과서라는 특수성을 살리기 위해 '지위(자격) 부여 평가 기준' 설명에서 분리하여 평가(검정) 기준을 살펴보고자 한다.

디지털 교과서는 개발 단계에서부터 내용 구조와 형태, 교수·학습, 활용과 평가 방법 등이 서책형과는 다르므로 검정 기준의 구조가 다를 수밖에 없다. 검·인정 기준과 마찬가지로 '공통 기준'과 '교과 기준'으로 구분하여 제시하였는데, 2015 개정 교육과정 교과 기준(예시)을 제시해 보면 다음과 같다.[63]

---

[62] 교육과정 별로 디지털 교과서 개발 현황은 다음과 같다.

구분	초등학교	중학교	고등학교
2009 개정 교육과정	국정: 사회, 과학	검정: 사회① 인정: 과학①	–
2015 개정 교육과정	국정: 사회, 과학 검정: 영어	검정: 사회, 과학, 영어	검정: 영어, 영어 회화, 영어 I 영어독해와 작문, 영어 II

[63] 박진용 외, '2015 개정 교육과정에 따른 디지털 교과서 편찬의 유의점 및 검정 기준 개발'(교육부·한국교육학술정보원, 연구보고 CR 2016-6)을 참고함

심사 영역	심사 항목	배점
I. 교육과정의 준수	1. 교육과정에 제시된 목표, 내용 체계, 성취기준, 교수·학습 방법, 평가를 충실히 반영하였는가?	10
II. 내용의 선정 및 설계	2. 내용의 수준과 범위 및 학습량이 적합한가? 3. 서책형 교과서의 내용과 서로 의미 있게 관련되도록 조직하였는가? 4. 교과 역량 함양이 가능하도록 조직하였는가? 5. 학습자의 자기 주도적 학습을 지원할 수 있도록 설계하였는가? 6. 교과서의 집필 기준을 준수하였는가?(집필 기준이 있는 과목에 한함)	10
III. 내용의 정확성 및 공정성	7. 사실, 개념, 용어, 이론 등은 객관적이고 정확한가? 8. 평가 문항의 질문과 답에 오류는 없는가? 9. 사진, 삽화, 통계, 도표 및 각종 자료 등은 공신력 있는 최근의 것으로서 출처를 분명히 제시하고 있으며, 해당 내용에 관한 설명으로 적합한가? 10. 특정 지역, 문화, 계층, 인물, 성, 상품, 기관, 종교, 집단 등을 비방·왜곡 또는 옹호하지 않았으며, 집필자 개인의 편견 없이 공정하게 기술하였는가? 11. 표기 및 표현은 편찬 상의 유의점에 제시된 기준에 따라 오류 없이 정확하게 기술하였는가?	20
IV. 교수·학습 방법 및 평가	12. 융·복합적 사고와 교과 지식의 적용 및 활용을 유도하는 다양한 교수·학습 방법 및 평가를 지원하였는가? 13. 체험 중심의 인성교육이 구현될 수 있도록 학생 참여와 협력 학습이 강화된 다양한 교수·학습 방법 및 평가를 지원하고 있는가? 14. 학생들이 스스로 학습하고 과제를 해결할 수 있는 다양한 교수·학습 방법 및 평가를 지원하고 있는가? 15. 교사와 학생, 학생과 학생 간의 상호작용이 가능한 다양한 교수·학습 활동을 지원하고 있는가?	15
V. 디지털 기능의 적절성 및 효과성	16. 멀티미디어 자료는 학습 효과를 높일 수 있도록 다양한 종류로 적절히 제공되었는가? 17. 보충·심화 학습 자료는 수준별 수업을 지원할 수 있도록 디지털 기능이 적절히 구현되었는가? 18. 용어 사전은 학습의 핵심이고 중요한 내용을 포함하고, 학습 효과를 높일 수 있도록 적절히 구현되었는가? 19. 평가 문항은 타당하고 신뢰할 수 있는 다양한 유형의 문항을 제공하며, 디지털 기능이 효과적으로 활용될 수 있도록 구현되었는가? 20. 화면 구성이나 설계는 학습자의 편의성과 심미성을 갖추고 학습 효과를 높일 수 있도록 구현되었는가?	25
VI. 기술적 구조 및 표현의 적합성	21. 디지털 교과서가 기술적 결함 없이 정상적으로 동작하였는가? 22. 디지털 교과서 제작 가이드라인에 제시된 사용성을 준수하였는가? 23. 디지털 교과서 제작 가이드라인에 제시된 구조를 준수하였는가? 24. 디지털 교과서 제작 가이드라인에 제시된 규격을 준수하였는가?	20
합계		100

검정 기준은 편찬 방향이나 편찬 상의 유의점, 집필 기준 등을 준용하여 내용을 구

조화한다. 여기에 교과목의 특수성을 살리거나 별도의 지침이 있다면 이를 반영해야 한다.

'Ⅰ~Ⅳ'는 **'내용 심사 영역'**으로 서책형 교과서 검정 심사 영역과 동일하고, 심사 항목과 그 수에 조정이 있지만 거의 같은 내용으로 되어 있다. 현재 디지털 교과서는 서책형 교과서를 디지털화한 형태로 개발하고 있어, 검정 기준에서도 이를 확인하는 내용(Ⅱ-3)을 제시하는 등 비슷할 수밖에 없다고 하겠다.

'Ⅴ~Ⅵ'은 디지털 교과서의 **'기술 심사 영역'**으로 내용 영역 항목 수보다 배점 비율이 높은 편이다. 이는 교육과정 반영이나 내용의 선정 및 조직 등은 서책형 교과서 심사에서 이미 검토되었고, 디지털화한 설계 관점에서 검토하는 기준이기 때문이라 생각된다. 'Ⅴ. 기능' 영역에서는 다양한 멀티미디어 자료 제공, 수준별 수업 자료, 용어 사전, 평가 문항, 화면 구성 등 디지털 기능이 적절히 구현되는가를 살피는 기준이다. 즉, 서책형 교과서 지면의 한계를 보완하는 다양한 형태의 학습 보조 자료를 기능 측면에서 적절하게 효과적으로 제시했는가를 검토한다. 'Ⅵ. 기술 구조·표현' 영역에서는 총체적으로 교과서가 정상적으로 구동하는지를 살피고, 가이드라인 제시에 따른 사용성, 구조, 규격 등 준수 여부를 검토하는 기준 제시다. 어떤 면에서 디지털 교과서도 교육적 목적에 부합하려면 기술적 구조에서 일정한 가이드라인 제시가 불가피하다고 하겠다.

현재 서책형과 같이 개발하는 디지털 교과서의 검정 심사(평가) 기준은, 학교나 교실의 디지털 환경과 사회적 인프라 확충 등은 물론, 교육과정 운영에 따른 현실적 제한조건이 반영되어 있다. 그런데 디지털 교과서는 디지털화하는 수준과 방법, 형식에 따라 기능과 기술적 구조, 규격을 다양하게 구현하는 것이 가능하여, 검정(평가) 기준도 차원을 달리할 수 있다. 더욱이 서책형과 관계없이 독립하여 디지털 교과서를 개발하게 되면, 검정(평가) 기준의 영역과 항목도 현실에 맞게 구조화하고, 세부 기준도 디지털 교과서의 본질을 충분히 살리는 방향으로 바뀌어야 한다.

나. 교과서 평가 기준 제시 보완과 지향

앞에서 살펴본 바와 같이, 외국 학자나 영어 교과서 평가 기준은 평가 영역도 다양하고, 하위 평가 요목도 매우 세세하게 짜여 있다. 반면에, 교과서 평가의 일반·특정 기준, 검정(인정) 기준, 선정 기준에 드러나 있듯이, 평가의 목적에 따라 기준 설정의 방법과 내용이 달라지지만, 공통 요소와 특정 요소로 구분됨을 보여준다.

'**공통 기준**'은 교육과정 반영, 내용의 선정과 조직, 교수·학습 방법, 내용의 정확성, 평가 등을 영역으로 제시하고, 실제 적용에서는 세세 항목의 구분과 점수 비중을 달리하고 있다. 이 모두 좋은 교과서 실체(만듦새) 판명의 공통 요소를 기준으로 제시한 것이다.

'**특정 기준**'은 평가 목적, 또는 교과목의 성격과 특징에 따라 기준이 달라진다. 학교에서 교과서를 선정할 때 '도서의 가격' 항목을 따로 설정한다든지. 사고력 신장을 중점으로 검토하려면, 단원 구성, 언어활동 등의 평가 기준을 강조한다. 특히, 교과별 교과서는 교과의 특성을 제대로 반영하도록 유도하는 평가 기준을 제시하게 된다. 국어과는 언어사용과 이해, 수학과는 수학 개념, 원리, 법칙 이해, 과학과는 실험 소재 및 관찰, 탐구 활동 등을 강조하게 된다. 디지털 교과서는 기능 작동의 적절함과 학습의 효과, 기술적 구조와 규격, 사용의 편리함을 평가 기준의 주안점으로 삼는다.

그런데 검·인정 기준, 선정 기준 등 여러 평가 항목을 자세히 살펴보면, 겹치는 영역, 즉 공통 기준 항목 비중이 크고, 특성을 가리는 기준이 미미하다는 점에서는 별차가 없어 보인다. 교과서 평가 항목은 공통의 바람직한 자질을 요구하면서, 평가의 목적이 선명하게 드러나는 기준 설정과 지향이 필요하다고 하겠다. 다음은 교과서 평가에서 보완과 지향 사항 몇 가지를 생각해 본 것이다.

- 평가의 성격과 목적을 가리는 기준을 조화롭게 배분한다.
- 객관적 평가가 이루어지도록 기준을 구체적으로 제시한다.
- 평가 목적에 합당하는 영역 구분과 항목 수를 합리적으로 설정한다.
- 평가 목적에 맞게 평가 영역과 항목 배점 비중을 조정한다.
- 평가 기준, 영역, 항목, 요소 등의 용어를 일관성 있게 구분, 사용한다.
- 평가 항목은 하나의 문장에 하나의 기준 제시를 원칙으로 한다.
- 평가 영역과 항목은 종적, 횡적으로 같은 수준으로 정치(定置)한다.
- 이질적인 기준을 하나의 문장에 함축하려는 항목 진술은 피한다.
- 항목 진술에서 필요 이상의 수식어 나열로 평가 관점을 흐리지 않게 한다.
- 평가 영역 간, 항목 간 일부라도 중복되는 기준이 없도록 한다.

○ 평가 관점이나 항목은 완결 형식 문장을 포함, 다양한 방법으로 진술한다.
○ 평가 항목을 객관적으로 적용, 평가하는 데 도움을 주는 자료도 제공한다.
○ 서책형 교과서와 디지털 교과서 평가를 서로 보완하는 기준을 마련한다.

교과서 평가는 평가 자체만을 목적으로 하지 않는다. 평가를 위한 평가를 해서는 안 된다는 말이다. 교과서 평가는 좋은 교과서가 갖추어야 할 조건을 모두 지니고 있는지를 점검하여 품질을 높이고, 교육 매개체로서 기능과 역할을 다하여 교육의 효율성을 높이는 데 목적이 있다. 교과서 평가는 **'교과서에 인격을 부여하는 절차'**로, 고매한 품격으로 존재하도록 가치를 더해 주는 행위이다. 그러므로 교과서 평가 기준의 설정은 평가를 제대로 할 수 있는 기본 원리와 시발(始發)로서 매우 중요하다고 하겠다.

3. 교과서 평가 기준 설정 방법과 변인

가. 교과서 평가 기준요소 개념 도입

교과서 평가는 '좋은 교과서'를 상정한 가치 판단의 행위이다. 따라서 교과서 평가는 좋은 교과서라는 합목적이며 객관적인 기준이 있어야 정확한 평가를 하게 된다. 이러한 기준은 국가·사회적 차원의 목적과 필요에서부터 교과서 기능과 품질 요건, 실제 교과서를 활용(사용)하는 사람의 안목에 이르기까지 좋은 교과서를 판단하는 조건으로 그 범위가 매우 넓다. 이는 교과서 평가 기준과 범위 설정이 평가 목적과 방법에 따라 그만큼 다양하다는 말과 통한다.

앞서 평가 기준 제시 양상에서 살펴본 바와 같이, 교과서 평가의 목적과 강조점에 따라 평가 기준 제시 방법이 달라지고, 그에 따라 특징이 드러난다. 그런데 주요 공통 기준으로 언어 표현과 수사(修辭)는 달라도 ① 교육과정 준수, ② 내용 선정과 조직, ③ 교수·학습 방법, ④ 학습 결과 평가, ⑤ 표현·표기 정확성, ⑥ 보조 자료 제공, ⑦ 외형 체제 등으로 요약할 수 있다. 이러한 기준은 앞서 평가 기준 제시 양상에서 확인한 사항이다.

여기에 교과서(교재)의 개념과 성격, 기능과 연관한 넓은 관점에서 ① 목표 구현성 (Realization), ② 학습의 효용성(Utility), ③ 학습의 절차성(Procedure), ④ 교육적 적합성(Fitness), ⑤ 지면의 조화성(Harmony) 등은 공통으로 적용하는 평가 기준이 될 수 있다.64)

　교과서 개념, 기능과 관련하여 구체적으로 설명한 내용으로 좋은 교과서 자질을 이루는 요소, 즉 ① 교육(학습)목표 안내, ② 교육과정 반영, ③ 교육(학습) 수준 제시, ④ 교육(학습) 내용 표준화, ⑤ 교육(학습) 내용 제시, ⑥ 교육(학습) 자료 제공, ⑦ 교과서(교재) 구성 안내, ⑧ 교과서(교재) 활용(사용) 안내, ⑨ 교수·학습 실현, 안내, ⑩ 교육(학습) 결과 확인/ 평가 자료·방법 제시, ⑪ 교과서(교재) 품질 유지, ⑫ 교육이념 구현(세계 인식) 등을 들 수 있다. 이러한 요소는 1장에서 교과서 개념, 기능, 품질을 설명하면서 정리해 본 공통 자질과 요건이다.

　여기에 교과서 개발과 절차상 요구하는 조건인 교과서 구성, 교수·학습 방법, 교과서 활용 등 모두가 평가 기준 설정의 배경과 바탕이 되면서 하위 구조로 나눌 수 있다. 하나의 예로, 교과서 구성에서는 내용 선정과 조직, 지면 구성, 진술 방법 등의 하위 기준요소로 나누고, 또다시 하위 자질로 분화할 수 있다.

　이렇게 접근하는 관점과 분야에 따라 달라지는 평가 기준 설정에, 질서를 부여하는 하나의 방법으로 **'평가 기준요소 개념'**을 도입하고자 한다. 여기에서의 **'평가 기준요소'**란 '평가 기준을 설정하는데 기준이 될 수 있는 모든 자질(資質)을 구체화한 요건'을 말한다. 곧, 평가를 위해 교과서에 내재한 자질을 가시적으로 끌어내면 기준요소가 되고, 이들 기준요소 중에서 실제 평가의 목적에 알맞은 것을 제한적으로 선택하면 평가 기준이 된다.

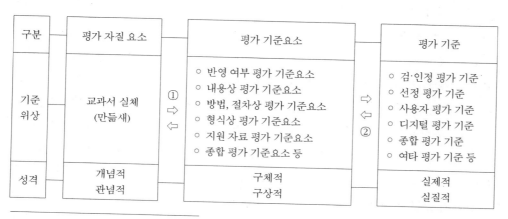

---

64) 서울대학교 국어교육연구소, 『국어교육학사전』(대교출판, 1999), p.91.

'**평가 자질 요소**'는 만들어진 실체(만듦새)로 존재하는 교과서에 개념적으로 잠재해 있는 평가 질료(質料)로 존재하는 요소를 뜻한다. 이 개념적인 요소를 밖으로 끌어내어 좀 더 구체화한 것이 '**평가 기준요소**'로, 고정된 것이 아니고 평가의 목적과 방법, 교과목의 특성 등에 따라 달라진다. 평가 기준요소를 실제 교과서 평가에 투입하여 교과서의 품질을 가늠해 보는 표준이 '**평가 기준**'이다.

①(⇨) 방향은 대상이 되는 교과서를 평가하기 위해 평가 기준을 설정하는 과정으로, 먼저 평가 자질 요소에서 평가 기준요소를 망라하여 추출하고, 그중에서 평가 목적에 맞도록 정선(精選)하여 비중을 정하고 가다듬는 절차다. ②(⇦) 방향은 선정, 확정한 평가 기준을 토대로, 평가 기준요소를 상보적으로 활용하여 실제 평가를 하는 과정이다. ①과 ②는 절차에서 방향만 다를 뿐이지 '좋은 교과서'를 찾아보는 일련의 과정으로 연속적이고 순환적이다.

결국, 교과서 평가는 목적에 따라 평가 자질과 기준요소, 기준을 활용하여 교과서의 실체를 분석, 품질의 정도를 판단하는 교육활동이다. 평가 기준요소는 더욱 세분화하여 평가 기준으로 이행할 수 있다. 평가 기준요소 개념 도입은 평가 기준 설정과 체계 수립에 이론적 논리를 제공한다. 교과서 평가가 주요 교육활동으로 자리 잡고 교과서 개발학의 한 분야로 발전하려면, 이러한 논리 확보와 학문적 이론으로의 정립이 절실하다.

나. 교과서 평가 기준 관점과 변인 작용

교과서 평가는 치밀한 설계와 절차를 밟아야 목적하는 결과를 얻을 수 있다. 먼저, 평가 계획을 치밀하게 수립하고, 수립된 계획에 따라 실제 평가를 효율적으로 수행한 다음, 수행한 평가 결과를 면밀하게 검토하여 평가의 미비점을 보완하거나, 결과를 활용하는 과정을 거친다.

그런데 평가 기준은 존재 방식, 즉 평가 절차 단계마다 기준의 관점이 다르고, 거기에 평가 변인이 작용한다. 여기에서 교과서 '**평가 기준 관점**'이란 '평가 추진단계마다 관계자가 평가 기준을 바라보는 안목과 태도'를 말한다. '평가 기준 관점'은 넓은 의미에서 '**평가 관점**'과 상통한다.

구분	평가 기준 관점	평가 변인
계획 단계	좋은 교과서 품질 목적/지향 관점	[관계자]: 정책 입안자/평가 설계자 정책적 요구/지침 사항, 교육과정 반영 여부 등
실행 단계	좋은 교과서 품질 판단/판별 관점	[관계자]: 평가자 [내재 변인]: 구성 요소, 교수·학습, 활용 방법/ 표현·표기, 자료, 언어, 색도, 쪽수, 판형 등 [외재 변인]: 집필자, 사용자/ 평가 관점, 평가 방법, 평가 환경 등
활용 단계	좋은 교과서 품질 개선/ 정책 반영 관점	[관계자]: 정책 입안자, 평가자 집필자, 사용자/ 품질 개선, 정책 반영 여부, 자격 변동 여부, 결과 공개 여부, 가격 등

계획 단계에서는 정책 입안자가 평가 기준을 좋은 교과서를 개발하는 목적 지향의 관점으로 생각한다. 실행(평가) 단계에서는 평가자가 평가 기준이 좋은 교과서 실체에 합리적으로 녹아들었는지를 판단, 판별하는 기준으로 여기는 관점이다. 활용 단계에서는 정책 입안자나 평가자가 좋은 교과서로서의 미흡한 부분을 개선하고 정책에 반영할 것인가 여부를 결정하는 준거로 평가 기준을 생각한다.

평가 기준 관점은 평가 기준에 직간접으로 관여하는 '평가 변인'과의 관계에서 형성된다. 각 단계에서 담당자도 변인의 요소가 되며, 집필자, 사용자도 직간접으로 변인으로 작용한다. 각 단계에 병렬로 대비하는 항목은 직접 관여하는 주요 변인을 의미하고, 다른 단계의 변인도 고려해야 한다. 즉, 평가 계획 단계에서 주요 변인은 정책적 요구, 지침 사항, 교육과정 등인데, 실행과 활용 단계의 변인도 평가 계획 수립에 참고(작용)하지 않을 수 없다.

평가 실행 단계에서의 평가자가 갖는 평가 기준 관점은 더욱 중요하다. 평가자 기준 관점은 실제 평가로 이어져 평가 결과를 도출하는데 좋은 교과서를 지향한 평가 변인을 운용하기가 만만하지 않고, 고도의 안목과 능력을 동원해야 하기 때문이다. 계획, 활용 단계의 내실과 성공 여부도 실행 단계에 달렸다고 해도 과언이 아니다.

'교과서 평가 변인'은 거의 '좋은 교과서 개발 변인'과 맞아떨어진다. '평가 기준 관점'이 단계마다 좋은 교과서를 지향한다는 공통점에 합일하므로 같아질 수밖에 없다. 그러나 평가 변인과 개발 변인은 구성 인자는 같을 수 있어도 교과서와의 관계나 위치, 작용에서는 판연히 다르다. 좋은 교과서 개발 변인은 좋은 교과서를 개발할 수 있도록 긍정적, 선순환으로의 작용하는 데 반하여, 교과서 평가 변인은 부정적(분석적), 역순환으로 작용하는 경향이 다분하다는 점이다.

이는 교과서 평가 변인이 이러하다고 하는 경향을 비교 차원에서의 언급한 것이다. 그런데 평가 변인은 평가 기준 관점에 부정적으로 작용하기보다는 긍정적으로 작용해야 한다. 분석 과정에서 배태하기 쉬운 부정적 작용은 평가 목적과 부합하지 않는 결과를 초래할 수 있기 때문이다. 결국, 바람직한 교과서 평가는 평가 기준에 관여하는 여러 변인이 부정적, 역순환 관점으로 작용, 관여하지 않도록 하는 평가 태도와 입지(立志)가 필요하고, 실제 평가 수행에서 좋은 교과서로서의 합리적 판별이 되도록 지혜를 모아야 한다. 이러한 긍정적, 선순환의 자세는 평가에 관여하는 사람의 몫이고, 좋은 교과서를 가려내는 기본 태도라고 하겠다.

그리고 평가자가 교과서를 대하는 태도가 긍정적이라기보다 부정적이란 말과는 차원이 다르므로 구분하여 이해해야 한다. 교과서를 '긍정적으로 평가한다.', '부정적으로 평가한다.'라는 말은, 평가 결과를 도출한 후 교과서를 대상으로 평가에 임하는 평가자의 태도를 구분한 말이다. 평가자가 평가에 결코 부정적인 태도로 임하지는 않는다.

4. 교과서 평가 체계 설정과 원리 모색

가. 교과서 평가 체계와 용어 사용

교과서 평가 기준요소 도입의 필요성, 평가 기준 관점과 변인의 작용 관계를 살펴보았다. 평가 기준은 목적에 따라 평가 요소를 달리하여 다양하게 설정할 수 있다. 그런데 이러한 평가 기준의 합리적인 설정은 **'평가 체계나 원리'**로 가다듬어야 실제 적용에 편리하다. 평가 계획(설계)에 객관성을 확보하고, 평가 실행에 합리성을 도모하며, 평가 결과 활용에 효율성을 확보한다. 그리하여 평가 원리 도출의 바탕을 마련하여, 교과서 평가의 부정적 인식을 해소한다.

앞에서 살펴본 바와 같이, 평가의 목적에 따라 기준을 제시하는 방법과 용어 사용이 다르다는 점을 확인하였다. 특히, 중요한 사실은 같은 부류에 속하는 단위 묶음 용어를 다르게 사용하고, 그로 인해 하위로의 분화와 구분에 표준이 좀 모호하고 일관되지 못하다는 점이다. 이는 연구자 나름의 논리 체계로 평가 기준을 제시했어도, 기본적인 평가의 위계나 층위를 교과서라는 실체의 구조나 성격을 반영하지 못한 데서 기인한 것으로 여겨진다.

먼저, 교과서 평가는 가치 판단의 행위로 그 결과가 미칠 영향을 생각하여, 정교하게 계획을 수립하고 유루(遺漏) 없이 시행하기 위해서는, 관련 용어의 개념과 위계를 명확히 할 필요가 있다. 다음은 교과서 평가 체계 수립의 기초를 마련하고, 평가를 일관되게 수행할 수 있도록 평가 관련 용어의 개념과 의미 연관을 생각해 본 것이다.

(A) [교과서 평가 체계]: 교과서 평가를 원활하게 수행하기 위하여 일정한 원리에 따라 계통을 세운 통일된 지식의 체계를 말한다. 평가 체계는 평가 계획, 평가활동, 평가 결과 처리, 그 결과의 활용 등 일련의 평가 수행 과정에 기준과 질서를 부여한다. 평가의 목적과 방법에 부합하는 평가를 수행할 수 있도록, 학문적 배경 이론을 제공하는 것도 광의의 평가 체계에 속한다. 그러므로 평가의 성공 여부는 평가 체계를 합리적으로 설계하고 운용하느냐에 달렸다. 교과서 평가 체계는 고정된 개념이 아니라 평가 목적과 환경에 따라 합리적으로 계통을 세울 수 있다. 교과서 평가 체계는 (B)~(E)를 포괄하는 개념이다.

(B) [교과서 평가 범위, 범주, 영역]: 이들 용어는 교차하여 사용하는 데 문제가 없어 보인다. '범위'는 벡터 개념으로 전체를 아우르는 경계를 뜻하고, '범주'는 스칼라 개념으로 같은 성질의 부류를 포괄하는 카테고리를 의미한다. '평가 범위', '평가 범주'는 거의 같은 의미로 호환하여 사용해도 무리는 없다.

'영역'은 테두리, 카테고리라는 경계를 의미하면서 주로 연구나 학문에서 전문적으로 사용하는 용어다. '영역'은 내용을 개별화하는 성격이 강하고, 범위, 범주는 내용을 아우르는 총체적인 성격이 강하다. 용어 정의상으로 보면 '범위'는 '범주', '영역'을 풀이하는 메타언어로 사용한다. 이러한 미미한 차이에도 불구하고 교과서 '평가 범위', '평가 범주', '평가 영역'은 같은 위치에서 서로 대체 사용해도 무방해 보인다.

(C) [교과서 평가 방법, 종류]: '평가 방법'은 평가를 성공적으로 수행하거나 달성하기 위한 수단을 뜻하고, '평가 종류'는 평가 방법을 어떤 기준에 따라 나눈 갈래를 뜻한다. 평가 방법은 수단 지향 관점이고, 평가 종류는 구분(갈래) 지향 관점이다. 따라서 평가 방법이나 평가 종류는 지향 관점이 다를 뿐이지, 현상으로 존재하는 실체는 같다고 하겠다. 따라서 '교과서 평가 방법', '교과서 평가 종류'는 의미의 차이가 갈리는데도 분별하지 않고 사용해도 어색하지는 않다. 평가 방법과 종류는 층위, 상하를 구별

하지 않고 유동하면서 가장 융통성 있게 사용할 수 있는 용어다.

(D) **[교과서 평가 기준, 준거, 항목, 요소]**: '평가 기준'은 글자 그대로 '평가의 기본이 되는 표준(목표)'을, '평가 준거'는 '기준이나 근거로 하여 그에 따름'을, '평가 항목'은 '어떤 기준에 따라 갈라진 평가 요목'을, '평가 요소는 '평가를 수행하는 데 꼭 필요한 근본적인 조건'을 말한다. 교과서 평가 '기준', '항목', '요소'는 같은 목적과 행위 아래에서 위계가 분명하게 드러난다고 하겠다. 이들 용어도 평가 방법, 종류와 의미역에서 역동적으로 교접하여 사용할 수 있다.

(E) **[교과서 평가 관점, 변인]**: '평가 관점'은 '평가를 수행할 때 생각거나 바라보는 각도나 견지'를 뜻하는 것으로, 평가 수행자의 입장을 십분 배려한 평가 태도라 할 수 있다. '평가 관점'은 평가 항목, 요소와 밀접하게 관계하고, 결국은 평가 방법이나 종류를 배태하는 씨앗으로 작용한다. '평가 관점'은 '평가 기준 관점'과 의미와 사용에서 상통한다.

'평가 변인'은 평가를 수행하는데 '평가의 성격이나 형태'를 변하게 하는 원인을 말한다. 여기에서 평가의 성격, 형태에는 (A)~(D)를 의미한다고 할 수 있다. '평가 관점'은 평가자 중심으로 평가 변인을 귀납하는 형태의 평가에 대한 태도이고, '평가 변인'은 평가자로부터 평가 관점을 연역하는 평가에 대한 태도를 말한다.

(F) **[교과서 평가, 심사, 심의]**: 사전적 의미로 '평가'는 대상(사람, 사물)의 가치나 수준을 판단하거나, 또는 그 가치나 수준을 말한다. '심사(審査)'는 '자세히 조사하여 가려내거나 정하는 것'을 의미하고, '심의'는 '사안을 자세히 검토하고 그 가부를 논의하는 것'을 뜻한다. 검정, 인정 도서는 자격 부여 방법으로 '평가'보다는 기준 설정에서부터 '심사'라는 용어를 주로 사용한다. 국정도서는 교과서로서 좋은 실체(만듦새)를 검토하는 일을 '심의'라 하고, 이와 관련하여 '심의회', '심의위원'이란 용어를 법령 용어로 사용한다.

'**교과서 평가 체계**'는 고정된 틀이 있는 것이 아니다. 그리하여 평가 체계를 다양한 구조로 상정하여, 용어 사용에서도 위계나 층위의 개념을 무시하는 경우가 많이 엿보인다. '검·인정 기준'에서 심사 영역―심사 관점/ 심사 영역―심사 항목, '선정 기준'에서 영역―기준―항목 구조가 대표적인 사례이다. 앞 평가 기준 제시 양상에서 살펴본 평가 기준에서 '서지 관련 자료―목표와 목적―내용―어휘와 구조(문법/어휘)―연습 및 활동－레이아웃 및 물리적 설계'의 체계도 마찬가지이다.

　교과서 평가 체계와 기준 설정은 용어 사용에서 출발한다. 용어 사용의 틀과 계통, 그에 따른 층위 구분은 평가 체계의 논리성을 확보하고 평가를 일관되게 수행하게 한다. 우선해서, '평가 체계'는 '범주', '범위', '영역', '기준', '항목', '요소' 용어를 포괄하고, 또 이들 순차를 내림차순 층위로 잠정 설정하고, '종류', '방법'도 관계 역학에 따라 융통성 있게 사용하는 것이 무난하다고 하겠다.

나. 교과서 평가 체계와 방법·종류 모색

1) 거시적 평가 체계와 방법·종류

　교과서 평가는 각양의 분석을 바탕으로 교과서의 교육적 가치나 수준을 결정한다. 즉, 평가의 대상이 교과서이고, 교과서의 효용성, 질적 가치나 수준 등을 척도에 맞추어 판단한다. 여기에 '좋은 교과서'를 상정한 가치 판단이므로 좋은 교과서의 실체가 무엇이냐 하는 준거가 필요하다. 국가사회적 요구 차원에서부터 구성, 교수·학습 체계, 활용 등 교과서 자체에 이르기까지 좋은 교과서로서 갖추어야 할 조건은 무수히 많다.

　교과서 평가는 앞에서 자세하게 언급한 교과서(교재)를 개발하고 활용할 때 이뤄지는 일련의 과정 중 한 분야이다. 교과서 평가는 교과서 생태 존재, 교재화 과정에서 한 분야로 분리, 고립하여 존재하는 것이 아니라, 각 단계와 직간접으로 관계(작용)하며 내용과 자질 형성에 관여한다.

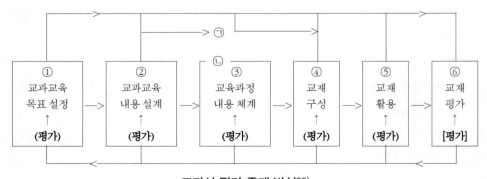

교과서 평가 존재 방식[65]

위의 도식은 교재화의 절차를 나타내면서 동시에 절차 내의 각 요소가 유기적, 역동적 순환 관계로 존재함을 나타낸다. 즉, 교과서 평가는 좋은 교과서를 만들었는가 하는 점검의 수단도 되지만, 교과교육 목표, 교육과정이 제대로 교과서에 구현되었는가를 살피는, 순환, 회귀(回歸)라는 피드백의 구조와도 결부한다. 이는 교과서를 중심으로 일련의 교육적 실천 과정이 순환적·연속적이라는 인식에서 출발한다. 결국, 교과서 평가는 이론에 합당한 구성, 효율적인 교수·학습, 활용을 포함하여, 교육의 역동적 존재 방식에서 전반적인 과정을 점검하는 수단의 하나로서 중요한 교육활동이라 하겠다.

교재화의 절차 존재 방식은 거시적 평가 체계로 교과서를 만드는 절차 모두를 평가의 대상으로 삼고, 이에 따른 평가 분류를 **'넓은 의미의 평가'** 종류라 할 수 있다. 이때 교과서와 관련한 평가는 절차 단계에 따라 그 성격과 방식(종류/요소)이 달라짐은 물론이다.

분류 기준	평가 종류(요소)
① 교과 교육목표/ 내용 설계	교과교육 목표 설정 타당성 평가, 내용 설계 합리성 평가, 교과 교육과정 연계 평가 등
② 교과 교육과정 반영	교육과정 총론 반영 평가, 교과 목표 반영 평가, 교과 내용 체계 및 성취기준 반영 평가, 교수·학습 방법 반영 평가, 평가 방법 반영 평가 등
③ 교과서 구성	내용 선정 평가, 내용 조직 평가, 지면 구성 평가, 진술 방법 평가, 창조/총합 평가 등
④ 교과서 활용	교수·학습 설계 평가, 교과서 투입 방법 평가, 보조 자료 활용 평가, 시간과 공간 활용 평가, 소통 방법 평가 등
⑤ 교과서 분석·평가	기준 타당성 평가, 평가 절차 합리성 평가, 평가 결과 처리 평가, 결과 활용 평가 등

그런데 이들 단계별 관계는 구분상의 문제이지 내용으로 보면 평가 대상에서 서로 상보적이요 포괄적인 관계에 놓인다. 넓은 의미의 평가는 다시 교과서 존재 방식이나 자체 분석을 바탕으로, **'좁은 의미 평가'**, **'가장 좁은 의미 평가'** 등 미시적 위계로 더 구분할 수 있다.

교과서 평가 체계에서 **'평가 분류 기준'**은 체계 위계 변화에 따라 '평가 기준'으로 자리를 옮겨 관계를 변동한다. 평가 체계 분화 과정에서 분류 기준이 평가 기준이 된다는 말이다.

---

65) 앞에서 언급한 교과서의 생태 존재 방식인 '교재화 생태적 절차도' 도식을 그대로 원용하여 '교과서 평가 존재 방식'을 생각해 본 것이다.

2) 미시적 평가 체계와 방법·종류

교과서 평가는 평가의 분류 기준에 따라 여러 가지로 나눠볼 수 있다. 분류 기준은 절대적 기준이 아니고, 평가의 목적과 방법을 고려한 체계에 따라 그 종류는 다양하다. 여기에서 평가의 종류는 평가 방법의 종류를 의미하기도 하고, 평가 영역, 평가 분야란 말과도 일맥상통한다. 따라서 위에서 제시한 거시적 분류 체계 기준은 논리적 배경이나 합목적성을 지니는 것은 아니다. 다만, 교과서 평가는 필요와 목적에 따라 다양하게 이뤄질 수 있다는 가능성을 보여준 예시에 불과하다.

거시적 평가 체계 분류 기준 ①~⑤는 그 하위 개념으로 미시적 평가 체계와 종류를 생각해 볼 수 있다. **'좁은 의미 평가', '가장 좁은 의미 평가'**로 구분해 보고, 이들의 위계와 평가 종류(요소)를 예거해 보고자 한다. 여기에서의 의미는 범위를 뜻하기도 한다. **③ 교과서 구성 요소**에 따른 평가는 교과서 구성의 원리에 준거하여 작게 분화하는 것이 가능하다.

<좁은 의미 평가 예시>

분류 기준	평가 종류(요소)
㉮ 내용 선정	목표 구현성, 학습 가능성, 전이성, 유용성, 개방성, 보편성, 대표성, 적합성, 적절성, 적정성, 타당성, 공평성, 실용성 등
㉯ 내용 조직	체계성, 위계성, 계열성, 계속성, 연계성, 균형성, 효율성, 절차성, 단계성, 완결성, 보편성, 다양성 등
㉰ 지면 구성	시각성, 심미성, 연결성, 조화성, 창의성 등
㉱ 진술 방법	응집성, 통일성, 간결성, 일관성, 구체성, 정확성, 가독성 등
㉲ 창조/총합	독자성, 정체성, 법칙성, 자족성/ 목적성, 강조성, 통합성, 반복성 등

㉮~㉲는 교과서 구성의 일반 원리 세부 사항과 관련한 분류 기준이다. 좁은 의미의 평가 종류는 더 세분하여 '가장 좁은 의미'의 평가 종류로 구체화할 수 있는데, 이 경우에는 평가 준거의 성격이 강하다. **'㉮ 내용 선정'**의 경우 가장 좁은 의미 평가로 세분하면 다음과 같다.

<가장 좁은 의미 평가 예시>

분류 기준	평가 종류(요소)
㉠ 목표 구현성	학습 목표 설정의 적절성, 학습 목표 구조화, 목표 달성 학습 요소의 적합성, 학습 활동 실질성, 차시별 학습 목표 위계성 등

ⓒ 학습 가능성	학습 절차의 합리성, 학습 추상 요소의 실체화 정도 등
ⓒ 학습 전이성	차시별 학습 목표 연관성, 학습 활동 계속성, 위계성 등
ⓔ 학습 유용성	내용에서의 가치, 방법에서의 가치, 교수·학습 구현 기여 등

㉠~㉣ '가장 좁은 의미 평가'는 '좁은 의미 평가', '넓은 의미 평가'와 상향식으로 긴밀하게 연결된다. 그러므로 가장 좁은 의미의 평가가 소기의 목적에 도달하면 상향식 나머지 평가 단계의 요소는 물론 교과서 평가의 기본 목적을 자연스럽게 달성한다.

내용의 선정과 조직 부분에서 이렇게 평가 체계를 업─다운 방식으로 미세하게 구분하다 보면, '평가 요소'가 교육과정 **성취기준**과 맞닿게 된다. 그러므로 교수학습 방법, 평가 방법 반영 부분에서도 양자의 관계를 고려하지 않을 수 없다. 이렇게 교과서 평가는 교육과정 평가와 필연적으로 관계를 유지하고, 교과교육 목표와 내용 설계까지 직간접으로 연결된다.

평가 체계를 ③─㉮─㉠~㉣로 예시하여 설명해 보았다. 평가 분류 기준은 관점에 따라 유동적이어서 평가 요소가 분류 기준이 되고, 분류 기준에 따라 다시 하위 평가 요소를 설정하는 체계라 하겠다. 또 분류 기준은 자리 이동에서 평가 기준과 상통하면서 자유롭다. 평가 종류는 분류 기준과 요소를 포괄하는 의미역으로, 평가 체계에 두루 사용할 수 있는 장점이 있다.

(가장 좁은 의미 평가와 준거(기준) 개발 예시)

위에서 구분한 좁은 의미의 평가 '**㉯ 진술 방법**'은 가장 좁은 의미 평가 분류 기준 ㉠~㉦으로 나눌 수 있다.

㉯ 진술 방법	㉠응집성, ㉡통일성, ㉢간결성, ㉣일관성, ㉤구체성, ㉥정확성, **㉦가독성** 등

이들 요소 중 '**㉦ 가독성**'에 대하여 평가 준거 개발 관련 연구에 주목할 필요가 있다.[66] 최소영 외 연구에서는 '**가독성(可讀性, legibility)**'을 '글자와 편집상 읽기에 편안한 정도'를 뜻한다고 전제하고, "'**이독성(易讀性, readability)**'은 글을 읽고 내용을 이해하는 데에 초점이 있고, 가독성은 글을 시각적으로 지각하는 데에 초점이 있다는 점에

---

66) 최소영·길호현·박태준·류수경, '교육용 텍스트의 이독성 질적 평가 준거 개발 및 타당화 연구'(국어교육 176, 한국어교육학회, 2022.2) pp.1~57.

서 구별된다."라고 하였다. 여기에서는 이들 용어의 의미 관계나 차이는 논외로 하고, '이독성' 용어를 그대로 준용하여, 교과서 평가 체계·종류에서 '이독성 평가'의 일반화와 평가 기준(준거) 제시가 가능하다는 점을 찾아보고자 한다.

연구 내용에서 '교육용 텍스트' 유형을 교육 현장에서의 사용 맥락을 고려하여 '교과서 텍스트', '교수·학습 자료 텍스트', '평가 지문 텍스트'로 구별하였다. 또, 이독성의 요인을 텍스트 요인(양적 요인, 질적 요인), 독자 및 과제 요인으로 구분하고, 이를 다시 '양적 평가 대상'과 '질적 평가 대상(질적 요인, 독자 요인, 과제 요인)'으로 나누었다. 그리하여 개발 방향·방법 설정과 정교한 설계, 텍스트를 선정하고, 평가/설문 조사, 결과 분석, 준거 타당화와 정교화, 통계적 검증을 거쳐 **[교육용 텍스트의 이독성 질적 평가 준거표(정보 텍스트)]**를 완성하였다.[67] 평가 준거표 일부를 소개하면 다음과 같다.

텍스트 질적 요인 평가					
상위 요인	중위 요인	매우 어려움 (4점)	어려움 (3점)	쉬움 (2점)	매우 쉬움 (1점)
1. 목적 및 주제	1－1. 목적(의도)	목적(의도)이 매우 암시적이다.	(이하	생략)	
		목적(의도)이 매우 복합적이다.			
	1－2. 주제(의미)	주제(의미)가 매우 간접적으로 드러난다.			
		주제(의미)가 매우 추상적이다.			
2. 내용	2－1. 정보량과 화제	제시된 정보의 양이 매우 많다.			
		화제를 매우 심층적으로 다룬다.			
	2－2. 배경 지식과 어휘	내용 이해를 위해 전문 분야의 배경 지식이 매우 많이 요구된다.			
		어려운 어휘가 매우 많이 사용되었다.			
3. 구조	3－1. 연결 관계와 생략	내용 연결 관계가 거의 드러나지 않는다.			
		내용의 생략이 매우 많다.			
	3－2. 의미 구조	글의 구조가 매우 다층적이다.			
		글의 구조가 매우 비전형적이다.			
4. 표현	4－1. 표현 방식	표현이 매우 함축적이다.			
		표현이 매우 생소하다.			
	4－2. 문체	문장이 매우 복잡하다.			
		문체가 매우 일상적이지 않다.			

---

67) 최소영 외, 앞의 연구, pp.46~48.

위의 준거표가 완성되기까지의 과정을 살펴보면, 먼저 주로 교과서(국어)를 대상 텍스트로 하였다는 점이다. 그렇다면 교과서만을 대상으로 이독성 평가를 할 수 있다는 가능성을 준거표는 충분히 증명하고도 남음이 있다. 국어 교과서뿐만 아니라 이독성은 교과서 개발에서 모든 교과목에서 고려해야 할 일차적 사항이다. 그리고 준거표 확정을 하는 단계별 절차는 앞에서 설명한 바와 같이, 교과서라는 실체(만듦새)가 지닌 '평가 자질 요소'에서 '평가 기준요소'를 추출하고, 다시 '평가 기준(준거)'을 확정하는 과정과 거의 상동성을 유지한다는 점이다. 여기에 준거표에 제시된 질적 '상위 요인'인 '목적 및 주제', '내용', '구조', '표현' 네 가지와 그 각각의 '중위 요인' 여덟 가지 구분도, 거시적 평가와 미시적 평가(좁은 의미, 가장 좁은 의미) 체계와 방법과 종류, 기준의 역동적 관계 안에 모두 존재하는 요소라는 밀접한 관계성이다.

이상에서, 가장 좁은 의미의 '평가 기준'은 너무 미세하여 설정하기 어렵다는 문제를, 평가 체계를 염두에 두고 거시적 안목에서 서로의 관계를 고려하면, 해결할 수 있다는 가능성을 찾은 것이다. 그리하여 교과서 구성 원리에 관계하는 모든 미시적 요소(구성 원리 인자), 즉 '목표 구현성', '학습 가능성'은 물론 '통합성', '반복성' 등에 이르기까지 평가 기준을 마련하고, 실질적으로 평가를 할 수 있게 된다. 나아가 교수·학습 설계, 교과서 활용 영역에까지 같은 맥락에서 평가 기준을 설정하고, 평가를 체계적으로 할 수 있다는 가능성이 활짝 열린 것이다.

3) 기타 분류 기준과 종류

거시적, 미시적 평가 체계에 따른 분류는 교과서가 존재하는 일련의 과정을 고려하고, 이를 세분화한 위계에 따라 넓고 좁은 의미로 구분하여 종류를 살펴본 것이다. 이 밖에 평가의 종류는 다른 요인, 기준으로 나눠보는 것도 가능하다.

분류 기준	평가 종류(요소)
① 교과서 비교 여부	절대 평가, 상대 평가, 비교 평가 (교과별 비교 평가, 교과 내 비교 평가, 외국 교과서와 비교 평가) 등
② 교과서 관련 주체	정책 입안자 평가, 개발자(집필자, 발행자) 평가, 사용자 평가(학생, 교사, 학부모), 전문가 평가 등
③ 교과서 접근 방식	(교과별) 통시적 평가, (교과별) 공시적 평가, 중간 평가, 요구 확인 평가, 온라인 평가, 오프라인 평가 등

④ 교과서 평가 범위	거시적 평가, 미시적 평가, 총체적 평가, 부분적 평가, 일반적 평가, 특정 목적 평가 등
⑤ 교과서 기능/품질	교과서 기능 실현 평가, 기능 분화별 평가, 좋은 교과서 품질/구현 평가 등
⑥ 교과서 지위(자격)	국정도서 평가, 검정도서 평가, 인정 도서 평가, 자유발행 도서 평가 등
⑦ 교과서 평가 활용	정책 수립 차원 평가, 발행사 자율 평가, 학교 현장 활용도 평가, 학술 연구 평가 등

위의 분류 기준도 고정된 개념은 아니다. 대표적인 예를 들은 기준과 종류일 뿐이다. 평가의 목적에 따라 다양한 기준으로 평가 방법 도입이 가능하고, 평가의 종류가 그만큼 많아진다는 말이다. 그러나 항상 중심에 놓이는 사항은 '좋은 교과서' 개념으로, 평가의 방법과 종류는 좋은 교과서에 접근하는 방식의 구분이다.

결국, 교과서 평가는 좋은 교과서의 자질을 가리는 수단으로 '더 좋은 교과서'를 지향한다. 따라서 교과서 존재 생태계에서 '꼬리가 몸통을 흔든다.'라는 비유가 실감이 나도록, 평가가 중요한 역할을 발휘하는 시스템 구축과 긍정적 분위기 조성이 중요하다.

다. 교과서 평가 체계와 기준 운용 원리

교과서 평가 체계와 기준은 서로 밀접하게 관계하며 존재한다. 평가 체계는 기준 설정의 구조를 이루게 하며, 기준의 수준과 내용에 일관성을 유지하게 한다. 그러므로 평가 체계의 합리적인 모색은 평가 기준 설정에 법칙성을 제공하고, 교과서 평가를 공정하게 이끌도록 견인한다.

그런데 이러한 평가 체계와 기준 설정은 합리적인 운용이 바람직한 결과를 끌어낸다. 여기에는 평가 목적을 효율적으로 달성할 수 있도록 몇 가지 안목이 필요한데, 운용의 원리 몇 가지를 생각해 보면 다음과 같다.

○ 평가 영역, 방법, 종류, 기준 등 용어를 구분하여 평가 체계를 세우고 객관적으로 평가한다.
○ 평가 목적을 분명히 하고, 평가 체계에 따라 목적 달성이 가능하도록 평가 기준을 설정한다.
○ 교과서 평가 영역과 방법, 기준과 상관하여 평가 체계에 따라 평가 요소를 설정

하고 상세화한다.

- ○ 평가에 이론과 실제에 거리가 생기지 않도록 평가 절차를 구체적으로 계획하고, 그에 따라 실행한다.
- ○ 교과별, 교과목별, 학교급별, 학년별 등 평가 상황과 특성에 맞게 기준과 방법을 조정한다.
- ○ 평가 기준은 평가 목적과 결과 활용 방법에 따라 너무 구체적이거나 단순하지 않도록 적절하게 조정한다.
- ○ 평가 분야(영역)별 기준은 내용에서 동일 수준을 유지해야 하며, 공통으로 적용하는 데 문제가 없도록 한다.
- ○ 평가의 공정성과 객관성을 확보하기 위해 인적, 물적 평가 환경을 최대한으로 공평하게 조성한다.
- ○ 평가 결과를 공정하고 합목적으로 활용하여, 후속 처리에 개선과 호응이 자연스럽게 이루어지도록 한다.
- ○ 평가(기준)에 대한 평가의 관점도 생각하여 메타(meta)의 위치에서 평가를 평가하는 방법을 도입한다.
- ○ 평가의 부정적 요소를 긍정적으로 유인하는 평가 기준과 방법을 마련하고 공정하게 적용한다.
- ○ 평가자의 주관이 개입하지 않도록 특정의 경우, 평가 기준 적용과 운용에 부수되는 세부 사항을 제정한다.
- ○ 평가가 교과서 품질 관리의 기본과 보루(堡壘)로서 제 역할을 다 할 수 있도록 치밀하게 설계한다.

교과서 평가 체계와 기준 운용의 원리는 평가의 처음과 끝의 일관된 연결과 실천에 달려 있다. 평가의 목적을 확실히 하고, 평가 체계를 준용한 적절한 설계에 따라 정확하게 평가해야 한다. 평가 결과는 평가 방법의 개선을 포함하여 교과서 품질을 유지하고 개선하는 데 유용하게 활용해야 한다. 결국, 교과서 평가 체계와 기준 운용의 원리는 앞에서 언급한 제반 요소와 요건의 합리적인 적용에 달렸다.

5. 교과서 사용자 평가 실제와 원리

가. 사용자 평가의 필요성과 의의

'사용자 평가'는 교과서를 사용해 본 교사, 학생이 그 교과서를 대상으로 일정한 평가 기준에 의하여 평가하는 것을 말한다. 즉, 일반적인 평가와는 달리 직접 배우고 가르쳐 본 경험자가 평가 주체로 참여하여, 만족도를 포함, 교과서의 실질적인 교육적 가치를 평가하는 형태이다. 교과서 사용자는 학생, 교사이지만, 학부모도 사용자에 포함하기도 한다. 수업을 직접 하지는 않지만, 학부모나 교육 관련 분야에 종사하는 사람을 **'교과서 간접 사용자'**라고 해도 좋을 듯하다. 교과서 선정 평가는 사용자 평가와 평가자가 같지만, 학교에서 사용할 교과서 선정을 위한 평가로 그 개념과 결과 활용 측면에서 구분된다.

좋은 교과서로서 갖추어야 할 자질에는 적잖은 요건과 조건이 있음은 앞에서 밝혔는데, 이러한 자질은 사용(활용)이라는 실질적 소통 관계에서 존재의 가치를 더욱 발휘한다. 여기에서 주로 소통이란 알다시피 '학생—교과서', '교사—교과서', 또는 '학생—교과서—교사' 관계가 대표적이라 할 수 있다. 이러한 사용자와 교과서의 소통 관계(만남/접촉 작용)에서 이루어지는 교육적 가치는 사용자 자신이 직접 파악하는 방법이 가장 자연스럽고 정확하다.

그런데 교과서 사용자 평가는 교과서를 직접 사용해 본 사람이 실제 평가자로 참여하여 평가한다는 **'현장성'**이란 말에 그 필요성이 응축되어 있다.[68]

- ○ 현장의 실제적인 의견을 청취할 수 있다
- ○ 학생(학습자) 중심 평가 필요성을 알 수 있다.
- ○ 현장에 맞는 내용과 수준을 고려할 수 있다.
- ○ 학습자의 역량을 강화할 수 있다.
- ○ 교수·학습 내용의 현실을 고려할 수 있다.

---

[68] 박서현, '교과서 사용자 평가 시스템 구축·운영 관련 현장 실태 조사 및 의견 수렴 연구'(교육부·한국 교과서연구재단, 2019.12.) 학교급별로 실시한 <사용자 평가가 필요한 이유> 실태 조사의 설문지 분석을 참고하여 요약, 종합한 내용이다. 통계 분포 등 세부 분석 내용은 교과서 정책 수립에 많은 시사점을 제공한다.

○ 교육 내용의 시의성을 반영할 수 있다.
○ 학교의 개별성, 지역성을 고려할 수 있다.
○ 평가의 개선으로 교과서 질을 향상할 수 있다.
○ 차기 교과서 선정에 실질적으로 유용하다.

이처럼 교과서 사용자 평가는 그 어느 평가보다 현장의 사용자가 주체가 되어 평가한다는 데 의의가 크다. 평가의 목적, 필요성이 의의로 연결되는 사항을 다음 몇 가지로 정리할 수 있다.

○ 직접 사용해 본 경험을 바탕으로 평가함으로써 좋은 교과서 품질을 판단하는 결과가 현장성을 지닌다.
○ 평가의 현장성은 교육 현실에 적극적으로 부응하여 미래를 대비하는 교과서 정책 수립에 적합성을 구체화한다.
○ 교과서를 사용하는 당사자의 평가이므로 평가 결과가 교과서의 장단점을 확연하게 드러나는데 실제성을 발휘한다.
○ 사용자의 처지에서 교과서를 개선, 보완하거나 차기 개발에 적용하는데 평가 활용의 실질성을 높인다.
○ 교육활동은 소통의 과정으로 이러한 소통 체험을 교과서 평가에 실제 연계한다는 효과성이 크다.
○ 평가 경험이 또 다른 능력과 자산으로 연결되어, 교과서를 개발, 활용하는 능력과 안목을 높이고 함양한다.
○ 학습과 교수의 체험을 바탕으로 교과서 사용과 활용 기법을 구체화하고 개선 방법을 제시한다.

사용자 평가의 의의는 평가의 현장성, 적합성, 실제성, 실질성, 효과성이 크고, 그에 따라 평가 능력과 안목을 높이고, 교과서 활용 기법을 개선한다는 점으로 요약할 수 있다.
이같이 사용자 평가는 필요성과 그 의의가 지대하지만, 본격적인 실행에는 치밀한 준비와 이해의 상충을 해소해야 하는 과제가 남아 있다. 평가가 주는 부담감을 완화하고, 교과서 공동체가 합리적인 평가 분위기 조성에 협력하여 본격적인 적용을 앞당겨야 한다.

나. 사용자 평가 체계와 환류 시스템 구축

1) 사용자 평가 체계와 기준 설정

사용자 평가는 일반 평가와는 달리 현장성을 중시하므로, 현장에서의 만족도와 실태를 선명하게 파악할 수 있는 평가 체계를 수립하고, 평가 목적에 따라 평가 기준 항목을 설정해야 한다. 여기에서 '**사용자 평가 체계**'란 평가 수행에 필요한 절차, 평가 기준 설정, 평가 시스템 구성 요소 확정 등 일련의 과정과 그에 따른 체제를 말한다.

사용자 평가 기준은 먼저 평가하는 목적을 설정하고, 그 목적 달성에 필수적인 기준 항목을 구체화하거나 세목을 배합해야 한다. 다음은 평가의 특수성을 감안(勘案)하여 새로운 모형을 만들고, 그에 따라 기준을 제시한 하나의 방법이다.[69]

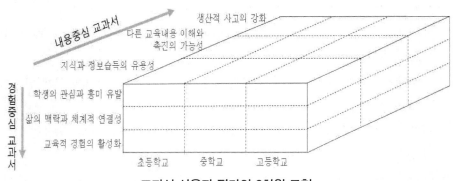

교과서 사용자 평가의 3차원 모형

교과의 특성을 고려한 평가 기준을 마련하되, 교과의 공통 기준과 특정 기준을 토대로 구체화한 모형을 새롭게 제시하였다. 사고의 생산성(내용 중심), 경험의 생동감(경험 중심)을 고려하고, 초·중·고로 나누는 등 평가 기준 모형을 3차원으로 구조화하였다. 특히, 평가 환경을 고려하여 학급별로 분화하고, 부가하여 온라인을 활용하여 교

---

69) 박창언 외, '교과서 사용자 평가 및 환류 시스템 도입에 관한 연구'(교육부·한국교과서연구재단, 2020.1) p.119.

과서 장단점을 서술형으로 평가하는 방법을 주장한 점에 주목이 간다.

이러한 모형을 기반으로 <2015 교과용 도서 개발 방향>(2015, 교육부)을 참고하되, 그동안의 연구 성과를 반영하여 평가 영역과 기준, 준거를 다음과 같이 더욱 세분화하여 제시였다.[70]

〈교과서 사용자 평가 도구의 개념 정의 및 준거〉

영역	평가 기준	준거(내용 요소)
내용 중심	지식정보습득의 유용성	수업 목표 달성을 위한 용이성
		사용된 어휘나 문장의 이해 용이성
		개념과 원리의 설명이 학습자 수준에 적절
	개념과 원리의 엄밀성	개념의 탐구가 가능한 단원 전개
		교과서 내용의 다양성
		선수 학습과의 위계나 연계성
	생산적 사고의 강화	과학적, 심미적, 창의적 사고 등의 촉진성
		학생의 사고를 확장시킬 수 있는 교과 내용 포함
		타 교과와의 연계와 재구성의 가능성
경험 중심	흥미와 관심	학습 주제의 동기 부여
		학습자의 수준에 맞는 예제 동원
		가독성을 고려한 내용과 관련 이미지 등의 배치
	삶의 맥락과의 연결	학습자 삶과 직·간접적인 관련성
		교과서 내용이 지역과 시대에 맞는 예제 제시
		진부하거나 기계적 연습과 같은 내용의 배제
	살아 있는 경험의 활성화	교과서 내용의 실생활 적용 가능성
		다양한 학습 활동을 전개로 일상생활에서 필요한 개인의 역량 함양
		자신의 관점으로 문제를 해결하는 지식의 습득, 예술적 민감성, 기술 개발, 습관 형성에 관계 여부
사용 편이성	접근성	인식의 용이성(대체 텍스트, 화면 분할, 색상, 텍스트 명료성 등)
		운용의 용이성(입력 장치, 반응 시간, 적절한 연결성 등)
		이해의 용이성(가독성, 예측의 가능성, 콘텐츠 논리성 등)
	활용 용이성	학습자의 특성과 흥미를 반영한 내용 및 삽화
		학습자의 발달 수준에 맞는 (조작)활동 및 외형 체제
		학습자의 성취 수준별 차이를 고려한 활동 난이도 제시

---

70) 박창언 외, '교과서 사용자 평가 및 환류 시스템 구축 방안 연구'(교육부·한국교과서연구재단, 2020.12) pp.49～50. '개념 정의' 항목을 조정하여 정리하였다.

사용의 편이성은 내용 중심, 경험 중심 영역과의 연결에 부차적인 조정이 필요하지만, 기존의 틀에서 벗어나 발상의 전환을 모색한 평가 준거와 기준 제시 방법이 눈에 띈다.

'사용자 평가 도구의 개념, 정의 및 준거'라고 하여, 영역－기준－준거(내용 요소)의 체계로 구조를 차별화하여 평가 기준을 제시하였다. '내용/경험 중심 영역'은 교과서 내용 선정, 조직과 관련한 사항이 대부분으로 일반적 원리 내용을 모두 담아내려 하였다. '사용 편이성 영역'은 디지털 교과서를 염두에 둔 기준과 준거의 성격으로 서책형 평가의 경우도 같이 제시했으면 더 실용적이었다는 생각이 든다.

어쨌든, 이러한 영역 구분이나 준거, 기준 설정 방법은 새로운 방법론을 제시하여, 발상의 전환에 계기가 된다는 점에서 유용하고 참고가 된다. 그러면서도 평가 도구 개념/정의는 상통하지만, 이를 기준, 준거와 포괄하여 개념화함으로써 의미 표상을 흐리게 한 느낌이 든다. 용어 사용에 일관성과 변별성을 유지하고, 실제 적용에서는 보완하거나 가다듬어야 할 부분이 있기는 하다.

사용자 평가 기준은 일반 평가 기준에서 멀리 벗어나는 것은 아니다. 그러나 '사용자'라는 입지를 강화하여 교과서 만족도를 평가하는 기준 설정이라는 점을 염두에 두어야 한다. 여기에 학습자와 교수자는 사용의 목적과 방법, 교과서를 대하는 관점, 태도가 다르므로, 이를 구분하여 기준 설정을 하는 것이 좋다.

사용자 평가 기준 제시 방법도 일반 평가 기준 영역 구분과는 궤를 달리할 필요가 있다. 국정은 자격 부여와 관계없이 심의 과정을 거치지만, 검·인정 교과서는 소정의 심사 과정을 거쳐 자격을 부여받는다. 그러므로 자격 심사 요건의 부합 정도를 아우르되, 사용자 견지에서 만족도를 가름하는 영역 설정과 배점 비중이 우선해야 한다.

또한, 평가 항목의 배열과 진술이 평가 주체를 대변하거나 '사용'과 관련하는 부수적인 용어로 진술하면, 평가 실행에 인식을 각인하는 효과가 있다. 즉, 평가 항목의 배열과 진술을 **'사용자 중심으로 하는 용어 사용'**의 배려가 필요하다.

2) 사용자 평가 시스템 구성 요소

사용자 평가는 평가의 목적과 의의를 살리기 위하여 철저한 준비와 계획, 빈틈없는 절차를 밟아 추진해야 무리가 따르지 않는다. 사용자 평가는 평가 대상과 평가 기준,

활용 방법 등에 따라 당사자 간의 이해가 다르거나 상충하므로 접근 방법을 신중히 해야 한다.

① 평가 대상

평가 대상 교과서는 평가자가 직접 사용해 본 교과서를 대상으로 하는 것이 바람직하다. 교과서를 직접 학습하거나 가르치는 과정에서 교과서의 장단점을 파악하기가 쉽기 때문이다. 직접 사용해 보지 않은 교과서를 평가 대상으로 삼는 것은, 특별한 경우가 아니면 실행에 앞서 논의가 필요하다.

대상 교과서 선정은 목적과 필요에 따라 유동적이다. 현재 존재하는 전체 교과서 모두, 법령으로 정한 교과 중심으로, 그중 범칭 주지(周知) 교과서(국어, 영어, 수학, 과학, 사회), 주지 교과서 이외 교과서, 선택 교과 중심, 전문 교과 중심 등 여러 방법으로 구분할 수 있다. 국정, 검정, 인정 등, 발행 방법으로 대상을 나눌 수 있고, 학교급별, 학년별, 학기별로 구분하여 대상 교과서를 선정하는 방법도 있다.

이처럼 평가 대상 선정은 평가의 목적, 정책의 시의성과 필요성, 학교 현장의 요구 등을 고려하여 다양하게 방법을 달리 할 수 있다. 대상 교과서 선정은 이해관계가 엇갈릴 수도 있어 합의를 끌어내는 등 신중해야 하고, 소규모에서 점차 확대하는 순차적 방법이 평가에 무리가 따르지 않는다. 그런데 무엇보다도 평가를 원활하게 추진하기 위해서는, 교과서 공동체 총의(總意)를 모아 평가 대상과 방법, 주기 등을 법령이나 규정에 명시하는 것이 좋다.

② 평가 주체

평가 주체는 사용자인 학생과 교사이고, 간접 사용자(주체)로 학부모도 해당한다. 단위학교 또는 별도로 구성한 현직 교사, 학생, 학부모 연합 단체도 주체가 될 수 있다. 정확한 평가는 평가 주체가 누구냐에 따라 좌우되므로, 주체 선정이 공정하고 형평을 이루어야 한다. 교과서 '평가 추진 위원회'를 구성하고, 여기에서 추천한 사람으로 평가자를 선정하는 것도, 공정한 선정 방법의 하나이다. 검·인정 교과서는 학교마다 사용하는 교과서가 다를 수 있으므로, 평가 대상 교과서 선정과 함께 평가 주체 선정도 일부에 편향되지 않도록 형평과 조화 유지가 필요하다.

③ 평가 시기와 횟수

평가 시기와 방법의 결정은 정책의 요소가 강하다. 필요한 경우 상시로, 또는 주기적으로 하는 방법이 있다. 주기적으로는 일 년 단위로 학년 초 또는 말기에, 격년 또는 그 이상의 간격으로 하는 등 다양한 방법이 있다. 교육과정 주기에 따라 전 교과목을 대상으로 하되, 한 번만 실시하는 것도 효율적일 수 있다. 상시나 주기적이든 간에 사용자의 실제 사용 기간을 고려하고, 정책적으로 현장에로의 피드백이 가능하거나 도움이 되도록 시기를 맞춰야 한다.

평가 횟수는 평가 시기, 주기와 관련하여 평가 실시상 제반에 부담을 주지 말아야 하고, 학교 현장, 개발 관련 집필자와 발행사, 수정·보완 관련 업무, 발행·공급 등에도 지장을 초래해서는 안 된다.

④ 평가 방법

평가 방법은 시행 형태로 오프라인, 온라인으로 크게 나뉜다. 오프라인 평가는 일반적인 평가 형태에서 벗어나지 않아 수행에 어려움이 없지만, 온라인 평가는 '사용자 평가 온라인 시스템' 구축과 관련하여, 치밀한 계획과 수행에 철저한 준비가 필요하다.

이밖에 평가 방법은 평가 대상이나 주체, 기준, 시기, 형태 등에 따라 여러 가지로 나눌 수 있다. 점수를 세분한 척도 체크 평가, 서술형 평가 등 다양한 평가유형과 방법을 도입할 수는 있으나, 어느 방법이든 평가 결과 처리와 활용이 편리, 유용해야 한다는 고려 사항에서는 공통적이다.

⑤ 평가 활용

사용자 평가 목적은 활용과 직결된다. 평가 결과의 활용은 사용자 평가의 부정적 시각을 불식하는 차원에서 활성화에 신중해야 한다. 평가 결과를 공개하는 문제부터 활용의 목적에 따라 정책 관계자, 개발자. 사용자의 견해가 다르기 때문이다. 특히, 평가 결과의 공개는 공개 범위에 상관없이, 검·인정 교과서를 비롯하여 해당 출판사의 이해관계가 첨예하므로, 비공개하거나 공개 시에는 정책적 필요 사항이 아니면 합의가 필요하다.

평가 결과 공개 방법에도 적극적, 소극적 의도에 따라 여러 가지가 있다. 어쨌든, 평가 결과는 교과서 정책 수립이나 수정·보완 등 품질 개선에 활용하고, 교과서 선정에 정보를 제공하여 참고하면 문제가 없다. 차기 교과서 개발에도 미비점을 보완하는 반면교사 역할도 여기에 해당한다.

3) 사용자 평가 환류 시스템 구축

교과서 사용자 평가를 효율적으로 원만하게 수행하기 위해서는 '평가 환류 시스템'을 구축해야 한다. 곧, 평가 환류 시스템은 ① 정책의 입안과 적용, ② 사용자의 평가 참여와 유도, ③ 접근의 편리성, ④ 평가 기준에 따른 수행의 용이성, ⑤ 결과 활용과 피드백의 순환성, ⑥ 모든 과정의 DB 축적과 활용 등을 고려하여 구축해야 한다, 결국 이러한 모든 요소가 시스템 구축이 필요한 까닭도 된다.

평가 결과를 더 좋은 교과서 개발 등에 활용하고, 이를 효율적으로 환류(feed back)해야 평가의 본래 목적을 완수한다. 사용자 평가의 [계획 ─ 수행 ─ 결과 처리 ─ 활용 ─ 환류]라는 일련의 순환 과정을 시스템화하고, 여기에 접근이 쉽고 사용이 편리해야 의도하는 성과를 거두고 체계적인 관리가 가능하다.

① 오프라인 평가 환류 시스템

'평가 환류 시스템'이란 국정, 검정, 인정, 자유발행 등 교과서 종류와 제도에 따라 교육부, 교육청, 발행사(출판사), 교과서 관련 기관이 협조하여, 사용자가 평가를 체계적으로 실시하고, 평가 결과를 활용, 품질 개선과 정책 반영으로 이행하는 일련의 시스템 체계를 말한다. 오프라인 평가 환류 시스템은 이들 기관의 행정 체계와 밀접하게 연동하지 않으면 기대하는 효과를 거두기가 어렵다. 각 기관이 업무를 분담하고 협조 체계를 이루어, 평가를 체계적으로 수행할 수 있어야 한다.

그러나 오프라인 평가 환류 시스템은 디지털 시대에 환류 기능을 원만히 수행하는 데는 제한이 많으면서도, 온라인 평가 환류 시스템과 어떤 면에서 상보적인 관계에 놓인다. 평가 국면에 따라 오프라인 평가도 유용하고, 이에 따른 환류 시스템도 실질적으로 효율성을 가져오기도 한다.

② 온라인 평가 환류 시스템

온라인 평가 환류 시스템은 4차 산업 혁명 시대에 맞추어 오프라인 환류 시스템의 미비점을 보완하고, 사용자 평가를 일관성 있게 지속하여 수행하면서 자료를 체계적으로 축적, 활용, 관리하는 데 편리하다. 온라인 평가 환류 시스템 구축은 [계획-수행-결과 처리-활용-환류]라는 순환적 절차와 각 단계에서의 역할을 반영하고, 평가 대상, 주체, 방법, 시기·횟수라는 구성 요소의 기능과 본분을 직간접으로 정치(定置)시켜야 한다. 여기에 평가 기준은 순환적 절차와 구성 요소 모두에 관여하는 위치에서 작동하는 시스템 설계를 해야 한다.

온라인 평가 환류 시스템도 결국은 설계, 운영의 관점에서 오프라인 시스템을 전혀 도외시할 수는 없다. 교육부, 교육청, 발행사 등 교과서 관련 기관과 공동체의 협력이 필요한 점에서도 마찬가지다. 온라인 평가 환류 시스템은 처음 설계에서부터 운용 방법, 작동에까지 면밀하게 계획을 세우고 유기적으로 구축하지 않으면, 낭비 요소를 해소하는 데 시간이 걸린다.

결국, 온라인 평가 환류 시스템은 관련 기관과 운영 기관, 평가 참여자 등의 긴밀한 협조와 울력으로 본래의 역할과 효과를 달성할 수 있는 일사불란(一絲不亂)한 운영 체계를 구축해야 한다. 어찌 보면 오프라인과 온라인의 협조 체계도 행정 지원 이상의 차원으로 필요하다고 하겠다.

다. 사용자 평가 유의점과 원리

사용자 평가는 학교 현장에서 교과서를 직접 가르치고 배운 교사, 학생이 평가하여 교과서 품질의 우열을 가려낸다기보다는, 교과서 장단점을 가려서 품질 개선에 실질성, 현장성을 확보하는 데 의미가 크다. 그런데도 장점을 살리고 무리 없이 현장에 정착하기 위해서는 그만큼 준비와 유의가 필요하다.

① 치밀한 계획과 평가 기준 설정

교과서 사용자 평가는 일반적인 교과서 평가의 장점도 활용하면서, 사용자가 직접 평가한다는 특징을 잘 살려 시행해야 한다. 평가 대상 교과서와 평가 주체 선정, 완벽한 평가 수행과 활용, 피드백 등의 절차가 서로 관계하여, 평가의 목적으로 귀일하도록 치밀하게 설계해야 한다.

특히, 평가 기준 설정에서는 더욱 그러하다. 사용자 평가 기준은 교사 중심의 시각을 학생과 교사의 시각이 맞닿은 시점(視點)에서 마련해야 정확한 평가를 할 수 있다. 반면에 평가 기준을 구분하여 설정하는 방법도 고려해 볼 만하다. 학생, 교사는 교과서를 대하는 인식과 태도가 다를 수 있는데, 이는 교과서 평가에 임하는 자세까지 연장된다. 그러므로 평가 항목 분류, 배점 기준, 기준의 진술 등 평가 기준 설정에서부터 학생의 입장을 참작해야 한다.

② 평가의 공정한 실천

평가 관련 배경지식이나 안목이 부족하거나 미흡할 여지가 있는 학생, 학부모가 평가에 참여할 때는 이를 보완하는 시스템이 필요하다. 사전 연수를 통하여 공통 안목을 키우고, 평가 역량을 함양하는 기회 제공도 한 방법이다.

학생 평가와 교사 평가를 구분하여 실시하는 방법이 바람직하고, 평가 결과 활용도 마찬가지이다. 평가에 임하는 목적과 위상이 다르고, 실제 평가에서도 여러 고려 사항이 따르기 때문이다. 그런데 이러한 구분이 학생과 교사라는 주체 이외의 다른 관점이 작용해서는 안 된다. 시간의 차이를 두고 구분하는 방법, 동시에 시행하되 영역을 분리하는 방법도 있다.

사용자 평가 대상인 교과서가 여럿이면 품질 서열을 정하기보다는 일정 수준의 질을 유지했다는 증명을 확인하는 수준에서 만족해야 한다. 평가의 변인이 어떻게 작용하는가에 따라 객관적인 결과를 산출하기가 어려울 뿐만 아니라, 정확하지 않다고 보는 서열이 가져오는 부작용이 더 크기 때문이다.

사용자 평가는 학년별, 학교급별(초/중/고)로 구분하고, 이에 따라 평가 기준도 항목과 요소에 따라 경중을 달리하여 실시하는 것이 효과적이다. 평가 대상 교과서의 학교급별 구조가 다르고, 개발의 의도나 방향, 수준에 차이가 있기 때문이다. 더욱이 학생이 평가자로 참여하는 경우 교과서에 대한 인식과 판단 능력도 학교급에 따라 다르므로, 참여 여부 등을 포함하여 설계를 신중히 해야 한다.

사용자 평가 추진은 점진적으로 대상 교과서와 평가 영역을 넓히고 활용도를 활성화하는 방법이 바람직하다. 평가 계획을 치밀하게 세우고, 평가 대상 과목을 미리 예시, 공지하면 준비하는 마음가짐과 함께 무리가 따르지 않는다.

③ 평가의 활용과 조화

사용자 평가 결과의 공개 여부는 중지를 모아 교과서 품질을 높이는 방향으로 결정해야 한다. 평가 결과 공개에서 좀 더 자유로워지려면, 검·인정 교과서의 경우 평가 대상 교과서를 교과목에서 하나씩을 대상으로 삼아, 같은 교과 내 여러 종류의 교과서를 비교하지 않은 소극적인 방법도 고려해 볼 만하다.

평가 결과의 활용은 교과서 공동체의 의견을 참작하여 무리가 따르지 않도록 해야 한다. 집필자와 개발자, 사용자와 평가자, 정책과 발행의 이해 상충을 합리적으로 조정, 해결하여, 평가 결과 활용에 유용성을 높이는 것이 좋다.

사용자 평가를 품질 관리와 어떻게 연결할 것인지도 심사숙고가 필요하다. 교과서 발행이 자유로워지고 현장에서의 선택 폭이 넓어짐에 따라, 품질 관리도 통제가 아닌 자율과 지원으로 그 기조를 같이 해야 한다.

④ 시스템 운용과 지원

'온라인 평가 환류 시스템'을 구축하여 활용을 극대화하는 여건과 환경을 조속히 마련해야 한다. 평가에 대한 거부감, 부담감은 평가와 시스템 운용의 방법에 딸린 부차적인 문제다. 교과서 만족도와 품질 개선이 개인의 지적, 인격 성장은 물론 교육과 국가발전이라는 대명제와 유관하기 때문이다.

사용자 평가를 법적으로 뒷받침하는 장치가 필요하다. 품질 관리 차원에서 아니면 독립해서 사용자 평가를 법적으로 명시하면, 평가를 준비할 시간을 확보하여 미리미리 대비할 수 있으며, 평가의 객관성, 형평성, 공정성을 확실하게 보장하게 된다. 법적 내용에는 평가 대상, 주기, 방법, 결과 활용 등을 선언적으로 명시하는 것이 바람직하다.

사용자 평가는 교과서 평가의 기초이면서 품질 관리의 기본이다. 나아가 교과서 개발/발행의 자율화, 다양화, 전문화의 복토(福土)라고 할 수 있다. 그러므로 사용자 평가 체계를 확립하고, 평가의 공정성을 확보하는 시스템을 구축하여, 좋은 교과서 품질을 유지, 개선하는 체계를 빨리 수립해야 한다. 이 모든 것을 순조롭게 추진하려면 교과서 공동체의 협조, 울력이 필수적임은 물론이다.

제3장

교과서 품질 관리와
개발학의 위상

Ⅰ. 교과서 품질 관리 인식 변화와 체계 수립

1. 수정·보완과 품질 관리의 인식 전환

가. 수정·보완의 의미역 확장

지금까지 일반적으로 '**교과서 수정·보완**'은 교과서 개발이 완료된 이후에, 오류를 고치고 내용을 보완하는 작업으로만 여겨 왔다. '교과용 도서에 관한 규정'에서도 '**개편**'과 '**수정**'을 구분하여 제2조(정의)에서 다음과 같이 설명하고 있다.

> 7. "**개편**"이라 함은 교육과정 전면 개정 또는 부분 개정이나 그 밖의 사유로 인하여 교과용 도서의 총 쪽수(음반·영상·전자 저작물 등의 경우에는 총 수록 내용)의 2분의 1을 넘는 내용을 변경하는 것을 말한다.
> 8. "**수정**"이라 함은 교육과정의 부분 개정이나 그 밖의 사유로 인하여 교과용 도서의 문구·문장·통계·삽화 등을 교정·증감·변경하는 것으로서 개편의 범위에 이르지 아니하는 것을 말한다.

규정상 '개편'과 '수정'의 이러한 의미역 설정은 수정 시기, 수정 방법, 인쇄, 가격 등을 포함하여 예산과 결부되는 정책적 차원에서의 한계를 고려한 것이라고 여겨진다. 그러나 좋은 교과서 개발과 품질향상이라는 대전제로 수정·보완의 개념을 다음과 같이 넓혀 보는 것이 가능하다.

정책 입안 시에 교과서 개발에 요구되는 조건도 수정·보완의 관점이 되고, 교과서 구성 시 여러 변인도 수정·보완의 필수 요소가 된다. 여기에 집필 과정에서의 개고 등 작업도 당연히 수정·보완의 필연 과정이고, 연구자, 검토자, 윤문자, 심의·심사자, 감수자 등의 잇따른 검토, 심의, 심사 작업도 궁극적으로는 수정·보완의 일환이라 하겠다.

이렇다고 보면, 교과서 개발의 전(全) 과정은 수정·보완의 연속이라고 할 수 있다. 그러므로 이제는 "교과용 도서의 문구·문장·통계·삽화 등을 교정·증감·변경하는 것"이란 수정 개념을 조금 더 확장하고, 수정·보완에 대한 인식을 바꾸어야 한다. 여기에 오류 및 잘못된 것만을 바로잡는다는 수정·보완에 대한 태도, 즉 '좋지 못한 교과서', '질 낮은 교과서'를 개선한다는 부정적 선입견에서도 탈피할 필요가 있다.

수정·보완은 교과서 개발에서 필수적인 하나의 과정이다. ① 최신 교육(통계 등) 자료로의 교체, ② 새로운 교육 이론의 도입, ③ 교수·학습 과정의 개선, ④ 효율적인 설명 방법의 구안, ⑤ 학습효과를 증대하는 편집·디자인 등 수정·보완의 작업은 계속해서 이뤄져야 한다. 천지자연의 생태계가 끊임없이 변화해야 조화와 균형을 이루는 것과 같이, '하나의 완결된 유기체, 생명체'로서의 교과서도 변화와 갱신(更新)을 계속하지 않으면 '좋은 교과서'로서 높은 수준의 질을 유지하지 못한다.

따라서 교과서는 언제나 수정·보완을 요구하는 유기적 존재, 우주적 존재라고 할 수 있다. 그러나 이러한 개념 확장은 교육과정 수시 개정 체제와 연동되는 것으로, 교과서 개발 기간, 검·인정 시스템, 발행제도, 교육 현장에서의 선정 방법 등과 유관하여, 정책적으로 해결해야 할 많은 문제를 내포하고 있다.

수정·보완은 '더 좋은 교과서' 개발과 유지를 위한 품질 관리로, 누누이 언명하지만, 교과서가 '상호 작용하는 유기적 생명체'라는 관점에서 이루어지는 것이 효과적이다. 강조하여 말하면, 교과서 품질 관리는 **'교과서에 생명력을 불어넣는 제2의 창조'**라는 위대한 작업이라고 해도 과언이 아니다.

나. 수정·보완과 품질 관리 비교

교과서 수정·보완은 **'제2의 창조적 개발'**이라고 할 수 있다. 일정한 절차나 과정을 거쳐 교과서 지위를 부여받은 다음, 새로운 이론이나 통계 등 여러 상황의 변화를 반영해야 하는 이유도 있지만, '더 좋은 교과서'를 지향하여 스스로 수정·보완해야 하는 경우도 생긴다.

수정·보완의 개념 변화와 결부하여 교과서 품질 관리라는 의미와 어떤 관계를 설정할지도 생각해 보는 것이 필요하다. 교과서 수정·보완과 품질 관리는 그 의미역에서 동질성과 이질성이 존재하는 데 이를 구분하기가 쉽지는 않다. 그러나 다음의 관점을 중심으로 구분해 보고자 한다.

관점	교과서 수정·보완	교과서 품질 관리
목적	수정·보완 자체가 1차 목적	좋은 교과서 유지가 1차 목적
방법	좋은 교과서 지향 실제 작업	좋은 교과서 지향 보완, 개선, 유지, 관리
태도	미시적, 부분적 안목으로 보완	거시적, 총체적 안목으로 개선, 보완
성격	교과서 사용의 효율성 차원	교과서 개발, 개선, 유지의 연속 차원
범위	수정·보완 단위, 내용별 중심	교과목별, 계열별 등을 포함 전체
주체	집필자, 발행자 중심	집필자, 발행자, 사용자, 정책 담당자 등 모두

교과서 품질 관리는 수정·보완을 기초, 기반으로 이뤄지는 연속 행위이다. 수정·보완과 품질 관리가 별개로 존재하는 것이 아니라, 상호 보완하는 위치에서, 동질성과 이질성이 연속적으로 관계하며 존재한다. 동시성을 공유하면서도 수정·보완이 먼저 이루어져야 품질 관리로의 이행이 가능하다는 말이다.

여기에서 내용이나 표현·표기 등 명백한 오류를 수정·보완하는 경우와 학문적 이론의 변화, 사회 발전에 따른 통계, 가치관의 변화 등을 업그레이드하는 수정·보완과는 그 성격이 완전히 다르다. 더욱이 개념 설명을 이해하기 쉽게 문장 구조를 바꾸거나, 삽화나 사진의 위치를 내용과 긴밀하게 작용하도록 변경하는 등의 수정·보완도 마찬가지다. 이처럼 수정·보완의 의미역은 생각보다 넓고, 좋은 교과서를 지향하는 품질 관리와 연결되는 관점에서 포괄적으로 이해해야 한다.

2. 교과서 품질 관리 체계와 관점 설정

가. 품질 관리 체계와 관점 설정의 필요성

교육부는 교육과정을 개정 고시하고, 이에 따라 교과용 도서를 연차적으로 개발하여 적용한다. 교과서 편찬의 기본 목적과 방향을 설정하고, 학교 교육의 내실화를 위해 **'더 좋은 교과서 개발'**을 계획한다. 개인이 사람으로서 가치 있는 삶을 영위하고, 나아가 국가발전과 미래를 책임질 수 있는 교과서 개발 및 보급에 전력하며 사명을 다한다.

그런데 현대는 교과서를 지속해서 수정·보완해야 한다는 책임과 의무를 그 어느 시기보다도 강하게 요구한다. ① 지식·정보의 생산과 소멸의 주기가 짧아지고, ② 생활 방식이 시간의 변화와 밀접하다는 외적인 요인인 시대·사회 변화와 함께, ③ 교과서는 개발 단계에서부터 원천적으로 수정·보완이라는 내적인 요인을 지니고 있기 때문이다. 그러므로 ④ 교과서는 수정·보완, 품질 관리가 지속해서 이루어져야 '더 좋은 교과서'로서의 생명력을 고수할 수가 있다.

이는 국정, 검·인정 교과서, 자유발행 교과서 구분과 상관없이 같은 맥락에서 생각해 볼 수 있다. 교과서는 지속적인 수정과 보완이라는 과정에서 품질을 높이고, 최소한의 기능을 담보할 수 있는 완결된 유기체이다. 그러므로 교과서 수정·보완은 교과서의 품질을 유지하고 높이는 당연한 과정이요 기제이다. 이는 교과서 발행체제를 개발 중심에서 품질 관리 중심으로 전환하는 시도로, 사회와 교육환경의 변화에 신속하게 대응할 수 있는 교과서 제도의 획기적인 변화라고 하겠다. 그렇다고 개발 단계에서 품질 관리를 등한시하는 것은 전혀 아니다.

따라서 단순히 오류나 개선만을 목적으로 수정·보완한다는 단순한 인식에서 탈피하여, 더 좋은 교과서의 내용이나 체계로 개선하는 필수적인 과정이라는 긍정적 개념으로 바꾸는 태도가 필요하다. 시대나 사회의 변화는 즉각적인 교과서의 변전(變轉), 환골탈태(換骨奪胎)를 요구하기 때문이다.

이제부터는 수정·보완'이라는 단순 차원을 뛰어넘어, '더 좋은 교과서 개발과 유지'라는 일련의 노력으로 이를 어떻게 체계화하여 이론화할 수 있는가의 방법론을 찾아야 한다. 즉, ① 거시적 시야에서 의도적으로 수정·보완의 의미역을 품질 관리로 넓혀 보고, ② 교과서 개발의 전 과정(절차)에서 수정·보완의 관점과 체계를 품질 관리 개념으로 새롭게 정립하여, ③ 교과서의 품질 개선과 관리에 일말의 변화가 무엇인가를 생각해 보아야 한다.

이렇게 교과서 품질 관리의 개념을 시대 변화에 맞추어 새롭게 정립하고 이를 계획적으로 추진하려면, 교과서 **'품질 관리 체계'**와 **'품질 관리 관점'**이라는 실행 상의 새로운 접근 방법이 필요하다.

나. 품질 관리 체계 구조와 관점

'**교과서 품질 관리 체계**' 정립은 '**품질**' 또는 '**품질 관리 요소**'가 무엇이며, 그 요소를 어떻게 관리할 것인가를 시사한다. 다음의 품질 관리 체계는 교과서 존재 생태를 참고하여 '**거시적인 체계**'를 설정하고, 다시 거시적 체계 단계마다 '**미시적인 체계(영역)**'가 관여한다는 상관 작용을 보여준다. 그리고 미시적인 체계(영역)마다 관리 관점을 설정하여, 품질 관리와 개선의 척도를 가름한다고 하겠다.

거시적 체계(A)	미시적 체계(영역)(B)	품질 관리 관점(C)	관련 주체(D)
① 정책(사항) 단계	㉠ 정책(사항)	㉮ 정책 품질 관리 관점	정책 입안자
	㉡ 개발(구성)	㉯ 개발 품질 관리 관점	
	㉢ 사용(활용)	㉰ 사용 품질 관리 관점	
	㉣ 평가(환류)	㉱ 평가 품질 관리 관점	
② 개발(구성) 단계	㉠~㉣ 동일	㉮~㉱ 품질 관리 관점	집필/개발자
③ 사용(활용) 단계	㉠~㉣ 동일	㉮~㉱ 품질 관리 관점	사용자
④ 평가(환류) 단계	㉠~㉣ 동일	㉮~㉱ 품질 관리 관점	평가자

용어가 반복되는 인상을 주지만, 품질 관리 체계 구조를 분명하게 밝힌다는 취지에서 동어 반복을 그대로 살렸다.

품질 관리는 교과서 존재 모든 과정에서 수평 유지가 중요하다. 정책 입안 및 개발 단계에서의 철저한 품질 관리는 사용(교수·학습 포함), 평가 단계에서의 그러한 수고를 덜어준다. 이처럼 품질 관리는 단계마다 그 성격과 방법은 다르지만, 중요성은 같다고 하겠다.

이러한 인식에서 품질 관리 체계는 (A)가 [(B)−(C)−(D)]를 아우르는 말이다. 거시적 체계(A) 각 단계(①~④)에서도 ㉠~㉣의 미시적 체계(B)를 설정하여 품질 관리의 완결성을 추구한다. 그리고 미시적 체계 각 영역에서 품질 관리 관점(C) ㉮~㉱를 설정할 수 있고, 관련 주체(D)가 이러한 관점으로 품질을 검토, 유지하고 보완, 개선하는 중심 담당자가 된다.

이러한 체계 설정이 타당한가는 실질적인 적용에서 드러난다. 품질 관리의 관점은 거시 체계와 미시 체계 영역 구조가 연접/연동하여 관점을 형성하고, 관련 주체가 책임 있게 관여하며 작용한다. 그렇다고 체계 단계마다 동등한 역량과 가치로 작용하는 것은 아니다. 각 위치에서의 기능과 역할, 구체적인 관점이 다르기 때문이다. 그러므로 순환의 구조에서 기본적으로 담당하는 역할을 구조의 구조 틀을 유지하는 것으로 만족해도 된다고 하겠다.

다. 품질 관리 관점 이해와 활용의 지향

1) '품질 관리' 용어 사용과 관점 이해

교과서 품질 관리의 궁극적 지향은 교과서 존재 생태계에서 좋은 교과서로 존재하면서, 그에 상응하는 교육적 가치를 발휘하는 데 있다. 이러한 지향을 다음과 같이 **'좋은 교과서−품질−관리−관점'**이란 순차적 용어 관계로 조합해 보고, 이들 관계에서 파생하는 의미상을 생각해 보고자 한다.

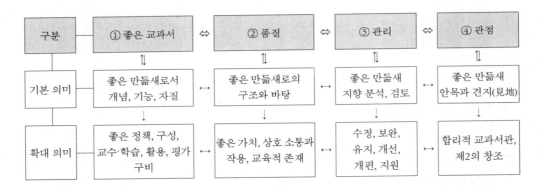

①과 ② 관계는 좋은 교과서, 좋은 교과서 품질이라는 의미의 상동성 관계로 작용한다. 기본, 확대 의미로 본질과 작용 관계도 '만듦새'로서 자연스러우며, 생태 각 단계에서 좋은 교과서로서 가치와 소통 작용으로 교육적 존재를 과시한다.

②와 ③의 관계는 '관리의 의미를 어떻게 해석할까'라는 문제를 제기한다. 좋은 교과서 실체(만듦새)를 지향하여 품질을 분석, 검토하는 작업이 일차적 기본 의미다. 그런데 '관리'의 주요 사전적 의미 '㉠ 시설이나 물건의 유지, 개량 따위의 일을 맡아 함', '㉡ 사람을 통제하고 지휘하며 감독함'(표준국어대사전)에서 ㉠보다는 ㉡ 의미가 앞

서 다가옴으로써 '통제', '감독'이라는 내재적 의미가 강하게 작용한다.

가까운 예로, 일상에서 자주 사용하는 '인사 관리', 상업 제품의 '품질 관리'란 말의 이미지가 이를 뒷받침한다. 인사 관리는 신분 변동과 권한을 강조하는 인상이 짙고, 특히 상업적 품질 관리는 경제성, 통계, 과학적 체계 등의 수단이 강조됨으로써 통제, 감독의 뜻이 강하게 표상한다. 같은 '품질 관리'라는 용어 맥락에서 **교과서 품질 관리**라는 말도, 이러한 의미 표징(表徵)에 함몰되기가 쉽다고 하겠다.

그러나 **교과서＋품질 관리**라는 조합에서 교과서 존재가 일면 시장 경제 원리 적용을 받는다고 해도, 일반 상업 제품과는 그 위상이 판연하게 다르고, 품질 관리 방법 면에서도 같이 논의할 성격이 전혀 아니다. 교과서는 통제와 감독으로 품질이 향상되는 성질의 것도 아니고, 오히려 교육 공동체 자율로 좋은 교과서가 만들어지는 공공재로서 존재한다. 그러므로 '좋은 교과서로서 품질을 유지하고 더 좋은 교과서로 개량(개선)한다.'라는 ㉠의 의미를 적용하는 것이 마땅하다고 하겠다.

이렇다고 보면, '교과서 품질 관리'라는 말에는 통제와 감독이라는 부정적 뜻이 내재해 있지 않다. 오히려 좋은 교과서 만듦새(실체)를 지향하여 분석, 검토하고, 더 좋은 교과서로 수정, 보완, 유지하며, 개선, 개편, 지원하는 총체적 만듦새 작업이 교과서 품질 관리라 하겠다. 따라서 통제와 감독이란 선입견을 불식하고, 좋은 교과서 개발이 '더 좋은 교과서' 품질 관리로 이어지도록 하는 협력과 노력이 필요하다.

③과 ④ 관계는 품질 관리의 방법론과 관련 주체(담당자)의 안목과 깊게 관계한다. 정책 입안자, 집필/개발자, 사용자가 좋은 교과서 만듦새를 구별하는 안목이 있어야 올바른 품질 관리로 이어진다. 되짚어 말하면, 좋은 교과서 실체로 개발하는 것이 중요하지만, 단계마다 올바른 품질 관리 관점으로 계획하고, 수정·보완, 개선, 유지하는 것도 역시 중요하다는 말이다. 결국, **좋은 품질 관리 관점**이 **좋은 교과서 품질 유지**의 관건이라 할 수 있다.

②(품질)에 의해서 ①(좋은 교과서)이 결정되며, ④(관점)에 따라 ③(관리)의 방법과 결과가 나타난다. 결국, ②와 ④가 원인이요, ①과 ③이 결과가 되고, 이는 다시 ③과 ④ 작용과 운용에 따라 ①과 ②가 가시화되는 구조라고 하겠다. 이러한 모든 국면이 학문적 연구로 이론화 축적이 필요하고, 교과서 품질 관리 영역이 개발학에서 중요한 위치를 차지하는 이유가 여기에 있다.

2) 품질 관리 관점 활용의 지향

교과서 '**품질 관리 체계 구성 요소**'는 거시·미적으로 정책, 개발, 사용, 평가를 아우른다. 이러한 체계는 주로 담당자의 관점과 밀접하게 연결되어야 작용체를 이루어 작동한다. '**품질 관리 관점**'은 '더 좋은 교과서로 유지, 보완, 개선하기 위해 교과서 품질 요소를 분석, 검토하는 안목'을 일컫는 말이다. 따라서 품질 관리 관점은 품질 관리 체계와 연관하여 다양하게 관점을 설정할 수 있고, 각각의 관점은 다시 하위 개념으로 '**품질 관리 요소**'로 나누어, 품질을 더욱 계획적으로 개선, 유지할 수 있게 한다.

다음의 몇 가지는 교과서 품질 관리의 차원을 높인다는 의도에서 관점의 체계적인 활용 방법을 생각해 보고, 개발학의 기초로 연구, 천착(穿鑿)해 볼 만한 사항이라 하겠다.

○ 품질 관리 관점을 관련 상관 요소를 고려하여 체계화하고, 여러 방면으로 외연을 확장한다.
○ 영역별 품질 관리 관점의 상호 작용을 객관적 실험과 체계적인 연구로 그 실체를 밝힌다.
○ 교과서 개발 전과 개발 후 품질 관리 관점을 구분하고, 이들 관점의 차이를 상보적으로 적용한다.
○ 품질 관리 관점이 좋은 교과서 개발의 원동력으로 전이되도록 교과서 공동체가 역할을 분담하고 합심, 노력한다.
○ 수정·보완 관점이 동질성과 차별성을 고려하여 품질 관리 관점 순기능으로 이행하도록 구체화한다.
○ 품질 관리 관점이 관리라는 통제 의미가 아니라 품질향상을 조장, 촉진, 지원하는 원동력으로 작용하도록 활용한다.
○ 품질 관리 관점이 더 좋은 교과서 개발을 추동하도록 발행체제와 연관하여 품질 관리 제도 마련이 필요하다.
○ 품질 관리 관점을 교과서 공동체가 함께 인식하고 이를 활용할 수 있도록 연수 프로그램을 개발, 활성화한다.
○ 품질 관리 관점이 교과서 품질 유지, 개선과 직접 연동하도록 교과서 제도를 미

래 지향적으로 개선한다.

○ 품질 관리 관점이 '교과서 개발학'의 학문 영역으로 흡인할 수 있도록 논리적 이론을 배경으로 체계화한다.

　어떤 면에서 품질 관리 관점과 그 설정은 유동적이고 임의적인 성격이 강하다. 따라서 품질 관리의 목적과 상황을 고려하여, 좋은 교과서로서의 품질을 보완, 개선, 유지할 수 있는 방향으로 관점을 설정하고, 관점 활용의 효과가 넓혀지도록 교과서 공동체가 다 함께 노력해야 한다.

II. 교과서 품질 관리 관점과 원리

1. 교과서 정책과 품질 관리 관점

가. 교과서 정책과 품질 관리 현황

교과서 정책의 요소를 실체화하는 데에는 여러 가지가 있다. 교과서 정책 차원에서 수정·보완의 방향을 알게 하고, 교과서 품질 관리의 관점을 추출하는 데 도움을 주는 대표적인 자료에는 ① 교과용 도서 편찬 방향, ② 편찬 상의 유의점, ③ 검·인정 기준, ④ 교과용 도서 집필 기준 등이 있다.

이들 자료는 교육과정을 개정할 때마다 개정 방향이나 중점에 따라 보완하여, 정책과 강조하는 사항에 따라 체계나 구조가 달라지고, 교과용 도서 편찬 방향이나 기준에 출입이 생긴다.[1]

1) 교과용 도서 편찬 방향

1. 목표

창의·융합형 인재 양성에 적합하며, 핵심역량 함양을 도모하는 실생활 중심의 교과용 도서 개발

---

[1] 교육부가 2015 개정 교육과정 적용 교과서 개발 방향, 기준으로 제시한 자료를 내용과 흐름을 파악할 수 있는 수준에서 요약하여 제시하였다.

및 보급을 통한 학교 교육의 내실화

2. 기본 방향

창의·융합형 인재 양성에 적합하며, 핵심역량 함양을 도모하는 실생활 중심의 교과용 도서 개발
- ○ 교육과정을 구현하는 교과용 도서
- ○ 바른 인성과 창의융합형적 사고력을 갖춘 인재 양성에 적합한 교과용 도서
- ○ 일상생활과 연계되어 이해하기 쉽고 흥미를 유발하는 학습자 중심의 교과용 도서

3. 주요 내용

가. 교육과정을 충실히 구현하는 교과용 도서 편찬

(1) 추구하는 인간상
- ○ 전인적 성장을 바탕으로 자아 정체성을 확립하고 자신의 진로와 삶을 개척하는 자주적인 사람
- ○ 기초 능력의 바탕 위에 다양한 발상과 도전으로 새로운 것을 창출하는 창의적인 사람
- ○ 문화적 소양과 다원적 가치에 대한 이해를 바탕으로 인류 문화를 향유하고 발전시키는 교양 있는 사람

(2) 교과 교육과정의 구현
- ○ 교과 교육 목표, 내용의 영역과 성취기준을 충실하게 구현
- ○ 교과의 특성을 반영하여 다양한 교수·학습, 평가 방법 적용
- ○ 학생의 발달 단계를 고려하여 내용 수준과 학습량을 최적화
- ○ 교과 교육과정을 바탕으로 학습의 개별화가 가능한 학습 자료 제공
- ○ 학생의 능력과 적성, 진로를 고려하여 교육 내용과 교수·학습 방법을 다양화

나. 바른 인성과 창의·융합적 사고력을 갖춘 인재 양성에 적합한 교과용 도서 편찬

(1) 바른 인성 함양을 도모하는 교과용 도서 편찬
- ○ 존중, 공감, 소통, 협력, 정의, 배려 등의 인성 요소를 중심으로 인성교육이 구현될 수 있도록 개발
- ○ 교과 특성에 따라 교실 수업 단위에서 인성교육을 구현할 수 있는 교육 내용 제시
- ○ 학생 참여와 협력 및 체험학습이 강화된 교수·학습 방법 평가 제시

(2) 지식의 창조 및 융합 능력을 신장하는 교과용 도서 편찬
- ○ 인문·사회·과학기술 기초 소양을 함양할 수 있도록 개발
- ○ 교과 역량을 함양할 수 있도록 교육 내용, 교수·학습 방법, 평가 제시
- ○ 융·복합적 사고력과 통찰력을 발현할 수 있도록 다양한 교수·학습 및 평가 제시

다. 일상생활과 연계되어 이해하기 쉽고 흥미를 유발하는 학습자 중심의 교과용 도서 편찬

(1) 학생의 자기 주도적 학습을 지원하는 편찬

○ 교과의 핵심적이며 필수적인 교육 내용을 중심으로 자기 주도적 학습이 가능하도록 개발
○ 학생들이 스스로 학습하고 과제를 해결할 수 있는 다양한 교수·학습 방법 및 평가 제시
○ 교사와 학생, 학생과 학생 간의 상호 작용이 가능한 다양한 교수·학습 활동 제시

(2) 이해하기 쉽고 재미있으며 실생활과 연계되도록 편찬

○ 학생의 생활 경험을 반영한 내용으로 흥미와 동기를 유발하도록 개발
○ 실생활에 응용 가능하도록 실용성 및 응용성을 고려하여 개발
○ 다양한 현상과 사례 및 직·간접적 체험 중심의 교육 내용, 교수·학습 활동 및 평가 제시

교과용 도서 편찬 방향은 거시적 차원에서 나아갈 길을 제시한 것이다. 그러므로 이러한 방향은 '편찬 상의 유의점'이나 교과목별 '교과용 도서 집필 기준'에서 더욱 구체화한다.

2) 편찬 상의 유의점

1. 헌법 및 관련 법령의 준수

○ 헌법, 교육기본법, 초·중등교육법 및 동법 시행령, 교과용 도서에 관한 규정 등 관련 법령을 준수하여야 한다.

2. 교육의 중립성 유지

○ 교육 내용을 교육 본래의 목적에 따라 그 기능을 다 하고, 정치적·파당적 또는 개인적 편견을 전파하기 위한 방편으로 이용되지 않도록 공정하고 교육적으로 다루어야 한다.
○ 교육 내용은 특정 정당, 종교, 인물, 인종, 상품, 기관 등을 선전하거나 비방해서는 아니 되며, 남녀의 역할, 장애, 직업 등에 대한 편견이 없도록 하여야 한다.
○ 사회적 약자를 비방하거나 품위를 손상시키는 내용, 무능력하거나 의존적이라는 편견을 조장하는 내용이 담기지 않도록 한다.

3. 지식 재산권 관련 법령 준수

○ 저작권, 특허권 등 지식 재산권과 관련하여 저작권자의 표시와 같은 최신의 관련 법령을 따른다.

4. 교육과정의 구현 및 목표 진술

○ 교육과정에 제시된 인간상, 구성 방침, 교육 목표 및 교과용서 편찬 방향을 충실히 구현하여야 한다.
○ 해당 교과 학습을 통하여 학생이 궁극적으로 달성하여야 할 학습 목표를 학습자 관점에서 진술하여야 한다.
○ 구체적인 하위 목표는 학생이 학습 후 도달해야 할 성취기준을 중심으로 진술하여야 한다.

5. 내용의 선정 및 조직(생략)

6. 표기와 인용의 정확성(생략)

7. 범교과 학습 내용의 반영

○ 안전·건강 교육, 인성교육, 진로 교육, 민주 시민 교육, 인권 교육, 다문화 교육, 통일 교육, 독도 교육, 경제·금융 교육, 환경·지속 가능 발전 교육 등을 관련 교과목의 내용에 따라 포함하도록 한다.

8. 기타 사항(생략)

법령에 따라야 하는 사항을 안내하거나, 편찬 방향에서 간략하게 제시한 사항을 더욱 구체화하여 제시하는 것이 보통이다. 특히, 교육과정 총론에 제시한 '추구하는 인간상'이나 '범교과 내용' 반영을 강조한다.

3) 교과용 도서 집필 기준

교육부는 2015 개정 교육과정에 따른 '교과용 도서 집필 기준'을 국어, 도덕, 경제, 역사(세계사, 동아시아사) 교과목에서 제시하였다. 대강의 흐름과 내용을 제시한다는 차원에서 국어과 과목 필요 부분을 요약하여 제시해 본다.

<국어과 과목 공통 집필 기준>

1. 교과서 개발 방향

가. 국어교육의 본질과 교과서 집필의 방향(생략)

나. 국어과 교육과정과 교과서 집필 방향(생략)

2. 내용 선정 기준

가. 내용 선정의 일반 원리

① **적합성의 원리** : 국어 교과서의 내용은 윤리적 기준에서 교육을 위한 자료로서 적합해야 한다.

② **적절성의 원리** : 국어 교과서의 내용은 언어적·심리적 기준에서 학습자의 발달 수준과 요구, 사전 경험 및 지식에 적절하게 부합해야 한다.

③ **효율성의 원리** : 국어 교과서의 내용은 제도적·교육공학적 기준에서 학습 목표를 효율적으로 성취할 수 있어야 한다.

④ **타당성의 원리** : 국어 교과서의 내용은 학문적 기준에서 객관적인 진실이어야 하고 가치가 있어야 한다.

⑤ **공평성의 원리** : 국어 교과서의 내용은 사회적 기준에서 균형 잡힌 시각을 반영한 것이어야 한다.

나. 교육과정의 성취기준 적용

① **성취기준의 내용 범위 설정** : 성취기준에 기술된 내용의 범위는 교육과정의 '주요 학습 요소' 및 '성취기준 해설'을 참조하여 정하되, 다른 성취기준과의 연계성, 상보성, 위계적 등을 복합적으로 고려하여 설정한다.

② **성취기준 간의 위계 설정** : 성취기준 간의 위계는 단일성과 복합성, 개별성과 전체성, 지식 중심과 기능 중심, 실제 중심과 태도 중심, 개념과 단계의 선후 등을 복합적으로 고려하여 설정한다.

③ **성취기준의 반복** : 성취기준은 복합성과 항상성 등을 고려하여 2개 학기 혹은 2개 학년 이상에서 반복적으로 적용할 수 있다.

④ **성취기준의 영역 내 연계** : 성취기준 간의 유사성, 긴밀성, 유기성 등을 고려하여 영역 내에서 2개 이상의 성취기준을 묶어서 적용할 수 있다.

⑤ **성취기준의 영역 간 연계** : 언어활동의 복합성과 동시성, 추구하는 목표, 학습 요소, 국어 자료의 종류 등을 고려하여 영역이 다른 2개 이상의 성취기준을 묶어서 적용할 수 있다.

다. 단원 구성

① **단원의 수** : 단원의 수는 교육과정 상의 단위 배당 기준과 학습량, 내용의 수준과 범위, 학습자의 발달 단계에 따른 학습 지속 시간 등을 고려하여 신축성 있게 정한다.

② **단원의 배열** : 단원의 배열은 교과서 전체의 논리적 구조를 보여주므로, 형식 면에서 체계적이고 내용 면에서 교과서의 전체 흐름이 드러나도록 짠다. 이때 학습자에게 요구되는 국어 활동의 속성과 종류, 제시되는 제재, 해당 단원의 학습이 이루어지는 학교 상황 및 환경 등 제반 사항을 고려하여야 한다.

③ **소단원 간의 관계** : 각각의 소단원은 제재나 자료 면에서는 물론, 목표, 내용, 방법 면에서도 상
　호 보완적인 역할을 하도록 한다.

④ **학습 활동의 구성** : 학습 활동은 목표 지향적이어야 하며, 경험의 성장, 사고력의 발달, 문화적
　감수성의 함양에 기여할 수 있도록 구성한다.

⑤ **학습 활동의 배열** : 학습 활동은 단계성, 유기성, 효율성을 갖추도록 배열한다.

⑥ **학습 내용에 대한 학습자의 인식 유도** : 각 단원의 중심 내용이 지닌 가치와 효용을 학습자가 인
　식할 수 있도록 설계한다.

라. 학습 활동 구성

① **목표 지향성** : 학습 활동은 해당 교육과정 성취기준을 적절하고 타당하게 반영하고 실현하도
　록 구성한다.

② **국어 자료의 다양성과 특수성** : 학습 활동 구성 시 국어 자료의 다양한 측면(내용, 형식, 표현,
　맥락) 및 개별 자료의 특성을 고려하여 자료를 선정한다.

③ **학습자의 발달 단계와 능력** : 학습자의 발달 단계와 능력을 고려하여 지나치게 평이하거나 전
　문적인 수준의 활동은 지양한다.

④ **학습자의 흥미와 동기 유발 효과** : 학습자의 흥미와 동기를 유발할 수 있도록 다양한 주제와 매
　체를 활용하여 창의적으로 학습 활동을 구성한다.

⑤ **사고의 개방성 지향** : 국어 자료가 다의성과 함축성을 지니며 맥락에 따라 여러 해석이 존재할
　수 있음을 인정하고, 사고의 자율성과 주체성을 보장할 수 있도록 구성한다.

⑥ **활동의 다양성 지향** : 내용 확인, 추론, 평가와 감상, 내용 선정 및 조직, 표현과 전달, 사회·문화
　적 소통 등의 활동이 다양하게 이루어질 수 있도록 구성한다.

3. 제재 선정 기준

가. 교육과정

① **교육과정 반영** : 국어과 교육과정의 성격, 목표, 내용 체계와 성취기준, 교수·학습 방법 및 평가
　의 방향에 제시된 지향과 정신을 구현할 수 있는 제재를 선정한다.

② **영역 통합** : '듣기·말하기', '읽기', '쓰기', '문법', '문학' 영역 간에 통합적으로 연계될 수 있는 요
　소가 많은 제재를 선정한다.

③ **범교과 학습 주제 관련** : 국어과의 특성을 고려하여 범교과 학습 주제와 관련시킬 수 있는 제재
　를 선정한다.

나. 학습자의 요구

① **학습자의 수준** : 언어·인지·정서 발달 수준에 적절하고 학습자의 관심과 흥미 등 심리적·문화
　적 욕구와 경험에 부합하는 제재를 선정한다.

② **지식과 경험의 확장** : 사회적·문화적·심리적 지식과 경험의 확장이 가능한 제재를 선정한다.

③ **언어문화 창조** : 미래의 언어문화 창조에 기여하는 능력을 기르는 데 도움이 되는 자료나 제재를 선정한다.

다. 사회적 요구

① **미래 사회 대비** : 통일, 국제화, 정보화, 다문화 시대에 필요한 창의성과 인성을 갖춘 인재 육성에 도움이 되는 제재를 선정한다.

② **사회적 의제에 대한 합리적 인식 형성** : 우리 사회의 변화를 이해하고, 중요한 사회 문제에 대해 합리적이고 비판적으로 사고하고 소통할 수 있게 하는 제재를 선정한다.

③ **반(反)편견, 배려와 공감의 태도 함양** : 지역, 성, 인종, 민족, 국적, 종교, 직업, 계층, 육체적·정신적 특성 등의 측면에서 편견을 낳을 수 있는 제재는 피하고, 다른 문화와 타인의 삶을 이해하고 배려하며 공감하는 태도를 기르는 데 도움을 줄 수 있는 제재를 선정한다.

④ **저작권의 보호** : 타인의 창의적 노력의 산물로서의 아이디어나 결과물을 제재로 활용할 때, 저작권을 침해하지 않도록 유의하며 제재를 선정한다.

교과목 집필 기준은 교과의 교육 목표, 특성에 따라 제시하는 중점이나 체제를 달리하고, 유의점도 강조하는 내용을 구별하여 유목으로 제시할 수 있다. 또 같은 교과 내에서도 학교급별(초등학교, 중학교, 고등학교)마다 다르고, 같은 학교급에서도 국어의 경우 <화법과 작문>, <언어와 매체>, <독서>, <문학>, <실용 국어>, <심화 국어> 등에서 집필 기준의 체제와 내용을 달리하여 특징을 살릴 수 있다. 실제 새로 개발하는 교과서의 품질과 참신한 면모는 집필 기준이 어떠하냐에 달렸다고 하겠다.

4) 검정·인정 기준

앞서 제2장 '교과서 평가와 원리 탐색'에서 언급했듯이 검·인정 기준은 공통기준과 교과별 기준으로 나뉜다. 공통기준은 헌법 정신과의 일치, 교육의 중립성, 지식 재산권의 존중 등을 심사 영역으로 둔다. 교과별 기준은 일정한 틀이 있는 것은 아니지만, 교육과정 준수, 내용의 선정 및 조직, 내용의 정확성 및 공정성, 교수·학습 방법 및 평가 등을 기준으로 제시하여, 교과의 특성이 교과서에 실체화되도록 안내한다. 디지털 교과서 검정기준은 디지털 기능, 기술적 구조 및 표현 등 '기술 심사 영역'을 따로 설정하여, 서책형 검·인정 기준과는 심사 영역과 중점을 달리한다.

대체로 검·인정 기준은 교육과정, 교과용 도서 편찬 방향, 편찬 상의 유의점, 교과용 도서 집필 기준 등을 참고, 구체화하여 설정하는 것이 보통이다. 심사 기준은 교과서 개발 방향을 제시한 요구 조건으로 작용하고, 이러한 기준에 미달하면 교과서로서의 자격을 부여받지 못한다.

이상은 교과서 정책 방향의 내용을 어떻게 제시하고, 이를 구현하기 위하여 무엇을 요구하고 있는지를 파악해 볼 수 있는 자료이다. 이를 바탕으로 수정·보완의 관점을 어떻게 설정할 것인가를 모색해 보는 것이 가능하다. 따라서 여기에서는 이들 정책 자료의 순기능, 역기능에 대한 논의는 제외로 하였다.

나. 교과서 정책과 품질 관리 관점 제시

1) 정책적 품질 관리 관점과 제시 방법

앞서 정책 차원에서 제시한 품질 관리 관련 내용을 요약해 살펴보면 다음과 같다. <교과용 도서 편찬 방향>에서는 '목표', '기본 방향'을 먼저 제시하고, '교육과정의 충실한 구현', '창의·융합적 인재 양성', '학습자 중심의 교과용 도서 편찬'을 제시하였다. <편찬 상의 유의점>, <교과용 도서 집필 기준>, <검·인정 기준>에 제시한 교과서 편찬의 정책적 유의점, 요구 사항, 기준 등 일부에서 동일 체제나 동어의 반복적 요소가 많이 엿보인다. 여기에 헌법, 각종, 법령, 규칙을 비롯하여 교육과정도 품질 관리 방향 제시의 주요한 원천이다. 이들 방향 제시의 근거를 바탕으로 품질 관리 관점을 도출해 볼 수 있다.

설명의 편의성을 확보한다는 차원에서 <편찬 상의 유의점>에서 제시한 ① 헌법 및 관련 법령의 준수, ② 교육의 중립성 유지, ③ 지식 재산권 관련 법령 준수, ④ 교육 과정의 구현 및 목표 진술, ⑤ 내용의 선정 및 조직, ⑥ 표기와 인용의 정확성, ⑦ 범교과 학습 내용의 반영, ⑧ 외형 체제 등 기타 관련 사항으로 구분하고, 정책적 요구 사항이 무엇인가를 찾아보는 것이 가능하다.

이들 중 ①~③, ⑥~⑧의 경우는 단순히 반영이나 준수 여부를 가리는 사항들로, 수정·보완의 검토 관점에서 접근하는 데에는 어려움이 없어 보인다. 그러나 ④, ⑤의 경우는 학문적 배경지식과 일정 수준의 전문성을 요구하므로, 이들의 반영 수준에 따라 수정·보완과 품질 개선의 차원이 달라지는 교과서 편찬, 집필 기준이라고 할 수 있다. 따라서 교과서 개발에서 ④, ⑤ 부분을 어떻게 창의적으로 반영하느냐에 따라 품질의 수준이 달라지므로, 교과서 품질 관리 차원에서도 중요시해야 할 핵심 부분이라 하겠다.

그런데 이들 요목은 교과서 편찬에 필수적으로 요구하는 사항으로, 품질 관리의 차원에서도 이들이 교과서에 제대로 반영되었는가를 검토해야 한다. 따라서 교과서 편찬에서 정책적으로 요구하는 방향, 유의점이나 기준 등은 그대로 품질 관리의 기본 관점이 되는 것이다.

다음은 이들 각각 정책 자료의 역할과 구조, 요구 사항을 바탕으로 **'품질 관리 관점'**을 거시, 미시로 구분하고, 이런 관점이 어디에 어떻게 제시되어 있는지를 찾아보려고 만든 비교 분석표이다.

품질 관리 관점		제시 방법	
거시 관점	미시 관점	일반·공통 기준	교과별·특수 기준
I 국가·사회적 요구 사항	헌법, 법령, 규정 준수	헌법 교육기본법 초·중등교육법(시행령) 저작권 관련법 국가표준기본법 교과용 도서에 관한 규정 최신 어문규정 지도 도식 규칙	없음
	교육의 중립성 유지		
	지식 재산권 준수		
	어문규정		
	국가, 지명 표기		
	계량 단위		
II 교육과정 내용 구현	추구하는 인간상	교육과정 총론	없음 (일부 교과목별 교육과정)
	교육 목표		
	범교과 학습 내용		
	학습 목표	없음	교과목별 교육과정
	성취기준		
III 교과용 도서의 내용 구성	내용 선정	교과용 도서 편찬 방향 공통 편찬 상의 유의점 검·인정 공통기준	교과목별 편찬 상의 유의점 해당 교과용 도서 집필 기준 교과목별 검·인정기준
	내용 조직		
	지면 구성 (편집·디자인)		
	진술 방법 (표현·표기)		
IV 외형 체제 및 기타	본문 용지	공통 편찬 상의 유의점	없음
	활동지, 부록		
	집필자 실명제		
	쪽수	없음	교과목별 편찬 상의 유의점

I ~IV는 교과서 개발 방향과 연관하여 거시적으로 품질 관리 관점을 구분해 본 것이다. 거시적 관점은 기준 제시의 일반적인 하위 구조를 참고하여 다시 세부 사항인 미시적 관점으로 구분하였다. 이러한 거시적, 미시적 구분의 타당성은 검증이 필요하다. 그러나 정책적으로 교과서 개발의 방향과 기준을 어떠한 체계와 구조로 제시해야 효과적일지를 보여주는 하나의 방법이라 하겠다.

그런데 이들 정책 자료에는 각각의 독립적 체제가 필요하다. 교과서 개발에 참여하는 사람들이 일견하여 편리하게 참고할 수 있는 체계적인 구조화가 우선한다. ㉠ 내용의 반복적 항목, 요소 제시를 최소화하여, ㉡ 자료로서의 성격과 특징이 제대로 드러나고, ㉢ 자료마다 독특한 체계를 세우고 기능을 발휘할 수 있도록 설명 방법을 달리해야 한다. ㉣ 각 자료의 본질적인 부분만 내용으로 확보하여 그 가치와 활용도를 높이고, ㉤ 각각의 내용과 체계를 유기적으로는 연결하는 것이 바람직하다.

이들 정책 자료는 개발 단계에서부터 교과서 품질을 좌우하는 방향 제시와 품질 관리 관점이므로, 교과서 존재를 조감(鳥瞰)하는 위치에서 상호 관계를 구체적으로 연결하여 반영하는 것이 좋다.

2) 자유발행 정책과 품질 관리 관점 분류

정책 자료 제시 사항을 분석해 보면, 교과서 정책은 크게 두 가지 관점으로 나눠 생각해 볼 수 있다. 그 하나의 관점은 ① 국가 교육과정을 비롯하여 교육의 내용을 교과서에 어떻게 담을 것인가를 제시하는 틀로서의 정책 방향이고, ② 교과서 품질을 일정 수준으로 담보·유지하기 위해 정책으로서 요구, 조건을 제시한 방향이다. 또 다른 관점은 ① 요구 사항의 반영 여부를 면밀하게 따져보는 정책 방향이고, ② 창의적으로 구안(具案), 반영해야 교과서의 품질을 높일 수 있다는 요구로서의 정책 방향이다.

아직은 출발 단계이지만, 자유발행제 도입에 따라 상기 정책적 관점을 어느 수준으로 제시하고, 교과서 질을 보장하기 위해 무엇을 어떻게 요구해야 하는지의 신중한 고려가 뒤따라야 한다. 자유발행제는 창의성과 전문성의 발휘를 최대로 조장하지만, 이것이 곧 교과서의 품질을 최고 수준으로 보장한다는 말은 아니기 때문이다. 따라서 자유발행 교과서를 점차 확대하면서 이러한 심모원려(深謀遠慮)가 정책적 차원에서 깊이 있게 고려되어야 한다.

검정도서 확대, 검정도서 심사제도 개선, 자유발행제 도입, 추진 등을 포함하여 교과용 도서의 다양화·자율화·전문화 정책을 성공적으로 추진하기 위해서는, 교과서 품질 관리 차원에서 정책적 요구(요소) 사항을 어떤 수준에서 어떻게 제시할 것인가를 신중하게 연구, 검토해야 한다. 교과서 다양화·자율화에는 집필진 자체 평가서 등을 포함하여 집필자의 창의성·전문성을 보장하는 반면에, 사후 품질 관리를 성실하게 이행해야 하는 책임도 따른다. 원초적으로 집필(개발) 과정에서부터 품질을 보장하는 방법과 사후 품질 관리를 철저히 하는 방법은 순차의 차이만 있지, 일정 수준의 교과서 품질을 요구한다는 점에서는 같다.

교과서 개발에서 필수 요건 사항의 반영 여부를 가리는 것은 그리 어렵지 않다. 그러나 집필 과정에서 교과서의 기능을 최대로 발휘하도록 창의성을 높이는 목표와 기준이 없어, 좋은 교과서 품질 수준의 실체가 무엇인지 예측하기가 쉽지 않다. 자유발행제에서 이점을 정책적으로 보완할 수 있는 슬기로운 방법을 미리 준비하는 것이 좋다. 즉, 교과서의 수준을 설정해 보고, 그 수준을 점검해보는 시스템을 마련하고, 점검 결과를 어떻게 일반화할지를 생각해 보아야 한다.

교과서 정책과 제도 운용의 묘미와 탄력성이 교과서 품질을 좌우한다는 명제에 주목해야 한다. 교과서 정책은 교과서 제도, 교과서 관련 인력, 교과서 생태를 좌우하는 예산, 교과서 관련 기관, 교과서 관련 법령·규정 등은 물론, 특히 이들의 협동작용 결과로 나타나는 학교 교육의 질과도 직결된다.

그런데 이러한 정책적 요구 사항은 다음에서 제시하는, '교과서 구성 원리'에도 모두 다 포함되는 수정·보완, 품질 관리 관점 요소들이라는 점에 주목할 필요가 있다. 때문에 '더 좋은 교과서'를 개발하고 사용하기 위한 정책의 설정과 제시가, 마냥 교과서의 다양화·자율화·전문화를 제약하는 부정적인 수단으로 작용하는 것만이 아니라는 점도 간과해서는 안 된다.

2. 교과서 구성과 품질 관리 관점

가. 구성 원리와 품질 관리 관점 모형

교과서 구성 원리와 품질 관리 관점은 원칙적으로 같다고 하겠다. 다만, **'구성 원리'**

는 개발 과정에서 좋은 교과서를 구성하기 위한 구체적인 기본 방향과 법칙에 해당한다면, **'품질 관리 관점'**은 구성 원리 요소가 제대로 교과서에 구현되었는지를 확인하는 메타 언어적 관점의 성격이라 하겠다.

　그러므로 교과서 구성 원리에서의 품질 관리 관점 모형은 앞에서 제시한 구성 원리의 요소가 그대로 성격을 달리하여 원용될 수밖에 없다.

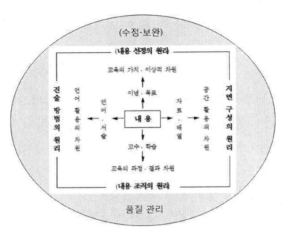

교과서 구성의 품질 관리 관점 모형

　'교과서 구성의 품질 관리 관점 모형'은 각 관점의 존재 위치와 상호 관계를 일목요연하게 파악하게 하는 구도(構圖)를 제공한다. 내용 선정의 원리, 내용 조직의 원리, 지면 구성의 원리, 진술 방법의 원리는 각 영역의 역동적인 상호 작용으로 시너지 효과를 나타낸다. 그러므로 품질 관리(수정·보완) 관점의 작용도 궤를 같이하므로, 어떤 면에서는 일부분 겹치거나 중복되는 경우가 생길 수밖에 없다.

　'구성 원리 인자'의 존재 방식과 작용에서 설명한 것처럼, 교과서 구성의 품질 관리 관점도 인다라망(因陀羅網) 보배 구슬처럼 중중무진(重重無盡)으로 관계하며 존재한다. 하나의 관점이 다른 관점을 도우며, 또 그 관점이 다른 모든 관점과 관계하며 거듭거듭 끝없이 상호 작용한다. 또 이들 관점은 독자적으로, 아니면 유기적·상보적으로 관계를 맺으며 존재한다. 그러므로 관점의 하나하나 작용도 중요하지만, 관점이 덩어리로 뭉쳐 또 다른 덩어리를 도와주는 총합 작용도 중요하다. 즉, 교과서 구성에서 좋은 교과서를 지향하는 품질 관리 관점은 역동적인 상호 작용으로 무궁무진하게 이어진다는 말이다.

구성 원리 설명과 중복되는 요소를 최소화하면서, 품질 관리 관점 요소를 체계화, 구체화, 실제화해 본다는 취지에서 구성 원리 체계와 항목을 그대로 유지하였다. 그러나 관점의 세부 요소는 차원을 달리하여 설명해 보고자 하였다.

나. 구성의 일반 원리와 품질 관리 관점

1) 내용 선정의 원리와 관점

<내용 선정 주요 관점(예시)>[2]

- ○ **(교육과정)** 교육과정 성격, 목표에 부합하는 내용(성취기준)을 선정
- ○ **(학습 목표)** 합리적인 학습 목표 설정과 목표 달성의 가능성과 효율성
- ○ **(내용 수준)** 학습자의 인지 수준, 배경지식, 사전 경험을 고려한 내용
- ○ **(보편 가치)** 바람직한 인격 형성과 보편타당한 가치를 구현하는 내용
- ○ **(생활 자료)** 실생활에 긴요하고 경험과 응용이 쉽고 가능한 내용
- ○ **(학문 배경)** 교육의 형편, 이치에 합당한 학문적 기준과 배경 구유
- ○ **(시대정신)** 미래 지향성, 공정한 사회적 가치 등 시대를 대변하는 내용

① **목표 구현성(realization):** 목표를 설정하고, 그 목표에 도달할 수 있는 절차나 과정을 갖추었는지를 살펴보는 관점이다. 내용 선정에 국한해 보면, 이러한 기제의 하나는 교육과정의 내용 체계나 성취기준이 제대로 반영되었는지를 면밀하게 검토해 보는 것이다. 목표에 도달하기 위한 학습 요소가 실질적인 활동으로 적절하게 분화했는지, 이러한 분화가 목표를 효과적으로 구현하도록 했는지를 확인하는 것도 같은 관점에서 이루어진다. 그러나 이러한 관점이 내용 조직의 관점과 상호 협력하여 실체를 찾아본다는 데 어려움이 있다.

② **학습 가능성(possibility):** 자체 보편적이면서 추상적인 내용을 구체화하여, 학습 실현이 가능한 내용이 선정되었는지를 살피는 관점이다. 학습 가능성은 목표구현과

---

2) '주요 관점' 예시는 다른 각도에서 접근한 품질 관리 관점을 예로 들은 것이며, 이어지는 '내용 조직', '지면 구성', '진술 방법'을 비롯하여 '창조 원리', '총합 원리'에서도 같은 맥락의 예시이다.

상호 작용하므로, 목표 구현성과 학습 가능성을 동시에 고려하면서 내용 선정과 학습 절차 체계가 제대로 실현되었는지를 살펴보아야 한다.

문학교육에서 '상상력의 신장'처럼 학습 내용이 추상적인 목표는 학습 가능한 활동으로 구체화해야 하고, 교과마다 약간의 차이가 있겠지만, 교육과정에서 공통으로 강조하는 '역량 신장'도 학습이 가능한 과정으로 구조화해야 한다.[3] 이처럼 학습 가능성을 교과서에 실현하려면, 목표 구현성을 함께 고려하여 학습 활동의 구체적인 절차를 제시하고 체계화하는 것이 좋다. 학습 가능성도 내용 조직과 밀접하게 관계한다.

③ **전이성(transfer)**: 교육과정의 성취 기준(내용 체계)은 원래 학교급별로, 또는 학교급 내에서 학년 별로, 학년 내에서 학습의 순서 등 학습의 단계를 고려하여 계열화한 것으로, 전이성을 고려한 체계라고 하겠다. 이를 좁은 의미로 국한하여, 제재나 내용 선정에서 전자의 학습이 후자의 학습에 기초·배경 지식, 문제해결, 유추 작용 등의 역할을 하는지를 검토하는 관점이다.

④ **유용성(utility)**: 교육은 원래 사회적 행동 변화를 요구한다. 그러므로 교육적으로 유용하다는 말은 이 행동 변화를 바람직한 방향으로 유도하도록 교육의 내용과 방법을 선정해야 한다는 뜻이다. 그러기 위해서는 제재의 선정, 설명의 방법, 교수·학습의 과정이 이러한 방향으로 합일(合一)해야 한다. 즉, 유용성은 인간 존재와 사회적 가치관, 인격 형성, 바람직한 인간관계, 세계관 등 여러 수준과 방법으로 설명할 수 있으므로, 내용 선정에서도 이러한 점이 반영되었는지를 따져보는 관점이다.

⑤ **개방성(opening)**: 교과서 개발도 때에 따라 특정의 요구 사항을 충족시켜야 하지만, 어떤 면에서는 집필자의 창작물이므로 집필자의 의도가 반영되지 않을 수 없다. 그러나 학교 교육은 보편적 가치를 내용에 담아야 하므로, 시대정신, 미래 지향적 내용 등을 고려하되 편향성을 곁들이지 말아야 한다. 그러므로 개방성의 검토 관점은 내용과 자료 선정의 진폭이 넓다는 점을 참작하여 그 적용을 신중히 해야 한다.

---

3) 2015 개정 교육과정 총론에는 ① 자기 관리 역량, ② 지식정보처리 역량, ③ 창의적 사고 역량, ④ 심미적 감성 역량, ⑤ 의사소통 역량, ⑥ 공동체 역량을 제시하였고, 이를 바탕으로 교과마다 특수성을 살려서 역량을 달리 제시하기도 한다.

⑥ 보편성(universality): 개방성과 연관된 관점으로 보편, 타당한 제재나 자료를 내용으로 선정했는지를 가리는 검토 기준이다. 이러한 가치는 사회적 약속이므로 선별하기가 어렵지 않지만, 구체적으로 기준을 세워 내용 요소로 흡인하기는 그렇지 않다. 그러나 보편성은 일반성, 공정성, 연속성, 영원성 등의 속성을 지니므로 이러한 관점에서 내용을 선정했는지를 검토한다.

⑦ 대표성(representation): 내용 선정에서 대표성은 먼저 내용 구성 방법이 대표성을 띠었는지, 내용을 구성하는 제재나 자료가 대표성을 지녔는가를 가리는 검토 관점이다. 내용 구성의 대표성은 목표구현에 최적하다는 말과 상통하고, 교과서를 이러한 방향으로 구조화해야 한다. 대표성을 지닌 제재나 자료를 선정하는 경우는 이미 세평으로 판단이 나 있는 것을 선택하면 무난하다. 대표성은 내용 선정의 지향적인 목표로, 대표성을 띤다는 증명이 객관적으로 어려운 측면이 있다.

⑧ 적합성(fitness): 적합성은 앞에서 예로 들은 ①~⑦ 모두와 관련되는 관점이기도 하다. 적합성은 양의 개념과 질의 개념이 동시에 아니면 개별적으로 작용한다. 크게는 설정한 목표나 수준, 방법, 과정, 가치관 형성 등에서 알맞게 적당한 내용과 자료를 선정했는지를 확인한다. 나아가 개별 목표 실현 가능성, 학생의 학습 수준, 구체적인 교수·학습 방법이나 과정, 상호 작용 등을 이러한 관점으로 검토한다.

⑨ 적정성(appropriateness): 내용 선정이 정도나 이치에 알맞은지를 양의 개념으로 접근하는 관점이다. 적정성은 학생 발달 수준의 모든 요소를 고려해야 하므로, 교과서 개발에서 이를 반영하기란 매우 어려운 측면이 있다. 학습량은 대표적으로 적정성이 고려되는 분야지만, 이를 교과서에 적절, 적당하게 실현했는지를 가리기는 쉽지 않다. 학습의 대상이나 학습자의 상태 파악이 매우 분화되어 있거나 개별적이기 때문이다. 그러나 교육 현장에서 학습량은 너무 지나치다거나 모자란다고 여기는 것을 재구성으로 보완할 수 있다.

⑩ 적절성(propriety): 질의 개념에서 내용이나 자료를 학습의 효과를 고려하여 적당하고 알맞게 선정했는지를 검토하는 관점이다. 학습자의 교육 관련 기준과 상태, 즉 발달 수준, 배경지식, 인지 능력, 학습 수행 정도, 사전 교육 체험 등을 고려하여 내용

을 선정했는지를 검토해야 한다. 적절성은 적합성, 적정성과도 관련하여 좋은 교과서 개발의 여부를 판단하는 관점으로 작용한다.

⑪ **타당성(validity)**: 교육의 자료나 내용이 교육적 형편이나 이치에 부합하는 지를 가리는 검토 관점이다. 교육의 형편이나 이치는 교실 환경에서 하나로 특정하기가 어렵고, 실제 활동에서는 경우의 수가 다양하므로 이를 교과서 내용 선정으로 타당한지를 가리는 것은 매우 어렵다. 그런데 타당성은 과정을 계량화하기보다는, 결과로 도출한 효과를 역으로 검토하는 방법이 있기는 하다.

반면에, 타당성 검증이 쉬운 경우도 많다. 어떤 학습 목표를 달성하기 위해 도입한 교수·학습 방법이 타당했는지를 검토하는 것은, 그 교수·학습 방법의 절차나 과정이 목표구현에 무리 없이 부합하게 설계되었는지를 찾아보면 된다. 그러므로 타당성은 내용 조직이라는 연장선에서 검토하는 것이 좋다.

⑫ **공평성(impartiality)**: 교과서 내용이나 자료가 사회적 보편적 가치 기준에 균형과 공정성을 지니고 있는가를 살펴보는 관점이다. 이를 교과서 구성의 다른 영역으로 넓혀 생각하면 내용 조직, 지면 구성, 진술 방법도 어느 한 편에 치우치지 않고, 올바른 가치관으로 균평(均平)하게 작용하는 것을 뜻한다. 보편성과 상호 연동하여 검토하는 것이 바람직하다.

⑬ **실용성(practicality)**: 인간의 존재는 실용적 가치에서 구체적인 확인이 가능하다. 실용성은 교육 내용이 실생활에서 필요하고, 실제로 쓸모가 이어야 하며, 학습 결과가 2차로 실생활에서 응용으로 발전해야 한다. 따라서 실용성의 카테고리는 자료나 내용의 선정이 이론적, 학문적, 관념적, 이상적, 추상적이기보다는 실제성, 유용성, 실질성, 현장성, 활용성과 긴밀하게 작용하면서 이뤄져야 한다.

국어에서 실생활 언어사용을 강조하거나, 영어에서 대화 중심 실용 영어로의 편성, 수학에서 스토리텔링 등 실용성 내용 선정은 즐비하다고 하겠다. 이처럼 실용성의 관점은 자료나 내용이 일상생활과 연결되어, 생활에 가치를 부여하고 도움을 주는지를 살펴보는 관점이다.

2) 내용 조직의 원리와 관점

<내용 조직 주요 관점(예시)>

- **(성취 수준)** 교육과정의 단위, 시간 배당, 성취 수준과 범위를 고려하여 조직
- **(학습 절차)** 흥미와 동기 유발, 목표 달성의 절차를 고려하여 분화, 조직
- **(학습 활동)** 활동과 소통 작용이 위계를 이루어 다양하게 개방적으로 제시
- **(단원 구성)** 학습량, 내용 수준, 단원 수, 배열 등을 유기적 흐름으로 구성
- **(교수·학습)** 구성원 간 활동과 소통이 원활하고 다양한 교수·학습 방법 제시
- **(학습 체계)** 학습 요소의 위계, 계열, 연계, 절차, 단계 등을 고려하여 조직
- **(학습 완결)** 학습 목표 설정에서 마무리까지 유기적 구조로 완성하는 구성

① **체계성(system)**: 부분이 계통을 세워 일정한 원리에 따라 통일된 전체를 이루도록, 내용이 조직되었는지를 분석해 보는 관점이다. 교과서에서의 체계성은 통일된 유기적 생명체라는 말과 상통한다. 체계성은 전체를 이루는 부분과 부분과의 체계, 부분 내에서의 체계, 부분을 구성하는 구성 요소나 분자(分子)의 체계 등 거시적, 미시적으로 연결되어 있다. 더 구체적으로 예를 들면, 주교재와 보조교재 간, 대단원과 대단원 간, 대단원 내에서의 중·소단원 간의 관계, 소단원 내에서 학습 목표와 학습 활동과의 관계, 학습 활동과 활동 간 관계 등을 체계성으로 따져 볼 수 있다.

체계성은 이를 다른 단위로 분화해 보면, 학문적 체계, 교수·학습의 체계, 학습자 수준별 체계, 자료의 난이도 체계 등 추구하는 방식에 의거 다양하게 설정할 수 있다. 체계성은 후술할 위계성, 계열성, 계속성, 연계성과도 연결되는 검토 관점이다.

② **위계성(hierarchy)**: 교육과정의 내용 체계(성취기준)에서 확인할 수 있는 내용 조직의 관점이다. 주로 학습 내용의 난이도와 연관된 것으로, 하위 단계를 밟아야 상위 단계로 올라갈 수 있는 계단 층계에 비유해 보면 이해가 빠르다. 문법, 수학은 위계성이 강한 교과서로 학습의 과정을 정연하게 단계를 이루며 구성한다. 이들 과목은 같은 위계 내에서도 다시 단계를 세분하는 것도 가능하다. 국어에서는 자료가 어느 위계에 있는지 판별하기가 쉽지 않아, 학년 간을 오가는 경우도 생긴다.

③ **계열성(sequence)**: 학습하는 순서를 여러 조건 아래에서 종적으로 나열하는 방법

이 적절, 타당한가를 찾아보는 관점이다. 교육과정의 내용 체계(성취기준)가 계열성을 고려하여 체계화한 점은 위계성과 마찬가지다. 즉, 서로 관계가 있거나 공통점·유사점에서 연결되는 계통성을 말한다. 내용 조직에서 넓게는 학년 간, 학교급 간, 좁혀서 단원 간 계열이 타당한가를 검토하는 것도 중요하지만, 실제 학문 간 계열이 적절한지도 따져보아야 한다.

④ 계속성(continuity): 이미 교육과정 내용 체계(성취기준)에 내재한 계속성과 교육 내용이, 종적으로 끊이지 않고 이어져 있는지를 알아보는 관점이다. 계열성과 마찬가지로 학년 간, 학교급 간, 학문 간 계선 조직으로 교육 내용이 조직되어야 한다. 어느 경우에는 역으로, 교육과정에서 제시한 계속성이 바르게 계열화되었는지도 검토해 보는 것이 필요하다. 교육과정에 따른 내용 조직도 중요하지만, 교육과정 내용 체계가 합리적이지 못하면, 이의 무작정 승계는 낭패를 부른다.

⑤ 연계성(articulation): 계열성과 계속성과는 다르게 학년 간, 학교급 간에 교육 내용이 횡적, 종적으로 계열화되었는지를 살펴보는 관점이다. 같거나 유사한 내용이 타 교과와 연계성도 상시 존재하지만, 동일 교과군의 횡적 연계는 더욱 중요하다. 특히, 국어 교과서에서 이러한 현상이 꽤 두드러진다. 연계 방법은 동일 내용인 경우는 나선형, 위계형, 반복형 등의 방법도 가능하지만, 학습 효과가 정적(靜的)이 되어서는 안 된다. 이질 내용의 연계 방법은 교육활동이 시간과 공간에 격차가 있는 경우는 세밀한 연구가 필요하다.

⑥ 균형성(balance): 교육과정 상 분화된 학습 내용이 어느 한쪽으로 기울거나 치우치지 않고 고르게 선별, 조직되었는지를 검토하는 관점이다. 교과서에서 시간 및 지면 배분과도 연관되는 것으로 특정의 내용을 과다하게, 아니면 중요하지 않다고 여겨 너무 적게 편성하여 학습의 균형을 잃으면 안 된다. 교육 내용 조직에서 균형을 잡는 방법의 하나로, 학교급 간, 학년 간, 단원 간 교육과정 성취기준을 학습 목표로 전환한 다음, 일괄 조감(鳥瞰)하여 시간이나 지면 배당으로 확정하는 방식도 있다.

⑦ 효율성(efficiency): 교수·학습 방법 등 일련의 교육 절차를 수행하여 투입한 노력 이상으로 얻어진 결과, 즉 학습 효과가 얼마나 발생하였는가를 찾아보는 관점이다. 효

율성의 검증은 교육을 투입한 후의 평가에서 객관적으로 도출할 수 있지만, 교재에 내용 조직이 이러한 방향으로 실제 구성되었는지를 객관화하기는 어렵다. 효율성은 실제 수업의 결과로 얻어진 성과이기 때문이다. 교수·학습 모형에 따라 효율성을 극대화하는 방법이 이론화되어 있기는 하지만, 교과서에 이를 표준화하기는 그리 간단하지 않다.

⑧ **절차성(procedure)**: 교수·학습을 포함하여 교육의 효율성을 높이기 위해서는 절차가 필요하다. 이러한 절차나 과정이 학습 목표 달성에 효율적이면서 유용하고, 학문적 배경을 바탕으로 알맞게 제시되었는지를 알아보는 관점이다. 절차성은 내용 조직에서 이미 규격화한 방법을 그대로 차용하기도 하지만, 이를 보완하여 창의적으로 참신한 절차를 구안해 보려면 검토에 많은 배경지식이 필요하다.

교과서 구성에서 내용 조직은 절차의 연속이라고 해도 과언이 아니다. 교육적 효과가 나타나도록 어떻게 이론적으로 절차를 제시하였는지는 좋은 교과서 자질의 기본이므로, 절차성은 이런 관점에서 검토를 요구한다.

⑨ **단계성(stage)**: 교육과정의 내용 체계(성취기준)는 단계를 고려하여 조직되어 있지만, 이를 교재화 과정에서 구체화하여 단계를 세워 조직하기는 간단하지 않다. 단계성은 교과서에 적합하게 단계를 설정하여 내용을 조직하였는지를 분석해 보고, 보완점을 찾아보는 검토 관점이다. 앞에서 설명한 하위-상위 학습의 위계성, 선행-후행 학습의 계열성과는 엄연히 구별된다. 단계성은 학습자의 능력을 고려한 단계, 즉 보충학습, 심화학습의 구분 방법, 영국에서 국가 수준 교육과정을 단계별(stage)로 제시한 내용을 그대로 교과서로 전이한 형태가 그 일례가 된다고 하겠다.

⑩ **완결성(completeness)**: 교과서 구성에서 학습 목표를 설정하고, 그 목표를 달성하기 위하여 일정한 과정으로 조직하는데, 그 과정 하나하나가 목표 달성을 완결하는 조직으로 되어 있는지를 검토하는 관점이다. 완결성은 하나하나 완결된 자그마한 유기체가 다시 더 큰 완결된 유기체로 결합하도록 하는 조장 모티브 역할도 한다. 일상의 현상에서 마무리가 또 다른 출발의 시초가 되는 원리와 같은 작용이다.

완결성의 미시적 단위는 단원, 단원 내 활동, 마무리 평가 등이 있다. 완결된 교과서의 모습을 갖추려면, 지면 구성이나 진술 방식에서도 완결성의 준수가 필연적이다. 문장(단락)에 적용되는 완결성과 교과서 구성에서의 완결성과는 구별되지만, 원리의 기본 틀은 서로 상관이 있다고 하겠다.

⑪ **보완성(complementation)**: 교과서는 각각 완결된 구성체가 모여 하나의 완결된 유기적 생명체라 할 수 있다. 그런데 완결성은 보완성과 상보적 작용으로 존재한다. 보완성은 완결 단위가 상호 보완하여 교육의 효과를 충분히 발휘했는가를 찾아보는 관점이다. 보완성은 모자라거나 미비한 점을 보완한다기보다는, 완결성의 작용을 추장하고, 다음 단계로 전이할 수 있는 협력 작용의 일환이다.

보완성의 미시적 단위는 완결성과 마찬가지로 단원, 단원 내 활동, 마무리 평가 등이 있고, 완결─보완의 상보 구조 연속은 지면 구성이나 진술 방식에서도 같은 형태로 작용한다. 그러므로 완결성과 보완성은 서로 간 존재를 돋보이게 하는 관계라고 하겠다.

⑫ **다양성(diversity)**: 자료(제재) 등의 내용 선정, 교수·학습 방법, 학습 활동 등의 내용 조직, 각양의 자료를 활용한 지면 구성, 개념의 파악과 이해를 돋우는 진술 방식 등 모두가 다양하게 제시, 활용되었는가를 살피는 검토 관점이다.

다양성은 교육이 추구하는 기본 가치관과도 관계하는 중요 요소다. 학습자의 성향과 수준, 관심, 취향, 추구하는 목표 등이 각기 다르다. 이를 모두 만족시킬 수는 없지만, 교육 시스템의 하나인 교과서, 특히 교과서 구성에서 다양성은 필요하다. 그렇다고 다양성을 너무 강조하다 보면 교육의 초점이 흐리고 본질을 훼손하는 경우가 생기므로, 다양성 속에 통일성이 요구된다.

3) 지면(紙面) 구성의 원리와 관점

<지면 구성 주요 관점(예시)>

- **(자료 사용)** 내용(담화), 형식(그래픽, 삽화, 사진 등) 자료를 다양하게 활용
- **(자료 배치)** 내용, 형식 자료가 학습 효과를 고려, 시각적 배치 및 조화
- **(자료 연결)** 내용과 형식 자료, 삽화 사진 간의 의미 있는 연결과 시너지

> ○ **(미적 조화)** 담화자료의 배합, 글자 크기, 색상 등을 고려한 미적 구도
> ○ **(공간 활용)** 자료 크기, 위치, 자간·행간의 처리, 보충 설명, 여백 등의 활용
> ○ **(창의 구성)** 자료 배열, 의미 연결 및 전달 체계 등을 참신하게 구조화

① **시각성(visualization)**: 교재를 구성하는 외면 형식에서 학습의 인지 작용이 쉽도록, 시각적으로 배열되었는지를 검토하는 관점이다. 담화(글, 작품) 자료, 그래픽 자료, 학습 과제(활동) 자료, 학습 안내 및 설명 자료 등, 내용 자료와 형식 자료 모두가 외면 형식에 관여한다. 이들 자료는 시각적 효과를 높이기 위하여 위치, 모양(크기), 색상, 순서 등을 고려하고, 상호 작용이 학습의 효과를 최대로 발휘하도록 배치, 배열해야 한다. 시각성은 후술할 ②~⑤와 연동하여 작용하므로, 검토 관점도 마찬가지로 연계하여 작동해야 한다.

교과서 지면 구성에서 시각성은 학습의 효과를 높이는 기본 도구이다. 그러나 천연색 인쇄가 보편화된 요즘에는 이를 남용하면, 너무 현란하거나 무질서하여 아니함만 못하다는 점도 간과해서는 안 된다. 특히, 내용 삽화가 아닌 형식 삽화는 의미 연결을 훼손하지 않고, 미적 감각을 돋보이면서 감성을 자아내는 시각성을 고려해야 한다.

② **심미성(aesthetical)**: 지면의 구도를 미적으로 구성하여, 교육의 효과가 증대되도록 배열했는지를 검토하는 관점이다. 미적 감각과 구도는 일률적인 것이 아니므로, 미적 효과를 높이기 위하여 자료를 배치, 조합하는 구도화(構圖化)가 쉽지 않다. 글자, 그림 등이 구성 요소 단위별로 미적이어야 하지만, 전체가 종합적으로 조화와 균형을 이루는 것도 필요하다. 그래서 심미성은 균형성, 시각성, 조화성, 연결성과 긴밀하게 작용한다. '보기 좋은 떡이 맛도 좋다.'는 속담처럼 '보기 좋은 교과서가 공부하기도 좋다.'라는 말과 일면 상통한다고 해도 어긋난 말은 아니다.

③ **연결성(interconnection)**: 인간을 포함하여 모든 사물은 직간접적으로 관계하며 존재한다. 또한 그 관계의 작용으로 서로 존재를 확인한다. 교과서의 지면 구성 원리도 마찬가지다. 연결성은 지면을 구성하는 여러 요소(내용 자료, 형식 자료)가 의미 있는 관계망(關係網)으로 이루어져 교과서의 기능이 제대로 발휘되는가를 알아보는 관점이다.

특히, 담화와 삽화는 연결성이 단순한 배치를 뛰어넘는 교육적 효과로 이어져야 한다. 담화 내용과 삽화 형식의 연결, 담화 내용에 따른 삽화의 기능, 담화 주제어와 삽화의 위치와 크기, 삽화의 색감 등 연결고리의 변인이 인다라망(因陀羅網)의 연결처럼 무수히 많다.

④ **조화성(harmony)**: 지면을 구성하는 요소들이 잘 어울려 조화롭게 구성되었는지를 살피는 관점이다. 조화미는 배치나 색상의 이용이 균형을 이뤄야 하는 균제미와 상통한다. 조화성은 교육활동과 그것으로 인한 결과가 조화를 이루게 하기도 한다. 조화는 감각 작용의 문제로 주관적 요소가 다양하므로 심도 있는 많은 연구가 뒤따라야 한다. 우주 자체가 조화와 균형으로 관계를 이루어 서로의 존재를 안정적으로 인정하는 것같이, 교과서에서의 조화성은 구성에 관여하는 모든 요소가 균제미를 이루어 미적으로 교과서의 존재를 부각한다.

⑤ **창의성(creativity)**: 지면을 구성하는 요소들이 교육적 효과를 높이기 위하여 창의적으로 참신하게 구상, 착상하였는가를 검토하는 관점이다. 창의성은 일정한 법칙이 정해져 있는 것이 아니므로 어떤 면에서는 변형, 파격 등도 여기에 해당한다. 그러나 창의성은 교과서라는 개념을 교육적으로 구현하고, 기능이 최고조로 작용하는 경계 내에서의 신선한 아이디어를 말하는 것이지, 경계 밖으로의 의도적인 일탈(逸脫)을 의미하는 것이 아니다.

지면 구성 검토 관점 ①~⑤는 독립적 존재라기보다는 상호 의존하여 상보적으로 작용하므로, 검토의 방법도 상호 연결하여 상승효과를 노려야 한다.

4) 진술 방법의 원리와 관점

<진술 방법 주요 관점(예시)>

- **(문장 전달력)** 현상, 개념의 설명, 학습 안내 등에서 집중과 통일 유지
- **(학습자 이해)** 학습자가 쉽게 읽히고 이해하기 좋게 설명, 진술
- **(정확한 개념)** 대상의 설명이나 진술이 구체적이면서 명료하고 정확
- **(일관된 설명)** 목표 진술, 개념, 학습 활동 지시 등에서 일관된 설명, 안내

○ **(어문 형식)** 전체, 부분 단위에서 문장, 문체, 시제, 어미 등 형식 일치
○ **(어문 규범)** 정확한 표현·표기, 띄어쓰기, 맞춤법 준용, 표준어 사용 준수
○ **(사실 전달)** 자료, 통계 등에 오류가 없어야 하고, 사실을 정확히 설명, 전달

① **응집성(coherence)**: 학습 목표 구현을 위하여 설명이나 안내가 일관된 방향으로 응축되었는지를 알아보는 관점이다. 학습 목표 진술, 단원 안내, 학습이나 활동 안내, 개념 규정 및 설명, 평가 방법 안내나 설명, 용어의 해석 및 설명, 학습 내용 보충 설명, 단원 학습 결과 요약, 예문·본문 어휘 선택, 문장 길이 등에 응집성이 있어야 한다.

학생 학습 수준을 고려하여 설명, 진술에 밀도를 조정해야 하고, 교과마다 많이 사용하는 진술 형태나 방법이 드러나는 응집의 형태를 취해야 한다. 언어 현상을 주된 내용으로 하는 국어와 수리적 개념과 원리를 설명하는 수학에서 응집성은 차이가 난다. 문장의 응집성은 전달에 힘을 불어넣고, 의미와 표현을 감각적으로 공고히 한다.

② **통일성(uniformity)**: 대상이나 내용을 일관되게 설명, 안내했는지를 확인하는 관점이다. 내용 진술의 통일성, 진술 내용의 통일성, 언어 형식의 통일성, 설명 관점의 통일성 등을 들 수 있다. 일관된 관점과 진술은 내용을 자연스럽게 통일한다. 특히, 역사적 사건이나 사실의 설명 등은 심사숙고를 요구하고, 학습 목표나 활동의 설명이나 진술도 학습 효과와 직결되므로 통일을 이루도록 신중해야 한다.

통일성은 다양한 여러 구성 요소를 서로 관련지어 주는 울력으로 작용하게 한다. 이는 다양성의 통일성, 통일성의 다양성이 필요하다는 말과 상통한다. 통일성은 일관성과 같은 위치에서 협력하는 작용이 필요하다.

③ **간결성(brevity)**: 문장에 긴장감과 핍진성(逼眞性)을 불어 넣어 이해와 전달력이 향상되게 진술하였는지를 검토하는 관점이다. 학습 목표 진술은 물론 내용설명을 포함하여 교과서 문장은 간결하고 깔끔하며 명료해야 한다. 그래서 교과서 문장은 일반 문장과는 다르다는 점을 강조하여, '교과서적 언어', '교과서적 서술', '교과서적 문체'라는 용어를 사용할 정도로 단어 사용에 신중해야 한다.

간결성은 명료성과 상보적으로 관계하며, 의미 연결이 단속적이면 안 된다. 교과서 문체라고 하는 특유의 간결 형식, 의미 결집, 전달력을 갖추어야 한다. 수식 어구를 남발하여 늘어지거나 필요 없는 군말이 붙으면, 의미 전달이 애매해지고 이해하기가 어

려워진다. 반면에, 간결성이 너무 지나치면 무미건조하고, 가까이 다가오게 하는 감각적 흡인력을 상실한다. 교과서 문장으로서 규범이 무너져 의미 전달에 호소력이 부족하면, 교과서로서의 가치가 약해진다. 교과서 진술은 간결하면서도 의미 전달이 완벽한 조화의 미덕, 감칠맛을 지녀야 한다.

④ **일관성(consistency)**: 대상을 같은 형식이나 내용 등으로 일관되게 진술하였는지를 찾아보는 관점이다. 교과서 문장은 통일성과 마찬가지로 진술 내용의 일관성, 내용 진술의 일관성, 진술 형식의 언어적 일관성 등을 유지해야 한다. 일반적으로 글쓰기는 글의 어조, 문체, 시점, 수준, 형식 등에서 한결같음을 요구하는데, 교과서 진술 방법에서도 이들 요구가 그대로 옮겨진다.

일관성은 교과서 진술에서 언어사용의 논리적 기준과 질서를 부여하고, 유기적 구조가 되도록 하는 관점을 요구한다. 감각과 호응의 문장으로 통일성이 정적인 상태의 한결같은 원리라면, 일관성은 동적인 구성의 한결같은 원리라고 하여 구분한다. 교과서 진술에서 일관성은 집필자의 일관된 진술의 태도나 방법, 즉 진술자의 능력과 안목에 따라 유지된다.

⑤ **구체성(concreteness)**: 설명하는 의도나 내용이 구조나 윤곽을 뚜렷하게 갖추어, 실제적이고 세밀한 부분까지 설명, 안내하였는지를 따져보는 관점이다. 구체성은 개념 규정, 학습 활동의 절차, 역사적 사건의 의의나 가치 등의 설명, 진술에서 형용, 형상의 실체가 드러나게 하는 것으로 구상성(具象性)이라고도 한다.

구체성은 분명하고 두렷하게 실체화한다는 관점에서 정확성, 명료성과도 관계하며, 애매성, 모호성과는 상쇄(相殺)의 작용 관계에 놓인다. 언어란 원래 애매한 것이어서 작가의 깊은 사상이나 복잡한 감정을 정확하게 표현할 수가 없다는 일부 언어학자의 주장도 있으나, 교과서 문장의 구체성과는 별개의 문제다.

⑥ **정확성(correctness)**: 사상(事象)과 사실(事實)을 바르고 확실하게 설명, 안내하였는지를 판별해 보는 관점이다. 일반적으로 정확성은 내용의 정확성(사실관계, 통계, 인용, 출처 등), 형식적 정확성(맞춤법, 띄어쓰기, 표현·표기, 문장부호 등)으로 구분하기도 한다. 이는 교과서에는 오류가 없어야 한다는 '교과서 생명력'과 직결되는 문제다.

교과서에서 진술의 정확성은 일반 글쓰기 정확성과도 관계가 있다. 사실을 과대, 과소하게 진술하는 것은 물론, 왜곡, 변통, 변형 등도 좋은 교과서에서 멀어지는 요인이다. 생물체에 장애와 막힘이 없어야 생동감으로 생명을 유지하는 것처럼, 교과서에서도 오류가 없어야 교육 현장에서 생명력을 발휘한다. 교과서 생명력은 오류의 존재를 인정하지 않고, 기능을 제대로 발휘하도록 협력하는 교과서 공동체의 호응에 달려 있다.

⑦ **가독성(readability):** 교과서 내용(인쇄물)을 쉽게 읽고 이해할 수 있도록 구조화되었는지를 살펴보는 관점이다. 가독성은 내용 선정의 수준, 내용 조직의 방법, 지면 구성의 효율성과도 연관되며, 크게 내용적인 측면, 형식적인 측면의 두 관점에서 디자인과 결부하여 가독성의 정도를 가늠하게 된다.

학교급별, 학년별로 사용하는 자료의 수준을 다르게 해야 하고, 설명, 안내하는 방식도 대상을 고려하여 언어 수준과 단어 사용의 난이도를 고려해야 한다. 특히, 가독성은 내용(인쇄물)의 형식, 즉 문단 나누기, 문단의 크기, 글자의 크기와 수, 글자의 배열 방법, 글자체[서체(書體)], 심지어 들여쓰기, 자간, 자행 등 조판 방법과도 관계한다. 여기에 삽화, 사진, 도형, 도식, 도표 등 보조 자료의 위치나 제시 방법까지도 가독성 검토 관점의 대상이 된다. 일부 문장가는 접속어 사용을 기피하기도 하고, 접속어의 적절한 사용이 가독성에 영향을 준다고 말하기도 한다.

다. 구성의 창조 원리와 품질 관리 관점

<창조적 원리 주요 관점(예시)>

○ **(독자 구성)** 다른 교과서와 구별되는 창의적인 독특한 구성
○ **(정체 구성)** 타 교과서와 구별되는 본질, 특징이 드러나게 조직
○ **(법칙 구성)** 학습 목표 설정, 단원 구성 등에서 참신한 규칙성 적용
○ **(자족 구성)** 학습 목표를 자체 완벽하게 도달할 수 있는 만족도

1) 독창적 지향 원리와 관점

① **독자성(individuality):** 교과서 구성에서 내용의 선정과 조직, 지면 구성과 진술 방

법 등에서 천편일률(千篇一律)의 형태에서 벗어나 독창적인 교재의 특성을 발휘했는지를 따져보는 관점이다. 독자성은 교육과정 반영, 여타 정책 자료의 방향이나 기준을 준수하는 데서 파생하는, 교과서의 내용 구조나 형식이 판에 박은 듯이 닮아가는 것을 방지한다.

독자성은 독창성과 연관되며, 학습 목표의 설정에서부터 학습 동기 유발, 이와 연결하여 단원 구성과 학습 활동의 체계화 등 교과서 구성의 모든 원리에서 이러한 자질이 자연스럽게 드러나야 한다. 그러나 독자성은 교재로서의 개념과 기능을 교육적으로 발휘하는 경계 내에서 허용하는 특성이지, 이것이 다른 교재와 구별되는 점만을 강조한 독특성은 아니다.

② **정체성(identity)**: 교과서로서의 본질이나 모습, 독립된 존재로서 고유하거나 독자적인 자질을 지녔는가를 따져보는 관점이다. 정체성은 독자성의 연장상에 놓이는 관점으로, 독자성이 확인된 실체가 정체성이다. 정체성은 교과서의 개념, 기능, 좋은 교과서로서의 자질을 갖추면 자연스럽게 드러난다. 그러나 교과서 정체성의 지나친 강조는 부정적인 요소로 작용하기가 십상이다.

정체성은 교과교육, 교과 교육과정의 성격과 본질에 깊게 관여하고, 이의 연장선에서 교과서 구성에도 그 성격과 본질이 드러나게 질료(質料)로 작용하는 창조 원리이다. 곧, '교과서적이다', '교과서 같다'라고 하는 교과서의 특성을 갖추는 것을 뜻한다. 국어, 수학, 사회, 과학, 영어 등은 교과별 특성으로 고유의 정체성을 지니고, 교과 내에서 교육과정별로 개발하는 선택과목에서도 나름대로 구별되는 정체성이 드러난다. 같은 과목명 검·인정 교과서도 집필자, 발행사에 따라 창의적으로 정체성을 발휘해야 교과서로서 지위 확보가 자연스럽게 이루어진다.

2) 창의적 발상 원리와 관점

① **법칙성(nomology, rule)**: 교과서 구성에서 교과서로서의 틀을 형성하는데 이바지하는 일정한 규칙성을 찾아보는 관점이다. 법칙성은 통일성, 일관성과도 상호 관계하고, 교과서 사용의 규칙을 예견하여 사용자의 자율적인 학습과 교수 효과를 자연스럽게 높이는 기제이다.

학습 목표 설정의 법칙성을 비롯하여 단원 구성, 단원 간의 연계와 흐름, 차시의 구분과 학습 활동의 부여 방법, 교수·학습의 패턴 등에서 눈에 보이게 보이지 않게 법칙성을 적용한다. 그러나 여기에서의 법칙성은 다양성 가운데 통일성을 제공하고, 창의적인 참신한 규칙성이 교과서에 실질적인 생명력과 가치를 부여한다는 점에 유의해야 한다. 법칙성은 교과서 전체와 부분에 균형과 조화를 제공하기도 한다.

② **자족성(self-sufficiency)**: 교과서 구성에서 학습 목표 도달을 자체로 만족시키는지를 검토하는 관점이다. 교과서는 하나의 완결된 유기체, 생명체라고 할 수 있다. 이 말은 교과서에는 사용자가 교수·학습의 결과에 자족할 수 있는 기능이 내재해 있다는 말이다. 교과서 자족성은 학습 목표 도달을 확인하는 평가 단계를 구체화하여, 학습 도입 단계와 같은 수준으로 정치하게 그 과정을 보이는 것이 한 예이다. 교과서 자족성은 사용자의 수준에 따라 천차만별이므로 최소한의 자족성을 목표로 하는 한계 설정에 어려움이 따른다.

교과서에 자족성을 부여한 데에는 많은 연구가 필요하다. 특히, 자율학습이 가능한 교과서는 내용과 형식에서 자족성 구현이 만만하지 않다. 궁극적으로 4차 산업, AI가 중심이 되는 미래에는 자족성을 확대한 교과서 개발이 필수적인데, 내용과 형식에서 중지를 모을 사항이 너무나 많다.

라. 구성의 총합 원리와 품질 관리 관점

<총합 원리 주요 관점(예시)>

- **(목적 구성)** 교과서의 다양한 구성 지향을 구체적 목적으로 합일하는 구성
- **(강조 구성)** 특정 학습 목표의 효율적 달성을 위해 일부를 강조하여 구성
- **(통합 구성)** 학습 내용과 활동, 경험, 자료 등을 상보와 긴장으로 통합
- **(반복 구성)** 단원, 단원 간 등에서 학습의 효과를 고려 반복적 구성

---

1) 원심·구심적 작용 원리와 관점

① **목적성(aim)**: 교과서 구성 요소(원리)가 어떤 목적으로 내용과 형식에서 완성도

를 높였는지를 살펴보는 관점이다. 목적성은 교과서 구성에서 다양한 목적의 원심 지향이 강하다. 구심 작용으로서 하나의 특정 목적만을 고수하는 것이 아니라 다양한 목적을 지향하면서 교과서의 실체를 가다듬는 구실을 한다.

정책 요소를 교과서에 담는 작업에서부터 교과서의 성격, 내용 체계, 활용 방법, 사용 대상과 수준, 교수·학습 방법, 외형 체제, 지면 구성의 형태 등을 원심 지향으로 다양화하여, 교과서라는 획일성, 범본성, 고식성이라는 미비점을 보완하는 역할을 한다.

② **강조성(emphasis)**: 교육 목표를 효과적으로 실현하기 위하여 교과서 구성(원리)에서 어느 면(분야)을 강조했는가를 알아보는 관점이다. 단원마다 각각 다른 모형 절차를 제시하여 교수·학습 방법을 강조한다든지, 서책형과 디지털형의 조합으로 교과서에 자기 주도적 학습의 새로운 모델을 제시한다든지, 교육과정의 성취기준을 교과서에 새로운 구조로 실체화하는 등 강조성은 개발자의 의향에 따른 구심 지향이 강하다.

목적성과 강조성은 어느 한쪽으로 기울지 않도록 조화와 균형이 필요하다. 이 조화와 균형을 잡아주는 것이 총합의 원리다. 목적성이 다양한 원심 지향으로 교과서의 완성도를 높인다면, 강조성은 한 방향의 구심 지향으로 그 교과서만이 지닌 특성을 살려주면서 완성도를 높인다고 하겠다. 원심과 구심이 물리적으로 동시에 작용하는 것처럼 목적성은 원심 지향으로, 강조성은 구심 지향으로 동시에 작용한다. 즉, 교과서 구성에서 멀어지는 것을 끌어당기고, 집중하는 것을 분산하는 교과서 생태에 조화와 균제(均齊)를 어떻게 조장하는지를 검토하는 품질 관리 관점이다.

2) 역동·순환적 작용 원리와 관점

① **통합성(integrity)**: 내용의 선정과 조직, 지면 구성, 진술 방법이 역동적이면서 조화롭게 통합되었는지를 분석해 보는 관점이다. 즉, 교과서 구성에 관여하는 내용과 형식, 자료 등 모든 구성 요소가 긴밀하게 유기적, 역동적으로 관계하는지를 찾아보는 것이다.

구성 요소의 개별적 존재가 좋은 교과서를 지향하는 순기능으로 통합해야 교과서 기능이 제대로 발휘된다. 구성 요소 각각의 존재 가치를 인정하면서, 교과서의 본질적 실체가 분명히 드러나게 하는 작업 역시 조화와 균제(均齊)를 지향하는 노력이 필요하다.

② 반복성(repetition): 교과서 구성 요소가 교육 목표를 효율적으로 달성하기 위하여 구성패턴을 반복적, 순환적으로 유지했는가를 따져보는 관점이다. 교과서 구성이 단원마다 목표 진술의 방법과 구성 체제가 다르고, 학습 활동 제시 유형이나 방법이 불측(不測)하면, 오히려 교수·학습 효과 달성이 미미해지기 마련이다. 반복성은 교과서 소단원의 미시적 구조에서, 대단원 또는 교과서 전체의 거시적 구조 모두에 존재한다.

그러나 반복성은 같은 패턴(pattern)을 유지한다는 뜻이지, 단위 패턴 내에서, 패턴과 패턴 간에서 학습 목표에 따라 창의적인 변화를 전적으로 거부하는 것은 아니다. 반복성은 지루한 인상을 주거나 창의성을 저해하는 수준을 벗어나, 학습에 예측성을 높여 자기 주도적 학습에 기대감을 증대하는 경계 내에서 필요하다.

교과서 구성에서 통합성은 역동적 성격 지향이고, 반복성은 순환적 성격의 지향이다. 이러한 역동성과 순환성이 하나로 총합하여 조화와 균형을 이루었는지를 검토하는 품질 관리 관점이라 하겠다.

품질 관리의 총합 원리 검토 관점은 ① 각각 원리의 미시적인 관점과 함께 ② 내용 선정과 조직, 지면 구성, 진술 방법의 원리 요소(인자)가 원심·구심, 역동·순환의 원리로 작용하도록 묶어주었는지를 검토하는 관점을 말한다. 따라서 교과서 구성의 총합 원리는 ①의 관점 적용도 중요하지만, 거시적으로 ②의 관점으로 교과서 구성 요소가 2차적인 동태적 총합(總合) 아래에서 역동적으로 묶였는지를 슬기롭게 검토해 보는 안목도 필요하다.

3. 교과서 교수·학습 설계와 품질 관리 관점

가. 교수·학습 설계와 품질 관리 의미

교과서 개발에서 교수·학습과 관계하는 체계와 모든 변인 등을 2장에서 생각해 보았다. 교과서 구성에서 교육 내용의 선정과 조직, 지면 구성, 진술 방법은 교수·학습과 별개로 동떨어져 있는 것이 아니다. 이들이 모두 교수·학습 방법과 유기적으로 결합하여 좋은 교과서 모습을 갖춰야 하므로, 교과서 구성에서 소홀히 대할 요소들이 하나도 없다.

어찌 보면, 교과서 구성은 교수·학습 설계를 그대로 옮겨 실체화한 것이다. 그러므로 교수·학습 설계와 관련한 품질 관리 관점은, 앞서 언급한 교과서 구성 원리와 연관하여 전체의 틀(만듦새)을 검토하는 관점이라 해도 무방하다.

그런데 누누이 언급했지만, 교수·학습 방법을 교과서에 실체화하는 방법이 그리 쉽지 않다는 데에 난점이 있다. 이론적으로 설명하는데 어려움이 따르지 않지만, 이를 교과서에 절차와 과정으로 구체화하기에는 만만찮은 교수·학습 모형이 많다. 학습량이나 여타의 이유로 모형의 전 과정을 교과서에 완벽하게 제시하지 못하는 제약도 따른다. 따라서 교수·학습 설계 측면에서 요구하는 교과서 수정·보완, 즉 품질 관리 관점을 충족하는 교과서를 개발하는 데는 적잖은 노력이 필요하다.

그러므로 교수·학습 설계 품질 관리 관점은 교과서 구성의 원리와 긴밀하게 관계하면서, 좋은 교과서 품질을 판별하는 기준으로도 작동한다. 교수·학습 절차가 교과서 구조에서 제대로 안착하였는지, 수업 상황에서 그 과정을 현실적으로 실천을 가능하게 하는지 등을 판별하는 혜안(慧眼)이 필요하다. 결국, 교수·학습 설계 품질 관리 관점은 좋은 교과서의 질을 결정적으로 판별하는 척도도 된다.

나. 교수·학습과 품질 관리 주요 관점

교수·학습 측면에서 교과서 품질 관리 관점은 여러 측면에서 생각해 볼 수 있다. 정책 수립, 개발, 사용, 평가 등 단계별로 관점을 설정하는 것도 가능하다. 일단은 다음과 같은 접근 방법으로 주요 품질 관리 관점을 정리해보고자 한다.

① 교수·학습 거시 설계(계획)와 품질 관리 관점

교육과정, 교과서 개발 계획 등 기초 설계에서부터 교수·학습 방법(모형)을 교과서에 흡인하도록 뒷받침하고, 이를 교과서나 지도서 구성에 반영하도록 유도하였는지를 거시적으로 검토하는 품질 관리 관점이다. 여기에서의 '설계'는 교수·학습 자체 관계보다 확장된 거시적 의미를 말한다.

- 교육과정에 교수·학습 방법 구체적 제시
- 교수·학습 방법을 고려한 교육과정의 상세화
- 교수·학습 방법을 반영한 교과서 개발 설계
- 교수·학습 방법을 전제로 한 집필 세목의 작성
- 정책 안내 자료 등에 교수·학습 방법 방향 제시
- 자격 부여 평가 자료에 교과서 교수·학습 방법 제시

이처럼 교수·학습 설계 품질 관리 관점은 정책 자료, 교육과정 등에 교수·학습 관련 내용이 설계 단계에서 체계적으로 제시되었는지를 살펴보는 관점이다. 보통 정책 안내 자료는 교과용 도서 편찬 방향, 편찬 상의 유의점, 검·인정 기준, 교과용 도서 집필 기준 등으로, 현재에도 이러한 자료에 교수·학습 관련 내용을 다른 어느 영역보다도 요구 사항을 구체적으로 강조하고 있다.

그런데 교과서 구성에서 교수·학습 관련 사항을 체계적으로 자세하게 반영하기 위해서는, **'별도의 지침 자료'**로 안내하는 방법도 있다. 정책 안내 자료에 분산하여 제시하는 것보다 품질 관리의 관점을 예시, 참고 자료 등을 포함하여 체계적으로 일관되게 안내할 수 있다는 장점이 있다.

② 교수·학습 요소(방법) 교재화와 품질 관리 관점

교과서라는 실체를 대상으로 교수·학습과 관련한 모든 요소(요건/사항)가 실제 과정으로 구현되면서, 교재화 절차상에서 교수·학습 설계 원리대로 반영되었는지를, 좀 더 구체적으로 검토해 보는 품질 관리 관점이다.

- 교수·학습을 고려한 단원별·차시별 학습 목표 설정
- 학습 목표에 부합하는 교수·학습 방법 구안
- 학습 효과를 고려한 교수·학습 모형 선택
- 교수·학습 모형에 부합하는 절차 설정

○ 수업 상황을 고려한 교수·학습 절차 구현

○ 다양하고 효율적인 교수·학습 방법(모형) 제시

○ 대단원 소단원 간, 소단원 간 교수·학습의 자연스러운 연계

○ 자기 주도적 학습이 가능한 교수·학습 장치 마련

○ 교수·학습 방법(유형)을 고려한 학습 평가 절차

○ 교수·학습 평가 결과의 적절한 처리

○ 디지털 교육환경에서의 교수·학습 방법 고려

'**교수·학습 요소**'가 교재화 과정에 제대로 반영되었는지를 판별하려면, 주도면밀(周到綿密)하게 검토 관점을 작동해야 한다. 이러한 품질 관리 관점은 단원을 구성하는 데 가교역할을 하는 순기능으로 작용하므로, 관점 관계를 상보적으로 잘 활용하면 상승효과를 얻을 수 있다.

③ 단원의 교수·학습 구현과 품질 관리 관점

교과서 단원 구성에 제시한 교수·학습 모형의 절차나 활동이 제대로 구현되었는지를 미시적, 분석적으로 검토하는 관점이다. 이 경우는 수업의 실제 상황과 밀접하게 관계하므로 수업 적용 측면을 고려하지 않을 수 없다.

○ 학습 동기나 흥미, 관심과 연계한 학습 목표 설정

○ 학습 목표 달성에 적합한 학습 활동 구안

○ 교수·학습 절차에 부합하는 학습 활동 조직

○ 교수·학습 요소의 적절한 학습 활동 전환

○ 위계화 절차를 고려한 학습 활동의 세분화

○ 학습 활동과 활동의 합리적, 체계적인 연계

○ 단원 간 학습 활동의 연계와 위계를 고려한 조직

○ 상호 소통과 작용을 중시한 교수·학습 절차 구현

○ 교수·학습 모형의 특징을 반영한 활동 절차 구체화

○ 교수·학습 절차상 일반 단계 모형과 특정 모형의 조화

①-②-③의 관계는 거시에서 미시로 품질 관리 관점을 옮겨가는 구도이다. ①의 전제가 무방(無妨)하면 ② 교과서 실체가 완벽해지며, 이에 따라 ③ 단원 구조도 교수·학습 절차나 활동이 무난하게 된다. 따라서 품질 관리 관점 ①-②-③은 순행, 역행 관계없이 동시에 작동하는 조감을 요구한다.

누차 강조하여, 교과서 구성(교재화)에서 교수·학습의 실체화는 품질을 좌우하는 관건으로 매우 중요하다. 따라서 교수·학습을 교과서에 실체화하는 방법론 모두가 그대로 수정·보완, 품질 관리 관점과 요소 설정의 기본이 된다. 교수·학습 설계 품질 관리 관점은 교과서 활용, 평가와도 긴밀하게 관계한다.

4. 교과서 활용과 품질 관리 관점

가. 교과서 활용과 품질 관리 위상

교과서 활용(사용)은 교과서 개발에 직간접으로 좋은 품질을 이루게 하는 가교역할을 하므로, 품질 관리 관점도 이러한 견지에서 설정해야 한다. 교과서를 직접 사용해 보아야 교과서의 장단점을 구체적으로 밝히고, 평가의 객관성을 확보하기가 쉽다. 그러므로 교과서 활용과 품질 관리의 상관성, 연결 요소를 객관적으로 밝히는 작업을 많이 축적해야 한다.

교과서 활용과 관련한 품질 관리는 사용자 평가와도 밀접하게 관계한다. 실제 교육 현장에서 학생이나 교사가 교과서를 직접 사용해 보고 좋은 교과서를 판단해 보는 평가이므로, 품질 관리에서 이보다 직접적이고 현실적인 방법은 없다. 대신 평가 결과를 품질 관리로 무리 없이 이행하는 방법을 생각해야 한다.

앞으로, 교과서 사용(활용) 평가를 체계화, 활성화하여 좋은 교과서로서의 품질을 확실하게 담보해야 한다. 교과서 활용 측면에서 학교에서의 자율 품질 관리도 체계를 세워 정착시킬 필요도 있다. 교과서 활용은 품질 관리의 실제성을 확보하고, 객관적인 실태를 그대로 드러내기 때문이다.

그런데 교과서 활용 측면에서의 품질 관리는 교과서 구성, 교과서 교수·학습 설계 품질 관리와는 성격이 다르다. 교과서 구성과 교수·학습 설계 품질 관리는 교과서 자체에 내재한 품질 관리 요소를 대상으로 좋은 교과서와 결부하여 분석, 검토한다. 반면, 활용에서의 품질 관리는 교과서에 내재한 품질 관리 요소를, 수업 상황에 적용하면서 나타나는 품질 현상을 관리하는 관점이 주로 작용한다.

여기에서 통상 '**활용**'이란 용어가 주는 의미역을 다른 차원으로 넓혀서, 품질 관리 관점을 두 가지 방향으로 생각해야 볼 필요가 생긴다. 위에서 언급한 것처럼, ① 하나는 수업에 실제 적용했을 때 검토하는 품질 관리 관점으로 본질적인 성격을 지닌다. 그런데 이 경우 활용 측면에서 품질 관리는 교과서 자체라기보다 교과서를 매개로 한 활용의 실제 상황(교수·학습)에 초점이 맞추어져, 교과서 중심 활용 품질 관리에서 한 걸음 물러난 형국이다.

그리하여 ② 다른 하나로, 교과서 개발의 거시적 설계에서 활용 방법을 계획했는지, 실제 교과서 구성에서 활용 방법과 절차를 개입시켰는지를 검토하는 관점이다. 아직은 교과서 활용 차원에서 이러한 시도가 본격적으로 이뤄지지는 못했다. 앞으로 교과서 설계와 구성에서 활용 방법을 제시하고, 이를 품질 관리 관점으로 활성화는 방법을 모색할 필요가 있다.

교과서 활용이 본격적으로 궤도에 오르면, 교육과정도 <성격－목표－내용 체계/성취 기준(구성)－교수·학습－**[활용]**－평가>의 구조로 바뀌어야 한다. 이러한 구조 정립은 교과서 활용 영역이 학문적으로 얼마나 많은 이론을 쌓아 기반을 닦느냐가 관건이다. 활용의 중요성을 강조하여 생각해 본 것으로 전혀 불가능한 허언(虛言) 같지는 않다고 본다.

나. 교과서 활용과 품질 관리 주요 관점

교과서 활용 측면에서 품질 관리 관점은 교과서 자체 중심으로 관여하는 관점과 직접 활용해 보는 실제성을 확인하는 두 가지 관점으로 구분할 수 있어, 여타의 관점과는 성격을 달리하여 적용해야 한다. 이에 따라 활용 품질 관리 주요 관점을 다음과 같이 설정해 보는 것이 가능하다.

① 교과서 **활용 설계**와 품질 관리 관점

교과서 활용을 활성화하기 위해서 설계 차원에서 교육과정을 비롯하여 관련 제도나 절차에서부터 **'활용 개념'**을 구조적으로 반영하고, 그 개념을 실제 교과서나 지도서에 반영하도록 유도하였는지를 살피는 품질 관리 관점이다.

- ○ 교육과정에 교과서 활용 방법 구체적 제시
- ○ 교과서 활용을 고려한 교육과정의 상세화
- ○ 교과서 활용 방법을 반영한 교과서 개발 설계
- ○ 교과서 활용을 전제로 한 집필 세목의 작성
- ○ 정책 안내 자료 등에 교과서 활용 방향 제시
- ○ 자격 부여 평가 자료에 교과서 활용 기준 제시

현재로서는 교육과정에 교과서 활용 내용을 체계적으로 반영하지 못하고 있다. 교과서 활용 관련 사항을 교육과정, 정책 관련 자료 등에 제시하는 것은 교과서 활용 영역의 위상을 높이고, 품질 개선에 변곡점이 될 수도 있다. 그러므로 교과서 활용 설계 품질 관리 관점은 교육과정과 정책 자료 등에 교과서 활용 관련 사항이 제대로 들어가 있는지를 검토하는 포인트로, 실제 적용에서는 항목마다 미시적 관점으로 세분하는 것이 좋다.

② 활용 요소(방법) 교재화와 품질 관리 관점

현재, 교과서에서는 활용 방법을 소략하게 안내했지만 교사용 지도서에서는 구체적으로 제시하고 있다. 교과서에서도 좀 더 활용 방법을 쉽게 학생이 인지하도록 자세하게 안내해야, 사용자 처지에서 활용도를 높일 수 있다. 다음은 이러한 사항을 고려한 품질 관리 관점이다.

- ○ 학습 목표, 활동과 활용 방법의 연계 설명
- ○ 교과서 구성 체계와 연계한 구체적 활용 안내
- ○ 교과서 구성 원리에 부합하는 활용 방법 제공
- ○ 교수·학습 방법과 원리에 부합하는 활용 방법 제시
- ○ 활용 제시 방법의 체계성, 구체성과 전달력

○ 적절하고도 효율적인 활용 방법의 종합적 안내

○ 학습 활동과 대비하는 위치에 활용 방법 안내

○ 활용 용어, 기호(약물) 의미 표상과 사용의 적절성

○ 학습자와 교수자 활용 방법 연계 및 구분 제시

○ 소통 매개체로서 교과서 기능, 역할 활용 안내

○ 학생 중심 활용이 가능한 교과서 구성과 체계

○ 자기 주도적 학습이 가능한 활용 방법 창안

○ 교과서 외 보조 자료 상보적 활용 안내

○ 디지털 교육환경에서 교과서 활용 방법 안내

자기 주도적 학습이 가능한 교과서, 참고서가 필요 없는 교과서 개발은 교과서 구성의 획기적인 전환으로, 자세하게 교과서 활용을 안내하는 것이 중요하다. 6, 7차 교육과정 적용 국어 교과서에서 '날개', '처마' 등 용어를 사용하여, 옆면과 하단을 이용하는 등 교과서의 지면 구조를 바꾸어 활용도를 높이려고 하였다. 그러나 참고 자료를 교과서에 직접 '부록'으로 싣는 등 교과서 부피가 늘어나고, 교사용 지도서가 필요 없다는 장점을 살리기에는 해결해야 문제가 많이 발생하였다.

교과서 지면에 단원의 전개, 학습 활동의 지시에 보조를 맞추어 요소요소에서 활용 방법을 구체적으로 안내하는 것은 여러 면에 많은 제약이 따른다. 교과서에 활용 안내를 어느 수준으로 하느냐는 교과서 개발 방법에 많은 변수로 작용한다. 이는 서책형 교과서에만 해당하는 사항으로 디지털 교과서에서는 문제가 되지 않는다.

③ 교과서 수업 활용과 품질 관리 관점

교과서에 구현된 활용 방법은 실제 수업이 이루어지는 시간과 공간에서는 그 양상이 달라지므로, 검토 관점도 이러한 실제 상황과 연결하여 생각해야 한다. 실제 교실 공간에서 수업이 이루어질 때의 교과서 활용은 다른 차원의 품질 관리 검토 관점을 요구한다. 그러면서도 실제 수업 활용 시 품질 관리 관점은 교수·학습 설계 품질 관리 관점과 밀접하게 관계하므로, 이와 상보적으로 관점을 운용하는 것이 좋다.

○ 학습 목표 달성에 긴요한 매개체 기능 활용
○ 학생－교사 간 소통의 중심 매개체 역할 활용
○ 교수·학습 방법과 원리에 부합하는 활용 실현
○ 소통 활동을 조장하는 교과서 활용(사용) 기법
○ 학습 활동을 돕는 교과서 투입 시간과 공간의 적절한 선택
○ 교과서와 기타 보조 자료의 상보적 역할 활용
○ 교과서 제시 활용 방법의 효율적인 수업 이행 안내
○ 교과서 제시 활용과 수업 실제 활용 간 연계 기법
○ 수업 안내와 지원 등 학습자 중심 교과서 활용
○ 수업 결과에서 적절한 교과서 활용 방법 투입 확인
○ 수업 지도안에 교과서 활용 과정과 방법 명시
○ 디지털 수업 환경에서의 교과서 활용 방법

수업을 잘하느냐 못하느냐의 갈림은 교과서 활용의 성공 여부에 달렸다. 그러므로 수업 활용에서의 품질 관리 관점은 수업의 질을 판단하는 기준을 의미한다. 따라서 교실 환경과 상황을 고려하여 좀 더 미시적인 관점으로 세분화하여 적용하는 것이 좋다.

5. 교과서 평가와 품질 관리 관점

가. 교과서 평가와 품질 관리 의의와 인식

1) 교과서 평가와 품질 관리 의의

교과서 평가는 우선하여 좋은 교과서의 실체를 객관적으로 검증하는 데 있다. 교과서를 개발한 다음 교육 현장에 적용하고, 교수·학습의 힘을 최대로 높여서, 교과서 기능과 역할이 제대로 발휘될 수 있는지를 평가한다. 주로, 사용자의 교과서 만족도와 존재 가치를 점검하는 주요한 교육활동의 하나이다.

이처럼 교과서 평가는 교과서 가치를 가늠하는 품질 관리의 최종 장치로서, 교과서 평가의 참뜻이 그대로 품질 관리로 이어진다. 즉, 교과서 품질 관리는 평가를 기반으

로 이루어지므로, 교과서 평가는 교과서가 좋고 나쁘다는 서열을 가른다기보다는, '더 좋은 교과서'를 개발, 유지, 보완하는 데 그 목적이 있다. 그러므로 '관리'라는 용어는 통제, 감독, 요구라는 의미가 아니라, 품질 개선과 지원, 보완, 유지라는 의미와 성격이라 하겠다. 이러기 위해서는 품질 관리의 주체가 제삼자가 아니라, 교과서를 개발, 사용, 평가하는 교과서 공동체 모두라는 자세가 필요하다.

여기에서 교과서 평가에 대한 부정적 인식의 변화가 필요하다. 평가는 판단의 근거를 만드는 기초 작업 그 이상도 이하도 아니다. 원인을 알아야 처방이 정확하다는 자연의 원리대로, '더 좋은 교과서'의 개발과 품질을 유지하기 위해 좋은 교과서의 자질을 찾아보는 방법이요, 교과서 존재 생태에서 하나의 주요한 과정과 절차이다. 그러므로 교과서 평가의 목적과 의의를 교과서 생태계, 즉 교과교육, 교육과정, 교과서 개발 (구성)ー활용ー평가라는 거시적 안목으로 찾아보아야 한다.

'더 좋은 교과서'는 **'더 좋은 교육'**을 지향, 보장한다. 교과서 평가가 품질 보완과 유지, 개선과 지원이라는 본연의 임무를 성공적으로 수행하게 되면, '더 좋은 교과서'는 '더 좋은 교육'으로 자연스럽게 연결된다.

2) 교과서 평가의 부정적 인식 해소

교과서 평가는 긍정적인 면이 많은 데도 오히려 부정적인 인식이 강하게 존재한다. 이러한 부정적 인식은 교과서 평가에 대한 오해에서 비롯되었다고는 하지만, 평가의 본래 목적을 왜곡할 소지가 많고, 품질 관리 관점 수립에 순기능의 장애로 작용하기도 한다. 일반적으로 교과서 공동체가 지니는 부정적 인식은 다음 몇 가지로 요약할 수 있다.

○ 교과서 개발에 평가를 의식하여 자율성, 창의성을 훼손한다.
○ 교과서 평가를 품질 관리보다는 통제의 수단으로 이용한다.
○ 교과서 평가가 학교 현장에서 교과서의 다양한 선택권을 제약한다.
○ 교과서 평가는 자유발행제의 취지에 역기능으로 작용한다.
○ 교과서 평가는 소규모 발행사 참여를 제도적으로 제한한다.
○ 좋은 교과서를 가리는 평가 항목과 이를 적용한 실제 평가가 어렵다.
○ 교과서 평가 항목별 적용에 평가자 주관이 개입할 수 있다.

○ 온라인 시스템 이용 평가 시 평가자의 공정한 평가 확인이 어렵다.
○ 평가 기준(요구/요건)에만 부합하는 교과서 개발이 된다.
○ 평가 결과 공개 시 그대로 우열의 차로 받아들일 수 없다.
○ 검·인정 교과서는 개발 과정에서 이미 자격 부여 평가를 받았다.
○ 발행사는 수시로 자체 평가하여 품질 개선에 노력하고 있다.

교과서 평가는 평가에 대한 부정적 인식과 분위기를 먼저 해소하는 방법이 필요하다. 부정적 인식의 요소를 긍정으로 바꾸는 첫째는, 평가 시행 과정이나 결과의 활용에서 교과서 공동체의 적극적인 참여와 사명감이다. 그런데 공동체 구성원의 이해가 서로 엇갈리는 부분이 많다는 데 어려움이 있다.

부정적 인식을 긍정적 분위기로 바꾸는 방법을 평가 시행에서 찾을 수 있다. 평가 주체, 평가 대상과 범위, 평가 기준, 평가 활용 등의 합리적인 선정과 수행이 이루어지면, 부정적 인식을 불식하거나 최소화할 여지가 생긴다. 곧, 평가 설계가 치밀하고, 적용이 공정하며, 활용에 무리가 없으면, 오히려 교과서 평가의 긍정적인 분위기는 자연스럽게 조성된다. 그러나 부정 인식을 긍정으로 바꾸는 가장 좋은 방법은 무엇보다도 평가 본질을 정착시키는데, 교과서 공동체의 솔선하는 참여와 공동 노력이라 하겠다.

나. 교과서 평가와 품질 관리 주요 관점

교과서 평가 기준은 품질 관리 관점으로 그대로 옮겨진다. 평가를 어떻게 어떤 기준으로 하느냐는 바탕에 품질 관리 관점이 녹아있다는 말이다. 평가 체계에서 평가 기준이 유동적인 것처럼 품질 관리 관점도 고정된 것이 아니다. 평가 목적과 방법에 따라 특정의 사항을 강조하는 등 관점 요소를 달리한다. 교수·학습 설계와 교과서 활용 품질 관리 관점 설정의 연속 맥락에서 평가 관점을 다음과 같이 생각해 보고자 한다.

① 교과서 평가 설계와 품질 관리 관점

교과서 개발 계획과 설계에 평가 사항을 제시, 실천할 수 있는 장치가 마련되었는지를 살펴보고, 이러한 사항이 교과서 개발에 반영되도록 유도하였는지를 검토하는 관점이다.

○ 교육과정에 교과서 평가 방법 구체적 제시
○ 교과서 평가를 고려한 교육과정의 상세화
○ 교과서 평가 방법을 반영한 교과서 개발 설계
○ 교과서 평가를 전제로 한 집필 세목의 작성
○ 정책 안내 자료 등에 교과서 평가 방향 제시
○ 자격 부여 평가 자료에 교과서 평가 기준 체계적 제시

설계 단계에서 종적, 횡적으로, 유기적이고 치밀하게 교과서 평가 관련 사항을 제시하였는지를 살피는 관점이다. 현재로서는 교과서 평가와 관련한 사항을 설계 단계에서 제시한 사례는 찾아보기가 어렵다. 그러므로 교육과정과 여타 정책 자료에 교과서 평가 관련 사항을 반영하는 문제는 시행 여건상 논의의 여지가 많다. 이러한 문제는 차치하고, 교과서 평가가 실제 적용에서 사상누각(砂上樓閣)이 되지 않으려면, 교과서 개발 설계부터 기초를 다지는 장치를 마련해야 한다. 물론, 교과서 평가 관점은 교육과정, 정책 안내 자료 등에 제시한 수업(교수·학습) 평가 개념, 관점과는 다르다는 점에 유의하면서 서로의 존재를 보완해야 한다.

② 평가 내용(요소) 교재화와 품질 관리 관점

교과서 평가 기준과 관점, 즉 품질 관리 관점은 자격 부여(검·인정/선정) 기준과 상통한다. 넓게 생각하면 교육과정 준수, 내용 선정과 조직, 내용의 정확성과 공정성, 교수·학습 방법과 평가 등 심사 영역과 검토 항목이 이에 해당한다.

그런데 **'평가 자체'**로 의미를 좁혀 평가 요소를 한정하면, '~하는 다양한 평가를 제시하였는가?'라고 하여, 너무 간단하게 포괄적이고 추상적 선언에 머물러 있어, 실제 적용에는 어려움이 따른다. 이를 **'교과서 평가 원리'**를 참고하여 다음과 같이 구체화할 수 있다.

○ 학습 목표별 도달을 확인하는 평가 방법 제시
○ 학습 요소별로 평가할 수 있는 설명과 안내
○ 학습 단계(진단, 형성, 정리/총괄)에 맞는 평가 방법 제시

- 다양한 평가 방법과 모형, 과정 등을 제공
- 학습/학습자 평가와 교과서 평가의 슬기로운 구분
- '좋은 교과서' 구비 요소의 합리적인 평가 방법 제공
- 학습 결과를 평가하는 평가 장치와 절차 마련
- 평가 과정, 절차를 평가하는 메타 평가 제시

그런데 교재화(교과서 구성)에 내재한 평가 요소를 중심으로 하는 품질 관리는 교과서 본질을 종합적으로 평가하면서 가치를 높이는 관점이다. 교과서 정책에서부터, 구성·개발, 활용, 교수·학습 등 모두가 평가 품질 관리 관점으로 귀일한다고 해도 과언이 아니다. 그러므로 어떤 면에서, **'교재화 품질 관리 관점'**은 '좋은 교과서 자질'이 모두 교과서에 녹아들어 실체화되었는가를 평가하는 관점으로, 폭이 넓고 다양하다고 하겠다.

교과서 평가 요소를 교재화 과정에서 교과서에 녹아들게 하는 기법은 생각보다 쉽지는 않다. 같은 맥락에서 교과서에서 평가 품질 관리 요소가 제대로 반영되었는지를 판별하기도 쉬운 작업은 아니다. 앞으로는 이를 극복하는 객관적인 방법을 이론적으로 개발하여 교과서 품질 개선과 연결해야 한다.

③ 교과서 평가 실제와 품질 관리 관점

교과서 평가를 실제 실시할 때 관여하는 품질 관리 관점이다. 앞서 제시한 **'교재화 품질 관리 관점'**은 존재하는 교과서 실체를 대상으로 일정한 평가 기준에 따라 품질을 따져보는 관점이고, **'평가 실제 품질 관리 관점'**은 평가를 직접 실천하는 상황에서 요구하는 관점을 말한다.

- 평가 목적에 타당한 기준의 설정과 적용
- 평가 목적에 부합하는 평가 절차 준수
- 평가 항목의 조화로운 배분과 합리적 배점
- 평가 영역, 항목, 요소 관계 등 기준 안내
- 평가 결과 활용 방법 제시와 활용 안내

이상은 평가 시행에 실질적으로 관여하는 품질 관리 관점으로, 이를 미시적 관점으로 더욱 세분화할 수 있다. 그런데 이러한 실제 평가 관점을 제대로 작동하기 위해서는 사전분위기 조성과 평가 안목을 하나로 갖추도록 하는 것도 중요하다. 이도 중요한 평가 관점의 한 분야라 하겠다.

- ○ 평가 기준의 이해를 돋우는 필요한 자료 제공
- ○ 평가 결과 활용 내용의 사전 공시와 안내
- ○ 평가 목적과 방법 등 평가자 사전 교육(연수)
- ○ 평가 주체의 합리적인 선정과 비율(학생/교사/학부모 등)
- ○ 평가 인식에 합일하는 사전분위기 조성

자유발행 도서 평가는 좋은 교과서 선별과 유지를 위하여 정책적 관리 차원에서 계획을 세우고 지원해야 한다. 모두 다 해당하는 것은 아니지만, 개발, 사용 단계에서 소홀히 할 수 있는 품질 관리를 보완하려면, 자유발행 도서도 반드시 평가하는 것도 바람직하다. 그러나 위상에 차이가 있으므로 품질 관리 관점도 국정, 검·인정, 자유발행 도서 각각을 달리해야 한다.

다. 품질 관리 주체와 피드백 개념

교과서 평가는 품질 관리에 직접 정보를 제공하는 원천으로 작용한다. 교과서 평가의 목적은 좋은 교과서로서 서열을 세우고 우열을 가리기보다는 더 좋은 교과서를 지향하여 개발의 미비점이나 방향을 진단하고 개선·보완하는 데 있다. 평가 결과를 품질 관리의 방향, 방법 등을 설정하는 기본 자료로 활용함은 물론이다. 따라서 타당한 평가 기준과 관점으로 평가를 정확하게 해야, 품질 관리도 기대하는 목적을 제대로 달성할 수 있다.

교과서 평가는 평가 그 자체로 끝나는 교육활동이 아니다. 평가 결과를 활용하여 좋은 교과서 존재에 의미를 더욱 부가하는 데 있다. 피드백의 목적, 주요 내용 등 핵심 개념(Key Concept) 설정은 품질 관리 관점 정립의 기반으로 작용한다. 다음은 평가 결과 활용을 위한 기본 **<평가 피드백 개념 구조도>**이다.

평가 주체	피드백 기본 목적	피드백 주요 내용	품질 관리 단계
정책 입안자	○ 더 좋은 교과서 개발, 선정, 사용	○ 더 좋은 교과서 개발 정책 ○ 효율적인 품질 관리 방법	정책 수립
집필자 발행자	○ 더 좋은 교과서 개발	○ 더 좋은 교과서 개발 ○ 효율적 개발 환경 조성 ○ 품질 유지 노하우 축적	집필/개발
사용자 (학생/교사/ 학부모)	○ 더 좋은 교과서 선정, 사용	○ 더 좋은 교과서 선정 ○ 교과서 사용(활용) 방법 향유	선정/사용
품질 관리기관 (정부/위탁)	○ 더 좋은 교과서 개발·사용·유지 및 관리	○ 더 좋은 교과서 개발·사용·유지 ○ 품질 관리 모델, 프로세스 설정 ○ 품질 관리 개선, 정책 수립	개발/선정/ 사용/평가

교과서 평가는 이처럼 정책 수립－개발－선정·사용－평가 단계마다 교과서 관련 주체에게 더 좋은 교과서 모습의 필요충분조건이 무엇인지를 보여준다고 하겠다. 교과서 개발 단계에서의 평가는 그 결과가 사용, 평가 단계에까지 영향을 미치므로, 이를 염두에 두고 계획, 설계하고 신중히 해야 한다. 선정 평가, 사용자 평가는 교과서 존재에 의미와 가치를 더욱 부각한다.

현재, 교과서 선정 평가는 학교 현장에서 정착되었지만, 사용자 평가는 아직 본격적으로 시행해 보지 못한 형편이다. 그 참여가 교사 중심으로 되어 있는데, 앞으로는 교과서에 대한 평가 안목의 신장을 전제로 학생, 학부모로까지 확대할 필요가 있다. 선정의 공정성을 더욱 확보하면서 교과서의 품질을 상향시킨다는 긍정적인 관점에서 가능하리라고 본다.

품질 관리 기관은 정부이거나 자율성 신장 차원에서 교과서 관련 위탁 기관을 의미한다. 따라서 품질 관리 담당자나 기관 중심 교과서 평가는 개발－선정－사용－평가 단계를 모두 아우르는 총합 평가를 말한다. 따라서 이의 피드백 목적이나 주된 내용은 교과서 품질 관리의 종합이라 하겠다. 결국, 품질 관리 총합 평가는 교과서 평가를 계획적으로 실천하는데, 피드백 체계를 더욱 가다듬고 구체화할 필요가 있다.

Ⅲ. 교과서 품질 관리의 지평 확대

1. 교과서 '개발/수정·보완 능력' 개념 도입

가. '개발 능력'과 '수정·보완 능력'의 상관

교과서 개발 정책의 계획과 뒷받침이 아무리 좋다고 해도, 정책 입안에서부터 개발 과정, 개발 후의 수정·보완에 참여하는 사람들의 교과서관이나 철학에 따라, 교과서의 성향이나 품질 정도가 달라진다. 더욱이, 직접 개발에 참여하는 집필자, 발행자의 '교과서 배경지식과 개발 능력'은 좋은 교과서 품질에 실질적으로 관여하게 된다.

이처럼 교과서의 품질이 개발에 참여하는 사람의 능력에 따라 달라진다는 것을 전제한다면, 교과서의 계획적이고 지속적인 품질 관리를 위해서 **'교과서 개발 능력 개념'**을 도입하는 것이 필요하다. 교과서 개발 능력 개념을 구체화하기 위하여 다음과 같이 개발 절차를 고려하여 **<교과서 개발 능력 개념도>**를 생각해 보고자 한다. 이는 개발 능력을 다양한 시각으로 접근하는 것을 가능하게 한다.

본질로 보면, 실제 교과서 개발 능력은 (B)를 의미한다. 그러나 위의 도식은 **'교과서 개발 능력'** 개념을 보다 확장하여 개발 계획(A)에서부터 개발 후 수정·보완(C)까지 전 과정에서 필요로 하는 모든 능력을 포함하는 것으로 생각하였다. 개발 계획 단계의 ① '정책 입안 능력', ② '개발 실제 능력', 개발 후 단계에서 필요한 ③ '수정·보완 능력'도 교과서 개발에 절대적으로 필요한 능력으로 본 것이다. 결국, 교과서 정책 입안에서부터 개발, 개발 후 품질 관리까지 수정·보완이 상호 작용하는 연속이라고 할 수 있다.

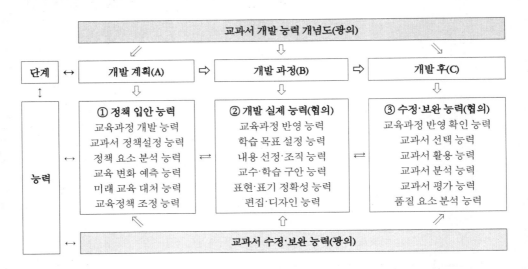

이와 같은 '교과서 개발 능력'의 설정은 교과서 개발에 참여하는 유능한 인력을 확보하는 방법도 되지만, 개발자의 능력을 체계적으로 향상하는데 필요한 학문적 이론을 정립하고, 실제 이러한 능력을 향상할 수 있는 교수요목이나 교육 시스템을 구안하는 데 장점으로 작용한다.

더욱이, 상기 도식이 암시하는 바는 **'교과서 개발 능력'**이 **'교과서 수정·보완 능력'**과 상호 작용 관계 속에서 존재한다고 여긴 것이다. '교과서 개발 능력'이 '교과서 수정·보완 능력'과 상통한다는 말이라 할 수 있겠다. 다소 과장된 단정 논리 같지만 "'교과서 개발 능력'은 '교과서 수정·보완 능력'이다."라고 말할 수 있다. 이러한 상호 관계의 천명(闡明)은 다음에 설명할 '수정·보완의 의미역 확장'과도 연결된다.

나. 수정·보완 능력의 체계적 신장

앞서 제1장에서 '교과서 개념'을 살펴보면서 언급했지만, 교과서를 '상호 작용하는 유기적 응결체'라는 관점에서 그 효용과 존재 가치를 몇 가지로 정리할 수 있다. 즉, 교과서는 ① '종합예술이다', ② '하나의 우주이다', ③ '완결된 유기체다', ④ '미학의 절정이다.'라는 등의 명제이다. 이 몇 가지 명제를 "교과서는 '사람(인격체)'이다"라는 말로 결집할 수 있다. 인격체로서의 '사람'은 전제한 명제의 의미 표상(表象)과 맥락을 모두 구비하고 있기 때문이다. 나아가 교과서가 '상호작용의 유기적 응결체'라고 하는 말은 지혜, 종합, 조화, 균제(均齊), 조절을 강조하는 '철학적 사고의 응결체'라는 말로 발전시킬 수 있다.

여기에 교과서를 바라보는 철학적 사고, 즉 '철학적 관점'에는 ① 교과서를 개발하는 관점, ② 교과서를 배우는 관점, ③ 교과서를 가르치는 관점, ④ 교과서를 수정·보완하는 관점 등을 다 포함한다. 그런데 교과서를 개발하는 관점은 배우고 가르치는 그것과는 사뭇 다르다. 이에는 교과서 개발에 요구되는 실재적 현상을 보다 구체적이면서도 명확하게 철학적 효용으로 전이할 수 있도록 '질서화'하는 방법, 즉 '교과서(교재)화'하는 방법이 필요하다. 따라서 교과서 개발은 분석적으로 존재하는 지식, 사상 등을 철학적으로 또는 교육학적으로 종합하고 조절하여 조화와 질서를 부여하는 작업이라고 할 수 있다.

'교과서 개발'이란 개념 실체를 이러한 방향으로 정리해보는 것은 어떤 면에서 수정·보완의 능력과 연결해 보는 계기가 된다. 즉, 반복해서 강조하는 말이지만, '교과서 개발 능력'은 '교과서 수정·보완 능력' 그 자체라고 해도 과언이 아니다. '수정·보완'도 지식, 사상 등을 새로운 관점에서 종합, 조절하여 조화와 질서를 부여하는 작업이기 때문이다. 따라서 교과서 개발 능력이 탁월하면 수정·보완 능력 또한 우월(優越)하다고 하겠다.

교과서 수정·보완 능력과 개발 능력과의 관계를 <교과서 개발 능력 개념도>의 능력 요소를 바탕으로 다음과 같이 거시적 능력 체계로 종합하여 나타낼 수 있다.

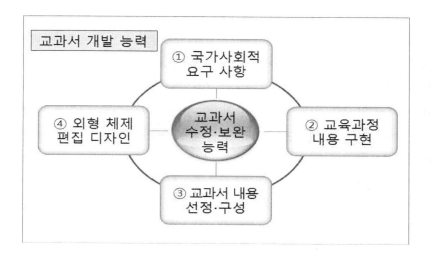

설명의 편리성을 생각하여 ① 국가·사회적 요구 사항 반영, ② 교육과정의 내용 구현, ③ 교과서 내용 선정·구성, ④ 외형 체제·편집 디자인을 능력 요소로 구분해 보았다. ①~④는 교과서 수정·보완 능력과 개발 능력에 공통으로 관여하는 능력 요소이다. 수정·보완 능력은 이들 능력 요소를 구심력으로 끌어들여 좋은 교과서 품질을 지향하는 힘으로 집중한다. 개발 능력은 ①~④ 능력과 수정·보완 능력 역학을 돕는 배경으로 작용한다. 수정·보완 능력과 개발 능력은 이렇게 협력 작용함으로써 좋은 교과서 실체를 형성하게 한다.

이러한 능력의 상관관계 속에서 교과서 수정·보완 작업은 '제2의 창조적 교과서 개발'이라고 명명해 보고 싶다. 단순히 오류 정도를 수정하는 미시적 작업이 아니라, 새롭게 가치를 부여하여 교과서를 참신한 면모로 재탄생시키는 창조적 작업이다. 그러므로 교과서 수정·보완 작업에도 '혼'을 담는 방법이 필요하고, ㉠ 정성과 ㉡ 정열, ㉢ 정보를 모아 '더 좋은 교과서'로 다시 태어나게 하는 창의적 발상 자세를 절실하게 요구한다.

한 톨의 쌀은 천지인(天地人)의 힘과 노력이 역동적 작용으로 모인 '가치의 응결체'이다. 햇빛 찬연한 하늘의 후광을 누리며, 대지의 기운과 적당한 물의 지배력을 수용하고, 바람과 계절의 변화라는 자연과의 조화(造化) 속에서 얻어진 가치의 결실이다. 농부의 따스한 손길과 정성이 하나의 열매로 맺어진, 천지자연의 합작 명품이라 하겠다.

수정·보완이라는 제2의 창조도 같은 맥락 속에서 이뤄진다고 하겠다. 그러므로 ㉠ 수정·보완에 참여하는 분들의 정성과 정열, 정보의 정도에 따라 교과서 질적 변화 양상도 다르게 나타난다. ㉡ 수정·보완에 참여하는 사람들은 미래 지향적인 책임과 창조 정신으로 무장하는 자세가 필요하고, ㉢ 수정·보완의 능력을 체계적으로 신장시킬 수 있는 시스템 개발이 절실하게 요구된다고 하겠다. '수정·보완 능력'은 '교과서 개발 능력'과 상보적 위치에 놓이므로, 이와 상관하여 ㉣ **수정·보완의 능력 요소(인자)나 지표**를 개발하고 이를 정교한 프로그램으로 발전시켜서 체계적인 능력 신장을 꾀해야 한다. 이를 품질 관리 능력과 연결하여 학문적 이론, 즉 '교과서 개발학'으로 발전시키는 노력이 더욱 필요함은 물론이다.

2. 품질 관리 상관 개념도 설정과 운용

가. 내재적 품질 관리 상관 개념도 설정

1) 내재적(본질적) 품질 관리 개념도

교과서 개발에서 교과서 자체(실체)로 구비, 완성되기를 요구하는 요소가 많다. 이러한 요소를 종합하여 품질 관리의 요강(要綱)을 찾아보는 것이 가능하다. 다음은 교과서 정책과 구성 원리 등을 종합하여 체계화한 교과서 <내재적 품질 관리 개념도>라고 할 수 있다.

품질 관점		품질 관리 분석 관점	품질 관리 관점 내용
거시적 관점	미시적 관점		
I 국가·사회적 요구 사항	헌법, 법령 준수	준법성	헌법, 교육기본법, 초·중등교육법, 같은 법 시행령 등
	교육의 중립성 유지	중립성 공정성	정치적·파당적, 개인적 편견 배제/ 특정 정당, 종교, 인물, 인종, 상품, 기관 등 선전, 비방 금지/ 남녀 역할, 장애, 직업에 대한 편견 불식/ 사회적 약자 비방 배제
	지식 재산권 준수	준법성	저작권, 특허권, 지식 재산권 침해 방지/ 표절, 모작 금지
	어문규정 준수	정확성 합치성	표현, 표기(오류/오자/탈자/비문/어법)
	국가, 지명 표기	정확성	울릉도 및 독도, 동해 표기
	계량 단위	합치성	국가표준기본법, 관련 법규 준수
II 교육과정 내용 구현	추구하는 인간상	구현성 충실성	자주적인 사람, 창의적인 사람, 교양 있는 사람, 더불어 사는 사람
	핵심역량	구현성 충실성	자기 관리 역량, 지식정보 처리 역량, 창의적 사고 역량, 심미적 감성 역량, 의사소통 역량, 공동체 역량(→교과별 역량)
	교육과정 내용	구현성 충실성	성격, 목표, 내용 체계, 교수·학습 방법, 평가 방법, 학습량 등
	범교과 학습 내용	구현성 충실성	안전·건강, 인성, 진로, 민주시민, 인권, 다문화, 통일, 독도, 경제·금융, 환경·지속 가능한 발전(교과교육과 연계)
	성취기준	기준성 위계성 연계성	성취기준의 내용 범위/기준 간의 위계/기준의 반복/영역 내 연계/영역 간 연계
III 교과용 도서의 내용 구성	내용 선정 (교육 목표)	목표구현성	교육 목표에 도달할 수 있는 학습 요소, 평가 포함
		학습가능성	학습이 가능하도록 절차와 체계를 세움
		전이성	전자 학습이 후자 학습을 효과적으로 촉진, 잠재적 목표 달성

		유용성	교육의 내용과 방법, 평가가 교육적으로 유용
		개방성	내용의 편중, 검증되지 않은 이론 남용 방지(사고의 개방성)
		보편성	인간의 보편적인 삶이나 가치를 지닌 내용
		대표성	공시적, 통시적으로 대표성이 있는 내용 선정
		적합성	목표 달성, 학생의 수준에 적합
		적정성	학생의 발달 수준을 고려한 학습량의 적정화
		적절성	학습자의 발달 수준과 요구, 사전 경험 및 지식에 부합
		타당성	학문적 기준의 객관적 진실과 가치
		공평성	사회적 기준에 균형 잡힌 시각
		실용성	실생활의 경험을 반영, 응용 가능한 내용 선정
	내용 조직 (교수·학습)	체계성	교수·학습 체계와 학문적 체계와 상응(논리적 구조와 형식면)
		위계성	학문적 개념이나 난이도의 위계
		계열성	학문 간, 학교급별, 단원 간의 계선 체계
		계속성	교육 내용의 종적 조직에서 학년별, 학교급별의 계속성
		연계성	학년, 학교 수준 사이의 계열성과 계속성의 원칙
		균형성	학습의 구체적인 내용에 균형 있는 배분
		효율성	교수·학습에 교육적 효과가 극대화되는 조직
		절차성	수업 목표를 효율적으로 달성하기 위한 절차
		완결성	부분과 전체가 조화를 이룬 교육적 완성체
		보완성	제재나 자료, 목표, 내용, 방법 면에서
		단계성	학습 활동 배열(활동을 유기성, 효율성을 갖춰 배열)
		다양성	내용 확인, 추론, 사회·문화적 소통 등 다양한 활동
	지면 구성 (편집·디자인)	시각성	담화자료, 그래픽 자료의 시각적 효과
		심미성	미적 감각을 살린 구도와 배치
		연결성	삽화의 내용과 담화자료가 긴밀하게 연결
		조화성	외면적 형식 자료의 사용 빈도, 위치, 크기의 조화
		창의성	자료 배열에 참신한 아이디어 생성(참신성)
	진술 방법 (표현·표기)	응집성	단원 학습 목표구현 관점에서 응축·통합
		통일성	하나의 대상에 일관된 관점을 유지하여 기술
		간결성	목표 진술, 학습 안내, 학습 활동의 불필요한 진술 배제
		일관성	문체에서 어미 일치까지 진술 형식에 일관성 유지
		구체성	설명 의도, 내용을 구체적으로 설명
		정확성	대상 설명, 표기, 띄어쓰기, 표준어 사용 등 정확
		가독성	모든 자료를 쉽게 읽고 이해할 수 있게 설명
IV 외형 체제 및 기타	본문 용지	부합성	교과서 용지 사용(교과서 가격과 유관)
	활동지, 부록	활용성	부록의 활용 최소화(교과서 가격과 유관)
	쪽수	책임성	집필자 명단 및 집필 단원(내용) 명시
	집필자 실명제	적절성	알맞은 학습 분량(교과서 가격과 유관)

Ⅴ 창조·총합	창조 원리	독창 지향	독자성	교재만의 독특성, 창의적 아이디어 구현
			정체성	타 교과목과 구별되는, 교재 성격을 구체적·체계적으로 구현
		창의 발상	법칙성	창조적 법칙성, 교육과정 운영 규칙 제공
			자족성	소기의 학습 목표 달성, 교재로서의 역할 수행, 만족도
	총합 원리	원심 구심 작용	목적성	교재 성격, 활용, 사용자, 교수·학습 형태 등을 고려한 목적성
			강조성	강조하는 교육 내용 따라 교재 구성의 방법, 원리가 달라짐
		순환 역동 작용	통합성	교육과정 학습 내용(경험)의 횡적 연계성/자료의 유기적 유대
			반복성	교육적 구성에서 차용 원리들의 반복적 활용

위의 관계도에서 제시한 여러 관점은 그동안의 정책 자료와 연구 성과를 바탕으로 정리해 본 것이다. 수정·보완 거시적, 미시적 관점 'Ⅰ～Ⅳ' 구분과, 이에 대비하는 '분석 관점', 그리고 구체적인 관점 내용은 보완의 여지가 많다. 더욱이 '외형 체제'는 자율화 과정에 있어 관점 설정에서부터 어려움이 있다.

'Ⅴ' 영역은 'Ⅰ～Ⅳ' 영역 전체를 포괄하여 조감해야 할 거시 관점이다. 따라서 교과서 모니터링 등 수정·보완과 품질 관리에서 일정 부분 제한 요소가 존재함은 피할 수 없다고 하겠다. 교과서 개발학의 주요한 연구 분야로서, 앞으로 이에 대하여 시간을 두고 정리·보완해 볼 예정이다.

2) 내재적 품질 관리 개념도 운용

좋은 교과서는 **<내재적 품질 관리 개념도>**에서 제시한 품질 관리 관점과 내용을 완벽하게 반영해야 한다. 그런데 실제 이를 모두 완벽하게 반영한 교과서를 개발하기는 현실적으로 불가능하다. 여기에서 교과서 존재 자체 내재적 품질 관리의 어려움이 따른다.

첫째로, 국가·사회적 요구 사항을 어느 수준으로 받아들이고 어떻게 교과서에 구성, 반영할지 등의 구체적인 규정과 안내가 필요하다. 사회구조가 다원화하여 복잡해지고, 생활 수준이 높아짐에 따라 각 분야에서 교과서의 내용에 많은 관심을 보인다. 심지어 이러이러한 내용을 확보해 달라고 요구하기도, 심지어 자체 개발 계획을 세우기도 한다. 그런데 국민 보통교육을 책임지는 교과서의 특성상 이러한 요구를 모두 수용하기는 어렵다.

그리고 단일생활권이 멀지 않은 세계화 시대에 다양한 문화 양상을 교과서에서 균형 있게 다루는 것은 더욱 어렵다. 따라서 교과서 개발 과정에서 국가·사회적 요구 사항을 받아들이는 수준과 범위, 방법, 요구의 타당성을 선별할 수 있는 시스템을 본격적으로 마련해야 한다.

둘째로, 좋은 교과서 개발과 사용에 저작권, 지식 재산권 등이 더욱 긍정적으로 작용하도록 해야 한다. 저작권법 25조(학교 교육 목적 등에의 이용) ①항에는 "고등학교 및 이에 준하는 학교 이하의 학교의 교육 목적상 필요한 교과용 도서에 공표된 저작물을 게재할 수 있다."라는 조항이 있기는 하지만, 저작권 사용과 저작권료 지급에 제약과 부담이 커서, 발행사뿐만 아니라 개인의 집필이 자유롭지 못한 경우가 많다. 더욱이 학교 현장에서 교육활동을 확장하는 데에는 더욱 그렇다. 자유발행제를 활성화하려면 원칙적으로 저작권, 지식 재산권을 보장해 주되, 여러 분야에서 예외의 범위를 더욱 넓혀 주는 것이 필요하다.

셋째로, 교육과정 성취기준을 교재로 이행하는 범위와 수준을 명확하게 해야 한다. 교과목 교육과정에는 교과서에 반영해야 할 최소한의 성취기준을 제시하고 있다. 그런데 이 내용을 어떻게 어떤 수준으로 학습 목표로 구체화하여, 교과서에 흡인할 것인가 하는 기준이 미미하거나 아예 없는 경우가 많다. 이는 적정하고도 정밀한 기준을 창의적 개발을 저해하지 않는 수준에서 제시해야 하는 교육과정 개발 방법과도 유관하다.

특히, 자유발행제가 도입되면 이러한 기준 제시는 합의점 도출이 쉽지 않다. 개발된 교과서마다 내용과 수준이 다르다면, 학교 현장에서의 혼란은 관화(觀火)한 일이다. 이의 해결을 위해서는 교육과정이 교재화에서 어떤 위치에 있는지를 명확하게 하고, 교과서 발행체제가 교과서 품질 관리와 지원으로 전력(全力)해야 함은 물론이다.

넷째로, 교과서의 내용 구성이 좋은 교과서의 품질로 이행되도록 교과서 개발 절차에서 이를 정확하게 제시하고 확인해야 한다. 교과서 집필에서 내용 구성은 내용 선정, 내용 조직, 진술 방법, 지면 구성으로 크게 나눌 수 있는데, 앞에서 이를 <교과서 구성의 품질 관리 관점 모형>으로 도식하여 제시하였다. 위에서 열거한 '품질 관리 관점'이 원리의 미시적 구성 요소가 된다.

천편일률적인 내용 구성 방법을 탈피하여, 교과서마다 교수·학습이 다양하게 펼쳐질 수 있는 독특한 내용 체계를 창의적으로 구안하는 것도 필요하다. 그러므로 창의적 구성과 품질 관리 사이에 불가피한 상충을 해소하고, '좋은 교과서' 개발이라는 공통 목적으로 슬기롭게 접점을 찾아야 한다. 여기에 이러한 품질 요소와 관점이 교과서에 정상적으로 흡수, 구현되려면, 먼저 집필자의 안목과 능력이 이에 상응해야 하며, 집필 및 검·인정 기준을 정확, 명료하게 하고, 심사·심의, 감수 등에서 정밀, 정확하게 검토하는 과정이 뒤따라야 한다.

다섯째로, 교과서 개발의 경제성을 고려하여 외형 체제의 허용 범위를 합리적으로 조정, 결정해야 한다. 품질 높은 교과서를 개발하려면 색상과 색도, 종이의 질과 삽화, 사진 등의 사용이 자유로워야 하고, 교과서 쪽수, 부록에 첨부되는 활동지, 보조 자료에 제한이 없어야 한다.

그런데 품질만을 고려하여 마냥 외형을 제한하지 않으면, 쪽수 및 인쇄·제본비의 증가로 교과서의 값이 상승하고, 의무교육으로 국가에서 교과서를 구입, 제공하는데 재정적 부담도 가중된다. 다양한 보조 자료 제공으로 학습 내용을 풍부하게 하고, 다양하게 학습 활동을 조장하는 등 장점도 많지만, 부피와 무게의 증가는 사용이 다소 불편하고 자유롭지 못하거나, 지니고 다녀야 하면 아동에게는 건강과 직결된다. 따라서 재정 증가, 사용의 단점과 품질향상 사이에 접점을 슬기롭게 찾아보아야 한다.

여섯째로, 교과서의 창조성과 전문성을 어느 수준까지 적용할지의 기준 설정 문제도 품질 유지와 연계하여 중지를 모을 필요가 있다. 이는 검·인정 제도에서 심사 기준, 자유발행제 시행 시 집필과 발행의 자율 허용 범위와도 연관된다. 교과서 내용과 체계에서 색다른 변모를 어느 정도 허용하여 자격을 부여할지도, 아직은 기준이 좀 모호하여 연구가 필요하다.

교과서 개발에서 자율성, 창조성, 전문성은 최대로 보장해 주되, 이를 '더 좋은 교과서 품질' 유지를 전제로 생각해야 한다. 이들의 관계 설정은 자연계 물리적 역학과 다르므로 연결 경계를 확정하기가 어렵다. 그러므로 교과서 환경 변화 추세에 맞춰 선제적으로 미리 대비해야 한다.

나. 외재적 품질 관리 상관 개념도 설정

1) 외재적(비본질적) 품질 관리 개념도

앞에서 교과서 **<내재적 품질 관리 개념도>**를 중심으로 품질 관리 방법을 상정해 보았다. 이처럼 품질 관리 개념이나, 의미 범주를 체계적으로 정립하기 위해 관련 요소의 관계망을 설정해 보는 것이 필요하다. 다음은 한 권의 교과서가 탄생할 때 관여하는 외재적 요소의 관계도이다. 일면, 교과서 **<외재적 품질 관리 개념도>**라고 하겠다. 얼핏 잘못 이해하면 창의성, 다양성, 자율성을 통제, 관리, 제한하는 요소의 관계도로 보이지만, 반대로 좋은 교과서 개발을 위한 목표 설정과 절차, 방법을 종합적으로 살펴볼 수 있게 하는 소통 체계라는 긍정적인 면이 더 강하다.

　　개념도에 대한 구조의 논리성, 유기적 상관성을 떠나서, 교과서 품질을 어떻게 설정하고 관리할 것인가의 개념을 도출하는데 암시하는 바가 크다. 여기에 교과서 품질 관리(수정·보완) 개념과 체계의 정립에 어떤 요소(본질적/비본질적, 내재적/외재적)를 포함할 것인가를 알려 주기도 한다.

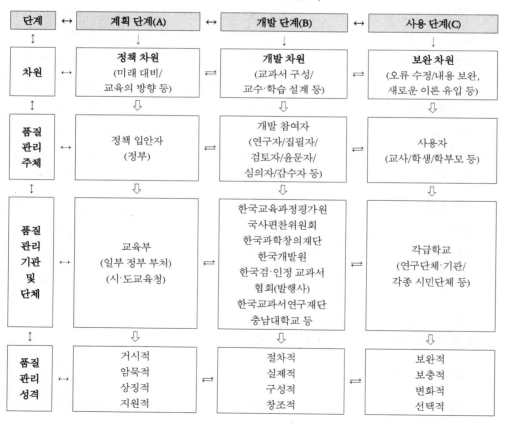

〈외재적 품질 관리 개념도〉

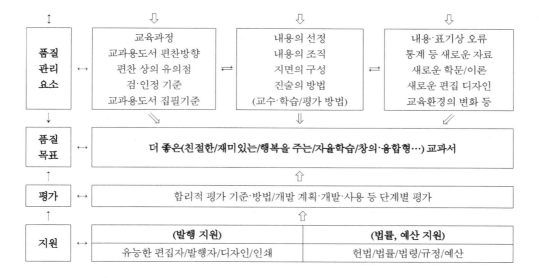

품질 관리 요소	↔	교육과정 교과용도서 편찬방향 편찬 상의 유의점 검·인정 기준 교과용도서 집필기준	⇄	내용의 선정 내용의 조직 지면의 구성 진술의 방법 (교수·학습/평가 방법)	⇄	내용·표기상 오류 통계 등 새로운 자료 새로운 학문/이론 새로운 편집 디자인 교육환경의 변화 등
품질 목표	↔	더 좋은(친절한/재미있는/행복을 주는/자율학습/창의·융합형…) 교과서				
평가	↔	합리적 평가 기준·방법/개발 계획·개발·사용 등 단계별 평가				
지원	↔	**(발행 지원)** 유능한 편집자/발행자/디자인/인쇄		**(법률, 예산 지원)** 헌법/법률/법령/규정/예산		

　　교과서 품질은 교과서 존재 생태 전 과정에서 지속해서 관리, 지원해야 하고, 단계마다 관리 주체가 관련 기관과 단체의 협조를 받아, 품질 관리 요소를 반영, 개선하여 더 좋은 교과서를 지향 유지해야 함을 나타낸다. 교과서 평가로써 개선 사항을 파악하고, 발행 시스템, 법률과 예산 지원이 필요함은 물론이다. 이처럼 교과서 품질은 교육 공동체, 교과서 공동체의 합심과 울력으로 개선, 유지된다.

2) 외재적 품질 관리 개념도 운용

　　<외재적 품질 관리 개념도>에서 품질 관리의 몇 가지 방법을 생각해 볼 수 있다. 이는 품질 관리 상관 요소의 존재 가치를 파악하고, 유기적 관계로 밀착시키는 전제 조건과 방법이다.

　　첫째로, 교과서 개발 계획, 개발 실제, 사용 등 단계별로 품질 관리에 대한 계획을 세우고 실행해야 한다. 교과서 개발 계획 단계에서는 발행체제의 개선을 고려하여 품질 관리 요소를 명백히 밝히고, 개발 단계에서는 개발에 참여하는 사람들의 교과서 개발 역량을 넓혀 주는 연수 프로그램을 진행한다. 특히, 집필자에게는 **'집필 매뉴얼 (manual)'**을 제공하는 등 그 역량이 더욱 신장하도록 하고, 사용 단계에서는 교사, 심지어 학생에게 사용 설명서 등 **'활용 매뉴얼'**을 제공하여 교과서 활용도를 최고의 수준으로 높이도록 한다.

둘째로, 품질 관리 주체별로 교과서 품질을 개선, 유지하는 업무를 분담, 수행하도록 한다. 정책 입안자, 교과서 개발 참여자는 물론 교과서 사용자(학생, 교사)들도 수정·보완 사항을 자체 정리하여 교과서에 반영하는, 적극적인 현장 품질 관리자로의 구실을 하도록 한다. 집필자의 품질 관리 의무를 강화하고 이를 법적으로 명시하는 것도 한 방법이다. 더욱이 학교에서 학생, 교사가 품질 관리 주체자로 역할을 할 수 있도록 자율 관리 체계나, 협의회 등 여건을 마련한다.

셋째로, 교과서 개발 관련 전문가의 체계적 양성과 이들에 대한 지속적인 교육과 연수 시스템을 마련해야 한다. '교육의 질이 교사의 질을 능가할 수 없다.'라는 말과 같이 교과서의 질은 개발자의 질을 능가할 수가 없다. 그러므로 교과서를 연구·집필하고 검토·심사·심의하며, 편집·발행하는 전문가[이들을 교과서에 인격을 부여하는 '교과서 개발 공동체', '교과서 공동체'라 부르고자 함]가 체계적·본격적으로 양성될 수 있는 시스템과 교육 체계 수립이 필요하다. 그리고 이들의 전문가적 지식이나 능력을 신장시킬 수 있는 교육 지침서나 안내서, 프로그램을 개발하여. 교과서에 대한 안목과 개발 능력을 계획적으로 넓히는 교육의 장(場) 마련이 상시로 이루어지도록 한다.

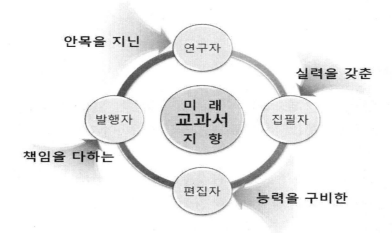

넷째로, 교과서 활용(사용)에 대한 안내와 이의 지원 체제를 구축해야 한다. 지식·정보, 4차 산업 혁명 시대, 디지털 사회에서는 학생과 교사가 교과서를 어떻게 활용할

것인가를 안내하는 후속 지원과, 심지어 이에 관한 대국민 교과서 안내도 어떤 면에서 필요하다. 여기에서의 지원은 교과서 수정·보완의 차원만이 아니라 부수되는 학습 자료를 개발 보급하고, 교과서의 활용에 대한 학문적 이론도 제공하는 다각도의 지원 형태를 말한다.

그리고 단순히 교과서의 활용을 직접 관계하는 사람에게만 안내하는 틀을 벗어나, 교육 공동체, 교과서 공동체가 함께 교과서 활용 제반에 대하여 논의하는 마당을 마련하는 것도 바람직하다. 좋은 교과서를 개발하는 것도 중요하지만, 개발된 이들 교과서를 잘 활용하도록 안내, 지원하는 것은 그 가치와 교육력을 높인다는 점에서 더 중요하다.

다섯째로, 교과서 개발 관련 모든 기관별로 품질 관리 체계를 구축하고 담당자를 두어 책임성을 높여야 한다. 교과서 정책을 담당하는 정부 부서, 편찬기관, 시·도교육청은 물론 단위학교에서도 품질 관리의 시스템을 구축하여 운영하는 것이 좋다. 특히, 교과서를 개발한 발행사 내에도 후속 지원 서비스인 품질 관리 시스템을 구비하고, 전담 인력을 배치하여 철저히 수행하도록 한다.

여섯째로, 교과서 품질 기준을 합리적으로 설정하고, 좋은 교과서 개발과 사용의 차원에서 이러한 기준이 적용되도록 공시(公示)한다. 좋은 교과서의 질적 수준을 더욱 구체화하여, 교과서의 질을 검증할 수 있는 '좋은 교과서'의 실체를 보여줘야 한다. 좋은 교과서 구성 요소를 객관적 기준으로 제시하면, 좋은 교과서의 실물에 대해 막연함을 불식하고, 교과서 질을 한층 더 높이고 추장할 수 있다. 그리고 구체적인 질적 수준의 설정과 공시가, 더 좋은 교과서 개발에 제약이 아닌 활력으로 작용하도록 유도해야 한다. 그러나 공시된 질적 수준의 도달도 만을 강조하다 보면, 오히려 교과서의 창의적 개발과 품질향상에 장애가 된다.

일곱째로, 교과서의 객관적 평가를 포함하여, 품질 관리(수정·보완)를 위한 다각적 평가 체계를 마련해야 한다. 개발을 완료한 후 교과서를 합리적으로 평가하여 교과서의 품질을 보장하고, 이의 결과에 따른 효율적인 품질 관리 체계를 마련해야 한다. 앞에서 언급한 교과서의 질적 수준을 설정, 공시하는 것과 상보적 관계를 유지하는 것도 필요하다.

교육 현장과 연계된 원활한 품질 관리(수정·보완 포함) 체계는 언제나 참신하고 생명력 있는 교과서가 되게 한다. 그러나 교과서는 교육 내용의 집적 종합체이므로, 이를 공정하게 평가하여 교과서의 우열을 밝히고, 앞으로의 개발에 참고가 되도록 하는 제도 마련에는, 해결해야 할 사항이 한둘이 아니므로 철저한 준비가 필요하다.

여덟째로, 품질 관리 공동체(협의체) 네트워크를 구축, 운영하여 관리의 효율성을 높이도록 한다. 품질 관리 주체 간, 기관이나 단체 간의 원활한 소통은 교과서를 매개로 하나가 전체가 되고, 전체가 하나가 되어, 더 좋은 교과서로의 품질을 유지할 수 있게 한다. 현대와 같은 디지털 시대에는 공동 사고, 공동의 노력이 절실하고, 이를 의도적으로 끌어내야 한다.

3. 품질 관리의 일반적 원리 탐색

가. 교과서 존재와 품질 관리

앞에서 누누이 언급한 바와 교과서는 '상호 작용의 유기적 응결체', '조화로운 하나의 완결된 생명체'로 교육의 헌법인 교육과정을 원리에 따라 실체화(實體化)한 것이다. 즉, 교육과정에서 제시한 교육 내용(성취기준)을 중심으로 학습 목표를 설정하고, 기본 학습 요소나 활동을 교수·학습 과정으로 체계화한 것이 교과서이다. '**유기적 응결체**'라고 하는 의미에는 교과서 자체 본질적인 속성과 함께 교육활동의 역동적 작용 관계 속에 '**구조의 완성체**'로 존재한다는 뜻도 지닌다.

자연계에서 모든 생명체는 환경의 변화에 적응하지 않으면, 존재 가치가 감소하거나 결국 사라진다. 용어 개념과 사용에서 다소 차이가 있지만, 이것이 '**적자생존(適者生存, survival of the fittest)의 법칙**'이고, 자연의 질서와 조화가 이 법칙의 철저한 적용에서 유지된다. 그러므로 교과서를 하나의 '**완결된 생명체**'로 본다면, 이러한 법칙은 교과서 생태계에서도 그대로 적용, 유지된다. 끊임없이 변화하는 새로운 사회, 교육환경에 잘 적응해야, 가치가 유지되고 생명력을 영원하게 지속할 수 있다.

결국, '**교과서의 생명력**'은 사회, 교육환경의 변화에 적응하려는 힘을 말한다. 적응해서 살아남는 것이 아니라 적응하려는 힘이 그대로 살아남는 힘으로 작용한다. 이러한 살아남으려는 힘을 '**자연선택(自然選擇, natural selection)의 힘**'이라 하겠다. 그리하여 '자연적으로 선택된 교과서가 살아남으며, 그래서 생명력이 영원히 유지된다.'라는 유사 명제를 교과서와 관련해서도 적용하고 싶다.

이렇다고 보면, 품질 관리는 생물학에서 말하는 '자연선택'에 해당하는 말이다. 생물 개체가 환경 변화에 적응하면 살아남고, 그렇지 못하면 자연적으로 도태되는 것처럼, 교과서도 사회나 교육환경의 변화에 품질 관리로 적응하면 살아남고, 그렇지 못하면 생존의 질서에서 밀려난다. 생물이 우성(優性) 유전 인자를 가지면 주위 환경에 생존하는 확률이 높아지는 것처럼, 품질 관리로 좋은 교과서 자질을 충분하게 지니면, 교과서로서의 생명력은 교육의 힘으로 유지된다.

이처럼 교과서 생태계에서 품질 관리는 존재의 문제와 결부된다. 교과서로서의 존재의 힘, 생명력은 좋은 교과서로서의 교육력(敎育力)이다. 품질 관리는 교과서가 교육의 힘을 유지하고 향상하도록 수정·보완하고 지원하는 '교육 행위'를 말한다. 그러므로 품질 관리의 원리도 자연선택의 원리에서 크게 벗어나지 않는다.

이렇게 교과서를 역동적 관계 속의 유기체, 생명체로 보는 것은 교과서 개발에 임하는 자세, 특히 동등한 위상이라고 여기는 수정·보완에 임하는 태도, 즉, 품질 관리가 어떠해야 하는지를 암시한다.

지금까지 논의한 사항을 바탕으로 수정·보완의 방법에 대한 일반적인 원리를 세워 볼 수 있다. 교과서 개발과 교과서 수정·보완이 하나로 연결하는, '개발 능력=수정·보완 능력'이라는 시각은 이들 원리 설정을 어렵지 않게 한다고 하겠다. 이러한 원리 개발을 포함에서 교과서 품질 관리도 이론으로 정립되면, '관리'라는 용어가 주는 경직성을 완화하고 좋은 교과서 개발과 유지, 활용으로 교육 발전을 견인할 수 있다.

나. 품질 관리의 일반 원리 모색

일반적으로 독서의 방법을 논하면서 "나무를 보고 숲은 보지 못한다.", "숲은 보고 나무는 보지 못한다."라는 비유를 많이 사용한다. 이들 각각에는 장점이 있지만, 이상적인 독서의 형태는 "나무도 보고 숲도 보아야 한다."라는 말이다. 수정·보완을 위한 검토 원리도 접근 방법에서 마찬가지라고 하겠다.

"책을 백 번 읽으면 뜻을 저절로 이해한다(讀書百遍 義自見)."라는 말처럼, 교과서를 ㉠ 직접 개발해 보거나 ㉡ 수정·보완의 작업을 많이 해 보면, 나무와 숲을 모두 볼 수 있는 능력을 자연스럽게 형성할 수 있다. 그런데 나무와 숲을 동시에 보는 능력도 있고, 순차적으로 보는 능력(숲⇌나무, 나무⇌숲)도 있을 수 있다.

앞에서 이미 언급했듯이 광의의 수정·보완은 '정책 입안'과 '교과서 구성'을 포함하므로, 이들 원리와의 관계를 고려하여 **'교과서 수정·보완(품질 관리) 원리 개념'**을 정리해보면 다음과 같다.

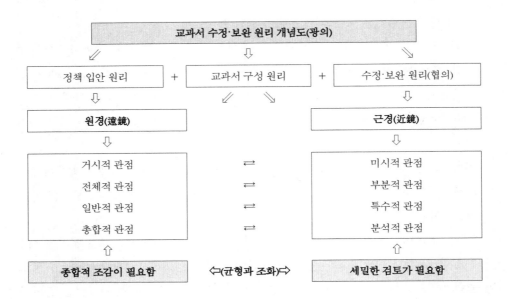

'① 원경의 관점'에서 근경 관점으로, 아니면 **'② 근경의 관점'**에서 원경 관점으로 출발을 하든, ③ 동시에 같은 관점으로 검토를 진행하든 상관이 없다. 이들 관점의 장단점은 상대적이므로 어느 방법이 좋고 나쁘다고 단정하기가 어렵고, 단지 방법상의 구분일 뿐이다. 상기 관점의 작용 형태는 수정·보완 기본적인 원리로서 자리 잡을 수 있다고 본다.

위에서 제시한 수정·보완의 원리는 하나의 보편적인 방법론에 지나지 않는다. 교과서가 존재하는 여러 방식, 교과서 환경을 고려하면 여러 가지 원리 설정이 가능하다. 품질 관리 체계나 관점을 이용한 일반 원리 설정도 생각해 볼 수 있다. 교과서 정책, 구성, 교수·학습, 활용, 평가 영역에 제시된 관점을 원리 구조로 전환하여 근경, 원경의 거시적 원리를 보완할 수 있다. **'품질 관리 상관 개념(내재/외재)'**을 활용하여 품질 관리 관점의 관계상, 주체, 요소, 성격, 지원 등을 원리 구조로 편입하고 의미를 부여하는 것도 한 방법이다.

이러한 방법의 원리 모색에는 품질 관리 개념과 체계라는 기본 틀을 바탕으로 해야 한다. '관점'과 '원리'의 의미 접점을 이론적으로 찾아야 내서, 논리적으로 적용의 실제성을 보여주어야 한다. 앞으로 여러 방법을 통한 이론화로 품질 관리 원리가 다양하게 제시되었으면 한다.

4. 품질 관리 전담 기관 필요성과 역할

가. 교과서민원바로처리센터 운영 확대

'교과서민원바로처리센터(TIOS, Textbook Information One-Stop Service)'는 교과서 정보 서비스(CUTIS)를 확대 개편하여 교과서연구재단 내에 설립되었다(2013.01.14.). 교과서 민원의 신속·정확한 처리로 민원의 만족도를 높이고, 교육 공동체 소통과 통합 관리로 교과서 품질 관리를 체계화·고도화하며, 교과용 도서 다양화·자율화에 따른 Big-Data의 체계적인 관리를 목적으로 한다.

1) 민원상담·모니터링과 품질 관리

① 민원상담 센터 운영

교과서 관련 민원은 '제기→접수→이관→답변→답변 안내 처리' 절차를 밟아 신속, 정확하게 상담하고 처리한다.[4] 교과서 민원상담은 작게는 표현·표기 오류에서부터 역사적 사실, 양성평등과 인권, 교과서 정책 관련 제안까지 교과서 관련 사항은 망라한다. 아래의 통계표에서 파악할 수 있듯이, 교과서 수정·보완, 내용·정보 분야가 양에서 주류를 이루는 편이다.[5]

---

[4] 교과용 도서(교과서, 지도서) 겉표지 뒤쪽 안, 또는 관련 자료에 교과서민원바로처리센터 웹사이트 주소(1566-8572, http://www.textbook114.com)를 안내하여, 언제 어디에서든지 민원상담이 이루어지도록 하였다.

[5] 민원상담 처리 및 모니터링단 운영 현황은 교과서민원바로처리센터 『운영백서』(한국교과서연구재단, 2022)를 참고하여 작성한 것임

<콜/포털/모바일 민원>

처리구분 민원구분	2013	2014	2015	2016	2017	2018	2019	2020	2021	계
교과서 구입·주문	2,692	2,465	1,517	1,159	860	768	655	475	346	10,937
교과서 수정·보완	230	1,087	823	673	647	724	1,052	1,005	969	7,210
교과서 내용·정보	2,340	2,167	2,658	2,188	1,650	2,028	1,867	2,240	1,870	19,008
교과서 파본·교환	116	93	110	84	69	68	54	54	34	682
교과서 정책	425	1,430	1,040	358	1,992	1,616	1,476	1,500	1,673	11,510
기타	2,009	450	219	256	425	370	274	356	211	4,570
합계	7,812	7,692	6,367	4,718	5,643	5,574	5,378	5,630	5,103	53,917
월평균	651	641	530	394	470	465	448	469	425	499

연도별 민원 수의 변화 추이를 보면, 총계에서는 거의 고른 편이나 교육과정의 순차적 적용과 완료에 따라 민원 수 합계에 약간의 변화가 나타난다. 2015 개정 교육과정은 2017년부터 2020년까지 순차 적용하여 수정·보완 민원이 많아진 통계 양상을 보인다. 교육과정 적용 초기에는 사용 과정에서 드러나거나 밝혀지는 오류나 보완 사항을 센터에 민원으로 제기하는 경우가 많아져서 그러하다.

<2021년 월간 민원 세부 유형 통계>

대 유형	세부유형	1월	2월	3월	4월	5월	6월	7월	8월	9월	10월	11월	12월	합계	비율(%)
교과서 구입·주문	개별구입	17	23	61	36	19	32	13	27	30	7	12	16	346	6.8
	학교공급	2	3	8	4	3	10	4	2	8	5	2	2		
교과서 수정·보완	오탈자	1	0	7	6	20	40	5	7	5	3	3	1	969	19.0
	내용수정 보완	64	28	128	109	92	109	52	45	73	58	62	51		
교과서 내용·정보	교과서 내용	32	12	195	87	65	76	48	32	51	32	42	15	1,870	36.7
	교과서 자료	30	228	431	80	38	35	27	73	38	29	32	16		
	교육과정	4	10	21	5	7	6	5	3	1	3	2	5		
	디지털 교과서	1	1	13	5	9	4	4	1	4	0	9	3		
교과서 파본·교환	파본교환	0	2	5	7	4	1	1	6	2	3	1	1	34	0.6
	반품환불	0	0	0	0	0	0	0	0	0	1	0	0		
교과서	정책제도	5	9	11	12	8	8	10	38	115	16	3	4	1,673	32.8

분류	세부													합계	비율
정책	법령	13	16	10	8	6	2	11	2	10	7	9	5		
	웹전시	15	11	5	4	7	109	14	250	826	70	13	11		
기타	TIOS 안내	7	11	8	5	12	14	20	2	45	10	8	1	211	4.1
	기타	6	12	9	4	7	3	6	5	8	1	4	3		
합계		197	366	912	372	297	449	220	493	1,216	245	202	134	5,103	100

월간 민원 세부 유형 통계에서도 교과서 내용 및 수정 관련 상담이 주류를 이루고 매년 같은 유형을 보인다. 학년, 학기 초에는 교과서 구입·주문, 파본·교환 민원이 많아지고, 교과서 정책과 관련한 상담에서도 그 수를 일정 수준으로 유지하고 있다. 민원상담 건수가 3, 4월, 9, 10월에 집중 많아진 것은 학기 초에 새로운 교과서로 수업이 이뤄지기 때문이다. 교과서 구입·주문이나 파본·교환도 같은 차원의 통계 양상을 보여준다. 전문 교과목 인정도서 중심으로 8, 9월에 웹—전시를 하여, 상담이 몰리는 현상도 통계 숫자로 확인할 수 있다.

② 모니터링단 운영

교과서민원바로처리센터는 현장 교사 중심으로 교과서 모니터링단을 구성, 운영하여 오류 수정 및 보완을 명확하고 신속하게 처리하고 있다. 특히, 양성평등과 인권 관련 분야는 관련 전문가가 참여하여, 국가·사회적 요구 사항에 적극적으로 대응하는 효과를 발휘한다.

〈연도별 모니터링 현황〉

연도	2013년	2014년	2015년	2016년
모니터링 대상 교과	· 초등학교: 국어, 통합교과(이상 국정) · 중학교: 국어, 도덕, 사회, 역사(이상 검정), 과학, 수학(이상 인정)	· 초등학교: 국어, 도덕, 사회(국정) · 고등학교: 국어, 사회, 사회문화, 한국지리, 윤리와사상, 한국사(이상 검정)	· 초등학교: 국어, 도덕, 사회, 수학 과학(이상 국정), 음악, 미술, 체육 실과, 영어(이상 검정)	· 초등학교: 사회, 수학, 과학 (이상 국정), 음악, 미술, 체육, 영어(이상 검정)
인원수(명)	58	30	40	40
모니터링 횟수	7회 (5월~11월)	9회 (4월~12월)	6회 (6월~11월)	6회 (5월~10월)
모니터링 제출 건수	4,423	1,580	4,212	6,908

2017년	2018년	2019년	2020년	2021년
· 초등학교: 국어, 수학, 바/슬/즐, 안전한 생활 (이상 국정) − 양성평등, 인권	· 초등학교: 국어, 사회, 도덕, 수학, 과학 (이상 국정) · 중·고등학교: 국어, 영어, 수학, (통합)사회, (통합)과학 (이상 검정) − 양성평등, 인권	· 초등학교: 국어, 사회, 도덕, 수학, 과학 (이상 국정) · 중학교: 국어, 과학 (이상 검정) · 고등학교: 사회, 수학 (이상 검정) − 양성평등, 인권	· 초등학교: 국어, 국어활동(지도서) 도덕(지도서), 수학(지도서) 과학(지도서)(이상 국정) · 중학교: 사회, 수학, 영어 (이상 검정) · 고등학교: 국어, 과학, 영어 (이상 검정) − 양성평등, 인권	· 초등학교: 국어(지도서), 사회 (지도서), 도덕(지도서), 수학(지도서), 과학 (지도서)(이상 국정) · 중학교: 국어, 도덕, 수학, 과학, 영어(이상 검정) · 고등학교: 사회, 수학, 과학, 영어 (이상 검정) − 양성평등, 인권
42	40/45	84	59/13(양성)	59/13(양성)
6회 (5월~10월)	6회 (5~10월)	7회 (5월~11월)	6/2회(양성) (5월~10월)	6/2회(양성) (5월~10월)
2,079	2,031/2,029(검정)	3,945/2,613(양성)	4,129/1,222(양성)	4,338/892(양성)

검토 대상 교과서의 수에 따라 차이가 있으나, 그동안 모니터링단이 검토하여 지적한 수정·보완 사항은 그 숫자에서 혁혁한 성과를 보여준다. 모니터링 제출 건수는 결정적인 오류를 지적하는 경우가 많지만, 이렇게 보완했으면 하는 권고 수준의 것도 있어, 건수의 많고 적음이 특별한 의미를 지니지는 않는다. 모니터링단 운영은 현장에서 직접 교과서를 사용해 본 교사를 비롯하여, 해당 관련 전문가 중심으로 검토하여 수정·보완의 현장성, 실제성을 확보하고, 검토 사항을 신속하게 반영할 수 있다는 데 의미가 크다고 하겠다.

2) 교과서민원바로처리센터 기능·역할 확대

민원상담이나 모니터링의 결과에 나타난 통계나 자료를 중심으로 교과서 수정·보완의 경향을 파악하여 일반화하기에는 한계가 있다. 그러나 교과서 관련 민원을 현장에서 끊임없이 제기하고, 모니터링단에서 교과서 수정·보완 사항이 생각보다 많이 지적되었다는 사실에 주목할 필요가 있다.

교과서 종류에 따라 약간 다르지만, 교과서 개발 절차를 준용하여 ① 연구·집필진의 누차 검토와 천착(穿鑿), ② 심사·심의 위원의 종합적 심사와 심의, ③ 감수자의 검토 보완, ④ 현장 교사의 적합성 검토, ⑤ 체계적 윤문(표현·표기) 등 수차 검토, 보완했는데도, 수정·보완 사항이 생각보다 많이 발견되는 데는 교과서 개발이 그만큼 어렵다는 점을 의미한다. 그러나 교과서 개발 절차와 운영에서 제도보완을 다시금 생각해 볼 여지를 남게 한다.

이러한 제도 보완 차원에서 민원바로처리센터가 매우 중요한 역할을 담당하고 있다. 민원으로 제기되거나 모니터링에서 검토, 지적한 사항을 모두 반영하는 것은 아니다. 민원 내용, 검토 사항이 거시적 관점에서 교과서의 기본 틀을 바꿔야 한다든지, 집필자와 의견이 일치하지 않거나 전문가의 검토를 받아야 하는 사항은 논쟁의 여지가 있어, 즉각적으로 반영하지 못하는 경우가 생긴다. 특히, 첨단 과학 용어, 역사 관련 문제, 양성평등, 인권 관련 내용 등의 경우에는 소정의 과정을 거쳐 슬기롭게 해결할 사항이 많이 대두한다. 그런데 민원바로처리센터가 이를 직접 해결하거나 정책으로 반영하도록 담당자나 관련 기관에 안내하고 조정한다.6)

이처럼 민원바로처리센터는 교과서 개발 이후에 수정·보완과 품질 관리라는 중요한 기능을 종합적으로 수행하고 있다. 민원상담의 효율성과 만족도를 높이기 위해 민원 상담의 유형, 상담 사례집도 발간하여 민원인이나 민원 관련 기관에 답변 시 참고 자료로 활용하도록 한다. '수정·보완 예정 사항 미리보기'를 작성, 게시하여, 교과서 수정 전의 내용을 현장에 미리 알려 주어 수업에 지장이 없도록 한다. 교과서 관련 기관과 전문가로 품질 관리 협의회를 구성하여, 민원 업무의 효율성을 높이고, 교과서 정책 등 현안에 공동 대처하여 긍정적인 교과서 모습을 보여주는 데 공헌하는 바가 크다.

여기에 교과서 관련 정보시스템을 운영하여 사례 유형별로 민원을 접수, 처리, 축적하고 Big-data로 지속 관리한다. 교과서 웹―전시 시스템은 디지털 시대에 교과서 선정 방법에 변화를 선도하고 있다. 이러한 모든 업무가 교과서의 국민적 만족도를 높이고, 미래 지향적인 교과서 문화 형성에 솔선한다고 하겠다.

민원상담의 구체적 내용은 교과서 수정·보완의 실제 내용이 무엇인지를 적시한다. 어떤 분야에서 오류가 많고, 개발 단계에서 어느 부면을 신중히 검토해야 하는지도 알

---

6) 이재승 외, '교과서민원바로처리센터의 교과서 민원 처리 개선 방안 연구'(교육부·한국교과서연구재단, 2021)에서는 이슈 민원 처리, 효율적인 수정·보완, 민원 처리 만족도 향상 등에서 개선 방안을 제시하여 많은 참고가 된다.

려 준다. 그러므로 민원을 정확하고 신속하게 상담하여, 오류를 포함, 수정·보완 내용을 빠르게 학교 현장에 전달할 수 있도록 시스템을 미래 지향적으로 확대할 필요가 있다. 모니터링을 포함하여 교과서 민원 해결에 부수되는 지원 업무와 사업도 더 치밀하게 종합적으로 운영하여, 민원 처리를 원만하게 추진하도록 돕고, 교과서 품질 개선이 실질적으로 이뤄지도록 하는 것이 좋다.

이러한 기능과 역할을 하나의 기관으로 일원화하고 운영의 효율성을 증대하여, 교육 능력 향상과 미래 교과서 문화 형성에 앞서가도록 제도적으로 정착해야 한다. 따라서 교과서 품질을 체계적으로 개선, 유지하고 새로운 교과서 문화 창달을 위하여 '교과서민원바로처리센터' 기능과 역할을 종합적으로 확대하여, 디지털 시대에 미리 대비할 필요가 있다고 하겠다.

나. 품질 관리 전담 기관의 필요성

좋은 교과서는 교육의 질뿐만 아니라 국가 경쟁력을 높인다. 강조할 필요가 없이, 좋은 교과서 개발은 발행제도와 직결하여, 학교 교육의 원활한 지원을 목적으로 품질 관리라는 당위도 뒤따른다. 교과서의 체계적인 품질 관리는 교육의 만족도와 교육력을 높여주기 때문이다.

생활 수준이 높아지고, 시민의식과 민주화가 정착되면서 정부의 규제와 간섭이 약화, 축소되는 추세이다. 이러한 추이(推移)에 따라 교과서 제도도 자율성과 다양성을 추구하여 자유발행제를 순차적으로 도입하게 되었다. 그런데 교과서 제도의 자율성과 다양성, 전문성의 추구는 품질 관리와는 핍진한 관계에 놓인다. 그러므로 품질 관리를 정부가 아닌 민간 기구가 주체가 되어, 업무 수행의 자율성과 효율성을 확보할 필요가 있다. 이는 사회적 요구와 부합하기도 하고, 독립적인 **교과서 품질 관리 지원 센터** 설립과 운영이 필요한 까닭이다.

신속, 정확한 민원상담, 교과서 정보시스템, 수정·보완 온라인 시스템, 교과서 자료관의 유기적 연계는 교과서 품질 관리의 기본 시스템이며, 시너지 효과를 발휘하는 시금석이다.

교과서 민원상담을 품질 관리 지원 역할로 확대하여, 집필을 포함 교과서 관련 모든 사항을 상담의 대상으로 삼는다. 교과서 구입·판매, 수정·보완, 내용·정보, 반품·교환,

교과서 정책 등의 안내를 더욱 깊고 넓게 하고, 교과서 품질 관리의 체계와 방법, 관리 담당자·기관의 역할, 교과서 개발, 평가 관련 정보 등에까지 상담의 지평을 넓혀서, 품질 관리를 위한 소통의 메신저 역할이 필요하다. 더욱이 교과서 선정과 관련하여 상시 웹－전시는, 교과서 정보를 시간과 공간을 초월하여 제공한다는 점에서, 4차 산업 혁명 시대 디지털 환경에 능동적으로 적응하는 상징이 된다.

교과서 관련 모든 정보를, 특히 교과서 수정·보완 내용을 DB에 축적, 품질 관리 차원에서 체계화하고, 이에 대한 정보를 관련 기관이나 학교 현장에 신속하게 전달, 활용할 수 있게 한다. 여기에 발행사, 시·도교육청, 개발 기관 등과 교과서 관련 정보를 공유하고, 담당자들 간의 소통과 협조로 품질 관리의 질을 높인다.

국내외 교과용 도서를 교과서 정보·자료관에 확보하여 연구자, 이용자에게 수준 높은 정보를 제공하고, 연구기관 간 협력 네트워크를 구축하여 교과서 수정·보완과 품질 관리 업무를 지원한다. 외국 교과용 도서 원문을 DB화하여 교과서 관련 정책 추진 및 연구자 등에게 정보를 원활하게 제공하고, 보유자료 검색 및 이용이 편리하도록 체계화하여 교과서 아카이브(archive)로서 서비스의 질을 높인다.

이러한 모든 기법(knowhow)을 망라하여 교과서 품질 관리를 철저히 수행, 지원할 수 있는 능력을 계획적으로 신장시키고, 정부가 담당하는 한계를 슬기롭게 극복할 수 있는 전문 기관으로서 **'교과서 품질 관리 지원 센터'**를 설립 육성하는 것이 절실하다.

IV. 교과서 품질 관리와 개발학의 시너지

1. 더 좋은 교과서를 지향한 품질 관리

가. 더 좋은 교과서와 품질 관리 울력

좋은 교과서의 개발과 품질 관리는 교과서의 질과 수준을 어떻게 가시적으로 규정하고, 이를 실체로 구현하기 위하여 어떠한 제도를 도입하여 효율적으로 운용하느냐에 달려있다. 여기에 교과서 공동체가 수정·보완, 품질 관리의 관점을 어떻게 설정하고, 어떠한 분석 태도로 임하느냐가 교과서가 계속 높은 품질을 유지하는 관건이라 하겠다. 그리하여 수정·보완과 관련한 요소의 역동적 작용 관계를 분석, 작용태의 의미역을 넓혀 보고, 품질 관리의 부정적 인식의 변화를 시도해 보려고 하였다.

교과서 개발은 도자기를 빚는 과정에 비유할 수도 있다. 하나의 명품 청자(靑瓷)는 좋은 재료와 유약, 높은 온도, 색감, 모양과 함께 도공(陶工)의 정성과 정열, 정보, 기술 등(도자기 이론)에 의하여 태어난다. 교과서도 탁월한 정책과 자료를 이용하여 개발에 참여하는 분들의 ① 정성과 ② 정열, ③ 정보, ④ 기술에 의해 명품으로 탄생한다. 그러나 전술한 독서 방법에 비유되는, '숲도 보고 동시에 나무도 보는'(숲과 나무 이론) 수정·보완 등 품질 관리의 후속 조치가 뒤따라야 명품의 위치를 계속 유지할 수 있다.

서예의 명품은 종이, 붓, 먹, 벼루[지필묵(紙筆墨)]가 각자의 위치에서 제 역할(지필묵 이론)을 다함으로써 탄생한다. 물론, 여기에도 작가의 정성과 정열, 기예가 뒷받침되어야 하고, 관련 정책, 제도, 시스템 등 어느 하나라도 본분과 구실을 제대로 하지 못하면, 명작하고는 거리가 멀어질 수밖에 없다.

민원상담, 교과서 모니터링, 수정·보완 온라인 시스템 등 각각의 역할이 매우 중요하고, 그 결과를 기대하는 이유가 여기에 있다. 교과서 개발 능력과 수정·보완 능력을 겸비하고, 열정과 정성, 새로운 정보가 담긴 수정·보완의 결과로 명품 교과서로 재탄생 될 수 있기 때문이다. 따라서 교과서 개발자, 사용자, 발행자, 모니터링담당자, 평가자는 명품 교과서(좋은 교과서)를 지향한 교과서 품질 관리의 '**전도사(傳道師)**', '**향도자(嚮導者)**', 나아가 한국교육의 '**지남차(指南車)**'로서의 구실을 한다는 자부심을 지니는 것도 당연하다.

교과서 품질 관리는 정부, 교육청, 발행사를 비롯하여 분야별 관련 기관의 협력과 지원 없이는 완벽하게 이뤄질 수 없다. 모두가 더 좋은 교과서 개발과 유지라는 한 방향으로 초점을 맞추는 협력 체계를 수립하고, 이러한 협력이 원활하도록 법률적 뒷받침으로 제도를 확립하는 등 보조를 맞춰야 한다. '더 좋은 교과서'를 지향한 품질 관리의 기본 원리는 이러한 울력에서 찾아볼 수 있다.

나. 미래 지향 품질 관리의 방향

"행동하지 않으면 미래학자가 아니다."라는 말이 있듯이(『유엔 미래 보고서 2050』), 같은 차원에서 미래 또한 대비하는 행동을 요구한다. 특히, 국가 경쟁력을 주도하는 교육 또는 교육활동, 정책은 미래 사회의 변화에 신속하게 대응해야 하는 당위와 책임이 따른다. 그러므로 미래에 다가올 사회의 변화 양상을 예측하고 이에 신속하게 교육적으로 대비해야, 가치 있는 인간으로서 삶의 질을 보장받거나 국가발전의 기반을 다질 수 있다고 하겠다.

앞에서 좋은 교과서 변인, 발행제도의 개선, 품질 관리 방법에 대한 언급은 규범적, 학문적, 이상적 논의였다고 하겠다. 자율화, 다양화, 전문화를 목표로 자유발행제를 도입하려면 이를 실제적, 협의적, 균형적 논의로 전환해야 한다, 그러기 위해서 다음의 몇 가지 사항은, 교과서 정책적 차원에서 논의 방법의 배경인 동시에 문제해결의 모티브가 된다고도 하겠다.

첫째로, 자유발행제의 개념 정의에 따라, 적용 범위와 방법 등을 합리적으로 확정해야 한다. 자유발행제의 정책 결정과 관계되는 것으로, 자유발행 대상 교과목 선정, 집필의 자율 범위와 수준, 전문 집필자·발행사 육성 및 지원 등을 국가 경쟁력 제고 차원에서 합리적으로 결정해야 한다.

둘째로, 국가 교육과정의 기능과 위상을 시대와 사회의 변화에 맞추어 새롭게 정립해야 한다. 교과서는 교육과정을 바탕으로 개발한다. 그러므로 교과서 발행체제가 바뀌면 교육과정 위상에도 변화가 따르기 마련이다. 그런데 교육과정이 교과서 품질을 좌우하고, 교과서의 품질이 좋은 교육과 직결된다고 보면, 교육과정을 새롭게 위상을 정립하는 데에는 많은 연구와 중지, 합의가 필요하다.

셋째로, 교과서 품질과 관련한 정책 요소, 즉 편찬 방향, 편찬 상의 유의점, 검정·인정 기준, 집필 기준 등의 위상을 신중하게 결정해야 한다. 이들 기준이 교과서 품질을 결정하는 데 순기능, 아니면 역기능으로 작용하는지에 대한 논의도 분분하다. 그렇다고 해서 편찬 방향과 유의점, 검·인정/집필 기준 제시 범위와 수준, 제시 방법, 제시 내용의 최적화 등을 가볍게 보아서는 안 된다.

넷째로, 교과서 가격 결정 구조를 경제 원칙에 근거하여 신속히 마련해야 한다. 다양하게 교과서를 개발했다 해도 경제적 부담으로 작용한다면, 재정 문제뿐만 아니라 사용에도 제약이 따른다. 교과서 출판·발행기관과의 이해, 사용자의 인식과도 결부된 문제지만, 교과서의 수명을 연장하는 방법도 신중하게 논의하여 재정 낭비를 줄여야 한다.

다섯째로, 교과서 제도 개선에 직간접으로 작용하는 장애 요인(수능, 대입제도 등)을 교육정책 차원에서 슬기롭게 해결해야 한다. 어떤 면에서 교육의 자율과 창의성을 가로막는 것은 교과서 제도가 아니라 수능을 포함하여 대입제도, 더 나아가 교육제도일 수도 있다. 어쩌면 미래 지향적으로 대입·교육 제도를 개선하면, 교과서에 대한 부정적 인식은 바뀔 것이다.

여섯째로, 교과서 발행의 자율화와 연관하여 국가 수준으로 교육의 품질 관리를 강화해야 한다. 자유발행제가 국가의 교육 수준을 책임지는 것은 아니다. 오히려 교육력 신장에 역작용의 우려도 내재한다. 이 때문에 국가 경쟁력의 신장을 위해서 국가 차원에서 교육 수준과 질을 책임지는 관리 시스템의 강화도 필요하다.

"교과서를 가리키지 말고 교과서를 가르쳐라."라는 말을 주장하고 싶다. 우리는 지금까지 교과서를 가르치지는 않고 교과서를 가리키고만 있지 않았는지 반성해 볼 필요가 있다. 그런데 교과서를 가르치는 데에는 '더 좋은 교과서' 개발이 전제되어야 한다. 어떠한 제도를 도입하던 '더 좋은 교과서'를 개발할 수 있도록 지혜를 모으고, 이것이 품질 관리와 교육력 향상으로 이어져 국가가 더욱 부강해졌으면 한다.

2. 교과서 품질 관리 속성과 개발학의 영역

가. 품질 관리의 속성과 이론화

교과서 품질을 단적으로 대변하는 말은 '좋은 교과서'이다. 품질은 원래 **'정적 개념'**이 강하지만 '교과서＋품질' 관계가 성립하면 '더 좋은 교과서'라는 **'동적 개념'**으로 전환한다. 동적 개념은 '교과서'라는 실체가 '품질' 속성을 지배한다는 뜻으로, 교과서 구성 요소가 유기적, 역동적 관계로 품질을 관장하며 존재한다는 말과 통한다. 이를 전제로 우선 **'교과서 품질 속성'**을 다음 몇 가지로 아우를 수 있다.

- 교과서 품질은 교과서 개념과 기능이 좌우한다.
- 교과서 품질은 관념과 실체가 작용으로 공존한다.
- 교과서 품질은 구성 요소의 유기적 결합체이다.
- 교과서 품질은 구성 요소 간의 작용이 활발하다.
- 교과서 품질은 본래 변화(개선·개량)를 지향한다.
- 교과서 품질은 사용(활용) 방법에 따라 달라진다.
- 교과서 품질은 평가 기준에 따라 자질이 달라진다.
- 교과서 품질은 외부 환경과의 작용에 변화한다.
- 교과서 품질은 교육 공동체 울력의 결실 자질이다.
- 교과서 품질은 교육력과 미치는 영향력을 결정한다.
- 교과서 품질은 교육 소통 환경(시·공간)과 밀접하다.
- 교과서 품질은 내용과 외형이 조화를 이룬 실체다.
- 교과서 품질은 지원과 관리를 배제하지 않는다.
- 교과서 품질은 제도, 정책과 무관하지 않다.

'품질'은 객체, 대상 속성으로의 교과서 차원이라면, '관리'는 정책 입안자, 개발자, 활용자, 평가자 등 관계하는 사람의 차원이다. 즉, 교과서 품질 속성은 관리라는 작용과 연결하여, 보이지 않는 것을 '좋은 교과서'라는 가시적 실체 자질로 전환한다. 이는 <품질+관리>라는 체계와 작용 양상을 알려 준다. 그러므로 품질 관리는 이러한 품질의 속성을 십분 활용하여, 좋은 교과서의 실체(만듦새)를 가시적으로 외면화하고 이를 유지, 보완하는 데 있다고 하겠다.

따라서 '교과서 품질 관리 속성'은 '교과서 품질 속성'을 가시적으로 유지, 보완하는 안목에서의 자질이라 하여 구분할 수 있다. 이들 용어는 '더 좋은 교과서'라는 속성을 공유하므로, 같은 의미역으로 사용해도 문제는 없다. 교과서 품질의 속성이 관리의 속성으로 이어지는 형국이라 하겠다.

앞에서 언급했듯이, 교과서 품질 관리 속성은 교과서 개념과 기능, 구성과 활용, 평가와도 관계한다. 품질이라는 '대상의 속성'과 관리라는 '관계자 속성'이 이들 관계 요소와 맞닿아 동시에 작용한다. 이러한 위치의 장점을 살려, 교과서 품질을 유지, 보완, 개선하는 연결고리 작용의 실체를 찾아보고, 이를 구체화한 결과를 개발학의 이론으로 발전시켜야 한다.

나. 품질 관리와 개발학의 위상

교과서 품질 관리는 간섭과 통제 지향의 성격이 아니라 검토, 유지, 보완, 개선을 목적으로 한다. 교과서 품질 관리는 평가가 중심이 되지만, 정책, 개발(구성), 활용 등과 일련의 과정으로 연결되어야, 좋은 교과서라는 내면의 속성이 외면의 자질로 완벽하게, 자연스럽게 드러난다.

품질은 관리를 필요로 하지만, 인위적인 관리보다는 '자율성'을 따르는 것이 더 효과적이다. 품질은 교과서 공동체의 협조 체계로 유지의 효율성을 높이고, 관계하는 사람의 능력과 관리 시스템의 원활한 운용에 따라 달라진다. 결국, 교과서 품질 관리도 교과서 생태계의 중요한 하나의 분야로 서로 관계하며 존재한다.

품질 관리 영역도 학문적 배경과 이론으로 체계화가 가능하다. 그런데 학문적 이론은 논리와 실상을 바탕으로 객관적이어야 한다. 막연한 품질 관리의 이론보다는 실제 실험 결과를 데이터로 증명해야 한다. 여기에 학문적 이론은 교과서 관련 다른 분야와 연계해야 이론으로서 체계를 세울 수 있다. 즉, 교과서 개발학은 이러한 인접 학문이 이론으로 뒷받침해야만 학문적 독립이 가능하며, 이론 체계의 정립과 방법에서도 자유로워진다.

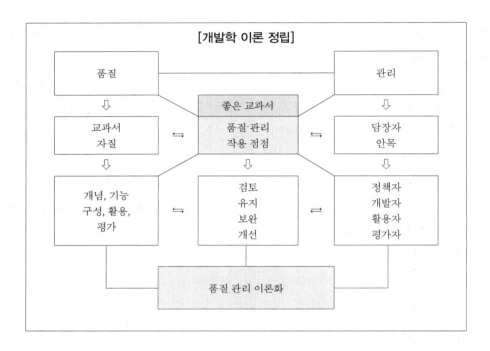

'좋은 교과서 개발'이란 궁극적 목적으로 교과서 품질 관리 영역과 개발학 영역은 거의 같은 구조를 이룬다. 품질 관리 영역은 개발학 내용 확충의 기본으로 위상을 높이고 확고히 한다. 품질을 이루는 편린(片鱗)들이 작용으로 모이는 형태를 규명하면서, 품질 관리는 좀 더 큰 영역으로 확장하여 학문적 이론을 정립하는 개발학의 중요한 분야이다. 그러므로 '① 품질―② 품질 관리―③ 품질 관리 이론화―④ 개발학 이론 정립'이라는 관계가 순행하도록 연구 체계 확립도 필요하다.

결국, 품질 관리는 개발학의 다른 분야를 구체화하고 보완하는 위치에서, 개발학의 이론화에 중추적 역할을 담당하는 하나의 중요한 영역이다.

제4장

교과서 개발학의
내용 확충과 전망

Ⅰ. 교과서 존재 방식과 개발학의 상동성

1. 구심·통합 작용의 존재 방식과 개발학

'교과서 존재 방식'은 이해와 설명의 효율성을 고려한 관계상의 관점이다. 교과서(교재)가 원래 이렇게 존재해 있다는 것이 아니라, 교과서 개발학의 이론화 가능성을 알아보기 위하여 존재 방식을 설정해 본 구도이다. 즉, 교과서를 작용과 소통의 중심에 놓는 관점이다. 먼저, 몇몇 연구 결과를 활용하여 교과서 존재 방식의 일단을 살펴보고자 한다.

가. 거시적 구심 존재 방식

앞에서 교과서 개념, 기능, 좋은 교과서를 설명하면서 교과서를 하나의 통일된 유기체, 생명체로 간주하였다. 그리고 교과서(교재) 구성, 활용(사용) 평가를 논하면서도 상호작용하는 역동적 존재로 여겼다. 교과서 존재에 관여하는 요소는 이것뿐만이 아니다. 알기 쉽게 설명하기 위한 하나의 방법론으로 이러한 형태를 취했을 뿐이다. 거시 구조, 미시 구조 연결고리의 연속에서 구조의 구조, 또다시 구조의 구조로 연결되고, 이것이 하나의 **'통합구조'**로 기능을 발휘한다. 교과서는 자연 생태계나 우리 인체 구조의 연결 작용과 똑같은 구조의 총합이다.

교과서 구심·통합 측면에서 거시적 존재(위상) 관계는 <교재화 생태적 절차도>를 원용하여, 다음과 같은 도식으로 나타낼 수 있다. 이러한 도식은 일관되게 이해하는 방편의 하나로 반복해서 위상을 바꿔 의도적으로 제시하는 측면도 있다.

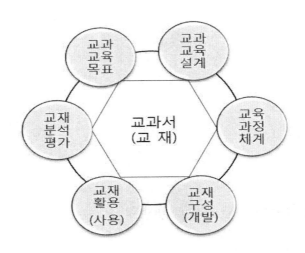

① 교과교육, ② 교육과정, 그리고 ③ 교과서 3대 영역을 좀 더 세분하여 작용 관계를 위치시켰다. ㉠ 교과 교육 목표와 ㉡ 교과 교육 설계, ㉢ 교육과정 체계, ㉣ 교재 구성(개발)과 ㉤ 교재 활용(사용), ㉥ 교재 분석·평가는 교과서(교재)가 중심에 자리 잡고, 구심점(求心點)의 역학으로 이들과 작용 관계를 이루어 **'거시적 구심 존재'**를 나타낸다. 이들과 상호 작용 관계를 **'교과서 구심력(求心力)'**이라 하고, 이러한 힘으로 '교과서 존재 체계' 내에서 하나로 통합된다는 말이다. 여기에서 '교과서 구심력'이란 교과서가 통일된 하나의 유기체로 통합하도록 하는 힘을 말하고, **'교과서 존재 체계'**는 교과서 실체(만듦새)를 이루는 크고 작은 모든 구성 요소의 관계를 뜻한다.

이러한 존재의 상호 작용, 즉 구심점의 역할이 무엇이며, 구심력을 어떻게 발휘할 것인가를 밝혀, '좋은 교과서' 실체를 형성하는 모든 과정과 방법이 결국 교과서 개발학의 내용으로 전환된다고 하겠다. 이러한 교과서 존재 역학을 고려하여 교과서 개발학의 가능성을 부정하려면, 이들 구성 요소의 이론화 가능성을 먼저 부정해야 하는데, 그리 쉬운 문제가 아니라는 생각이 든다.

①~③은 어떤 면에서 **'상호 호환적 관계'**로 존재한다. 따라서 설명 목적에 따라 어

느 영역을 중심에 놓고 작용 관계를 설명하느냐는 방법론의 문제이지, 궁극적으로 이론과 학문 정립을 위한 하나의 시도라는 점에서는 같다고 하겠다. 결국, 이들은 개발학이라는 범주에서 각각 독립된 독자 영역을 확보하면서, 상호 역학적으로 긴밀한 관계를 유지하는 존재라고 하겠다.

나. 미시적 구심 존재 방식

교과서(교재)는 그 자체가 교육활동의 역동적 작용과 상호 관계 속에서 구심으로 존재하는 유기체다. 그러므로 이러한 역동적 존재 관계를 파악해 보는 것은 교과서 개발학의 내용과 범위를 설정해 보는 아주 좋은 접근법이라 하겠다. 개발학은 교과서와 관련한 모든 요소를 하나로 통합하여 이론화하는 구심력을 연구하는 학문의 영역이라 할 수 있기 때문이다.

교육을 실제로 구현하는 학습지도 모형에서 목표 설정 없이는 의도적인 교육활동을 활성화하기는 어렵다. 교육 목표를 설정해야 지도할 내용과 방법(교수학습), 평가 모형이 자연스럽게 구체화한다. 그런데 목표, 내용, 방법, 평가는 교재를 매개로 통합되고 소통의 관계를 유지하게 된다. 따라서 교과서(교재) 역할(기능) 측면에서 관련 요소의 작용을 다음과 같이 도식화할 수 있다.[1]

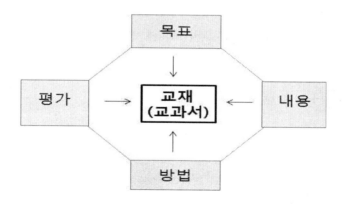

---

1) 김창원, 『국어교육론』(삼지원, 2007) pp.200~202. 교재의 위치를 설명하는 일반적인 도식이지만, 김 교수는 '읽기 교재론의 국어 교육적 통합'을 설명하기 위해 '교재의 역할'이라 하면서, 소통의 관계 상을 이러한 도식(위치 조정)을 이용하여 설명하였다.

교과서(교재) 존재가 교과서를 중심으로 교육 목표, 내용, 방법, 평가의 상호 작용과 연결되어 '**미시적 구심 존재**'를 나타낸다. 즉, 교과서가 유기적 관계에서 구심점 역할을 하며, 그 연구 방향과 영역이 무엇이어야 하는가를 분명하게 드러낸다. 위의 도식은 연결의 한 위치에서 작용 양태, 즉 통합과 소통의 구심력 관계를 드러내 보인 구조로, 이들을 다시 더 작은 하위 구조로 분석하는 것이 가능하다.

교과서 개발학은 이들의 구심, 구심력(거시적/미시적) 관계를 교육이라는 관점에서 이론화 가능성을 모색하고 연구하는 학문이라고 할 수 있겠다. 속담에서처럼 출발이 반이 되도록 체계적인 설계와 추진으로 연구 성과를 쌓아야 한다.

2. 작용·소통 촉매의 존재 방식과 개발학

교과서는 구심점에서 구심력의 역할을 하는 방식으로 존재하기도 하지만, 다양한 현상 속에서 작용과 소통을 촉매(觸媒)하는 존재의 구도도 생각할 수 있다. 교과서의 '**촉매 역할**'이란 용어는 좀 생소하지만, 화학 반응에서처럼 작용과 소통을 빠르게도, 느리게도 하는 구실을 뜻한다. 여기에는 교육 현상, 교과교육, 구조, 연구, 활동, 배경, 공동체 등의 용어가 관여하게 된다.

'**촉매제**'로서의 존재 방식은 기존 연구에서 제시한 도식을 참고하여, 교과서의 위상과 역할을 알아보고, 여기에서 끌어낼 수 있는 개발학 학문 정립에 필요한 이론적 배경, 내용 확충의 가능성을 살펴본 것임을 밝힌다.

가. 교과 교육학 구조 측면과 위상

'교과 교육학'의 개념을 규정하는 데에는 그 명칭에서부터 '교과＋교육'의 의미 관계, 학적 배경과 이론 등에서 많은 논의가 이루어져 왔다. 이들 중 '교과 교육학의 개념 구조'를 이루는 구성 요소와 '교과 교육과정 체계'를 이루는 구성 요소를 동시에 다루면서, 다음과 같은 5개 공통 구성 요소로 개념을 도출하여, 논의의 중요대상으로 삼았다.2)

---

2) 허경철 외, 『교과 교육학 신론』(문음사, 2001) p.23. 제1장 '교과 교육학 논의에 대한 반성적 고찰'에서

교과 목표론 ↔ 교과 내용 구조 ↔ 교과 교재론 ↔ 교과 교수론 ↔ 교과 평가론

여기에서는 이들 논의 문제점의 언급은 뒤로 미루고, 교과 교육학을 구성하는 요소가 무엇이어야 하는지를 그대로 원용하여 설명해 보고자 한다.

이러한 교과 교육학의 내용 구조를 바탕으로 교과교육, 교과 교육학, 국어과 교육학 등 용어의 사용과 설명에 교섭이 있지만, 국어과 교육학의 구조를 ① 국어과 목표론, ② 국어과 내용 구조론, ③ 국어과 교수론, ④ 국어과 교재론, ⑤ 국어과 평가론 등 5개 영역을 설정하였다.[3] 어쨌든, 이들 논의의 연장선에서 **'교과 교육학의 내용 구조'**를 그대로 원용해보았다.

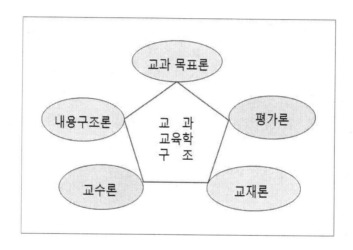

교과 목표론은 교과 교육과정 목표와도 직접 관계되는 요소로 교과서에 분화한 교과목 목표, 이를 학교급, 학년별로 나눠 설정할 수 있다. 이 교과 목표를 달성하기 위해 여러 관여 변인을 고려하여 교과 내용을 선정, 조직한다. 이어서 지면 구성과 진술 방식까지도 고려하여, 학습 목표를 세우고 활동으로 세분화하여 교과서(교재)를 만든다. 다음으로 교과서를 매개로 바람직한 교육환경을 총동원하고. 학생과 교사 간에 학

학문적 성격, 연구의 문제점 등 개념 성립에 대하여 자세히 설명하였다. (pp.13~38.)

3) 박영목 외, 『국어 교육학 원론』(박이정, 2004) pp.59~62. 국어 교육학 구조로 제시한 5영역을 설명 순서에 따라 도식으로 다시 구조화해 본 것이다.

습 목표를 달성하기 위해 교수·학습이라는 소통 활동으로 전환한다. 이어 가르친 결과가 기대한 목표를 성취했는지를 평가하는 단계를 거친다. 이들 요소가 상호 역동적으로 작용하는 것은 주지의 사실이다.

그리고 <목표—목표론>, <내용 구조—내용 구조론>, <교수—교수론>, <교재—교재론>, <평가—평가론>으로 발전시켜서, 교과 교육학의 단위 구조 개념과 영역을 '논의, 따짐, 토론, 의견, 견해, 학설' 등의 뜻이 담긴 '론/논(論)'의 개념으로 확장한 관계 구도이다.

그런데 교과 교육학의 구조에서 '교재론'은 교과 목표론, 내용 구조론, 교수론, 평가론과의 관계에서 이들을 포괄하는 위치로 자리를 바꿔도 어색하지 않다. 또 그 위치에서 기능과 역할을 구분하여, 여타의 그것과는 사뭇 다르게 연구나 적용을 가능하게 한다.

위에서 언급한 교과서의 미시적 존재 방식, 즉 ① 목표, ② 내용, ③ 방법, ④ 평가 구분은 거시적 존재의 논의 연장선에서 요소 상호 관계를 협의로 살펴본 것이다. 교과 교육학의 구조에서 요소들의 존재 관계를 알아보는 것은, 이를 학문적 배경으로 끌어들여 연구의 확장성을 고려한 소통 구조의 개념이라는 데에 차별을 두고자 한 것이다.

교과 교육학의 구조를 설정하는 데에는 합리적으로 구분하는 기준을 먼저 마련해야 한다. 이러한 구분이 교과서 개발학의 내용으로 흡인하기 위해서는 모든 영역에서 천착(穿鑿)하는 구체적 연구가 뒤따라야 한다.

나. 교과 교육학 연구 측면과 위상

교과서의 역할(기능), 위치에 관련된 요소들의 역학 관계를 연장하여, 교과 교육학적 구성 요소의 작용 양태에서도 연구 영역을 세분하여 설명하는 것이 가능하다. 국어 교육학에서 연구 영역을 설명하기 위한 것이지만, 최영환 교수의 다음 도식4)은 교과 교육학 지평을 확대하는 데에도 유용하다.

---

4) 최영환, 『국어 교육학의 지향』(삼지원, 2005), p.50. 원래 상세하게 세부 항목을 포함하고 있으나 간략하게 줄여 제시하였다. 교과 교육학의 구성 요소, 연구 영역을 이외에도 다양하게 모형화할 수 있다. 여기에서는 국어 교육학의 대표적인 사례를 든 것이다.

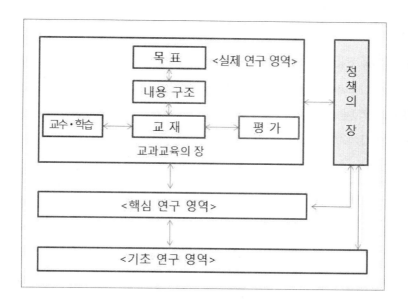

위의 도식은 국어 교육학을 예로 든 것이지만, 교과 교육학에서 중심을 이루는 것이 교과서(교재)이고, 목표와 내용, 교수·학습, 평가도 교재를 매개로 하여 이루어짐을 표방(標榜)한다. 최 교수는 교과 교육학에서의 연구 영역을 ① 기초 연구, ② 핵심 연구, ③ 실제 연구 영역으로 나누고, 이를 세분하여 연구 대상과 방법을 더욱 구체화하였는데, 교과교육을 확충하고 발전시키는 데 매우 유용한 새로운 발상의 모형이라 하겠다.

<기초 연구 영역>은 다른 학문과 관련을 맺는 영역으로 교육 언어학, 국어교육 철학, 국어교육 심리학, 국어교육 사회학 등이 이에 속한다. <핵심 연구 영역>에서는 국어를 매개로 하여 이루어지는 국어사용 전반을 다루고, 국어, 국어사용, 국어 사용자가 하위 요소이다. <실제 연구 영역>은 '국어교육의 장'에서 이루어지는 제반 현상을 연구 대상으로 하고, 국어교육 행정, 국어 교사 양성, 국어교육을 위한 학교와 사회를 포함하는 '정책의 장'도 실제 연구 영역과 관계한다.

이상의 연구 영역을 종합해 보면 <기초 연구 영역>, <핵심 연구 영역>, <실제 연구 영역>은 독립적으로 존재하기보다는 상호 작용으로 존재하며, 이를 '교과서 개발학' 영역으로 모두 흡인할 수 있다. 결국, **교과 교육학 연구 영역**'은 '교과서 개발학' 내용 확충에 중요한 내용 구조의 방법을 제공한다고 하겠다.

다. 교과 교육 현상 측면과 위상

교과 교육에서 이러한 통합과 소통의 통로를 다른 각도에서 설명할 수 있다. 교과 교육의 포괄적인 현상을 선택적으로 체계화한 것이 교육과정이라면, 이 교육과정 내용(성취기준)을 더욱 상세화하거나 재구성하고 일련의 절차를 거쳐 실체화한 것이 교과서(교재)이다. 그러므로 교과서는 다음과 같은 관련 요소들의 상호 관계 속에서 존재한다.[5] 이는 아주 일반적인 존재 방식으로 교과서를 중심에 둔 교육의 실상을 쉽게 알려 준다.

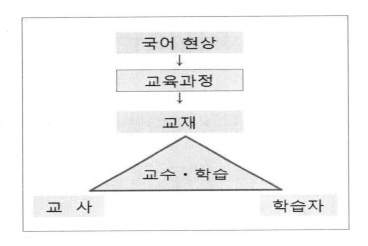

교과서(교재)는 교과 교육 실천의 마당에서 관련 변인 사이에 통로를 마련해 준다. 즉, 국어(교육) 현상에서 교육적으로 의미 있는 내용(자료)을 일정한 구조로 정돈한 것이 교육과정이다. 다시 교육과정 내부 구조인 목표, 내용, 방법, 평가는 그대로 교과서 구성에 녹아들어 교과서 개발의 기본이 된다. 교육과정을 교수·학습과 긴밀하게 연결하는 물리적 실체가 교과서이고, 이를 실제 교육활동에서 교사, 학생을 소통해 주는 표상적 촉매제가 교과서이다. 그러므로 교과서는 교육과정과의 관계, 교수·학습 상황에서 교사—교재—학생의 연결 통로로서 역동적 소통과 작용을 촉진하는 필수 불가

---

5) 국어교육 미래 열기 편, 『국어 교육학개론』(삼지원, 2009) p.79. 이와 같은 도식은 국어 교과서의 위치를 예로 든 것으로 **'국어 현상'**을 **'교과 교육 현상'**으로 대치하면 모든 교과에 해당하는 모형이 될 수 있다. 이는 교과서(교재)의 개념, 기능을 규정하는 데 동원되는 관계 요소를 나타내기도 한다.

결의 존재라고 하겠다.

　이러한 작용, 소통의 촉매 역할은 교과서 기능과 밀접한 관계가 있다. 교과서가 기능을 스스로 작동하는 생명체는 아니지만, 생명체와 같은 구실을 한다. 교육 현상을 포함하여 교육 관련 모든 실체는 교과서 기능의 결과물로 포괄할 수 있기 때문이다. 그러므로 교과서 개발학은 현상으로 존재하는 교육을 교육과정, 교과서로 실체화하고, 학생과 교사 간의 소통 작용을 매개하여 이론화하는 학문의 영역이라 할 수 있다.

라. 학교 활동 관계 측면과 위상

　교과서를 하나의 생동하는 유기체로 간주하면, 시간과 공간에서 관계하는 존재 양상은 무한하다. 교과서 설계상의 위치를 '**학교 활동**'이란 의미까지도 포함하여 좀 더 구체화한 관계를 다음과 같이 생각해 볼 수 있다.6) 이때의 학교 활동은 구성원의 소통과 활동 공간을 교실에서 학교라는 교육 공간으로 좀 더 넓혀 본 것이라 하겠다.

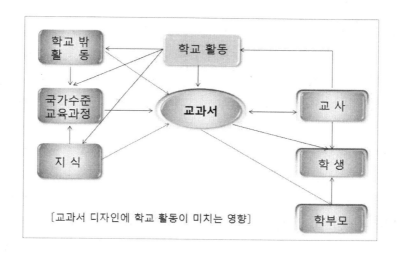

[교과서 디자인에 학교 활동이 미치는 영향]

　상기 도식은 교과서가 복잡한 소통의 시스템, 유기적 작용 관계에서 어디에 위치하는가 한 양태를 보여준다. 교과서와 학교 밖 활동, 지식, 학부모와는 간접관계(모호한

---

6) Eric Bruillard, 'Current Textbook Research in France'(『교과서 정책의 동향과 전망』 국제 교과서 심포지엄, 교육과학기술부·한국교과서연구재단, 2011) pp.119~148.

관계)를 나타낸다. 교과서는 제시된 프로그램 간, 지식(학자나 전문가)과 전문적 훈련, 교사와 학생(부차적으로 학부모) 간의 매개 역할을 하는 위치에 놓인다. 학교 활동은 필터로뿐만 아니라 생산자로서 역할도 수행하고, 전달 방법의 결정에만 관여하는 것이 아니라 내용의 실제 개발에도 관여하게 된다.

학교 활동이라는 카테고리에 교과서와 관계하는 요소를 포함하여 교육의 한 작용 양상을 설명하였다. 주된 학교 활동은 교사—학생의 소통 활동인 교수·학습이며, 여기에 교육과정, 여타 활동에 관여하는 배경지식, 학교 내 활동의 연장선에서 학교 밖 활동, 학부모까지 교과서와 작용하며 소통한다.

결국, 교과서 개발학은 직간접으로 이렇게 관계하는 모든 요소, 요소 간의 작용을 연구 대상으로 하고, 이들 요소의 실제 작용 양상을 객관적 결과물로 제시해야 하는 의무가 따른다.

마. 교과서 환경 측면과 위상

교과서는 그 자체가 유기체이므로 외부의 환경과 유기적으로 상호작용하면서 존재한다. 여기에서 **'상호작용'**이란 외부의 인적, 물적, 사회·문화·학문적 배경이나 환경, 상황 등 유형, 무형의 요소와 상호 소통, 교섭, 교환하는 작용을 말한다. 작용만의 소통이 아니라 목적을 이루기 위하여 의논하고 타협하고, 교환하는 쌍방향 상호성을 강조한 소통이다.

교과서의 기능과 위상을 염두에 두고 **'교과서 환경'** 상황 속의 위상을 다음과 같이 제시할 수 있다.[7]

교실 상황을 가정한다면 교과서는 일차 매개체로서 교사와 학생이 교섭하고, 동시에 동원하는 교실 환경, 보조 자료 및 매체 등과 소통한다. 다음으로 교과서가 교육과정을 바탕으로 만들어지므로, 이와 관련한 교육 공동체와 교섭, 교환하며, 나아가 이를 배경으로 하는 사회·정치·문화적 배경과도 반영과 교섭, 교환으로 상호 작용한다.

---

7) 정혜승, '미국의 국어 교과서 분석연구—교과서의 기능을 중심으로'(『독서 연구』 14권 14호, 2005, p.340)에서 제시한 그림을 바탕으로 교실이란 공간을 독립시켜 약간 변형하였다.

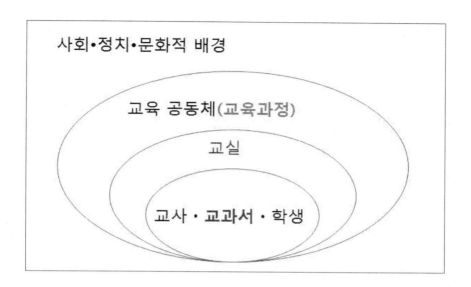

사회•정치•문화적 배경

교육 공동체(교육과정)

교실

교사 · 교과서 · 학생

교과서는 작게는 교실 환경, 이어 교육과정을 공유하는 교육 공동체, 이를 둘러싸고 있는 거시적 배경 등 주변 환경과 끊임없이 작용한다. 교과서 개발학은 이러한 환경과 교과서와의 상호작용, 즉 소통, 교섭, 교환의 구체적인 형태와 사례를 학문적으로 모두 실체화하고 생산하여, 그 내용을 자산(資産)으로 반영한다.

3. 교과서 존재 질서 부여와 개발학의 상동성

가. 교과서 존재 질서 부여와 개발학

이상에서 교과서 존재 방식을 여러 측면에서 살펴보고 개발학의 가능성을 견주어 보았다. 그 한 방법으로, **'거시적 존재 방식'**은 교과서 생태 존재에서 수평적 존재인 교과서를 구심, 통합의 위치에 놓은 형태로, **'미시적 존재 방식'**은 교육의 실제 상황에서 교과서를 구심에 놓은 작용 양태(樣態)로 생각해 본 것이다. 또 다른 방법은 교과서를 소통의 중간재로의 촉매 역할을 강조하여 교과 교육학의 구조, 연구 영역, 교과 교육 현상에서 교과서의 위상을 짚어 보고, 학교 활동에서 교과서의 관계 양상, 교과서를 감싸고 있는 환경에서의 위상을 분석해 보았다.

이처럼 교과서의 존재 방식은 접근하는 방법에 따라 다양하게 생각해 보는 것이 가능하다. 어찌 보면, 각양으로 존재하는 모습이 교과서의 개념과 기능을 발산하는 본질일 수도 있다. **'교과서 개발학'**은 "다양한 **'교과서 존재 방식'**에 질서를 부여하고 체계를 세워, **'교과서 존재'**의 배경을 학적 이론으로 정립하는 학문 영역"이다. 즉, 개발학은 교과서의 존재와 관련하는 모든 요소의 작용 양상을 밝혀 학문 내용으로 확충하고, '좋은 교과서'를 개발하는 이론과 지식을 체계적으로 축적, 연구하는 학적 분야라고 하겠다.

교과서 존재 방식에 질서를 부여하는 방법에도 여러 가지를 상정할 수 있다. 좁은 의미에서 교과서 개념, 기능, 좋은 교과서 의미를 따져보는 것도 질서 부여요, 교과서 정책에서부터 구성, 활용, 평가의 원리를 궁구하는 것도 질서 부여의 방법이다. 품질 관리 요소나 관점을 체계화는 방법도 교과서 존재 가치를 높이는 질서 부여의 기본 정석이다.

좀 더 넓게 생각하여 교과서 존재를 교육 공동체, 교과서 공동체의 직접적인 관여와 사회·문화의 간접적인 배경을 고려하면서 교과서가 실체 모습을 갖추어 가는 과정, 실체 수업의 활동까지를 총괄하는 묶음을 하나의 존재 방식으로 생각해 볼 수 있다.

우주의 태동 후 어느 정도 시간이 지난 다음, 인간은 자신의 존재를 확인하고 탐구하기 시작했다. 인간은 관계에 따라 존재하고, 생활에 가치와 질서를 체계적으로 높이고 확립할 필요가 생겼으며, 이를 어려서부터 가르쳐야 한다는 요구로 발전하였다. 그리하여 교육이 가정에서 사회 교육으로, 체계적인 학교 교육으로 자연스럽게 확대되었다.

학교는 교육적인 실천을 위해 또 다른 제도를 필요로 하였다. 그리하여 교과교육(학), 교육과정, 교과서(교재) 개념을 도입하여 제도를 구조화하고, 실제 목표를 세워 배우고 가르치는 이론과 방법, 결과를 확인하는 지식을 축적해 왔다. 여기에 사회·문화적 배경이 간섭하고, 교육 공동체가 교육적 소통과 작용으로 교육의 위상을 더욱 발전시켰다. 이를 인간존재와 교육활동의 관계 양상으로 묶어 보면 다음과 같다.

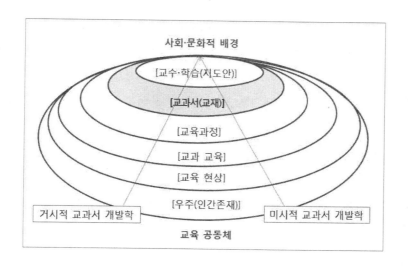

이러한 교과서 존재의 묶음은 각각의 층위가 독립성을 유지하면서, 층위 간을 논리적, 이론적으로 끈끈한 관계로 연결해 주는, 질서를 부여하는 방법이 교과서 개발학이라 하겠다. 그런데 위의 도식에서 교과서 존재 방식에 질서를 부여하는 방법, 즉 개발학의 접근 방식을 두 가지 측면에서 생각해 볼 수 있다.

① **'거시적 교과서 개발학'**은 '교과서(교재) 개발에 관여하는 모든 상관물(相關物)'을 대상으로 하는 학문으로, ② **'미시적 교과서 개발학'**은 '교과서(교재) 개발 자체'만을 대상으로 하는 학문으로 구분해 볼 수 있다. 교과서를 미시적으로 조감하는 개발학은 기본적으로 교과서 자체에 초점을 맞추지만, 묶음의 여타 다른 구성 요소와의 관계를 전혀 도외시할 수는 없다.

이렇다고 보면, 교과서 개발학은 **'우주─인간─제도─교육'**이라는 관계망을 포괄하는 학문적 영역을 확보하는 셈이다. 개발학이 학문적 이론을 배경으로 내용을 확보하고 빨리 정착해야 할 이유가 여기에 있다.

나. 교과서 존재 접맥(接脈)과 개발학의 상동성

현재로서 디지털 교과서에 대한 윤곽이 잡혔다고는 하지만, 학교 현장에서 본격적으로 일반화되려면 좀 더 시간이 필요하다. 디지털 교과서의 모습이 서책형과는 형태, 존재 방식 등에서 달리하는 점이 많지만, 개발과 사용에서 기본 원리와 적용에는 서로 근접성을 무시할 수 없다. 그리하여 앞에서 서책형 중심으로 교과서 존재 방식을 찾아보았고, 이를 기반으로 이러한 존재 방식과 교과서 개발학의 상동성이 무엇인지를 살펴보고자 한다.

큰 틀로서 교과서 존재 방식에 질서를 부여하는 방법은, 먼저 각각의 층위에 독립하는 영역으로서 개성을 지니게 하는 것이다. 독립된 하나의 고유 영역으로서 학문적 이론 체계를 정립한다는 말이다. 이를 교육 체계의 연속적 측면을 고려하여 관념과 홍몽(鴻濛)(하늘과 땅이 아직 갈라지지 아니한 혼란의 세계)의 세계에서, '추상화−구상화−체계화−실체화−활동화'의 과정을 거쳐 교육이 인간존재에 관여하는 양상을 다음과 같이 상정해 볼 수 있다.

구분	우주 태동	교육 현상	교과교육	교육과정	교과서(교재)	교수·학습 (지도안)
관념 분화	홍몽 상태	추상화	구상화	체계화	실체화	활동화(관계화)
구성 요소	인간존재 확인·탐구	① 목표 ② 내용 ③ 방법 ④ 평가	① 목표 ② 내용 ③ 방법 ④ 이론 ⑤ 평가	① 목표 ② 내용 ③ 방법 ④ 지원 ⑤ 평가	① 목표 ② 내용 ③ 방법 ④ 자료 ⑤ 평가	① 목표 ② 내용 ③ 방법 ④ 활동 ⑤ 평가
교과 개념	교과 교육 분화 전	교과 교육 분화 후				
교육 이론	교육 이론 정립 전	교육 이론 정립과 체계화				

우주 태동에서 교수·학습 활동까지 관계 작용을 단계로 구분해 보고, 이들 단계의 성격과 구성 요소, 교과 개념과 교육 이론의 분화와 정립의 이전, 이후의 관계 모습을 정리해 본 것이다. 위와 같은 관념 분화 단계의 옳고 그름, 교과교육과 교육과정의 선후 문제, 즉 "'**교과 분화**'가 먼저고, 이후 교육과정이 마련되었다, 아니면 그 반대이다."라는 논의는 여기에서는 제쳐두기로 하겠다. 또, '**관념 분화**'의 용어가 합당한지를 규명하기보다는, 이러한 상호 작용의 연속 관계를 상정하여, 교과서 존재를 다른 각도에서 찾아본다는 데 의미를 더 두고자 한다.

이미, 교과교육과, 교육과정은 학문으로서 체계를 지니고 그 존재가 튼튼하다. 이렇다면 교과서 영역도 학문으로서의 체계 정립 가능성은 교과교육과 교육과정을 기반으로 확고하다고 하겠다. 이러한 확고한 자질은 구성 요소 대비에서도 드러난다. ①~

③, ⑤는 공통 요소로, ④만 특색으로 작용한다.

구성 요소 ④의 **'이론, 지원, 자료, 활동'**은 서로 연맥(緣脈)하여 교과교육, 교육과정, 교과서, 교수·학습 모두에 특색 요소로서 관여한다. 교과 교육 분화 전에 **'현상'**으로 존재하는 교육을 **'이론'**으로 정립하고, 이러한 이론을 현장에 적용하기 쉽도록 종합적인 **'지원'** 형태를 모색한다. 다시 이론과 지원을 **'자료'**로서 실체화하고, 소통의 징검다리를 만들어 실제 배우고 가르치는 **'활동'**으로의 전환이 가능하게 한다. 결국, 교과교육, 교육과정, 교과서, 교수·학습은 '이론－지원－자료－활동'이 각각의 자질과 위치를 결정하는 분화 요인으로 작용하면서, 각각을 결속하도록 만드는 자기력(磁氣力)의 역할도 한다고 하겠다.

이렇게 맥락이 닿아 서로 이어지는 관계는 교육 이론의 정립과 체계 설정에 서로를 보완하면서 도와준다. 교과서 존재 방식의 여러 구도에서 이들이 서로 유기적으로 결속하면서, 이론의 가능성을 열어 준다는 말이다. 이러한 이론의 정립 범위가 그대로 교과서 개발학에 전이되는데, 이처럼 교과서 존재 원리 자체가 개발학의 내용 범주에 든다고 하겠다. 즉, 교과서의 존재 원리는 개발학의 학문적 이론 체계와 상동성을 이룬다는 말이다.

그리고 교과서 존재 방식은 교과서의 개념, 기능과 밀접하게 연동 작용 속에서 이뤄진다. 교과서의 개념과 기능 규정을 포함하여 교과서 존재 방식의 파악도, 교과서를 하나의 완결된 유기체, 생명체로 파악하는 데서 출발한다. '좋은 교과서'의 실체 파악과 품질향상을 계획적으로 도모하고, 교과교육, 교육과정과 교과서의 총합적(總合的) 조명(照明)이라는 측면에서 지식·정보 제공의 확대와 정책 수립에도 매우 유용하다고 하겠다.

이러한 전제에서 교과서 개발학의 학적 배경과 범위 설정, 이에 따른 외연 확장이 매우 자유롭게 체계적으로 이루어질 수 있다. 따라서 교과서 존재 방식을 살펴보는 것은 교과서 개발학 내용 확충과 학문적 이론의 기반을 마련하는 돌쩌귀라고 하겠다.

II. 교과서 개발학의 연구 분야와 내용 확충

1. 교과서 연구 방법과 현황 탐색

가. 단위 교과 연구 방법과 현황

　교과서 개발학의 연구 범위와 분야를 알아보기 위해서는 우선 교과서(교재) 연구 방법, 연구 현황을 살펴볼 필요가 있는데, 양자의 관계에서 연구 분야와 범위를 유추할 수 있기 때문이다.

　먼저, 교과서 연구 방법을 체계적으로 정리한 글(논문)은 생각보다는 그리 많지 않다. 이현복 교수는 교재의 개념, 교재관, 교재의 종류를 먼저 살펴보고, 교재 연구의 의의, 목적, 요소, 지향점을 언급한 다음, 교재 연구의 방법을 다음과 같이 분류, 제시하였다.[8]

유형	구분	세부 연구
① 학문적 연구 방법	㉠ 교재의 역사적 연구법	사적 연구법
	㉡ 교재의 비교적 연구법	횡적(교재의 상호 대비적) 연구법
	㉢ 교재의 대상적 연구법	교수자가 학습자 고려 교재를 매개로 하는 연구(교수·학습 관련 연구)

---

8) 이현복, '교재 연구'(『난대 이응백 박사 고희기념 논문집』, 논문집 간행위원회 편, 1992) pp.435~451. 설명한 내용을 바탕으로 표 양식으로 요약, 정리하였다.

② 실천적 연구 방법	㉠ 교재의 구성적 연구법	교재 유형, 교재 선정의 이유와 목표, 교재 가치, 교재의 교육적 기능 밝히는 연구	
	㉡ 교재의 소재적 연구법	문학, 어휘, 어법, 수사 등 분석연구, (교재), 제재, 요지, 주제, 장면, 분위기, 관점, 인물의 성격 등 연구, 출전이나 작가 연구	
	㉢ 교재의 지도적 연구법	<교수-학습과 관련된 연구>: 지도목표 설정, 지도계획 수립, 지도과정 전개, 학습평가실시 <교수-학습 전개 연구>: 도입, 통독, 정독, 총괄, 전개, 평가 단계 연구	

이 교수는 이러한 방법론에 부가하여 교재 연구의 순서로 ① 단원의 성격 파악, ② 단원 목표의 확인, ③ 단원의 교육적 의의의 파악, ④ 단원 구성의 파악, ⑤ 소단원(한 제재)의 교재 연구, ⑥ 학습 형태의 선택과 교구 선정, ⑦ 평가 계획의 수립으로 체계를 잡았다. 특히, ⑤ 소단원(한 제재)의 교재 연구 방법으로 내용의 개관, 내용 분석, 대의 요지, 주제 파악, 학습 사항의 정리 파악, 보조 자료 및 교구의 선정 등을 들었다.

교재 연구 방법의 체계를 상위(2개 유형)-하위 연구(6개) 방법으로 세분화하여 제시하고 자세하게 설명하였다. 국어 교과 특징을 드러내는 연구 요소가 다분히 보이면서, 연구 방법의 경향과 윤곽을 파악하게 한다. 더욱이 단원 관련 교재 연구를 교수·학습과 결부하여 자세하게 제시한 점에 주목이 간다.

다음으로, 다양하게 연구한 결과물을 정리하여 교과서 연구의 경향을 파악하게 하는 성과도 생각보다는 그렇게 많지 않다. 그중에서 정혜승 교수는 국어 교과서를 중심으로 연구의 현황을 다섯 영역으로 범주화하여 자세하게 설명하였다.[9]

유형	구분	세부 연구
① 교과서 체제에 대한 연구	㉠ 내적 체제 연구	○ 단원 구성 방식과 단원 구성 요소(학습 활동, 질문) 분석, - 질문의 위치, 특성, 유형, 목적, 수준, 빈도의 비교·분석
	㉡ 외적 체제 연구	○ 교과서 전반 디자인 연구(이독성, 심리학적 실험) ○ 삽화 연구(삽화의 기법, 형식, 효과)
	㉢ 표현 관련 연구	○ 어휘, 한자, 문장, 문단, 띄어쓰기 - 어휘 분석(빈도수, 변화, 고유어, 한자어, 외래어 비율), 띄어쓰기 실태 분석, 문장 구조 분석
② 교과서의 내용 분석 및 교과서와 교육과정의 관련	㉠ 교수·학습 자료로서 내용 분석 연구	○ 쓰기 단원 분석(어휘력, 표현력 신장 여부) ○ 문법 단원 분석 - 내용 불일치, 불필요한 학습 요소, 부적절하고 어려운 보기

---

9) 정혜승, '국어 교과서 연구의 현황과 반성'(『국어 교육학 연구』, 16권 16호, 서울대학교 국어교육연구소, 2003) pp.433~471. 논문 내용을 표 양식으로 재구성하였다.

성에 대한 연구	ⓛ 교육과정 관련 내용 분석 연구	○ 교육과정과 내용의 연관성(상관성) – 소재, 작가, 학년 간 이동, 독서 교육, 교과서 편찬 – 교육과정 목표, 내용, 방법 등 교과서 구현 정도 – 교육과정 내용과 교과서 학습 목표와 활동 반영 실증적 연구
③ 교과서 제재에 대한 연구	㉠ 기존 교과서 제재 성격 분석연구	○ 갈래별 연구(시, 회곡, 설명문) – 구조적, 형식적 특성 분석·비평 – 구성 요소(인물, 사건, 갈등 양상, 시점) 미시적 분석
	㉡ 제재의 주제와 가치 연구	○ 제재의 주제 유형화, 제재가 지향하는 가치 분석 – 소설, 서사문학, 회곡, 위인 분석
	㉢ 제재 선정 기준과 적절성 평가 관련 연구	○ 문학 제재 중심 선정기준 – 아동 발달 단계, 수준, 기본 구성, 현실감, 흥미 – 환상성과 사실성, 주제와 교육성, 인물과 플롯, 서술방식과 문체
④ 교과서 사용에 대한 연구	㉠ 규정적 방법 연구	○ 구체적 교수·학습 상황에서 교과서 사용 현상 묘사, 기술 – 상호 작용 양상, 실태 분석, 문제점 도출
	㉡ 기술적 방법 연구	○ 수업 방식, 지도 방법, 문제점 연구 ○ 수업 상황 관찰 연구 – 쓰기 수준별 교수·학습 상황 ○ 교과서 사용 방식 관찰 연구 – 무사용, 재구성 사용, 전적 사용
⑤ 교과서 개발 방향 에 대한 연구	㉠ 교과서 개발 체제 연구	○ 개발 주체 문제, 개발체제 개선 문제 – 정치적 중립과 전문성 확보 제도 개선 – 국정, 검·인정 구분, 문제점
	㉡ 교과서 미시 체제 및 단원 구성 방 식 연구	○ 기능 중심 읽기 교재 분석, 비판 ○ 결과 중심 쓰기 교재 문제점 ○ 매체 텍스트 교재화 방안 ○ 교재 수정 방안 실험 연구

위의 연구 현황 분석은 수집한 연구 목록을 정리한 결과로 연구의 경향을 파악하는 데 많은 도움을 준다. 연구 영역을 크게 5개 유형으로 구분하고 이를 12개 하위 분야로 다시 나눈 다음 연구 내용을 자세하게 설명하였다. 그런데 교육과정 관련 영역을 독립시키지 않고 내용 분석과 나란히 놓은 점이 특이하다.

정 교수는 마무리 제언에서 교과서 연구를 ① 개발의 패러다임에서 벗어나 실행의 패러다임 속에서 수행하는 연구(연구 초점과 방법의 전환), ② 국어 교과서 연구의 외연을 확장하는 연구(국제 비교, 실업계 및 장애·특수 학생, 수준별 교과서), ③ 교과서 평가에 관련된 연구(개발, 선택, 사용, 평가)가 필요하다고 강조를 겸하여 제언하였다.

국어 교과서를 대상으로 연구의 경향을 분석한 것이지만, 여타 다른 교과 교과서의 연구 방법이 어떠한지를 유추하게 한다.

나. 교과별 연구 방법과 현황

　　김재춘 교수는 모든 교과를 포괄하여 다년간 연구한 결과를 종합, 정리하여 연구 현황을 제시하였다.[10] 모든 교과서를 대상으로 한 연구의 현황 분석은 처음이 아닌가 한다. 김 교수는 교과서 연구를 <정책 연구>와 <학술 연구>로 나누는 등 다른 각도에서 분석, 정리하여 연구 현황 파악에 새로운 일면을 보여준다.

〈기관별, 주제별 정책 연구 수〉(2007.1.～2011.8.)

연구기관 연구 분야		교육과학 기술부	한국교육 과정평가원	한국교과서 연구재단	한국검인정 교과서협회	한국교육 학술정보원	합계
국검 인정 제도	국·검 ·인정			1	1		2 (2.7%)
	검정	1	2	1	2		6 (8.1%)
	인정		1	1			2 (2.7%)
	소계	1	3	3	3		10 (13.5%)
교과서 개편 및 개발		3	2	3	1		9 (12.2%)
교과서 제도		3	4	3	5		15 (20.3%)
교과서 평가			4				4 (5.4%)
교과교육과 교과서		1	5	2			8 (10.8%)
디지털 교과서		4		1		18	23(31.0%)
기타		2	1	2			5(6.8%)
합계		14 (18.9%)	19 (25.6%)	14 (18.9%)	9 (12.1%)	18 23.3%)	74 (100%)

　　교과서 정책 연구는 각 기관의 기능과 주된 업무 특성에 따라 주로 디지털 교과서, 국·검·인정을 포함하여 교과서 제도, 교과서 개편 및 개발 관련 연구가 주류를 이루었다. 시대의 변화와 국가·사회적 요구를 신속하게 반영하고, 교육과정 개정과 그에 따

---

10) 김재춘, '우리나라 교과서 연구의 현황과 과제'(제6회 교과서의 날 기념 학술 심포지엄, 한국교육과정·교과서연구회, 2011) pp.11～30.

른 교과서 개발에 맞춰 정책적 필요로 대개 연구가 이루어졌다.

〈교과별, 학술 논문 수 및 연구 현황〉(2008.1.~2011.8)[11]

구분		논문 수	연구 현황 분석 내용	
			다수 연구 주제	소수 연구 주제
국어		86(11.8%)	○ 음소·음절 출현 빈도, 전래동화 ○ 실태, 문제점 분석 ○ 개발, 개선 방안 연구	국제 비교/ 디지털 교과서/ 디자인/ 문체
도덕		24(3.3%)	(분석하지 않음)	
사회	사회	78(10.7%)	○ 외국 교과서 분석, 국제 비교 ○ 교과서 분석 및 특징 ○ 다른 교과 비교(삽화/화보, 내러티브, 양성평등/ 인권	교과서 활용/ 교과서 다양성/ 이데올로기 및 편견 분석/ 서술방식 분석
	역사	141(19.4%)		
	지리	11(1.5%)		
수학		44(6.0%)	○ 특정 영역 및 특정 분석 ○ 교과서 국제 비교 ○ 디지털 교과서	사용 연구/ 화보/ 발문
과학		58(8.0%)	○ 국제 비교 ○ 시각 자료 분석(삽화/ 사진/ 그래프/ 화살표)	디지털 교과서/ STS 내용 분석/ 이독성 (readability)
실과/기술/가정		39(5.4%)	(분석하지 않음)	
체육		12(1.6%)	(분석하지 않음)	
음악		17(2.3%)	○ 국악, 민요 관련	교과서 문제점/ 작품 분석
미술		4(0.5%)	○ 편집 디자인 만족도 ○ 애니메이션 단원 구성/ 분석 ○ 교과서 국제 비교 ○ 미술교육 역량 강화 방안	
영어		44(6.0%)	○ 코퍼스 분석 ○ 문화 내용 분석 ○ 읽기, 쓰기	수준별 디지털 교과서/ 평가 도구 개발/ 시각 자료/ 대화문의 젠더 분석/ 장애 관련 내용 분석/국제 비교 연구
한문		13(1.8%)	(분석하지 않음)	
제2 외국어		18(2.5%)	(분석하지 않음)	
통합 교과	바생	2(0.3%)	(분석하지 않음)	
	슬생	1(0.1%)		
	즐생	2(0.3%)		
	통합 일반	5(0.7%)		
교과서 일반 연구		61(8.4%)	(분석하지 않음)	
기타		68(9.3%)		
소계		728(100%)		

김 교수는 의외로 교과서 학술 연구 수가 많다고 하면서, 그 특징의 하나로 교과서 국제 비교(남북한 교과서 포함) 연구를 들었다. 연구 대상을 모든 교과로 확대하여 교과서 연구의 현황을 제시한 것은, 연구의 어려움을 슬기롭게 극복한 사례로 우리에게 주는 인상이 매우 깊다. 앞으로, 교과서 연구의 방향이 어떻게 이뤄져야 하는가를 극명하게 제시하면서, 교과서 연구의 방향과 개선점을 직간접적으로 암시해 주고 있다.

그리고 교과서 연구를 분석하는 준거로 삼으면서, 동시에 **'현황과 과제'**를 다음 아홉 가지로 요약, 정리하였는데, 앞으로 연구 방향 설정에 많은 참고가 되므로 제시해 본다.

① 연구의 대부분은 이론적 연구라기보다는 경험적 연구의 성격을 지닌다.
② 정략적 연구가 대부분이고, 정성적 연구의 비중이 매우 낮아 보인다.
③ 대부분은 내용연구이고, 교과서의 형식이나 사용 연구는 극소수에 불과하다.
④ 대부분은 개발 연구이고, 일부 교과에 비교 연구도 상당히 수행되고, 평가연구는 대부분의 교과에서 거의 이뤄지지 않고 있다.
⑤ 연구의 대부분은 언어연구이고, 삽화/표 연구나 디자인 연구의 비중이 매우 낮다.
⑥ 정체성, 타자성(他者性), 차이성에 대한 연구가 거의 없다.
⑦ 장르 분석의 연구가 거의 이루어지지 않았다.
⑧ 종이 교과서와 디지털 교과서의 관계 및 비교 연구가 거의 없다.
⑨ 공식적인 교과서/디지털 매체와 비공식적인 학습 자료/디지털 매체 간의 비교 연구가 거의 없다.

연구 시기로 보아서 ⑧, ⑨는 대단한 선견지명(先見之明)으로 지금에도 유용하다고 하겠다. 일부 교과목에서 내용 분석이 이뤄지지 않아 연구 현황 파악에 아쉬움이 남기기는 한다. 그러나 교과서 연구의 현황을 이처럼 종합, 분석하여 정리한 연구는 현재까지 성과를 더하여 이어지지 않고 있는 형편이다.

이상에서 좀 제한적이지만, 대표적인 연구 방법과 연구 현황을 살펴보았다. 교과서 연구 방법은 일정한 유형으로 고착한 틀이 아니다. 연구 현황 분석도 기준과 관점으로

---

11) 김 교수가 발표한 '교과별 연구 현황 분석 내용'(pp.19~24.)을 이해·파악하기 쉽도록 표 형식으로 재구조화하여 정리하였다.

분류하고 체계를 세우는 방법은 무수히 많다. 이처럼 교과서 연구 방법과 현황 분석은 연구 목록을 수합하고, 기준을 세워 이를 분석하는 작업이 그리 간단하지 않다는 데 어려움이 있다. 결국, 이를 극복하는 방법을 개발학에서 찾아야 한다.

2. 교과서 연구의 보완 방법과 체계 모색

가. 교과서 연구의 보완과 지향 사항

연구 방법은 논외로 하고, 통계 등 연구 현황이 특정 교과 현황이라는 점, 몇 년 동안에 이루어진 연구물을 대상으로 시간이 많이 흐른 분석이라는 점에서, 분석 결과가 교과서 연구 현황을 정확히 대변하는 것은 아니다. 그러나 일정 수준의 연구 추이, 경향을 파악할 수는 있게는 한다.

다양한 연구 자료와 통계를 바탕으로 교과서 연구 현황에 드러난 보완·지향 사항을 생각해야 마땅하다. 그렇지만 연구 성과나 연구물 접근의 제한을 감안하고, 교과서 환경 변화를 고려하여 미래 지향적인 연구 방향을 다음 몇 가지로 정리해 보고자 한다.

- ○ 교과서 연구를 목적에 따라 거시적, 미시적으로 분석하는 체계(틀)나 준거, 기준 마련이 필요하다.
- ○ 연구 방법과 영역 관계를 논리적으로 구분하고, 이를 연구 종류로 나누어 보는 연구 체계 수립이 필요하다.
- ○ 교과서 연구 관련 서지나 목록에 쉽게 접근할 수 있도록 지속하여 축적 관리하는 시스템이 필요하다.
- ○ 교과서 연구의 영역, 범주, 의미역을 정확히 하여, 연구 분류(종류)나 현황 설명을 체계화해야 한다.
- ○ 교과의 특성을 반영한 연구 방법, 기준을 분명히 하여 연구의 교과별 변별력이 드러나야 한다.
- ○ 교과서 관련 연구 분야를 더욱 하위 분야로 세분화하여, 각론 연구 결과의 성격이 구체성을 띠어야 한다.
- ○ 교육과정 개정과 연관하여 교과별, 교과목별 교과서의 변화를 통시적으로 비교

하는 연구가 긴요하다.

○ 교육과정 내용 체계(성취기준)와 결부하여 교과서의 학교급별, 학년별 종적 수준을 비교하는 연구가 미미하다.

○ 교과서 정책−개발−선정−활용(사용)−평가 등 교과서 존재의 순환 및 연계 연구가 많지 않다.

○ 교과서 활용(사용)의 의미역 설정을 분명히 하여 교과서 특징을 고려한 활용 연구가 필요하다.

○ 교육과정 내용(성취기준)을 교과서로 이행하는 방법론 제시와 이행 양상을 보여주는 연구가 미미하다.

○ 교육과정이 어떻게 교과서로 이행되었는지 영역, 방법, 수준 등을 구체화한 연구가 미흡하다.

○ 교과서 자유발행제 시행과 관련하여 교과서 평가와 품질 관리와의 상관성 연구가 미흡하다.

○ 교과서 연구를 단기−중기−장기로 구분하여 심화 단계를 밟는 연속적, 계속적 연구가 필요하다.

○ 외국 교과서와의 비교 연구도 국가를 다변화하여 품질 수준을 국제 수준으로 높이는 비교여야 한다.

○ '교과서 정책 연구'도 연구 외연을 더욱 확대하고, '교과서 연구 정책'이란 연구도 요구된다.

○ 서책형 교과서와 디지털 교과서의 개발, 교수·학습, 활용, 평가 등 상호 관련 연구가 미미하다.

○ 디지털 교과서를 포함하여 미래형 교과서의 형태, 내용구성, 활용 등의 연구가 선제적으로 이루어져야 한다.

교육 현장에서 학생−교과서−교사의 밀접한 소통의 주체가 대다수임에도, 교과서 연구가 생각보다 그렇게 활성화되지 못한 인상을 준다. 앞으로 교과서 연구를 활성화하는 분위기를 정책적으로 조성하고, 연구 성과를 체계적으로 축적하는 종합시스템 구축과 체계적인 관리가 무엇보다도 필요하다. 교과서 연구는 교과 간의 협조는 물론 교육 기관, 연구기관, 교육 공동체 협력이 필수적이다. 이는 교과서 연구를 장려하는 수준에만 그치는 것이 아니라, 교육 전반의 연구를 계획적으로 추진하고 활성화하는 데도 긴요하다.

나. 교과서 연구 범주와 체계 모색

1) 교과서 연구 방법과 범주 탐색

연구 범위, 범주, 영역 용어는 서로 교차 사용해도 연구 개념에 혼동을 자아내지는 않는다. 교과서 평가 체계와 범주의 관계처럼 연구 체계와 연구 범주와의 관계를 융통성 있게 연결해 보고자 한다.

앞서 연구 방법과 현황을 살펴보면, 지금까지 '교과서 연구'는 편중과 불균형, 제한성이 드러나 있음이 사실이다. 이는 "교과서 연구를 어떻게 할 것인가"란 소박한 방법론이 학술적, 이론적으로 뒷받침하지 못한 데서 연유했다고 본다. 여기에 '교과서 연구'의 메타(meta) 연구, 즉 '연구의 연구'가 종합적, 계획적으로 이루어지지 못해서, 연구 방법론적인 반성과 보완이 미흡하였다는 점과도 관계한다. 정부, 연구·학술·교육기관과 단체, 각종 연구소, 대학·개인 등이 각자 필요에 따라 독립하여 단편적으로 연구하고, 정책적으로 급하게 요구되는 사항만 반복해서 연구했다는 인상도 지우기가 어렵다.

교과서 연구를 규모 있게 계획적으로 실천하려면 연구 체계를 수립하고, 이를 바탕으로 연구 범주를 확장해야 한다. 그러므로 교과서 연구 관점과 기준에 따라 다양하게 연구 방법을 구분해 보는 것은 연구 범주 설정과 체계 수립에 유익한 정보를 제공한다. 다음은 **'교과서 연구 방법'**에 동원할 수 있는 연구, 연구의 **'연구 관점과 기준'**이 되면서 그 **'종류'**에 해당한다. 연구 영역에 겹치는 부분이 있어도 용어 개념과 종류를 파악해 본다는 취지에서 모두 나열해 보고자 하였다.

- ○ 교과서 자체 연구(내용/형식, 사용/평가 등), 교과서 관련 연구(정책, 지원, 부수 사항 등)
- ○ 교과서 본질적 연구(교과서 자체), 비본질적 연구(선정, 공급, 관련 법률, 가격 등)
- ○ 교과서 내재적 연구(내용/외형 포함), 외재적 연구(교과서 관련 사항)

○ 서책형 교과서 연구, 디지털 교과서 연구, 자료형 교과서 연구
○ 스마트 교과서 연구, 온라인 교과서 연구

○ 교과서 개념 연구, 교과서 기능 연구, 좋은 교과서 의미 연구
○ 교과서 내용 체제 연구(목표 설정, 단원 구성, 교수·학습 방법 등), 외형 체제 연구(판형, 활자, 지질, 색도, 쪽수 등)
○ 교과서 구성 연구, 활용(사용) 연구, 분석·평가 연구
○ 교육과정과 교과서 구조 연구(목표, 내용, 방법, 평가 등), 교육과정 교재화 방법 연구, 교육과정과 교과서 관계 연구(목표, 성격, 존재 방식, 활용 등)

○ 교과서 분화 연구, 결합(통합/융합/통섭) 연구
○ 교과서 거시적 체계 연구(학년, 학교급, 일반/전문계 등), 미시적 체계 연구(교과, 과목 내 등)
○ 교과서 분석연구, 비교 연구(국내, 국외 등), 발달(사) 연구
○ 교과서 개발 연구(정책, 개발, 구성 등), 적용 연구(방법, 시기 등), 품질 관리 연구(품질 개념, 활용, 분석, 평가 등)
○ 교과서 연구 체계·방법·종류 연구, 연구 현황 분석연구

○ 교과서 개별적 연구, 종합적 연구
○ 교과서 정책 연구, 교과서 학술(이론) 연구
○ 교과서 개발자 연구, 사용자 연구, 평가자 연구, 정책 담당자 연구
○ 교과서 공시적(횡적) 연구, 통시적(종적, 역사적) 연구
○ 교과서 거시적 연구, 미시적 연구
○ 교과서 단기 연구, 중기 연구, 장기 연구, 종단 연구
○ 교과서 개인(단독) 연구, 공동 연구, 협력 연구

분류 기준 없이 무작위(無作爲)로 추출하여 예로 든 연구 방법 사례이다. 이들 연구 방법은 교과서 구성체계, 교수·학습 설계, 활용 체계, 평가 체계, 품질 관리 체계 등과 직간접으로 연관하여 연구 방법으로 삼을 수 있다. 이처럼 교과서 연구 방법은 독립하

여 존재하기보다는 결합하여 다층적으로 존재한다. 그리고 학교급, 학년 구분, 내용, 형식 등 범위를 동시에 관여시키면, 연구를 특정하거나 명징하게 구별하는 기준 설정이 어려워, 연구 범주와 방법, 종류를 가름하기가 쉽지 않다. 이를 해결하는 방법이 '교과서 연구 체계' 설정이다.

2) 교과서 연구 체계 모색

교과서 연구 방법과 범주 설정은 단일 차원의 접근으로는 문제를 깔끔하게 해결하기가 어렵다. 이러한 어려움을 타개하는 방편으로 교과서 연구 방법을 교과서 존재 방식의 하나인 ① 교과교육—② 교육과정—③ 교과서라는 연결고리를 바탕으로 **교과서 연구 체계**'를 다음과 같이 모색해 보고자 한다.

구분	거시 연구	미시 연구	연구 요소
① 교과교육	㉮교과교육 연구	㉠ 교과교육 영역 연구	
		㉡ 교육과정 영역 연구	
		㉢ 교과서 영역 연구	
② 교육과정	㉯ 교육과정 연구	㉠~㉢(동일)	
③ 교과서	㉰ 교과서 연구	㉠~㉢(동일)	

①~③의 거시 연구는 ㉮~㉰이다. ㉠~㉢ 미시 연구는 ㉮~㉰ 거시 연구 구조 하위 분류에 위치시킨 것으로 장르(genre) 이론을 원용한 구조이다. 여기에 연구 목적에 따라 교과서 정책 연구 등 연구 체계에 부합하는 다른 미시적 연구를 더 부가하는 것도 가능하다.

도표에서 제시한 대비 관계로 보면, ①—㉮—㉠, ②—㉯—㉡, ③—㉰—㉢ 선형 관계가 해당 영역에서 **본질적 연구**'가 된다. 즉, ㉮ 교과교육 연구는 ㉠이 교과교육 구조나 실체, 내용 체계 등 그 본질적 연구이고, 여기에 ㉡ 교육과정 관련 모든 분야 연구, ㉢ 교과서 관련 모든 분야 연구도 당연히 포함된다는 의미이다. ㉯ 교육과정 연구, ㉰ 교과서 연구도 같은 차원의 구조에서 논의된다. '**연구 요소**'는 ㉠~㉡의 영역을 더 세분하여 나눈 미세 연구 분야를 말한다.

그런데 지금까지는 교과교육 내용을 교육과정에 포함하여 구분하지 않고 연구, 논의하여, 교육과정 자체가 교과교육을 대변하는 것처럼 내용과 체제가 구조화되어 있다. 그러나 연구 층위나 범위로 보아서는 '**교과교육→교육과정→교과서**'라는 계통이 확연하므로, 이들을 구분하되 슬기롭게 연관을 맺는 방법으로 연구 영역을 구분하여 확충하는 것이 필요하다.

이를 '**③ 교과서 연구**'로 초점을 옮겨 교과서 연구 체계를 다음과 같이 구상해 볼 수 있다. 이러한 방식은 교과서 존재 방식의 연장선에서 상위 큰 범주에서 하위의 작은 범주로 분화, 계통화한 방법으로서 일관된 분류 체계 제시에 유용하다.

구분	거시적 연구	미시적 연구	연구 요소
③ 교 과 서	Ⓐ 구성 연구	ⓐ 구성 분야 연구	
		ⓑ 교수·학습 분야 연구	
		ⓒ 활용 분야 연구	
		ⓓ 평가 분야 연구	
		ⓔ 품질 관리 분야 연구	
	Ⓑ 교수·학습 연구	ⓐ~ⓔ(동일)	
	Ⓒ 활용 연구	ⓐ~ⓔ(동일)	
	Ⓓ 평가 연구	ⓐ~ⓔ(동일)	
	Ⓔ 품질 관리 연구	ⓐ~ⓔ(동일)	

교과서 거시적 연구 Ⓐ~Ⓔ는 각각 하위로 ⓐ~ⓔ 미시적 연구로 분화한다. 대비 상황에서 Ⓐ—ⓐ, Ⓑ—ⓑ, Ⓒ—ⓒ, Ⓓ—ⓓ, Ⓔ—ⓔ가 각 분야에서 **본질적 연구**'가 된다. 거시적으로 Ⓐ 구성 연구는 실제 미시적으로 ⓐ 본질적 연구뿐만 아니라 ⓑ 교수·학습, ⓒ 활용, ⓓ 평가. ⓔ 품질 관리 분야까지 포함해야 한다는 것을 의미한다. 이러한 포함 관계는 거시적 연구 Ⓑ~Ⓒ 모두에 해당하고, 교재화 원리와도 같은 맥락으로 연동한다. 여기에서 '연구 요소'도 ⓐ~ⓔ의 영역을 더 세분하여 나눈 미세 연구 분야를 뜻한다.

그런데 위에서 크게 나누어 설명한 교과서 존재 방식 두 가지를 연동하여 생각해 볼 수 있는가의 해결이다. ③ 교과서 영역으로 좁혀서 [㉰—㉠~㉢]과 [Ⓐ—ⓐ~ⓔ]를 연구 방법론으로서 연결하는 것이 가능한가를 밝히는 것도 하나의 연구 과제로 남는다. 반복의 요소가 있다는 느낌을 해소하기가 어렵지만, 이와 같은 연구 체계는 교과서 관련 다른 분야와의 연구에 같은 지식과 정보를 상보적으로 활용할 수 있어 편리하고, 이를 '**교과서 연구 연동의 원리**'라고 지칭하고 싶다.

연구 체계는 접근하는 시각에 따라 다양하다. 앞에서 설명한 방법보다 더욱 좁은 연구 체계도 생각해 볼 수 있다. '국어(수학, 사회, 과학 등) 교과서', '좋은 교과서 연구'를 주제로 삼은 경우도 위와 같은 연구 체계로 세분화하여 연구의 성과와 품질을 높일 수 있다.

이처럼 교과서 연구 체계는 관점과 기준에 따라 다양하게 생각할 수 있다. 앞으로는 교과서 연구의 범주와 체계를 다각도에서 생각해 보고, 시간과 공간을 초월하여 계획적으로 그 성과를 축적해야 한다. 그리고 교과서 연구 분야를 넓히기 위해서는 연구 대상과 분야를 다양화하고, 학술 대회, 심포지엄 방법도 외연을 넓히는 발표의 장으로 발전시키는 것이 좋다.

연구 범주와 체계는 연구 방법, 종류란 말과도 의미에서 연결된다. 교과서 연구 범주와 체계의 구체적인 논의는 '교과서 개발학의 범주와 체계'에서 다시 살펴보고자 한다.

다. 교과서 연구의 미래 지향적 방향

지금까지 모든 교과에서 교과서 연구는 교과서 자체 연구를 비롯하여, 연구 결과물을 분석하여 현황과 과제를 정리했다는 점에서 가치와 의의가 혁혁하다. 그러나 교과서가 하나의 완결된 실체(유기체)라는 관점에서 보면 연구의 지평이 좀 더 넓게 열리는 여지를 발견하게 된다. 교과서 연구의 외연을 확대하는 방법의 하나로 교과서를 이러한 관점에서 분석하고, 분석한 결과를 종합, 정리해 보면 연구에서 균형과 조화는 자연스럽게 이뤄진다. 여기에 통합적, 융합적 연구가 가미되면 연구의 질과 깊이를 더할 수 있다. 따라서 앞으로 '교과서 연구'는 다음 몇 가지 사항을 고려할 필요가 있다.

첫째로, 교과서 연구는 **'용어 사용'**에 그 의미역을 정확하게 하는 데서 출발해야 한다. 그동안 교육과정, 교과서 용어가 정리되긴 했지만, 연구 대상에서 소원해져서 학문, 학술적인 발전을 신속하게 흡인(吸引)하지 못했고, 시대의 변화에 능동적으로 대처하여 완결판으로 정리할 기회가 많지 않았다. '교과서 연구의 시작은 교과서 관련 용어의 개념 정립부터이다.'란 말을 강조하고 싶다.

둘째로, 교과서 관련 연구 분야를 세분화하여 연구 결과가 더욱 구체성을 띠어야 한다. 대부분의 연구에서 감지되듯이 **'총론 연구'**에만 치중하여 연구 현황을 개괄하는 데 그치는 경우가 많았다. 그러므로 각론 연구로 교과별로 세분하거나, 아니면 다른 분류 기준에 의하여 연구 영역을 분화·설정하고, 상호 보완 관계에서 연구가 이루어 져서 연구의 시너지 효과가 증대되도록 하는 것이 좋다. 학술 심포지엄, 세미나도 연 구의 깊이를 더할 수 있는 차원에서 그 내용과 방향을 설정하는 것이 바람직하다.

셋째로, 교과서 연구를 '**단기·중기·장기**'로 구분, 수립하여 순차적으로 연구를 심화 하는 단계를 밟고, 연구 내용도 거시적으로 균형과 조화를 이루어야 한다. 장기 계획 에는 중요도와 연계성, 계속성을 고려하여 연구의 순차를 정하고, 디지털 교과서의 개 발과 완전 적용 문제 등 미래 사회로의 변화에 능동적으로 대비하는 내용을 포함해야 한다.

넷째로, 연구기관의 설립 목적과 교육적 역할을 고려하여 교과서 연구가 철저하게 '**분업과 협업**'이 이루어지도록 조정하고, 각 기관의 연구가 독립적으로 끝나지 않고 다른 기관의 연구와 연계하여, 연구의 효과가 상호작용으로 극대화해야 한다. 조정과 연계의 역할은 정부가 주도적으로 하는 방법보다는, 기관별 연구 협의체 구성 등으로 자율적으로 이뤄지는 것이 바람직하다.

다섯째로, 교과서가 범부처의 관심 사항으로 발전한 사실을 고려하여, 연구 과제에 대한 조정을 위하여 범부처 협의체 구성이 필요하고, 학술 대회나 심포지엄도 같은 차 원에서 협동하여 개최할 수 있는 시스템을 모색해야 한다.[12] 이는 교과서 연구를 국 가적 사업으로 발전시키는 계기가 되며, 교육의 중요성을 교과서에서 찾는 모티브를 제공한다. 그 한 예로 2005년 당시 교육인적자원부(교육부)에 법무부를 위시한 일부 정부 부처, 인권위원회 등 기관, 금융·경제, 사회단체를 포함하여 조직한 '**교육과정·교 과서발전위원회**'의 활동을 확대, 부활하여 체계적으로 활성화하는 것도 좋은 대안이 된다.

여섯째로, '교과서 정책'과 함께 '**교과서 연구 정책**'도 계획적으로 실천해야 한다. 정 책에는 신뢰와 효율성이 우선하기 때문에, 교과서 정책도 연구·실험의 과정을 거치 고, 현장의 의견을 수렴하여 현장성을 확보하는 것이 바람직하다. 같은 맥락에서 이제 부터는 '교과서 연구 정책'도 국가 차원에서 계획하고 실천할 필요성이 생겼다. 교과

---

12) 자율과 개방의 지속화란 측면에서 이제는 교과서가 교육부처의 전유물 시대는 지났다고 본다. 이러 한 징후는 여러 분야에서 확인할 수 있다. 민감한 쟁점에 공동 대처하고, 시대의 변화에 신속하게 협 동·대응하여 원활하게 교과서를 개발, 적용하고, 교과서 품질을 범정부 공동으로 높인다는 장점을 살릴 수 있다. 현재에도 범부처 협의체를 운영하고 있기는 하다.

서 연구 정책의 정착은 기관 또는 개인 간의 연구 중복을 피하고, 연구 영역에 균형을 잡을 뿐만 아니라, 연구 간의 상호 보완과 협력을 통하여 상승 작용을 계획적으로 꾀할 수 있기 때문이다. '한국교과서연구재단'을 비롯하여 대학의 연구기관 등이 주체가 되어, 교과서 연구 정책을 총괄하는 것도 한 방법이 될 수 있다.

일곱째로, 교과서 관련 연구물을 체계적으로 관리하는 시스템을 확장하고, 이의 접근과 이용을 활성화해야 한다. 교과서가 교육적으로 유용한 매개체가 되려면, 연구물의 적극 활용으로 개발과 사용에서 변화를 담보하는 것이 좋다. 교육에서 변화를 선도, 유도하는 매개물로는 교과서보다 앞서는 것이 없다.

여덟째로, 정책적이든, 학술적이든 교과서 연구 결과를 교과서 품질 개선과 관리에 적극적으로 반영하도록 노력해야 한다. 연구를 위한 연구를 지양하고, 교사 양성이나 연수에 실제로 투입되는 적극성을 띠어야 한다. 땅속에 묻혀있는 금덩이보다는 농사에 직접 사용할 수 있는 쇠붙이 연장이 낫다는 말에 비유할 수 있다.

아홉째로, 학술적 효용이나 학문적 무게에서 교과서 연구가 가볍다는 그른 인식을 바꿔야 한다. 교과 교육학에서 중요한 위치를 차지하는 분야가 교과서 관련 연구이다. 교과서 연구는 교육과정, 교수·학습 등을 포함하여 교과 교육에 관련하지 않는 분야가 없을 정도이다. 이젠 자리 잡아가고 있다고는 하지만, 교과서 연구의 중요성을 교육 공동체, 교과서 공동체 모두가 새로운 마음으로 다짐하고, 연구의 질과 양에서 이에 호응하는 노력을 해야 한다.

열째로, 교과서 연구의 질을 높이는 제도적 장치를 마련하는 것이 필요하다. 교과서 연구 정책과도 관련하는 부분으로 연구의 질을 높이는 데는 인적, 재정적, 정책적 지원이 우선하는 사항이다. 교육이 국가의 발전과 장래에 지대한 영향을 미치는 중요도를 생각하면, 제도의 마련이 시급하다고 하겠다.

3. 교과서 개발학 연구의 지평 확대

가. 교과서 연구와 개발학의 연구 상동성

교과서 연구의 범주와 체계를 생각해 보았는데, 교과서 '개발학의 연구 범주와 체계'도 이와 거의 같다고 하겠다. 다만, **교과서 연구 범주**, **교과서 개발학의 연구 범주**

란 용어 대비에서 '개발학'이란 용어가 연구와의 관계에서 의미역을 어느 정도 한정하는가에 따라 차이를 보일 수는 있다.

설명을 좀 더 구체화하기 위해 '① **교과서 연구**', '② **교과서 개발 연구**', '③ **교과서 개발학 연구**' 용어와 대비하여 생각해 보면 의미역의 동질성과 이질성이 어느 정도 드러난다.

교과서	교과서 개발	교과서 개발학
① 교과서 연구	② 교과서 개발 연구	③ 교과서 개발학 연구

범박하게 사전적 의미로는 ① '**교과서 연구**'는 '교과서를 대상으로 교육학적인 방법을 총동원하여, 자세히 조사하고 깊이 있게 생각하여 이치나 사실을 밝히고 진리를 따져보는 일, 또는 그 내용'이라고 할 수 있다. 그런데 교과서는 '개념', '기능', '좋은 교과서' 논의에서도 언급했고, 교과서 개발, 구성, 교수·학습, 활용, 분석·평가 등 존재 생태계를 설명하면서 하나의 '유기적 생명체'임을 누누이 강조했다. 이러한 관점에서 보면 '교과서 연구' 의미도 그렇게 단순하게 해석할 성질의 것이 아니다.

이현복 교수는 교과서(교재) 연구를 "교수─학습의 활동을 효과적으로 수행하기 위하여 교수─학습 이전에 해당 교재를 여러 각도로 깊이 있게 분석하고 검토하는 행위"[13]라 하였다. 이는 교수─학습과 연관하여 생각해 본 하나의 예로, 이렇게 교과서 연구 개념을 일률적으로 특정하여 개념을 규정하기에는 어려움이 따른다. 앞서 '교과서 연구 범주와 체계'에서 설명해 본 것처럼 그만큼 범주와 체계가 넓다는 말이다.

그러나 어떻게 의미역을 설정하든 ①의 뜻은 그대로 ②와 ③에 녹이 든다. 용어가 표상하듯 ①과 ②, ③은 '개발'이란 용어가 변별지로 작용한다. 개발이란 사전적 의미 중 '새로운 물건을 만들거나 새로운 생각을 내어놓음'(표준국어대사전) '새로운 것을 생각해 내어 실용화(實用化)하는 일'(동아, 새국어사전)이란 뜻을 그대로 원용하여, ②와 ③에는 이러한 '새로운 것/생각', '실용화하는 일' 등의 발전적 의미가 부가되었다고 하겠다.

그런데 '② **교과서 개발 연구**'와 '③ **교과서 개발학 연구**'에서 '개발'이란 뜻은 의미 범주에서 확연히 다르다. <개발+학(學)>의 용어 구조를 분석해 보면 구분이 확연해

---

13) 이현복, 앞의 책, p.440.

진다. <학>은 자전에 나온 여러 뜻 중에서 ⊙ '어떤 일이나 대상의 내용을 상대편이 잘 알 수 있도록 밝혀 말하다, 학술이나 책의 내용을 차례대로 밝혀 설명하다', ⓒ '학문(學問)(일정한 이론에 따라 체계화된 지식)'이란 의미역에 집중하여 변별점을 돋우어 보고자 한다. 그러므로 '개발학'에서의 '개발'은 체계화된 지식의 학문 성격이 가미된 확장된 의미를 지닌다. 그렇다고 개발이란 개념에 너무 집착하다 보면, 교과서의 가치와 학문의 논리성을 미약하게 할 수 있다.

그러나 이는 단어 조합의 분석적인 관점에서 ①~③의미 변별을 찾아보려는 방법의 하나이고, '교과서 연구'나 '교과서 개발 연구'도 학술, 학문적 성격이 강하게 존재함은 물론이다. 어쨌든, '교과서 개발학 연구'는 교과서 연구, 교과서 개발 연구를 바탕으로, 교과서 개발학의 학문적, 논리적 이론화를 뒷받침한다.

이러한 일련의 의미를 종합해 보면, '교과서 개발학 연구'는 '교과서 연구'를 기반으로 하여 연구의 의미 범주와 체계가 형성된다고 하겠다. 즉, 교과서 연구 분야는 개발학의 연구 분야와 상동성을 지니되, 언어 구조에서 학문, 학술의 성격이 가시적이냐, 비가시적이냐의 차이만 있다고 하겠다. 명제 형식으로 **교과서 개발학**은 '교과서 개발에 관여하는 학문 이론은 물론 존재 방식에 관련하는 모든 요소의 교육적 작용, 상태, 평가, 개선 등을 연구하는 학술의 한 분야이다.'라고 하겠다.

'교재(교과서)론', '교과서 개발학'의 구분도 학문적으로 구분해야 한다. 교과서 개발학이란 '교재론'보다 의미역이 넓으며, 하나의 학문 분야로 발전시킬 필요를 강조하는 용어라는 점에서 변별성이 확연하다. '교재론'은 '교과서 개발학'의 축소 지향의 용어, 하나의 분야 정도의 의미 관계로 우선 설정해 보고자 한다.

나. 교과서 개발학 연구 범주와 체계 설정

'교과서 연구'와 '교과서 개발 연구', '교과서 개발학 연구'는 언어 조합상 차이점에도 불구하고 **'연구 범주와 체계'**라는 영역으로 연결하면 이들 관계를 이해하기가 쉽다. 이는 교과서 연구 범주와 체계를 개발학의 그것으로 확장하는 의도도 포함한 방법론이다.

교과서 개발학 연구를 연구 대상, 방법, 영역, 항목, 요소로 구분하여 **<개발학 연구 범주 체계>**를 다음과 같이 구조화하는 방법도 있다.

〈개발학 연구 범주 체계〉(예시)

구분	연구 대상	연구 방법	연구 영역	연구 항목	연구 요소
개발학 연구	(A) 서책형 교과서 연구	(a) 내재적 연구	ⓐ 교육과정 반영	㉮ 목표	㉠ 추구하는 인간상
					㉡ 학교급 목표
					㉢ 학년별 목표
					㉣ 교과 목표
					㉤ ……
				㉯ 내용	
				㉰ 방법	
				㉱ 평가	
				㉲ ……	
			ⓑ 교과서 구성	㉮ 내용 선정	
				㉯ 내용 조직	
				㉰ 지면 구성	
				㉱ 진술 방식	
				㉲ ……	
			ⓒ 교수·학습 구현		
			ⓓ 교과서 활용		
			ⓔ 교과서 분석		
			ⓕ 교과서 평가		
			ⓖ ……		
		(b) 외재적 연구	ⓐ 교과서 정책		
			ⓑ 교과서 제도		
			ⓒ 교과서 관련 법률		
			ⓓ 교과서 편찬 관계자		
			ⓔ 교과서 비교	㉮ 교과 비교	
				㉯ 과목 비교	
				㉰ 국제 비교	
				㉱ ……	
			ⓕ ……		
	(B) 디지털 교과서 연구	(a) 내재적 연구	ⓐ 교육과정 반영		
			ⓑ ……		
		(b) 외재적 연구	ⓐ 교과서 정책		
			ⓑ ……		
	(C) 미래형 교과서 연구	(a) 결합하는 교과서 연구	ⓐ 통합 교과서 연구		
			ⓑ 융합 교과서 연구		
			ⓒ 통섭 교과서 연구		
		(b) 만들어 가는 교과서 연구	ⓐ 스마트 교과서 연구		
			ⓑ 온라인 교과서 연구		
		(c) 체험하는 교과서 연구	ⓐ VR형 교과서 연구		
			ⓑ AR형 교과서 연구		
			ⓒ MR형 교과서 연구		

위의 도표에서 제시한 개발학 연구 [대상(A)]─[방법(a)]─[영역ⓐ]─[항목㉠]─[요소㉠]는 하나의 실례(實例)를 보이기 위해 인위적으로 설정한 용어와 위계이다. 단위 내에서 분류한 세부 사항도 검증된 술어나 체계가 아니므로, 접근 방법에 따라 각양으로 위계 구조나 용어, 술어 사용이 달라질 수 있음은 물론이다. 특히, (C)미래형 교과서는 (A), (B)와 위계 수준이 맞지 않아도 예시로 제시해 본 것이다. 이 부분은 뒤의 **'미래 교과서 개념 변화'**에서 자세하게 설명하였다.

앞으로, '연구 범주 체계'의 연구가 학문적으로 깊이를 더하고, 위계나 용어, 술어를 정제, 세련하여 하나의 **'교과서 개발학 연구 범주 체계'**로 완성도를 높이고 완결해야 한다. 개인의 힘으로 단숨에 이 도표를 완성하기는 어렵고, 국가적 사업으로 계획적으로 추진하는 것이 바람직하다고 하겠다. 따라서 이러한 예시가 연구를 활성화하는 효시(嚆矢)가 되었으면 한다.

다. 교과서 개발학 연구의 외연 확대

만물은 관계 속에서 존재하며 가치를 발휘한다. 교육, 교육활동에서 기본이며 필수 자료인 교과서도 **'하나의 완결된 가치 존재'**로 관계 속에서 가치를 드높이고 존재를 확인한다. 따라서 교과서 연구의 대상, 영역, 방법 등도 관계 속에서 찾아보고, 연구의 외연과 지평을 확대하는 방법론도 이러한 전제에서 출발하는 것이 좋다. 공시적 연구, 통시적 연구도 이러한 관점에 포함되는 것은 물론이다.

보편적으로 강조하는 말이지만 교과서를 총합적(總合的), 창의적 예술 작품이라고도 한다. 교과서는 교육 공동체 모두의 힘으로 개발, 활용, 평가하고 품질을 관리한다. 연구 측면에서도 마찬가지다. 그러므로 '교과서 연구'─'교과서 개발 연구'의 연속과 결속(結束)에서 '교과서 개발학 연구'를 어떻게 이와 잘 연결하고 수행하느냐에 따라 그 존재의 위상과 가치가 다르게 된다.

교과서 개발학 연구는 다음의 명제를 학문적 측면과 교육의 실천에서 확인하는 작업이라고 할 수 있다. 이 또한 교과서의 중요성과 가치를 표명하는 말과도 상통한다. 이러한 표명이 교육적으로 실천되어 소기의 성과를 성취하려면, 교과서를 계획적으로 연구해야 한다.

① 교과서는 교육의 **희망**이다.
② 교과서는 교육의 **미래**이다.
③ 교과서는 교육의 **역사**이다.
④ 교과서는 교육의 **변화**이다.
⑤ 교과서는 교육의 **세계화**다.

그런데 교과서의 계획적 연구는 연구 범주를 어떻게 체계화하여 구체성을 띠는가에 달렸는데, 이 또한 학술, 학문적으로 개발학의 연구 범주와 연계하여 지평을 확대해야 한다. 즉, 교과서 개발학 연구 외연 확장은 교과서 연구에 달렸다.

첫째로, 교과서 연구를 주변 학문 영역과 결합하여 학문적 위치를 공고하게 가다듬어야 한다. 교육학, 심리학, 사회학, 역사(학), 철학 등과의 학문적 결합은 교과서에 대한 시야를 넓히고 연구의 깊이와 넓이를 달라지게 한다. 이는 교재(교과서) 교육학, 교재 심리학, 교재 사회학, 교재 역사학(교재 발달사), 교재 철학 등의 학문 영역으로 확대된다.

둘째로, 교과서 연구의 좀 더 미시적 분야를 학문 논의 수준으로 끌어올려야 한다. 교과서 연구의 종류에서도 언급했듯이 거시/미시, 내재/외형, 본질/비본질 등의 구분과 기준에 따라 출입이 있으나, 전체의 윤곽에서는 같다고 하겠다. 이러한 테두리 안에 속하는 모든 내용을 학설, 학문의 수준으로 높이기 위해 연구 분야를 우선 '논(論)'의 위치로, 나아가 그 이상으로 더욱 높이어야 한다.

교재(교과서) 개발론, 교재 개발 절차론, 교재 구성론, 교재 교수·학습론, 교재 활용론, 교재 분석론, 교재 평가론 등이 그 예라고 하겠다. 교과 교육과정 구성론, 교육과정·교재론, 교육과정 반영론, 교과서 정책론 등도 같은 수준에서 상응하는 학문 영역이다.

셋째로, 교과교육과 교과서(교재)를 긴밀하게 연관을 지으며, 미시적 연구의 내용과 질을 학문적 성격으로 업그레이드해야 한다. 내용 선정론, 내용 조직론, 진술론, 지면 구성론, 학습 목표 체계론, 학습 목표 설계론, 차시 학습 구성론, 학습 활동 분화론, 학생—교과서—교사 상호작용론 등 무수히 연구의 목적에 따라 세분화할 수 있다. 그런데 미시적 연구는 분화가 주된 목적이 아니라 실용성을 더욱 강화한 연구 방법을 요구한다.

넷째로, 교과교육 지식의 체계를 교육과정 개발과 연계하여 조속히 마련해야 한다. 교과 교육과정은 교과서 개발과 매우 긴밀한 관계에 놓여 있다는 것은 주지의 사실이다. 교육과정을 개정할 때마다 약간의 구조 출입은 인정할 수 있으나, 이것이 교과서 구조와 맞물려 교육과정을 개정할 때마다 교과서 개편으로 이어지는 순환 고리를 끊을 필요가 있다.

이의 첫걸음이 교과교육 내용을 지식의 체계로 구조화하는 방법이다. 교과 교육과정 개정의 횟수를 줄이고, 교과서 수정과 보완, 개편의 번거로움을 더는 최선의 방편이 된다. 그런데 이러한 지식의 체계는 하루아침에 확정하여 고정될 성격의 것이 아니다. 이를 실체화하는 방법도 연구의 대상으로 신중함이 필요하다. 교과서 연구가 개발학 연구로 연결되어야 하는 이유가 여기에 있다.

다섯째로, 교과서 연구는 공동의 계획적인 협업과 노력으로 그 성과를 이루어야 한다. 연구 분야가 워낙 광범위하고 여러 학문적 배경지식과 협력을 요구하므로, 장단기 계획을 수립하고, 관련 분야의 전문가가 모두 참여하는 협업 체계를 수립해야 한다. 교과서 연구가 교육의 질을 개선하는 마중물과 밀물이 되기 위해서는 이러한 노력이 필수적이다.

여섯째로, '개발학 연구 범주와 체계'를 다양한 방법으로 확정하여, 이러한 범주와 체계의 바탕에서 연구의 심도를 확대해야 한다. 연구 범주와 체계는 주안점에 따라 여러 형태의 구안(究案)이 가능한데, 이 모두가 응용의 방법까지도 포괄하여 개발학이 학술적으로 자리매김하는 원동력으로 작용한다. 교과서 개발학은 순수 학문이면서 응용과학의 성격을 띠기 때문이다.

일곱째로, 서책형 교과서와 디지털 교과서의 연구를 긴밀하게 연결하여 연구해야 한다. 양자는 개발, 사용 등 여러 분야에서 구별되지만, 교과서라는 기본 개념과 기능에서는 공통 요소가 많다. 서책형의 생명이 언제까지인지는 예측하기 어려우나, 디지털 교과서 사용 환경이 완비되면 사용의 일반화 대세를 막을 수 없다. 그러므로 두 형태 교과서의 상호 보완 방법이나 변화 추이를 예측하는 연구가 필요하다.

여덟째로, 교과서 연구를 활성화하기 위해 자료의 축적과 제공을 지속해서 뒷받침하는 제도를 마련해야 한다. 그동안 정책적으로 교과서를 여러 기관에서 역사적 자료로서 수집, 보관하는 노력을 많이 해 왔다. 요즈음에는 **교과서 박물관**이 연구자의 방문을 기다리는 실정이다. 같은 차원에서 **교과서 도서관**도 많이 설립해야 한다. 디지털 시대에는 클라우드(cloud) 등 다양한 이용 방법과 함께 '교육 자료 센터(도서관)'도 필수적이다. 박물관이 도서관과 교육 자료 센터의 기능을 함께 해도 괜찮다. 이 모든 것이 국가 차원의 계획과 지원에서 이뤄지지 않으면 유명무실(有名無實)하다고 하겠다.

"교과서를 알면 '교육'과 '인간'을 안다."란 평범 속에 의미를 지닌 말은 교과서의 중요성을 일폐(一蔽)하는 명언이다. 어떻게 보면 물과 공기처럼 교과서가 너무 흔해서 그 중요성을 망각하고 있지 않나 싶다. 교과서(교재)는 물과 공기와 같은 가치가 있다. 물과 공기가 없으면 사람이 살 수 없는 것처럼 교과서가 없으면 교육의 실천도 있을 수 없다. 미래에 고정된 형태가 없는 교과서 시대가 다가온다고 해도 이러한 논리는 같은 가치 맥락에서 유지된다.

그렇다고 미래에 대한 비전 없이 교과서의 중요성만 너무 강조해도 문제다. 교과서가 변해야 교육이 변하고 국가도 발전한다. 교과서가 어떻게 변해야 하는지는 학자나 '연구자만의 몫'이 아니고 '우리 모두의 몫'으로, 앞으로 심도 있게 체계적으로 연구할 과제다. 교과서 연구의 의의도 여기에 있다고 본다. 교과서 연구를 거시적·계획적으로 추진하고, 이의 상동 작용으로 개발학의 연구가 차원을 달리하여 더욱 활성화되기를 바랄 뿐이다. 그리하여 개발학이 독립 학문으로서의 위치로 빨리 자리매김했으면 한다.

Ⅲ. 학문적 울력과 교과서 개발학의 발전

1. 개발학의 학문적 성격과 울력 작용

가. 개발학의 학문적 성격 탐색

교과서는 기초과학(fundamental/basic science), 순수과학이라고도 하는 **'순수 학문 (pure science)'과 '응용학문(applied science)'**을 용광로에 녹여, 가치 있는 교육적 실체로 만든 것이다. 곧, 용광로에 학문적 배경 이론이나 수많은 자료를 녹여 또 다른 유기체로 탈바꿈시킨 것이 교과서이다. 용광로의 뜨거운 열풍은 교과서의 실체가 만들어지는 땀과 노력으로 비견할 수 있다.

같은 맥락에서 '교과서 개발학'도 순수 학문과 응용학문이 결합, 울력하여 시너지를 발휘하는 형상으로 간주할 수 있다. 다음은 이해를 위해 관여하는 영역을 하나의 예로 들어 본 것이다.

구분	순수 학문 관련 영역	응용학문 관련 영역
교과서 개발학 (통합/융합/통섭)	교육학, 교육심리학 등	교육공학, 응용심리학 등
	언어학, 문학, 수학, 사회학, 역사학, 윤리학, 미술학, 음악학, 체육학 등	응용수학, 응용사회학, 응용 윤리, 응용미술, 치료학(언어, 문학, 윤리, 미술, 음악, 체육 등)
	물리학, 화학, 생물학, 지학 등	응용과학, 응용 물리학, 응용 화학, 응용 생물공학, (농학, 의학) 등

교과서는 내용(순수)이면서 기능·형식(응용)이 고도의 차원으로 녹아있는 가치 결정체이다. 개발학은 주된 학문적 배경인 교육학, 교육공학을 포함하여 순수와 응용이 맞닿아 작용하는 구조라고 하겠다. 그러므로 교과서 개발학에서는 순수와 응용학문 영역 구분이 무의미하다. 통합, 융합, 통섭하여 교육적 에너지를 함축한다. 고대에는 이들의 구분이 없었거나 미미하였는데, 후대에 지식이 축적되면서 명확하게 여러 갈래로 분화하였다.

요즈음에는 인문(문과)과 자연(이과) 영역도 허물고, 융합, 통합, 통섭 등으로 하나의 카테고리에 침잠(沈潛)시키려는 추세다. 교과서 구성과 개발에서 '통합(Integration)', '융합(Fusion)', '통섭(Consilience)'은 맞닿는 작용 의미와 형태, 방법이 다르다.

[① **통합(統合) 교과서**]: '통합 교과서'는 아동이나 학생의 생활 경험을 중심으로 학습을 종합하고 통일하여 교과서를 만드는 것을 말한다. 교과 간의 구분을 없애고 주제나 활동 중심으로 두 개 이상의 교과를 합친 '교과 통합'으로, '바른 생활(국어, 도덕, 사회)', '슬기로운 생활(수학, 과학)', '즐거운 생활(음악, 미술, 체육)' 등이 대표적인 예라 하겠다. 통합 교과서 명칭과 관련 교과는 교육과정 개정에 따라 다소 출입이 있다.

[② **융합(融合) 교과서**]: '융합 교과서'란 용어는 본격적으로 일반화되지는 않았지만, 오래전부터 개발을 시도하였다. 통합이 물리적 성격이 강하다면, 융합은 의미 그대로 여럿을 섞어 녹여서 서로 구별이 없게 하나로 합쳐지는 화학적 성격을 말한다. 2015 개정 교육과정 적용 교과서 중 사회 과학(일반사회, 역사, 지리)과 자연과학(물리, 화학, 생물) 관련 교과서는 자체 내부에서 융합의 개념으로 일체화(一體化)를 표방하기도 하였다. 그런데 물질의 일반 원소 결합과는 구성 요소와 반응 환경의 개념이 다르므로, 교과서 융합을 완전하게 이루기에는 적잖은 노력을 요구한다.

[③ **통섭(統攝/通攝) 교과서**]: '통섭 교과서'란 용어는 처음으로 시도해 보는 말이다. '통섭(Consilience)' 의미는 학자들 간에 이견과 논란이 있지만, 가능한 영역을 찾아 어느 영역은 통합으로, 어느 부분은 융합으로 교과서를 구성하는 융통성이 내재한 의미로 사용하고자 한다. 그러면서도 통섭은 흡수 통합 등 융합 개념에 가깝기는 하다. 용어가 아직은 생경(生硬)하지만, 통섭은 어떤 면에서 유기체 작용 현상으로서의 생물(학)적 성격이 강하다.

①~③은 교과서가 학문의 경계를 초월하여 학문의 집합체라는 하나의 예로 든 것이다. 이를 교과서 개발 차원에서 **'교과서 통합', '교과서 융합', '교과서 통섭'**이란 용어 사용도 무리가 없어 보인다. 어쨌든, 교과서는 인문과 자연, 순수와 응용학문이 통합, 융합, 통섭의 작용으로 이루어진 교육적 실체요 산물이다.

'통섭'이라는 말은 그 개념의 시원(始原), 개념의 범위, 용어 사용 방법에는 이견이 있다. '지식의 통합'이란 의미로 사용되기도 하고, '일치', '합치', '합일', '통일', '통합'이란 말과 의미 구별이 확연하지 않기도 한 다소 눈에 익지 않은 말이다. 최재천 교수는 통섭의 뜻을 다음과 같이 풀이하였다.

> 서로 한자가 다른 두 가지의 통섭(統攝 또는 通攝)을 생각할 수 있다. 전자[統攝]는 "사물에 널리 통합"이란 의미를 지닌다. 후자[通攝]는 불교와 성리학에서 흔히 사용하는 의미이며 특히 원효의 화엄 사상에 대한 해설에 자주 등장한다. 조선 말기 실학자 최한기의 기(氣) 철학에도 자주 등장하는 용어이다.14)

> '큰 줄기' 또는 '실마리'라는 뜻의 통(統)과 '잡다' 또는 '쥐다'라는 뜻의 섭(攝)을 합쳐서 만든 말로서, '큰 줄기를 잡다'라는 의미를 지닌다. 또한 "삼군을 통섭하다."는 경우와 같이 '통리(統理)' 즉 '장관'이라는 뜻을 지닌 정치 제도적 용어이기도 하다. 그럴 경우에도 그 뜻은 "모든 것을 다스린다." 또는 "총괄하여 관할하다."이므로 그런대로 잘 들어맞는 것 같다. 사실 윌슨은 "사물에 널리 통하는 원리로 학문의 큰 줄기를 잡고자" 이 책을 저술한 것이니, 그의 'consilience'에는 전자와 후자의 개념이 모두 들어 있는 것처럼 보인다.15)

최 교수는 'Consilience'를 한자 '통섭(統攝)'으로 번역하면서 앞으로 학문의 나아갈 방향도 피력하였다.16)

---

14) 최재천 외, 『지식의 대통합 통섭』(Edward O. Wilson, 『CONSILIENCE: The Unity of Knowledge』)(사이언스 북스, 2005) p.11.(옮긴이 서문)
15) 최재천 외, 앞의 책, pp. 12~13.
   최민자 교수는 '通攝' 용어를 사용하고, '01 통섭이란 무엇인가'에서 기존 연구와 차별화를 두면서, 해박한 철학 사상을 배경으로 그 의미를 다양하게 부여하고 있다(『통섭의 기술』도서출판 모시는 사람들, 2010). pp. 23~55.
16) 최재천 외, 앞의 책, pp.20~21.

그동안 우리는 이른바 학제적 연구(Interdisciplinary)라는 걸 한답시고 적지 않은 시도를 해 왔다. 하지만 우리의 노력의 대부분은 단순히 여러 학문 분야의 연구자들이 제가끔 자기 영역의 목소리만 전체에 보태는 다학문적(multidisciplinary) 유희에 지나지 않는다. 이제는 진정 학문의 경계를 허물고 일관된 이론의 실로 모두를 꿰는 범학문적(transdisciplinary) 접근을 해야 할 때가 왔다. 이것이 바로 통섭의 시대를 맞이하는 길이다.

이러한 표기[統攝]와 의미 설정에 대한 성찰은 스승 윌슨의 생각을 뛰어넘어 "설명한다, 그러므로 나는 존재한다."라는 언명의 연장선에서 합리적인 설명체계를 끌어내기 위해 노력한 흔적이라고 여겨진다.

이러한 기본 의미 풀이를 장광(長廣)하게 인용하는 목적은 두 가지다. 하나는, '통섭'이란 개념을 교과서 개발학과 어떻게 연관 짓는 것이 좋은가'라는 방법론을 찾아보기 위해서다. 둘째는, 교과서가 순수와 응용학문의 결합체라면, 이들이 맞닿는 관계 작용을 어떻게 해석할 것인가를 알아보려는 목적이다. 이를 달성하기 위해서는 논리적 타당성과 학문적 이론이 전제되어야 함은 물론이다.

그러나 개발학에서 원용하는 '통섭'은 학문적 이론화를 시도해 본다는 대승적 입장에서 융통성 있게 의미를 부여하여 사용하고자 한다. 경직되게 의미역을 제한하게 되면, 교과서와 관련하여 '통섭' 용어와 처음으로 접속해 보려는 의도를 훼손하거나 바람직하지 않기 때문이다. 개발학이 학문으로 정립하는 과정에서 자연스럽게 통섭의 의미가 정착되기를 바라는 마음도 작용했다.[17]

교과서 개발학은 현대의 학문 추세를 대변하는 학문의 총합이다. 이러한 학문의 추세가 개발학의 이론화를 이끌 수 있지만, 반대로 개발학이 학문적으로 정립되면 학문의 통합, 융합, 통섭의 방법과 실체는 자연스럽게 드러난다고 하겠다.

앞으로는 개발학이 지니는 최고의 장점을 살려서 순수 학문과 응용학문이 만나는 접점이 무엇이며, 어떻게 어떤 방법으로 이 접점을 운용할 것인가를 구체화하는 작업이 이루어져야 한다. 결국, 순수 학문과 응용학문을 비롯하여 분화한 학문을 통합, 융합, 통섭의 학문으로 묶고, 학문 발전의 지평을 새롭게 열고, 개척하는 분야가 개발학이다.

---

17) '통합', '융합', '통섭'이란 용어와 비슷한 **'습합(習合, 褶合)'**이란 말이 있다. "철학이나 종교 따위에서, 서로 다른 학설이나 교리를 절충하고 알맞게 조화시킴"이란 뜻으로 이들과는 사용에서 확연히 구분되지만, 의미 대비에서 참고할 부분이 있다.

나. 학문적 울력과 개발학의 정립

시대와 사회의 변화에 조응하여 이제는 교과서에 대한 인식과 태도에도 획기적인 전환이 필요하다. 교과서는 그저 그런 것이라는 평범한 존재가 아니라, 체계적인 학문적 배경지식을 지니고 다가서야 한다는 말이다. 이러한 지식을 눈이 부시게 제공하는 화수분이 교과서 개발학이다. 그러나 개발학이 학문적 이론을 정립하고 무장하기 위해서는, 교육 공동체, 교과서 공동체 모두가 힘을 모아 연구하여 실적을 쌓고, 교육 현장에 이를 실제 적용, 실용화하는 울력이 필요하다.

요즈음, 교과서 평가 분야에 조금 관심을 두기 시작했지만, 지금까지 주로 교과서를 개발, 사용(활용)하는 분야에 비중을 많이 두어 왔다. 이제는 교과서 관련 모든 분야에서 이론화를 배경으로 학문의 영역을 독자적으로 확보하면서, 학문 간 서로 협력해야 하는 디지털 전성시대가 다가온 것이다.

주지하다시피 여러 학제에 걸친 연구가 필요한 성질을 가리켜 **'학제성(學際性)'**이라고도 부른다. 교과서는 학제성을 지닌 눈에 보이는 교육의 실체이다. 그러므로 교과서 존재를 연구하는 개발학은 **'학문 간 연구(學問間研究, interdisciplinary study)'**[18]를 기반으로 교과서 실체(만듦새)를 분석하고 밝히는 수단과 방법의 총화이다.

개발학은 순수 학문과 응용학문이 통합, 융합, 통섭으로 맞닿은 학문 영역의 하나이다. 그런데 순수와 응용에 속하는 학문은 영역의 분화에 따라 무수히 많고, 특히 물리학, 화학, 생물학 등 자연과학 분야에서는 그 갈래가 두드러지게 분화의 분화를 거듭하고 있다. 그렇다고 이 모든 학문 갈래 분야가 교과서 개발학과 관계하는 것은 아니다.

교과서 개발에 눈에 띄게 밀접한 학문에는 교육학, 교육공학, 심리학, 사회학, 철학, 역사학, 미학, 윤리학, 정책학 등이 있고, 미미하지만 행정학, 경제학, 재정학 등도 직간접으로 관계한다. 디지털 시대에 컴퓨터공학은 교과서 개발에 기초이면서 스마트교육, 온라인 교육에서 필수 존재로 가치를 발휘한다. 그러므로 순수과학과 응용과학은 교과서 개발학의 내용을 구성하는 필수 분야다.

교육학 전문 영역의 학문적 개념으로 교과교육, 교육과정, 교수·학습, 교육평가 분야 등이 각 교과 전문 영역으로 다시 세분되면서 개발학에 중심 역할을 한다. 더욱 실

---

18) 영어 'Interdisciplinarity'를 '학문 간 연구', '학제 간 연구', '학제적 연구', '간 학문 연구', '간 학문적 연구' 등 번역자에 따라 달리하여 번역하고 있다. 원어를 'Interdisciplinary study'라 사용하기도 한다.

질적인 분야로 편집, 디자인, 인쇄술과 제본 등도 배경 학문 분야로 손색이 없다.

그러므로 교과서 개발학은 하늘에서 뚝 떨어진 생경(生硬)한 학문이 아니다. 이미 분산하여 존재하는 단편을 모아 체계를 세우는 방법이 무엇인지를 설명했을 뿐이다. 곧, 논리적 이론으로 학문의 가능성을 언명하지 않은 것을, 이 시점에서 그 가능성을 선언했을 뿐이다.

그런데 학문적 이론 정립을 체계적으로 추진하고, 이를 가속하는 방법으로 크게 세 가지를 상정해 볼 수 있다.

① **[귀납적 방법]**: 지금까지 또는 앞으로 연구할 개개의 결과물이나 계획을 토대로 이론화의 방법과 학문적 영역을 확보
② **[연역적 방법]**: 이론화의 방법과 학문적 영역을 먼저 설정하고, 개개의 연구로 이를 객관적 사실로 규명하고 심화시킴
③ **[혼합적 방법]**: 귀납적 방법과 연역적 방법을 동시에 고려하여 이론화의 방법과 학문적 영역을 설정하면서 확보

①~③ 어느 방법을 이용하던 왕도는 없다고 하겠다. 그러나 개발학이 희망적인 전망이 되려면 교육 공동체, 특히 교과서 공동체의 부단한 협력과 노력이 필요하다. 개발학은 하루 이틀 단시간에 정착될 성질은 아니다. 다만, 협력과 노력이 정책의 지원으로 시너지 효과를 내게 되면, 그 시간은 대폭 당겨질 가능성은 있다.

개발학은 학문 간 연구와 통섭으로 학문적 존재 가치를 높일 수 있다. 즉, 학문 간 연구와 통섭으로 개발학의 발전 가능성을 찾아야 한다는 말이다. 그런데 학문 간 연구와 통섭은 여러 분야의 전문지식과 협력이 필요하므로, 이들의 울력을 자연스럽게 모으는 기제 마련도 필요하다.

결국, 교과서 개발학의 학문적 이론의 정립이라는 공동의 목표를 지향하여 함께 울력으로 다짐하고, 개발학과 관련 학문 간 연구, 통섭의 학문이 제 기능을 발휘하게 되면 개발학의 전망과 발전은 대단히 희망적이라 하겠다.

'로마는 하루아침에 이루어지지 않았다.', '모든 길은 로마로 통한다.'라는 두 개의 명언이, 인간 역사에서 항상 귀감(龜鑑)으로 작용하는 원리를 신념으로 받아들이고 유

지하고 싶다. 개발학의 학문 위치를 공고히 하기 위해 통섭(統攝/通攝)과 통섭(通涉)
(사물에 널리 통합)이 합일하여 작용하고, 울력이 제대로 발휘되는 환경이 빨리 조성
되었으면 한다.

2. 개발학 용어의 설정과 체계화

가. 용어 설정과 체계화의 필요성

교과서 개발학의 학문적 이론 정립은 합리적인 용어의 설정과 체계적 정리에서부
터 시작된다. 용어의 정착은 이론화의 논리성을 확보하는 실마리로 작용하여, 학문적
정립의 기반과 원천이 되기 때문이다. 즉, 용어의 체계적 정리는 개발학의 모습을 실
체화한다.

- ○ 교과서 공동체 용어 해석과 이해에 기준을 제시한다.
- ○ 교과서 개발, 연구 등에 기본 개념과 내용을 제공한다.
- ○ 학문 간 통섭의 체계 설정과 이론화의 기반이 된다.
- ○ 학문 간 연구에 모티브와 변별점을 제시한다.
- ○ 개발학의 학문적 이론화에 기초 논리를 제공한다.
- ○ 개발학의 지식 체계와 범위를 설정할 수 있게 한다.
- ○ 개발학의 학문적 독립성을 엿볼 수 있게 한다.
- ○ 개발학의 내용을 체계적으로 확충하는 바탕이 된다.
- ○ 개발학의 실체 파악과 이해에 도움을 준다.
- ○ 개발학의 일반화, 대중화에 정보를 제공하고 이바지한다.
- ○ 개발학 관련 학문에 연결고리 역할을 한다.
- ○ 개발학 용어 사전으로 집대성하는 기반이 된다.

그런데 개발학 용어 정착은 용어 설정(선정)에 합리성과 적합성이 전제되지 않으면
신기루(蜃氣樓)에 불과하다. 용어 범주와 종류가 이미 존재해 있는 것은 아니지만, 설
정의 방법에 따라 합리성과 적합성을 비롯해 그 밖의 성격을 가늠하기 때문이다.

개발학 용어의 설정과 정리는 학문 간 울력이 있어야 가능하다. 용어의 범위를 정하고 수집하여, 기준과 계통에 따라 분류하고, 용어 하나하나를 학문적 이론과 배경으로 의미를 규정하는데 절대 시간이 필요하다. 따라서 용어의 정립과 완성은 교과서 개발학의 학문적 정립과 완성을 뜻한다. 여기에서의 완성은 일정 수준과 단계에서의 '완성도'를 의미하고 계속해서 보완이 필요하다. 개발학의 용어 설정과 체계화의 시급성, 중요성이 여기에 있다.

나. 용어의 선정 범위와 분류 방법

먼저, 교과서 개발학의 학문적 견지에서 용어를 선별하고 용어 개념을 구체화하는 작업이 필요하다. 우선 기존의 일반 용어를 바탕으로 개발학과 관계되는 용어를 선정하여 정리해 보고자 한다.

용어 사용에서부터 개발학의 용어 선정과 분류 방법은 처음으로 시도해 보는 것이므로, 새로운 체계와 분류 방법을 요구한다. 그러나 기존 교과서 관련 연구 영역과 그 성과를 전혀 도외시할 수 없으므로, 이의 체계와 방법에서 완전히 벗어나기는 어렵다.

1) 용어 선정 범위와 방법

'교과서 개발학'이란 말도 새로운 용어에 해당한다. 그러면서도 기존 학문의 연구 성과를 기반으로 체계와 이론, 용어의 범위를 참조하여 용어 선정의 원칙을 다음과 같이 생각하였다.

먼저, 개발학의 학문적 성립과 이론화를 촉진하는 범위 원칙을 다음 몇 가지로 큰 방향을 잡았다.

- 개발학 이론 정립에 필요한 교육 관련 모든 용어를 포함한다.
- 개발학 학문적 체계 형성에 도움이 되는 용어를 모두 흡인한다.
- 개발학 외연 확장에 도움을 주는 용어도 포용한다.
- 개발학 학문적 이론 정립에 필요한 새로운 용어도 생산, 정리한다.

다음, 이러한 방향을 구체화하는 방법으로 선정 과정에서부터 중복을 피하고, 체계가 자연스럽게 이루어지도록 하였다.

- 교과서 편수 용어를 중심으로 관련 기존 용어를 모두 포괄한다.
- 교과서와 관련한 교육과정 기본 용어를 모두 제시한다.
- 교과서 연구와 관련한 기본, 심화 용어를 모두 포함한다.
- 교과서 발달과 역사 관련 용어도 체계적으로 정리한다.
- 교과서 관련 교과 공통 용어, 교과별 특수 용어를 모두 제시한다.
- 사용자를 포함, 교과서 공동체 관련 용어를 모두 수용한다.

2) 용어 분류 체계와 방법

용어를 관점에 따라 체계를 세워 분류하는 방법으로 여러 가지 틀을 생각해 볼 수 있다. 그런데 완성도가 높은 용어 분류 체계는 개발학이 어느 정도 성숙한 이후에나 가능하다. 우선, 고정된 틀로서의 분류 방법을 제시하기보다 분류 체계를 이루는 요소에는 무엇이 있고, 있을 수 있는지를 예시하여 잠정 수준에 머무르고자 한다.

용어 체계를 거시적으로 나누어 볼 수 있는 방법은 크게 두 가지 관점이 있다. 하나는 개발학 존재 이전의 교과서 중심 이론 관점이요, 여기에 개발학이 학문으로서 자리 잡은 주체로서의 이론 관점이다. 이들 관점은 다시 분화하여 하위 용어로 나누어 볼 수 있다.

<교과서 중심 이론 관점 용어>

- 교육용어, 교과교육 용어, 교육과정 용어, 교과서 용어
- 교과 공통(일반) 용어, 교과(목)별 특수 용어
- 교과서 구성용어, 교과서 활용용어, 교과서 교수·학습 용어, 교과서 평가용어
- 교과서 개발 용어, 품질 관리 용어,
- 교과서 개념 용어, 교과서 기능 용어, 좋은 교과서 의미 용어
- 교과서 학술 용어, 교과서 편수 용어
- 교과서 정책 용어, 교과서 법령 용어, 교과서 지침 용어

○ 기타 교과서 관련 용어 등

<개발학 중심 이론 관점 용어>

○ 개발학 본질적 용어. 비본질적 용어
○ 개발학 학문(학술) 용어, 배경 용어
○ 개발학 개념 용어. 내용 체계 용어
○ 개발학 활용용어, 평가용어
○ 개발학 연구 용어, 인접 학문 용어
○ 개발학 정책 용어, 관련 법률 용어
○ 기타 개발학 관련 용어 등

이상은 두 가지 관점에서 분류해본 개발학 용어 체계의 예시에 불과하다. 개발학의 발전 가능성을 염두에 둔 체계이므로 가장 단순한 방법의 하나의 예이다.

개발학 용어 체계는 교과 교육학 삼대 영역으로 구분되는 ① 교과교육 이론, ② 교육과정 이론, ③ 교과서 이론 영역을 기본으로 하고, 영역별 학문의 특수성을 고려하고, 개발학 배경과 이론화 기초, 개발학 구성체 개별 원리, 품질 관리 등 이론화 정립 체계와 결부하여 분류 계통을 세우는 방법도 있다. 교과서와 관계하는 교육 이론과 실천에서 ① 이론 영역과 ② 실천 영역으로 크게 나누고, 이를 개념과 주제별로 하위 분류 체계를 생각하는 방법도 있다.

그러나 이 모두가 교과서가 유기적 존재라는 생태 관계를 바탕에 두고 용어 분류 체계를 수립해야 한다. 교과서 관련 학문적 이론이 더욱 체계화되고, 이를 바탕으로 교과서 개발학의 내용 구조가 배경 이론으로 분화 정착되면, 용어 분류 체계는 자연스럽게 정교해진다고 하겠다.

이처럼 교과서 개발학 용어의 분류 체계와 방법은 용어 범주 설정과 함께 개발학의 학문적 체계 정립과 맞아떨어진다. 그러므로 개발학 용어의 체계와 분류 방법의 완성도를 높이려면, 개발학의 학문적 이론화 정립이 어느 정도 진척되기를 기다릴 수밖에 없다.

다. 용어의 탄생과 설명 방법

개발학 용어분류도 학문적 용어 체계를 수립하는 예비 성격이므로, 용어분류와 체계의 상호 연관을 전혀 배제할 수 없다. 현재, 교과교육과 교육과정, 교과서 관련 용어를 망라하면 적지 않은 용어가 존재한다. 다만, '교과서 개발학'이란 범주에 포함하려면 출입의 여지가 있기는 하다. '개발학'이란 지평을 열기 위해서는 새로운 용어가 등장할 수밖에 없는데, 이러한 용어 탄생이 합리적이어야 하고, 기존 용어와의 의미 교섭과 맥락이 자연스럽고 상보적이어야 한다.

용어 체계가 조속히 완성되기를 기대하며, 우선 용어를 다음과 같이 잠정 구분하고 설명하는 방법을 생각해 보고자 한다.

- ○ 기존 용어와 보완/새로운 용어로 잠정 구분 설명한다.
- ○ 기존 용어는 개발학의 관점에서 보완하여 설명한다.
- ○ 새로운 용어는 의미 비약이 되지 않게 설명한다.
- ○ 새로운 용어는 기존 용어와 연계, 일관되게 설명한다.
- ○ 용어 기본 개념의 윤곽을 잡아 이해를 돕는다.
- ○ 배타적인 용어 설명이나 해설은 지양(止揚)한다.
- ○ 학문·학술적으로 의미역 확장이 가능하게 설명한다.
- ○ 유기체로서 교과서 생태적 성격을 가미하여 설명한다.
- ○ 개발학의 이론적 관점에서 이해하기 쉽게 설명한다.
- ○ '교과서 개발학'이란 이론 정립을 지향하여 설명한다.

단순히 기본 개념을 설명하는 용어 해설에서, 학술적 이론으로 심화하고 체계를 세우는 작업은 다음 기회로 미루고자 한다. '로마는 하루아침에 이루어지지 않았다.'라고 한다. 그러나 시간과 각고의 노력으로 모든 길은 로마로 통하게 하였다. 개발학 연구 성과가 체계적, 다층적으로 축적되고, 내용과 이론에서 고도로 성숙한 자료가 많이 쌓이기를 기다리는 여유가 필요하다.

앞으로, **'교과서 개발학 용어 사전'** 편찬을 목표로 용어를 지속해서 확충하고, 단위 용어 설명에도 체계를 세워 이론과 학술적 면모를 보이도록 보완할 예정이다. 모든 교과의 특수 용어까지도 포함하여 학문적 성립과 활용에 편리, 이바지하도록 완성도를 높이고자 한다. 그런데 이 모두는 많은 연구자와 교과서 관련 전문가의 참여와 협조, 정책적 지원 없이는 성취할 수 없다. 그러므로 교과서 개발학의 용어정리에는 교과서 공동체의 울력이 절실하게 필요하다. 다음은 용어 체계 얼개를 가늠하는 수준과 정도에서 용어를 동원하여 정리해 본 것이다.

1) 기존 교과서 관련 용어

① 교과교육/교육과정 용어[19)]

○ 교육과정 개념, 교육과정 종류, 교육과정 수준, 교육과정 개발, 교육과정 평가, 교육과정 총론, 교육과정 각론, 교육과정 상세화, 교육과정 편성, 교육과정 구조
○ 교육과정 체계, 추구하는 인간상, 교육과정 목표, 학교급별 목표
○ 교과, 교과목, 교과교육, 교과교육 내용, 교과 교육과정
○ 교과군, 기본 교과, 필수 교과, 선택 교과, 교과 시간 배당, 교과 선택제
○ 범교과 교육, 교과 능력

② 교과서 용어

○ 교과서 개념, 교과서 기능, 교과서 개발, 교과서 연구, 교과서 발행, 교과서 발행권, 교과서 편찬, 교과서 편수, 교과서 가격 사정, 교과서 제도, 교과서 발행제도, 교과서 편찬제도
○ 교과서 편찬, 교과서 편찬 방향, 교과서 편찬 상의 유의점, 교과용 도서 집필 기준, 교과서 집필 세목
○ 교과서 종류, 국정도서, 검정도서, 검정기준, 인정도서, 인정기준, 자유발행, 자유발행제, 자유발행 도서, 교과서 현장 검토, 교과서 현장 연구학교, 교과서 심사(심의), 교과서 심사(심의)위원
○ 교과서 정책, 교과서 개발, 교과서 선정, 교과서 적용
○ 교과서 구성, 교과서 사용(활용), 교과서 분석, 교과서 평가

---

19) 교과교육, 교육과정으로 분리하여 용어를 제시해야 하지만, 현재 교과 교과과정 구조에서 둘의 영역이 섞여 있으므로 같은 항목으로 묶어 제시하였음

○ 교과서 개발기관, 교과서 편찬기관, 교과서 발행사, 교과서 발행권, 교과서 저작권

○ 초·중등교육법, 초·중등교육법 시행령, 교과용 도서에 관한 규정, 교과용 도서 규칙

2) 보완/새로운 용어[新用語][20]

① 개발학 배경

○ 교과서(교재) 탄생, 교과서 개념 확장, 고대 교과서, 중세 교과서, 르네상스 교과서, 근대 교과서, 교과서 근대적 성격(요소), 교과서 현대적 성격, 교과서 발달 체계

○ 교과서(교재) 개념(정의), 교과서 유기체(생명체), 교과서 생태, 교과서 생태계, 교과서 생명력, 교과서 공동체, 교과서 환경, 교과서 생태적 지위, 교과서 생태학, 유기적 생명체 작용(내재적/외재적 작용), 교과서 개념 규정 방법(양상), 교과서 개념 요소, 교과서 개념 요소 체계, 교과서 개념 규정 관점(서책형/디지털형), 교과서 개념 변화

○ 교과서 기능 개념(규정), 교과서 기능/개념 규정 언어, 교과서 기능 분석, 교과서 기능 분화(거시적/미시적 기능), 교과서 유기적 작용체, 교과서 기능 요소, 교과서 기능 요소 체계(공통/특정/부수 요소), 교과서 기능 규정 관점(존재/적용하는 교과서 기능), 교과서 기능 변화, 미래형 교과서

○ 좋은 교과서 개념, 교과서 개념 도구설, 좋은 교과서 존재 방식, 좋은 교과서 요소, 좋은 교과서 요소 체계, 좋은 교과서 개발 변인(내재적/외재적), 교과서 철학적 관점, 철학적 교과서관, 교과서 바르게 보기(교과서관), 개념·기능·품질 요소, 개념·기능·품질 상호 작용, 교과서 존재 원리 체계, 개발학 이론화 체계

② 개발학 이론화

○ 교과서 개발 체계, 교과서 개발 절차(정책적/생태적 절차), 교재화, 교재화 생태적 절차도, 교육과정 교재화 절차 원리, 교육과정 내용 해석(교육적 요소/교육적

---

20) 본 개발학에서 용어의 사용 위치를 찾아보기 쉽게 분류, 제시하였다. '기존 교과서 관련 용어'와 '보완/새로운 용어' 구분은 어찌 보면 경계선이 모호한 점도 있다.

활동), 교육과정 상세화(자체/해설) 의미, 교육과정 상세화 기본 원리, 교재 구성 요구적 조건(구성자 변인), 집필 세목, 집필 세목 작성 원리

○ 교과서 구성체계, 교과서 구성 원리, 구성 일반 원리 모형, 구성 일반 원리(내용 선정, 내용 조직, 지면 구성, 진술 방법), 구성 창조 원리(독창적 지향, 창의적 발상), 구성 총합 원리(원심·구심 작용, 역동·순환 작용), 구성 원리 인자(因子), 구성 원리 인자 존재 방식, 구성 원리 인자 체계(활용 인자, 평가 인자, 품질 관리 인자)

○ 교과서 교수·학습 설계, 교수·학습 설계와 교과서 개발 층위, 교과서 설계, 교과서 교수·학습 설계 이론과 지식 관점, 교과서 교수·학습 모형(단계 모형, 특정 모형), 교과서 구성 패러다임, 교과서 교수·학습 설계와 구성 원리(변인, 이론), 교과서 교수·학습 설계 전략, 교과서 교수·학습 거시 구조/미시 구조(단원), 디지털 교과서 교수·학습 설계, 디지털 교과서 위상

○ 교과서 존재(쓰임/활용) 가치, 교과서 활용 개념, 교과서 활용 범주, 교과서 활용 용어(활용 목적, 방법, 모형/모델, 기술, 기법, 평가, 전략, 연구), 교과서 활용 체계, 활용 위상(거시/미시, 간접/직접 소통), 교과서 활용 기능·자질, 교과서 활용 종류(절차상, 작용상), 교과서 활용 요소 개념, 교과서 계획적/실천적 활용, 긍정적/부정적 활용 요소, 합리적 교과서관, 활용 요소 존재 방식, 활용 요소와 교과서 재구성, 교과서 활용 방법, 교과서 활용 원리, 교과서 활용 이론화, 교과서 활용 지표(본질/비본질), 지표 기준 요소, 활용 기준, 활용 척도, 활용도

○ 교과서 평가 개념, 교과서 평가 의의, 교과서 평가 기준, 교과서 평가 자질 요소, 교과서 평가 기준요소, 교과서 평가 기준 관점, 교과서 평가 변인, 교과서 평가 체계, 평가 체계 용어 개념, 교과서 평가 방법, 거시적/미시적 평가 체계, 교과서 평가 종류(요소), 교과서 평가 존재 방식(넓은/좁은/가장 좁은 의미), 교과서 사용자 평가, 교과서 간접 사용자, 사용자 평가 체계, 사용자 평가 시스템 구성 요소, 사용자 평가 환류 시스템(오프라인, 온라인)

③ 품질 관리와 개발학

○ 교과서 품질, 교과서 수정·보완, 교과서 품질 관리(의미), 품질 관리 체계 (거시,

미시), 품질 관리 요소, 품질 관리 체계 구성 요소, 품질 관리 관점, 품질 관리 관점 활용

○ 정책 품질 관리 관점(거시, 미시), 자유발행 품질 관리 관점, 구성 원리 품질 관리 관점 모형, 구성 품질 관리 관점, 교수·학습 품질 관리 관점, 활용 품질 관리 관점, 평가 품질 관리 관점, 평가 피드백 개념

○ 교과서 개발 능력, 교과서 개발 능력 개념도, 교과서 수정·보완 능력, 수정·보완 능력 요소(지표), 품질 관리 능력, 품질 관리 상관 개념도, 내재(본질)적 품질 관리 개념도(거시, 미시), 외재(비본질)적 품질 관리 개념도(성격, 요소), 집필 매뉴얼(manual), 활용 매뉴얼, 교과서 생명력(자연 선택의 힘), 품질 관리 일반 원리 (원경, 근경), 품질 관리 전담 기관

○ 미래 지향 품질 관리, 품질 관리 울력(도자기(陶瓷器) 이론/숲과 나무 이론/지필묵(紙筆墨) 이론), 품질 속성(정적/동적), 품질 관리 속성, 품질 관리 이론화

④ 개발학 내용 확충

○ 교과서 존재 방식(거시/미시적 구심, 작용·소통 촉매), 교과서 구심력, 교과서 존재 체계, 교과서 촉매 역할, 교과 교육학 구조, 교과 교육학 연구 영역, 교과 교육 현상, 교과서 존재 질서 부여, 거시적/미시적 교과서 개발학, 교과서 존재 접맥, 교과/관념 분화

○ 교과서 개발 연구, 교과서 연구 방법, 교과서 연구 범주, 교과서 연구 체계, 교과서 연구 연동 원리, 개발학 연구, 개발학 연구 체계, 개발학 연구 범주, 개발학 연구 범주 체계, 개발학 연구 방법(종류), 개발학 연구 외연

○ 개발학의 학문적 성격, 통합 교과서, 융합 교과서, 통섭 교과서, 개발학 용어 선정, 개발학 용어 체계화, 개발학 용어분류, 개발학 용어 분류 체계, 교과서 개발학 용어 사전

○ 교육 패러다임 변화, 학교 패러다임 변화(미래학교), 교과서 패러다임 변화(서책형/디지털 패러다임), 스마트·온라인 교육, 스마트·온라인 교과서, 에듀테크(Edu-Tech), 미래형 교과서 개념, 블렌디드 러닝, 결합하는 교과서, 만들어 가는 교과서, 체험하는 교과서(가상/증강/혼합 체험 교과서, 살아있는/움직이는 교과서)

○ 교과서 발행제도 역동성, 자유발행과 품질 관리 상관관계, 자유발행제 개념(의미 범주), 자유발행과 품질 관리(역학 관계, 관리 주체, 시점), 자율 품질 관리 체제(학교/발행사), 품질 관리 매뉴얼, 교과서 정책 요소, 교과서 문화, 교과서 문화 현상, 교과서 문화 순기능, 교과서 정책과 개발학

⑤ **마무리 말, 기타**

○ 교과서 개발학 탄생, 교과서 존재 법칙, 교과서 존재 역량, 교과서 역량

○ 교과서 존재론, 교과서(교재) 개발론, 교과서 개발 절차론, 교육과정·교과서론(교육과정 교재화론), 교육과정 반영론, 교과서 정책론, 교과서 구성(조직)론, 교과서 교수·학습론, 교과서 활용(사용)론, 교과서 분석론, 교과서 평가론, 교과서 발달론, 교과서 발달사(역사), 교과서 형태론, 교과서 기술론

○ 교과서(교재)(와) 교육학, 교과서 심리학, 교과서 사회학, 교과서 철학, 교과서(교육)공학, 교과서 미학, 교과서 윤리학, 교과서 역사학, 교과서 언어학, 교과서 문학, 교과서 행정학(재정, 법률, 지원 등)

Ⅳ. 교과서 패러다임 변화와 개발학의 전망

1. 미래 사회 변화와 교과서 위상과 역할

가. 교육 패러다임 변화와 교과서 위상

1) 4차 산업 혁명과 교육 패러다임의 변화

1~3차 산업 혁명을 거쳐 4차 산업 혁명의 시대가 본격적으로 사회 변화를 주도하고 있다. **'4차 산업 혁명'**은 단적으로 규정하기는 어렵지만, "특정 기술을 지칭하는 것이 아니라 IT와 제조 분야의 융합을 위하여 물리적인 아톰(Atom)의 세계와 가상의 비트(bit)의 세계를 연결(CPS)함으로써 일어나는 변화를 총칭하는 개념"[21]을 말한다.

4차 산업 혁명 시대는 사물 인터넷(IoT, Internet of Thing/IoE, Internet of Everything), 초연결 사회(Hyper-connected Society), 인공지능(AI, Artificial Intelligence), 초지능(Super Intelligence), 빅데이터(Big Data), 클라우드 컴퓨팅(Cloud Computing), 가상현실(VR, Virtual Reality), 증강현실(AR, Augmented Reality), 혼합현실(MR, Mixed Reality) 등으로 대표된다. 여기에 로봇공학, 생명공학, 3D 프린팅, 나노기술 등의 분야가 메가트랜드를 이루어 인간관계와 의사 결정 방법, 생활의 패턴 등을 무쌍하게 바꾼다.

---

21) 손병길 외, '4차 산업 혁명 시대의 교과서 개발 방향에 관한 연구' 보고서((주)미래엔·한국교과서연구재단, 2017) P.53. 'Ⅲ. 4차 산업 혁명과 초연결 사회의 출현'(PP.52~81.)에서 그 개념과 특징을 자세히 설명하여 많은 참고가 된다.

4차 산업 혁명은 교육에도 미래 지향적으로 많은 변화를 요구한다. 유네스코 21세기 세계교육위원회 종합 보고서에서는 교육의 밀레니엄 변화를 자세하게 예측하였다. 그 내용을 살펴보면 현금에도 상당히 참고할 점이 많고, 교육환경의 변화에 미리 대비하는 데 매우 유용하다.[22] 유네스코 학제 간 프로젝트인 '지속 가능한 미래를 위한 교육'에 참여한 에드가 모랭은『미래의 교육에 반드시 필요한 7가지 원칙』에서 미래 인간 사회의 변화에 적응해야 할 인간의 지식에 대한 태도, 조건, 정체성, 윤리, 불확실성 극복 방법 등을 피력하였는데, 미래 인류 변화의 지향과 대처 방법, 미래 교육의 방향이 무엇인지를 쉬운 언어와 예시로 극명하게 알려 준다.[23]

연속으로 출간하고 있는 유엔 미래 보고서에서는 **'기계와 인간의 공생'**, 기존 경영 전략을 적용할 수 없는 **'융합산업 시대'**, 언제 어디서나 원하는 정보를 얻는 **'완전한 지식 세상'**, **'만물 인터넷'** 등 여러 측면에서 사회의 변화 양상을 예측하기 어려울 정도로 급격하다는 점을 표명하였다.[24]

특히, 『유엔 미래 보고서 2050』(State of the Future)에서는 교육 전반에 대한 언급은 아니지만, 미래에 교육이 어떻게 변화할지와 이에 대한 대비를 다음과 같이 제시하였다.[25]

첫째로, 온라인 교육─머신러닝이 대세를 이룬다.[26] 콘텐츠가 넘쳐나서 사용자들이 만든 동영상, 기사, 블로그 포스터들이 '유행 선도자'로 등장하고, 양질의 콘텐츠를 찾아내는 기술이 더욱 필요하게 된다. 상호작용의 밀착성이 필요하여, 온라인 학습자는 코치나 실시간 강사와 실제로 연결되고, 자동화 솔루션에 의한 교육의 경험을 구축

---

22) 자크 들로르(Jacques Delors, 프랑스) 외 14명, 『21세기 교육을 위한 새로운 관점과 전망』(오름, 1997)

23) 에드가 모랭(Edgar Morin), 『*IES SEPT SAVOIRS DE L'EDUCATION DU FUTUR*』Copyright ⓒ UNESCO, Paris, 1999(『미래의 교육에 반드시 필요한 7가지 원칙』, 고영림 옮김, 도서출판 당대, 2006)

24) 그동안 연속으로 출간한 유엔 미래 보고서는 다음과 같다.
『미리 가본 2018년 유엔 미래 보고서』(박영숙 외, 교보문고, 2008)
『2020년 위기와 기회의 미래 유엔 미래 보고서 2』(박영숙 외, 교보문고, 2009)
『유엔 미래 보고서 2025』(박영숙 외, 교보문고, 2011)
『유엔 미래 보고서 2040』(박영숙 외, 교보문고, 2013)

25) 박영숙·제롬 글렌 지음, 『유엔 미래 보고서 2050』(교보문고, 2016) pp.125~147. 책에서 언급한 교육 관련 항목 셋을 선정하고, 자세하게 설명한 부분을 핵심어를 중심으로 요약, 정리하였다.

26) 필자는 2006년 2월에 2015년도에 디지털 교과서의 완전 적용과 실현을 목표로 그 기본 계획을 수립, 보고한 바 있다. 이러한 계획이 절차를 밟아 연차적으로 실현되었으면, 온라인 교육이라는 교육적 환경과 요구가 미리 자연스럽게 준비, 해소되었을 것이다.

484   제4장 _ 교과서 개발학의 내용 확충과 전망

하는 데 전력하게 되며, 인간 사이에 상호작용의 학습은 높은 가격으로 신분의 상징이 되기도 한다.

시험에도 변화가 와서, 모든 학습 활동이 프로젝트와 포트폴리오 기반 표현 방식이나 시험으로 전환되고, 학생들의 학습 수요와 직업시장의 수요에 맞는 평가로 바뀌게 된다.

페이스북의 오토태그, 라디오의 노래를 스마트폰이 식별하고, 시리가 사용자의 말을 인식하는 것처럼 앞으로는 10년 이내에 머신러닝(machine learning)의 상호작용을 모방한 러닝을 사용하고, 학생이 시간이 지나면 데이터를 분석해 배운 것을 이해하는 시스템을 애용하게 된다. 학생들에게 동정심, 타인에 대한 공감, 비폭력적으로 갈등 해결 방법 등 가르치는 사회 정서적 학습(social-emotional learning)이 필요하게 된다.

둘째로, 시험은 사라지고 평생교육 체제가 확립된다. 학생들에게 대부분 시험은 '그저 쓸데없는 것'이고, 다양한 학습 스타일을 반영하지 못하며, 시험을 위해 암기했던 것은 시험이 끝나면 곧 잊어버리게 된다. 스마트폰 사용이 일반화되어 암기의 중요성은 사라진다.

"교육이 사람들에게 무엇이든 배우는 능력에 대해 자신감을 갖게 해 주는 것"이라는 '성장 마인드 셋'(the growth mindset)이 필요하다. 성장 마인드 셋은 고착 마인드 셋의 대립 개념으로, 실수를 대하는 방법과 실수를 통해 무엇을 얻느냐는 그 사람이 어떤 마인드 셋을 갖고 있느냐에 따라 달라진다. 즉, 세상 모든 존재는 앞으로 어떻게 하느냐에 달려 있다.

미래세대는 20가지 정도의 직업을 가질 것으로 예상되며, 새로운 기술과 아이디어에 관해 끊임없이 학습할 준비가 필요한 평생교육 시대가 된다. 그렇게 할 수 있는 자신감을 길러 주는 것이 미래 교육의 최고 목표다.

셋째로, 국·영·수 중심의 교육이 사라지고 소통·창의성·분석력·협업 등을 중요 학습 과제로 배운다. 현존하는 직업 20억 개가 2030년에 소멸하고, 현존 일자리 80%가 15년 안에 사라진다. 2011년에 초등학교에 입학한 어린이 중 65%는 아직 생기지 않은 직업에 종사하게 된다. 전통적인 수업 과정을 4C, 소통(communication), 창의성(creativity), 비판적 사고(critical thinking), 협업(collaboration)을 강조하는 주제로 대체하고, 세계의 성공적인 기업은 4C와 더불어 3가지 기술, 적응성(adaptability), 복원력과 기개(resiliency and grit), 지속해서 배우려는 사고방식(mindset of continuous learning)을 강조한다.

이상이 미래 교육환경 변화의 모두를 대변하는 것이 아니지만, 변화 추세의 일면을 알게 한다. 미래 사회에로의 교육환경 변화는 인구, 질병 등 생활환경과 기후 등 자연환경, 과학 기술의 발달 등 많은 변화 조건에 따라 변화와 적용 속도가 다르게 나타날 여지는 다분하다.

이러한 예측이 그대로 시간 경과에 맞추어 실현되는 것이 아니다. 어디까지나 예측이다. 그러나 학교 교육에서 이러한 패러다임 변화에 대비하여, 상합(相合)의 자세로 미리 준비하는 마음 자세가 필요하다.

2) 학교 패러다임의 변화와 교과서 위상

고대 문명 발생에서부터 학교는 교육의 필요로 존재했다. 그 필요가 자연스러웠건 의도적이었건 간에, 학교는 제도 교육으로서 문명과 문화 발전을 견인하고, 인간을 영장류로 존재하도록 굳건히 뒷받침하였다. 반면에 학교는 문명의 발달과 사회의 변화에 보조를 맞추어 교육의 목적과 방법에 따라 그 성격과 기능이 달라져 왔다.

사회와 교육의 변화는 학교의 변화를 견인, 유도하고, 그에 따라 제도나 교육 방법, 교사의 역할이 변화한다. 변화는 생존의 기본 원리로 학교는 자연의 순리로 따지면 변화에 제일 민감하게 노출되어 있다. 즉, 학교는 주위 환경의 변화에 민감하게 반응해야 존재 가치를 더할 수 있다는 말과 통한다. 이처럼 사회와 교육의 변화는 **'학교 패러다임의 변혁'**을 요구한다.

임종헌 외 연구에서는 앞서 연구한 성과를 종합하여 4차 산업 혁명 사회에서의 학교의 변화를 다음과 같이 들었다.[27]

구분	내용	비고
학교 체제	유연한 통합 학교 운영(유초, 초중, 유초중, 초중고 등), 기능 복합 체제(보육, 평생학습 등)	유, 초, 중, 고 학제를 필요에 따라 융통적으로 운영
학년-학급 체제	학제 유연화, 무학년 및 무학급제 도입, 경험학습 인정제 등	테크놀로지(가상현실 등)를 바탕으로 개별화 학습 강조

---

27) 임종헌 외, '4차 산업 혁명 사회에서 교육의 방향과 교원의 역량에 관한 탐색적 연구'(『한국교육』 44(2), 한국교육개발원, 2017) p.17. 계보경 외(2011), 김경애 외(2015), 이혜영 외(2008), 임선하 (2012), 최상덕 외(2014) 등의 내용을 종합한 자료임을 밝히고 있다.

학교 인프라	테크놀로지 기반(가상학습 환경), 지역 사회 교육 지원을 연계, 환경 연계	학교를 넘나드는 지역, 지구촌 학습 공동체 구축
거버넌스	교육 자치 확대, 단위학교 자율성 강화, 학교 자치 확대, 교사 수급과 배치 유연화	–
평가	획일화된 평가 지양, 형성 평가 강화, 평가 방법의 다양화, 학생의 삶에 초점을 맞춘 평가	–
교사의 역할	학습 디자이너, 학습 컨설턴트, 삶의 멘토, 네트워크 관리자	테크놀로지를 바탕으로 교사의 활동 영역 확대(학교 안팎, 온·오프라인)

위에서 제시한 학교의 변화 모습은 '**제도**'와 그에 따른 '**인프라**'로 크게 나눌 수 있다. 제도의 변화는 학교의 변화에 새로운 옷을 입히는 외관 측면이라면, 인프라 구축은 그에 걸맞게 내면 구조를 참신하게 채우는 작업이다. 교육 내용과 평가 방법의 변화, 이를 주도하는 교사의 역량과 역할의 변화가 이에 해당한다.

그리하여 변화하는 학교의 모습을 ① 지능정보 역량을 길러 주는 학교, ② 융합 수업이 일상화된 학교, ③ 무학년제 및 무학급제 학교, ④ 울타리가 없는 학교, ⑤ 공동체로서의 학교, ⑥ 인간교육장으로서의 학교 등을 들었다.[28] 특히, 이 중에서 주목해야 할 사항은 테크놀로지를 바탕으로 '가상현실'의 개별화 학습과 학교 안팎 온·오프라인 수업 관련 변화이다. 이 두 가지 측면에서도 학교의 변화는 괄목상대해야 할 정도로 혁신적임을 암시한다.

학교 변화의 중심축은 제도로서, 이에서 변화의 모습이 두드러지고 확연히 드러난다. 학교 조직은 물론 지원 체제나 방법이 바뀌어야 하고, 구성원의 소통 관계나 역할, 역량도 현재와는 달라야 한다. 그런데 제도 변화는 인프라 구축에 인적, 물적 등 부수 지원이 필요하므로 절대 시간이 필요하다.

이러한 학교의 변화 모습[29]에 맞추어 교과서의 개념과 기능, 형태 등에서 현재와는 다른 상황을 고려해야 한다. 지식·정보량의 수용에 제한을 두는 현재의 교과서 개념과 기능으로는 사용에 한계를 가져온다. 학교급 간 통합, 복합 체제, 무학년 운영은 현

---

28) 임종헌 외, 앞의 연구 보고서, pp.18~21.

29) '**학교의 변화**'와 '**학교 교육의 변화**'는 엄밀하게 따지면 구분되는 의미역이다. 손병길님은 기술의 발달에 따른 학교 교육의 변화를 그동안의 연구 성과를 정리하여 ① 개별화된 교육에 대한 발전, ② 학습 경험이 수직, 수평적으로 거의 무한대적으로 확대, ③ 실생활에 근접한 학습 경험이 가능, ④ 소비적인 교육이 아닌 생산적인 교육의 필요 등으로 구분하여 소개하고 있다(앞의 보고서, pp.92~95.).

재의 교과서 형태와 구분 방식으로는 감당하기가 어렵다. 가상 환경, 온라인 교육 등 테크놀로지 환경에서는 교과서의 기능과 형태에 획기적인 변화를 요구한다.

이러한 변화는 교과서의 개발과 사용, 평가에서도 그 위상이 달라진다. 디지털 교실 환경에서는 학습자 자율 학습 기능을 강조하고, 어떤 경우에는 스스로 학습 내용과 방법을 선택하고, 교과서를 만들어 가면서 지식·정보를 습득해야 한다. 따라서 학생－교과서, 학생－교과서－교사, 교사－교과서 간 소통 방식에서도 교과서의 위치가 혁혁하게 바뀐다. 교육 방법과 교사의 역할이 변화한 데서 오는 결과임은 물론이다.

결국, 학교와 교과서의 변화는 하나의 수레에 얹혀 바퀴가 같이 돌아가는 공동 운명이라 하겠다. 이처럼 '**학교 패러다임의 변화**'는 '**교과서 패러다임 변화**'의 직접적인 모티브로 작용한다.

나. 교과서 패러다임의 변화와 역할

사회의 변화는 교육, 학교 변화를 유도하고 추동한다. '**학교의 변화**'는 교과서 변화와 함께 '**교육 체계 패러다임 변화**'를 예고하고 교육 전반에 혁신을 요구한다.

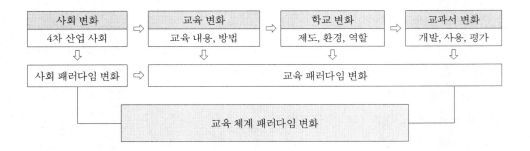

이들의 변화가 순차(循次)로 진행되는 것이 아니고, 일거에 동시 이루어질 수도 있다. 반면, 변화에는 인프라 조성이 우선하므로 미시분야에서 순서를 기다리지 않을 수도 있다.

그런데 이러한 미래 사회의 변화, 교육·학교, 교과서 변화는 패러다임의 변화로 이어지고, 거시적으로 교육 체계 패러다임의 변화를 견인하는데, 교과교육, 교육과정과 함께 변화한다. 여기에서 변화는 내용, 구조, 운영(활용), 역할, 위상, 상호 작용 등 관련 모든 사항이 변화한다는 뜻이다.

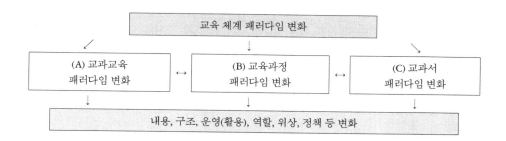

(A), (B), (C)는 어찌 보면 삼위일체(三位一體)로 변화도 같이 간다. (A)→(B)→(C), (A)=(B)→(C), 또는 (A)=(B)=(C) 묶음으로 동시에 변화하든 상관이 없다. 이러한 삼위 관계 속에서 교과서도 그 역할과 위상이 변화한다. '역할'은 마땅히 해야 할 구실로 포괄적, 정적인 뜻으로, '위상'은 관계 속에서 이루어지는 위치나 상태, 즉 상호 관계의 존재 파악이란 뜻에서 차이가 있으나, 일반적으로 필요에 따라 구분하지 않고 교차 사용하기도 한다.

4차 산업 혁명 시대에 **'교과서 패러다임의 변화'**를 다음과 같이 이해를 돋우기 위해 도식으로 나타내 본다.

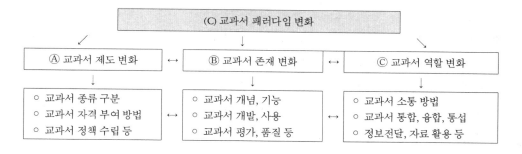

교과서 패러다임의 변화에는 혁신과 비전이 공존한다. 변화라는 당위도 내재하지만, 비전과 희망이 녹아있는 변화를 의미한다. 교육과 학교 패러다임의 변화에 교과교육, 교육과정에 직간접으로 관계하는 주체나 객체들의 관계에서 교과서 역할·위상 변화를 찾아보면 다음과 같다.

구분		ⓐ 기존 패러다임	ⓑ 미래 패러다임
Ⓐ 교과서 제도 변화	교과서 종류	법령, 고시로 종류 제한	동일, 이종 간 종류에 제한 없음
	자격 부여	조건, 기준을 통과한 자격	조건, 기준만 제시, 자격 심사 없음
	발행 자율	자격 부여받은 것만 발행	기본 방향을 준수하는 자유발행
	선정/공급	선정, 공급이 제한적임	선정, 공급 방법이 다양함
	정책 제시	구체적, 세부적으로 제시	기본 방향만 제시, 준수는 자율
Ⓑ 교과서 존재 변화	개념/기능	개념, 기능이 분리된 의미 기능이 몇 가지로 한정	개념, 기능이 융합한 의미 테크놀로지 기능 등 다양해짐
	형태/형식	만듦새가 주류로 존재	만듦새가 아닌 자료로 존재
	개발 방식	개발에 자율성이 미미함	개발에 자율과 전문성을 완전 보장
	사용(활용)	허용한 교과서만 사용	관련 교과서(자료) 다양하게 사용
	평가 방법	교과서/학습 평가가 구분됨	교과서/학습 평가의 연계 및 통합
	품질 관리	사전 품질 관리 중심	사후 자율 품질 관리 중심
Ⓒ 교과서 역할 변화	교수·학습	교수자 중심 소통 활동	학습자 중심 자율 소통(자율 학습)
	교과·과목	교과·과목 구분, 분담 역할	교과·과목 통합/융합/통섭의 역할
	지식·정보	지식·정보 제공이 제한적	지식·정보 제공이 무한함
	자료 활용	보조 자료 활용이 제한적	보조 자료 활용이 무한정
	소통 중심	서책 중심, 디지털 보조	디지털 중심(스마트/온라인 교과서)

결국, 교과서 개념과 기능, 좋은 교과서 의미 등 모든 패러다임 요소가 현재의 역할과 위상을 뛰어넘어야 한다. 그렇다고 ⓐ **기존 패러다임**이 ⓑ **미래 패러다임**으로 무조건 넘어가는 것은 아니다. 여기에도 유전(遺傳)과 적응이라는 문제가 따른다. 교과서가 사회, 교육, 학교의 변화에 ⓐ에서 ⓑ로 일시에 대체되는 것이 아니라, ⓐ의 문제점을 해결하면서 그 위에서 ⓑ로 서서히 대체된다. 그러므로 여기에서 교과서 패러다임의 변화는 방향성으로 제시한 구체적인 사항 그 이상은 시간이 지난 후에야 실증할 문제다.

어찌 보면, 'ⓐ는 서책형 패러다임', 'ⓑ는 디지털 패러다임'이라고 말할 수 있다. 현재, 교육·학교 환경의 변화는 디지털 환경이 주도한다고 해도 과언이 아니다. 위상 변화 중 서책과 디지털 교과서의 관계는 예단하기가 쉽지 않다. 서책은 곧 사라지고 디지털 교과서만 남는다는 주장과 함께, 상보적으로 공존하거나 역할이 더 강화되리란 의견 등 분분하다.

이러한 대표적인 주장으로 디지털 교육환경 변화에 "지식의 핵심 원리를 학습하여 새로운 가치를 창출하는 역량과 사회적 역량을 기르는 도구이자 매체로서 역할", "디지털 학습플랫폼 등과 연계되는 역할"을 요구하는데, 교과서의 보편적, 본질적 역할,

교육과정을 구체적으로 실현하는 매개체로서 역할은 유지되고, 플랫폼 체제와 연계되면서 그 역할은 강화되리라고 예측하기도 하였다.[30]

　　패러다임 변화와 전환, 대체와 관련한 의미, 이론 문제는 차치하더라도, 시대의 변화에 능동적으로 준비하는 미래 예측의 태도는 견지할 필요가 있다. 이상에서 패러다임의 변화를 강조한 이유가 여기에 있다고 하겠다.

　　또한, 상호 관계 작용을 넓혀 발상을 달리하면, 이러한 변화는 교과서가 학교 교육뿐만 아니라 거시적으로 사회 교육, 평생교육도 책임지는 위치에까지 존재 영역을 확대할 수 있게 한다. 작용의 방향을 바꾸어, 교과서가 사회의 변화까지를 이끌 수 있다는 말이다. 이는 교과서의 개념과 기능, 형태, 역할이 시대의 변화에 조응하여 새로운 모습으로 태어날 때만 가능하다.

2. 미래형 교과서 패러다임 변화와 적용

가. 스마트/온라인 교육의 도입과 활성화

　　연구에 의하면 해외에 나가서도 한국의 집을 마음대로 통제하고 감시하는 것이 가능해진다. 스마트폰으로 가정 내 전기, 가스 등을 제어하고, 집을 찾아온 방문객이 있는지, 그 사람이 누구인지 등을 검색할 수 있다. 집안 조명을 켜고 밝기까지도 조절하며, 실내 온도를 설정하여 난방을 켜고, 냉·온수 사용량을 파악하는 것도 가능하다.

　　이처럼 미래는 디지털 시대로 사회 환경이 변화하면서 학교의 교육 환경과 기능도 급변하여 이에 대한 계획적인 준비와 대처가 필요하게 되었다. 그야말로 '**스마트교육/학습(Smart Education/Learning)**'[31] 시대가 도래한 것이다.

　　소셜 네트워크(SNS), 클라우드 컴퓨팅(Cloud Computing) 등 IT 기술의 괄목할 만한 발전과 스마트 기기의 급속한 보급에 따라, 개인 특성에 맞는 차별화되고 창의적인 교

---

30) 송낙현, '전환 시대에서 교과서 역할'(제16회 교과서의 날 기념 학술 심포지엄 자료집, 한국교육과정·교과서연구회·한국교과서연구재단·한국검인정교과서협회, 2021.10.) pp.31~34. 주제 발표 내용을 요약, 정리한 것임

31) '**스마트교육**'이란 말은 '**스마트폰(핸드폰)**'의 스마트 말과 오버랩하여 스마트라는 특정 형태의 교육으로 인식하기가 쉽다. 스마트교육은 정의나 구체적인 내용에서 '**온라인 교육**'과 상통하는 말로 용어의 일반화가 필요하다. 병렬하여 '**스마트·온라인 교육**'이란 용어를 사용해도 좋으리라고 본다.

수·학습 실천이 가능한 스마트교육이 시작된 것이다. **'스마트교육'**은 "21세기 지식·정보화 사회에 요구되는 지능형 맞춤 교수·학습 체제로 교육과정, 교육 내용, 교육 방법, 평가 등 교육 체제 전반의 변화를 통해 언제, 어디서나, 개인의 소질이나 수준에 맞는 학습이 가능한 미래 인재 양성 시스템"[32]을 의미한다. 이를 가시적으로 도식해 보면 다음과 같다.

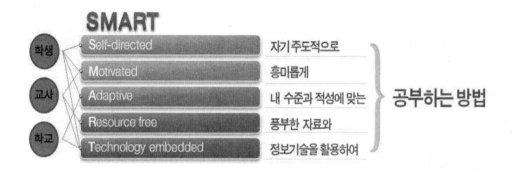

이러한 스마트교육을 성공적으로 추진하기 위해서는 ① 디지털 교과서 개발 및 적용, ② 온라인 수업·평가 활성화, ③ 온라인을 통한 학습 진단·처방 체제 구축, ④ 교육 콘텐츠 자유 이용 및 안전한 이용 환경 조성, ⑤ 교원의 스마트교육 실천 역량 강화 ⑥ 클라우드 교육 서비스 기반 조성을 요구한다.

　'클라우드 교육 서비스(클라우드 컴퓨팅)'란 "자료나 소프트웨어를 개별 기기가 아닌 데이터 센터에 저장해뒀다가 필요할 때마다 인터넷을 통해 꺼내 쓰는 서비스"로, 전 과정이 마치 구름(cloud)처럼 눈에 보이지 않는 인터넷상에서 이루어진다는 뜻으로, 요즈음은 이용이 일반화되었다. 교육 콘텐츠 오픈마켓 구축을 통해 다양한 콘텐츠를 확보·유통하고, 학생, 교사, 학부모 등은 데스크톱·태블릿PC·노트북·넷북·스마트폰 등의 다양한 단말기를 통해 중앙에 있는 콘텐츠를 장소 관계없이 자유롭게 활용하게 된다.

---

32) 당시 교육과학기술부(교육부)가 '국가정보화전략위원회'와 함께 대통령에게 보고(2011.6.29.)한 '인재 대국으로 가는 길, 스마트교육 추진전략' 자료를 그대로 인용한 것으로, 이하 이를 참고하여 부연 설명하고 그림도 이용하였다.

여기에서 주목해야 할 사항은 스마트교육의 시행은 서책형 교과서를 디지털 교과
서로 전환해야 한다는 사실이다. 잘 알다시피 **'디지털 교과서'**는 "교육 내용과 학습 참
고서, 문제집, 학습 사전, 공책, 멀티미디어 요소 자료 등의 기능을 연계한 미래형 교
과서"를 뜻한다. "기존 교과 내용에 다양한 참고 자료와 학습 지원 기능이 부가되며,
PC, 스마트 패드, 스마트TV 등 모든 단말기에서 사용할 수 있는 전자적 매체"로서 정
부도 이에 법령 지위를 부여하고 사용의 활성화에 노력하고 있다.

　'스마트(Smart)'는 앞서 그림에 제시되었듯이, <Self-directed, Motivated, Adaptive,
Resource enriched, Technology embedded> 머리글자로 구성된 용어로, **'스마트교육'**
의 구체적 의미도 여기에서 끌어낼 수 있다. 그리고 '스마트 학습'[33], '스마트 수업',
'스마트 기기(機器)', '스마트 교실', '스마트 학교(Smart School)', '스마트 시티' 등 다양
한 용어를 파생, 사용하는 것이 가능하다. 다음은 '스마트교육'을 항목별로 개념과 특
징을 구체적으로 설명한 하나의 예이다.[34]

---

33) **'스마트 학습'**이 먼저 논의되고 교육과학기술부에서 **'스마트교육'**의 개념을 정책적으로 도입(2011)
　　하였다. 그러나 빠르게 교육 현장에 적용, 활성화되지는 못하였다.
　　선행 연구를 통하여 '협력 학습·상호 작용 지원', '개별학습(맞춤 학습)', '즐거운 학습', '형식 학습과
　　비형식 학습의 융합', 'ICT·스마트 기기', '학습자 중심·자기 주도적', '현실감·몰입감·실재감' 등에서
　　'스마트 학습'과 '스마트교육'의 정의에서 공통으로 나타나는 요소를 찾아보기도 하였다.(임철일 외,
　　'포스트 코로나 시대의 스마트 학습 환경 연구―물리적·디지털 공간을 중심―'(한국교육학술정보원,
　　연구보고 RR 2021―5)
34) 윤가영 외, '스마트교육의 속성과 구현 실태에 관한 연구'(『한국교육학연구』 제23권 제1호, 2017)
　　p.186. 이해하기 쉽도록 대비하여 표로 정리하였다.
　　윤 교수는 광범위한 연구물을 토대로 '스마트교육' 개념이 연구자에 따라 다양하게 정의되고 있음을
　　확인하고, 기술(T), 열린 학습 환경(E), 자기 주도(S), 맞춤형(C), 소셜러닝(SL) 등 5개 기준 항목으로

구분	세부 개념
Self-directed (자기 주도적)	학생의 역할을 지식 생산자로 보고 자기 주도적 학습을 가능하게 하는 지능화된 체계 지원
Motivated (흥미)	체험 등의 지식을 재구성하는 교수·학습 방법을 기반으로 창의적 문제해결 및 과정 중심의 개별화된 평가 지향
Adaptive (수준과 적성)	개인의 선호 및 미래의 직업과 연계되고, 수준과 적성에 맞는 유연화·개별화된 학습 지원
Resource enriched (풍부한 자료)	클라우드 교육 서비스를 기반으로 풍부한 콘텐츠를 활용하고, 소셜 네트워킹을 통해 협력 학습을 확대
Technology embedded (정보기술 활용)	정보기술을 통해 언제, 어디서나 원하는 학습을 할 수 있는 개방화된 교육환경을 제공

'**온라인 교육(Online Education)**'은 주로 '원격교육(Distance Education)', '비대면 교육'이란 말과 거의 같은 뜻으로 사용한다. 'e－러닝', '온택트(Ontact) 교육'[35]이란 말도 같은 의미 범주이지만, 교육 분야 도입 초기에 주로 사용한 용어이다. 이들 용어도 '교육' 대신에 '학습/수업(learning/class)'이란 말과의 조합도 지극히 자연스럽다. 그러나 세부 운용 내용과 방법을 들여다보면, 이들 용어 사용에 약간의 차이가 있다. '**비대면 국어 온라인 원격교육(수업)**'이란 용어 구조를 보면, 자연스러운 조합으로 상보, 공존하면서 의미 전달이 어색하지 않다는 점이 이를 설명한다.

요즈음에는 4차 산업 혁명 시대에 'e－러닝', '스마트러닝'보다 확장된 개념으로 '**에듀테크(EduTech)**'란 용어를 사용한다. 소프트웨어정책연구소는 "'교육(Education)'과 '기술(Technology)'의 합성어로, 교육에 ICT 기술을 접목해 기존 서비스를 개선하거나 새로운 서비스를 제공하는 것, 또는 교육 서비스를 개선하거나 새로운 가치를 제공하는 데 활용되는 기술"[36]을 뜻한다고 하였다. 이어서 에듀테크 개념과 유사 개념을 다음과 같이 비교하였다.

특성(속성)과 실현 실제를 분석하였다. 그리하여 스마트교육 개념을 스마트 기기 및 기술 속성 구현보다는 교수·학습 속성에 합의와 구현이 필요함을 밝혔다.

35) 박상준 교수는 온택트(ontact)는 온라인(online)과 연결, 접촉(con-tact)을 합성한 말로써, '온라인을 통해 연결하다'를 뜻하고, '언택트(untact)'는 연결 접촉을 의미하는 단어(con-tact)와 '부정, 반대'를 의미하는 어미(un)를 합성한 단어로, 사람들의 직접 만남이 없는 '비대면/비접촉 상태를 의미한다고 하면서, 온라인 연결을 통해 사회적 관계를 맺고 유대감을 형성하는 사회를 온택트 사회(Ontact Society)라고 하였다(『코로나 이후 미래 교육』, 교육과학사, 2020. pp22～23.).

36) 공영일, '에듀테크 산업 동향 및 시사점'(소프트웨어정책연구소, 2020) p.19.

구분	개념	특징
e-러닝	전자적 수단, 정보통신 및 전파·방송기술을 활용하여 이루어지는 학습	인터넷과 컴퓨터에 교육을 접목한 온라인 교육 중심
스마트러닝	스마트 폰, 태블릿PC, E-Book 단말기 등 스마트 디바이스와 e-러닝 신기술이 융합된 개념	스마트 기기를 활용한 교육
에듀테크	교육에 ICT 기술을 접목해 기존 서비스를 개선하거나 새로운 서비스를 제공하는 것	데이터와 소프트웨어에 무게 중심

e-러닝과 스마트러닝은 학습 수단에 중점을 두지만, 에듀테크는 학습 수단(AR/VR)뿐만 아니라 AI, Big-data, 블록체인 등 "데이터와 소프트웨어를 기반으로 학습자에 대한 분석과 의사소통, 정보관리를 용이하게 함으로써 학습의 성과를 제고시키는 것에 무게 중심이 있다."[37]라고 부연 설명하고 있다. 앞으로 에듀테크 용어의 사용은 미래형 교과서의 개념 규정에도 대단히 유용하다고 하겠다.

이처럼 다양하게 사용하는 용어를 포함하여 스마트/온라인 교육에 등장하는 필수 용어가 '디지털 교과서'이다. 디지털 교과서는 서책형 교과서 기능의 한계를 극복하고, 교실 수업 개선과 학생별 맞춤 교육과정 운영을 목적으로 하여, 교과서 발전 방안으로 모색한 차세대의 주된 교과서 형태이다. 여기에 교수자와 학습자가 다른 공간에서 가르치고 배우는 거리를 극복하는 수단의 의미도 내포한다. 디지털 교과서는 서책형 교과서와는 달리 인쇄 과정과 도서(圖書)라는 일정 틀의 유형이 존재하지 않는다.

나. 스마트/온라인 교육과 미래학교 모습

스마트/온라인 교육은 수업의 혁신적 변화를 요구하고, 이에 따라 학교도 미래학교 환경으로 바뀌게 된다. 스마트/온라인 교육은 기존의 수업 패러다임으로는 교육의 소통이 제대로 이루어질 수가 없다. 연동하여 미래 지향적으로 학교 환경, 교실(공간) 환경이 이에 걸맞게 변화를 유도하고 초래한다.

그리하여 미래학교의 주요 개념도 다음의 몇 가지 종류로 상정할 수 있다.[38]

---

37) 공영일, 앞의 자료, p.23.
38) 국가정보화전략위원회, '스마트교육 추진전략' 자료(2011.6.)

유 형	내 용
① 스마트 학교(Smart School) (유비쿼터스 기반 지능형 학교)	언제 어디서나 체험, 협동, 맞춤, 개별학습이 가능한 첨단 네트워크 기반의 학교
② 글로벌/지역 사회와 연계된 학교 (Connected School)	지역 커뮤니티 및 인적/물적 학습 자원과 연계된 네트워크 기반 학교
③ 안전한 학교 (Safe School)	개방된 학교 체제에 대비한 첨단 기술 기반의 안전장치 마련
④ 즐거운 학교(Fun School)	즐기며 학습하는 체험형 에듀테인먼트 공간
⑤ 생태 지향적 학교(eco-Friendly School)	자연 채광 및 신재생에너지(태양열, 지열, 풍력 등)의 활용

　　미래학교는 교육과정을 위시하여 학교 조직, 학교 환경, 교직원의 역할도 예측 불가능할 정도를 변화를 담보하고 있다. 미래학교의 영역별 변화 방향 키워드는 다음과 같다.[39]

영역	변화 키워드
① 교육과정	맞춤형, 국제화, 다문화, 다양화, 통합, 21세기 역량 중심 교육
② 학교 조직	원격교육, 평생교육센터 역할 확대, 국제화, 개방화, 행정의 디지털화, 자율권 확대, 지역 사회 연계
③ 학교 환경	개방화, 복합화, 네트워크화, 지능화, 유비쿼터스화, 가상학습 환경, 가변형 공간, 협업과 커뮤니케이션 공간, 사회적 학습 공간, 친환경
④ 교원 역할	양성 및 채용의 개방화(전문가 참여 확대), 교사의 역할 다양화, 학습 컨설트로서의 역할 강화, 글로벌 역량, ICT 및 커뮤니케이션 능력 강화

　　미래학교의 변화와 함께 미래의 교실도 현재의 모습과는 판이하게 첨단 기술 교육환경으로 달라진다. 미래학교는 기능별 공간, 개방형 공간 구조로 가변형 다목적 교실에서 수업이 이루어진다. 체험형 학습 공간과 복합형 학습 지원이 가능한 시설을 이용하여 개별, 맞춤, 협력 학습을 실천할 수 있다.
　　미래형 교실에는 여러 유형을 상정할 수 있으나 ① 글로벌 연계의 가변형 교실 ② Hands-on Activity 기반의 협력형 교실 ③ 체험형 교실 등의 유형이 대표적이다.

---

39) 이하 자료와 내용은 서울특별시교육청 주최로 개최한 '2011 Smart Learning Seminar'(6.29~7.1.)에서 당시 한국교육학술정보원 김영애 부장이 발표한 PPT 자료 '미리 가본 미래학교, future school'의 일부 내용을 원용, 정리한 것이다. 미래학교와 교실의 예상 모습은 지금도 매우 유용하고 참고가 된다.

교실 종류	학습 활동	주요 기자재
① 글로벌 연계의 가변형 교실	㉮ 네트워크 기반 학습, 시각적 상호 학습, 모둠/협력 학습 ㉯ 학교 안팎의 전문가를 활용한 글로컬 및 글로벌 연계 학습 ㉰ 개별학습, 적시 학습, 교사와의 상호작용 중시	Wireless Broadband Internet, I-Pad, Smart Phone, RFID 출석인증/사물함, 디지털 교과서, 미디어 북, UCSD보드, 영상가의 Smart TV, 홀로그램, 3D 프로젝터, 전자칠판, 전자교탁 등
② Hands-on Activity 기반의 협력형 교실	㉮ 실제 실험하기에는 다소 위험한 학습 내용을 가상현실 홀로그램, 및 3D 등 다양한 방법으로 협력 학습 ㉯ 다양한 Hands-on Activity를 통한 직접 조작 및 체험을 통한 학습 ㉰ 모둠별 협력 및 프로젝트 학습	홀로그램, 가상현실, 증강현실, 모둠형 책걸상, 각종 실물형 교수학습 도구 등
③ 체험형 교실	㉮ 실제 경험하지 못할 수업내용에 대한 가상 체험 학습(우주, 심해 등) ㉯ 현실과 가상 중간의 체험형 콘텐츠 활용 학습	홀로그램(4Vision, D-Hologram 등), 가상현실(적외선 카메라, 프로젝터, 실버스크린 등), 증강현실(워크시트, 마커, 웹캠 등) 3D, 4D 콘텐츠 등

① 가변형 교실　　　　**② 협력형 교실**　　　　**③ 체험형 교실**

　'교실'을 공간 개념으로 치환하여 미래 학습 공간은 현재처럼 교수자와 학습자가 머무는 단순히 '학습하는 공간'에서 '공간으로부터 학습이 이뤄질 수 있는 공간'으로의 개념으로 변하고 있다.[40]

---

40) 계보경 외, '미래 학습 공간의 변화 전망'(한국교육학술정보원, 연구 자료 RM 2017－13, 2017) p.5. 공간별 개념과 사례(요약) 표 중에서 '사례' 부분을 제외하고 정리한 내용이다. 본문에서 공간 개념별로 '공간 정의', '활용 사례', '교육적 시사점'으로 구분하여 자세히 설명하고 있다.

	구분	개념
학습 활동 과정	① Planning & Designing	문제를 분석하고 프로젝트를 기획하는 공간
	② Experience & Simulation	학습 내용을 간접적으로 체험하거나 가상으로 조작해 볼 수 있는 공간
	③ Making	참여자들이 설계한 아이디어를 프로토타입 혹은 실제 산출물 형태로 제작하는 공간
	④ Presenting & Sharing	학습 과정에서 학생들이 활동 결과를 표현하고 공유하는 공간
상호 작용	⑤ Individual	학습자들이 독립적으로 연구 혹은 학습을 진행할 수 있는 공간
	⑥ Socializing	구성원 상호 간의 대화, 토론, 친교 활동을 할 수 있는 공간

'**교실**'과 '**공간**' 개념으로 미래의 학습 환경 변화의 모습을 전망하였다. 이러한 미래 학습 공간 개념은 에듀테크 발전에 따라 시간과 공간, 교수·학습 상호작용과 소통 방법을 고려하여 구분해 본 사례라고 하겠다. 어느 정도 학습 환경의 변화가 가시화되면 '교실'과 '공간'이라는 말(용어) 대신에 새로운 용어 사용도 출현하리라고 본다.

미래학교를 좀 더 구체적으로 '**그린 스마트 미래학교**'라고 부르기도 한다. 온라인 수업의 안정적 운영, 미래형 교육과정의 도입과 운영, 학교의 역할 기대 변화 등 학교 의 기능과 환경이 달라진 미래학교 모습을 구상하였다.[41]

한국판 뉴딜 대표사업 중 하나로 '**그린 스마트 스쿨**'이 선정되고, 이어 '그린 스마트 미래학교' 모습을 ① 교육과정과 연계하는 유연하고 다양한 공간 혁신, ② 미래형 교 수·학습이 가능한 디지털 스마트 교실, ③ 탄소 중립 실현과 환경 생태 교육을 고려한 그린 학교, ④ 학교와 지역 사회를 연결하는 학교 복합화로 구체화하였다.

특히, 창의 융합형 교육이 가능한 공간과 디지털 기반의 스마트 학습 환경을 조정하

---

41) 교육부, '그린 스마트 미래학교 종합 추진계획(2021.2.)' 정책 자료를 참조하여 요약, 정리한 것으로 사진도 이용하였음

고, 학습, 휴식이 공존하는 건강한 생태학교, 지역과 상생할 수 있는 복합 시설의 조성과 활용은 미래학교 모습의 전형이다.

그러나 이러한 공간 환경의 혁신이 미래학교의 이상적인 모습으로 조속히 자리 잡으려면 준비하고 극복해야 할 사항도 많다. 적잖은 예산을 투여해야 하는 교실과 학교 환경 조성은, 계획에서부터 완성까지 시행착오가 없어야 사전에 적잖은 낭비를 예방할 수 있다. 그리고 공간 변동에 따른 교수·학습 변화에 빨리 익숙해지도록 학생, 교사가 협력하고, 교육 공동체의 적극적인 호응으로 교육 제도와 조화롭게 정착하도록 노력해야 한다. 더욱이, 유연한 교과서의 형태와 활용 방법은 이러한 변화를 순기능으로 작용하게 하는 최적, 최선의 기제이다.

21세기 사회의 급격한 발전과 교육환경의 변화에 맞추어 교과서의 개념과 기능, 형태도 같은 차원에서 속도감 있게 바뀌어야 한다. 디지털 교과서 사용이 신속하게 확대되는 상황은, 미래 학교 교육에서 교과서의 형태와 사용에서 변화 방법을 생각하는 절호의 기회라 하겠다.

다. 스마트/온라인 교과서 개념 정립과 활용

이제는 스마트/온라인 교육(수업)이란 용어가 우리에게 익숙한 말로 다가온다. 그런데 외국어의 차용이라는 점에서 용어 사용을 특정할 필요는 없지만, 여타 파생 용어와 함께 좀 혼효(混淆)를 자아내기도 한다. 그래서 디지털 교과서와의 관계와 함께 의미를 좀 더 분명히 할 필요가 있다.

1) 스마트/온라인 교과서 의미역과 활용 방식

'**스마트 교과서**'와 '**온라인 교과서**'는 디지털 교과서라는 점에는 같으나 구태여 변별점을 찾아본다면 활용에 따른 명칭에서 차이를 보인다.

'스마트교육 추진전략(2011)'의 구조를 조금 변경하여 본질적인 디지털 교과서 개념을 다음과 같이 제시하였다.[42] ① 풍부한 학습 자료, ② 학습 지원 및 관리, ③ 외부

---

42) 교육과학기술부, 2012년도 디지털 교과서 개발 및 적용 추진계획(안)(2012.2.) 스마트교육 추진 전략(2011)에서 제시한 디지털 교과서 개념을 약간 수정한 개념도이다.

자료 연계 세 부분으로 나누어 **'디지털 교과서'**의 의미역을 설정하고 구체화하였다.

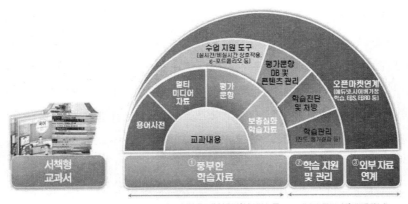

디지털 교과서 개념도

이러한 개념은 상당히 구체적인 요소를 그림으로 담아내려는 장점을 살려 구조화한 규정 방식이다. 그런데 그동안 사회, 교육환경의 변화와 학자의 시각에 따라 용어의 설명 방식을 달리하여 다양하게 개념을 규정하여 왔다고 하겠다.[43] 그리하여 개념을 규정하는 데 공통으로 ① 디지털화한 교육 내용, ② 디지털 기기 사용, ③ 음성·문자·영상 등 다양한 디지털 자료(콘텐츠), ④ 디지털 교수·학습 방법, ⑤ 무선, 유선 온라인 이용, ⑥ DB, Cloud 등 디지털 지원 체제 활용 등의 요소를 들 수 있다.

디지털 교과서 개념은 서책형 교과서 기능을 모두 포함하면서 구성 요소를 세부적으로 구체화하다 보면, 기능과 활용, 개발 방식에까지 의미 규정을 넓혀 생각할 수 있다. 여기에서 '스마트/온라인 교과서'와 디지털 교과서의 관계를 좀 더 세부적으로 생각해 보는 것이 필요하다.

'스마트교육'은 디지털 교과서를 이용하여 온라인 수업을 활성화하고, 수업 결과도 온라인 평가 체제를 구축하여 평가함으로써 교과서 활용의 패러다임이 바뀐다. **'스마트 교과서'**는 스마트교육에 활용하는 e-교과서, 멀티미디어 자료 등을 포괄하는 디지털 교과서를 말한다.

---

43) 장시준 외, '미래형 교과용 도서 개발체제 전환 및 플랫폼 설계 방안 연구'(한국교육학술정보원, 2021)에서는 '미래형 교과용 도서 개념 및 특징에 관한 선행 연구'를 바탕으로 '디지털 교과서' 개념과 개념 변천에 대하여 자세히 설명하고 있다(pp.9~20.).

교육부는 체계적인 **원격 수업**을 운영하기 위해 기준안을 만들고 본격적인 수업의 한 방법으로 도입하였다. 그리하여 잠정적으로 원격 수업을 "교수−학습 활동이 서로 다른 시간 또는 공간에서 이루어지는 수업 형태"를 의미한다고 하였다. 이를 뒷받침하기 위해 "융합·연계 중심의 미래 교육환경에 유연하게 적응할 수 있도록 다양한 형태의 교과서가 자유롭게 저작·활용할 수 있는 '**미래형 교과서**'"로 '**온라인 교과서**'란 명칭을 사용하고, 이에 대한 대국민 아이디어를 공모하기도 하였다.[44]

　그런데 '**온라인 교과서**' 모델로 교육과정 성취기준을 중심으로 e-book, PDF 형태 파일로 개인용 컴퓨터, 개인 휴대 단말기 화면에서 이용할 수 있다고 하였다. 결국, 기존 교과서 개념의 틀에서 벗어나 '**만들어 가는 교과서**' 체제로 획기적 전환을 모색한 것이다.

　이렇다고 보면 '**스마트 교과서**'와 '**온라인 교과서**'는 명칭과 의도하는 목적이 조금은 상이해도 궁극적인 개념에서는 같다고 할 수 있다. 구태여 구분해 본다면 용어 사용과 강조점에 있다고 하겠다.

구분	공통점	구분 점
스마트 교과서	○ 수업 방식: 온라인 ○ 활용 자료: 멀티미디어(디지털) 모든 자료 ○ 사용기기: 모든 디지털 기기 ○ 교과서 형태: 일정한 틀이 없음	○ 스마트교육 강조 ○ 공부하는 방법 강조
온라인 교과서		○ 온라인 교육 강조 ○ 교과서 활용 강조

　스마트/온라인 교육 적용과 활성화는 교육 콘텐츠를 어떻게 사용하느냐가 관건이다. 즉, 스마트/온라인 콘텐츠 내용과 형식이 어떠하냐에 따라 스마트·온라인 교육의 성공 여부가 갈린다. 그런데 이를 단번에 해결하는 방법이 '스마트/온라인 교과서' 개념 도입이라 하겠다.

　디지털 교과서는 편의상 개발 방식에 따라 다음 두 가지로 나누어 생각해 볼 수 있다.

　① [**디지털 교과서(A)**]: 서책형 내용에 디지털 기능을 부가한 교과서(e-교과서)
　② [**디지털 교과서(B)**]: 서책형과 관계없이 독립적으로 개발한 교과서

---

44) 교육부, '국민 여러분! 미래형 교과서 어떻게 만들까요? 온라인 교과서 아이디어 공모전' 개최 보도자료(2020.10.21.)

①은 초기에 개발한 디지털 교과서 형태로 서책형 교과서를 거의 그대로 디지털화한 교과서다. ②는 서책형은 개발하지 않고 오로지 디지털형으로만 개발한 실질적인 디지털 교과서다. 현재로서는 ②-(B) 디지털 교과서로만 개발하여 존재하는 교과목은 없다. 그러나 앞으로 수요와 활용도, 교육환경의 변화에 따라 이러한 형태로 개발한 교과서가 많아지리라고 본다.

이러한 구분을 바탕으로 교과서 존재 방식과 활용 방법을 대비하여 보면, 스마트/온라인 교과서 윤곽을 가늠하는 실마리를 찾을 수 있다.

스마트·온라인 교육에서 교과서 존재/활용 방법

교과서 존재 방식	교과서 활용 방법
㉮ 서책 교과서만 존재	㉠ 서책 교과서만 활용
㉯ 디지털 교과서(A)만 존재	㉡ 디지털 교과서(A)만 활용
㉰ 서책, 디지털(A) 모두 존재	㉢ 서책, 디지털(A) 모두 활용
㉱ 디지털 교과서(B)만 존재	㉣ 디지털 교과서(B)만 활용
	㉤ 재구성, 제작 자료만 활용

㉮~㉱는 현재 교과서 존재 방식이고, ㉠~㉤은 이를 바탕으로 생각해 본 활용 방법이다. ㉠~㉤은 온라인 교육에서의 활용이므로 효율적인 활용 기법을 요구한다. ㉠처럼 서책 교과서로만 활용하는 경우 온라인상 학습자의 입장과 운영 방법을 고려하여 창의적 사용법을 찾아야 한다. 대개, 출판사에서 제공하는 이미지 파일을 이용하면 손쉽게 해결되지만, 본래 디지털 교과서 활용과는 방법이 같을 수가 없다. ㉡, ㉣은 디지털 교과서의 내용구성 방법이 다를 뿐이지 활용 방법은 같다고 하겠다.

㉢의 경우 서책은 학습자 활용에 치중하고, 디지털 교과서(A)는 교수자 중심으로, 아니면 위치를 바꾸어 활용하여 교수·학습 효과를 상보적으로 극대화하는 방법도 있다. 즉, 서책형과 디지털형의 장점을 모두 살려 학습의 효과를 높이는 '**블렌디드 러닝(Blended Learning, 혼합형 학습)**'으로 다양한 방법을 구현할 수 있다. ㉣의 경우는 디지털 교과서(B) 자체가 지니는 기능이 다양하여, 여타의 경우에서보다 활용이 좀 더 자유롭다고 하겠다. 어찌 보면 ㉤의 경우가 제일 바람직하다고 할 수 있으나, 일정한 형태의 교과서 모습이 없으므로 준비에 시간과 품이 들고, 학습자는 예습, 복습을 제대로 하지 못하거나 과제 수행에 어려움이 따르는 등 단점도 있다.

교과서 활용에서 어느 한 가지가 최고, 최선이라고 단정하기는 어렵다. ㉮~㉰의 교과서 존재 방식을 고려하고, 학생의 수준과 시설, 환경 등 여건에 맞춰 ㉠~㉱을 적절하게 선택, 통합하여 활용하는 것이 좋다.

이상은 서책형/디지털 교과서라는 실체를 활용하여 스마트/온라인 교육을 하는 경우 교과서 활용 방법을 생각해 본 것이다. 이 경우는 디지털 교과서 개념과 기능이 곧바로 활용으로 이어지고, 서책형과 디지털 교과서와의 관계를 어떻게 설정할 것인가가 주된 활용 방법이 된다.

2) 스마트/온라인 교과서 개념의 발전적 모색

앞에서 살펴본 바와 같이 스마트/온라인 교과서 개념은 일반 교과서 개념을 훨씬 초월하는 의미역을 설정하고 있다. 이러한 논점을 **'온라인 교과서'** 중심으로 생각해 보고자 한다. 온라인 교과서 개념과 범위를 다음과 같이 규정하기도 하였다.[45]

> **[정의]** : 다양한 온라인 콘텐츠(e-book, PDF, 동영상, 디지털 교과서 등)를 활용
> 하여 제작한 교육 자료 중 교육과정 적합성을 충족시키는 넓은 의미의
> 교수·학습 자료를 총칭
> **[범위]** : 교사가 1차시 이상의 수업 실행을 위해 교육적 목적과 의도를 가지고
> 온라인 콘텐츠를 선택, 편집, 재구성 등 구조화한 교수·학습 자료

위의 정의를 풀어서 '온라인 교과서'를 '온라인 콘텐츠로 온라인 교수·학습에 사용하기 위해 교육과정에 맞도록 제작한 자료'라고 말할 수 있다. 언뜻 내용으로 봐서는 디지털 교과서 개념과 별 차이가 없어 보인다.

온라인 교과서라는 독립적인 명칭을 사용하려면, 개념 규정 방식도 달라야 한다.[46] 즉, 목적(목표), 교육과정, 사용(또는 제작) 주체, 사용 시간과 장소, 교육 내용, 구성 방

---

45) 한국교육학술정보원(KERIS), 에듀넷(온라인 콘텐츠 활용 교과서) '온라인 콘텐츠 활용 교과서'를 '온라인 교과서'로 줄여 사용하였다.
46) 안성훈 교수는 온라인 교과서 '개념 정립의 요소 분석'을 통하여 ① 교과서의 성격, ② 교과서의 사용 대상, ③ 교과서의 사용 범위, ④ 교과서의 질 관리 방향 등을 고려하여 개념을 정의해야 한다고 주장 하였다('온라인 콘텐츠 활용 교과서의 개념과 미래형 교과서의 방향 정립을 위한 이론적 고찰' 『창의 정보문화연구』 제7권 제1호, 한국창의정보문화학회, 2021.2. pp.258~259.).

법 등 정의에 필요한 기본 요소를 다 포함하면서, 개별화된 특정 성격이 확실하게 드러나야 한다. [정의]와 [범위]를 통합하면 이러한 요소가 직간접적으로 다 포함되어 있기는 하다.

<온라인 교과서 개념 규정 시 고려 사항>

온라인 교과서는 '온라인'이라는 환경 때문에 한 발 떨어져 고려해야 할 사항이 내재한다.

먼저, 실제 수업을 주도하는 교사의 안목과 능력에 좌우된다고 하지만, 교육과정의 적합성을 가늠, 가름하고 이에 맞추기가 어렵다. 그러므로 교육과정 적합성이 차시 등 단위별이냐, 종합적 실체 적합성이냐를 개념 규정에 명시해야 한다. 즉, 교육과정의 내용 체계와 성취기준을 조감(照鑑)하고, 미리 준비하지 않으면, 온라인 교과서의 내용에 균형을 잃을 소지가 많다.

교과서라는 개념은 소통을 전제로 하므로 학생-교과서-교사의 관계가 드러나는 것이 원칙이다. 그런데 온라인 교육은 서책 활용, 대면 교육에서의 관계 및 소통 작용과는 상당히 차이가 있다. 그러므로 이들의 소통 방법을 어떻게 온라인 교과서 개념에 유입하고, 이를 수업에서 어떻게 실체화할 것인가를 배려해야 한다.

서책형, 디지털 교과서 개념과의 상관성, 변별성을 어떻게 흡인할 것인가도 고려 대상이다. 일반적으로 서책형 교과서 개념을 모두 포함하고, 디지털 교과서의 특장(特長), 변별점을 추가하면서 온라인상의 환경을 드러내면, 개념 규정이 성립될 가능성이 엿보이긴 한다. 그러나 이는 이론상의 이상적 가정으로 온라인 교과서 개념의 실체 및 실제성 확보가 필요하다.

교과서는 교수·학습 자료의 하나이지만, 이는 교과서관의 문제로서 엄밀히 구분하면 교과서와 교수·학습 자료는 용어상 변별성이 존재한다. 또한 학교와 사회, 국가적으로 온라인 교육 환경이 완비되기 전에는 교과서와 교수·학습 자료의 관계는 하나의 개념으로 통합하기에는 어려움이 따른다. 교과서가 실제 하나의 교수·학습 자료 개념으로 완전히 동화되는 데는 여건 마련이 필요하다는 말이다. 이는 '온라인 교과서' 개념 규정에도 해결해야 할 할 주요 과제이다.

온라인 교과서는 범박하게 **'온라인 콘텐츠 활용 교과서'**, **'온라인상 교육에 사용하**

는 교과서', '온라인 교육 환경에 사용하는 교과서', 더 큰 의미역으로 **'온라인 교육에 존재하는 교과서'**라고 할 수 있다. 여기에서 e—교과서, 원래의 디지털 교과서를 온라인 교수·학습 자료로 포함하는 경우, 이들의 관계 설정을 명확히 하지 않으면 개념에 혼동을 자아낸다.[47] 서책형을 디지털화한 교과서의 위치가 애매하고, 디지털 교과서로 **'온라인 교과서 만들기'**라는 말도 생겨날 여지가 있다.

원격 수업에서의 온라인 교과서 개념에는 층위가 있어 보인다. 원격 수업은 '교수·학습 활동이 서로 다른 시간 또는 공간에서 이루어지는 수업'으로, 동시적, 비동시적 원격 수업으로 나누기도 하고, 운영 형태에 따라 몇 가지 유형으로 나누기도 한다. 그런데 온라인으로 교육하는 원격 수업 콘텐츠는 ① 자체 제작 콘텐츠 송출형, ② 기제작 콘텐츠＋교사의 설명형, ③ 기성 콘텐츠의 방출형 등 유형으로 나눈다.[48] 이러한 유형을 온라인 교과서 개념으로 끌어들이는 데는 지혜가 필요하다. '온라인 교과서' 종류, 사용 방법, 형태와 결부하여 세밀하게 논의할 여지가 많다는 말이다.

일반적인 교과서 개념, 즉 일정 완결된 형태(유기체)의 실체로서, 교과서 구성에서 일반 단계 절차나 특정 모형의 교수·학습 절차가 제시되어 있는데, 온라인 교과서에서는 이러한 모형이나 과정을 어떻게 제시할 것인가가 문제다. 내용 체계, 성취기준, 평가 등의 제시 수준과 방법도 마찬가지 해결 사항으로, 잘못하면 일반적인 디지털 교과서로 회귀하기가 십상이다. 이는 수업 지도안 과정과도 연결되는 사항으로 온라인 교과서의 개념에 관여하지 않을 수 없다.

자유발행제와 온라인 교과서의 관계 설정이다. 온라인 교과서는 자격 부여 검토 과정이 없으므로 실질적인 완전한 자유발행 교과서라고 하겠다. 초기 자유발행 교과서도 최소한의 집필자 자체 검토 과정을 거치는데, 온라인 교과서는 이러한 검토 과정을 어떻게 위치시키느냐가 논의의 대상이다. 그런데 온라인 교과서 존재 상황을 고려하면 검토한다는 자체가 불가능하다. 만들어 가는 교과서 개념—실체의 현시성(現示性), 즉 수업을 진행하면서 만들어 가는 실체뿐만 아니라, 미리 만들어 놓은 녹화물을 수업에 이용하는 등, 교과서 개념 규정에서 자유발행과의 관계를 제도 측면에서 해결해야 한다.

---

47) 안성훈 교수는 'e—교과서', 'e—교과서 3.0', '디지털 교과서'로 구분하고, 목적, 활용 환경, 교과 내용, 멀티미디어 등 10개 항목을 대비하여 각각의 특징을 설명하였다(앞의 연구, pp.261~262.).
48) 박창언, '원격 수업을 지원하는 유연한 교과서 모델'(『교과서 연구』 제102호, 2020) pp.19~21. 참조

디지털 교육환경에서 수업은 여러 가지 형태를 구현할 수 있다. 온라인과 오프라인 수업의 혼합(병행 수업), 즉, 블렌디드 러닝이 온라인 단독 수업보다 효율적일 수 있다. 이런 경우에 온라인 교과서 활용의 한계를 극복하는 기능을 교과서 개념에 포함하는 규정도 온라인 교육을 윤택하게 한다. 온라인 수업이 다른 어느 수업 형태보다 개방적이므로, 온라인 교과서 개념도 그만큼 개방적일 수밖에 없다고 하겠다.

온라인 교과서로서 자료(교수·학습)를 축적하는 방법도 거시적 차원에서 고려해야 한다. 학년, 학기 시작 전에 교육과정에 근거하여 학기별, 학년별 실라버스를 설계하고, 설계에 따라 순차적으로 학습 목표에 적합한 콘텐츠(자료) 수집, 교수·학습 설계, 평가 계획을 수립하고, 수업을 진행한 다음 이들 자료를 모두 종합, 축적하여 한 권의 온라인 디지털 교과서를 만드는 방법도 있다. 이때 온라인 교과서의 형태나 축적 방법은 기존의 그것과는 다를 수밖에 없다.

'교과용 도서에 관한 규정'에 온라인 교과서 개념과 이의 활용을 구체적으로 명시하여 온라인 수업이 본격적으로 활성화되는 뒷받침이 필요하다. 다양한 콘텐츠를 사용하기 위해서는 저작권 문제를 슬기롭게 해결해야 한다. 온라인 교과서의 제작과 활용에 대한 능력도 체계적으로 신장할 수 있는 시스템도 요구된다. 그러므로 온라인 교과서의 개념을 이론적으로 정립하여, 본격적인 콘텐츠 제작과 활용이 정착될 때까지는 교육적 연구와 지원, 연수가 지속해서 뒤따라야 한다.

<스마트/온라인 교과서 발전 과제>

이상에서 언급한 '온라인 교과서' 의미역 설정에 고려할 사항을 종합하고, 미래 지향 교과서의 개념, 기능, 활용과 결부하여 '스마트/온라인 교과서'를 발전시킬 과제를 다음과 같이 생각할 수 있다.

- ○ 온라인 교과서 개념에 교육과정의 위치와 반영 문제
- ○ 온라인 교과서 개념과 기능 규정에 관여하는 요소
- ○ 온라인 교과서 개념과 일반 교수·학습 자료와의 변별 문제
- ○ 온라인 교과서 개념과 기타 교육 자료와의 관계 설정
- ○ 온라인 수업과 여타 다른 수업 형태와의 관계와 구분

○ 온라인 수업에 따른 콘텐츠 선정, 제작 시간과 노력

○ 온라인 수업에 사용하는 교과서(콘텐츠) 품질 관리

○ 온라인 수업에 따른 실력 저하 간극(間隙) 좁히기

○ 온라인상 학생−교과서(자료)−교사 소통의 효율적 방법

○ 온라인상 대면 수업에 준하는 인간관계 형성 기법

○ 온라인상 콘텐츠의 자유로운 활용 방법과 기법

○ 온라인상 자유로운 콘텐츠 사용에 따른 저작권 해결

○ 온라인상 정확한 평가와 원활한 피드백 방법

○ 온라인 교과서 활용 콘텐츠의 체계적인 축적과 관리

이러한 과제가 원만히 해결, 정착되면 온라인 교과서의 개념은 자연스럽게 정립된다. 무엇보다도 학생 교사 간 **'효율적인 교육적 소통'**과 **'정감이 넘(충일, 充溢)치는 인간관계 형성'**은 온라인 교육을 활성화하고, '온라인 교과서 개념'을 정착하는 데 우선하는 과제다. 어찌 보면, 온라인 교과서 개념 도입은 기존 교과서의 교육적 존재 자체를 다시 정립하는 전환이라 하겠다.

그러나 오로지 온라인 교과서만이라는 도그마(dogma)는 교육에서는 금물이다. 온라인 교과서는 교육적으로 매우 유용한 하나의 교과서 형태이다.

3. 미래형 교과서 개념 변화와 개발학의 전망

가. 미래형 교과서 개념 변화와 대비

아침저녁으로 뜯어고치고 변한다.'라는 조변석개(朝變夕改)란 말은 부정적인 뜻으로 받아들이기가 쉽다. 그러나 이 말이 긍정적 뉘앙스로 다가오는 미래 사회가 목전에 와 있다. 눈을 비비고 다시 살펴보는 시간의 간격이 극히 짧아지는 교육환경의 변화도 멀지 않았다. 그리하여 "행동하지 않으면 미래학자가 아니다."라는 말을 들어 미래 교육의 변화에 미리 대비해야 한다고 유엔 미래 보고서는 다음과 같이 강조하였다.[49]

---

49) 박영숙·제롬 글렌 지음, 앞의 책(2016), p.330~334. '교육의 미래' 내용을 요약, 정리한 것임

인터넷은 호기심을 북돋우고 평생학습을 강화한다. 교육과 학습은 창의성, 문제해결, 기업가 정신, 관용, 공감, 지능 향상에 초점을 맞춰야 한다. 과학, 기술, 공학, 수학 등은 업무에 대한 기술적 요구가 커지는 속도에 맞춰 발전하면 된다.

대뇌에 관한 연구 프로젝트는 뇌 질환을 해결하고, 두뇌 기능을 개선하고, 더 나은 컴퓨터 시스템을 디자인하고, 두뇌와 컴퓨터의 상호작용으로 새로운 효과를 만들어낸다. 교육부서는 지식 습득과 사회화 외에도 지능의 향상을 국가적 목표로 선언해야 한다.

미래에는 뇌 기능과 지능을 향상하는 것이 가능하다. 지능의 향상을 돕는 플라세보 효과와 지속적인 피드백, 가상현실을 통한 지성인과의 접촉, 두뇌 향상 약물, 소프트웨어, 게임, 밈, 음악, 색상, 향기를 이용해 집중력을 높이고 추론 능력을 기르는 등, 뇌 기능을 향상하는 몇 가지 조건이 필요하다.

여기에 지식과 지능의 격차가 계속되는 것을 막기 위한 노력이 필요하다. 발전으로 탄생한 힘은 소수의 전유물이 되어서는 안 되며, 비민주적인 방식으로 남용되어서도 안 된다. 2050년까지는 인류 대부분이 향상된 지적 능력을 갖추고, 교육과 학습 시스템을 근본적으로 변화시켜야 한다.

사회와 교육환경의 변화, 이어지는 '교과서 환경' 변화는 교과서의 개념과 기능을 새롭게 요구한다. 이미 '교과용 도서에 관한 규정'에서도 "학생용의 서책·음반·영상 및 전자 저작물 등을 말한다.'라고 하여 논의의 폭을 넓혔다. 그러나 이러한 규정도 앞으로는 보완이 더 필요하다. 이미 '스마트/온라인 교과서'라 하여 학교 현장에서 사용과 활성화가 본격적으로 궤도에 오르고 있다.

이러한 변혁을 안착시키려면 미래형 교과서의 개념을 정확히 해야 한다. 앞서 교과서 기능 개념을 설명하면서 ① **과거**(변화시킬 수 없는 교과서, 서책형), ② **현재**(변화시킬 수 있는 교과서, 디지털형), ③ **미래**(고정된 형태가 없는 교과서, 스마트/온라인형)로 시간의 흐름에 따라 교과서 유형의 변화를 예견해 보았다. 미래에는 교사가 교육과정에 근거하여 다양한 교육 자료를 활용, 학습 목표 달성과 교수·학습 방법에 따라 교과서를 직접 만들어 교육하게 된다. 교과서 개념이 스마트/온라인 교과서처럼 획기적으로 달라진다.

이와 같은 교과서 패러다임 변화에 미래 또한 같은 차원에서 대비하는 행동을 요구한다. 특히, 국가는 물론 교육 공동체 모두가 미래 사회의 변화에 신속하게 대응해야 하는 당위와 책임이 따른다. 그러므로 미래에 다가올 사회의 변화 양상을 예측하고, 이에 신속하게 교육적으로 대비해야, 인간으로서 가치 있는 삶의 질을 보장받거나 국가발전의 기반을 다질 수 있다. 교과서 환경 변화에 다양한 정책 준비는 선제적이어야 한다.

- ○ 미래형 교과서 개념과 기능의 확립
- ○ 미래형 교과서 내용 선정과 구성체계 모색
- ○ 미래형 교과서의 외형(콘텐츠) 체제 구안과 실체화
- ○ 미래형 교과서 존재 방식 변화에 따른 교과서 활용 방법
- ○ 미래형 교과서 평가 및 질 관리(수정·보완) 방법
- ○ 미래형 교과서(서책형, 디지털 등) 상보적 존재 방법
- ○ 미래 사회에 합당한 교과서 발행의 자율화 정도
- ○ 미래형 발행체제(교과서 제도)의 발전적 구축
- ○ 미래형 교과서 개발체제에 따른 선정과 공급 방법
- ○ 미래형 교과서 적용에 합당한 학교, 교실 환경 구축
- ○ 미래학교 환경과 교과서 존재 방식 변화에 따른 통합 관리
- ○ 미래형 교과서 행정의 효율적 지원 체제 모색과 정립
- ○ 미래형 교과서 적용에 따른 합리적인 교육 제도 변화

이러한 준비에는 앞서가는 정책의 변화와 결정이 긴요하다. 특히, 교과서 발행제도와 디지털 교과서 적용 문제, 품질 관리는 선도적 대책이 필요하다. 단일한 발행 제도로는 교과서의 수요나 활용에 한계를 가져오므로, 이의 요구를 모두 감당할 수 있는 다양한 형태의 교과서 개발이 필요하다. 국정도서의 개발은 수요와 공급이라는 경제적 측면에서 필요하고, 검·인정과 자유발행 도서도 교육 발전을 위해서 중요하다. 교과서의 종류에 따라 어떤 제도가 이에 합당한가는 교육적 관점에서 합리적으로 결정하고 준비해야 한다.

지식·정보의 신속한 수용과 전달을 위해서는 디지털 교과서를 비롯한 다양한 교과서 개발이 필수적이다. 그러나 다양한 교과서 개발과 활용에는 선결해야 할 문제가 한

둘이 아니므로, 이의 해결을 위한 장치나 제도를 마련해야 한다. 서책형 교과서와 디지털 교과서의 상호 관계를 집필, 제작, 사용, 발행, 보급 등의 제반 측면에서 검토하는 것도 필요하다.

현재 디지털 교과서의 사용은 교육에 많은 변화를 선도하고 있다. 그러나 미래형 교과서의 실체가 방향성은 있어도 아직은 분명하지 않다. 따라서 미래형 교과서에 대한 품질 관리(수정·보완)를 위시하여 정책적 관점이 '이것이다'라고 가시화가 어렵다. 그러나 미래 교육의 변화에 조응하기 위해서 미래형 교과서의 실체가 분명해지는 것과 발맞춰, 교과서의 정책적 대비가 선제(先制) 체계로 정립되었으면 한다. 디지털 교과서가 미래형 교과서의 유일한, 전적인 대안인지도 여러 면에서 더 깊은 생각이 필요하다. 어쨌든, 스마트/온라인 교과서, 블렌디드 러닝이란 말이 낯설지 않은 것처럼, 변화에 능동적으로 신속하게 대처하는 자세가 요구된다.

나. 미래형 교과서 개념 변화와 개발학의 역할

1) 결합하는 교과서와 개발학

우주에 존재하는 모든 만물은 변화하지 않는 것이 없다. 모양과 색깔이 변하고, 형성의 구조가 달라지며, 관계하는 작용과 속도가 변화한다. 변화해야 살아남는다는 자연의 법칙은 교과서 생태계에서도 그대로 적용된다.

문명 발생 초기에는 학문의 개념 분화는 상상조차 할 수 없었다. 그러나 문명이 발전하면서 사회 구조가 다원화, 복잡해지고, 학문에서도 필요에 따라 자연스럽게 분화가 이루어졌다. 학문의 분화는 교육과정과 교과서의 분화로 이어졌다. 이러한 분화의 필연적인 연속은 중세를 거쳐 르네상스를 기점으로 학교 중심 교과서 개념으로 굳어져 왔다고 하겠다. 이전에는 일반적인 책(도서)도 교과서로 사용하였고, 학문의 분화 이름대로 교과서명이 붙여졌다고 하겠다.

이러한 분화가 결합의 경향으로 바뀌고 있다. 학문의 결합 경향은 물론 교과서에서도 결합의 경향이 뚜렷하다. 학문의 결합 주장이 근자에 강하게 느껴지지만, 이는 어제오늘의 현상이 아니다. 그러면서도 분화의 주장이 그르고 결합의 주장이 옳다는 고정 관념도 멀리해야 한다. 어느 것이 좋고 나쁜 것이 아니라, 상황에 따라 선택하는 방법으로 모두가 가치 있는 존재다.

교과서 패러다임 변화에 적극적으로 대응하는 학문적 배경을 이해하기 쉽게 다음과 같이 나타낼 수 있다.

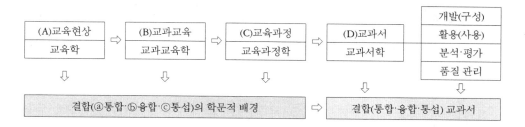

(A)교육 현상은 결합(통합, 융합, 통섭)하여 있는 현상을 뜻하고, (B)교과교육, (C)교육과정, (D)교과서도 마찬가지다. 즉, [(A)~(D)+(ⓐ~ⓒ)가 모두 '결합'이란 용어와의 관계가 성립한다. 이를 '융합'이란 말로 한정해 보면, 교과 교육 융합은 교육과정 융합에서 평면적 실체가 드러나고, 융합 교육과정을 근거로 융합 교과서가 가시적으로 드러난다. 그리하여 '통합 교과서', '융합 교과서', '통섭 교과서'는 서로 관계, 독립하면서 공존한다.

여기에서 '결합'이란 용어를 사용하여 설명의 편리함을 찾아보려고 한다. 결합의 사전적 의미는 "둘 이상의 것이 서로 관계를 맺고 합쳐서 하나로 됨"(동아)을 뜻한다. 그리하여 결합이란 말은 통합, 융합, 통섭을 포함하는 용어로, '결합 교과교육', 결합 교육과정', '결합 교과서' 개념도 마찬가지다. 같은 원리로 결합 교과서는 ⓐ통합 교과서, ⓑ융합 교과서 ⓒ통섭 교과서 종류로 나뉜다. 결합 방법과 법칙도 같은 개념과 원리로 분화한다.

결합 종류	결합 분야	학문 경계 관계	과학적 성격	결합 기술	결합 법칙
ⓐ통합	교과교육	경계 유지 결합	물리적 결합	통합 기술	통합 법칙
ⓑ융합	교육과정	경계 없이 결합	화학적 결합	융합 기술	융합 법칙
ⓒ통섭	교과서	경계 작용 결합	생물적 결합	통섭 기술	통섭 법칙

[결합 종류]: 교과서를 결합하는 방법, 즉 통합, 융합, 통섭 등을 말한다.

[결합 기술]: 통합, 융합, 통섭 등 교과서를 결합하는 방법이나 수단, 즉 기술(skill)을

의미한다. 결합 기술은 결합 종류와도 연관되며, 이외에 다른 방법도 생각할 수 있다.

[결합 법칙]: 결합 교과서를 만드는 기술, 절차나 원리, 방법 등을 하나의 규칙으로 설정한 용어다. 결합 기술의 체계화, 이론화의 의미도 띤다.

[결합 교과서]: 결합 기술과 법칙, 즉 통합, 융합, 통섭 등으로 만들어진 교과서를 통칭하는 용어이다. 결합 교과서는 결합의 종류, 기술, 법칙과 긴밀하게 작용한다.

교과서는 교육과정에 근거하여 개발하므로, 먼저 ⓐ~ⓒ 교육과정을 개발해야 한다. 물론, ⓐ~ⓒ교육과정 내용 체계도 확연하게 달라야 하는데, 이를 구분하여 개발하는 기술과 법칙, 원리를 찾고, 이에 따라 학문 간 경계를 통합, 융합, 통섭으로 결합하는 실체를 밝히는 역할이 교과서 개발학이다.

그런데 독립적, 개별적, 사전적 의미와 교과서 개발에 이들이 작용하는 관계 의미는 실제 측면에서 다르다. 통섭 개념을 제외하고 통합, 융합의 구분과 교과서 구성(교재화)에서 어떻게 조직화할지 등의 연구가 어느 정도 진척되었다고는 하지만, 실제 만족할 정도로 실체화되기에는 좀 더 많은 시간과 이론화 과정이 필요하다고 하겠다.

교과서 결합도 교과 내 결합과 교과 간 결합이 있다. 2015 교과과정 국어과에서 초등학교 '듣기·말하기', '읽기', '쓰기'가 '국어'로, 고등학교 '화법', '작문'이 '화법과 작문'으로 통합하였다. 초등학교, 중학교 사회/과학 과목은 통합 교과서이고, 고등학교에서는 아예 공통 과목으로 교과서명을 통합사회, 통합 과학이라 하였다. 교과 간 결합은 초등학교 '바른 생활', '슬기로운 생활', '즐거운 생활', 중·고등학교 기술·가정은 결합 법칙을 적용한 교과서이다.

지금까지는 결합 교과서는 주로 서책형 중심으로 논의되었으며, 방법론과 형태, 내용 구조에서 이론적으로 합일할 여지가 남아있다. 앞으로는 디지털 환경에서 결합 교과서가 실질적인 모습으로 교육의 장에 등장해야 한다.

여기에서 유념해야 할 점은 교과서 결합이 미래 교과서 주류 형태로 남는 것이 아니라는 점이다. 교과서 결합은 학교 교육에서 교육의 효율을 증대하는 하나의 방편이지, 전적으로 교수·학습 매개 자료로서의 성격을 지니지는 않는다. 또 과거에 교과서가 일반 책과 구분 없이 교과서로 사용된 것처럼, 일반 책이 교과서로 대체되는 상황을 전혀 무시할 수만은 없다. 특히, 학교 교육이 평생교육으로 연장되면, 교과서의 기능과 역할도 평생교육 차원으로 변화, 발전할 수밖에 없다. 일반 책이 교과서 기능을 대신하여, 교과서와 일반 책의 구분이 교육 현장에서 사라진다는 말이다. 물론, 이러한 예측도 교과교육, 교육과정, 교과서 위상과 관련하여 논의할 문제다.

이상은 미래 교과서 개념이 이렇게 변화한다는 하나의 가정이다. 그러나 과거 교과서 발달사의 내면을 참고하고, 미래 교과서 개념 변화에 따른 교과서 역할을 예측하여 미리 대비하는 것도, 개발학의 연구 영역이면서 해결해야 할 과제라고 하겠다.

2) 만들어 가는 교과서와 개발학

사회, 교육, 학교(교실) 환경의 변화는 교과서 형태와 사용 방법의 변화를 요구하거나 강요한다. 반대로 능동적으로 변화를 반영하여 교육환경을 미래 지향적으로 바꾸고, 이에 교과서 형태와 기능을 맞추어 보기도 한다. '만들어 가는 교과서 개념'도 이러한 변화 모습의 대표적인 사례 하나이다.

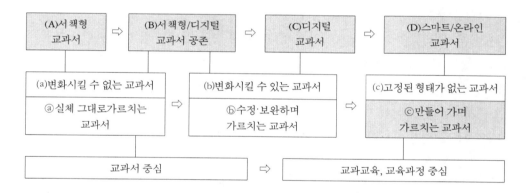

(A)⇨(B)⇨(C)⇨(D) 방향은 설명을 위한 진행 과정으로, (a)/ⓐ⇨(b)/ⓑ⇨(c)/ⓒ와도 밀접하게 관계한다.

만들어 가는 교과서는 원격 수업, 온라인 수업에 필요한 교과서의 한 형태이다. 현대에는 지식·정보의 신속한 유입으로 사회 적응력을 빠르게 높여야 한다. 학습자의 흥미, 수준과 요구, 이에 합당한 다양한 학습 자료의 활용이 신속하게 이뤄져야 한다. 이에 학습자가 주도적으로 학습해야 하는 교육 체제의 변화, 다양한 교육 자료를 언제나, 어디에서든지 끌어 사용할 수 있는 역동적 상황에서 '만들어 가는 교과서'의 등장은 필연적이라 하겠다.

그런데 여기에는 현실적으로 해결해야 할 문제가 많다. 먼저, 만들어 가는 교과서 개념의 정립이다. 앞서, 이에 대한 개념과 의미 범위, 이를 정립하는 데 관여하는 여러 요건을 살펴보았지만, 규정하기 쉬운듯하면서도 변별 자질을 돋우어 내기가 쉽지는 않다. 즉, 만들어 가는 교과서 의미역은 '(D)=ⓒ=ⓒ'만을 가리키는 것이 아니고, 자료 활용과도 관계되는 역동적 방법으로 해결하는 방식을 모색할 필요가 있다. 교과서와 관련하여 '만들다'라는 뜻은 '개발하다', '구성하다'라는 일반적인 의미도 있지만, '창조하다', '새롭게 하다'라는 뜻으로 발상의 전환을 요구하는 측면도 있어, 가볍게 넘어갈 문제는 아니다.

좀 더 넓혀 생각하면, 만들어 가는 교과서는 온/오프라인상 수업을 진행하면서 모양새를 갖추어 가는 교과서 개념만은 아니다. 사용할 교과서가 아예 존재하지 않아 만들어 가는 교과서, 관련 교과서가 이미 존재하는데 만들어 가며 수업을 하는 경우 등, 만들어 가는 시간과 공간에 따라 개념 규정이 달라진다. 이러한 여러 상황을 종합하여 그 개념을 구체화하는 것이 필요하다.

다음으로, 만들어 가는 교과서의 유형, 형태(형식)와 만드는 방법과 관련한 부분이다. 만들어 가는 교과서에 방법, 형태라는 용어를 사용하는 자체가 어울리지 않는 듯하다. 그러나 원래 교과서가 서책형, 디지털이라는 형태 개념으로 만드는 과정과 방법이 존재하는데, 이러한 개념의 연장에서 만들어 가는 교과서의 형태와 방법을 생각해 보는 것은 무리가 아니다. 즉, 만들어 가는 과정이 있으니까 그 부수 산물로 남는다는, 결과에 따른 교과서 형태요 방법이라는 말이다.

여기에 학습 목표 설정을 기반으로 학생 수준과 흥미를 고려하고, 디지털 교수·학습 여건과 환경, 교수·학습 방법과 절차, 자료 활용과 접근 방법을 어떻게 할 것인가 등 만들어 가는 교과서 수업 환경에 심사숙고할 사항이 너무 많다. 교수·학습 과정이 교과서를 만들어 가는 과정이므로 이의 상호 작용이 교과서의 개념, 활용과도 필연적인 관계를 이룬다. 특히, 학생—교사 간 소통 방법, 소통으로 빚어진 학습 결과 처리 방법 등은 새로운 발상을 요구한다.

이상에서 정리해 본 만들어 가는 교과서의 개념과 형태, 여러 학습 환경 요소, 학습 결과 마무리 등은 체계적인 연구와 이론화가 필요하다. 이렇게 만들어 가는 교과서의 실체를 밝히고, 현장에 정착을 순연하게 하는 것은 개발학의 연구 영역이다. 만들어 가는 교과서는 그 개념과 기능, 활용 방법, 평가 등 모든 국면이 기존과는 달라야 하는 전문적인 연구가 무엇보다도 필요하다는 말이다.

3) 체험하는 교과서와 개발학

교육은 인간이 '존재자'로서 인격을 형성하는 과정이며, 인식과 경험이 중요한 역할을 한다. 인간은 가치 있는 삶, 행복한 생활을 영위하려고 교육이라는 수단을 만들었다. 그런데 이러한 수단은 내면적인 소질을 끌어내어 자기 발전을 도모하기도 하고, 바람직한 인간 형성의 목적을 향하여 사회 공동체 일원으로 존재하며 살아가도록 끌어올리기도 한다.

그런데 밖으로 끌어내고, 끌어올리는 구체적인 교육 수단의 하나가 교과서로서, 그 기능과 역할은 언제나 인간 가까이에서 참모습으로 영향을 발휘한다. 구체적으로 교과서는 소통하는 관계에서 인간에게 빛을 발하며 힘으로 작용하고, 성장과 변화를 도모한다. 이러한 힘은 경험이라는 실제성과 결합할 때 더욱 강력해진다. 교육은 내부 자연적인 성장의 힘과 외부 경험이라는 힘으로 이뤄지는 인간 형성의 과정인데, 교과서가 이러한 힘을 연결해 주는 작용의 고리이다.

교과서에 담겨 있는 지식과 정보는 실생활 경험과 연결하여 삶을 윤택하게 하고, 옳고 그름을 선별하는 지혜로 발전한다. 어찌 보면, 교과서(내용)를 '듣고-말하고-읽고-쓰고' 하는 행위 자체가 지식과 지혜를 경험으로 연결하게 한다. 교수·학습이라는 소통 과정과 실험, 실습이라는 활동에서 실제 상황을 체득하기도 하는데, 이러한 모두가 교육적 상황에서의 체험이다.

교육의 정의는 학자 간에 이론이 분분하고 동서고금(東西古今)을 막론하고 논쟁도 다양하다. 그중 하나를 강조해 보면, 교육이 경험을 담보하지 않으면 허망한 이상과 이론에 불과하다. 경험은 머릿속의 지식을 생활의 지혜로 바꾸며, 조화로운 삶을 지향하여 충동한다. 교과서는 기본적인 지식과 지혜를 담고 있으면서 지식을 지혜로, 지식과 지혜를 경험으로 옮겨가게 하는 기제이다.

현대는 이러한 교육적 경험이 더욱 실제성 띠기를 요구한다. 특히, 디지털 교육환경에서는 더욱 그러하다고 하겠다. 교육에서 경험(experience)은 플라톤과 아리스토텔레스를 포함하여 고대로부터 교육의 문제, 즉 '아는 것(knowing)'과 '하는 것(doing)' 사이의 관련 문제를 언급하면서 현대까지 줄곧 논의됐다고 하겠다.[50] 어찌 보면 인간은 '교육적 존재'면서 '경험적 존재'이다. 그러므로 경험은 인간교육에서 필수 불가결의 요목으로 작용한다.

그중 존 듀이처럼 경험의 문제에 관심을 보인 사람도 많지 않다. 그는 경험을 인간이 존재를 유지하려는 삶의 본질로 여기고, 능동적 측면에서 '해 보는 것', 수동적 측면에서 '당하는 것', 또는 '직접적(immediate) 경험'과 '매개된(mediated) 경험'으로 구분하기도 하였다. 그리하여 이상적인 성장을 가져오는 교육관으로 "교육을 경험의 끊임없는 재조직 또는 재구성"으로 보는 관점이라 하고, 교육은 언제나 즉각적인 목적으로 "활동이 교육적인 성격을 띠는 한, 그것은 반드시 그 목적─즉, 경험의 질의 직접적 변형─에 도달한다."[51]라고 천명하였다.

듀이는 '직접적 경험'을 상징적 매체를 통해서가 아니라 우리가 생생하게 직접 참여하는 경험이라 하고, '매개된 경험'을 보조 수단에 의하여 얻어지는 경험이라 하였다. 경험의 구분과 의미에서 해석과 이해에 차이가 있을 수 있지만, 경험을 강조하는 목적 지향은 같다고 하겠다.

그리고 듀이는 사회적으로 유익한 일과 결부하여 과학과 경험을 연결하려고 하였다. 그리하여 경험에서 과학이 어떤 위치를 차지하는가를 살피면서, "과학은 습관적 목적에 대한 추종으로부터 마음을 해방시키며, 새로운 목적을 체계적으로 추구할 수 있게 해 준다."라고 하면서, '진보의 산 원동력'이라 하였다. 그리고 "보다 중요한 형식의 진보는 이전의 목적을 더 풍부하게 하고, 새로운 목적을 형성하는 것이다."[52]라고 강조하였다.

이러한 주장이 미래 디지털 교육환경을 예상하여 한 말은 아니다. 현대의 교육환경에 합목적성으로 맞아떨어지는 의미는 더욱 아니지만, 교육에서 체험을 강조하여 미

---

50) 존 듀이(John Dewey), 『민주주의와 교육(Democracy and Education)』(개정·증보판), 이홍우 번역·주석, 교육과학사, 2007) p.389.

51) 존 듀이, 앞의 책, pp.140~141.
    이홍우 교수는 '경험의 끊임없는 재구성', '경험의 질의 직접적 변형'을 '인간은 환경에 능동적으로 작용하는 동안에 그 경험이 질적으로 변화된다.'라고 주석하였다. 『민주주의와 교육』은 경험 문제를 요소요소에서 심도 있게 다루고 있다. 특히 '제11장 경험과 사고', '제12장 교육에 있어서의 사고', '제17장 교과로서의 과학', '제20장 이론적 교과와 실제적 교과'에서 많은 시사점을 제공한다.

52) 존 듀이, 앞의 책, p.339.

래 지향 교과서 변화에 논리 전개의 방편으로 이용해 보고자 한다.

미래에는 생활 경험, 체험을 중시하는 교육의 요구가 강해지라 생각한다. 그런데 이미 디지털 사회에서 가상으로 현실을 체험하는 과학적 교육 시스템이 적용되어, 이른바 **'체험하는 교과서'** 탄생이 가능하게 된 것이다.

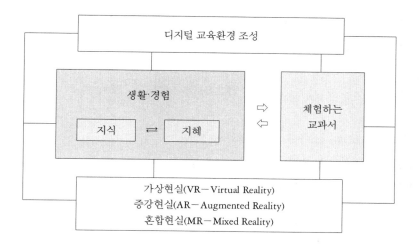

가상현실(VR)은 컴퓨터에 만들어 놓은 인위적인 가상 환경(공간)에서 사람이 실제 현실 체험을 느낄 수 있도록 하는 상황이나 기술을 말한다. 증강현실(AR)은 실제로 존재하는 환경에 가상 객체(사물/정보 등)와 결합하여, 실재 환경에 객체가 존재하는 것처럼 보이게 하는 상황이나 기술이다. 가상현실은 실재하지 않는 환경, 증강현실은 실재하는 환경에서 현실 감각을 느끼게 하는 차이라고 하겠다. 혼합현실(MR)은 가상현실과 증강현실을 결합한 형태로 아직은 실용화하기엔 여건 조성이 필요하다.

VR, AR, MR은 공통으로 사람들이 일상에서 경험하기 어려운 상황을 설정하고, 실제 체험해 보기 위해 주인공이 되어 직접 조작해 본다는 점이다. 현재에도 이러한 기술을 교육의 여러 분야에서 활용하고 있지만, 이러한 경험의 실제성을 교과서에 끌어들이는 것이 '체험하는 교과서' 개념의 도입이다.

이는 현재의 교과서 개념에서 더 나아가, 발상의 전환을 상당히 요구하는 미래형 교과서 기능과 형태이다. **'살아있는 교과서'**, **'움직이는 교과서'**로서 실제 체험을 시스템에 담아내는 **'입체 교과서 개념'**이다. 듣고, 말하고, 읽고, 쓰기를 동시에 작동할 수 있는 교과서, 즉 학습자가 필요 사항을 언제나, 어디에서든지 질문하면 대답해 주는 교과서다. 시간이 흘러 미래에는 오감을 실제 상황과 똑같이 느낄 수 있는 교과서 등장도 가능하다. 이렇다고 보면 '가상 체험 교과서', '증강 체험 교과서', '혼합 체험 교과서'라는 용어 출연도 가능하다.

학문적 영역을 허무는 '① 결합하는 교과서' '② 만들어 가는 교과서', '③ 체험하는 교과서' 개념 정립과 실제 개발은 모든 교육학적 이론과 과학 분야의 도움, 정책적 지원 등 총체적 울력으로 심층적인 연구가 필연적이다.

미래학교/교실/수업 환경에서 이들 [①-②-③] 교과서는 교수·학습(수업)이란 소통 상황에서 상호 작용 관계로 존재한다고 볼 수 있다.

[① 결합하는 교과서]: 만들어 가면서 체험함
[② 만들어 가는 교과서]: 결합하면서 체험함
[③ 체험하는 교과서]: 결합하면서 만들어 감

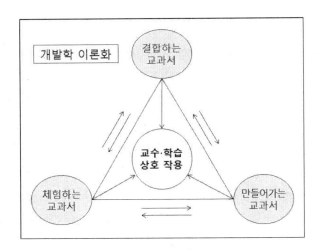

결국, [①-②-③]은 동시에 상호 작용하며 상보적으로 존재한다. 통합하는 법칙, 만들어 가는 법칙, 체험하는 법칙으로 각각 독립하여 작용하면서, 상보적으로 합체(合體)하는 법칙으로 작용한다. 이들 법칙을 이론으로 정착하도록 연구하는 분야가 개발학이다.

그런데 순수와 응용, 인문과 자연에서 학술적, 이론적으로 가능성을 진단하고, 관련 전문 분야 전문가의 협조, 교육 현장에서 실험이라는 실제성을 확보하지 않으면 안 된다. 특히, '체험하는 교과서'는 차원을 달리하는 내용구성, 현장 적용에 필요한 학교, 교실 등 교육환경 조성, 학생─교사의 활용 능력 배양, 교과서 유형 개발 등 미리 준비해야 할 사항도 한둘이 아니다. 이러한 모든 사항을 분석, 연구하고, 적용의 절차와 준비까지도 제시하는 것이 개발학의 임무이다.

개발학이 이러한 연구와 현장성 확보가 원만하게 이루어지면, 미래 교과서로서의 위치도 자연스럽게 자리 잡을 수 있다. 미래 교과서의 개념 변화에 대비하여 교사의 전문성 역량을 미리 함양하고, 이를 위한 체계적인 양성도 넓게 보면 교과서 개발학의 영역이라고 할 수 있다.

V. 미래 지향 교과서 정책과 개발학의 가능성

1. 교과서 패러다임 변화와 정책적 대비

가. 교과서 제도 개선과 정책적 대비

1) 교과서 제도 개선의 전제 조건

'교과서 제도'는 교과서와 관련한 구조 체계, 형태 등을 말한다. 여기에는 교과서 종류와 자격 부여, 편찬 및 발행 체계, 선정과 공급, 품질 관리를 비롯하여 정책 및 법률 지원 등 모든 사항을 망라한다.

미래 대비 교과서 제도 개선과 발전 방향은 세 가지 관점에서 접근할 수 있다. 먼저, ① 미래 한국교육의 방향이 무엇인지를 구체적으로 밝히고, ② 이에 기반을 둔 바람직한 교과서 제도 실체가 무엇인지를 파악한 다음, ③ 그 실체를 구현하기 위한 방법론을 세부적으로 찾아보는 순차적 안목을 유지해야, 그 개선 방향 설정이 바르고 확연해진다.

첫째로, 미래 교육의 변화에 대응하는 전략으로서의 교과서 제도를 모색해야 한다. 그동안 교과서 제도에 대한 논의는 관점을 달리하면서 꾸준히 이어져 왔다고 하겠다. 교과서를 제도화하는 목적이 학교 현장에서의 교육의 성과를 최대한으로 높이는 데 있다면, 교과서 위상에 관한 문제와 함께 일련의 교과서 편찬, 편수, 발행 등에 관한 시스템화는 중차대한 일이 아닐 수 없다.

그런데 이와 관련한 연구를 참고해 보면 대체로 국정, 검·인정, 자유발행제에 대한 언급이 주된 내용으로 되어 있다. 교육과정의 개정에 따른 발행제의 변화를 통계적으로 제시하고, 교과서 구분의 원리와 제도적 특징을 주로 설명하였다. 그리고 특정 교과서 제도의 필요성이나 개선 방안을 중점적으로 연구한 것들이 대부분이다.

더구나 대체로 회고적, 반추적(反芻的) 연구 방법론이 강조되어 당시를 기준으로 문제점의 해결 방안 제시가 주류를 이루고, 교육의 변화 양상에 대비하여 교과서 제도에 대한 미래지향적 언급은 좀 미미하다고 하겠다. 그리하여 교과서 제도에 대한 예상적·대비적 내용과 대응적·변화적 제시가 본격적이지 못하여, 제도의 획기적 변화를 유도하지 못한 인상을 지울 수 없다.

둘째로, '교과서 제도' 의미역을 확연하게 설정하고, 이에 기초하여 교과서 제도를 개선해야 한다. '교과서 제도'는 '교과서와 관련한 제도', '교과서에 대한 제도', '교과서의 제도'를 말한다. 이를 달리 일반적으로 '교과서 편찬제도', '교과서 발행제도'라고 말하기도 한다. 그러나 '교과서 편찬제도'나 '교과서 발행제도'라는 말은 '교과서 제도'라는 용어보다도 그 의미를 한정하여 사용하는 것이 현실이다. 여기에 더 넓은 보편적 의미로 편수하는 사람을 중심으로 하여 '교과서 편수 제도'라고 통칭할 수도 있으나 일반적인 용어는 아니다.

다른 각도에서 이를 **'교과서 지위 구분'**이란 용어를 사용하기도 한다.[53) 그러나 지금까지 논의나 주장을 살펴보면, 교과서 지위 구분도 국정, 검정, 인정, 더 나아가 자유발행제에 대한 논의에 한정하는 경우가 대부분이다. 즉, 이러한 구분의 정당성과 확대 적용에 대한 장단점을 적시하는 논리 논쟁이라 하겠다. 그러나 교과서 지위 부여에 대한 근거, 구분 결정에 주장과 이해가 다를 수 있으므로, 실제 이들 주장대로 도입, 적용하기에는 상당히 어려운 문제를 내포하고 있다. 그런데 교과서 지위 구분의 문제도 역시 교과서 제도의 의미역과 깊은 관계를 유지하지 않으면 안 된다.

교과서 제도의 의미역을 분명히 하는 것은, 이를 정책화하는 방법은 물론 교과서 질을 개선하는 기제로서 작용하기 때문이다. 따라서 유사 용어와의 의미역 대비에서부

---

53) 이 용어는 홍후조 교수가 인정도서의 제도적 발전 방안을 논하면서, '교과서 지위 구분의 전제, 문제점과 개선 방안, 준거 탐색' 등 용어에서 사용한 말이다. 여기에서의 지위는 '국정', '검정', '인정'을 뜻한다('교과서 인정제의 제도적 개선 방안에 관한 연구', 교과서연구재단, 2006.12.). p.69.~75.

터 '교과서 제도'의 의미 범주를 확연히 하는 것은, '미래 한국교육의 방향'과 '교과서 제도 발전 방안'의 도출에 상호 보완적 역할과 방법론이 될 수 있다. 따라서 '교과서 제도', 교과서 '발행제도', '편찬제도', '편수 제도'의 의미 차이도 법률적으로 확연하게 구분하고, 정책 용어로서 각각의 지위를 부여하는 것도 필요하다. 단어 조합상 어의적으로 '교과서', '발행', '편찬', '편수' 의미를 강조한 제도로 구분하는 방법도 이해하는 데는 지장이 없다.

셋째로, 미래 한국교육의 방향 설정에 따른 교과교육, 교육과정과 교과서의 상관성을 고려하여 교과서 제도 변화를 추구해야 한다. 교과서 제도는 학교 교육에서 교과서 위상을 어디에 두느냐에 따라 그 중요도가 달라진다. 즉, 교과 교육과정의 내용 기준, 교사의 교육 수행 기준, 학습자의 성취기준 등을 어떤 기준에 의하여 교육을 선도하느냐이다. 그런데 교육과정은 교과서 집필에서 결정적 역할을 하므로, 교과서는 교육과정에서 제시한 교육 목표, 방법, 평가 등을 기본적으로 받아들이고 구현해야 한다.

따라서 교과서는 교육과정의 기본 성격에 따라 달라질 수밖에 없다고 하겠다. 그런데 교육과정의 기본 성격은 총론, 각론을 포함하여 교과(교육)의 성격에 좌우되므로, 교과서 제도도 교과의 성격에 따라 다양한 형태를 모색하는 것이 가능하다. 국정, 검정, 인정, 자유발행제의 논의가 바로 여기에서 시작된다고 하겠다.

더구나 '미래 한국교육의 방향'과 '교과서 제도'를 연결하면 생각해 보아야 하는 변인은 더욱 확대된다. 교과서 제도는 교육의 변화를 주도하든지 아니면 이를 반영해야 하기 때문이다. 따라서 ① 미래를 지향한 교육의 변화, ② 이를 반영한 교육과정, ③ 이 모두를 구현한 교과서, 여기에 ④ 이를 시스템화한 교과서 제도가 유기적으로 관계하는 것이 이론적으로 필요하다고 하겠다.

넷째로, 교과서 제도는 법률의 뒷받침으로 추진과 정착에 힘을 실어야 한다. 제도는 체계와 형태를 잡아 일관성, 연속성으로 추동해야 효과를 나타낸다. 법률과 규정은 지원 체계를 확립하고 추진의 근거와 방향을 잡아 준다. 이러한 버팀목은 출발에서부터 가속도를 붙이고 장애물을 돌파하는 힘으로 작용한다.

법령과 규정은 긍정적인 면이 강하지만, 그 속성상 통제와 관리의 수단이 되기도 한다. 적용과 운용의 묘법을 살려 통제와 관리를 지원과 협력으로 이끌어, 교과서 정책이 보신의 영약(靈藥)으로 작용하게 하는 지혜가 필요하다.

2) 교과서 발행제도의 역동성 확보

품질 높은 교과서 개발을 위해서는 국가의 정책 방향이나 이를 지원하는 배려가 의도적으로 뒷받침되어야 한다. 정책 방향이 어떻게 가시화되고 지원이 원활한가에 따라 교과서 품질도 달라지고, 나아가 교육의 질적 변화도 획기적으로 도모할 수 있기 때문이다. 결국, 교과서 정책 방향은 직간접으로 교육의 성패와도 관계한다.

교과서 정책 중에서 발행제도가 교육의 본질적인 문제와 직결된다면, 그 개념도 단선적인 정의에서 탈피하여 교과서 개발의 설계 단계에서부터 학교 현장에서 선택·사용되기까지, 관련되는 모든 요소를 포함하는 의미 범주로 확대하는 것이 좋다. 그리하여 좋은 교과서를 개발하기 위해서는 **'발행제도의 역동성'** 확보가 최선의 방책(方策)이라 여기고, 발행체제에서 역동성 확보가 무엇인지 그 실체를 생각해 보고자 한다.

발행제도의 역동성 확보는 다음과 같은 환류(feedback) 과정에서, 각 단계에서의 역학 관계를 상승적으로 작용하도록 제도적 장치를 마련하는 것이다. 즉, 교과서 개발 계획의 수립(Plan)에서부터 개발(Development), 사용(Use), 그리고 교과서 평가(Assessment)까지 환류 체계를 유기적으로 조직하고 탄력적으로 운영하는 것을 말한다.

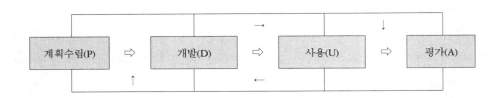

'(P)→(D)→(U)→(A)'는 교과서 존재를 일련의 순차(順次)로 도식화해 본 것이다. 그러나 개발체제의 개선을 위해서는 순차적인 작용을 역동적인 작용의 틀로 전환하여 생각해야 한다. (P) 단계에서는 (D), (U), (A) 단계를, (D) 단계에서는 (U), (A) 단계를, (U) 단계에서는 (A) 단계를, (A) 단계에서는 (P), (D), (U) 단계를 연결하여 개선 점을 짚어 봐야 한다.

이와 같은 역동성의 확보는 '국정, 검정, 인정, 자유발행'이라는 교과서 발행(도서) 구분에서도 같은 차원으로 찾아보는 것이 가능하다. 그런데 역동성의 확보는 이러한 구분이 교과서의 저작 및 사용과 관련한 제도상 임의적 분류일 뿐이라는 생각에서 출발한다.

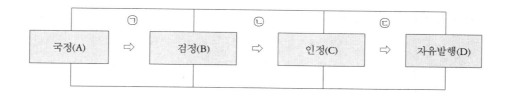

일반적으로 '국정(A)⇨검정(B)⇨인정(C)⇨자유발행(D)'의 순차는 국가의 간섭이
약화하는 단계로 생각한다. 이들 이외에도 다양한 제도 유형을 구상할 수가 있다. 이
들 구분의 경계에 해당하는 제도도 상정하는 것이 가능한데, 국정과 검정이 혼합된 제
도(㉠), 검정과 인정 중간 형태의 제도(㉡), 인정과 자유발행 제도가 혼합된 제도(㉢)
등 다양한 형태를 생각해 볼 수 있다. 현재 이러한 제도도 어떤 면에서는 시행되고 있
다고 볼 수 있으나, 더욱 심층적인 연구로 구체적인 모습을 밝히고 이의 효용성을 검
증할 필요가 있다.[54]

그리고 '[A], [B], [C], [D]' 각각의 존재를 정책적 가치로 다음과 같은 역동적 구조의
상관관계로 생각해 보는 것도 가능하다.

① [A+B+C+D]: [A], [B], [C], [D]를 동등한 관계로 여기는 방법

② [A+(B, C, D)]: [A]를 중심으로 하고 [B], [C], [D]는 부수적 방법

③ [B+(A, C, D)]: [B]를 중심으로 하고 [A], [C], [D]는 부수적 방법

④ [C+(A, B, D)]: [C]를 중심으로 하고 [A], [B], [D]는 부수적 방법

⑤ [D+(A, B, C)]: [D]를 중심으로 하고 [A], [B], [C]는 부수적 방법

⑥ [A>B>C>D]: [A], [B], [C], [D] 순으로 비중이 높음

⑦ [B>A>C>D]: [B], [A], [C], [D] 순으로 비중이 높음

⑧ [C>A>B>D]: [C], [A], [B], [D] 순으로 비중이 높음

⑨ [D>C>B>A]: [D], [C], [B], [A] 순으로 비중이 높음

---

54) 시·도교육청 개발, 출원 인정도서는 국정, 검정의 성격이 가미된 인정도서라고 할 수 있다. '자유발행
인정도서'란 용어를 사용하기도 하고, '인정 제도 완화를 통한 교과서 자유발행제 현장 안착 방안 연
구'(윤지훈 외, 한국교육과정평가원, 연구보고 CRT 2020-1)란 연구 제목도 이에 해당하는 용어 사
용의 예라고 하겠다.

이외에도 [A], [B], [C], [D] 조합은 무수히 많으나, 대표적인 것을 제시해 보았다. ①은 교과목의 성격, 사용의 특수성, 예산 책정에 따라 대등한 관계에서 발행 방법을 정하는 방법이고, ②~⑤는 하나의 방법을 모든 교과목에 적용하는 것을 원칙으로 하되, 특수한 경우에 예외를 인정해 주는 방법이다. ⑥~⑨는 의도적으로 하나의 발행 방법을 우선하여 비중에 순차를 정하여 배분하는 방법이다. 자유발행제 도입 '⑤ [D+(A, B, C)]'에서도 여러 가지 다른 조합 형태를 생각해 볼 수 있다.

어찌했든, 방향성이나 비중을 고려하여 어느 하나의 방법을 강조하기보다는, 교과목의 특성에 따라 역동적으로 다양한 방법을 동원하는 것이 교육의 경제성, 효용성을 확보하는 길이다. 자유발행 교과서도 국정, 검정, 인정 교과서처럼 공통으로 좋은 교과서 개발을 지향한다. 그런데 다양한 형태의 창의적 교과서를 접할 수 있다는 긍정적인 측면도 있지만, 품질 관리 측면에서는 해결해야 할 과제가 한둘이 아니라는 점도 간과해서는 안 된다. **'발행 자율과 품질 관리의 상관관계'**를 도식화해 보면 다음과 같다.

높음 ↑ 발행 자율 ↓ 낮음	높은 발행 자율 약한 품질 관리 **(자유발행)** I	높은 발행 자율 강한 품질 관리 **(검정)** II
	IV	III
	낮은 발행 자율 약한 품질 관리 **(인정)**	낮은 발행 자율 강한 품질 관리 **(국정)**

약함 ← 품질 관리 → 강함

이러한 도식이 타당한가는 차치하고, 자유발행제도 국정, 검정, 인정에서처럼 그 정도에 차이는 있어도 품질 관리의 대상이 된다는 점을 나타낸다. 앞으로, 품질 관리의 대상으로 삼을지의 여부, 삼는다면 어느 수준에서 할지를 결정해야 한다. 이점이 자유발행 도입의 주된 관건으로 학계, 학교 현장 등 중지를 모아야 할 중요한 과제의 하나이다.

위에서 언급한 교과서 개발의 거시적 절차와 마찬가지로 이들 각 제도나 단계 내에서의 미시적 측면에서도 그 역동성을 확보하여 교과서의 품질을 높일 필요가 있다. 따라서 현재 주로 위탁개발 방법을 채택하고 있는 국정 교과서의 개발 절차나 운용 방법, 개발 종수도 변화를 줄 수 있다. 검·인정의 세부적인 심사 기준이나 절차도 합목적이면서 다양하게 제시할 수 있는데, 일정 수준에 이르면 모두 합격시키는 방법도 이에 해당한다. 그리고 개발과정에 관여되는 요건 중 시간과 공간의 제약을 슬기롭게 벗어나는 것도, 좋은 교과서 개발을 위한 기본적인 역동성의 확보이다.

나. 교과서 패러다임 변화와 정책의 유연성

4차 산업 혁명 시대 등 미래를 대비하여 발행체제 개선의 방향을 여러 측면에서 상정할 수 있다. 앞에서 언급한 '좋은 교과서' 개념을 바탕으로 논의를 출발시키는 것도 하나의 방법이라 하겠다. 좋은 교과서 개발은 교과서의 품질과 수준을 어떻게 가시적으로 설정하고, 이를 구현하기 위하여 어떠한 제도를 도입하여 역동적으로 운용하느냐에 달렸다. 이러한 정책과 제도 변화는 시대의 변화에 대응하는 유연성을 발판으로 삼아야 효과를 극대화할 수 있다. 다음은 이러한 관점에서 개략적으로 교과서 정책 변화의 기본 방향을 정리해 본 것이다.

첫째로, 교육과정과 교과서 개발과의 유연성 관계를 획기적으로 새롭게 정립하여야 한다. 지금까지 교육과정이 개정되면 교과서도 이에 따라 일제히 개편되는 관계를 유지하였다. 그러나 지식의 생산과 전달이 급변하는 현대에는, 새로운 지식을 빠르게 교육과정에 흡인하고, 다시 이를 교과서로 구조화하는 신속성이 새로운 관계 정립의 요체이다. 따라서 교육과정과 교과서 개발과의 관계를 '상시 개정－수시 개편(수정·보완)' 체제라는 유연성의 관계를 발행체제 개선에서 최우선의 과제로 삼아야 한다. 그러나 이를 정책적 언명에 그치지 않고 완벽하게 실현하는 데에는 선결 과제가 너무 많다.

둘째로, 교과서 개발의 다양성·자율성·전문성 확대와 품질 관리와의 슬기로운 관계 설정이 필요하다. 교과서 개발의 다양성과 자율성 확보는 좋은 교과서를 담보할 수 있다. 국가에서 주도적으로 교과서를 단일 종으로 개발하는 방식은 교육의 창의성을 제한할 우려가 크다. 교과서 내용이나 외형 체제를 어떤 방법으로든지 제한하는 것은 바람직하지 않다. 반면에, 교과서 수를 무한정 다양화하고, 집필자의 자율성과 전문성을 무제한 용납하는 데에도 문제가 있어 보인다.

자율성과 창의성, 전문성을 발휘하도록 보장하는 것과 일반성과 보편성, 영원성을 구현하도록 조장하는 것과 어떻게 조화를 유지할 것인가를 교과서 발행제도 및 정책 수립에서 슬기롭게 조정 기능을 발휘해야 한다. 이에는 무한정 확대되는 교과서 관련 재정 문제 해결도 포함해야 한다.

셋째로, 지식·정보를 합리적으로 선택하여 신속하게 유입할 수 있는 기제를 마련해야 한다. 현대는 지식의 생산과 이의 빠른 수용이 국가 경쟁력을 좌우하는 시대이다. 홍수처럼 밀려오는 새로운 지식과 정보를 취사선택(取捨選擇)하여, 교과서에 신속하게 유입·반영할 수 있는 교과서 발행체제를 모색해야 한다. 이에 합당한 인력 확보와 배치, 관련 기관의 지원과 역할이 효율적으로 발휘되도록 하는 것도 큰 과제다.

빠르게 순환하는 지식과 정보를 교과서에 어떻게 담을 것인가는 교육의 질과도 유관한 문제다. 교과서를 개발하여 학교 현장에 적용할 때, 지나간 학문적 이론이나 교육 내용을 가르치는 것보다 어리석은 일은 없다. 그런데 새로운 지식과 정보를 신속하게 교과서에 유입하는 문제는 그렇게 쉽게 해결될 수 있는 성질이 아니다. 인적, 재정적 지원과 시스템 개선 등이 선행되어야 하기 때문이다. 서책형 교과서와 디지털 교과서 역학 관계 정립도 여기에 해당하는 하나의 과제이다.

넷째로, 다양하게 발행된 교과서를 자유롭게 선정하여 활용할 수 있는 교육환경을 조성해야 한다. 교과서 발행체제 개선에서 교과서의 수요나 활용, 만족도를 높이는 다양한 형태의 교과서 발행이 주요하다. 국정도서의 개발은 수요와 공급이라는 경제적 측면에서 필요하고, 검·인정과 자유발행 교과서도 교과서의 선택을 다양하게 보장하고, 자율적이면서 창의적인 교육의 지평 확대를 위해서 긴요하다. 교과서의 종류, 사용 형태, 선정 방법에 따라 어떤 발행제도가 이에 합당한가를 교육적 관점에서 합리적으로 결정해야 한다. 이는 교육과정과 교과서 개발, 품질 관리와도 직결된다.

그러나 교과서 개발에 자율성, 다양성, 전문성을 보장했지만, 선택과 사용에 제한이 따르면 다양하게 개발한 취지가 무색해진다. 현재의 여건으로는 학생과 교사는 다종의 교과서 중에서 선정된 하나의 교과서만으로 배우고 가르쳐야 하는 것이 현실이다. 자유발행으로 교과서 종류가 많아진다고 해서 학교에서 다양한 교과서를 접하게 된다는 연결이 현실적으로 어렵다. 이제는 학교 현장에서 학생과 교사가 다양한 형태의 교과서를 손쉽게 접할 수 있도록 선정, 공급을 포함하여 발행제도 개선 차원에서 변화를 꾀해야 한다.

다섯째로, 교과서가 폐휴지로 전락하는 짧은 생명을 연장하는 방법을 하루속히 마련해야 한다. 생활 수준이 높아지고, 교육 자료와 이의 디지털 매체를 쉽게 접할 수 있는 지금은, 한 번 사용하면 천덕꾸러기가 되고, 심지어 바라보지도 않는 존재로 변한다. 그렇다고 잉크 냄새가 나는 책을 배부받아 오면 겉표지를 싸고 보물처럼 간직하자는 뜻은 아니다. 경제적 측면에서 재활용, 대여제 등 교과서의 생명을 연장하는 방법을 발행제도 개선 차원에서 심도 있게 논의할 때라고 본다.

여섯째로, 교과서의 개발—사용—평가를 효율적으로 수행할 수 있는 법적, 제도적 지원 체제를 더욱 확충해야 한다. '좋은 교과서' 개발과 사용, 평가의 기본 조건은 효율적인 제도의 도입과 법적 뒷받침으로 그 원활한 수행을 보장하는 것이다. 로마가 천년 동안 융성할 수 있었던 이유는 권력을 가진 개인의 능력 때문이라기보다는, 민주적이면서 효율적인 제도나 만인 공유의 지원 법률에 있었음은 주지의 사실이다. 따라서 교육의 질을 좌우하는 좋은 교과서의 개발은, 이를 효과적으로 수행할 수 있는 발행제도의 마련과 이를 받쳐주는 법률적 지원이 필수적이다.

일곱째로, 교과서 발행제도 수립과 시행과정, 그 결과(성과)에 대한 정책 평가를 시행해야 한다. 새로운 발행제도의 적용과 실행 뒤에는 그 성공 여부를 확인하는 평가가 필요하다. 이는 다음 발행제도의 적용에 교훈을 찾아보는 데에 그치지 않고, 수행의 충실성과 효율성, 책임성을 높이는 방편이 된다. 시행한 결과에 대한 문제점과 보완점을 찾아보는 교과서 발행체제의 개선도 같은 맥락에서 이루어진다. 정책의 패착(敗着)은 예산, 인력의 손실을 넘어 국가 백년대계의 근간을 흔들 수도 있기 때문이다.

여덟째로, 교과서 품질에 수준과 기준을 설정하고 재정의 효율성을 높이는 방법을 모색해야 한다. 교과서 품질은 무엇보다도 교육 내용을 교수·학습 체계로 학습의 효과를 극대화할 수 있도록 구조화하는 방법에 달려 있다. 이는 교과서 개발에 관여하는 교과서 공동체가 책임지는 일차적인 몫이다. 여기에 판형, 색도, 종이 질과 인쇄 방법 등에서 최적, 최대 지원이 이루어져야 좋은 교과서의 품질을 보증한다. 양자의 관계를 일정 수준에서 교섭하여 의무교육이 주는 재정의 부담을 합리적으로 결정해야 한다.

아홉째로, 디지털 교과서의 역할과 위치를 교육적으로 정립하고, 전면 도입에 대한 사회적 합의를 조속히 끌어내야 한다. 지식·정보를 신속하게 수용, 전달하고, 시대의 변화에 능동적으로 대응하기 위해서는 디지털 교과서를 빨리 전면 도입하는 것이 좋다. 그러나 디지털 교과서의 전면 도입에는 선결해야 할 문제가 한둘이 아니므로, 이를 해결하기 위한 구체적인 로드맵을 사회적 합의를 통하여 조속히 마련해야 한다. 특히, 전면 도입에 따른 디지털 교과서 활용, 교수·학습 방법, 환경 인프라 구축 등 실험, 연구 결과를 체계적으로 축적하고, 혹여 발생할 수 있는 교육 손실을 미리 막아야 한다.

열째로, 교과서 가격 문제를 슬기롭게 해결하여 의무교육에 따른 정부의 부담을 줄이고, 예산을 절감하는 문제에도 관심을 기울여야 한다. 교과서 품질과 경제 원칙 간 조화를 이루는 것은 교과서 사용의 유연성과도 직결된다. 교과서 대여제 등 재활용을 적극적으로 검토해 볼 시기가 아닌가 한다. 교과서에 대한 투자가 낭비라는 뜻이 아니라, 교육의 효율성을 고려한 경제 원칙을 강조하는 말이다.

이상에서 제시한 발행체제 개선의 기본 방향 몇 가지는 이미 시행되는 사항일 수도 있다. 여기에서는 교과서 발행정책의 수립에서 참고가 되도록 종합적으로 제시해 본 것이다.

2. 자유발행제 활성화와 정책적 준비

가. 자유발행제 개념, 의미 범주 탐색

자유발행제는 '발행제도', '편찬제도', '교과서 제도'와 연관하여 논의하는 주요한 교과서 정책의 하나이다. 구태여 구분해 본다면, 교과서를 인쇄하여 펴내는 절차를 강조하면 발행제도라 하고, 자료를 수집, 정리하여 교과서를 만들어 내는 과정에 중점을 두면 편찬제도라고 할 수 있으며, 이를 포괄하여 교과서 제도라고 하기도 한다. 자유발행제를 설명할 때는 국정, 검정, 인정 제도나 해당 도서를 언급하여 이해를 돕우지만, 아직 법률 용어로 자리 잡지는 못했다.

자유발행제를 정의 형식으로 그 개념을 명징하게 규정하기는 어렵지만, 그 뜻과 의미 범주를 분명하게 하는 것은 정책 수립과 시행에 매우 유익하다. 먼저, 자유발행제를 어떻게 정의하고 있는지를 살펴보고, 이를 바탕으로 의미 범주를 생각해 보고자 한다.[55]

자유발행제란 글자 의미 그대로 **'발행을 자유롭게 하는 제도'**를 말한다. 함수곤 교수 외에서는 이러한 기본 원칙을 유지하면서 다음과 같이 정의하였다.[56]

> 국가가 교과용 도서의 저작이나 사용에 대하여 일절 관여하지 않는 방식이다. 즉, 인정제가 교과서 사용에 국가가 관여하는 데 대하여, 자유발행제는 일반 출판물과 같은 원칙을 교과서 발행에도 적용하여 국가가 교과서의 저작, 발행, 채택에 대하여 전혀 관여하지 않는 방식을 말한다.

위의 정의를 간추리면, 자유발행제란 '국가가 교과서의 저작, 채택(선정), 사용에 전혀 관여하지 않는 제도'를 말한다. 물론, 저작자도 민간출판사, 출판사가 위촉한 집필자로 전혀 간섭을 받지 않는다. 여기에서 **'발행의 자유'** 뜻을 어느 수준으로 어떻게 해석하는 것이 좋은가를 더 진지하게 생각해 볼 여지는 담고 있다.

위의 정의는 "일정한 자격 조건을 가진 저작자가 국가의 인허가를 받지 않고 교과용 도서를 자유롭게 개발할 수 있도록 허용하는 제도"[57]라고 개념을 규정하는 태도와 상통한다. 국가의 간섭을 배제하는 제도라는 점은 공통적이나, 저작자도 자격 요건이 필요하고, 개발이 자유롭다는 용어 사용에서 차이를 보인다.

곽병선 교수는 위와 같은 정도의 의미 규정으로는 자유발행제와 관련한 명확한 의사소통을 보장해 주지 못한다고 전제하고, 교과서 저작, 발행, 사용 권한과 자유의 정도에 따라 자유발행제의 개념을 세 가지 유형으로 구분하여 다음과 같은 표로 제시하였다.[58]

---

55) 그동안 자유발행제 관련 연구는 무수히 많다. '자유발행제 개념'을 직접 언급하지는 않았지만, 다음의 한국교육과정평가원(2018) 연구는 기초 개념을 형성하는 데 많은 도움을 준다.
김혜숙 외, 교과서 자유발행제 도입을 위한 국제 비교 연구(연구보고 CRT 2018−1)
안종욱 외, 교과서 자유발행제 도입을 위한 제도 개선 방안 연구(연구보고 CRT 2018−2)
양윤정 외, 교과서 자유발행제 도입을 위한 기초 연구(연구보고 CRT 2018−3)
박진용 외, 미래 사회 대비 교과용 도서 편찬·발행·질 관리 체제 연구(연구보고 RRT 2018−1)
56) 함수곤·최병모, 『교육과정·교과서 관련 용어 사전』(한국교원대학교, 2000) p.136.
57) 김정호, '교과서 자유발행제의 의의와 전제 조건'(『교과서연구』제34호, 2000.6. 한국교과서연구원) p.10.
58) 곽병선 외, '교과서 발행제의 다양화에 따른 자유발행제 도입 방안 연구'(연구보고서 2004−6)(한국교과서연구재단) p.89.

구분	① '약한' 의미의 자유발행제	② '보통' 의미의 자유발행제	③ '강한' 의미의 자유발행제
교과서 저작 근거	국가 교육과정의 지침과 인정 심사 기준	국가 교육과정의 최소한의 기준	집필자의 전문성에 근거한 교육적 판단
교과서 저작·발행	민간출판사	민간출판사	민간출판사/교사
교과서 발행 절차	저작→발행→인정	저작→발행→사용	비교과용 도서 사용 가능
교과서 채택·사용	인정도서 목록에 한하여 학교의 심의에 따라 자율적으로 선택	민간출판사에서 제작된 교과서를 학교의 심의에 따라 자율적으로 선택	교사가 자율적으로 선택
교과서의 범주	인정도서	국가 교육과정에 따라 발행된 민간 출판 교과서	모든 교육적 자료

　　자유발행제의 의미를 분석적으로 알아보기 위해 적용의 의미역을 강약에 따라 대비하는 방법은, 개념 파악과 이해를 한층 돕우고 다른 제도와의 비교도 가능하게 해 준다는 점에서 매우 유용하다. 그러면서도 조금 더 깊게 생각해 볼 여지는 남는다.

　　먼저, 위의 구분에서 이러한 주장을 한 시기의 **'인정도서의 개념'**은 현재의 그것과는 현저히 다르다는 점에 유의해야 한다. 현재의 개념으로 구분 설명을 이해하기보다는 당시의 개념을 토대로 자유발행제의 의미를 파악해 보아야 한다.

　　①~③ 중에서 진정한 자유발행제는 의미 규정에 관여하는 조건인 저작, 발행, 사용에서 국가의 간섭을 받지 않는 ③을 말한다. 최소한의 저작의 근거인 교육과정에 따른 집필에서도 자유롭다는 말이다. 그러나 최소한의 품질 관리 측면에서 집필에 교육과정을 반영하는 문제는, 자유발행제의 성공과 직결되는 사항으로 고도의 정책적 운용과 묘책이 필요하다.

　　어찌 보면, 교육과정의 반영은 교과서가 조화롭게 내용 체계를 이루도록 교과서 구성에서 집필을 도와주고, 수준과 범위를 정해 주어 적용상 균형을 이루게 하고, 교육 현장에서의 선택과 사용에 품질을 가름하는 척도를 제공한다. 그러므로 교육과정 준수는 최소한의 요구 조건으로, 교육과정 반영 여부는 자유발행제의 개념 규정에서 그 성격과 위치를 달리 해석할 필요가 있기는 하다.

　　그런데 진정한 자유발행제 개념은 **'약한 의미'**, **'보통 의미'**, **'강한 의미'**의 정도 구분이 필요하지 않다. 이들은 발행의 자유로운 정도를 구분해 주는 의미 분화로, '완전히 자유롭다'라는 뜻이 아니므로 자유발행제의 설명에 모순을 지니게 한다. 그러므로 위의 정의에 관여하는 용어를 조금 가다듬어서 다음과 같이 최소한으로 규정할 수 있다.

> 자유발행제란 교과서 개발(저작), 선정(채택), 사용, 평가 등에서 국가의 간섭이
> 나 지침을 받지 않고 자유롭게 편찬, 발행하는 방식(제도)이다.

이를 더 구체적으로 설명하면 '자유롭게 발행한다.'라는 '자유'의 범위에 저작자의 자격에도 요구 조건이 붙지 않으며, 개발, 선정, 사용, 평가는 물론 외형 체제, 즉 판형, 색도, 쪽수, 용지 사용, 가격 책정에서도 제한이 없다. 특히, 국가의 간섭과 지침이 없다는 말은 국가 교육과정 반영은 물론, 교과서 정책 차원에서 제시한 '교과용 도서 편찬 방향', '편찬 상의 유의점', '검·인정 기준', '교과용 도서 집필 기준' 등에서도 자유롭다는 말이다.

그러나 자율화, 다양화, 전문화를 표방하여 진정한 자유발행제를 도입하는 데에는 슬기롭게 해결해야 할 많은 과제를 지니고 있다. 이상과 현실의 괴리를 좁히기 위해 이러한 과제를 해결해야 하는 데는 중지(衆智)가 필요하다. 그런데 제도나 정책은 정책 요소를 어떻게 설정하고 운영하느냐에 달렸다 즉, **'본래 의미'**와 **'적용 의미'**의 거리를 좁히는 것이 제도요 정책 사항이다.

구분	[자유]	[발행]	[제(도)]
① 본래 의미	이상적(권리)	경쟁 원리	독립적
② 적용 의미	현실적(책임)	경제 원리	관계적

①은 자유발행제를 이상적으로 자유라는 권리를 전적으로 보장하여, 수요와 공급을 경쟁(시장) 원리에 맡기는 독립적, 목적 지향 제도로 여기는 의미다. ②는 자유는 공존에 책임이 따르며, '최소의 노력으로 최대의 효과를 낸다.'라는 경제 원칙에 따라 여타 관련되는 제도와 조화와 균형을 고려해야 한다는 뜻이다. '책임'과 '경제', '관계'를 고려한 자유발행제의 현실적 '적용 의미'이다.

현실적으로 자유발행제는 본래의 의미와 적용의 의미를 어떻게 좁히느냐에 제도의 안착과 성공이 달려 있다. 어쩌면, 자유발행제란 말의 결합은 **'자유'**라는 최고의 **'이상'**과 **'발행'**이라는 최소의 간섭을 요구하는 **'현실'**과 조화를 추구하는 제도일지도 모른다. 교육환경 여건상 자유발행제를 처음부터 완전하게 적용하여 그 효과를 기대하기

는 현실적으로 어렵다. 따라서 '자유'라는 극히 이상적인 목표를 향하여 '발행'이라는 현실적 제약을 해소하면서 최대의 효과를 노리는 점진적 적용 프로그램이 필요하다.

나. 안착을 위한 정책적 준비와 과제

1) 확대와 안착을 위한 해결 과제

진정한 자유발행제가 무리 없이 본래의 목적으로 정착하려면 선결해야 할 문제가 많다. 자유 민주주의 정체(政體)도 완전하게 자유와 민주를 보장하지 못하고, 선결 과제로 법률의 제한을 두는 것에 비유할 수 있다. 그런데 이러한 문제점은 자유발행의 장단점을 살펴보면 자연히 드러난다.

〈교과서 자유발행 제도의 장단점〉[59]

구분	장점	단점
교과서 편찬/발행/ 공급 측면	○ 다양한 유형의 교과서 발행 ○ 저작자의 창의성과 교육적 신념 반영 ○ 교과서관의 변화 유도(경전→하나의 교수·학습 자료) ○ 시장 경제 원리를 통한 출판사 간의 공정한 경쟁을 유도하여 교과서의 질 확보	○ 교과서의 공동재 기능 상실 문제 ○ 국가 교육과정 기준의 준수 문제 ○ 교육 내용의 일관성 유지 문제 ○ 수요가 적은 일부 교과서 개발이 안 되는 문제 ○ 시장성이 떨어진다는 이유로 교과서 질적 측면 소홀 문제 ○ 출판사들의 지나친 상업주의로 교과서의 내용보다는 외형 체제나 판매망 확충에 치우칠 우려 ○ 대형 전문 출판사와 교과서 시장 독과점 우려와 새로운 전문 출판사 내지 영세 출판사 도태 문제 ○ 교과서 비용 상승 문제
학교/교사/ 학생 측면	○ 학교 교육과정의 확대 ○ 교과서 선택의 폭 확대 ○ 교사들의 자율성 대폭 신장 ○ 학생들의 창의성 증진	○ 교과서에 대한 정보 부족과 선택의 어려움 ○ 교과서 채택의 부조리 발행 가능성 ○ 특정 교과서 편중 선택 우려 ○ 전학/편입생들의 교과서 재구매 문제
기타	○ 급변하는 지식 정보화 사회에 유기적으로 대처 가능	○ 남북 분단의 이념적 갈등 상황과 다양한 가치관 등의 범람으로 자칫 사회 혼란을 가중

어떤 제도든 장점, 단점이 공존하기 마련이다. 자유발행제의 장점은 이상(목적)이 되고 단점은 현실(문제점)이 된다. 그러나 단점은 장점을 살리면 희석되거나 없어지

---

59) 곽병선 외, 앞의 연구 보고서, p.41.

므로, 양자의 상호 관계가 슬기롭게 작용하도록 조장하는 시스템이 필요하다. 이것이 바로 정책적으로 해결할 과제와 준비사항이 되면서, 교과서의 품질을 관리하는 지혜와도 직결된다.

　자유발행제의 장점을 최대로 살리되 단점을 없애거나 최소화하는 방법에는 무엇이 있는지를 위의 표를 참고하여 정리하면 다음과 같다.

- ○ 자유발행, 자유발행제의 정확한 의미 규정과 적용
- ○ 자유발행을 최대로 보장하는 절차나 환경 조성
- ○ 자유발행제 적용에 따른 학교 현장의 인프라 조성
- ○ 품질 좋은 교과서를 확인하는 방법과 유지 관리
- ○ 수익성 등을 이유로 개발하지 않는 교과서 집필·개발
- ○ 가격 자율화로 상승하는 국가나 개인의 재정 부담 해소
- ○ 천차만별의 다양한 교과서가 나열되는 낭비 요소 해결
- ○ 선정되지 않은 교과서 발행 비용 등 손실 보상 문제
- ○ 자유발행 교과서의 지위 부여 절차와 방법 설정 여부
- ○ 내용 등 교과서 관련 분쟁 발생 시 해결기준이나 방법
- ○ 다양한 교과서의 정보 제공과 체계적인 통합 관리
- ○ 교과서 수정·보완의 절차나 책임, 사후 처리 확인 문제
- ○ 교과서 관련 저작권 적용 완화와 자유로운 집필 보장
- ○ 자유발행제 원만한 시행을 위한 법령 체계 정립과 지원

　이상의 여건 조성과 문제해결은 자유발행제의 안착을 돕고 국가 교육력을 신장하는 모티브로 작용한다. 그러나 이 모든 과제를 한꺼번에, 단숨에 해결할 수는 없다. 정책적으로 중지를 모아 조그마한 문제부터 시나브로 해소하는 절차를 수립하고 협력의 시너지를 발휘해야 한다.

2) 발행의 자율화와 품질 유지 관계 정립

　자유발행제는 '시장 경제 원리'에 따라 품질 좋은 교과서 개발을 집필자 개인과 발

행사(출판사)에 일임하게 된다. 그러나 자유발행제가 원천적으로 좋은 교과서를 담보하는 것은 아니다. 그러므로 발행을 자유롭게 보장하되, 품질 유지를 어떻게 할 것인가의 상관성을 생각해 볼 필요가 있다.

그런데 발행이 자유롭다는 것과 통제의 의미가 강한 품질 관리는 대척(對蹠) 관계로 보이는 데 문제가 있다. **'좋은 교과서가 좋은 교육'**이라는 뜻을 살리기 위해, 자유발행제에서 어떻게 품질 관리를 하는 것이 최선인가를 다음과 같이 경우의 수를 나누어 알아보고자 한다.

① 발행 자율과 품질 관리의 역학 관계[상호성]

발행 자율과 품질 관리는 상호성을 띠는 관계로 다음과 같이 세 가지 모형으로 생각해 볼 수 있다. 이는 양자의 역학 관계를 따져서 정책 수립에 참고하고자 하는 가정이다.

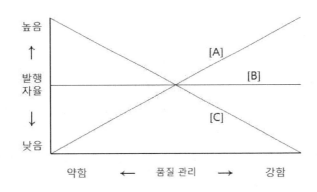

[A]: 발행 자율이 높아질수록 품질 관리도 강화해야 함(비례 관계)
[B]: 발행 자율과 품질 관리는 상보관계임(동등 관계)
[C]: 품질 관리를 강화할수록 발행 자율은 낮아짐(반비례 관계)

[A]는 발행의 자율화가 높을수록 좋은 교과서의 품질을 보장하기가 어려우므로 품질 관리를 강화해야 한다는 태도이고, [B]는 발행 자율과 교과서 품질은 동등, 상보적

관계로 집필자와 발행사의 몫이며, [C]는 품질 관리는 간섭과 통제의 수단이므로, 이를 강화하면 발행의 자율화, 다양화라는 본뜻을 훼손·약화한다는 태도이다.

② 교과서 품질 관리의 주체[상보성]

대개 집필자와 발행사, 위탁기관(시·도교육청, 개발 위탁기관 등), 국가 등이 상보적으로 교과서 개발과 품질 관리에 관여한다. 그런데 이들의 품질 관리 유형은 다음 몇 가지로 나눠 볼 수 있다.

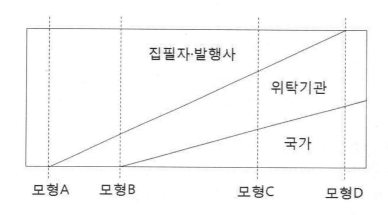

[모형 A]: 집필자·발행사가 전적으로 품질 관리
[모형 B]: 집필자·발행사와 위탁기관이 품질 관리
[모형 C]: 집필자·발행사, 위탁기관, 국가가 품질 관리
[모형 D]: 위탁기관, 국가가 품질 관리

품질 관리 주체와 관련하여 어느 모형이 제일 좋다고 단정하기는 어렵다. [모형 A]는 본질적이며 진정한 자유발행제에 가장 적합하고, [모형 B]는 절충의 성격이 강하다. [모형 C]는 품질 관리를 공동 책임으로 하는 분산형이고, [모형 D]는 집필자와 발행사를 배제한, 간섭과 통제가 가장 강한 유형이다. 진정한 자유발행제는 [모형 A]로 집필자와 발행사가 전적으로 자율성과 전문성을 발휘하여 품질 관리도 책임을 지는 것이 이상적이다.

③ 중점 품질 관리 시점[상시성]

　앞에서도 언급했듯이 교과서 품질 관리는 특정 단계나 시기가 정해져 있는 것이 아니다. 교과서 존재 생태계 모든 단계에서 언제나 수정·보완과 품질 관리가 이루어져야 한다. 이처럼 학교 현장에 오류가 없는 품질 좋은 교과서를 시간과 장소에 관계하지 않고 활용할 수 있는 시의성(時宜性)은 기본적으로 요구하는 사항이다. 시의성이 보장되면 자연스럽게 상시성(常時性)으로 연결된다.

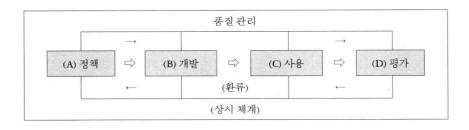

[A 정책 단계]: 발행 계획수립 시에 단계별 품질 관리 제시
[B 개발 단계]: 집필자·발행사 자율, 심의·심사 등 품질 관리
[C 사용 단계]: 학생·교사·학부모 등 학교 자율 품질 관리
[D 평가 단계]: 위탁기관, 국가 등이 정책적으로 품질 관리

　[(A) 계획 단계]에서 단계마다 품질 관리 체계와 방법을 제시하여, 품질 관리가 체계적, 계획적으로, 아니면 자율적으로 이루어지도록 한다. 일반적으로 교과서는 [(B) 개발 단계]에서 철저하게 수정·보완 등 품질을 관리하면, 오류가 없거나 적어서 사후 관리가 부담으로 작용하지 않는다. 그렇지 못하면 품질 관리에 많은 시간과 노력을 요구한다. 그러므로 품질 관리는 [(C) 사용 단계] 전에 철저히 하는 것이 이상적이다. 부득이하여 사용 단계 이후 실시하려면, 수정·보완의 절차와 인쇄에 절대적인 시간이 필요하므로 신속, 정확하게 해야 한다. [(D) 평가 단계]는 평가 기준에 따라 평가한 결과를 즉시 품질 개선에 반영하거나 차후 교과서 정책에 참고한다. 이같이, 품질 관리는 특정 단계에서만 하는 것이 아니라 모든 단계에서 상시, 계속하여 환류가 이루어진다.

①~③은 '상호성(reciprocity)', '상보성(complementarity)', '상시성(always)'의 원리와 관계로 작용한다. 자유발행제는 자율성·다양성·전문성을 보장해 주되, '좋은 교과서'라는 품질 관리도 ①~③의 원리를 바탕으로 같은 차원에서 요구한다고 하겠다. 발행이 자유롭다고 품질 좋은 교과서를 개발하여 현장에 투입하는 목적이 흔들려서는 안 된다. 그러므로 발행의 자율화와 품질 관리의 역학 관계를 슬기롭게 설정, 정립하는 방법을 찾아보아야 한다. 누차 강조했지만, '품질 관리'는 품질을 개선, 유지해 주는 지원의 성격이지 통제의 수단은 아니다.

3) 자유발행제와 자율 품질 관리 체제 확립

자유발행제에서는 자율적인 품질 관리가 가장 이상적이다. 자연 생태계가 스스로 정화하여, 서로의 존재를 인정하면서 생존에 조화와 안정을 이루는 것에 비유할 수 있다. 좋은 교과서를 개발, 사용할 수 있도록 자율로 품질을 관리할 수 있는 대표 기관은 학교와 발행사다.

① 학교 자율 품질 관리

학교는 교과서를 직접 사용하여 교육활동이 이루어지는 교과서 존재의 집이요 집결 장소이다. 그러므로 교과서를 선정, 사용, 평가하여 품질 관리를 자율로 할 수 있는 최적의 환경이기도 하다. 배우고 가르치면서 교과서를 꼼꼼하게 분석해 장단점은 찾아보는 기회나 활동도 자연스럽게 이루어진다. 그러므로 자유발행제에서의 품질 관리는 자율로 학교 중심으로 시작해야 좋다.

이처럼 학교는 교과서 선정에서부터 사용, 평가 모든 단계에서 품질 관리를 솔선할 수 있는 최적의 인적 구성과 시스템 조직이다. 가능하면 책임자, 전담 인원 지정 등 체계와 조직을 갖추면, 자율적인 품질 관리가 보다 효율적이다. 교과서에 수정·보완, 개선 사항이 생기면 '교과서민원바로처리센터', '교과서 수정·보완 온라인 시스템' 이용 등을 안내하고, 교과서 관련 학생, 학부모 민원을 일차적으로 현장에서 직접 해결하는 등 좋은 교과서를 학교에서 자체 보완, 유지하고 사용할 수 있게 하는 역할도 하게 된다.

필요하면 자체 연수도 하여 학교 품질 관리 역량을 키우고, 교과서 공동체로서의 협력과 긍지를 불어 넣기도 한다. 교과서 품질 관리뿐만 아니라 교수·학습 방법을 비롯하여 교과서 정보를 함께 공유하고, 교과서 관련 문제 제반 사항을 토의·토론하는 등 품질 관리 역량을 무궁무진하게 발휘할 기회의 장소다.

학교에서 '**교과서 품질 관리 매뉴얼**'을 작성하면 체계적인 업무 수행에 도움이 된다. 수정·보완 개념을 정립하고, 품질 관리 체계를 이해하여 업무의 부담을 최소화하면서 일관성 있게 사항을 처리할 수 있다. 품질 관리의 전문성을 체계적으로 높이고, 교과서 공동체의 긴밀한 소통과 협조, 공조가 자연스러우며, 업무를 부담으로 작용하지 않게 한다.

② 발행사 자율 품질 관리

교과서 품질은 일차적으로 발행사의 관심과 능력에 달려 있다. 검정, 인정이 확대되고, 자유발행제가 정착하여 일정한 궤도(軌道)에 오르면, 좋은 교과서 개발과 품질 관리의 주체는 집필자와 발행사 몫이라고 해도 과언이 아니다.

발행사는 좋은 교과서 품질을 유지, 보완, 개선하기 위하여 자율로 갖은 노력을 다해야 한다. 어찌 보면, 좋은 교과서 개발과 품질 관리가 발행사의 의무요 생명이라고도 할 수 있다. 그러므로 발행사는 교과서 개발은 물론 사용, 평가 단계까지 품질 관리를 현재의 수준보다는 체계적으로 강화할 필요가 있다.

발행사 자율 품질 관리도 적절한 담당 인원과 책임자 지정, 업무 분담과 조직으로 효율성을 높이고, 품질 관리가 체계적으로 이루어지는 것이 좋다. 독창적인 품질 관리 매뉴얼을 작성하고, 수정·보완이 이의 절차에 따르면 업무에 일관성을 유지할 수 있다. 특히, 발행사 매뉴얼은 일반적이기보다는 실질적이고 구체성을 띠어야 한다. 여기에 업무 전문성을 발휘하여 품질 관리에 지속성을 유지하는 체제 운영도 필요하다.

수정·보완 등 품질 관리 업무는 집필자와 상시 긴밀하게 협조하여 이루어진다. 단순 수정·보완은 예외지만, 전문 내용은 집필자와 밀접하게 반드시 협의하고 동의를 받아야 한다. 사안별로 관련 기관 간 협력, 발행사 간의 협조도 필요하므로 관계망 구축이 이점(利點)으로 작용한다. 자체 또는 협의회 연수로 품질 관리 안목과 역량을 주기적으로 높여, 교육환경 변화에 적극적으로 대응하는 방법도 고려해야 한다.

무엇보다도 발행인, 발행사는 품질 관리의 주체라는 인식과 책임 의식이 필요하다. 품질 관리 공동체 간의 연계와 협조는 물론, 교과서 품질 관리 시스템의 효율적 활용 등 품질 유지에 관심과 집중을 유도하는 것이 좋다. 발행사 '자율 품질 관리'는 어휘 그대로 자율성이 효과를 극대화하므로, 이를 보장하는 환경 조성이 최우선이다.

이상에서 설명한 학교와 발행사의 품질 관리는 의무적이라기보다 선택 사항이다. 그러나 자유발행제가 조기 정착되려면, 그 의미에 상당하는 교과서 품질의 자율 관리라는 측면에서 도입, 강화해볼 필요는 있다.

4) 자유발행제 정착과 법률적 지원

자유발행제가 무리 없이 정착하기 위해서는 교과서 정책, 개발과 사용, 평가 등에 관여하는 인적, 재정적 지원도 절실하지만, 법률적 지원도 보조를 맞춰 뒷받침해야 한다.

교과서 관련 법령에는 '초·중등교육법', '초·중등교육법 시행령', '교과용 도서에 관한 규정' 등이 있다. 자유발행제를 본격적으로 도입, 안착시키려면, 다음 사항을 고려하여 이들 법령이 지니는 미비점을 보완해야 한다.[60] 법령의 위치와 체계를 고려하여 담을 내용을 다음과 같이 요약, 정리해 볼 수 있다.

<법률·법령>

○ 자유발행제 시행, 준비, 방향 등을 정확하게 명시한다.
○ '법률 지원 체계'에 종적, 횡적으로 일관성을 지닌다.
○ 법률 지원 체계 조항이 위계를 지니고 내용을 달리한다.
○ 교육 관련 다른 조항과 시행에 상충(相衝)이 없어야 한다.
○ 교과서와 보완·보조 자료 사용의 범위를 명확히 한다.
○ 교과서 평가를 포함하여 품질 관리 방법, 범위도 명문화한다.
○ 개발자, 발행사 품질 관리 의무와 책임 조항도 명시한다.

---

60) 안종욱 외, '교과용 도서 발행체제의 재구조화 연구'(한국교육과정평가원, 연구보고 RRT 2020-1, 2020)에서는 현행 발행체제의 문제점과 쟁점을 도출하고, 발행체제 재구조화 방안을 델파이 조사 방법으로 탐색해 보고, 이에 따른 교과용 도서 관련 법령 개선 방안(대비표)을 구체적으로 제시하고 있다(PP.178~184.). 여기에서는 이와는 무관하게 '자유발행제' 중심으로 관련 법령과 '도서에 관한 시행 규칙'을 포함하여 그 체계와 구비사항을 제시해 본 것이다.

○ 저작권 이용의 폭을 넓히고 부담을 최소화하는 내용을 포함한다.

○ 자유발행제 시행, 성과, 개선 방향의 주기적 점검 방법을 명시한다.

<교과용 도서에 관한 규정>

○ 규정 내용을 체계성, 일관성, 명료성이 유지되도록 조직한다.

○ 자유발행제를 포함, 교과서 관련 용어 개념을 명확히 한다.

○ 교과서 개념과 기능, 종류 등을 미래 지향적으로 규정한다.

○ '좋은 교과서' 개발, 사용, 평가의 책임과 의무를 분명히 한다.

○ 교과서 관련 심의회 종류를 세분하여 설치, 기능, 운영 등을 분명히 한다.

○ 변화에 맞춰 교과용 도서 선정, 주문, 공급 등의 다양화 내용을 포함한다.

○ 법령의 위계에 따라 품질 관리 사항을 구체화하여 제시한다.

○ 교과서 가격 결정에 시장원리와 함께 조정 사항을 구체화한다.

○ 법령에 따라 개발자, 발행사 품질 관리 의무와 책임을 규정한다.

○ '교과용 도서에 관한 시행 규칙'(가칭)에 세부 실행 내용이 있음을 안내한다.

<교과용 도서에 관한 시행 규칙>

○ '교과용 도서에 관한 규정' 하부 관련 사항을 구체화한다.

○ 자유발행제 실행에 필요한 부수 사항을 안내한다.

○ 교과서 품질 관리 관련 기관의 업무 성격과 체계를 명시한다.

○ 자유발행에 따른 '교육 자료' 사용의 범위를 명확히 제시한다.

○ 교과서 사용자 평가 시행에 따른 구체적인 사항을 안내한다.

○ 규정에 따른 교과서 정책 시행을 구체적으로 안내한다.

○ 교과서 정책을 지원, 보완하는 내용을 필요에 따라 제정한다.

○ 내용이 또 다른 규제가 되지 않도록 지원 위주로 구성한다.

법령이나 규정, 규칙은 꼭 준수해야 하는 규범의 성격이 강하므로, 위계나 체계에 따라 내용은 정확하고도 간략하게 제시하고, 지원 내용도 보조를 맞춰 구체화하는 것이 좋다. 법령과 규정, 규칙은 정책을 바라는 방향으로 추진하는 원동력이 되도록 운용의 묘미나 지혜가 필요하다.

3. 교과서 정책과 개발학의 가능성

가. 교과서 정책의 성격/요소와 연구

정책은 목적을 달성하려는 방침과 수단을 뜻하고 국가 차원에서 이루어진다. 교과서 정책은 '좋은 교과서'를 개발, 사용, 평가하여 교육의 효율성과 경쟁력을 높이고, 인간이 가치 있는 존재로 살아가도록 하는 데 일차적 목적이 있다. 교과서 정책은 교육 정책의 한 분야로 이에 포함되는 사항은 무수히 많다. 정책은 수단과 방법을 우선하기 보다는 목적을 지향하는 과정과 지원을 중시하고, 이를 실체 추진에서 앞세워야 한다. 정책은 다음과 같은 성격을 지니기 때문이다.

- ○ **[정책은 방아쇠다]**: 어떤 목표나 성과를 달성하는 시발(始發)이다.
- ○ **[정책은 탄환이다]**: 목표, 방향을 설정하고 일관성 있게 매진한다.
- ○ **[정책은 동력이다]**: 목표나 기대 효과가 나타나도록 추진하는 힘을 제공한다.
- ○ **[정책은 조정이다]**: 한쪽으로 기울거나 편협하지 않도록 균형을 이루게 한다.
- ○ **[정책은 지원이다]**: 바람직한 방향으로 진행하도록 추장하고 밀어준다.
- ○ **[정책은 보완이다]**: 언제나 미비, 부족한 부분을 메워주고 개선한다.
- ○ **[정책은 결과이다]**: 좋은 결과(성과)를 도출하고 평가하고 피드백한다.
- ○ **[정책은 연구이다]**: 언제나 연구하여 새로운 방향, 방법을 찾아보고 보완한다.
- ○ **[정책은 사람이다]**: 정책은 사람에 의해 계획, 수행되고 결과로 나타난다.

교과서 정책도 이러한 성격을 고스란히 지니거나 본받는다. 일정 방향으로 목표를 설정하고 좋은 결과가 가시화되도록 지원, 조정하고 연구해야 한다. 그런데 무엇보다도 유념해야 할 점은 정책도 사람에 의하여 계획, 실천되므로 그 성격도 사람에 의해 달라진다는 점이다.

이러한 성격을 염두에 두면서 교과서 정책을 수립하기 위한 정책적 요소에는 어떤 것이 있는지를 살펴볼 필요가 있다. 우선 교육과정을 포함, 일반적인 영역으로 구분하여 이를 정리해 보면 다음과 같다.

	구분	정책적 요소
①	교육과정과 교과서 연관 분야	교과 구분에 따른 교과목 수, 교과목 시수, 과목 구분, 과목명, 과목 수, 과목 성격 등
②	교과서 개발·활용·평가 관련 분야	국정·검정·인정/자유발행 교과목 구분, 검정·인정 심사 방법, 편찬 지침, 선정 및 활용 방법, 평가 여부, 저작권 관련 사항 등
③	교과서 품질 관리 관련 분야	수정·보완/품질 관리 절차 및 승인, 수정·보완 내용 통합 관리, 품질 관리 담당자와 내용, 교과서 외형 체제 수준, 주문·공급 방법, 가격 조정 및 결정, 교과서 민원 처리, 품질 관리 주체 기관 등
④	교과서 관련 연구 분야	①~③ 모든 분야(세세 항목으로 구분), 연구 주체/ 기관, 연구 방법 등

'**교과서 정책 요소**'가 실질적인 정책으로 전환하기 위해서는 반드시 예산을 수반해야 한다. 예산의 효율적인 배분과 사용이 이들 정책적 요소를 성공적으로 실현하는 관건이다. 교과서 정책은 반복하는 요소와 주기성을 탈피하여, 사회, 교육, 학교 환경 변화에 미래 지향적으로 탈바꿈하려는 자세가 필요하다.

그러나 무엇보다도 중요한 것은 ④ 교과서 관련 연구 분야이다. ①~③ 정책 요소는 모두 필요하다고는 할 수 없지만, 연구의 뒷받침으로 치밀한 정책의 설계가 가능하다. 이러한 정책 연구는 개발학의 필수적 한 분야로 자리 잡는다.

나. 정책적 지원과 개발학의 가능성

1) 개발학 정립과 교과서 문화 순기능

'**교과서 문화**'란 범박하게 '교과서가 우리 인간에게 베푸는 정신적, 물질적 성과로 존재에 가치를 더하고 생활을 윤택하게 하는 일'을 말한다. 학교 교육에 국한하는 말은 아니지만, 주로 교과서를 사용하는 교육 현장에 적용되는 용어이다. 그러므로 교과서 문화는 교과서를 대하고 취급하는 태도에서부터, 거기에 담겨 있는 지식·정보를 끄집어내고 활용하는 방법에 이르기까지 다양한 삶의 방식과 밀접하게 작용한다. 우리 인간에게 교과서가 제공하는 힘이 가치 패턴으로 전화하는 현상이 교과서 문화이다.

교과서 개발학은 하루아침에 학문적 이론이 정립되는 것이 아니다. 끊임없는 연구와 학교 현장에서의 실천, 교육 공동체, 교과서 공동체의 협력이 절대적으로 필요하다. 이러한 결과로 개발학이 학문적 이론으로 정립되면, **'교육 문화'**, 나아가 '교과서 문화'는 자연스럽게 순기능으로 작용한다. 여기에서의 '순기능'이란 교육공동체의 교과서에 대한 긍정적 인식이 뿌리내리고, 무명(無名)의 위치에서 특정한 지위를 확보하며, 다량 생산과 무상 공급에서 파생하는 가치의 저락(低落)을 방지하는 것 등을 뜻하기도 한다.

'교과서 문화'는 **'교과서 문화 현상'**으로 발전한다. **'문화 현상'**은 '사회 일반 언어, 풍습, 종교, 학문, 예술, 제도 따위와 같이 인간의 문화생활에 의하여 생기는 모든 현상을 통틀어 이르는 말'(우리말샘)이다. 인간이 지어내고 개선하는 모든 것은 문화라고 할 수 있다. 문화는 시간과 공간의 개념을 동시에 지니며, 이것이 대상으로 실체화되면 현상이 된다. 이에서 '교과서 문화 현상'을 '교과서와 관련한 인식 및 태도, 교육, 학문, 제도 등에서 교육 공동체 생활에 교과서를 통해 나타나는 모든 현상'이라고 말할 수 있다.

교과서와 관련한 공동체의 생활을 문화 현상으로까지 격상하는 것이 좀 무리로 보일 수는 있지만, 유아에서부터 청소년기까지 인격 형성의 주요한 시기에, 20년 넘게 교과서와 함께 동고동락(同苦同樂)한다는 점을 고려하면 그렇지 않다. 그런데 문화는 시대에 따라 진화하고 새로운 모습으로 인간을 맞이한다. 이러한 문화 진화의 많은 부분을 교과서가 담당한다. 교과서 문화도 시대에 따라 당연히 진화한다는 말과 통한다.

괄목상대(刮目相對)가 일상이 될 정도로 세상이 바르게 바뀌고 있다. 교과서 문화도 변해야 한다. 디지털 교과서의 출현, 스마트, 온라인 교육의 적용은 교과서 문화 진화를 선도한다. 앞으로, 스마트, 온라인 교육이 본격화되면 교과서 문화는 그 개념부터 다시 정립해야 한다.

교과서 문화를 선도하고 진화시키는 기능을 교과서 개발학이 발휘해야 한다. 그렇게 하기 위해서는 개발학에 그러한 기능이 녹아들도록 학문적 이론을 정립하고 발전시켜야 한다. 결국, 교과서 개발학이 학문적 이론으로 확충되면, 자연스럽게 정책 기능을 지원하고 대신하게 된다. 드높은 파란 하늘에 속삭이는 종다리의 노래가 아름다운 화음이 되고, 천지자연의 조화(造化)가 합일의 힘으로 도와주는 형세가 필요하다. 교과서 문화를 새롭게 창출하려면, 개발학이 학문적 이론으로 무장하고 버팀목으로 뒷받침할 수 있도록 하는 정책적 지원이 절실하다.

2) 교과서 정책과 개발학 실체 확충

'**교과서 정책**'은 교과서를 매개로 하여 실현하려는 목표와 방침, 수단을 뜻한다. 교과서 '정책적 요소'에서 언급했듯이 교육과정 개발에서부터 교과서 개발, 활용, 평가, 품질 관리 등은 물론 교과서 관련 연구도 정책의 대상으로 삼는다.

그런데 교육과정 개발에 교과서 정책 요소는 매우 중요하다. 교과 구분은 법률로 정해져 있지만, 교과 내에서의 공통 과목, 선택과목(일반, 진로) 등 과목 분류, 배당 시간을 교과목명과 함께 교육과정 총론 '편제와 시간(단위) 배당 기준'에 담아야 하기 때문이다. 그런데 '편제와 시간(단위) 배당 기준'은 교육의 역사와 철학을 담아내는 그릇으로 정책 결정의 핵심으로 작용한다.[61] 미래 교육의 방향, 교사 자격과 양성을 비롯해서 특히, 교과서 관련 정책은 여기에서부터 시작된다.

사회, 교육환경의 변화에 따라 교과목의 종류와 명칭을 정해야 하고, 비중을 고려하여 시간 배당도 달라진다. 교사 양성 제도나 커리큘럼도 이에 맞춰야 함은 물론이다. 그런데 이외에는 교육과정 총론 구성체계에서 교과서 관련 사항이 거의 없다시피 한다. 앞으로는 교과서 관련 사항을 총론과 교과 교육과정에 최소한으로나마 구체화하고, 적절한 위치에 개발과 운영 방법 등을 제시할 필요가 있다.

교과서 정책은 방향 설정에서부터 국가의 장래를 결정한다는 중요성을 고려하여 수립해야 한다. 정책이 통제가 아닌 지원, 조장 등의 역할이 되도록 정책적 요소를 이상적 방법으로 통합해야 한다. 여기에 교과서 정책적 요소가 순기능으로 작용하도록 지원, 조장하는 것도 중요하지만, 이러한 요소가 정책을 순기능으로 작용하도록 작용 관계를 조성하는 것이 더 중요하다.

이러한 작용 관계를 조성하는 일은 쉬운 일이 아니다. 정책 수립의 어려움이 여기에 있다. 그런데 이러한 어려움을 해결하는 방법의 하나로 통합된 학문적 이론의 기제를 만드는 것이다. 이것이 곧 '교과서 개발학'의 정립이라고 말하고 싶다. 개발학은 주체(主體, subject)가 되어 교과서 관련 모든 사항을 교육의 장으로 불러 모은다. 그리하여 교육의 기초는 말할 것도 없고, 인간의 삶, 국가 존재와 발전 등 모든 객체(客體, object)와 교섭하며 하나로 통합한다.

---

61) 어느 시기에는 '편제와 시간 배당 기준' 교과 순위로 초등학교 저학년에서 국어 과목명이 없어지거나, 도덕 교과가 국어 교과에 앞서 선두 교과로 표시된 적도 있다. 바로 국어가 통합 교과서에서 독립하고, 7차 교육과정에서 선두 교과 위치를 다시 회복하였다.

이러한 작용의 관계가 성숙하게 되면, 교과서 정책이 개발학 실체 확충을 자연스럽게 촉진한다. 그러므로 개발학이 실체를 조속히 확충하려면 정책적 지원은 필수 불가결이다. 교과서 정책이 예산 지원과 마찬가지로 방아쇠요, 그로 인해 앞으로만 전진, 발전하는 동력이 되기 때문이다.

결론하면, '교과서 개발학'은 국가의 발전과 융성, 운명과 함께하는 중요한 학문, 학술의 영역이다. 개발학은 정책의 지원으로 학문·학술적 이론을 정립하고 무궁하게 발전할 수 있다.

개발학의 발전

◇ 개발학의 탄생(자위 뜸) 의미

"창조한다, 그러므로 존재한다."

한 송이 매화꽃을 피우기 위해 된서리와 한설(寒雪), 매서운 비바람에도 끄덕하지 않고 얼마나 견디었던가. 그동안 참고 배우면서 쌓아온 학덕과 여러 경험을 바탕으로 드디어 한 권의 책이 탄생하였다. 언제, 어디서나 배우고 가르칠 수 있는 선택받은 생활환경, 보이지 않는 손의 도움과 지혜, 위대한 자연이 베풀어 준 무량한 혜택의 선물이다.

순수한 우리말 **'자위'** 뜻 중에 다음과 같은 풀이가 나온다.

> ① 배 속의 아이가 놀기 전까지 차지하고 있는 자리
> ② 밤이 완전히 익기 전까지 밤톨이 밤송이 안에 붙어 있는 자리

처음으로 세상의 신선한 공기를 들이마시며 울음소리를 낼 때까지, 어머니 배 속에서 아이는 지극한 보살핌을 받으며 자란다. 우주의 질서와 원리를 직접 만나보기 전까지 밤톨은, 가시로 덮인 밤송이[율방(栗房)] 안에서 자연의 신비로운 조화(造化) 속에서 익어간다. 이제 막 시간이 차서 **'자위가 뜨는'** 순간 '어머니의 더없는 보살핌', '자연의 신비로운 조화'로 또 하나의 고귀한 생명과 존재가 탄생하는 것이다. 『교과서 개발

학』을 자위가 뜨는 순간의 '아이'와 '밤톨'에 비유하고 싶다.

그러나 아이와 밤톨 앞에 놓인 여정(旅程)은 어머니의 무한한 사랑, 가시로 굳건히 지켜준 보호를 그대로 이어받지는 못한다. 주위 환경의 변화와 세찬 도전에 응전해야 하는 앞길이 펼쳐있다. 이처럼 '교과서 개발학'도 교과서 존재의 학문적인 연구와 이론화 정립을 위해 앞길을 새롭게 개척하고 출발해야 한다. '자위 뜸'은 또 다른 창조를 지향하는 출발선이다. 탄생은 창조를 의미한다. 그러므로 교과서는 존재한다. 매화의 향기가 더욱 짙어져 세상에 더없이 스며들고, 우주를 무한이 감싸면 한다.

◇ 개발학의 기본 내용 확충

교과서는 문명의 발전과 사회 변화에서 벗어나 있지 않았다. 그렇지만 그 발전과 변화를 새로운 가치창조로, 문화유산으로, 인류의 자양분으로 녹아들어 생명력을 유지해 왔다. 그리하여 교과서의 역사가 그대로 인류 문명과 정신(철학)의 역사가 되었고, 어려움과 변화에 의연하게 자리를 지켜왔다고 하겠다.

이처럼 교과서는 '**시대의 대변자**'요, '**문명의 상징**'이요, '**인간존재에서 필수 불가결의 반려자(伴侶者)**'이다. 이러한 생각과 자세로 개발학의 가능성을 찾아보기 위해 체계를 세우고 내용을 구조화하여 설명해 보려고 하였다.

[**제1장**]: 개발학의 배경과 이론화의 기초를 찾아보았다. 교과서 탄생과 발전을 추적, 정리하고, 개념과 기능을 다양한 측면에서 알아보았다. 좋은 교과서 의미를 관련 요소를 종합하여 새롭게 정의하려고 시도하였다.

고대 문명에서 점토판, 파피루스, 목간, 죽간, 비단 등의 교과서(교재)가 출현하고, 종이를 사용하면서 실체를 제대로 갖추게 되었다. 그리스, 로마, 중세, 르네상스. 근대에까지 교과서 발전 모습을 약술하고, 근대 교과서 모습이 무엇인지를 찾아보았다. 교과서(교재)라는 용어 사용의 시원을 밝히는 일과, '교과서 발달체계' 정립의 필요성을 강조하고, 그 방법의 일단을 제시해 보고자 하였다.

교과서를 '하나의 완성된 유기체'로 간주하고, 교과서 개념, 기능, 좋은 교과서 의미를 생각해 보았다. 교과서 개념 규정의 여러 면모를 바탕으로 미비, 보완사항을 찾아

발상을 달리하여 접근해 보았다. 교과서 기능도 연구 실적을 기반으로 분석, 분화, 작용체, 기능 요소 체계를 도입하는 등 미래 지향적으로 그 의미를 규정해 보려고 하였다. 좋은 교과서의 실체가 무엇인지를 밝히려고, 좋은 교과서 모습을 '개념 도구설', '존재론적 관점', '개발 변인' 등으로 종합해 보고, 철학의 영역으로까지 넓혀보았다.

여기에 교과서 개념, 기능, 품질 요소의 성격을 비교하고, 이들의 상호 작용이 어떻게 좋은 교과서와 관계하는지를 가정해 보았다. 이러한 기초 원리를 공고히 하고, 이를 이론과 연결하는 '존재 원리 체계'도 상정하여, 개발학의 기초가 무엇인지를 찾아 보았다.

[제2장]: 개발학의 중심을 이루는 영역, 즉 교과서 개발 절차, 구성, 교수·학습, 활용(사용), 평가 등을 대상으로 학문적 이론화 가능성을 탐색하였다.

교과서 개발 체계를 '정책적 절차'와 '생태적 절차'로 구분해 보고 교과교육, 교육과정, 교과서를 중심으로 관련 체계를 구조화해 보았다. 특히, 교육과정 위상과 '교재화 절차 원리'를 새롭게 체계를 세우고, 변화에 조응하는 국면을 찾아보았다.

교과서 '구성 체계 일반원리 모형'을 설정하여, 내용 선정과 조직, 지면 구성, 진술 방법 측면에서 각각의 세부 요소를 체계화해 보고, 구성의 창조 원리(독창적 지향, 창의적 발상), 총합 원리(원심·구심 작용, 역동·순환 작용)를 독자적 또는 관계상에서 작용의 위상을 설명하였다. 구조의 하위 요소를 '구성 인자(因子) 개념'으로 도입하고, 인다라망(因陀羅網, indra) 연결에서처럼 중중무진(重重無盡)하는 이들의 발산 작용을 살펴보았다.

교과서 교수·학습 설계 원리는 생태계 위상, 교과서 개발 층위, 설계 이론, 방법(모형), 존재 방식을 먼저 살펴보고, 여기에 변인과 제한점, 전략을 추출하여, 교수·학습 관련 교과서 구성(교재화) 원리와 실제 방법을 모색하였다. 이를 기초로 교육과정 개정마다 단원 구성을 어떻게 하였는지를 비교하고, 교수·학습 모형의 교재화 방법을 소개하였다. 서책형과 디지털 교과서의 관계 변화와 이에 따른 디지털 교과서에서의 교수·학습 방법도 제한적으로 설명하였다.

교과서 활용을 본격적으로 논의해 보고자 했다. '이용', '사용'의 쓰임에서의 차이점과 '활용'의 의미역을 구체적으로 밝혔다. '활용 체계'와 종류 개념을 결부하여 교과서 활용 방법론을 새롭게 모색하였다. 교재화 절차상, 상호 작용상(거시, 미시) 활용의 위상을 구체화하고, 그에 따른 활용의 종류를 나누어 보았다. 특히, 교과서관과 결부하여 '활용 요소 개념'을 도입하여, 합리적인 교과서관의 안목을 밝히고자 하였다. 교과서 활용 요소의 존재 방식을 조합, 교과서 재구성 방법을 여러 각도로 모색하여, 미래 지향 교과서 활용 원리를 찾아보고. 이의 이론화 가능성을 타진하였다.

교과서 평가의 교육적 의의를 부각하고, 그동안 평가 기준 제시의 양상을 토대로 기준 설정의 보완점을 찾아보았다. 교과서 '평가 기준요소 개념'을 도입하고, 기준 관점과 변인 관계를 고려하여 평가의 긍정적인 면을 알아보았다. 평가를 거시적, 미시적 체계로 구분하고, 평가용어 사용의 위계를 분명히 하여, 평가 방법과 종류의 관계를 미시적으로 규명해 보았다. 교과서 사용자 평가의 실제와 원리를 바탕으로, 평가 체계와 온라인 시스템 도입의 착안점을 제시하였다.

[제3장]: 품질 관리를 학문의 영역으로 끌어들여 이론화의 기초를 세우려고 하였다. 품질, 품질 관리 인식 변화와 체계 수립, 교과서 존재 각 단계에서의 관리 관점, 품질 관리의 지평 확대와 개발학과의 관계를 알아보았다.

'수정·보안'과 '품질 관리'는 동질성과 이질성이 내재하고, 교과서 존재 생태계에서 필요불가결의 존재이다. '품질 관리 체계와 관점' 측면에서 '관리' 의미가 '통제'와 '감독'의 성격이 아니라는 점을 규명해 보았다. 품질 관리 관점을 교과서 정책, 구성, 교수·학습, 활용, 평가 등에서 영역 특징을 살려서 설정하고, 이들의 위상과 적용 방법을 구체적으로 설명하였다.

교과서 '개발 능력'과 '수정·보완 능력', 관련 능력 요소(지표) 개념 등을 도입하여, 품질 관리 능력의 체계적 신장을 꾀하였다. 교과서 내재적, 외재적 품질 관리 상관 개념을 도입하여, '품질 관리 원리'를 도출하는 기반으로 삼았다. 교과서는 '자연 선택'으로서의 존재로 품질 관리도 이의 원리에 따라야 하고, 그 원리로 근경, 원경의 방법을 제시하였다. 품질 관리를 통합적, 효율적으로 수행하기 위해서는 전담 기관이 필요하고, 좋은 교과서 개발, 보완, 유지를 지향하여 개발학의 한 영역으로서 품질 관리의 학문적 이론화 방법을 찾아보았다

[제4장]: 교과서의 존재 방식, 연구 분야, 학문적 울력, 패러다임 변화, 정책 등과 결부하여 개발학의 가능성과 전망을 조감하였다.

교과서 구심·통합 작용(거시·미시) 존재 방식을 먼저 살펴보고, 작용·소통 촉매로서 존재 방식에서는 교과교육의 구조, 연구, 현상과 이밖에 학교 활동, 교과서 환경 등에서 개발학과 상동성이 무엇인지를 알아보았다. 또 교과서 연구 방법과 현황을 종합해

보고, 이 모두를 개발학의 연구 분야로 흡인할 수 있음을 확인하였다. '교과서 연구 체계'와 '연구 연동 원리'를 적용하여, 교과서 '개발학 연구 범주 체계'를 구조화해 보고, 개발학이 교육학, 사회학, 철학 등 주변 학문과 결합하여, 교과서 관련 모든 영역으로 외연을 확대할 수 있음을 확인하였다.

통합 교과서, 융합 교과서, 통섭 교과서 용어 사용에서처럼 개발학은 순수 학문과 응용학문이 통합, 융합, 통섭하는 학문의 성격임을 밝혔다. 교과서는 학제 간 연구(interdisciplinary study)가 필요한 가시적 실체(만듦새)로서 개발학에 그대로 이어지고, 내용 체계 확정과 이론 정립 등 개발학의 발전에는 학문적 울력이 절대적으로 필요함을 강조하였다. 새로운 용어의 탄생을 포함하여 개발학의 용어 선정과 분류 체계 설정은, 학문적 이론의 정착에 필수적임을 설명하였다.

4차 산업 혁명 시대에는 교육, 학교의 위상은 물론, 교실 구조와 환경이 혁신적으로 바뀌고, 이에 따라 교육 방식과 교과서 패러다임에도 획기적 변화를 예견, 제시하였다. 스마트/온라인 교과서 개념을 발전적으로 모색하고, 미래형 교과서로 '결합하는 교과서', '만들어 가는 교과서', '체험(VR, AR, MR)하는 교과서' 등장을 예견하였다.

교과서 패러다임의 변화는 교과서 발행제도의 혁신적 변모와 정책의 유연성을 요구하고, 자유발행제는 자율화에 상응하는 품질 관리를 법률 등 제도적 지원으로 안착할 수 있음을 언급하였다. 교과서는 사회적 존재로서 모든 분야에 영향을 미치므로, 교과서 문화가 순기능으로 작용하도록 교과서 개발학의 내용 확충과 실체 완성에 정책적 지원이 필연적임을 설명하였다.

이상으로 간략하게 본 개발학 내용을 요약해 보았다. 이는 개발학의 본격적인 출발을 위한 '**불씨**'에 불과하다. 개발학의 내용을 논리적으로 체계를 세우고 더욱 확충하는 작업에는 끊임없이 불씨를 지피고 풀무질하는 노력이 필요하다. 개발학의 내용 확충은 이러한 노력의 정도에 따라, 요원(燎原)의 불길이 되기도 그렇지 못하기도 할 수도 있다.

◇ 개발학의 지향과 생각

교과서는 문화의 징표요 시대정신의 표상이다. 이러한 실체(實體) 가치는 '하나의 완결된 유기체'로서의 교과서가 '적자생존(適者生存)'이라는 '자연의 법칙'을 따라서이다. 교과서는 원래 미래 지향적 존재라고 한다. 그러므로 '교과서 개발학'에서 '개발'은 '창조', '변화', 시발(始發)'의 뜻이 강하다. 창조와 변화는 새로운 출발을 의미한다. 교과서에 새로운 개념과 잠재한 기능을 찾아내고 부여해야 살아남는다는 말이다.

교과서 개발학은 **'교과서 존재 방식'**을 밝히는 학문 영역이다. '더 좋은 교과서, 더 좋은 교육'은 개발학이 지향하고 발전시켜야 할 궁극적 목적이다. 개발학은 교과서가 '이렇게 존재해야 한다.'라기보다는, '이렇게 존재함으로써 발전할 수 있다.'라는 실천적 안목을 유지한다. 현재의 견지(見地)로 교과서 존재와 그 가치를 따져보면서, 동시에 미래 지향의 실체가 무엇인지를 예견하고 구체화하려고 노력하였다.

'교과교육', '교육과정', '교과서'를 삼위일체로 간주하고, 개발학에서 이들 영역이 균형을 유지하며 조화롭게 발전하는 방법론을 마련하고자 했다. 교과서 존재를 생태계의 역학(力學)으로 간주하여, 교과서 개념, 기능, 좋은 교과서 의미를 포함하여, 교과서 구성, 활용, 평가 등 존재와 관련한 모든 요소를 대상으로 인간과 교육을 새롭게 연결해 보고자 하였다.

4차 산업 혁명 시대에 사회와 교육, 학교의 변화는 인류 존재 방식과 사고의 틀을 급속하게 바꾸고 있다. 이러한 역동의 중심에서 교과서가 변화의 동인(動因)으로 작용한다. 인류는 이러한 힘을 제도 교육으로 흡수하여, 문명 발생 초기부터 교과서(교재)를 개발하고, 진리와 지혜를 확충하면서 현재에 이른 것이다. 그러므로 교과서 자체가 인간관계와 소통의 원천이요, 인류 문화와 철학의 본산이다. 개발학은 이러한 교과서 존재에 역동적 힘을 불어넣고 추장(抽獎)하는 원동력으로 작용한다.

인류는 항상 **'교과서란 무엇인가'**라고 질문하면서 생존해 왔다. 이는 교과서의 생명이 인류의 생명(존재)과 연결된다는 말과 통한다. 교과서의 존재가 인류의 삶 속으로, 아니면 인류의 삶이 교과서의 실체 속으로든 구별할 것 없이 서로의 존재 속으로 녹아들었다고 하겠다. **'교과서가 여기에 있다'**가 아니라 인류 발전과 함께 **'교과서가 되어가고 있다'**라는 관계 속에서 항상 인류와 더불어 존재해 왔다. 인류는 자연의 원리에 순응하면서, 교과서는 인류의 발전에 적응하면서 변화라는 관계 속에서 생명을 유지해 온 것이다. 개발학은 교과서와 인류의 관계를 철학적 정신사로 접근해 보는 방법도 된다. 그리하여 이제 교과서는 **'교육적 존재'**에서 **'우주적 존재'**로 지평을 확대하고 있다.

◇ 개발학의 전망과 발전

'어린아이'와 '밤톨'은 지속적인 보살핌과 도움이 있어야만 생명을 유지할 수 있다. '교과서 개발학'이란 좀 생경한 용어의 생명력도 마찬가지이다. 교육공동체, 교과서 공동체의 협력과 울력, **'줄탁동시(啐啄同時)'**로 학문적 이론화 정립이 가능하고, 이에서 영원히 생명력을 발휘하며 지탱할 수 있다.

[개발학 영역]: 개발학은 순수와 응용이 맞닿아 작용하는 학문의 결정체다. 개발학은 학문의 통합, 융합, 통섭 등 결합의 실체(만듦새)로 존재하는 교과서를 연구한다. 이렇게 맞닿는 작용의 실체를 분석, 확인하고, 논리화하여 학문적 이론으로 정립해야 한다. 본질로 존재하는 실체를 노력과 보람의 결정체로 바꾸는 데는 절대 시간이 필요하고, 교과서 공동체의 한마음과 울력이 없으면 가능하지 않다.

[개발학 내용]: 현재로서 개발학의 내용 체계를 확정하지는 않았다. 4장 '개발학의 내용 확충과 전망'에서 그 일단을 언급하기는 했지만, 이를 체계적으로 확정하려면 시간과 연구가 더 필요하다. 개발학 내용 체계 확정은 학문적 이론의 정립을 뜻하기 때문이다. 반대로 이론이 먼저 정립되면, 내용 체계가 자연스럽게 자리 잡는 경우가 생길 가능성이 있기는 하다.

[개발학 용어]: 용어와 그 개념의 정착도 내용 체계 확립과 함께 자연스럽게 이루어진다. 용어는 교과서 개발과 연구에 기본 개념과 지식 체계를 제공하고, 연동하여 개발학 내용 체계와 범위, 이론화 수립에 기초 논리의 바탕과 토대가 된다. 개발학 용어의 정리에도 학문 간 협력과 울력이 절대적으로 필요하고, 이의 완성은 개발학의 정착을 뜻한다.

[개발학 연구]: 개발학 내용 체계의 완성, 용어 개념의 정착은 개발학 연구의 뒷받침으로 앞당겨질 수 있다. 개발학 연구는 거시적 조망을 뜻하고, 결국 교과서 연구가 기초요 바탕이 된다. 교과서 연구가 체계적으로 쌓이면 개발학 연구 체계가 된다. 그러므로 교과서 연구 의미를 넓혀 '교과서를 위한', '교과서에 의한', '교과서의 연구'로써 역동적, 유기적 존재인 교과서에 생명력을 불어넣어야 한다. 교과서 연구, 개발학 연구는 학제 간 등 이론과 방법에서 연구의 결집(結集)과 총화(總和)로 작동해야 한다.

[개발학 이론]: 개발학의 영역, 내용. 용어가 순연하게 자리 잡으려면 연구의 뒷받침이 필수적이다. 개발학 이론은 교과교육, 교육과정을 중심에 놓고 주변 학문과의 교접

작용을 구체화한 논리 체계를 규명한다. 여기에 교과서 실체(만듦새)를 구성하는 힘의 역학 관계, 구성 요소의 교육적 위상과 작용 양상, 교과서 실체에 관여하는 사람들의 역할 등 학문적 이론으로 정립할 분야와 요소가 한두 가지 아니다. 학문적 이론의 정립은 개발학에 영원의 혼을 불어넣는다.

[개발학 축적]: 개발학의 영역, 내용과 용어 체계, 연구 방법, 학문적 이론 등 모든 실적과 결과물을 시스템화하여 축적해야 한다. 미래 교과서 제도는 품질 관리 중심으로 옮겨갈 추세가 다분하므로, 품질 관리를 개발학 차원으로 끌어올리는 것도 필요하다. 이 모두를 계획적으로 일관되게 추진하기 위해서 교과서 박물관, 도서관, 정보관 등에서 서책과 디지털 자료를 포함, 결과의 혜택이 사회적 기능으로 확대, 번져야 한다.

거시적, 미시적이든 '교과교육—교육과정—교과서', '학생—교과서—교사' 등 교과서 존재에서 교과서는 '상관 작용'으로 존재감을 확연하게 한다. 이러한 상관 작용으로서의 존재감을 **'교과서 존재 역량'**, **'교과서 역량'**이라는 말로 바꿀 수 있다. 교과서 역량은 좁게는 학생과 교사의 소통 역량을 비롯하여 교과서 관련 모든 요소가 교과서 역량과 관계한다. 결국 교과서는 역량의 힘으로 존재하고 가치를 발산한다. 개발학은 교과서가 지닌 역량의 힘을 밝히고, 또 다른 역량을 불어넣기 위해 이론을 개척하는 학문의 영역이다. 이 모든 것이 자리 잡으면 개발학의 전망은 밝고 발전은 희망적이다.

◇ 한 단계를 마무리하며

4차 산업 혁명 시대에 모든 것은 변화한다. 그러므로 **'자연의 법칙'**에 순기능으로 변화해야 살아남는다. 하나의 완결된 유기체, 생명체인 교과서도 변화라는 법칙성에 슬기롭게 적응해야 존재의 가치, 생명력을 유지할 수 있다. 원래 가치는 환경 변화에 새롭게 만들어지기도 하는데, 교과서 생태계에서는 더욱 그렇다. 그러므로 교과서 개념과 기능, 좋은 교과서 의미도 새롭게 접근해야 하고, 이를 바탕으로 교과서를 더 잘 만들고 활용하고 평가하고 품질을 개선, 유지해야 한다. 따라서 학문·학술로서 개발학은 내용과 내용 체계, 연구 방법에서 이론적으로 참신함, 창조성을 생명으로 삼는다.

[개발학과 교과서 존재 법칙]

철학자 데카르트는 '생각한다, 그러므로 나는 존재한다(Cōgitō ergo sum).'라고 하였다. 이를 생물학자 최재천 교수는 '설명한다, 그러므로 나는 존재한다(Enarro, ergo sum).'라고 단어 조합과 의미연결을 바꾸었다.[1] 신기한 창조적 발상으로 찬탄하지 않을 수 없다.

여기에 논리 구조와 패턴의 연장에서 **'창조한다, 그러므로 나는 존재한다.'**라는 새로운 명제도 가능하다고 본다. '생각'과 '설명'은 인간존재에서 내재한 관념이든, 외면화한 행동이든 '창조'와 연결되기 때문이다. 그리하여 연결 구조와 논리적 의미를 다음과 같이 종합하여 더 확대하면, 접맥하는 말의 구조와 의미 표상이 더욱 좋아 보인다.

'생각한다, 설명한다, 창조한다, 그러므로 나는 존재한다.'

그런데 우주가 질서정연하듯 이러한 단어의 순차는 인간이 정돈한 하나의 언어적 질서라고 할 수 있다. 이를 또 다른 질서인 **'나는 존재한다, 그러므로 생각하고 설명하고 창조한다.'**라고 하면 철학적 사유 체계는 달라질 수밖에 없다.

개발학의 가능성을 줄 곳 논하는 기본 바탕은 '교과서를 하나의 완결된 유기체, 생명체'로 간주한 것이다. 그리하여 우주적 존재로서 '교과서는 인간(인격체)이다.'라는 명제를 이 순간에도 강조하고 싶다. 그렇다면 교과서를 중심에 두고 본질과 존재 의미 연결을 긴밀하게 확대하여 다음과 같은 명제를 생각할 수 있다.

'생각한다, 설명한다, 창조한다, 그러므로 교과서는 존재한다.'

교과서를 '하나의 완결된 유기체'로 간주한다 해도, 교과서가 생각하고, 설명하고, 창조하는 주체는 아니다. 인간이 생각하고 설명하고 창조한다. 교과서에 인간이 개입하여 분신으로서 교과서를 대신해야 한다. 주체와 객체가 오묘하게 작용하도록 문장

---

1) 최재천 외, 『지식의 대통합 통섭』(Edward O. Wilson, 『CONSILIENCE: The Unity of Knowledge』)(사이언스 북스, 2005) p.19.(옮긴이 서문)

의 구조를 바꾼 것이다. 그러므로 좋은 교과서가 본질과 실체로서 존재하도록 생각하고, 설명하고, 창조하는 본분은 교과서 공동체의 몫이다.

교과서가 '생각하고, 설명하고, 창조하는 존재'를 '**교과서 존재 법칙**'이라 부르고자 한다. 이는 다음과 같은 또 다른 현실적인 사유 체계와 곧바로 연결할 수 있기 때문이다. 교과서 존재를 인간의 존재와 상동의 위치에 두는 것이다.

'교과서가 존재한다, 그러므로 인간은 생각하고 설명하고 창조한다.'

개발학은 이러한 존재가 실현되도록 교과서에 생명력을 불어넣는 기제이면서 기회를 제공한다. 그런데 무엇을 생각하고, 설명하고, 창조하는가는 이제부터 시작이다. 이에 개발학이 씨앗을 발아하고 불씨를 지피는 존재가 되었으면 한다.

'생각'과 '설명'이란 고귀한 말을 원용해 문맥의 구조를 달리하여 의미를 새롭게 천명해 보고자 한 것은, 개발학이 단순히 새로운 학문 영역을 개척하는 데 그치지 않고, **'일련의 유기적 사고 체계를 지닌 상관물'**로서 교과서가 연구하는 학문으로 존재한다는 점을 강조하고자 했기 때문이다. 개발학은 교과서에 대한 철학적 '사유'와 과학적 '설명', 그리고 변화에 '창조적으로 대응하는 가치'를 종합해 보는, 즉 교과서가 존재하는 이유와 가치, 방식을 밝히는 학문이다.

[개발학과 '더 좋은 교과서' 문화 창조]

개발학의 기본 생각과 설명의 바탕으로 교과서를 존재 생태계에서 '하나의 완결된 유기체'로 간주하여, 생물학적 존재로서 **'살아남는 법'**을 반복 언급하고, 학문적 이론화의 시급함을 누누이 강조하였다.

개발학의 학문적 지향은 **'더 좋은 교과서'**를 개발하는 데 있다. **'좋은 교과서'**와 **'더 좋은 교과서' 차이점**을 구태여 찾아본다면 **'정적'**, **'동적'** 개념으로 구분할 수 있다. '더 좋은 교과서'는 교육환경 변화에 응전하여 살아 움직이는, 미래 지향으로 앞서가는 교과서를 말한다.

'더 좋은 교과서'는 새로운 교과서 문화를 창조한다. 앞으로는 교과서 자체 존재 방식이나 가치, 이와 관련한 사람의 생각과 태도가 시대의 변화에 지금과는 확연히 달라진다. 그러나 교과서 개념과 형태는 변할지 모르지만, 그 본질적 가치는 없어지지는 않는다. 동서양 구분 없이 교과서 발달사를 일견해 보면, 이러한 본질적 가치를 **'더 좋은 교과서 문화 창조'**로 이어져 왔음을 확인하게 한다. 개발학은 교과서 문화의 기틀로서 발달사를 완성하면서 더 좋은 교과서 문화를 창조하고 선도한다.

인생의 회향(廻向)에서, 경서에 나오는 말을 마음속에 담으면서 마무리의 뜻을 여기에 녹이고자 한다.

『노자』 첫머리에서 '이름으로 표현할 수 있는 이름이라면 그것은 절대 불변하는 이름은 아니다(名可名 非常名).'라는 말이 나온다. 이름이 존재를 확인하는 기본 수단이지만, 이름을 붙이거나 불러 준 이후 존재 상황은 달라진다. '교과서 개발학'이란 이름(명칭)도 이러한 철학적 사유에서 벗어나는 것은 아니다.

'마음에 하고 싶은 바를 따라도 법도에 어긋나지 않는다(從心所欲 不踰矩).'라는 『논어』 구절이 가슴 깊숙이 다가오면서도, 혹여 태산에 올라 천하가 작다고 하지 못하고 동산에 올라 노(魯)나라가 작다고 하지 않았는가 생각도 해본다.

먼 이전부터 공부하면서 개발학을 구상하여, 이를 다잡아 생각하고 설명하고 창조하면서, '마땅히 머무른 바 없이 그 마음을 낸다(應無所住 而生其心).'라는 『金剛經』 어구를 명심하며, 정열(情熱)과 정성, 정보를 한마음으로 모아 낮은 자세로 집필하였다.

'교과서 존재'를 밝혀보는 과정에서 단편적이나마 '교육 이론', '교육사상'과 '철학사상'도 자연히 스며들었다. 교과서를 '철학적 대상과 객체'로 바라보고자 했다. 교과서 존재가 그러하듯 『교과서 개발학』은 '이름'이 이름으로 끝나지 않고, 법도에 어긋나지 않으며, 한곳에 머무르지 않으려는 **'생각과 설명과 창조를 총합한 상관물'**이다.

선배, 동료, 후학님의 학문적 업적을 많이 참고하고 도움을 받았다. 재삼 고마움의 뜻을 전하고, 앞으로도 도움을 받고자 한다.

◇ 사진 자료

[기원전 3000년경의 점토판 문자] :『중동사』, 김정위 외(2008), 미래엔
[에드윈 스미스 파피루스], [마누법전] :『인물로 보는 해부학의 역사』, 송창호(2015), 정석출판
[한대 목간] :『미술대사전』, 용어 편, 한국사전연구사 편집부(1997)
[모헨조다로 유적] : 위키백과
[인장] :『인도의 건축』, 윤장섭(2002), 서울대 출판부
[세계도해 표지(뉴렘베르그판)] :『코메니우스의 교육사상』, 이숙종(2006), 교육과학사
[세계도해(한국어판, 내용사진)] : 정일용(2021), 범지출판사
[삼강행실도] :『한국민족문화대백과』, 한국학중앙연구원

◇ 참고문헌

교육부, 7차 교육과정 총론, 국어과
교육과학기술부, 2009 개정 교육과정 총론, 국어과
교육부, 2015 개정 교육과정 총론, 국어과
_____, 2015 개정 교육과정 적용 <교과용 도서 편찬 방향>, <편찬 상의 유의점>, <검·
    인정 기준>, <교과용 도서 집필 기준>
교육부(1997), 제6차 교육과정에 의한 '97년도 1종(국정) 교과용 도서 편찬 계획
교육과학기술부(2011), 국가정보화전략위원회 대통령 보고 자료
_____(2012), 2012년도 디지털 교과서 개발 및 적용 추진 계획(안)

교육부(2020), '국민 여러분! 미래형 교과서 어떻게 만들까요? 온라인 교과서 아이디어 공
　　　모전' 개최 보도자료

_____(2021), '그린 스마트 미래학교 종합 추진계획' 정책 자료

_____(2021), '2022학년도 검·인정 교과용 도서 선정 매뉴얼' 부록, 교과용 도서 평가 기
　　　준 항목(예시)

_____, 교과용 도서에 관한 규정

교육인적자원부(2000), 교사용 지도서, 초등학교『국어』1－2, 2－2

교육기술과학부(2009), 교사용 지도서, 초등학교『국어』2－2

교육부(2015), 교사용 지도서, 초등학교『국어』5－1

_____(2019), 교사용 지도서, 초등학교『국어』5－2, 6－2

한국일보타임－라이프(1979),『라이프 인간세계사』(메소포타미아)

_____(1979),『라이프 인간세계사』(고대 이집트)

_____(1979),『라이프 인간세계사』(고대 중국)

_____(1979),『라이프 인간세계사』(인도)

_____(1979),『라이프 인간세계사』(고대 그리스)

계보경 외(2017), '미래 학습 공간의 변화 전망', 한국교육학술정보원, 연구 자료 RM 2017
　　　－13

공영일(2020), '에듀테크 산업 동향 및 시사점', 소프트웨어정책연구소

곽병선 외(2004), '교과서 발행제의 다양화에 따른 자유발행제 도입 방안 연구', 한국교과
　　　서연구재단, 연구보고서 2004－6

김영애(2011), '미리 가본 미래학교, future school' PPT 자료, 서울특별시교육청, '2011
　　　Smart Learning Seminar'

김재춘(2011), '우리나라 교과서 연구의 현황과 과제', 제6회 교과서의 날 기념 학술 심포
　　　지엄, 한국교육과정·교과서연구회

김정호(2000), '교과서 자유발행제의 의의와 전제 조건',『교과서연구』제34호, 한국교과서
　　　연구원

_____(2014), '인정도서 제도 개선 연구', 연구보고서 2013－2, 한국교과서연구재단

김혜숙 외(2018), '교과서 자유발행제 도입을 위한 국제 비교 연구', 한국교육과정평가원, 연구보고 CRT 2018－1

박서현(2019), '교과서 사용자 평가 시스템 구축·운영 관련 현장 실태 조사 및 의견 수렴 연구', 교육부·한국교과서연구재단

박영배(1996), '수학 교수학습의 구성주의적 전개에 관한 연구', 서울대학교 대학원 수학교육과 학위논문

박인기(1989), '문학교과 교재론의 이론적 접근과 방향', 『운당구인환선생 화갑기념논문집』, 한샘

박진용 외(2016), '2015 개정 교육과정에 따른 디지털 교과서 편찬의 유의점 및 검정 기준 개발', 교육부·한국교육학술정보원, 연구보고 CR 2016－6

_____ 외(2018), '미래 사회 대비 교과용 도서 편찬·발행·질 관리 체제 연구', 한국교육과정평가원, 연구보고 RRT 2018－1

박창언 외(2020.1), '교과서 사용자 평가 및 환류 시스템 도입에 관한 연구', 교육부·한국교과서연구재단

_____ 외(2020.12), '교과서 사용자 평가 및 환류 시스템 구축 방안 연구', 교육부·한국교과서연구재단

_____(2020), '원격 수업을 지원하는 유연한 교과서 모델', 『교과서 연구』 제102호

손병길 외(2017), '4차 산업 혁명 시대의 교과서 개발 방향에 관한 연구', ㈜미래엔·한국교과서연구재단, 연구보고서 2017－6

송낙현(2021), '전환 시대에서 교과서 역할', 제16회 교과서의 날 기념 학술 심포지엄 자료집, 한국교육과정·교과서연구회·한국교과서연구재단·한국검인정교과서협회

안성훈(2021), '온라인 콘텐츠 활용 교과서의 개념과 미래형 교과서의 방향 정립을 위한 이론적 고찰', 『창의정보문화연구』 제7권 제1호, 한국창의정보문화학회

안종욱 외(2018), '교과서 자유발행제 도입을 위한 제도 개선 방안 연구', 한국교육과정평가원, 연구보고 CRT 2018－2

_____ 외(2021), '교과용 도서 발행 체제의 재구조화 연구', 한국교육과정평가원, 연구보고 RRT 2020－1

양윤정 외(2018), '교과서 자유발행제 도입을 위한 기초 연구', 한국교육과정평가원, 연구보고 CRT 2018－3

윤가영 외(2017), ‘스마트교육의 속성과 구현 실태에 관한 연구’,『한국교육학연구』제23권 제1호

윤지훈 외(2020), ‘인정 제도 완화를 통한 교과서 자유발행제 현장 안착 방안 연구’, 한국교육과정평가원, 연구보고 CRT 2020－1

이재승 외(2021), ‘교과서민원바로처리센터의 교과서 민원 처리 개선 방안 연구’, 교육부·한국교과서연구재단, 연구보고서 2021－12

이현복(1992), ‘교재 연구’,『난대 이응백 박사 고희기념 논문집』논문집 간행위원회 편

임종헌 외(2017), ‘4차 산업 혁명 사회에서 교육의 방향과 교원의 역량에 관한 탐색적 연구’,『한국교육』44(2), 한국교육개발원

임철일 외(2021), ‘포스트 코로나 시대의 스마트 학습 환경 연구－물리적·디지털 공간을 중심－’, 한국교육학술정보원, 연구보고 RR 2021－5

임희정(2021), ‘미래 초등영어 교과서에 대한 교사 인식 및 요구도 연구’,『교과서 연구』제105호, 한국교과서연구재단

장시준 외(2021), ‘미래형 교과용 도서 개발체제 전환 및 플랫폼 설계 방안 연구’, 한국교육학술정보원

정혜승(2003), ‘국어 교과서 연구의 현황과 반성’,『국어 교육학 연구』16권 16호, 서울대학교 국어교육연구소

_____(2005), ‘미국의 국어 교과서 분석연구－교과서의 기능을 중심으로’,『독서 연구』14권 14호

_____(2006), ‘좋은 국어 교과서의 요건과 단원 구성의 방향’,『어문연구』34, 한국어문교육연구회

최소영·길호현·박태준·류수경(2022), ‘교육용 텍스트의 이독성 질적 평가 준거 개발 및 타당화 연구’,『국어교육』176, 한국어교육학회

함종규(1987), ‘좋은 교과서란 어떠한 교과서인가’, 교육부, 자율 학습이 가능한 교과서 모형 연구개발위원회

홍후조(2006), ‘교과서 인정제의 제도적 개선 방안에 관한 연구’, 교과서연구재단

Eric Bruillard(2011), 'Current Textbook Research in France',『교과서 정책의 동향과 전망』국제 교과서 심포지엄, 교육과학기술부·한국교과서연구재단

강기수(2004),『교육의 역사적 철학적 기초』, 세종출판사

구인환 외(1998), 『문학 교수·학습 방법론』, 삼지원

김봉군(1985), 『문장 기술론』, 삼영사

김봉주(1988), 『개념학』, 한신문화사

김정호 외(2019), 『교과서 편찬의 실제』, 동아출판 교육연구소

김창원(2007), 『국어교육론』, 삼지원

남궁용권 외(2008), 『교육철학 및 교육사』, 양서원

노명완·박영목·권경안(1988), 『국어과 교육론』, 갑을출판사

목영해 외(2004), 『교육의 역사와 철학』, 교육과학사

박삼서(2003), 『국어교육과 생활·문화·철학』, 국학자료원

박상준(2014), 『사회과 교재 연구 및 교수법』, 교육과학사

_____(2020), 『코로나 이후 미래 교육』, 교육과학사

박영목·한철우·윤희원(2004), 『국어 교육학 원론』, 박이정

박영숙 외(2008), 『미리 가본 2018년 유엔 미래 보고서』, 교보문고

_____ 외(2009), 『2020년 위기와 기회의 미래 유엔 미래 보고서 2』, 교보문고

_____ 외(2011), 『유엔 미래 보고서 2025』, 교보문고

_____ 외(2013), 『유엔 미래 보고서 2040』, 교보문고

박영숙·제롬 글렌(2016), 『유엔 미래 보고서 2050』, 교보문고

박정진(2009), 『국어교육학 정체성 탐구』, 소통

배두본(1999), 『영어 교재론 개관』, 한국문화사

변영계(1999), 『교수·학습 이론의 이해』, 학지사

신헌재 외(2017), 『초등 국어 교육학 개론』(개정판), 박이정

우한용 외(1997), 『문학교육과정론』, 삼지원

윤기옥 외(2009), 『수업 모형』, 동문사

이삼형 외(2000), 『국어교육학』, 소명출판

이성영(1995), 『국어교육의 내용연구』, 서울대학교출판부

이성호(1991), 『교육과정과 평가』, 양서원

_____(1997), 『교수 방법의 탐구』, 양서원

이숙종(2006), 『코메니우스의 교육 사상』, 교육과학사

이응백 외(1986), 『국어과 교육』(II), 한국방송통신대학교

이종국(1992), 『한국의 교과서』, 대한교과서주식회사

＿＿＿＿(2005),『한국의 교과서상』, 일진사.

이희도 외(1997),『수업의 이론과 실제』, 중앙적성출판사

정동화 외(1990),『국어과 교육론』, 선일문화사

정영근 외(2005),『교육의 철학과 역사』, 문음사

정인성·나일주(1996),『최신 교수설계이론』, 교육과학사

조성민(2009),『논리와 토론·논술』, 교육과학사

최미숙 외(2008),『국어교육의 이해』, 사회평론

최민자(2010),『통섭의 기술』, 도서출판 모시는 사람들

최영한(2003),『국어교육학의 지향』, 삼지원

최지현 외(2009),『국어과 교수·학습 방법』, 도서출판 역락

함수곤·최병모(2000),『교육과정·교과서 관련 용어 사전』, 한국교원대학교

허경철 외(2001),『교과교육학신론』, 문음사

국어교육 미래 열기 편(2009),『국어교육학개론』(제3판), 삼지원

서울대학교 국어교육연구소(1999),『국어 교육학 사전』, 대교출판

『두산백과 두피디아』, http://www.doopedia.co.kr

한국학중앙연구원,『한국민족문화대백과』, http://encykorea.aks.ac.kr

국립국어원,『표준국어대사전』

두산동아,『새국어사전』

한국교과서연구재단(2014),『교과서 연구』76호(06), 77호(09)

알베르트 레블레(Abert Reble),『서양 교육사(Geschichte der padagogik)』정영근 외 옮김
　　　(2002), 문음사

에드가 모랭(Edgar Morin),『IES SEPT SAVOIRS DE L'EDUCATION DU FUTUR』
　　　Copyright ⓒ UNESCO, Paris, 1999(『미래의 교육에 반드시 필요한 7가지 원칙』
　　　고영림 옮김, 도서출판 당대, 2006)

윌 듀란트(Will Durant),『철학 이야기(The Story of Philosophy)』황문수 역(1996), 문예출
　　　판사

윌리암 보이드(William Boyd),『서양 교육사(The History of Western Education)』이홍우
　　　외 역(2008), 교육과학사

자크 들로르(Jacques Delors, 프랑스) 외, 『21세기 교육을 위한 새로운 관점과 전망』 ─유네스코 21세기 세계교육위원회 종합보고서─, 오름, 1997

존 듀이(John Dewey), 『민주주의와 교육(Democracy and Education)』 이홍우 번역·주석(2007), 개정·증보판, 교육과학사

코메니우스(Comenius, J. A.), 『대교수학(大敎數學, Didactica magna)』 정확실 역(2013), 교육과학사

_____(Comenius, J. A.), 『세계도회(世界圖繪, Orbis Sensualium Pictus)』 김은경·이경영 편역(1988), 교육과학사

_____(Comenius, J. A.), 『세계 최초의 그림 교과서(Orbis Sensualium Pictus)』 남혜승 옮김(1999), 씨앗을 뿌리는 사람

_____(Comenius, J. A.), 『세계도해(世系圖解, Orbis Sensualium Pictus)』 정일용 옮김(2021), 범지출판사

Allan C. Ornstein & Thomas J. Lasley II, 『Strategies for Effective Teaching, 4e』(『교수전략』 박인우 옮김, 아카데미프레스, 2006)

Bruce Joyce·Marsha Weil·Emily Calhoun, 『Models of Teaching』7/e (『교수모형』 박인우 외 옮김, 아카데미프레스, 2005)

Charles M. Reigeluth 편저, 『Instructional-Design Theories and Models』 A New Paradigm of Instructional Theories, Volume II(『교수설계 이론과 모형』 최욱 외 옮김, 아카데미프레스, 2010)

Edward O. Wilson, 『CONSILIENCE: The Unity of Knowledge』(『지식의 대통합 통섭』 최재천 외 옮김, 사이언스 북스, 2005)

Gary D. Borich, 『Effective Teaching Methods』5/E(『효과적인 교수법』 박승배 외 공역, 아카데미프레스, 2009)

Gronlund. N. E, 『Stating Objectives for Classroom Instruction』(『교실 수업을 위한 목표의 진술』 주영숙·김정희 공역, 형설출판사, 1996)

Marlow. E.(2000), 『Text book in the Language Arts: Good, Neutral, or Bad?』, ED442104

Skierso A(1991), 『Textbook selection and evaluation』 In M. Celce-Murcia(Ed.), *Teaching English as a second or foreign language.* Boston: Heinle & Heinle Publishers

[ㅊ]

[ㅋ]

박삼서 朴三緖

서울대학교 사범대학 국어교육과 졸업
서울대학교 대학원 석·박사 수료. 교육학 박사
서울대학교, 경희대학교, 홍익대학교, 서울여자대학교 강사 역임
숙명여자대학교 겸임 교수 역임
교육인적자원부 교육과정정책과 과장 역임
한국교육과정·교과서연구회 회장 역임
교과서민원바로처리센터 센터장 역임

저서
문학교육과정론(공저)
한국의 도교사상과 문학교육 연구
한국문학과 도교사상
국어교육과 생활·문화·철학

교과서 개발학

교과서 존재론의 학문적 이론화 탐색

Theory of Textbook Development

| 초판 1쇄 인쇄일 | 2022년 8월 8일 |
| 초판 1쇄 발행일 | 2022년 8월 19일 |

지은이	박삼서
펴낸이	한선희
편집/디자인	우정민 김보선
마케팅	정찬용 정구형
영업관리	한선희 남지호
책임편집	우정민
인쇄처	으뜸사
펴낸곳	국학자료원 새미(주)

등록일 2005 03 15 제25100−2005−000008호
경기도 고양시 일산동구 중앙로 1261번길 79 하이베라스 405호
Tel 442−4623 Fax 6499−3082
www.kookhak.co.kr
kookhak2001@hanmail.net

| ISBN | 979—11—6797—065—7 *93370 |
| 가격 | 36,000원 |